·中国特色社会主义法治理论系列教材·

黄　进／总主编

经济法学

刘继峰／著

中国政法大学出版社

2019·北京

图书在版编目（ＣＩＰ）数据

经济法学/刘继峰著.—北京：中国政法大学出版社，2019.11
ISBN 978-7-5620-9359-6

Ⅰ. ①经…　Ⅱ. ①刘…　Ⅲ. ①经济法－法的理论－中国　Ⅳ. ①D922.290.1

中国版本图书馆CIP数据核字(2019)第271434号

书　名	经济法学 Jing Ji Fa Xue
出 版 者	中国政法大学出版社
地　址	北京市海淀区西土城路 25 号
邮　箱	fadapress@163.com
网　址	http://www.cuplpress.com（网络实名：中国政法大学出版社）
电　话	010-58908435(第一编辑部)　58908334(邮购部)
承　印	保定市中画美凯印刷有限公司
开　本	787mm×1092mm　1/16
印　张	29
字　数	779 千字
版　次	2019 年 11 月第 1 版
印　次	2019 年 11 月第 1 次印刷
印　数	1~5000 册
定　价	76.00 元

总　序

　　经过六十多年的建设发展，中国政法大学作为国家"211 工程""985 工程优势学科创新平台""2011 计划"重点建设大学和"双一流"建设高校，已从一所普通大学成长为如今具有国际影响力的国内一流大学，被誉为"中国法学教育的最高学府"和"中国人文社会科学领域的学术重镇"。法大一直秉承"厚德、明法、格物、致公"的校训精神，坚持"学术立校、人才强校、质量兴校、特色办校、依法治校"的办学理念，以"经国纬政、法治天下""经世济民、福泽万邦"为办学使命，形成了独特的法学教育教学理念，积累了丰富的法学理论研究成果和法治人才培养经验，汇集了一大批自强不息、追求卓越的学术名师。在建设富强民主文明和谐美丽的社会主义现代化强国、实现中华民族伟大复兴中国梦的新征程中，法大正致力于建设开放式、国际化、多科性、创新型的世界一流法科强校，并积极推进国家法治建设和高等教育事业的发展，以卓越的人才培养、科学研究、社会服务推动国家法治昌明、政治民主、经济发展、文化繁荣、社会和谐及生态文明，书写着充满光荣与梦想、开拓与奋进的时代华章。

　　党的十八大以来，党中央高度重视依法治国，对全面推进依法治国作出决定和部署，民主法治建设迈出重大步伐。十八届四中全会专门研究全面推进依法治国并作出决定，提出全面推进依法治国的总目标是建设中国特色社会主义法治体系，建设社会主义法治国家；提出要在中国共产党领导下，坚持中国特色社会主义制度，贯彻中国特色社会主义法治理论，形成完备的法律规范体系、高效的法治实施体系、严密的法治监督体系、有力的法治保障体系，形成完善的党内法规体系，坚持依法治国、依法执政、依法行政共同推进，坚持法治国家、法治政府、法治社会一体建设，实现科学立法、严格执法、公正司法、全民守法，促进国家治理体系和治理能力现代化；还特别提出要加强法治工作队伍建设，创新法治人才培养机制。党的十九大庄严宣布，经过长期努力，中国特色社会主义进入新时代，这是我国发展新的历史方位。

在新时代，我国社会主要矛盾已经转化为人民日益增长的美好生活需要和不平衡不充分的发展之间的矛盾。人民美好生活需要日益广泛，不仅对物质文化生活提出了更高要求，而且在民主、法治、公平、正义、安全、环境等方面的要求日益增长。因此，坚持全面依法治国是新时代坚持和发展中国特色社会主义的基本方略，要坚定不移走中国特色社会主义法治道路，完善以宪法为核心的中国特色社会主义法律体系，建设中国特色社会主义法治体系，建设社会主义法治国家，发展中国特色社会主义法治理论。党的十九届四中全会专门研究了坚持和完善中国特色社会主义制度，推进国家治理体系和治理能力现代化若干重大问题，进一步强调坚持全面依法治国，建设社会主义法治国家，切实保障社会公平正义和人民权利的显著优势，还要继续坚持和完善中国特色社会主义法治体系，提高党依法治国、依法执政能力，推进法治中国建设。党中央关于全面依法治国的一系列战略部署，为我国新时代法学教育和法治人才培养提供了根本遵循，指明了前进方向。

坚持全面依法治国离不开法学教育和法治人才培养，新时代中国特色社会主义法治建设对法学教育和法治人才培养提出了新使命、新任务、新要求。习近平总书记2017年5月3日考察中国政法大学时就法学教育和法治人才培养强调指出：全面推进依法治国是一项长期而重大的历史任务，全面依法治国是一个系统工程，法治人才培养是其重要组成部分；办好法学教育，必须坚持中国特色社会主义法治道路，坚持以马克思主义法学思想和中国特色社会主义法治理论为指导，立德树人，德法兼修，培养大批高素质法治人才。他特别强调指出：高校是法治人才培养的第一阵地，要为完善中国特色社会主义法治体系、建设社会主义法治国家提供理论支撑，努力以中国智慧、中国实践为世界法治文明建设作出贡献；对世界上的优秀法治文明成果，要积极吸收借鉴，但也要加以甄别，有条件地吸收和转化，不能囫囵吞枣、照搬照抄；要坚持从我国国情和实际出发，正确解读中国现实、回答中国问题，提出标识性学术概念，打造具有中国特色和国际视野的学术话语体系，尽快把我国法学学科体系和教材体系建立起来。为了认真贯彻落实党的十八大、十八届三中和四中全会精神，十九大和十九届四中全会精神，特别是习近平总书记考察中国政法大学重要讲话精神，中国政法大学秉承先进的法学教育教学理念，充分利用学校教师资源、出版资源和数字网络平台优势，深谋远虑、善作善为，积极组织编写和大力推动出版摆在读者面前的这套全新的立体化、数字化法学系列教材。

据我所知，本系列教材的编写人员均为法大在一线从事教学工作多年、拥有丰富法学教学经验和丰硕科研成果、教学特点鲜明的中青年教师，他们在法大深受学生喜爱和好评，有的还连续数年当选"中国政法大学最受本科生欢迎的老师"。本系列教材就是他们立足于法学教育改革和人才培养模式创新的需要，结合互联网资源信息化、数字化的特点，以自己多年授课形成的讲义为基础，根据学生课堂学习和课外拓展的需求与信息反馈，经过细致的加工与打磨，用心编写而成的。本系列教材可以说是各位编写人员一二十年来教学实践与探索的结晶，更是他们精雕细琢的课堂教学的载体和建模。

在我看来，本系列教材在以下几个方面颇具特色：

第一，坚持以中国特色社会主义法治理论为指导。本系列教材定位为马克思主义理论研究和建设工程重点教材的补充教材，教材的编写认真贯彻落实党的十八大、十八届三中和四中全会精神，十九大和十九届四中全会精神，特别是习近平总书记考察中国政法大学重要讲话精神，坚持中国特色社会主义法治道路，坚持以马克思主义法学思想和中国特色社会主义法治理论为指导，坚持"立德树人、德法兼修"的法治人才培养观；坚持从我国国情和实际出发，正确解读中国现实、回答中国问题，提出标识性学术概念，用"中国智慧、中国实践"培养高素质法治人才；坚持全面准确反映中国特色社会主义法治建设丰富实践和法治理论最新理论成果，努力打造具有中国特色和国际视野的法学学术话语体系、学科体系和教材体系，为完善中国特色社会主义法治体系、建设社会主义法治国家提供理论支撑。

第二，知识呈现从整体到细节，巧构法科学习思维导图。法学教育不仅要传授学生法学基础知识，更要帮助学生在脑海中形成脉络清晰的树状知识结构图，对于如何解构法律事实、梳理法律关系、分清主次矛盾、找到解决方法，有一个科学完整的法学方法论，为学生以后从事理论研究或法律实务工作奠定坚实的基础。

第三，重点难点内容突出，主干精炼、枝叶繁茂。得益于数字网络平台的拓展功能和数字设备扫描二维码的方便快捷，本系列教材得以从过去繁缛复杂、全而不精的闭合循环中解脱出来，着力对每个知识点的通说进行深度解读并介绍主要的学术观点，力求提纲挈领、简明扼要。同时，对于每个学科的重点难点内容予以大篇幅的详细对比和研讨，力求重点难点无巨细，使学生通过学习教材能够充分掌握该学科的主要内容，并培养足以应对常见问题的能力。相关知识点的学术前沿动态和学界小众学术观点，则通过二维码栏目向学生打开课外拓展学习的窗口，使学有余力者能够有矿可挖、有据可查、有章可循、有的放矢。

第四，注重理论教学与实践教学相结合，应试教学与实务教学相结合。法学学科是实践性很强的学科，法学教育必须妥善处理理论教学和实践教学的关系。本系列教材充分结合案例教学、情景教学、模拟法庭、法律诊所、社会调查、实习实践、团队研讨和专题研究等教学和学习方法，引导学生探究式学习，从理论走向实践、从课堂走向社会。同时，考虑到学生未来工作或继续深造的发展方向，满足学生准备国家统一法律职业资格考试和研究生入学考试的需要，本系列教材设置了专门的题库和法律法规库并定期更新，通过二维码栏目向学生开放各类考试常考的知识点及其对应的真题、模拟题，并结合法律实务的需求，提供法律法规及案例等司法实务中常用的信息，或跳转到相关资源丰富的实务网站，引领学生从单纯理论知识学习走向理论知识学习与法律实务训练同步、从应对法学考试走向应对法律实务、从全面学习走向深度研究。

第五，加强课堂教学与课下研讨相结合，文字与图表、音视频相结合。本系列教材立意除了强化课堂教学互动外，还在课下为学生提供了丰富、立体的学习资源，既有相关知识点的分析对比图表，也有包含全书的课程讲义PPT。此外，针对重点难点知识，授课教师在PPT的基础上录制讲解视频，并在网络学习平台上开辟师生交流渠道，由教师布置课后作业并通过网络学习平台打分、统计答题信息等方式，有针对性地进行二次讲解和课后答疑，在充分缩短时间和空间距离的前提下，加强师生沟通互动，不断提高教师教学效果和学生学习成效。

本系列教材是中国政法大学中青年教师多年立德树人、教书育人、潜心教学、耕耘讲台的直接成果，也是我国法学法律界同仁长期以来对中国政法大学事业发展关心、支持和帮助的结果。作为系列教材总主编，借此机会，我对法学法律界同仁，对本系列教材编辑委员会的顾问和委员，对所有编写人员和组编工作人员，表示衷心的感谢并致以崇高的敬意！我们相信，本系列教材的出版必将有力地推进中国政法大学法学教学改革创新和法治人才培养质量的提升，也将对我国法学教育起到示范和引领作用。我们也真诚希望海内外广大从事法学教育工作的专家学者能够同我们进行坦诚交流，对本系列教材提出宝贵意见，予以批评指正。

中国政法大学自建校以来，以人为本、尊师重教，薪火相传、筚路蓝缕，淡泊明志、求真务实，崇尚学术、追求真理，开拓创新、放飞梦想，始终奋战在我国法学教育和法治建设的第一线，已经成为我国法学教育和法治人才培养的主力军。法大之所以有今天，是因为有一代又一代法大人自强不息、追求卓越，坚持不懈、努力奋斗。本系列教材的编写、出版，就是今日法大人对法大的贡献，就是今日法大人对法大历史的书写，就是今日法大人承前启后、继往开来的印记。法大的事业乃千秋伟业，胸怀"经国纬政、法治天下"壮志，坚守"经世济民、福泽万邦"情怀的法大人，唯有肩负起时代的使命和人民的重托，同心毕力，奋楫争先，在新的征程上继续砥砺前行！

是为序。

黄　进

2019 年 12 月 1 日修订于蓟门

前 言

经济法从概念化到理论化及理论深化在中国已经走过四十多个年头，达成了越来越多的共识。现今，任何一部经济法著作都不可能脱离这三十年理论研究的成果。

本书是在总结前人成果的基础上结合自己的教学科研成果写就的，并努力将原理和制度有机结合起来纳入一个制度体系中，因此，本书首先力图在体系上进行变革。在此基础上，本书将经济法分为理论体系和制度体系两个方面。在章节上分为四编：经济法总论、经济主体法、市场监管法和宏观调控法。

经济法理论不能脱离对经济关系的研究，否则，便不存在经济法律，也不存在经济法理论本身。但把经济关系当作经济法理论研究基点，容易把经济法理论搞成经济学理论。在经济法理论体系的构建上，需要改变从经济学现成的理论出发，依照部门经济的内容和序列，汇集经济法规的基础上构建体系。反过来，把研究的基点落实在法律、法规上，容易形成注释法学，使经济法理论限于对经济法律、法规的注释。跟着法规走会使经济法理论失去应有的理论性和对立法、司法实践的指导性。法律是相对稳定的、静态的，而经济是不断发展变化的，只表述现有法律的理论，是不能适应经济变化的需要的。[1] 因此，经济法理论应以对经济关系与法律关系的双向联系机制的研究作为出发点，构建理论体系。

在具体内容上，增加了一些新内容，如经济法实施中的公益诉讼制度、经济法责任中的企业社会责任等。另外，调整了章节的内容，使理论和制度更加协调，如以往大都将消费者权益保护法放置于市场监管法中，但理论分析中，往往又将消费者作为弱者来展开相关理论问题研讨。本书将消费者列为弱势市场主体，并将其与劳动者保护、中小企业扶持等共同

[1] 刘瑞复：《经济法原理》，北京大学出版社 2000 年版，第 18 页。

纳入到主体法律制度中。国有企业的法律制度在诸多教材中都有陈述，但本书展开的方式不同于以往，没有讲国有企业的权利、义务、法律责任等，而是讲国有企业作为经济法特殊主体的理由、国有企业的特殊职能等具有经济法理论特色的内容。

按照本书体系设计，一些制度的展开不会像"概论"那样详细、具体，也未追求细致入微，这可能会给读者以制度内容不全面的印象。其实，本书意图解决长期以来一直未能很好解决的经济法"总论"和具体制度矛盾问题，即"学习'概论'时已经讲过了，现在又要单独开课"的矛盾。在这个意义上，有些具体制度以总论方式展开（即未充分展开）是恰当的，也能和教学中单独开设的税法、金融法等在内容上相协调。上述内容及形式安排使得本书既可以为开设"经济法总论"课程的法律专业和开设"概论"课程教学非法律专业同学学习，也可以为本科生报考经济法专业研究生复习提供一定的指导。

限于作者水平，书中不足、错误之处在所难免，敬请师长、同仁、读者不吝指正。

刘继峰

2019 年 9 月

 二维码

本书总码

目 录

第一编　经济法总论

第二编　经济主体法

第三编　市场监管法

第一编

经济法总论

第一章

经济法的产生与发展

　　经济法是经济发展到近代在上层建筑领域产生的新法现象，也是经济发展的必然结果。探讨其产生和发展的原因和过程对理解经济法的主要制度具有基础意义。经济法的产生原因主要是社会化大生产导致经济多元化、经济关系复杂化。申言之，经济法就是在复杂的经济环境中因出现阻碍经济发展的行为或状态，需要国家从经济生活的外部或国家直接进入某些经济生活的内部依法进行干预，但同时又需要防止行政权力对经济的任意干预而对政府行为进行约束而产生的法。

第一节　经济法产生的原因

　　法是社会关系的反映，经济法是以生产关系为核心的各种物质利益关系即经济关系的反映。促成经济法产生的主要原因是经济，同时经济理论、政治制度、甚至战争、经济危机等特殊的社会事件对经济法的产生也具有重要影响。

一、社会经济条件

　　不同的社会经济环境决定不同法律的内容和形式。历史上，在封建经济及其之前的社会经济基础上建立的是"诸法合体"的法律模式，在简单商品经济条件下则形成了私法和公法截然分野的制度风格。按照这一规律，在复杂商品经济条件下，尤其是在垄断资本主义条件下，法对经济应作出有别于前述阶段的特殊的反应，经济法就是在这种反应过程中不断提炼其核心观念并丰富其内容而形成的。

　　资本主义生产力的高速发展并不能解决资本主义社会固有的矛盾：生产社会化与生产资料私人占有之间的矛盾；个别企业生产的计划性与整个社会生产的无政府状态之间的矛盾。这两大基本矛盾导致了资本主义社会的一系列问题：贫富分化、过度竞争、资源浪费、环境污染直至经济危机，这一切在不同程度上腐蚀着资本主义制度下的市场经济所创造的繁荣。

　　事实证明，作为客观的资源配置的手段和经济运行机制的市场具有两面性。市场促使自由资本主义制度得以产生并作为制度要素保留下来，它创造了资本主义的原始积累和以往历史无法比拟的社会财富。同时，资本主义经过近百年的发展，完全由"看不见的手"所调节的市场经济在 20 世纪末期并未出人所料地快速走到了尽头，市场调节机制无法将资本主义社会从经济危机的深重灾难中解救出来，市场的唯利性、市场调节的被动性、滞后性等缺陷是市场自身所无法克服的，市场存在着失灵。

市场失灵是市场机制自身固有的缺陷，市场失灵的消极后果的大量存在需要新的应对手段，这是经济法作为新法的种子得以萌生的土壤。

市场失灵主要表现为：

1. 外部负效应。这是市场失灵中最严重的一种。当生产或消费对其他人产生附带的成本或其他负效应时，外部经济效果便发生了，换言之，"成本或效益被加于其他人身上，然而施加这种影响的人却没有为此而付出代价"[1]。这种外部负效应导致公共产品缺失和"搭便车"现象产生，造成总体经济缺乏效率。市场经济的本质特点是以个人利益为中心，崇尚个人利益的最大化。社会发展的结果往往是私人部门被养肥了的同时公共领域在"挨饿"、公共利益被掠夺。公共领域是社会长期发展的客体基础，公共利益是社会秩序的基础，无视公共领域在社会发展中地位的衰落和公共利益的协调秩序能力的枯萎，为个人利益最大化而产生的私人矛盾会更加突出，当这种矛盾成为普遍性的社会矛盾时，私人协调的方式已经无力解决了。

2. 宏观总量和结构失衡。由于主体多元化、多元主体生产条件的多样化，产品社会适应性必然不同，进而出现了马克思所言的"惊险的一跳"的社会问题。当这些导致"个人问题"的因素聚合起来并将不利影响再以更大的威力冲击市场的时候，便形成了社会问题，表现为经济总量的不平衡和结构失衡。单靠市场机制无法解决总供给与总需求的平衡，市场经济条件下自由放任的经济政策的结果是有效需求不足，失业增加。由市场失灵造成的宏观总量的失衡和结构失衡，反过来也会加剧破坏市场机制的正常运行，造成更为严重的市场失灵，从而陷入恶性循环。

3. 分配不公。市场经济条件下所强调的公平竞争忽略了财产差别、个人能力的差别和所受到的教育和训练等内外因素的差别，单纯强调机会公平，因而这种公平只能停留在人格平等等形式上，在实际结果方面必然会形成因上述先天差别而产生的诸如收入分配方面的实质不公平。这种不公平会随着其产生基础的差别的拉大而不断扩大。市场同样不能自发解决分配不公平的问题。分配不公平的长期化本身就是社会不和谐的一种表征，也可能由此酝酿并激化为更深刻的阶级矛盾。

此外，市场机制本身还有诸多的缺陷，例如，不能解决国民经济的长期发展问题、促进技术进步不能单纯依靠市场以及市场机制难以解决自然垄断的问题等。

---

〔1〕　［美］保罗·A. 萨缪尔森、威廉·D. 诺德豪斯：《经济学（第 12 版）》，高鸿业等译，中国发展出版社 1992 年版，第 1193 页。

克服市场失灵的途径有两种：依靠市场的力量进行自我调解和依靠国家的力量进行矫正。

以市场自我调解来克服市场缺陷的方法只能适用于简单商品市场条件下，因为简单商品生产是为消费而生产，是为使用价值而生产，在各主体规模均质的条件下供给与需求能保持相对平衡。但在垄断资本主义商品生产条件下，商品生产是为生产而生产，是为交换价值而生产。换言之，作为消费者的资本家和作为资本家的资本家是不同的，就后者而言，"价值增值是他的主观目的，越来越多地占有抽象财富成为他活动的唯一动机"。[1] 交换价值的完全实现是不可能的，部分实现也是有风险的，流通过程的任何中断、市场购买力的任何降低，都可能引起流通过程的紧缩，而这种紧缩又必然引起生产过剩。[2]

资本主义经济发展的历史表明，经济危机是上述生产过程的最终结果，也是资本主义生产条件下的具有周期性的市场自我调节活动。生产社会化引起的生产者之间的竞争加剧的趋势促使各种形式的垄断产生，垄断会扼杀自由竞争，破坏竞争秩序，损害经营者和消费者的利益。可见，市场的自我调节作为市场缺陷的原因无法同时充当克服市场缺陷的拯救工具，虽然不能否认其对市场矛盾具有一定程度的调节功能，但这种自发调节所带来的市场代价是任何政府所不愿意承担，甚至无法忍受的。经历了大约一个世纪的市场自我调节的"试错"过程后，证明克服市场缺陷的力量只能来源于市场之外。

市场的自我调节"转向增强政府干预，在 19 世纪最后 25 年里已经初露端倪……在美国，从州管制转为联邦管制，从鼓励和扶持转为控制"。[3] 在这种转变中，本质上的变化是私人利益让位于社会公共利益和国家利益。社会公共利益和国家利益成为限制私人活动的公开理由。在崇尚市场自由的美国，较早发生这一变化的是"1877 年芒恩对伊利诺斯案，该案判定了'影响公众利益的'私人企业应由伊利诺斯州政府管理和控制"。它代表着一种新的市场力量和市场调节方式的诞生。继此以后，美国成立了专门的市场管理主体，如 1887 年创建了联邦州际商业委员会管理铁路；1914 年成立的联邦贸易委员会管理不正当竞争和垄断行为。也颁布了相关具有限制私人自由的法律，如 1890 年颁布的《谢尔曼法》；1906 年颁布的《食品和药品清洁法》；等等。这类法律在学科性质上属于经济法。

---

〔1〕《马克思恩格斯全集》（第 23 卷），人民出版社 1972 年版，第 147 页。

〔2〕 美国著名的左翼经济学家保罗·斯威齐在解释生产过剩的根源时指出，只要 △M 有什么变化，资本家立即就会重新考虑他的 M 投入流通是否合适。△M 构成了资本主义的唯一弱点，这是简单生产所没有的。见［美］保罗·斯威齐：《资本主义发展论马克思主义政治经济学原理》，陈观烈、秦亚男译，商务印书馆 1997 年版，第 159 页。

〔3〕［美］道格拉斯·C. 诺斯：《经济史上的结构和变革》，厉以平译，商务印书馆 1992 年版，第 187 页。

二、经济法产生的经济理论条件

随着资产阶级革命的胜利，资本主义生产方式占据了主导地位，自由放任、自由竞争的市场经济体制得以建立，市场调节机制也日臻成熟，亚当·斯密《国富论》的问世，标志着资本主义经济制度最终战胜封建经济制度并突破重商主义国家干预的束缚得以在欧洲确立。

资本主义生产方式代替封建主义生产方式是生产力的一次革命性变革，在资本主义生产关系内部由生产要素的组合变化而发生的量变在质上改变了资本主义生产方式，即从简单商品生产到社会化大生产。与之相对应，用以阐发经济制度客观性和合理性的经济学思想也繁荣起来，在诸多的经济学思想中，为经济法的产生提供智力支持的，主要是从亚当·斯密的自由放任主义到凯恩斯主义。

亚当·斯密的核心思想是经济自由主义。自由放任、自由竞争，由市场这只"看不见的手"来调节社会生产活动，通过市场调动微观经济主体的活力和效率，市场在资源配置中起基础性作用，以此实现经济的均衡发展。政府远离市场，避免直接的具体干预，"干预越少的政府是越好的政府"，"小政府论"是普遍认同的观念——国家主要在国防、外交、维护社会秩序等方面发挥作用，国家扮演得仅仅是一个"守夜人"的角色。

亚当·斯密的理论可以概括为三个方面：经济制度的自发性；利己主义是经济增长的源泉；"小政府论"。马克思从历史的角度对古典经济学派给予了积极的评价："古典经济学派亚当·斯密和李加图，他们代表着一个还在同封建社会的残余进行斗争，力图清洗经济关系上的封建残污、扩大生产力、使工商业具有新的规模的资产阶级。"他们懂得如何在资本主义条件下创造财富和获得财富。"资产阶级在它的不到一百年的阶级统治中所创造的生产力，比过去一切世代创造的全部生产力还要多，还要大。"[1]

然而，社会经济并未如亚当·斯密所设想的那样，个人财富的最大化就是社会财富的最大化，相反却是生产的社会化和生产资料的私人占有之间的矛盾日益突出，有产者的私人利益得到极大满足的同时，公共物品被忽视、公共资源被破坏性使用、公共秩序遭到破坏。当事人以契约的形式、通过意思自治解决经济矛盾因其成本极高而根本不具有整体效率性，必须借助于市场之外的力量来纠正市场的偏差。

20 世纪 30 年代，资本主义世界的经济大危机彻底打破了市场万能的神话，凯恩斯在 1936 年出版的《就业利息和货币通论》一书中深入探讨了自由市场经济的失效和政府干预经济的必要性，认为失业是自由市场经济失败的重要表现，强调国家要通过组织特别力量来摆脱经济危机给社会造成的动荡，实行国家干预消费和投资政策，即消费的赤字财政、投资的通货膨胀。凯恩

---

〔1〕《马克思恩格斯选集》（第 1 卷），人民出版社 1972 年版，第 256 页。

斯的贡献在于开创了西方正统经济学中政府干预经济的宏观经济管理和宏观经济分析（总量分析）的最初模式，最终导致由"看不见的手"一统天下的自由放任市场经济模式的结束[1]。伴随着国家这只"看得见的手"开始介入经济生活，不同于以往以"私权神圣、意思自治、过错责任"为基石的私法的第一批"危机对策"立法颁布实施，标志着法律发展史上的一个新开端，并代表着一种新的价值趋向。西方主要国家战后20多年的时间里没有发生重大的经济衰退和凯恩斯的干预主义被政策化有密不可分的关系。[2] 凯恩斯主义是在从1945年到1970年的这个时期占主导地位的经济学理论。英美等国在20世纪40年代实施了凯恩斯主义政策，一直持续到20世纪70年代后期。

凯恩斯思想为经济法的产生和快速发展提供了智力支持，西方国家经济法的最初观念的形成和凯恩斯的干预思想密不可分，在我国经济法理论研究中，也有人将其作为经济法的核心特征。当然，20世纪70年代末期凯恩斯主义的需求管理政策使西方国家陷入"滞胀"局面。不同国家或同一国家在不同时期，以供给为基点还是以需求为基点来调整经济，需要根据本国的实际情况来确定。

三、催生经济法的直接因素

市场和政府的失灵造就了经济法产生的社会经济根源，在政府弥补市场不足、市场矫正政府干预过度的过程中，一种新的法律制度开始萌芽。

（一）应对战争的需要

从经济观点来看，战争主要是一件对资源集中管制并力争最大化利用的事件。早期历史上的战争和近代的战争对物资的急剧需求以及应对需求的方法有所不同。"19世纪中叶的战争筹集资源是不需要改变生产和分配的整个基础的。那时，主要的危险不是军器或补养的短少，而是担忧货币发行太多，因此主张课税而不主张求助于印钞机实际上是明智的。但当爆发战争时，战争需要大量的人力和物力，它带有极严重的物质缺乏现象，它要绝对控制商业信用领域，在这种情况下，财政力量失去了它的说服力。"[3] 随着战时生产的高涨，生产集中和垄断化程度越来越高。战争推动了一般垄断资本主义转变为国家垄断资本主义。

国家利用法律对国民经济实行控制，继而实行一系列国家垄断资本主义措施。如英国1910年颁布《授予政府紧急权力法》，政府把铁路收归国家经营，成立了对各经济部门进行管理的机构，对工业原材料的生产、价格、物资分配和进出口贸易实施全面控制。德日等国为了实现对物资和资金的直接

---

〔1〕 刘力臻：《市场经济"现代体制"与"东亚模式"》，商务印书馆2000年版，第64页。
〔2〕 战后25年被称为"凯恩斯时代"。见［英］琼·罗宾逊：《凯恩斯以后》，虞关涛译，商务印书馆1985年版，第13页。
〔3〕 ［英］罗宾斯：《和平与战争时期的经济问题》，汪友泉译，商务印书馆1962年版，第24~25页。

掌握和分配，实现对契约自由的限制，以适应战争的需要，颁布了一系列法律，例如，1914 年 8 月 4 日德帝国议会通过了十四项暂时法规，并授权政府在战争时期"发布对于防止经济损害作必要的措施"的通知和命令，再如，1915 年颁布的《关于限制契约最高价格的通知》、1916 年颁布的《确保战时国民粮食措施令》等。

战争对经济的特殊需求往往会造成经济的停滞或畸形发展，为了恢复战后经济，国家也需要对恢复经济的特殊资源或项目进行特殊管理。一战以后，德国政府为了应对战后经济危机，于 1919 年颁布了《煤炭经济法》《钾素经济法》《卡特尔规章法》，1923 年颁布了《防止滥用经济权力法令》。第二次世界大战以后，德国于 1936 年通过了《第二个四年计划》，把全国各种经济活动甚至某些私营企业的经济活动纳入了计划轨道，其主要手段是国家订货、组织分配和优先供应紧缺产品。[1]

在两次世界大战中，美国也出现了战争时期经济管制法。由于参战，美国的法律作出了相应的调整，总统居于国家权力的首要地位，当时的威尔逊总统曾明确指出："这是资源的战争，同样也是人的战争，可能是一场资源更重于人的战争。"与这种观点相一致，对国家资源的严格管制权由国会授予了总统。[2] 二战期间，珍珠港事件爆发后，美国法律制度面临的基本问题是如何运用法律手段动用美国资源，为此总统被授予了更加广泛的权力，包括集中战时工业生产、征用、优先配给和分配、对物价和租金实行控制、稳定工资、调整劳资纠纷等。

基于应对战争的需要，自由放任市场经济条件下的契约自由受到很大限制，国家介入了社会经济生活的主要领域，通过制定相应的法律，国家控制了重要的经济部门，私人的经济活动不同程度地受到政府的干预。在战争环境的作用下，产生了第一批经济法。

（二）消除经济危机的需要

资本主义经济制度的确立，一方面极大地促进了生产力的发展，另一方面由于其自身固有的矛盾又埋下了破坏生产力持续均衡发展的种子。

1825 年英国爆发了资本主义制度建立以来的第一次经济危机。1857 年的经济危机，首先从美国开始，随之殃及英、德、法等欧洲各国，并对殖民地国家产生了深刻影响，这是第一次世界性的经济危机。尔后，又爆发了 1866 年的世界经济危机。这一时期经济危机的特点是周期性，一般大约相隔 10 年；危机阶段的时间较短，大约 1 年。针对这种特点的经济危机中的生产经营者通过自身力量能够摆脱危机：危机使下降的生产因大规模的固定资产更

---

[1] 汤黎虹：《经济法——政府经济管理体制的法律形式》，吉林人民出版社 2002 年版，第 19~20 页。

[2] ［美］伯纳德·施瓦茨：《美国法律史》，王军、洪德、杨静辉等译，中国政法大学出版社 1989 年版，第 180 页。

新而暂时恢复市场供求关系平衡。此外，国内市场的扩大，国际市场的形成，还可以通过转嫁危机的办法来摆脱危机。经济危机及其摆脱办法的前述特征，决定了一般不需要国家运用特殊手段加以应对。

到了垄断资本主义时期，由于生产高度集中，资本主义社会的基本矛盾进一步加剧，经济危机更加频繁，1873 年、1882 年和 1890 年的世界性经济危机，加速了资本积累和集中的进程，推动了垄断组织的发展。1920～1921年又爆发了世界性经济危机。这一时期经济危机具有以下的特点：发生于工业生产领域的危机破坏了国民经济运行的基础；工业危机与农业危机交织在一起，使危机具有普遍性；危机使整个银行信贷系统陷于瘫痪，金融危机全面化、尖锐化；工业经济国家的危机引起了农业经济国家的危机，使危机更加复杂化、国际化[1]。20 世纪 30 年代后期，世界范围的经济衰退开始于1929 年华尔街股市的崩溃，随后蔓延到欧洲和世界其他地区。到 1932 年，美国的大部分银行都倒闭了，失业人口急剧增加。

从大萧条开始，美国的大多数经济学家坚持认为，必须让市场按照自己的轨道运行，市场力量最终会完成拨乱反正的任务。正统的经济学力量是用劳动力市场模型解释大规模失业的，认为这种刚性阻止了工资下降到使市场达到均衡程度的水平上。劳动力市场模型的言外之意在于，如果存在大规模失业，来自寻找工作的劳动力大军压力将使工资下降到这样一个水平上：一方面，他们中的有些人将退出劳动力市场；另一方面，公司将乐意雇佣更多工人，因为工资降低会使雇佣更多工人更加有利可图。不过，如果一些刚性阻止了工资下降到均衡水平（这个水平上，劳动力供需达到平衡）的话，失业就将继续存在。

另有一些经济学家认为，政府的作用不是体现在缓解大萧条的社会影响上，而在于启动拯救病入膏肓的社会经济。在这一思想下，1932 年当选的罗斯福总统实行"新政"，承诺政府干预经济。这一时期发布和推行了 70 多项法律，包括《农业调整法》《产业复兴法》《紧急银行法》《存款保险法》等，这些立法都是现代经济法制度体系中的法律部门。在具体制度上也体现了经济法调整的制度特色。《农业调整法》提供了多项有助于提高农业价格的机制，同意农民减少剩余产量换取政府补贴。1946 年美国就业法案的公布是一个里程碑，其以政府维持就业和市场的高水平来支持需求的高水平。它代表着美国开始尝试放弃自由放任的国家政策。

这种在垄断条件下因经济危机直接刺激产生的"危机对策法"，表明在特定的历史经济条件下，国家有能力将经济托出低谷。以罗斯福"新政"为标志推行的这些法律体现了国家对社会经济生活广泛而深入的干预，因此，围绕着罗斯福"新政"颁布实施的一系列的危机对策成了别于"战争统制法"的发挥另类功能的经济法。

---

〔1〕 刘瑞复：《经济法学原理》，北京大学出版社 2000 年版，第 56 页。

第二节 经济法产生的标志

经济法作为一种制度现象逐步被固定下来，既有观念上的共同认识，也有特殊性制度的分析和认同，还包括权力运用方式的变化。

一、新的法律观念产生

亚当·斯密的自由放任的经济学语言翻译成法律语言即是意思自治。自由资本主义经济条件下最伟大的立法成就是《拿破仑法典》的制定。拿破仑法典确认了从封建的、地域的、专制的直接羁绊下解脱出来的自由和平等的商品生产者的主体地位，成为近代社会区别于传统社会的一个重要标志。这一时期的法学理论所崇尚的私法的三大原则，即所有权神圣、契约自由和自由竞争，其也是法律制度的支柱。随着社会经济的发展，自由资本主义时期所崇尚的这些法律原则，都产生了一定的消极社会后果。于是出现了对抗自由放任主义的新思想，这些新思想包括干预主义思想、团体主义和社会连带思想、国家协调观念。

（一）干预主义思想的产生

市场经济发展初期，市场主体之间的经济力量基本均衡，不存在经济强制和超经济强制的社会条件，民事主体之间在自愿的前提下以意思自治为基础，可以通过协商确定权利义务来维持经济流转。因此，自由、平等、公正的理想社会似乎可以落实到现实生活中，但随着市场经济的进一步发展，私人权利的绝对化、主体规模的差异等导致市场主体之间相对均衡的经济力量遭到破坏，意思自治背后的缔约自由往往带有强制性、依附性（雇佣合同、格式合同），这使得宣扬的契约自由仅仅是一方制定条款的自由和另一方要么接受全部条款、要么拒绝全部条款的自由。当事人双方就契约的内容进行协商成为一种奢望，一方获得极大权利的同时，另一方不得不背负过多的义务。传统的权利观念演变为权利滥用、权利义务不平等的"保护伞"，民事流转关系中的平等性发生倾斜，传统民商法所崇尚的公平因其静态性、表面性的特性而在此刻显示出了机械、刻板的一面，难以与不断变化的经济生活相协调，正如约翰·康芒斯所言："每个人在市场中所拥有的自由受制于他的选择群的大小，而后者又与他的物质和人力财富的多少成正比。"[1] 因此，受到侵害的私人主体因自身能力的欠缺而难以与加害者通过私下协商而进行自救，在求助于国家公权力时，因救济程序繁琐而使保护成本高居不下，结果使得权利滥用的问题难以得到及时纠正，而且也造成了包括司法资源在内的社会资源的极大浪费。

自由资本主义时期的三大法律原则在运用中的异化是干预主义思想产生

---

〔1〕 转引自单飞跃：《经济法理念与范畴的解析》，中国检察出版社 2002 年版，第 67 页。

的主要原因。

在所有权方面，私权神圣几至极端（如有人主张对于土地的所有权"上至天空，下至地心"）的结果使社会两极分化，社会财富集中、积聚到少数人手里。另外，生产资料的私有制，决定了在劳动关系方面，资本家利用延长劳动时间的办法来增加绝对剩余价值；有产者解雇工人的任意性和非道德化十分普遍。为避免富者愈富、贫者愈贫的分化，对所有权进行法律限制，扭转所有权的绝对化和私有财产绝对化的社会思潮越来越普遍。

在自由竞争方面，自由资本主义无限制的竞争，造成了以下事实：组织形态上形成垄断；交易上大量使用不正当竞争方法，如不正当的廉价交易，搭配交易，不正当利益引诱顾客；等等。自由竞争是市场经济发展的前提，垄断是自由市场经济发展的障碍。单依靠市场无法排除这一障碍。国家必须出面保障竞争关系，否则，竞争秩序的破坏将影响整个国民经济的健康发展。自由竞争的经济是通过体现市民社会思想的民法进行调节的，阻止不正当竞争和防止垄断所制定的法，是超越民法界限之外的异质性的法。

在契约自由方面，当事人之间出现了不平等关系。市场力量的强弱不同，使得交易主体的合同自由不可能全面落实。法律既要平衡当事人之间失衡的利益，也要平衡私人与国家公共利益的冲突。在这一时期，需要法律对涉及公共利益的契约自由进行限制。

所有权关系、竞争关系、契约关系的新变化，客观上要求国家依法干涉。干预主义构成了对传统民商法的权利观的挑战。

（二）团体主义和社会连带思想

法团主义[1]，是一个特指的概念、模式和制度形式，它的作用是将社会中的组织化利益联合到国家的决策结构中。[2] 法团主义承认国家是经济调整的决定性力量，这一点区别于传统的自由主义；注重社会团体在国家经济调节中的作用，这一点区别于中央集权下的社会主体和国家的关系。法团主义思想通过垄断组织和国家之间建立常规的协商关系：国家接受社会团体提出的合理的要求，社会团体承担说服其成员执行国家政策的职能。其中心任务是有序地将符合社会利益的合理愿望有组织地传达到国家决策体制中去，因而它主张促进国家和社会团体的制度化合作。当然，法团主义不同于时下流行的德国哲学家哈贝马斯的商谈理论，后者建立在高度理性的个人行动基础上，将国家立法视为交往中形成的权力，将法律视为道德的补充，这有意无意地增加了权力的主观色彩。[3]

法团主义客观地解释了现代国家与市民社会的新型关系——国家主导的

[1] 来源于英文"corporatism"一词，国内有多种翻译，如法团主义、统合主义、社团主义等。

[2] P. C. Schmitter and G. Lehmbruch, eds. , Trends Toward Corporatist Intermediation , Beverly Hills: Sage, 1979, pp9. 转引自张静：《法团主义》，中国社会科学出版社1998年版，第23页。

[3] 参见［德］哈贝马斯：《在事实与规范之间：关于法律和民主法治国的商谈理论》，童世骏译，生活·读书·新知三联书店2003年版，第三章。

和谐社会。当"第三条路"为一些有自由资本主义传统的国家所选择时，政治国家融入市民社会的程度进一步加深，国家对社会经济的管理方式更加灵活和多元化。除了授权给予法团主义的利益团体以部分管理（监管）职能外，国家与在某些方面有国家形象代表意义的经济主体之间的经济关系也发生了微妙的变化。这些主体的经济实力和创新能力在某种程度上代表了国家的经济竞争力，同时，也是国家得以维持国民经济稳定运行和执行国家宏观调控的主体力量。国家与这类主体之间存在的经济发展上的依赖关系在传统的国家与企业之间的法律关系上增加了一道为经济稳定或发展需要而设立的政策的衡平。

1896 年制定的《德国民法典》正是以团体主义、社会连带思想为基础的，这一思想在《法国民法典》中则难觅踪迹，这表明民商法本身也在随时代的变革进行着自我修正。

这种转变调和了公域与私域、自由与平等、普遍利益与特殊利益等复杂关系。经济关系上的变化必然会在法律上反映出来。一方面，公法与私法逐渐混同。国家不是社会的旁观者，"私人组织日益被承认，还被当做是享有一些权力的实体，而传统理论曾认为这些权力专属政府"。[1] 另一方面，在法的调整方式上，权力与权利、义务与责任在某种机制下达成平衡，从而最大限度地实现经济的高速发展和社会的文明进步。权利或权力的单一性调整被权力、权利复合性调整取代。另外，在义务与责任的关系上，也不单单只有"义务违反—责任"这一传统的类型，出现了无责任义务——倡导性义务、商定义务等，如反垄断法中的责任替代机制（承诺制度）就是这种权力、权利、义务、责任新型配置方式的体现。

（三）国家协调观念

自由竞争的市场经济时期，由于商品经济的快速发展和市民社会的高度发达，国家的功能被限制在一个相对狭窄的范围内，因此私人利益占据着主导地位，保护私权利自然成为传统民商法的根本目标，由此产生的弊害前文已经论及。经济法的产生改变了传统民商法保护目标的单一性，既非绝对保护私人利益，也未将国家利益置于极端。经济法在平衡私人利益与国家利益的冲突中将其关注的重心放在了社会利益上（但这并不意味着社会利益是唯一由经济法保护的法益），经济法强调整体协调，由此其保护的法益也呈多元性、立体性特征，这是作为现代法的经济法应有的品质。

国家通过设置公共管理机构实施对私权利的控制，以避免上述私权利滥用造成的恶果，提高对受侵害者保护的效率，减少社会资源的浪费。国家强制力直接或间接介入到当事人间的权利关系协调和确立新规则，既是对意思自治的观念的部分矫正，也使契约自由从表面走向实质。面对失衡经济关系

---

〔1〕［美］昂格尔：《现代社会中的法律》，吴玉章、周汉华译，中国政法大学出版社 1994 年版，第 181 页。

中的弱势群体，国家的强制力保障其能与强势主体一方相抗衡，使其获得契约自由的可能性。对于强势群体而言，新的规则并非对其正当权利的干预，而只是对其权利行使的范围的适度限制和不当得利的剥夺。所以，经济法打破了传统民商法私权的神话，其追求符合经济现实的社会经济秩序与整体经济利益的和谐。

综上所述，经济法的产生打破了传统的权利平等的观念，以身份的不平等为基础，重新审视当事人之间的关系；打破了意思自治的观念，以干预主义观念、社会连带观念和国家协调观念确立国家和社会主体的身份和行为能力的范围。以此为依据，国家的力量进入了市场，国家开始有意识地运用相关手段来促进国民经济的发展。

二、新法现象的产生

在上述法律观念的基础上，新的法律制度相继出现，为经济法的建立提供了制度支持，也丰富了一国的法律制度体系。为了纠正契约自由的偏差，形成了保护劳动者和消费者的立法；为了治理市场经济环境，发展出了市场监管法；为了对宏观经济进行多方面调整，制定了诸多宏观调控法律。这些与传统民法或传统私法形成明显反差的调整市场经济的法律制度，属于新的法律现象。

（一）劳动法的独立

劳动法是从传统合同法中分化出来的新的制度形态。在传统合同法中，劳动关系是由财产关系派生出来的，劳动雇佣关系一般由合同加以调整，劳动关系的基本规范属于民事合同规范。

自20世纪初叶起，劳动法逐渐从合同法中分离出来。劳动法之所以需要从合同法中独立出来，是因为劳动关系和其他财产关系存在本质性的不同，即劳动力依附于资本。由于具有交易上的依附性，双方之间的交易地位不可能平等，因此契约自由也不可能是真正的自由。

劳动法的独立首先表现为劳动时间的固定化、强制化。每天8小时工作制从劳动力支配的任意性变为强制性，由此开始了劳动法解除传统合同法束缚的蜕变。

随着劳动法增加越来越多的强制性的制度，其所体现的合同法意思自治的精神越来越薄弱，以至从本质上完全蜕变并形成独立的特点和制度体系。这种制度体系总体上具有经济法的性质和特征，包括：劳动合同制度（订立和解除的程序、劳动条件、合同期限、解雇限制等）；工资制度（工资的支付、最低工资标准等）；劳动时间、休息和休假制度；安全和卫生制度；女工和未成年工的保护制度；徒工培训制度；劳动保险制度；劳动保护制度；工会的权利义务和组织原则；劳动就业和劳动监督机关等一整套规定。这一整套规定，表面上似乎还留有民事合同的影子，比如劳动合同的签订基于自愿，实质上这种自愿受到诸多条件的限制，如劳动试用期最长不得超过6个月等，几乎每个任意性的调整都是处在强制性调整的限制之下，故而不能用民事合同法的理论来解释这种关系。

之所以如此，是因为在生产社会化条件下，劳动关系成为国民经济关系的重要组成部分，劳动关系的状况如何，直接关系到国民经济总体运行的情况，如劳动工资的高低影响供给与需求的平衡。在独立、分散的生产经营条件下，劳动就业问题一般属于业主与劳动者个人之间的事情。在私人自治原则下，双方通过劳动契约进行劳动力的买卖。生产社会化条件下的就业、解雇和失业不但关系到劳动者、业主的权益，还关系到社会经济的安定。为此，国家制定了雇佣保险法、雇佣对策法、职业安定法、失业紧急对策法、促进中高龄雇佣特别措施法、残疾人雇佣促进法、特定不景气行业离职法、特定不景气地区离职法、雇佣机构法等法律，对劳动就业关系进行特别调整，以保障国民经济的正常运行。

（二）竞争法的制定

建立在大工业基础上的资本主义经济，摧毁了自给自足的自然经济，使整个社会建立起了联系紧密、结构复杂的社会经济关系。生产、销售、分配、消费的关系从来没有这么紧张，以至于产生了总供给与总需求的失衡、产业结构的失衡等严重的社会问题。经济危机是经济自发调整所不可避免的经济现象，是前述失衡关系的总爆发。

垄断资本主义的经济基础是垄断。经济基础变化了，建立在新经济基础之上的国家必然发生变化，国家不再满足于社会经济的消极主体身份，而是积极介入经济活动。国家作为社会职能的承担者、经济活动的参加者和调节者，通过立法对危及社会利益的私人垄断、不正当竞争进行治理。

垄断"不仅周期地消灭一部分产业资本家，而且用一种非常危险的方法来干涉现实市场的权利"。[1] 在财产不平等的基础上对竞争权的平等保护成了虚空的法律目标。"同属法人的街头杂货店与美孚石油公司具有一样组织人格，但其控制能力则完全不同。（在美国）与在有关铁路和其他企业公司的论战中产生的大量法律规则……不再……具有逻辑上的联系。"[2] 19 世纪末，资本主义国家基本上确立了以垄断为内容的经济结构，垄断组织成了各国经济社会的主导主体。美国饼业公司在 1901 年的年度报告中总结其 4 年前的经验时，提供了一个具有时代特征的经营方式上的客观证据："过去，大工业公司的经理都认为如果要成功，就必须控制竞争或限制竞争。因此，本公司开始之时，我们就确信必须控制竞争，为此，我们就必须与竞争抗争或收买对手。前者意味着一场毁灭性的价格战和损失大量的利润；后者则需要不断增

---

〔1〕《马克思恩格斯全集》（第 25 卷），人民出版社 1972 年版，第 618 页。

〔2〕 〔美〕伯纳德·施瓦茨：《美国法律史》，王军、洪德、杨静辉译，中国政法大学出版社 1989 年版，第 149 页。

资。"〔1〕垄断改变了市场结构和市场主体的活动规则，改变了国家与市民社会的关系，重新定位了竞争法律制度的职能——保护竞争而不是竞争主体、保护竞争秩序而不是竞争参与权。如果出于保护中小企业的生存权，或者保护消费者的价格福利，政府采取财政税收政策和价格管制措施是最佳的选择，就无需竞争立法。竞争法不是着眼于外部主体的保护，而是立足于竞争过程本身，立足于竞争的效能。

突破原有民法框架的新的法律关系面临着如何被调整的问题。为此，资本主义国家针对出现的新的社会问题和经济矛盾，一方面在其民法典中加以原则性限制，如维护公共利益、增进社会福祉等；另一方面开始颁布体现维护竞争利益的具体制度。

1896 年德国制定了世界上第一部反不正当竞争法，1957 年颁布了《反对限制竞争法》等。1890 年美国国会制定的《保护贸易及商业免受非法限制及垄断法》（即《谢尔曼反托拉斯法》）是美国历史上政府全面控制经济的尝试。1914 年美国国会又制定了第二部重要的反托拉斯法——《克莱顿反托拉斯法》，作为对《谢尔曼反托拉斯法》的补充。同年美国国会还制定了《联邦贸易委员会法》，据此设立联邦贸易委员会，负责执行各项反托拉斯法律。这一在制定之时被称为"特别的"法律后来成了市场经济必不可少的制度。

（三）消费者权益保护法的出现

从 19 世纪末开始，社会经济生活发生了深刻变化。由于生产组织形式的变革，生产者不再是手工业者和小作坊主，而是现代化的大企业、大公司。它们拥有强大的经济实力，在商品交换中处于显著优势地位。由于科学技术的发展，生产过程、生产技术高度复杂化，消费者在购买商品时已根本不可能判断其品质。又由于流通革命，商品从生产者到消费者须经过复杂、多层的流通环节，买者、使用者与商品制造者间一般没有直接的契约关系。加之生产者、经销者广泛运用各种广告和宣传手段推销商品，消费者实际上处于"无知之幕"的信息屏蔽状态。因此，在现代高度发达的商品经济条件下，生产者与消费者之间的关系发生了新的变化，形成了一种支配与被支配的不平等关系。在广告宣传和消费交易上，消费者被奉为"上帝"，而实际上只是听凭经营者摆布和挤压的"弱者"〔2〕。

1891 年，纽约消费者协会成立。这是世界上第一个以保护消费者权益为宗旨的组织。1899 年，美国消费者联盟诞生，成为世界上第一个全国性的消费者组织。到了 20 世纪 60 年代，美国消费者运动的规模进一步扩大。1962 年 3 月 15 日，美国总统肯尼迪在《关于保护消费者利益的总统特别国情咨文》中，率先提出消费者享有的四项基本权利，即安全的权利、了解的权利、

---

〔1〕 ［美］小艾尔弗雷德·D. 钱德勒：《看得见的手——美国企业的管理革命》，重武译，商务印书馆 1987 年版，第 390 页。

〔2〕 梁慧星："消费者运动与消费者权利"，载《法律科学（西北政法大学学报）》1991 年第 5 期。

选择的权利和意见被听取的权利。1969年，美国总统尼克松进而提出消费者的第五项权利：索赔的权利。消费者权利的提出，使消费者运动进入了新的阶段，同时，美国联邦政府和州政府都设立了消费者保护机构。20世纪60年代以后，一些国家相继制定了消费者保护法律制度。

三、国家职能的变化

生产社会化引起的经济国际化导致国民经济复杂化是国家职能增加的基础，它决定了国家活动方式的法治化，这是经济法制度体系化的又一客观条件。

自由资本主义建立的同时也产生了市民社会和政治国家的分野。作为经济基础的市民社会，"包括该阶段上的整个商业生活和工业生活"，其从封建的政治共同体中分化出私人利益并与政治利益对立，"因此它超过了国家和民族的范围"。[1] 此时，国家被置于社会经济生活之外，成为私人"神圣"利益的守护者。把握自由资本主义社会的二元对立结构是理解该社会阶段法律制度的前提。自资本主义垄断阶段以来，垄断经济成为社会经济的新特点，经济基础变化了，建立在新经济基础之上的国家必然会发生变化，而反映国家意志的法律也必然会随之变化。个人利益与国家政治利益的二元结构被打破，包含个人利益但又不限于特定个人利益的社会利益成为独立于二元利益结构的新利益形式。国家不再满足于社会经济的消极主体身份，而是积极介入经济活动，以克服垄断带来的弊害和限制私人行为的任意扩张。

在垄断阶段，国家的职能出现了新特点：

（一）国家的社会职能的增加

在失去了自律性的自由放任市场经济危机情势下，国家不得不担负起领导社会的责任。为了避免经济发展的大起大落，国家开始强调从经济安全角度关注社会政治安全，随着经济的垄断化发展，要求立法反映"社会公共利益""社会福利""社会经济的健全稳定发展""社会责任""社会经济秩序"等，并将其强制地规范化。这样，国家的"社会机能"与"阶级机能"分离了。国家的职能不仅仅在于建立国防和治安安全系统，国家还需要为经济稳定发展创造积极的外部条件：投资于作为经济发展基础的公共产业；建立和维护竞争制度；等等。垄断主义市场经济阶段国家的上述新特征表明：国家是上层建筑范畴，也涉及经济基础范畴。[2]

（二）国家的义务主体身份的确立

20世纪30年代"福利国家"的兴起，标志着国家的责任有了新变化。政府有义务保证公民享有最低标准的收入、营养、健康、教育、住房、就业机会。这些保障是以法律形式而不是慈善的形式确定下来的政府的职责。在

---

〔1〕《马克思恩格斯选集》（第1卷），人民出版社1972年版，第41页。

〔2〕 刘瑞复：《经济法学原理》，北京大学出版社2000年版，第51页。

具体的制度实施中，国家需要以国库的财产承担一定的经济法律义务，如社会保险费的支付中国家"出大头"、免费义务教育、对失业者实行普遍社会救济等。党的十九大报告中也明确指出：覆盖城乡居民的社会保障体系基本建立，人民健康和医疗卫生水平大幅提高，保障性住房建设稳步推进。由此明确了新时代中国改革和经济建设的阶段性目标。

（三）国家活动方式的改变

在自由资本主义市场经济阶段，国家作为"守夜人"，仅负责治安、国防等主权事务。在垄断资本主义阶段，国家直接介入经济领域，其活动有两种基本方式：国家调节产品的产量和商品流通，如通过调节价格和劳动条件等影响社会需求，通过税收和融资活动影响收入分配等，这是从宏观经济总量上对国民经济进行调节的活动；另一种活动是完全新型的经济活动，即国家以生产资料所有者的身份参加社会经济过程——组建国有企业。国家参与现实经济活动，已经成为作为公共权力的国家自身存在的一个条件。由此，国家的经济职能突现出来，在形式上，"经济的国家"与"政治的国家"分离了。[1]

第三节 经济法的发展

市场经济作为一种制度，自建立以来，在创造了巨额社会财富的同时，也经历了"市场失灵"的困境。市场经济体制在摆脱这种困境的过程中，不断完善自身，实现了从"古代"到"现代"的演进，即从单一的市场调节机制的"古典体制"到以市场调节机制为主的市场与政府二元调节机制并存的"现代体制"的演进，这是对市场经济的"古典体制"扬弃的产物[2]。然而在政府克服市场失灵的过程中，又出现了凯恩斯式的政府过度干预体制，以及西方国家的福利体制"政府失灵"、计划经济的高度集中体制等削弱市场活力的问题。

经济法在克服市场失灵任务中形成了作为独立法律部门的基本雏形，在克服政府失灵的任务中完成了自身的发展和完善。

一、政府失灵的克服

经济发展的历史表明，现代经济再也不可能回到单纯由"看不见的手"调节的时代了，必须要有其他的力量来辅助这只"看不见的手"。能够担此重任的唯有国家，国家通过运用公权力来弥补市场软弱无力的一面。但是，权力具有扩张的本性，借助于公权力干预市场经济的目的不是以国家来代替市场，国家对市场经济的干预应该而且必须限制在一个必要的限度内，防止公

---

[1] 刘瑞复：《经济法学原理》，北京大学出版社 2000 年版，第 51 页。
[2] 刘力臻：《市场经济"现代体制"与"东亚模式"》，商务印书馆 2000 年版，第 1 页。

权力的过度膨胀对私权利的侵害以及由此阻碍市场经济的健康发展。

（一）两种体制的形成

20世纪上半叶，以亚当·斯密的经济学理论为基础的自由放任的市场经济被否定，取而代之的是两种经济体制。一种是以"罗斯福新政"为标志的国家干预主义的经济体制，这是资本主义国家为了弥补市场失灵而对市场经济体制所进行的改造与创新，是在不否定市场经济体制的前提下所进行的内部自我修正；另一种是以苏联及我国为代表的社会主义制度的建立，因社会主义国家是以阶级斗争的方式建立的，受意识形态的影响，全面否定了资本主义制度，包括资本主义制度赖以依存的市场经济体制，建立了一种全新的高度集中的计划经济体制。

这两种体制建立之初都创造了辉煌的成就，资本主义国家的国家干预主义在凯恩斯的宏观需求管理理论的指引之下，不仅摆脱了30年代的大危机，而且带来了二战以后相当一段时期内的西方国家的普遍繁荣，凯恩斯也因此被誉为"战后繁荣之父"。苏联的社会主义经济建设取得了巨大的成功，成为仅次于美国的世界第二强国，为第二次世界大战打败德国法西斯奠定了强大的物质基础。作为社会主义阵营重要成员的中国，在社会主义革命取得胜利之后，以苏联的模式为样板，同样建立了高度集中的计划经济体制，集中有限的财力、物力开展大规模的经济建设，在较短的时间内实现了国家的工业化。

上述两种权力运行体制在解决各自特定问题时都彰显了独特的优势和非凡的效果，但对特定问题之后的常态经济若依然沿用权力"大一统"，则可能出现与市场调节完全相左的另类经济问题，即表现为经济发展动力不足，创造财富能力下降，严重的表现为失业、消费紧缺等问题。

（二）两种体制中的权力限缩

西方的正统经济学以及市场经济制度发生转折与变革的宏观经济学理论虽然全面准确地分析了市场机制的缺陷，但对政府干预经济的负效应估计不足，在其经济干预政策实施至20世纪70年代末时，西方国家普遍发生经济滞胀，即一方面经济发展、通货膨胀；另一方面经济停滞、大量失业，二者同时并存。这是自由放任时期资本主义经济所未曾遇到的，成为资本主义国家经济发展的痼疾，由此，凯恩斯理论在实践中面临着前所未有的困境，它迫使人们回过头来重新到亚当·斯密的理论中去寻找灵感。经济政策从亚当·斯密理论摆渡到凯恩斯理论这两个极点之后，开始出现了回调。

与此同时，社会主义国家经济的发展也出现了问题，体制僵化、计划决策出现失误。由于缺乏竞争，经济效率普遍低下，经济发展缺乏动力和活力，政府也失灵了——由政府通过计划、税收、经济政策等手段，以对市场替代或对市场缺陷加以弥补的形式参与资源配置、生产过程和收入分配的直接或间接的调节〔1〕。政府是弥补市场失灵而进行市场调节的。"更好发挥政府的作用，不是要更多发挥政府作用，而是要在保证市场发挥决定性作用的前提下，管好那些市场管不了或管不好的事情。"〔2〕

之所以这两种体制会产生相同的结果，究其原因，在于国家干预或政府干预的度没有很好地解决，往往干预过度和手段过于单一。以国家"看得见的手"取代了市场"看不见的手"，国家对经济生活的过度干预排挤了市场，使其在资源配置中难以发挥应有的作用，价值规律发生扭曲。当政府失灵时，社会主义国家逐渐失去了其在经济上的优势，于是需要市场力量的配合。计划和市场，命令经济与市场经济因此产生融合，国家管理与承认个体经济权利相互交织。

正如德国哲学家哈贝马斯所言："经济系统无法生产必要数量的可消费价值；行政系统无法做出必要数量的合理决策；合法性系统无法提供普遍化的动因；社会文化系统无法生产必要数量的能激发行动的意义。"〔3〕因此，"经济危机""政治合法性危机""理性危机"以及社会文化系统的"动因危机"仍然存在。〔4〕20世纪70年代以后，西方国家和东方国家为克服"政治危机"和"经济危机"相继放弃了"右"和"左"的政策路线，寻找融合"右"和"左"路线的第三条路，这为经济法的完善带来了新的契机。

二、经济法体系的形成

早期的经济法具有制度上的临时性，而作为法律制度应具有稳定性。经济法体系的形成就是在开启临时性制度以后，因一些因素的变化形成制度的稳定预期的过程。

（一）经济法体系形成的特点

从经济法体系形成过程来看，其具有两个特点：阶段性和相向性。

经济法在其百年发展历史中，从个别法现象的产生到体系形成大致经历了两个阶段：

第一个阶段是经济法律规范的应急性。这是在社会处于非常态时为了应对突发事件或紧急情况而制定的经济法律法规，这一时期的经济法具有回应性调整的特点：为了应对战争，国家一改过去自由放任法学说，强调政府直接介入国内经济活动和对外扩张的法理基础，形成了两次世界大战期间以政府管制为根本特征的管制经济法，以实现国家对物资和资金的直接掌握和分

---

〔1〕　刘力臻：《市场经济"现代体制"与"东亚模式"》，商务印书馆2000年版，第74页。

〔2〕　中共中央宣传部：《习近平新时代中国特色社会主义思想学习纲要》，学习出版社、人民出版社2019年版，第155页。

〔3〕　J. Habermas, The Theory of Communicative Action, Vol. 1, transl. by T. McCarthy, Beacon Press , 1984, pp. 49.

〔4〕　［德］尤尔根·哈贝马斯：《作为"意识形态"的技术与科学》，李黎、郭官义译，学林出版社1999年版，第50页。

配，实现对契约自由的限制，适应战争的需要，有针对性地颁布一些具体的经济法规，如上文所提到的1919年德国颁布的《煤炭经济法》等。战后各国又相继颁布了经济恢复法令。这一时期有关经济法的学说也有了很大的发展，如认为经济法是以直接影响国民经济为目的的法规范的总体[1]。

为了应对经济危机，尤其是20世纪30年代的世界性经济大危机，凯恩斯的国家干预的宏观经济学理论取代了亚当·斯密的自由放任经济学理论成了资产阶级政府的御用经济学，因应对危机而闻名于世的罗斯福"新政"即是深受凯恩斯学说的影响，颁布了许多国家应付经济危机的法律。但"新政"毕竟是一种应急的施政纲领，无法从根本上解决美国社会的危机和矛盾，因此，这些法律法规具有暂时性的特点。二战爆发以后，由于社会及经济环境发生巨变，"新政"即告终结。所以，应对社会非常态的经济法规与特定的社会经济形态相联系，导致这一时期的经济法不论是在理论上还是在体系上都只能是阶段性的，缺乏一个法律体系应有的连贯性和系统性。

总体来讲，这一时期的经济法具有明显的时代烙印，但却标志着经济法作为一门新兴的法律学科，开始进入法学研究的领域。

第二个阶段是经济法律规范制定的体系化。随着19世纪市民社会向现代国家的演进，其原有的法律制度中渗透进了新的因素，加之两次世界大战的催生，垄断成为资本主义社会的经济常态，自由竞争受到抑制，西方国家的经济立法开始围绕着市场运作而制定，其中最主要的一个方面就是对垄断的规制。二战以后，作为经济法重要内容的竞争法（包括反不正当竞争法和反垄断法）和消费者权益保护法蓬勃兴起[2]。这一时期的经济法逐渐体系化、系统化，尽管这一体系的构成和内容尚有争议，但就市场秩序规制法律制度、宏观调控法律制度已经达成共识[3]。这样，经济法在其为期不长的发展史中，基本形成了自己特有的结构体系，经济法的发展进入成熟期。由此，自人类社会运用法律调整社会经济关系时起至今，法律体系结构中又增加了新的成分，这种变化改变了法律制度发展的进程，预示着法律制度发展的新趋势。

抛却时间概念，在空间上，经济法体系也是在两类不同制度变革的相向性运行中形成的。人类社会进入20世纪之后，思想、政治、社会领域发生的最深刻的变革，即是产生了与资本主义阵营相对立的社会主义阵营，世界政治格局一分为二，法律思想受意识形态的影响也出现了一分为二的趋势。

---

[1]　汤黎虹：《经济法——政府经济管理体制的法律形式》，吉林人民出版社2002年版，第10页。

[2]　在这个问题上美国比较特殊，其反垄断法是在19世纪末20世纪初制定颁布的，1890年颁布《谢尔曼反托拉斯法》，1914年颁布《克莱顿反托拉斯法》和《联邦贸易委员会法》。

[3]　有关经济法的体系有不同的观点，李昌麒主编的2007年版的《经济法学》中还提到了经济监管法律制度；刘瑞复2000年版的《经济法学原理》认为经济法体系应该包括经济组织法律制度、经济活动法律制度、经济竞争法律制度、经济调控法律制度、经济管理法律制度、经济监督法律制度和涉外经济法律制度；漆多俊主编的2003年版的《经济法学》中还包括了国家投资经营法。

在资本主义国家，资本主义经济的高度发展一方面导致了垄断，另一方面产生了现实中的经济不平等，出现了连生存权都受到威胁的贫困者阶层，社会处于极度的两极分化之中。为了缓和资本主义基本矛盾，保障劳动者的基本福利，保证国家经济顺利发展，各国政府不得不介入到经济活动中去，通过法的社会化来干预经济立法，传统的私法领域渗透进了公法的因素，这种现象被称为私法的公法化。正如日本经济法学家金泽良雄所言：经济法是在资本主义社会为了以国家之手代替无形之手来满足各种经济性的，即社会协调性要求而制定的法，是为了弥补民法调整所不及的法律空白状况，即其中包含的与市民社会私人方面相对的公共方面的法。所以，西方国家经济法的产生路径是私法公法化。

社会主义国家经济法的产生则是延续另一路径。社会主义国家建立之后全盘否定资本主义，包括其法律制度，二元法律结构的法律思想自然也被抛弃。苏联社会主义国家建立之后，列宁就明确指出："我们不承认任何'私法'，在我们看来，经济领域中的一切都属于公法范围，而不属于私法范围。……由此只是扩大国家干预'私法'关系的范围，扩大国家废除'私人'合同的权力，不是把罗马法典，而是把我们的革命法律意识运用到'公民法律关系'上去。"[1] 因此社会主义国家不再划分公法和私法，因为这种划分的基础已经不存在，市民社会被政治国家完全吸收，社会生活的全方位由政治国家来包办，私人活动及私法被打压在一个极小的空间，市场被排挤，导致全社会生产效率低下，暴露出计划经济体制内在的缺陷，社会主义国家开始了经济体制改革的探索。

以中国为代表，改革开放的历史是市民社会艰难发育的历史，私法也在公法的框架内顽强生成，国家、社会、个人多元关系逐步形成，成为一种客观趋势，伴随着国有企业改革，《经济合同法》《民法通则》[2]《消费者权益保护法》《反不正当竞争法》等法律颁布，私法理念开始生成并渐入人心，打破了公法一统天下的格局，在公法中渗透进了私法的因素，中国的法律体系发生改变。这一现象被称为"公法的私法化"。

综上所述，在法律体系结构的演化过程中，资本主义国家和社会主义国家正好经历了方向相反的过程，即前者是私法公法化，后者是公法私法化，但结果是殊途同归，即在公法和私法之间形成了一个交叉地带，这一地带中既有公法的元素，也有私法的元素，但其既不等同于传统的公法，也不等同于传统的私法，而是形成了以社会利益为核心的一个新的法域。

---

[1] 转引自王勇飞编：《法学基础理论参考资料》，北京大学出版社 1985 年版，第 1431 页。

[2] 《经济合同法》于 1981 年发布、1993 年修正。其效力一直延续到 1999 年《合同法》的实施。《民法通则》于 1986 年颁布，其将被《民法典》取代。

（二）经济法体系的形成——经济法的现代化[1]

战争和经济危机时期国家对经济的特殊介入而进行的干预性调整，形成了具有应急性、局部性、孤立性特征的经济法律制度。"战时经济统制法"和"危机对策法"是经济法的初级形态。战争和经济危机时期的"控制机构"的出色表现，奠定了国家在社会领域中的主导经济的基础，从而改变了社会经济运行的结构，即国家作为介入其中的主体发挥作用。二战以来经济的现代化促成了经济法的现代化，并在制度上渐渐地雕琢出了经济法的核心结构和基本轮廓。

经济法的现代化分"两步走"，促成这"两步"的经济环境分别是国民经济体系化和经济全球化。

战争和经济危机以后的现代经济政策的中心目标是实现总体经济的良性运转，政策手段上综合事前调整、事中和事后等多维调整，并突出事前调整的功能。另因经济的良性发展需要国家、企业、个人多方协调运作，一国经济不再是单纯的国家经济（或国库管理），而是国民经济，相应地，国民经济的运行就成了各主体关系协调的经济系统。

国民经济体系化就是由若干子系统相互联系而形成的国民经济系统结构和运行方式。国民经济体系化是由现代经济的复杂性决定的。国民经济系统一般包括：①宏观经济调控系统；②微观经济调控系统；③中观经济调控系统。这三个处于不同层面的经济调控系统由其各自的子系统构成。后文详述。

国民经济体系化表现在：各子系统及子系统的子系统相互之间紧密相关、有机联系；每个系统要素的变动都会改变该系统状态；每个系统要素既是本系统中的成员，也是大系统中的组成部分。

正是由于国民经济系统关联性及其要素驳杂性，要素之间的相互作用使得国民经济系统经常处于不断变动的状态而趋向无序，而经济发展需要有稳定的秩序，因此，必须在尊重经济规律的同时，对系统及其要素进行控制。

国民经济的系统性和体系化，在经济法制度上直接反映为：体系构成上的跨部门法属性、调整方式上的复合性。跨部门法属性是指经济法体系构成上包括分布在传统私法部门中的被公法化了的制度规范形成的结构特性；调整方式的复合性是指多种调整手段中强制性手段和任意性手段综合运用。（后文将对这两个内容详述）。

经济全球化对经济法的完善也产生了至关重要的影响。经济全球化的基本标志是"三化"，即"信息化""市场化"和资本等生产要素自由流动的"跨国化"。经济全球化的鲜明特征表现在以下方面：①新市场。资本跨越国界，国家经济的发展在世界范围内配置资源。②新主角。世界贸易组织和跨国公司是世界经济的主要力量；③新规则。世界贸易组织的有关贸易、服务、知识产权和投资等多边协定，辅之以相关执法机制，进一步缩小了民族国家

---

[1]　这里的"经济法的现代化"是指制度的合理演进。

政策的差异。[1] 但是，经济全球化并不会使全球经济形成一个均等的体系，发达国家和发展中国家在全球经济中的利益是不对等的。经济全球化进程存在一个悖论：世界经济一体化进程愈推进，民族国家的利益问题愈突出。

在当代条件下，由于经济关系的国际化，国家经济主权已不仅是一国范围内的权力，也涉及国家与国家相互间的经济权力的问题。在协调经济依赖性和经济独立性、经济安全和经济危险关系中，更加突出维护本国经济主权原则，在这一原则的运用下，国际交往实现了旧有制度规则的新修正。

1. 维护经济主权的完整性。国家经济主权，包括国家的全部经济权力，如对国家财富、自然资源的拥有权、使用权、处分权，以及对国民经济的治理权、管理权等，也包括在国际经济关系中的自决权、自主权、选择权、发展权等。在国际交往中，选择权、发展权与自决权、自主权是辩证的统一，它们相互依存，不可割裂。无论是强调选择权、发展权，忽视自决权、自主权，还是用一国的自决权、自主权去打压另一国的自决权、自主权，都是歪曲了国家经济主权概念的。

2. 贯彻经济主权原则的中心内容是保障国家经济安全。不同国家及同一国家不同时期的经济风险不同，保障经济安全的任务也不同。转型国家在经济发展中因资本、技术的依附性或市场的脆弱性，其面临的风险会更大。转型国家的经济风险主要表现在两方面：①国际化风险，即外来资金的注入对原有的产业体系和金融体系产生巨大的冲击；②市场化风险，即履行计划调控的职能企业在转轨时，由于价格机制为代表的竞争机制缺位，内部控制、外部监管体系不健全，法律基础薄弱而产生的风险。

在这一原则指导下，区别不同的行业或产业采取一般调整和特别调整的方法。特别调整，可以表现为以下几种形式：允许国内投资经营，禁止或限制外资进入；允许本国经营者对外采取某种行为，禁止对内采取该种行为，例如进出口卡特尔。

经济全球化下，对内经济关系法律调整的方法也要随之变化。全球化使国家与企业的经济联系更加紧密，因为国家竞争是由国内企业竞争力整体构成。整个世界市场就是各国企业国际化竞争的主战场，企业的国际竞争力直接影响到国家的繁荣。国家可以为企业创造最基本的竞争优势，因为国家政策不但影响企业所做的战略，也是创造并延续生产与技术发展的核心。

加入全球经济竞争，代表国家的政府都在努力实现角色转换，即由过去对企业及其活动进行积极干预，转变为积极引导，即通过创造优良经济环境、政策扶持等方式扶助、引导企业提高竞争力。历史上，韩国"出口替代"政策是政府扶持企业参与国际竞争并取得良好效果的典型。20世纪80年代以来，美国的经济增长持续放缓，大部分产业的发展由攻势转为守势，而政府

---

[1] ［美］迈克尔·波特：《国家竞争优势》，李明轩、邱如美译，华夏出版社2002年版，第9~10页。

制定的法律、法规大多数时候与鼓励创新目标背道而驰，这是另一种典型。我国现正处在提升企业和产品国际竞争力的特殊时期，采取哪些手段达到这一目的是问题的核心。相关国家的经验显示，要刺激本国供应商加强创新，政府必须提供创新动力和本国客户更多采购本国产品。这需要竞争政策和产业政策的协调。

二维码

第一章　拓展阅读

第二章

经济法的概念和特征

概念的形成始于并决定于资料的分类。社会经济关系日益复杂，基础信息和辅助信息交叉的现象普遍，交叉学科、边缘学科相继出现，这增加了进行定义的难度。理论上，一个新出现的概念能否得到承认和应用，取决于它能否通过专门的语言圈（专家集体），而创造的概念需处理好三层关系：同理论的联系、同其他概念的关系、同具体经验的联系。经济法概念的定型需要经历这样的检验。

第一节 经济法的概念

"概念乃是解决问题所必须的和必不可少的工具，没有限定的专门的概念，我们便不能清楚和理智地思考法律问题。"[1] 经济法一进入我国法学研究领域，便引起了人们极大的兴趣。在经济法学研究中，经济法的概念首当其冲成为理论争鸣的焦点，围绕概念形成了诸多的"学说"。在早期，经济法的概念似有"乱花渐欲迷人眼"的感觉。甚至可以说，处于发展早期的经济法学科史，主要工作是适当概念的形成史。

专门的概念和特有的范畴体系是任何一个学科存在的前提，概念是学科范畴的起点。因此，只有正确解析经济法的概念才能构建经济法的学科体系。

一、西方学者经济法概念比较分析

二战以后，日本学者对新生的经济法学科给予了较多的关注，其中金泽良雄的影响最大。其《当代经济法》（1980 年修改版）被日本学术界称为"战后出版系统经济法著作中最全面、最系统的著作"。代表观点认为，"经济法是在资本主义社会为了以国家之手代替无形之手来满足各种经济性的，即社会协调性要求而制定的法，是为了弥补民法调整所不及的法律空白状况，即其中包含的与市民社会私人方面相对的公共方面的法"。经济法和传统公法及私法的关系是：经济法是公法和私法两个领域的交叉。经济法的体系包括：总论、经济组织法、经济活动法。

---

[1] ［美］E. 博登海默：《法理学——法哲学及其方法》，姬敬武、邓正来译，华夏出版社 1987 年版，第 465 页。

在德国，拉德布鲁赫在赞同戈德斯密特的经济法是组织起来的法律的观点的基础上，从原理上对经济法产生的合理性作了更深入的分析，并得出经济法是独立于公法和私法之外的独立的法律的结论。拉德布鲁赫认为，经济法产生于立法者不再满足于从公平调停经济参与人纠纷的角度考虑和处理经济关系，而侧重于从经济的共同利益，从经济生产率，即从经济反面的观察角度调整经济关系。当国家不再任由纯粹私法保护自由竞争，通过法律规范以其社会学的运动法则控制自由竞争的时候，这种法律规范本身就是指在社会运动中有效干预的状况。[1]

在法国早期的经济法探讨中，对经济法有广义和狭义两种概念界定。狭义的经济法是指官方组织经济的法律，包括官方对商品的产生、销售和商品化进行管理和干预的法律，属于公法的范畴。[2] 广义的经济法概念是指组织和发展经济的法律或者管理生产和财产的流通的法律。[3] 广义上的经济法不是独立的法律部门，而是"一种适合一系列不同规则的独特的法律精神"。雅克曼对经济法的思考已经不限于有关经济法现象的简单描述，而是深入到经济法制度层面去构筑经济法思想体系。在他看来，经济法的产生主要根源于解决私人利益扩张引发的矛盾对公共权力的需求。"生产和销售技术条件的变化、某些私人利益集团社会经济力量的相应发展、对竞争不完善的认识以及30年代的大萧条，使人们日益怀疑市场的自动调解机制。因此，国家干预得到了发展，政府当局和私人力量之间的均势发生了根本的变化。""有意识地组织经济生活取代市场自发机制的经济计划化。亚当·斯密所颂扬的并在存在完全竞争的大量小单位中保证私人利益向全局利益汇合的'无形之手'，让位于'有形之手'，即国家之手。这样的计划化意味着配备充分的法律手段，并使法律规则在计划制定、实施和执行过程中起主要作用。"[4]

法国学者雅克曼认为，经济法的主要问题，是确定国家、企业之间的关系。包括：企业成员间管理关系、资产分配管理关系、竞争关系、国家对企业的补贴、扶助和部门调整、国有化等。国家和行政单位之间的经济关系包括：价格和交换制度、金融货币政策、税收政策、收入政策、国际贸易管理、国家计划和地区计划等。

苏联现代经济法学派 B. B. 拉普捷夫认为，经济法调整的经济关系"是领导和进行经济活动过程中所形成的经济关系，这种经济关系既涉及横的经济关系，也涉及纵的经济关系"。这种以向性关系来描述的学说被称为"纵横统一论"。

这些国外学者对经济法概念所作的界定似乎都因循一个统一的方法，即

---

〔1〕［德］拉德布鲁赫：《法学导论》，米健译，中国大百科出版社 1997 年版，第 77 页。

〔2〕［法］雅克曼和施朗斯：《经济法》，宇泉译，商务印书馆 1997 年版，第 44 页。

〔3〕［法］雅克曼和施朗斯：《经济法》，宇泉译，商务印书馆 1997 年版，第 47 页。

〔4〕［法］雅克曼和施朗斯：《经济法》，宇泉译，商务印书馆 1997 年版，第 83~84 页。

通过阐述产生的原因、制度特殊性、独立性和基本关系来描述经济法的内容，在很大程度上已经将经济法的基本范畴描述出来。略有遗憾的是，对经济法概念的描述，因没有严格按照形式逻辑的要求下定义，只能给人以意向性的经济法制度的大致轮廓。当然，对中国早期经济法具有影响力的西方学说还有很多，如集成说、对象说、世界观说、方法论说，更是偏离了界定概念的方法。

二、我国经济法概念的产生和发展

对经济法的研究自 20 世纪 80 年代开启以来，学术思想高潮迭起。期间虽有观点冲突、对峙，但学者抱有共同的目标。恰如伯尔曼在《法律与革命》一书中所言："由于人们相信全部法律都是由一种共同的目的，一种理性所引导，因此，各种矛盾最终被解决是顺理成章的事。"[1]

经济法一进入我国法学研究领域，便引起了人们极大的兴趣。在经济法学研究中，经济法的概念首当其冲成为各家争鸣的焦点。

（一）我国经济法概念的产生

经济法的定义是步入经济法门厅的前阶，因为它需要准确地表达调整对象的独特性；同时，它也是进入到经济法圣殿的堂奥，因为对它的描述涉及制度范畴和制度体系。

经济法的定义的难点在于如何概括其所调整的社会关系。在我国改革开放初期，基础性的法律制度尚未构建的背景下，定义经济法需要跨越两个主要障碍，一是客观实在转为主观认识的相符程度，即作为社会关系——经济关系——经济法律关系之间如何相符合的问题；二是作为思想关系的法律概念之间如何协调，即经济法的定义如何与传统的民法、商法、行政法等部门法的定义区分开来。

现有资料证明，1981 年 5 月由长春市科学技术协会出版的《经济法概论》一书中刘瑞复先生首先提出了经济法的定义[2]。1984 年，刘隆亨先生的《经济法学概论》问世，也提出了自己对于经济法的定义。这是迄今为止，在中文可查阅资料的范围内我国最早的两部经济法的著作，自然，书中有关经济法的定义也是最早的。

在《经济法概论》中，刘瑞复先生将经济法的对象确定为"一定范围的经济关系"——"经济法是国家制定的，用服从和协商的方法调整一定范围内经济关系的行为规则的总和。""经济法一方面调整国家同经济组织之间经

---

〔1〕［美］哈罗德·J. 伯尔曼：《法律与革命——西方法律传统的形成》，贺卫方等译，中国大百科全书出版社 1993 年版，第 191 页。

〔2〕 刘瑞复：《经济法概论》，长春市科学技术协会 1981 年版。这一著作在读秀网上有电子版，具体链接是：http：//book. duxiu. com/bookDetail. jsp？dxNumber = 000004705475&d = DA6008C420C81CA2B357450DF8268327。

济关系的法律规范；另一方面也是调整经济组织相互之间经济关系的法律规范。"[1] 在刚刚提出改革开放及在民法等诸多基本法均未制定的情况下，"一定范围的经济关系"无疑是具有先见性的，即经济法不是针对"所有经济关系"。

"一定范围的经济关系"提出后，得到了理论界的认同："不把经济法看作是全部经济关系或所有各种经济关系的法律调整，而只是对于一定范围内的经济关系的法律调整，既能避免经济法同历来调整经济关系的其他法律部门相重叠，又能从总体上指出经济法的本质和特征，也符合经济法自身的由来和发展变化的实际情况。"[2]

在新构建的概念中，影响颇大的是"统编"教材的观点："经济法只调整国家机关、企业、事业单位和其他社会组织内部（即纵向）及其相互之间与公民之间（横向）的那部分经济关系，并不调整所有的经济关系。"[3] 1986年以后细化出来的不同表述为"密切联系说"和"管理—协作说"等[4]。尽管整个20世纪80年代，围绕经济法概念表述所展示出来的经济法的调整对象的范围是逐渐限缩的，总体上仍被学者确定为"大经济法"观念时期。[5] 其实，不管出现的观念有多"大"，本质上还没有从理论上划清经济管理与行政管理、经济协作与民事协商之间的界限，这自然会使经济法与民法、行政法纠缠在一起。这也是这一时期遗留给下一个阶段的需要尽快解决的历史问题。

在借鉴来自苏联法学家拉普捷夫的经济法观念基础上，结合中国的改革开放法律制度的状况，理论界提出了经济法调整的"纵横经济关系"[6]。这种提法简洁、形象，曾盛行一时，但"运用纵向、横向经济关系来进行分析，只不过是为了研究的方便"。[7] 随着我国《民法通则》的公布实施，这种表述很快进行了修正，提出"与纵向关系'密切联系'的横向关系"和"与经济管理关系密切联系的经济协作关系"（"密切联系说"和"管理—协作说"）[8]。但它毕竟是一种横向关系，应归民法调整。该说同纵横说一样夸大了经济法调整对象的范围，仍然属于'大经济法'观点。"[9] 也有学者完全放

---

〔1〕 刘瑞复：《经济法概论》，长春市科学技术协会1981年版，第11页。

〔2〕 刘隆亨：《经济法概论》，北京大学出版社1984年版，第20页。

〔3〕 陶和谦主编：《经济法学》，群众出版社1986年版，第2页。

〔4〕 从1989年群众出版社出版的高等学校法学教材《经济法学》第4版同前3版的比较即可看出。

〔5〕 漆多俊：《经济法基础理论》，武汉大学出版社2000年版，第137~138页。

〔6〕 "经济法只调整国家机关、企业、事业单位和其他社会组织内部（即纵向）及其相互之间与公民之间（横向）的那部分经济关系，并不调整所有的经济关系。"参见陶和谦主编：《经济法学》，群众出版社1986年版，第2页。

〔7〕 陶和谦主编：《经济法学》，群众出版社1986年版，第5页。

〔8〕 从1989年群众出版社出版的高等学校法学教材《经济法学》第4版同前3版的比较即可看出。

〔9〕 漆多俊：《经济法基础理论》，武汉大学出版社2000年版，第137~138页。

弃横向经济关系的提法，直接转向纵向经济关系，提出"经济行政关系"[1]。

这一时期的经济法的概念带有明显的初始改革开放时期的烙印。中国改革的过程是渐进的，从农村经济体制改革到城市国有企业改革，这是早期经济法概念的客观基础。另外，这一时期在思想上提出的改革过程中的"计划经济为主，市场经济为辅"的理论、"有计划的商品经济"理论，对经济法概念的内涵也有重要的影响。由于当时多种市场尚未建立，各类市场管理制度尚未开启，同时，"社会主义市场经济"的理论尚未提出，这些都限制了经济法概念的认识基础。

总之，1979年至1986年是经济法概念的产生时期。这一时期经济法概念的表述比较宽泛，也处于经常性调整之中。调整范围基本上沿着这样的路径发展：一般经济关系——一定经济关系——纵横经济关系——纵向及部分横向经济关系——部分横向及部分纵向经济关系。这一时期主要解决与民法调整对象的矛盾冲突，尤其是《民法通则》颁布后，直接导致一些学者对经济法调整对象的态度的转化，这种转化在很大程度上具有不得已而为之的意蕴。一段时间内，经济法的概念亦如经济法理论一样，陷入固步自封的局面：习惯于个别研究、个别论证，没有观念的交叉，自然也没有形成严密的学科理论体系。对既存的社会经济制度和立法的研究方法的描述性和辩护性是这一结果的外在原因。同时，未能解释经济系统、法律系统本身及二者相互间的研究联系和规律是上述结果的内在原因。

（二）经济法概念的发展

20世纪90年代以后，经济法才真正开始解决自身的特定化问题。由于汉字的表意功能，经济法自产生以来其字面含义就不像民法、行政法、刑法等那样清楚。区别于民法、行政法的经济法是什么，始终困扰着从事这个学科的人们。经济法的特定化就是找出经济法在概念和范畴上所具有的独特性。

第一个发展期的最大贡献在于对经济法之"经济"的认识，它不是一般经济学上的经济，也不是法学上的财产关系，而是指国民经济。[2]

站在国民经济总体立场上，而不是站在局部经济关系立场上研究经济的法律调整，是经济法理论研究的出发点和归结点。

经济法概念化是经济法理论化的前提条件，但若仅停留在概念上，只能产生概念法学。对经济法概念进行推理，便形成理论性知识。经济法的理论化是该学科发展的使命。这一使命注定会随着对经济规律的认识和立法技术的完善逐渐完成。

经济法理论得以深化的经济基础是国民经济体系化和经济全球化。亚

---

[1] 李中圣："经济法：政府管理经济的法律"，载《吉林大学社会科学学报》1994年1期。作者认为"经济法是政府管理经济的法律；调整行政隶属性经济关系的法律"。
[2] 在刘瑞复先生1991年出版的著作中书名将国民经济明确标明：《新经济法论——国民经济运行法研究》，该书的第2版改为《经济法：国民经济运行法》。

当·斯密的自由放任主义思想支配下的国家早已不能适应新经济形式的需要，单纯依靠计划调节经济的做法更无法维持经济的稳定和发展，必须让国家的权威与市场的策动力相互结合。国家对复杂经济生活的充分关注是经济法理论深化的前提条件。经济法理论深化的标志是该领域知识体系框架初步形成。

我国自20世纪90年代以来，经济法研究发生了深刻的变化，具体表现为：确立了经济法独特的研究对象，即国家在国民经济运行过程中形成的经济关系；建立起同质性认识基础上的基本原理。例如，对经济法条件的认识、经济法本质——社会本位的认识；形成了完整的逻辑体系和体例的辨证结构。在这个结构中，法体制理论、法机制、经济法规范的跨部门法属性、调整方式理论，经济法主体、客体、权限论等是经济法学科变为科学的重要理论支撑。

从经济法概论到经济法理论是一个质的飞跃，经济法概论解决经济法是什么的问题；经济法理论解决为什么是这样的问题。经济法概论的表现是松散的单个板块，经济法理论则是紧密联系的逻辑结构。

对经济法认识的第二次飞跃是系统论方法的提出。

系统论方法认为经济法所调整的经济关系，不是一般的经济关系（或民商事关系），而是国民经济关系的系统性。国民经济关系分为宏观、中观和微观（西方经济学分为两个层面：微观和宏观）。国民经济系统中的微观经济关系和单纯的微观经济关系是不同的，差别在于是否处于系统中。其实，系统论方法是社会科学研究的主要方法。系统论方法早已存在，从亚里士多德时代开始，对整体的认识的实质和方法就引起了哲学家和自然科学家的注意。系统论中的认识问题就是部分和整体的关系问题。要认识整体，必须掌握一定的关于整体诸要素及诸要素相互作用的知识。系统论的基本思想是把对象当作功能、结构和行为的集合体。系统论方法的基本特征，是在把握系统的概念、基本组成和性质的基础上，对对象从整体上进行分析。系统论在经济法理论上的运用，就是"把经济法规范、经济法制度以及经济法观念和经济法律关系作为集合体，加以研究"。国民经济本身就是一个完整的系统，由一系列要素构成，研究国民经济的运行，就要首先研究构成要素的特征，进而归纳国民经济运行的整体特征。

将系统论运用到经济法研究之中是在20世纪初期。系统论的认识是部分和整体的关系的认识。要认识整体，必须掌握一定的关于整体诸要素及诸要素相互作用的知识。国民经济与其内构的三个层次之间的关系符合系统论认识。基于此，经济法调整的经济关系是国民经济运行关系，而不是一般的经济关系。国民经济关系和国家管理、干预经济形成的关系不完全一样，前者是一个在特定历史条件下形成的特殊的经济状况。

生产社会化、国民经济的体系化和经济全球化是国民经济产生的基础。出现这个基础的时间大致是19世纪末期。特殊的经济基础改变了国家的身份和活动方式，由此产生了区别于传统经济的国民经济。自人类产生阶级的历史以来，国家就行使着对经济的管理、干预的权力。如果经济法建立在这种关系之上，意味着"经济法"在古代即存在。现代国家的活动范围和深度远远超过了古代，活动目标、方式与古代也迥然不同。其核心特点就是国家处于经济关系的内部而不是外部，既作为经济基础又上层建筑发挥作用。因此，不能简单地将经济法理解为调整经济的法，经济法是国民经济关系的调整法。

经济法是"法在调整国民经济总体运行过程中所形成的法制度、法形式和法方法的总和"。"它是关于国民经济总体运行的法，包括国民经济组织法、经济活动法和经济秩序法。"[1]"国民经济总体运行法"是一种在全新视角下对什么是经济法进行的高度概括，系统性地揭示了经济法产生的基础、本质和有关法律的关系等，对于在观念上重新认识和准确把握经济法具有承前启后的意义。

1. 国民经济总体运行法揭示了经济法产生的社会经济基础——生产社会化。生产社会化包括生产资料的社会化，生产过程的社会化和商品的社会化。初期的经济法作为解决生产社会化矛盾的工具也分别来源于这"三个"社会化。①生产资料的社会化形成了生产资料的积聚和生产规模扩大的新矛盾。由于资本积聚和集中规律的作用，分散的生产资料变成了共同使用的生产资料，并且创造了一些只能由许多人共同使用的生产资料（如大型机器设备和大型运输工具），但生产的积聚和集中导致"价格很难说出生态的真理"[2]。②生产过程的社会化形成了劳动力依附关系的特殊矛盾。资本主义建立了"平等的"雇佣劳动制度——劳动力可以在国内外自由流动，但因劳动力所依附的财产关系不平等，劳动力的使用具有任意性和非道德化。③商品社会化过程中的个人产品能否成为社会产品的矛盾。由于专业化分工和协作的发展，产品也由单个人的产品变成了社会产品。另外，由于生产规模和信息占有的不同，单个生产者的产品往往不能完成马克思所言的进入市场的"惊险的一跳"。这样，"在资产阶级领导下造成的生产力以前所未闻的速度和前所未闻的规模发展起来"之后，"社会化生产和资本主义占有的不相容性，也必然（在上述三个方面）愈加鲜明地表现出来"[3]，即垄断问题、劳动关系问题、产品供需平衡关系问题。直接源于这个时期生产社会化的矛盾的经济法仅是孤立的个别经济法现象——反垄断法、劳动法和（部分）宏观调控法等。因此，生产社会化是构建经济法理论的基本社会基础。

2. 国民经济总体运行法凝练了经济法发生作用的原因。生产社会化程度越高，表明生产力水平越高。生产社会化程度的不断提高，要求生产资料和劳动产品归社会占有，并由需要进行适于社会发展的调配，生产社会化发达到一定程度便进入另一个社会管理阶段——国民经济体系化。国民经济体系

---

〔1〕 刘瑞复：《新经济法论》，中国政法大学出版社 1991 年版，第 164 页。
〔2〕 ［德］瓦尔特·欧根：《经济政策的原则》，李道斌译，上海人民出版社 2001 年版，第 21 页。
〔3〕 《马克思恩格斯选集》（第 3 卷），人民出版社 1972 年版，第 309~310 页。

化是由现代经济的复杂性决定的。战争和经济危机以后经济政策的中心目标转为总体经济的良性运转。这个目标的实现需要国家、企业、个人多方协调运作，因此一国经济不再是单纯的国家经济（或国库管理），而是由若干子系统组成的国民经济体系。"在抽象思维上，国民经济运行分为微观经济运行、中观经济运行、宏观经济运行。国民经济运行不是前述三者的简单相加，而是三者相互联系、相互渗透、相互制约的有机整体。国民经济是一个网络结构的运行系统。"〔1〕国民经济体系化是由若干子系统相互联系而形成的国民经济系统结构和运行方式。一般来说，国民经济系统包括〔2〕：①宏观经济运行系统——财税政策系统、货币金融政策系统、社会保障系统、地区经济系统等；②中观经济运行系统——经济活动的载体——市场。包括：a. 价格系统——国家价格管制、市场价格、价格储备等；b. 劳动力市场系统——劳动力分配、劳动收入分配等；c. 商品市场和金融市场系统；③微观经济运行系统——企业组织系统、产权系统等。国民经济体系化表现在：各子系统及子系统的子系统相互之间紧密相关、有机联系；每个系统要素的变动都会改变整体系统状态；每个子系统要素既是本系统的成员，也是整体系统的组成部分。国民经济系统要素的驳杂性和运行的关联性，使得国民经济系统经常处于不断变动的状态，呈现有序和无序相互交错的形态，"这种复杂而又动态变化的关系，对经济运行和国民生活的变化起着巨大的影响。基本上说，这是一种不稳定的关系，每一方都拥有特定的力量，一方对于另一方都是一种重要的需要。每一个现代工业化社会，都是一种混合经济形态，在这种经济模式中，公共部门和私人部门以多种形式相互作用。"〔3〕 在现代，政府和企业是社会两大最有力量的主体，几乎所有层级和行业的政府都会影响企业决策，而企业生产经营成功与否，在很大程度上依赖于政府以及政府法律力量的实施。因而对规制政府行为和企业行为的法制的类型和手段要求更高。

在理论界，"国民经济运行法"的界定推动了经济法的转型。具体表现为：

第一，在定义的特殊要素上，从"向性关系"转向了"国民经济运行关系"。继此之后，经济法的定义开始使用"经济运行关系""市场运行关系"等。虽然国民经济运行与"经济运行""市场运行"是不同的，"经济运行"所表达的，限于部门的经济关系或单一的经济关系领域的运行；"市场运行"所表达的，限于市场关系或交易关系领域的运行。正是因为在社会经济生活中"经济运行""市场运行"的弊害所产生的经济矛盾和社会危机，才使人

〔1〕《马克思恩格斯选集》（第3卷），人民出版社1972年版，第309~310页。

〔2〕 分类方法不完全一致，其他分类可见：何维凌、邓英淘：《经济控制论》，四川人民出版社1984年版，第224~225页。另见商德文主编：《社会主义市场经济体系》，山东人民出版社1993年版，第39~41页。

〔3〕［美］默里·L. 韦登鲍姆：《全球市场中的企业与政府（第6版）》，张兆安译，上海三联书店、上海人民出版社2002年版，第6页。

们在业已形成"国民经济运行"的条件下研究它的法律调整问题。故运行关系之于经济法定义的合理性是认识到本法和传统法之间的关联关系，经济法不是在传统法学的领域攻城略池，而是为国民经济发展协同共治。

第二，在经济法范畴上，为理论界所认可的市场监管法和宏观调控法，总体上是在国民经济总体运行概念的基础上从法律的视角归纳出来的。调整经济关系或市场关系的法，在经济法产生之前就已经存在了。经济法之所以根本区别于传统法律，只在于它与国民经济运行关联在一起。国民经济是一个网络结构的运行系统。同时，国民经济总体运行法是建立在对体系化的国民经济的调控需依据和尊重的客观经济规律基础之上的。相比生产社会化后出现的应急性的经济法律，国民经济体系化情况下的经济立法因包含尊重经济规律的成分而具有常态性。建立在这个基础上的经济立法也较"应急法"具有体系化的特点，即总体上确立了市场监管和宏观调控两个经济法发挥作用的法域环境。这两个法域环境相互制约——没有市场监管法的有效调整，宏观调控法不可能发挥建设性作用；没有宏观调控法的方向性引导，只凭市场监管法的调整也难以克服经济危机、通货膨胀等现象的发生。

三、经济法概念的构成

结合上述分析，经济法可以被定义为：为了保障国民经济的协调、稳定、有序发展，调整国民经济运行中的特殊主体利益和企业的存设关系、市场监管关系和宏观调控关系的法律制度的总称。

概念的逻辑通常被认为是形式科学，并被理解为研究判断、推理的前提。概念的构成在逻辑学中有特定的要求。一般认为，概念需反映事物的特有属性，要准确揭示事物间的种、属关系。黑格尔将概念划分为三个方面：特殊性、普遍性和个体性。[1] 应该说，这既是概念构成的要素，也是任何一个完整的概念都需遵循的规则。"三性"对研究经济法概念的构成具有重要的方法论意义。

（一）特殊性——国民经济

事物的特殊性，即特有规定性或事物的特有属性。对经济法概念的特有属性的认识，在经过学者们经年累月的耕耘之后，已经初步摆脱了最初的大经济法状态，论者的思想自觉或不自觉地相互联结起来，正如"人走的多了，便有了路"一样，一条概念界定的主线渐渐清晰起来。

20 世纪 90 年代以来，在介绍以拉普捷夫为代表的苏联法学家的"纵横经济关系"的观点时，学者们忽略了一个概念使用上的细节。苏联法学界的经济法用语自始就是"хозяйственное прово"（国民经济法），而不是"экономическое прово"（经济的法）。苏联社会主义革命对经济法的产生具

---

〔1〕 这三个环节从另一个角度认识也就是：事物间关系的同、异和根据。见〔德〕黑格尔：《小逻辑》，贺麟译，商务印书馆 1980 年版，第 331~334 页。

有历史推动作用，革命期间的一些法令具有早期经济法的特点。之所以在苏俄民法典的基础上创立一个新学科，是因为其背后的社会经济基础——经济垄断和国家垄断的存在，这不同于传统民商法，也不同于行政法。相比较而言，英美国家的经济转型具有明显的阶段性，转型后的社会关系发生了本质性的变化，即国家介入的经济关系的范围和深度加强。于是，经济法就被认定为国家对市场经济盲目性和局限性进行矫正的法。事实上，作为社会主义国家的苏联，自始就以国家管制为经济运行的方式，国家管制的目标和西方国家经济转型后的国家介入的目标是一致的，即国民经济的持续、健康发展。所以，对国民经济发展的法律调整是英美国家相关法律制度和苏联相关法制度的共同点，尽管路径不同，但殊途同归。基于此，对经济法的英文翻译（"economic law"）形同于俄文的"экономическое прово"，是按照字面对应意思直译出来的，只是经济法观念的初始认识，而非本质认识。同时，由于"经济"概念的通用性理解，必然导致经济法调整范围的不当扩大。经济法不是调整一般经济关系的法，而是调整特殊关系——国民经济关系的法。

经济法调整关系的特定化是社会关系经历两次淬炼后得出的。首先是从社会关系中提炼出社会经济关系；其次是从社会经济关系中提炼出国民经济关系。国民经济关系不同于一般市场运行关系，脱离国民经济运行的市场运行是以自由和自主为基础形成的经济关系，国民经济关系是经济法概念所涉及"经济关系"的特殊性。

国民经济关系确立了经济法的存在和作用领域。国民经济运行，是一国范围内所有的经济部门（行业）、经济单位、经济区域、经济环节等组成的有机整体，其通过一定的原则、程序、方式和手段实现良性经济运转。在思维抽象上，国民经济运行可分为微观经济运行、中观经济运行和宏观经济运行。

这里的微观经济即微观主体，包括经济关系中的特殊主体和企业。微观主体是国民经济的基本单位，是国民经济的细胞。微观经济运行即微观主体参与到经济关系中，同时，这种关系涉及国民经济的健康、稳定和发展。

这里的中观经济是指市场。市场是商品交换的场所，是宏观经济活动和微观经济相连接的载体。为维护市场交易的安全和稳定，特殊情况下，进入市场可能需要有关部门核准；一般情况下，主体的身份状况需要到有关部门备案，并保持一定的稳定性。原因在于市场主体针对的交易人是不确定的外部主体，相关信息是进行交易的前提。

宏观经济运行是国民经济全局及关系国民经济全局的经济活动。如国家预算、财政、固定资产投资、劳动保障、物价总水平等。它不是国民经济的全部，但它是国民经济中具有决定意义的重要部分。经济法对宏观经济的关注主要是国家（政府）对宏观经济的调整，集中表现为宏观调控行为和措施。

（二）普遍性——规范的特殊性

概念的另一构成要素是普遍性。黑格尔认为，普遍性是指在它的规定性里和它自身有自由的等同性。传统部门法在界定某个法部门时总是以"调整……法律规范的总称"这种格式化语言来表述。近些年来，有另一类对经济法概念之普遍性要素的表述，就是将其定位于法部门，包括：①经济法是调整……的"法"或"法律"；②经济法是调整……的"法部门"〔1〕。部门法是建立在法的调整对象和调整方法之上的，调整对象又是建立在社会关系的基础之上。法部门是调整相同对象的法规范的总称，部门法的基础构成关系是：法的调整对象——法规范——法部门，且各要素间是单一对应关系。简单商品经济条件下的经济关系和垄断经济、国家垄断经济情况下的经济关系的性质是不一样的。在现代经济条件下，法的调整对象和法规范之间不是单一的对应关系。民事法律调整财产关系和人身关系，但财产关系和人身关系并非只由民法调整，这便形成同一社会关系由多元法律规范调整的事实。调整对象和法规范之间在逻辑上是充分非必要条件。"同一社会关系—多元法律规范"已经改变了部门法得以成立的基础要件。这样，部门法只是同一对象的法律规范的综合，而不是同一性质的法规范的总和。同一部门下的法规范有两层含义：形式上是以对象为基础形成的法条文的聚合；本质上是多种不同调整方法形成的法律性质的规范的分类调整。因此，不能枉顾经济和法律发展的现实而将经济法狭义地定义为一个法部门。

国民经济关系是总和性关系，其以构成要素形成的法律规范分布于以对象为立法标准的部门法中，因此，经济法应当被定义为"……法律规范"的总称，但不是法部门含义上的法律规范。

经济法规范具有自己的特性。概括而言，主要包括以下三个方面：

1. 经济法规范有自己的侧向。基于国民经济体系化的需要，部门法项下的同类性法律规范中融入了异质性的内容，打破了法域意义上的传统部门法的构成基础，产生了部门法规范的非纯粹性。传统思维上判断法与法之间的区别主要是法部门之间调整对象的差异，再加上对法部门的法域归属上，即公法、私法上进行分析，如民商法属于私法、行政法属于公法等。现代法已经无法沿着这样一条思维路径走到认识的终点。建立在异质性法规范基础上的现代法部门内部的公法性规范和私法性规范的交错，改变了部门法原有的意义。法规范本身包含的调整方法已经超过了法部门的公、私法的单一属性，例如，公司法部门中包含任意性调整、强制性调整、限制性调整、禁止性调整、倡导性调整等规范。这样，部门法仅具有法规范聚合意义，即形式意义。经济法所指向的不是形式化的部门法，而是在传统部门法中转移了观察的视角得出的认识，将关注国家利益或社会公共利益的法规范总体进行有机组合形成的制度体系，也可能是跨部门法后形成的规范体系。

2. 经济法规范是建立在自然、技术和社会发展规律基础上的法律规范。规范是规定如何利用自然力量、社会规律的行为规则，包括技术规范和社会

---

〔1〕 "经济法是国家对国民经济进行宏观间接调控的部门法。"见王希仁："经济法概念新论"，载《河北法学》1994年2期。

规范。法律规范属于社会规范。经济法规范的生成建立在国民经济运行的规律性、人或物的自然属性及技术的可实施性的基础上。如在宏观调控制度中，必须掌握价格围绕价值波动的规律、通货膨胀和失业的关系等规律。对采煤工业、化学工业、农业等生产过程的管理必须遵守相应的技术规范；产品质量标准或食品的安全标准建立在各自技术的可预见性的基础上。经济法视域内的法律规范和技术规范的关系是：法律规范规定相关人员遵守和完成技术规范的义务及不遵守技术规范的法律责任。技术规范是法律义务的具体内容。因此，经济法规范不仅有社会科学基础，也将许多自然科学规则转化为法律规则。这种量的规定性决定了经济法规范的质的规定性。

3. 经济法规范的结构具有模糊性和残缺性。一般来说，法规范的结构为假定、处理和制裁。经济法规范的结构具有残缺性。在宏观调控法中，国家宏观调控权是一种授权性规范，国家根据国民经济的发展状况主动行使该权力。在法规范的结构上，假定部分是模糊的，针对国民经济的各个方面，而不是某一种具体情况。有些宏观调控法律规范没有明确的制裁部分，例如，人民银行对利率的调整。当然，没有制裁不等于不受任何约束。宏观调控行为的适当性和效率通过经济统计和人大监督反映出来。经济法规范结构的模糊和残缺是由国民经济的复杂性决定的。

（三）个体性——制度的范畴和体系

黑格尔所言的个体性不是通常所说的个体事物，而是指将普遍性和特殊性连接起来并实现自身的统一。"个体性，是指普遍与特殊两种规定性返回到自身内。"[1] 经济法概念的个体性建立在"普遍性"的基础上，同时也是对"特殊性"的具体化，是概念的外在形式的扬弃。

1. 制度范畴。经济法是调整国民经济运行的法律规范，但又不是法律规范的简单聚合。经济法是调整国民经济运行关系的法律规范在逻辑上的系统化。由上述国民经济关系的类型可知，经济法律规范的范围可以分为以下三个方面：

第一，经济法律主体制度规范。这里存在两类特殊主体，一类是特殊市场主体——国有企业。其之所以特殊，是因为职能不同于一般市场主体。另一类主体是弱势主体，包括消费者、劳动者、中小企业利益。由调整这些主体的相关法律制度构成经济主体法，包括典型市场主体——国有企业法律制度和经济弱者保护法律制度。

第二，市场监管法律规范。即调整中观关系的法律规范的总称。主要包含三个方面：其一，企业存设关系。企业，作为市场主体，如同产品一样，要达到相应的标准才能准入市场。其退出在特殊情况下也不完全是自主和自由的，如涉及债权人和员工利益的破产问题。经济法中所针对的企业存设关系，包括准入的条件和程序、退出的条件和程序等。广义上，存设关系还包

---

〔1〕 ［德］黑格尔：《小逻辑》，贺麟译，商务印书馆 1980 年版，第 331 页。

括企业组织变更关系，即企业的合并和分立等，因为这些组织结构的变动不仅仅涉及自身的企业规模及债权、债务人的债务风险，还涉及企业所在的市场结构、竞争者的利益、消费者的利益等。其二，交易客体标准化法律制度，包括产品（或食品）的质量标准关系、资源类客体的用途管制关系等。其三，市场竞争的保护制度和特殊行为监管关系。前者包括反不正当竞争法律制度、反垄断法律制度、广告法律制度等。特殊行业主要是对国民经济影响大的行业主体的活动由此形成特殊市场的监管制度，如银行业监管制度、保险业监管制度、证券业监管制度等。

第三，宏观调控的法律规范。包括利用产业调控手段形成的计划法、产业政策法律规范；利用公共投资手段形成的财政、政府采购、固定资产投资等法律规范；利用杠杆手段形成的税收、货币、宏观价格调节等法律规范；等等。

2. 制度体系。经济法制度化是国民经济系统性的要求。公法、私法的划分及其表现形式，背后揭示的是政治国家和市民社会的历史分野。政治国家和市民社会依靠法律的公法和司法的各自调整即可完成相应的使命。当垄断经济和国家垄断经济出现以后，国家的政治职能和经济职能开始融合起来。相应地，调整国民经济运行关系的法律调整手段也需要多元化、系统化。

法制度是法律发展史上法体系的第三次结构调整和理论升华。

从"诸法合体"到公法、私法的提出是法体系的第一次划分。它开启了对部门法发展具有重要意义的法主体、法益、调整对象的探讨，同时，也为部门法的诞生提供了智力支持。随着生产力的发展和生产关系的细化，以部门法形式将私法、公法的特性展示出来，完成了法体系的第二次内部结构调整。以1804年法国民法典为代表的法国"五法"的划分，兴起了学说和相应的法规汇纂，在程序法获得独立地位的同时，实体法也趋于细化，继而"六法"取代了"五法"。部门法是对公、私法的扬弃。到了近代，"私法公法化"和"公法私法化"运动直接冲击了构成法部门的基础——法规范，改变了法规范的单一属性，即同质性规范领域内加入了异质性规范，产生了区分法部门的法制度。进而法制度改变了法体系的结构，由"法部门——法体系"变为"法制度——法体系"。形成这些法制度的基础不是调整对象和调整方法，而是社会关系。法与法的区别是法制度的区别。法制度是对法部门的扬弃。

归纳起来，传统法律体系和现代法律体系的结构形式如下：

传统上，同类的法规范——法部门——公、私法域——法体系。由于构建的基础——同类法规范发生了改变，法体系的结构环节也发生了变化。现代新的法体系结构是：异质的法规范——形式化的法部门——跨越公、私法域——法制度（国家法制度、社会法制度、私人法制度）——法体系。

因此，按照一般的概念逻辑，经济法概念的界定方法应该是：调整国民经济运行中的特定经济关系的法律规范构成的法制度的总称。

（四）功能性——制度目标

基于国民经济的发展，经济法服从并服务于国民经济，目的是保障国民经济的协调、稳定、有序发展。

所谓协调，是指社会经济内部各种结构和比例关系大致均衡，也包含发展经济的各要素的协调。不同时期的社会经济矛盾不同，经济协调的内容也不相同。一般而言，经济发展初期往往会特别重视第一、二产业的相互协调，以确立发展的基础、支柱和发展方向。在经济结构关系和比例关系大致均衡的基础上，协调的内容会相应地扩大。例如我国现在提出的实现速度质量效益相协调、消费投资出口相协调、人口资源环境相协调、改革发展稳定相协调等。

所谓稳定，是指按照既定的方向以适宜的速度实现经济发展的状态。具体表现为充分就业、物价稳定和国际收支平衡。经济稳定的反面是经济停滞、过速增长或大起大落。对稳定的把握需要处理好其与经济发展速度和效益的关系，稳定是前提。

所谓有序，是指各产业结构内行业的发展方向、重点及顺序。例如，改革开放初期，我国利用外资经济来带动本土经济，强调速度。20多年后，经济发展的方向转变为发展的质量。相应地，我国产业结构调整的方向和重点是：巩固和加强农业基础地位，加快传统农业向现代农业转变；加强能源、交通、水利和信息等基础设施建设，增强对经济社会发展的保障能力；加快发展高技术产业，进一步增强高技术产业对经济增长的带动作用。

经济增长是每一个国家所追求的目标。经济法对经济关系的调整主要是出于维护经济协调、稳定、有序的发展状态的需要。

第二节　经济法的特征与地位

一、经济法的特征

经济法的特征既是经济法区别于其他法的基本方面，也是经济法性质的外在表现。经济法的特征可以概括为以下五个方面：

（一）制度运用上的本土性

这是根据国与国之间的社会经济状况不同，采取经济调整法律手段不同而得出的特点。在物理学领域有"时滞"理论[1]，在社会系统中，受到冲击的社会系统，即使冲击已经消失，这个冲击的影响仍然会保留在体系里面。系统的演进取决于现象的历史，演进本身会存在路径依赖。经济法的特征与经济法产生的本国历史有依赖关系。尽管由于生产社会化引起的经济全球化

---

[1]　物理学家阿尔弗莱德·尤因（1855-1935）提出，一根电线绕在铁棒上，让电流通过电线，铁棒就有磁性。即使电流被切断，一些磁性仍然滞留在铁棒上。这种现象被称为时滞。

是现代经济的突出特点，各国社会经济运行方式也呈现出共性增强的特点，但仍不能否认的是，不同国家和同一国家的不同发展时期，政府在社会经济活动中的身份地位和政府对市场的态度及参与程度都有所不同。一定意义上来说，经济法就是现代条件下政府和市场关系在法律上的集中表彰。只要存在政府和市场关系，这种经济关系就应被确认为法律关系，在法律表彰的形式上可能大致相同，但作为制度工具的法律的运用在不同国家或地区则有所不同。这源于社会经济关系中的矛盾不同。1956 年党的八大指出，我们国内的主要矛盾，"已经是人民对于经济文化迅速发展的需要同当前经济文化不能满足人民需要的状况之间的矛盾"。1978 年党的十一届三中全会上，邓小平指出，"我们的生产力发展水平很低，远远不能满足人民和国家的需要，这就是我们目前时期的主要矛盾"。1981 年，《关于建国以来党的若干历史问题的决议》写道："在社会主义改造基本完成以后，我国所要解决的主要矛盾，是人民日益增长的物质文化需要同落后的社会生产之间的矛盾。"2017 年党的十九大报告指出："我国社会主要矛盾已经转化为人民日益增长的美好生活需要和不平衡不充分的发展之间的矛盾。"我们党和国家的一切工作和任务都是为了集中解决这一社会主要矛盾。

20 世纪以来，因应社会经济基础改变而产生的新社会矛盾，要求国家具有特殊的权力能力，由此型塑了国家的双重身份：其既是经济生活的外部力量，也是经济关系的内生变量。这种能力再造也引发了公法观念的变化："公法的基础不再是命令，而是组织。"[1] 但是，对于作为经济关系内生变量的动力来源、内变形式、外部效果等问题并没有在随国家身份变化而构建的法律系统中轻而易举地得到解决。相反，因各国经济发展程度不同，权力介入市场的程度、范围、方法等也显现出越来越明显的差异。

如果以企业存设制度、市场监管、宏观调控为经济法的核心内容，比较美国、德国、日本、法国经济法律制度特点的话，可以大致得出如下结论：

美国的经济法律突出自由企业制度的市场监管和强有力的货币调整政策。美国被称为政府与市场"柔性结合"的市场经济。国有企业投资额在西方各国中所占比重较少。自由企业制度的法律保障——反托拉斯法是自由企业的"大宪章"。另外，宏观调控政策中货币政策占主要地位。德国的市场经济模式被称为"自由"加"秩序"的社会市场经济，德国的市场监管法较美国细密，另外，社会保障制度在宏观调控中的地位更为突出。日本经济被称为"政府引导型经济"，产业政策法在经济发展中的作用举足轻重；法国的国有企业在西方国家中比重最高，经济计划是调控国民经济的重要手段。

我国经济处于特殊的发展阶段，经济体制既不是自由市场经济，也不是传统的计划经济。历史上没有经历完整的市场经济阶段，决定了我国政府和

[1] [法]莱昂·狄冀：《公法的变迁·法律与国家》，冷静译，辽海出版社、春风文艺出版社 1999 年版，第 54 页。

市场的结合具有自己的特点，进而决定了经济法在这种结合中发挥调节作用的方式。基于此，我国的经济法制度的本土特色体现为：

第一，着力于确立、规范市场主体。我国市场经济是公有制基础上的市场经济，以私有制为基础的市场经济在某些国家已有成功先例，而以公有制为基础的市场经济则史无前例，以至于有人认为：公有制与市场经济之间是相当于生物学和医学上"异体排斥"的关系。所以，建立在公有制基础上的社会主义市场经济体制给我国经济法学提出了许多特殊问题。总体上，我国的国有资产的比重高于西方国家，其布置的范围、地位、职能、管理目标、管理体制和运行机制上均不同于西方国家，这就需要在立法上确立产业政策和竞争政策的关系。另一方面，社会主义市场经济中的非国有经济类型多样，但各类型主体的商业信誉有待进一步提高，诚信经营的理念有待深入实践。

第二，强化市场秩序价值。我国的市场经济是发展中国家的市场经济，发展中国家市场经济较之发达国家市场经济，在经济运行机制、市场调节和国家干预等方面存在许多差别。发展中国家对发达国家经济法律制度和经济法理论的借鉴，会受到许多限制。我国经济法制度虽然需要借鉴发达国家，但更应当注重研究作为解决本国问题所需要的法律制度。如在发展中国家的经济运行机制中，国家对市场的干预程度比在发达国家更深，行政垄断现象更为普遍。又如，我国经济发展呈现城乡二元经济的格局，生产力水平、社会化和市场化程度在城乡都有所不同，城乡对市场调节和国家参与度上有着不同的需求。同时，从发展趋势上来说，市场经济要求城乡市场一体化和城乡共同发展，这就既要考虑设置城乡经济运行的不同机制和规则，又要考虑二元机制和规则之间的相互影响和协调。我国作为发展中国家，正遇到在国内市场上为促进竞争机制而需要打破反垄断、在国际市场上为增强国际竞争力而要求组建大型企业集团的两难选择，这就需要在我国反垄断法的规制对象和规制措施上体现出与发达国家同类制度的差别。

第三，增强宏观调控的有效性。西方国家的现代市场经济是由自由竞争的市场经济转化而来的市场调节与国家调节相结合的市场经济，国家干预是在不断发现市场失灵的缺陷并且不断积累调节经验和教训的过程中逐步完善的。我国的经济体制改革是计划经济转向市场调节与国家调节相结合的市场经济，一方面通过放活微观经济以形成受价值规律支配的市场调节机制；另一方面通过转变政府职能以形成间接控制为主的国家调控机制。这需要我国宏观调控手段的多元化，也需要建立完善的社会保障制度以确保宏观调控的效果。长期以来，我国财政政策的执行优于货币政策和税收政策，这从一个侧面说明了后两项政策的效果有待进一步提高。货币政策的调控效果不甚理想的重要原因是社会保障制度不完善或不能充分落实。

（二）制度形式和内容上的政策性

在经济法的渊源中，作为渊源之一的政策的分量很重，这是民法、刑法、行政法所不及的。经济法的政策性是由政策的灵活性和经济发展的复杂性决定的。经济法的政策性体现在以下两个方面：

第一，政策法律化。经济发展的中长期目标多以政策方式出现，政策内容是制定有关法律或采取相关措施的依据。体现最明显的是计划法、产业政策法等。国民经济发展计划规定政府行动的目标或政府行动的方案。一国可能没有单独制定的计划法，但一国经济发展不能没有计划。"法国的计划是国家干预市场经济作用的一种手段，它在外界观察者看来，就其与实际发展的关系而言，既富有创造性又含混不清，严格说，必须从国家与社会之间的关系这一更广泛的意义上予以论述。"〔1〕"日本的国民计划是当前关于经济政策问题的各种意见汇编，并且由于为某些具体政策目标制定的计划指标反映出对之有管辖权的各委员会和各省所作出的结论，所以计划中的这类指标一定程度上被认为是在计划期间要更高政府的努力来实现的。"〔2〕党的十二大提出"2000年比1980年全国工农业的年总产值翻两番"，十六大确定的全面建设小康社会的目标，即"在优化结构和提高效益的基础上，国内生产总值到2002年力争比2000年翻两番，综合国力和国际竞争力明显增强"等。党的十九大报告指出：我国经济已由高速增长阶段转向高质量发展阶段，正处在转变发展方式、优化经济结构、转换增长动力的攻关期，建设现代化经济体系是跨越关口的迫切要求和我国发展的战略目标。从性质上属于经济发展的长期计划，也是法律化的政策。产业政策的法律调整也具有政策法律化的特点。产业政策法通常只提供产业调整的法律原则，例如，扶持新产业、抑制夕阳产业等，但确定待调整的产业范围及其时间则由政府根据特定的经济结构以政策方式提出。这时的政策就是可执行的法律。另外，在微观上也可以将一些随着经济发展需要及时调整的管理项目制定为政策，例如，我国对外商投资企业进行产业管理的依据——《外商投资企业产业指导目录》，总体上限制类的数量在逐渐减少。又如，放宽外商投资的持股比例限制、取消港口共用码头的中方控股要求、将原禁止外商投资的电信和燃气、热力、供排水等城市管网首次列为对外开放领域等，体现了政策的灵活性。再如，为配合十八届三中全会确立的市场对资源配置的决定性作用，不断缩小对国家指导性价格的控制范围，缩短受价格调节的产品目录。

第二，法律政策化。法律的稳定性要求法律规范应该将典型的经济关系固定下来，使得政策的灵活性能够适应特殊状况下的管理需要。经济法律趋向政策的现象的本质是经济干预法治化。这类经济法律制度的最大特点是法律条文多属于非规范性条文，调整的方法主要是倡导性方法而非强制性方法。经济扶持法或促进法中法律政策化特点非常明显。例如我国的《中小企业促进法》第1条规定："为了改善中小企业经营环境，保障中小企业公平参与市场竞争，维护中小企业合法权益，支持中小企业创业创新，促进中小企业健

〔1〕〔美〕莫里斯·博恩斯坦：《东西方的经济计划》，朱泱等译，商务印书馆1980年版，第191页。
〔2〕〔美〕莫里斯·博恩斯坦：《东西方的经济计划》，朱泱等译，商务印书馆1980年版，第243页。

康发展，扩大城乡就业，发挥中小企业在国民经济和社会发展中的重要作用，制定本法。"关于给予中小企业的扶持措施，该法在财产支持、金融促进、创业扶持等方面仅仅作了原则性规定，例如，第 8 条规定："中央财政应当在本级预算中设立中小企业科目，安排中小企业发展专项资金"。但专项资金是多少，扶持多少等无法明确规定。这些法律措施需根据各地方经济状况来落实，如北京实行了下岗人员企业给 1 万元补助，而在很多地方尚未执行这个政策。因此，尽管这些措施表现为法律条文，但本质上是可以根据具体情况掌握和落实的政策。

第三，法律的频繁变动性。经济法律制度的效力体现为间断—平衡的特性。间断—平衡（Punctuated-equilibrium theory）是作为生物种族或生物形成中用以描述发展状态的一个具有专门含义的术语，特指生物进化和类别细分使表面停滞但内里夹杂着的生物大规模灭绝和生物间替代的过程。在社会系统内，间断—平衡机制本质上属于渐进式的制度变迁。竞争法可以最为典型地体现生物进化间断—平衡机制的特点。站在现实的立场回望竞争法的发展历程，竞争法没有如法国民法典或德国民法典般一劳永逸，也未达到法国刑法典或商法典般的"大局不变，小有改动"的程度。自二战以来，竞争法的修订越来越频繁，在频繁的修订中不乏重大的修订；且不单单发生在某个或某几个国家，而是具有国际普遍性。不断修订已成为该制度运行的表现形式。德国《反限制竞争法》于 1957 年制定，迄今已经修改 7 次，德国的《反不正当竞争法》制定于 1909 年，至今已修订过 15 次。在俄罗斯，1991 年 3 月 22 日颁布了第一个版本的俄罗斯反垄断法。这个版本的俄罗斯反垄断法具有很强的工具性。在基本完成了辅助私有化改革的任务之后，其面临着适应新的经济状况来发挥该法调整功能的任务。经济改革要求建立新的适当的立法，最重要的是制定一套旨在确保有效的改革和发展市场经济规律的关系的法律，以此来促进俄罗斯联邦市场竞争的制度。俄罗斯在转型中所建立的市场经济具有非典型性和非传统性，这使得该法需要不断适应性地修正其调整的方向和目标。自 2006 年之后，几乎每年修改一次。此外，税法、证券法、外商投资法等也都存在鲜明的变动性。

（三）法益上的社会本位性

法以保护符合正义的利益为存在前提，且以利益冲突为基本假设。但对于哪些是可以为法所保护的利益的说法却不尽相同。英国哲学家边沁曾指出"个人利益是唯一现实的利益""社会利益是一种抽象，它不过是个人利益的总和"。[1]尽管这种说法的正确性值得讨论，但其表述出来的利益的分类具

---

〔1〕［美］康芒斯：《制度经济学（上册）》，于树生译，商务印书馆 1962 年版，第 170~171 页，第 259 页。［英］霍布豪斯：《自由主义》，朱曾汶译，商务印书馆 1996 年版，第 29 页，第 32~33 页，第 64 页。

有分析价值。除了个人利益和社会利益[1]外，还存在国家利益。

随着社会关系的复杂化，各种利益主体以利益集团的形式出现，国家作为利益关系中的一方，日益超脱于社会之上，但同时又以全社会共同代表的身份行使管理社会的权力。国家与社会是两个不同的范畴，社会产生于国家之前，国家的出现就是为了解决社会冲突。社会利益介于国家利益和个人利益之间，它是不确定主体间形成的共同利益，如劳动者的利益、消费者的利益、中小股东的利益，这种利益既不能由国家利益来代替，又不等同于个人利益的简单相加。法律在利益分配格局中应该顾及国家利益、社会利益和个人利益之间的平衡。由此，法律所构筑的利益框架结构必然不能简单地重复二元法律结构下的国家利益与个人利益的二分法，必须认真地对待现代国家中出现的新的利益形式——社会利益。

现代社会中，在国家利益、社会利益和个人利益之间的关系上，有两种不正确的观点：一是亚当·斯密式的自发协调论[2]；二是旧制度经济学的简单加总论。[3]

尽管"从利益关系结构上分析，个人利益并不能够与国家利益相对抗，因为国家只有在很少情况下有自己的特殊利益，一般情况下，个人利益很少与国家利益发生联系"[4]。但是，如果像亚当·斯密所言的二者高度统一，则要么国家利益吸收了个人利益，要么个人利益囊括了国家利益。倘如此，便无需反垄断法、产品质量法等对"经济人"的活动进行调整了，因为这些法律的调整方法就是通过限制私人利益而维护社会利益。如果认为社会利益是个人利益的简单相加，则社会利益就失去了共同性和稳定性，也就不存在社会利益和个人利益之分了，那样的状态也许只在理想社会才可能存在。

社会利益不同于国家利益和个人利益，具有独立性、整体性和普遍性的特点。换言之，社会利益在主体上体现为整体利益而不是局部的利益，在内容上体现为普遍的利益而不是特殊的利益。[5]

---

[1] 下文中"社会利益"和"公共利益"在同一意义上使用。

[2] "当个人都以最理性的方式将资本用于国内产业，努力管理好国内产业，以使国内产业的生产价值实现最大化时，他们的行为必然使社会收入最大化。通常，这些人既不打算促进公益，也不知道自己能在多大程度上促进公益的作用，他们选择支持国内产业而非外国产业，考虑的只是自身的安全。他们以产值最大化的方式管理自己投资的产业时，考虑的只是自身利益。在这些活动中，个人就像其他一些活动中一样，受着一只无形的手的支配，尽力去达到一个他本人并无愿望达到的目的。但是，不是出自本意，并无害于社会。在追求自身利益的过程中促进社会利益，往往比有意促进社会利益来得有效。我还从未见过为了公众利益的目的从事贸易而给社会带来不少益处的人。"参见［英］亚当·斯密：《国民财富的性质和原因的研究（节选本）》，郭大力、王亚男译，商务印书馆2002年版，第24～44页。

[3] "社会利益是一种抽象，它不过是个人利益的总和。"参见［美］康芒斯：《制度经济学》（上册），于树生译，商务印书馆1962年版，第170～171页。

[4] 孙笑侠："论法律与社会利益：对市场经济中公平问题的另一种思考"，载《中国法学》1995年第4期。

[5] 孙笑侠："论法律与社会利益：对市场经济中公平问题的另一种思考"，载《中国法学》1995年第4期。

　　不论是社会利益还是其他类型的利益，都是从国家利益中分离出来并独立存在的。历史上，公法一元化时期，国家利益覆盖了社会关系的一切方面，没有独立的其他利益形态。19世纪初期，当西方国家的市民社会从政治国家中分离出来，形成私法——公法二元结构时，出现了个人利益与国家利益的分立。随后发生了"市民社会——政治国家"到"市民社会——团体社会——政治国家"的社会结构变革，并在法律上表现为私法公法化和公法私法化时，产生了新的利益观和价值观，即形成个人利益、社会公共利益、国家利益的三分。

　　个体利益和社会利益是辩证统一的关系。作为一般的、普遍的和具有共性特点的社会利益，寓于作为个别的、特殊的和具有个性特点的个体利益之中，而个体利益则体现着社会利益的要求，是社会利益在单个人身上的利益表现，并且受到社会利益的制约。社会利益反映在个体利益中的一般的、相对稳定的、不断重复的东西，是人最强大的利益基础。[1] 社会利益不是简单地存在于个体利益之中，而是借助于个体利益以不同的形式和不同的强度表现出来。社会利益是保障个人利益的重要条件。例如，某甲作为消费者，其选择权受到了侵害，在这个特定的消费者纠纷关系中，被侵害的是某甲享有的选择权。但实际上，他同时享有包括选择权在内的一般消费者的全部权益。在具体法律关系上，某甲的受害表现为个体利益被侵害，在抽象关系上，某甲作为一般消费者所享有的全部消费者权益就是社会利益。

　　社会利益具有丰富的内涵。目前发达国家对"公共利益"的界定，具有代表性的是《德国民法典》的概括式规定和日、韩等国的列举概括式。社会利益因其具有高度抽象性和不确定性，若不加以具体界定，在实践中很容易被滥用。界定和识别公共利益，使之在实践中具有指导性，需要以宪法理念统领公共利益，同时，为了使之不至于沦落成空洞的说教，必须藉部门立法的途径，使之丰富的内涵明确化。自然资源法所表达的社会利益主要是资源的合理利用和环境的协调；环境法所表达的社会利益是维护良好的环境状态；劳动法所表达的社会利益则是劳动者的群体利益；竞争法保护的社会利益是竞争秩序；等等。在前述各法律制度中，大凡涉及强制性调整的，几乎都是以违反社会利益为最根本的理由建立的。

　　个人利益也可能与国家利益相冲突。在新的利益结构下，国家利益有其独特的表现形式，通常国家利益存在于以下三种情况下：①国家政权的稳定与安全，这是政治统治的利益需要；②国际法上的国家主权意义上的利益；③在经济法律上国家财产所有权的利益。[2] 对于国家而言，国家利益和社会利益的保障机制不同，保障国家利益是国家的主权行为，而保障社会利益是

---

〔1〕　公丕祥：《马克思法哲学思想述论》，河南人民出版社1992年版，第283~284页。
〔2〕　孙笑侠："论法律与社会利益：对市场经济中公平问题的另一种思考"，载《中国法学》1995年第4期。

国家的一项义务。经济法设置了相关规范防止并制裁侵害国家财产所有权利益的行为。

经济法中的矛盾主要发生在个人利益侵害社会利益的关系，及部分基于维护国家利益而设置的权限上。例如，生产什么、生产多少是企业的经营权范畴，但如果作为产品投放到市场中，就需要达到一定的质量标准。标准的设定是为了维护社会公共利益。社会利益构成了经济法的强制性调整制度的合法性基础。基本理由是社会利益高于个人利益。在涉及外资并购的过程中，需要国家进行安全审查，这是经济法制度中的国家利益。

（四）制度构成上的跨部门法和公益侧向相结合的属性

公法和私法的区分是以国家与市民社会的二元性为前提的。一方面，公法是国家固有的法，调整国家机构之间的关系及其与私人之间的政治和治安关系，在命令和服从的基础上形成公法体系；另一方面，私法是市民社会的法，调整私人与私人间的关系，在权利义务关系平等、协商的基础上产生了私法体系。社会经济的发展需解决经济发展中的矛盾，在国家对社会经济生活进行越来越多的调控的基础上，在公法与私法的交互发展中，出现了"私法公法化""公法私法化"的过程。

对经济法产生的论证可以借助经济学、社会学、法理学等理论，但对经济法特点的阐述则需要建立在法制度的基础上。从诸法合体到部门法的诞生再到跨部门法的形成改变了法体系的结构，也奠定了经济法制度的基础，使经济法具有了跨部门法的属性。以公司法律制度为例，20世纪后，公司法具有私法和公法融合的特点，具有调和自由与安全两种价值冲突的特点。安全价值体现出来，诸如核准主义、严格限制最低资本额、限制转投资、章程规定必要记载事项、公告程序、提取法定公积金等。因此，公司法是国家公法限制和干预较多的一个私法领域。[1]

同类性的法律规范中融入异质性的法律规范，打破了部门法构成的法律基础，产生了部门法形式化和法制度构成的跨部门化。

按照传统思维，从法部门出发判断法的性质，得出的结论将是模糊的。例如"土地法为公法私法混合法"[2]。"《中华人民共和国产品质量法》的私法规范与公法规范的比例是相差不大的；《消费者权益保护法》既有民事规范之类的私法规范，又有行政处罚之类的公法规范。"[3] 如果把这种判断拓展开来适用于所有的现代部门法，就将得出的一个惊人的结论——一切法都是混合法。当所有的法律部门都变成公法与私法的混合法之后，公法、私法属性的判定标准就失去了可识别性意义。以法律部门为认识基线，基线之上的公法、私法认识的混合性是导致认定结论含混不定的主要原因。如果位移认

〔1〕 江平：《新编公司法教程》，法律出版社1994年版，第3页。
〔2〕 李鸿毅：《土地法论》，三民书局1996年修订版，第25页。
〔3〕 孔祥俊：《反不正当竞争法的适用与完善》，法律出版社1998年版，第2页。

识的视角，从导致公法、私法界限模糊的法部门的下位概念——法规范出发，来判定法部门的特性，那么就可以清晰地分解出：刑事法律规范、行政法律规范、经济法律规范。将这些从不同的法律部门中分解出来的同类法律规范，就形成了跨部门法的规范群，这些规范群按照内在的逻辑关系不同形成了不同的法律制度。因此，刑法、行政法、民商法部门本质上应该是跨越了部门法的法制度。

上述法规范群的逻辑区别点是法益。传统上由同质性法律规范形成的法律部门经过法现代化的改造转变为集中于不同部门法内部的同质性的法律规范形成的法律制度。不同的法益产生不同的法制度，于是便产生国家法（国家利益）制度（刑法、行政法等）、社会法（社会公共利益）制度（经济法、社会法）和私人法（私人利益）制度（民商法）。

基于上述部门法的形式化前提，法与法之间的区别表现为两个方面：形式上的区别表现为法部门的区别，即调整对象的不同；实质上的区别表现为法制度的区别，即法所保护的法益的不同。

由于高于私人利益的社会利益从国家利益中分化出来，并打破了国家利益和私人利益截然对立的二元结构，成为一种独立的并应切实保护的法益。因此相应地，诞生了保护该社会利益的新的法律制度，即经济法律制度，也打破了公法、私法分立的二元法（部门）结构。

经济法自 20 世纪初期产生以来，受到了广泛关注，但与其他法律部门的关系一直没有得到很好的梳理。其原因在于公、私法划分理论经历千年的沉积，已深入学者的理论思维，成为一种模式并广泛传播，任何一种新的法现象如果无法在公、私法划分结构中找到合理的位置，便不能在法学体系中寻求到生存和发展的道路。正如德国学者拉德布鲁赫曾精辟地指出的那样："在杰出和统一的（立法）建筑上，人们会对进行妨害其风格的改造犹豫不决。"[1] 经济法现象出现后，登入法学殿堂过程中在经过公、私法的"关卡"时所遇到的无法对号入座的"麻烦"便证明了这一点。"麻烦的制造者"不是经济法本身出了什么问题，而是公、私法划分制度无法适应法对新的经济关系调整的需要，是僵化、呆板的部门法划分造成了法秩序的紊乱。经济法制度是传统部门法向现代法制度转化中形成的法文化结晶，它打破了传统的部门法结构，架构起部门法与部门法之间的连接通道，也改变了公、私法划分的理论基础及法律体系的构成。经济法制度本身具有跨部门法结构特性和保护法益上的公益侧向性。

维护社会利益是一个价值的范畴，即在中古世纪的国家利益本位和自由资本主义时期的个人利益本位的基础上，从国家利益中分离出社会利益，社会利益处于高于个人利益的地位。近代以来，各国立法无不把保护环境、维护经济的可持续发展、保障竞争秩序等作为法的最高精神追求。社会利益又

---

[1]　［德］拉德布鲁赫：《法学导论》，米健、朱林译，中国大百科全书出版社 1997 年版，第 71 页。

是一个社会事实范畴,其得以呈现的现象是客观的。环境、商品质量、竞争秩序等作为客观属性存在于一国经济之中,是一国经济和社会发展的客观基础。

当然,经济法的跨部门法属性,只是在理论上打破了现有的法律部门,然后按照法益的标准进行重新排列组合。部门法框架是法规范稳定的前提,也是立法机关完善法律和司法机关执法依据的着眼点和落脚点。确定经济法跨部门法属性的理论目的在于,从理性上确定经济法的理论范畴和框架体系,能够为有效分析和解释现代法的多样性提供新的认识视角。

(五)制度调整关系上的综合性

国民经济的复杂性使得对其进行调整的经济法具有综合性特点。综合性反映在以下几个方面:①在主体范围上,经济法的主体包括几乎所有的社会主体。当然,这是一个静态的观念,具体某个主体是否属于经济法主体,还需要考察其行为是否属于国民经济关系,如个人属于民法主体,但交税的个人属于经济法律主体。合同的当事人属于民事主体,但如果为获取交易机会而从事商业贿赂,该合同主体属于经济法律关系主体。在主体上,凡是经济协调关系所涉及的国家机关、企业、事业单位和社会团体以及企业内部机构、家户、个体工商户、甚至各种不同身份的公民个人,如高管(经理)、会计、监督员、消费者等都可以成为经济法的主体。②在规范的渊源上,经济法是经济法律规范的总称,它包括具有经济内容的法律、法令、条例、细则和办法等许多规范形式,还有中央制定颁布的,地方(包括民族自治地方)和主管部门制定发布的不同层次、不同法律效力、不同适用范围的经济法律规范。既包括实体法规范又包括程序法规范;既包括对内国民经济关系的法律规范,又包括具有涉外性的经济法规范。③在调整范围上,经济法调整国民经济运行过程中的每一个环节所产生的经济关系。包括市场经济主体的存设管理、市场运行秩序的维护、经济关系的宏观调控等多个方面的经济关系。其内容涉及第一、第二、第三产业的几乎所有方面。④在调整方法和责任形式上,经济法的调整方法既包括直接的强制性的规定,也包括间接的疏导的方法。而且,其直接调整方法与间接调整方法既可以单独使用,也可以同时采用。另外,经济法律责任也具有综合性,既包括已有法律责任的援用,也有自己独特的责任形式。

对经济法特点的探讨,还有一些别于上述观点的认识和结论,例如,有学者认为经济法具有"时空性"。时空是表明事物存在的哲学思维和方法,任何一部法都具有时空性。相比之下,经济法具有现代性,这应该是一个特点。相比传统法,其产生的时间相对较晚。再如,有把"经济性"作为经济法不同于所有部门法的本质特点。如果生产、交换、分配、消费属于"经济"的范畴的话,对这种经济的调整也存在一定的交叉,而不是唯一的。

二、经济法的地位

经济法的地位包含两个具有递进关系的问题，一是经济法的独立性；二是经济法在法律体系中的地位。二者紧密相关，且只有对前一个问题作出肯定的结论才能进行第二个问题的探讨。

（一）对经济法独立性的探讨

这是个争议性很大，且一直持续至今的问题。当然，立足于学科意义上，在理论界经济法的独立地位已经有了较大程度的认同。

1. 法独立性的标准和表现形式。传统上对法部门探讨如火如荼，探讨的焦点是确认法律部门的标准。主要有如下几种观点：①调整对象标准。这种或那种社会关系是法律划分成部门的依据。②法律调整的方法。每一个法律部门都应该有其独立的调整方法。③法律制裁的性质，因为社会关系的属性表现在法律规范的假定和制裁中。④苏联法学家阿尔扎诺夫、勃拉图西明确提出应当将法律调整的社会关系的内容和法律调整的方法结合起来作为部门法划分的标准和依据。另外，也有视调整方法为辅助性的、派生性的分类标准。

这些认识作为法律部门划分的公平标尺，难以适应经济关系复杂化和法律结构的多元化状况。例如，制裁标准排除了民法、刑法和行政法之外的法律部门；方法标准在一些法律部门，如土地法中，会遇到不同方法的交叉。调整对象所确定的财产关系和行政管理关系，也会存在内在属性不一致的问题，如财产关系，私人财产关系和国有企业财产关系都属于财产关系，但调整各自关系的法律性质截然不同。再如，侵犯注册商标专用权行为既属于商标侵权行为，也属于不正当竞争行为。那么对擅自使用他人注册商标的调整形成的法律关系就包括商标法和反不正当竞争法。法律部门的划分应适应简单商品经济对法律的要求，在复杂经济条件下，一种经济关系可能既涉及关系主体——当事人，也可能涉及关系人之外的人，甚至涉及公共秩序，对这种多层次的经济关系的法律调整以一个法律部门来统领是无法完成的。因此，基于单层经济关系的直接对应的部门法的划分具有时限性和先天不足性。当然，划分标准的不适应也加剧了这种先天不足造成的不适应。曾几何时，学者们围绕划分标准问题进行激烈讨论，现在看来，法部门划分理论不适用于发达的法律现实状况，它只"提供了法的分类方法，对法作'部门的'、'水平的'划分，未能揭示法与法之间的相互关系"[1]。法与法之间的本质区别是法制度间的区别而不是部门法与部门法之间的区别。

经济法的产生，改变了传统法律对法律关系认识的水平关系和指向的单一性，形成了立体法律关系和法律关系的复合型。例如，在传统法看来，一个姓名问题由民法解决，基于合同的纠纷由合同法解决，知识产权的纠纷由

---

[1] 刘瑞复：《经济法学原理》，北京大学出版社 2000 年版，第 88 页。

知识产权法解决……在经济法看来，姓名问题并非只由民法解决，基于合同的纠纷可能属于商业贿赂或者垄断协议由竞争法解决，知识产权的纠纷可能属于知识产权滥用，由反垄断法解决，等等。由此可知，姓名、合同、知识财产由两个以上的法律进行不同视角的调整，这形成了法律关系的立体结构。

2. 经济法具有独特的调整范围。经济法调整的领域，是国民经济运行过程中形成的经济关系。这种经济关系，是伴随着生产社会化、国民经济体系化和垄断资本主义经济国际化而形成和发展的。国民经济运行过程中形成的经济关系包括与民法、行政法、刑法调整的经济关系（财产关系）竞合的经济关系（但调整的目的、方式不同），以及区别于这种竞合关系的新型的经济关系。

经济法调整的特殊范围包括以下四个方面：

（1）组织性经济关系。组织性经济关系形成源于经济主体在社会经济中的角色——国民经济的组成部分。从微观角度看，经济主体的设立、歇业和生产经营活动是内部的事务。从宏观角度看，经济组织的生存和发展涉及社会生产、分配、交换和消费各个环节，国家需要对其施以必要的控制，以保证国民经济的秩序和稳定发展。这样就形成了经济组织关系的二重性。确立外部经济组织关系的目的是确定经济主体的某种义务，保障与其有直接或间接利益关系的主体的权益或维护社会经济秩序。外部经济组织关系包括存设关系和组织变更、终止关系，即经济组织与国家机关在经济组织设立、变更、终止过程中形成的关系，也可以说是国家对经济主体在组织结构上实施管理形成的关系。

（2）经济竞争关系。经济竞争关系是指两个或两个以上的经营者或消费者在市场机制运行中所形成的相互对立、互相制约的经济关系。经济竞争关系包括不正当竞争关系和垄断关系。不正当竞争关系是由经济组织实施的对竞争进行实质性限制，以及使用不正当的竞争方法和交易方法而形成的。垄断关系包括基于"私人自治"所形成的垄断关系和行政机关滥用权力形成的垄断关系。

（3）经济监管关系。经济监管关系是国家和社会组织及个人对经济行为实行监管所形成的经济关系。经济监管，不包括国家经济机关上下级间的内部监督，而是只对特定经济关系的管理。此外，还包括基于法律授权的社会组织对特定行业的监督，即在经济监督权的行使上，不仅包括国家权力，还包括社会权力。

（4）经济调控关系。又称宏观调控关系，是国家在协调、控制国民经济运行中形成的经济关系。国家对国民经济实行调控，是市场经济的必然要求，即来源于总供给与总需求的均衡、经济结构均衡的要求。市场机制本身并不能保障自发实现经济均衡发展。市场价值规律作用的结果，一方面可以促成供求均衡，实现资源的优化配置；另一方面又因市场的盲目性特征而导致市场经济的矛盾，造成资源不能充分利用。均衡与非均衡的对立统一是市场经济发展过程中的普遍现象。为保障国民经济健全发展，充分发挥市场调节的基础作用和宏观调控的主导作用，国家对经济进行宏观调控是必然的。

3. 经济法的独立性不依附于法律责任制度和诉讼制度。来源于苏联的学者 Φ. B. 麦舍拉的以法律责任为标准进行部门法划分的学说热度在理论界已渐趋清冷。法律责任只是经济法制度的一个构成内容而不是充分条件。经济法与法律责任之间的关系中尚有许多待证实和待构建的内容，如经济法是否有自己独立的法律责任、经济法是否有自己的诉讼制度等。即使没有独立的法律责任而援用民事、行政和刑事责任也不会给构建中的经济法制度带来颠覆性的后果，且不说经济法可能有自己的独特责任形式。另外，程序法是保障权力（利）的必不可少的手段，其设立既要考虑专业性，又要顾及效率性。一些经济法中的权利保障可以援用现行的诉讼制度，也允许在现行诉讼法律制度基础上增加或补充特殊的程序制度。经济法的诉讼可以借用民事诉讼的规定，如消费者权益保护；也可以借用行政诉讼制度，如税收征管程序，也有自己独特的程序制度形式——公益诉讼制度。由于公益诉讼制度尚处于探讨中，似乎经济法的独立诉讼制度也尚在构建中，但这不应该影响作为实体制度的经济法的独立存在。

（二）经济法的地位

因调整国民经济关系的特点，在西方，经济法被称为"经济宪法"。[1]经济法的"经济宪法"地位可以从以下方面得到论证：

1. 作为经济法的核心制度的竞争法具有宪章的地位。日本经济法学科创立伊始，就赋予了反垄断法以核心地位。日本经济法认为反垄断法在经济法体系中占有基本的、核心的地位，这是日本经济法学说较为一致的看法。但是，各种学说由于在方法论上存在差异，确定核心地位的理论路径不完全一样。[2]

金泽良雄和今村成和没有直接表明竞争法在经济法中的地位，但从不同侧面表达了禁止垄断法的核心地位。金泽良雄认为，在经济法体系中，限制、扶持、允许等多种政策并存。第二次世界大战以后，为达到自由而均衡地发展经济的目标，日本确立了以维持和促进自由竞争秩序为基本政策的观念。在经济法中，竞争法是基本法，反映了限制政策和允许政策，而禁止垄断法是竞争政策基本立场的集中反映。今村成和认为，在经济实体法中，已经形成了禁止垄断政策——垄断禁止法——一般法和集中政策——个别立法——特别法这样的模式，但禁止垄断法在经济法体系中处于一般法的地位。

与上述两位学者不同，丹宗昭信明确了禁止垄断法在经济法体系中的核心地位，认为在现代资本主义国家中，基本经济政策的基础是维持竞争的政

〔1〕 ［德］乌茨·施利斯基：《经济公法》，喻文光译，法律出版社 2006 年版，第 19~26 页。
〔2〕 ［日］丹宗昭信、厚谷襄儿：《现代经济法入门》，谢次昌译，群众出版社 1985 年版，第 75~77
     页。

策，与此相适应的经济政策立法就是禁止垄断法。经济法的基本原则是把维持公正而自由的竞争 → 保护消费者 → 国民经济民主和健康地发展这样的价值观念作为构成理论的前提，这正是垄断立法的规制原理。正田彬认为，禁止垄断法是通过排除形成的从属关系并利用这种从属关系对竞争秩序技能性造成的侵害，来确保交易主体间在交易地位上的实质平等，因此，它是经济法秩序的核心。

美国虽没有经济法的学科概念，但经济法制度中的反托拉斯法被称为"经济宪法"。美国最高法院在 1972 年的一项判决中指出：反托拉斯法……是自由企业的大宪章（the Magna Carta of free enterprise）。它们对维护经济自由和企业制度的重要性，就像权利法案对于保护基本权利的重要性那样。此后，美国最高法院常在判决中将《谢尔曼反托拉斯法》代称为"经济自由的宪法"（charter of economic liberty）。这种指称的理由是，美国反托拉斯法与宪法有许多相同、相似之处，具体表现为：

（1）在追求自由的目标上二者具有内在的统一性。宪法是确定政治自由和经济自由的最高准则。经济政策在促进社会方面起着重要的作用。从广泛的意义上来看，经济自由本身可以被理解为政治自由的一个组成部分。另外，经济自由也是达到政治自由的一个不可缺少的手段。直接提供经济自由的那种经济组织，即竞争性资本主义，能够促进政治自由。所以，经济自由本身是目的，竞争法律是手段。

（2）反托拉斯法和宪法一样对公民的基本权利有广泛的影响。反托拉斯法在美国适用于大量的经济活动，包括绝大部分的交易。几乎所有公民每天所从事的经济交易都受反托拉斯法的影响。因此，像宪法一样，反托拉斯法时时刻刻都在对美国公民的日常生活发生着重要影响。

（3）模糊规范的清晰化范式具有相似性。反托拉斯法是极具一般性的联邦法律，包含着诸多原则性和模糊性的条文。最高法院将《谢尔曼反托拉斯法》称为"经济自由的宪章"，意图将该法像宪法规范那样对待。要想知道反托拉斯法的内容，正如宪法一样必须寻找解释宪法中的关键术语的判决。法院判决对《谢尔曼反托拉斯法》第 1 条"限制贸易"的解释，就像解释《美国宪法》第 5 条和第 14 条修正案中"法律的正当程序"含义的判决那样重要。[1]

宪法是维护民主和自由的基本法，而反托拉斯法是维护经济民主和经济自由的基本法，是反经济专制和反限制自由竞争的法。政治自由和自由市场之间的关系是一致的，尚没有任何例证表明："人类社会中曾经存在着大量政治自由而又没有使用类似自由市场的东西来组织它的大部分的经济活动。"[2] 因而与政治宪法相对应，反垄断法被称为"经济宪法"也是顺理成章的事。

---

〔1〕　孔祥俊：《反垄断法原理》，中国法制出版社 2001 年版，第 19 页。
〔2〕　［美〕米尔顿·弗里德曼：《资本主义与自由》，张瑞玉译，商务印书馆 1986 年版，第 11 页。

　　"经济宪法"是借喻表达，美国的其他成文法律都没有享有这一殊荣，至少在形式上来说这种称谓是独一无二的。在形式服务于内容的规则下，反托拉斯法的作用及地位自然有其特别之处。

　　"经济宪法"的称谓和地位在其他市场经济国家的法律制度中也得到了认可。第二次世界大战以后，制定"反限制竞争法"被视为推行社会市场经济的主要动力，大多数欧洲国家为适应战后的形势，制定了在经济政策中起重要作用的竞争法。从根本上改变了欧洲竞争立法道路。正如学者评价的那样，秩序自由主义者重新定义了经济自由主义传统，从而为欧洲的复兴做出了贡献。他们阐述了一种新型的自由主义，其中法律是市场的必要助手，它把市场从社会分裂的根源变为社会整合的手段。在这种自由主义中，市场是必要的，但是光有市场是不够的。需要把经济纳入一个宪法性的法律架构，它既能保护经济，也有助于以市场为中心的社会整合。竞争法处在这个方案的中心位置。[1]"1957年德意志联邦共和国创设了限制竞争法律制度，该制度将具有新的地位和在不同的原则基础上运行。其地位是'宪法性的'——张扬基本价值和保护基本权利，以及至少是通过司法和行政执法平分秋色的方式实施。"[2]

　　2. 宏观调控法所体现的经济主权原则使经济法具有准宪法的地位。经济法在一国的法体系中的地位取决于调整关系在社会中的地位。国民经济发展是社会发展的基础，其他社会关系都建立在这个基础之上。这种决定性来源于经济安全在社会关系中的基础地位。体现为：①国家财产权利的设置是为了促进经济发展，例如，国家自然资源的所有权、使用权、处分权，以及对国有资产的所有权等。②国家经济管理权力的行使是为了保障经济秩序。国家经济管理权属于经济主权的范畴，行使经济主权对内保障经济稳定、增长的作用。国家经济调控的目的是经济主权的直接体现，避免经济发展大起大落。③在国际贸易中坚持经济主权是保障国家安全的需要。在经济全球化的今天，强调国家经济自决权和发展权等尤其重要。对外国经济因素给本国带来的经济不安定采取的任何挽救措施都是符合经济主权原则的，例如，对外商投资企业及跨国公司、跨国银行在国内的活动依法进行有效的监管；在一国经济发展中禁止其他国家以任何借口、任何方式对该国的经济资源和自然资源进行掠夺、控制和强占；防止和避免其他国家在经济上攫取单方利益和特权；等等。④国家义务的设定是为了保障基础设施和公共福利。自"福利国家"概念提出以来，维护公共设施、增进公共福利不仅仅是国家政治管理内部的事情，而是国家对社会的承诺。

〔1〕〔美〕戴维·J. 格伯尔：《二十世纪欧洲的法律与竞争——捍卫普罗米修斯》，冯克利、魏志梅译，中国社会科学出版社2004年版，第327～328页。
〔2〕孔祥俊：《反垄断法原理》，中国法制出版社2001年版，第21页。

二维码

第二章 拓展阅读

第三章

经济法的原则、价值与理念

第一节　经济法的原则

法的基本原则是指由法所确立的在其调整一定社会关系时所遵循的准则。法的基本原则具有法律规定性、行为准则性、普遍性、可操作性和稳定性等特征。经济法的基本原则是基于政治制度或经济制度下形成的特有的经济调节原则，不同于某一经济法律制度中所体现的具体指导性的原则，例如税法的基本原则是税收法定原则。经济法的基本原则是国家依法调整经济的总的指导思想。

一、宏观调控与市场机制相结合原则

宏观调控与市场机制相结合原则，是经济法在调整国民经济时，以市场机制为基础、国家宏观调控为指导，通过二者的协调、统一来实现国民经济协调、稳定、健康发展的目标。

二者有机结合，是现代经济对法的内在要求。由于生产社会化、国民经济体系化和经济全球化，各国政府对市场与国家的关系进行了既不同于自由资本主义时期的市场经济也不同于传统高度集中的计划经济的制度安排和选择。

二者有机结合是现代市场经济对法的客观要求，也是经济法调控机制发挥作用的形式。市场的功能缺陷可以靠政府去弥补、纠正，但不能把政府的作用神化。许多情况下，市场机制解决不了的问题，政府也不一定能解决。不能过高地估计和夸大政府弥补、纠正市场功能缺陷的能力，要看到政府也有"失灵"的一面。对于"政府失灵"可以通过进一步完善市场的方法来克服。使市场在资源配置中起决定作用、更好发挥政府作用，二者是有机统一的，不是相互否定的，不能把二者割裂开来、对立起来，既不能用市场在资源配置中的决定性作用取代甚至否定政府作用，也不能用更好发挥政府作用取代，甚至否定使市场在资源配置中起决定性作用。[1]

---

〔1〕　中共中央宣传部：《习近平新时代中国特色社会主义思想学习纲要》，学习出版社、人民出版社
　　　2019 年版，第 155～116 页。

宏观调控与市场机制相结合原则实质就是政府与市场之间的关系配置和选择问题。一方面，政府通过立法和行政手段以及各种经济政策来改善和扩大市场的作用，如建立和保持市场竞争秩序、规则，维持币值稳定、总量均衡，等等；另一方面，市场力量在改善政府功能上也发挥着重要作用，如在国家控制的公共产品领域引入市场竞争，有利于改变其低效率的运行状态。宏观调控与市场机制既相互对立，又相辅相成。

在"混合经济"的背景下，市场和政府之间的关系更加紧密，市场和政府关系的配置模式在很大程度上走向了趋同，即以市场机制为基础、宏观调控为主导的模式。政府不再是社会经济的外部因素，而是内部决定力量，但又不是社会经济的唯一决定力量。在这种模式中，市场起主导性作用，政府在此基础上，以宏观调控手段把握国民经济运行的方向、速度、质量。政府不仅仅是市场规则的制定者，也是宏观经济环境的维护者。

宏观调控和市场机制都属于国民经济运行范畴，在经济法调整中，二者缺一不可，如将二者割裂或对立起来，就无法实现经济法的调整任务和功能。在把握宏观调控和市场机制相结合原则时，应当反对两种倾向："板块论"和"二次调节论"。

"板块论"认为，国民经济从总体上可以分为两块，一块是计划经济，一块由市场调节。计划经济是经济制度的本质和主体，这部分经济的生产流通和价格的形成由政府直接通过指令性计划加以决定，市场对此不起作用；市场调节是计划经济的必要补充，它在经济生活中只起辅助作用，这部分经济的生产流通和价格的形成由市场自发调节，政府对此也不起作用。因此，计划经济与市场调节是一种彼此不相干的"板块式"结合。这种观点忽略了市场机制对国家宏观调控的作用，并排斥"计划类经济"的市场化变动，割裂了政府和市场的关系。

"二次调节论"认为，国民经济的运行在一般情况下应由市场来调节，政府对此不应进行干预，市场调节是第一次调节，只有在市场调节的结果出现问题后，政府才应出面进行干预，进行第二次调节。"二元调节论"从理论上说不排斥政府对市场的干预，但狭隘地将政府的身份圈定为被动地"灭火"——救援者，而不是危险防范者。实际上，政府在现代经济中的角色既是救援者，也是防范者。单纯的市场调节无法实现资源的合理配置，也不可能自动符合国民经济发展的目标；另外，如果在市场调节出现问题后再由政府进行调节不仅会造成经济运行过程的紊乱和巨大的浪费，而且还会加大政府调节的成本。事前调整是现代法区别于传统法的一个典型特征，在具体发挥功能的领域，经济法的诸多法律制度都体现了这一特点。

二、维护国家经济主权原则

国家经济主权，包括国家的全部经济权力，如对国家财富、自然资源的拥有权、使用权、处分权，以及对国民经济的监督权、调控权等，也包括在国际经济关系中的自决权、自主权、选择权、发展权等。

传统的国家主权是指国家的政治主权,可理解为政治安全和国防安全。政治安全指是国家的政治制度和政治形势保持稳定,不受国内外敌对势力的破坏和颠覆。国防安全是国家的领土、领海和领空安全,不受外来军事威胁或侵犯。随着冷战的结束,国际环境发生了巨大变化。恐怖主义、霸权主义和强权政治的新表现、局部各种形式冲突以及经济全球化的迅猛发展,科技竞赛的加剧,多元价值观、多元文化的出现及其对抗,贫富分化导致社会矛盾激化,突发性自然灾害等非传统安全因素,都直接影响到国家的稳定发展,对国家安全形成了新的威胁。在这种新形势下,出现了全新的国家安全观,即国家安全除了传统的政治安全和国防安全外,还应包括经济安全、科技安全、文化安全、生态安全、社会公共安全等内容。国家经济主权原则就是在这种背景下产生的。

国家经济主权在本质上属于一国内部的经济治理和管辖问题。在当代条件下,由于经济关系的国际化,国家经济主权已不仅仅是一国范围内的权力,而且涉及国家与国家相互间的经济权力交错问题。

国家经济主权,包括国家对自然资源的权利、国民经济运行的安全权和国际交往中的选择权、自决权、发展权。

1. 国家对自然资源的权利(力)。国家对自然资源的权利体现为自然资源的国家所有权。西方国家的自然资源管理制度有两种模式,一是个别自然资源私有制,如土地私有制,代表国家如美国、日本等;二是在国家有效控制之下的自然资源配置模式,即自然资源所有权属于国家,国家把使用权出卖或出让给使用者,如英联邦国家、我国香港特区的土地制度。我国不存在第一种情况。我国的自然资源所有权主体是国家和集体(矿产资源等所有权主体只能是国家)。

我国一些自然资源流转的一级市场由国家控制。例如,在我国,取得国有土地使用权的方式有两种,即划拨方式和出让方式。划拨土地使用权是无期限、无偿的,其前提条件是土地使用是为了国家利益和社会公共利益的需要;出让土地的取得需要向国家交纳土地使用权出让金,出让土地的使用权是非公益使用。他人获得自然资源开发利用的权利需受公权力的限制。自然资源的价值在于有效开发利用。为了保障资源的永续利用和合理开发,需对自然资源利用进行合理限制,包括开发时间的限制、开发方式的限制、开发权转让的限制等。资源的利用要符合可持续发展的观念,即"满足当代人的需要,不对后代人满足其需要的能力构成危害的发展"。[1] 可持续发展的本质是强调经济、社会、资源、人口、环境协调发展,永续不断。可持续发展要求在不制约国民经济发展的前提下把对稀缺的不可再生的资源的浪费和破

---

[1] 世界环境与发展委员会:《我们共同的未来》,王之佳等译,吉林大学出版社 1997 年版,第 52 页。

坏降到最小。

2. 经济安全。经济安全是国家安全的基础，它是指国民经济能够抵御国内外各种经济风险而保持平稳有序运行的态势。经济安全是国家安全的基础。维护经济安全首先要保证基本经济制度安全。要保障关系国民经济命脉的重要行业和关键领域安全。健全金融宏观审慎管理和金融风险防范、处置机制，防范和化解系统性、区域性金融风险，防范和抵御外部金融风险的冲击。保障经济社会发展所需的资源能源持续、可靠和有效供给。确保国家粮食安全……加强自主创新能力建设，加快发展自主可控的战略高新技术和重要领域关键核心技术，保障重大技术和工程的安全。[1]

全球化市场经济具有明显的阶层和结构：中心国家制定规则，中心外围的国家只能被动地接受国际体制。诸多的游戏规则和外围国家的国内经济环境不一致，产生了经济上的内外冲突。这些冲突即可能转化为国家经济安全问题。冲突可能来自多方面，其中主要包括金融安全、能源安全、产业安全、贸易安全等。

金融开放是一个必然的趋势，经济全球化使国际经济金融化的程度加深。各国金融运作的相互联系愈加密切，相互影响也更加凸显，一旦一国发生金融危机，很容易通过"链条效应""蝴蝶效应"在全球范围内迅速扩散，影响到各国的金融安全。如2008年爆发的美国次贷危机，波及全球，导致较长时间全球股市大幅震荡。来源于金融领域的危险主要是国际资金的冲击、利率的浮动性、高风险金融产品上市、金融监管手段的不足等。我国1995年制定的《商业银行法》以效益性为第一位原则。2003年修改该法时，安全性原则被放在首位，体现了立法者对银行业经营风险的重大关切。

对于能源安全而言，各国的经济发展离不开能源，对于缺乏经济发展重要能源的国家来说，能源问题就成了经济发展战略问题，因依赖外国能源，在受制于人的情况下便产生了能源安全问题。能源安全问题不仅因面临国际市场价格波动而可能引发商业风险，而且可能由此引发潜在的整体经济风险和政治风险。

产业安全是国民经济运行中的新型风险。全球化的表征之一是资金流动的国际化。跨国公司并购对一国经济的发展有着重要的影响。若行业中的重点企业，甚至是整个行业的龙头企业被并购，将加大行业或产业非正常发展的风险。所以现代实行市场机制的国家都紧密监视跨国资金对本国产业发展的不利影响，并制定法律规范公司并购。

在WTO体制下，贸易安全问题仍然存在，尤其体现在转型国家。在GATT贸易自由化推进下，加入国关税樊篱逐渐被拆除，使反倾销法这一可以利用的非关税壁垒措施的保护作用日益凸显。发达国家在其反倾销立法实践

---

[1] 中共中央宣传部：《习近平新时代中国特色社会主义思想学习纲要》，学习出版社、人民出版社2019年版，第182页。

中，呈现出不断强化、不断施加不公平条件的趋势，进而形成新的贸易障碍，也形成对竞争的特别限制。GATT引入反倾销制度，其初衷是要维持国际贸易良好的竞争秩序，赋予受损害方适度自我保护的权利。但GATT反倾销制度的制定与发展始终只是修修补补，在不少实体规则上措词含糊，给各国自由裁量留下空间。这一手段成了近些年来西方国家以反倾销为理由阻止进口的"堂而皇之"地向发展中国家挥舞的大棒。

除了上述涉及国家经济安全的危险方面以外，在特定时期或特定事件中还可能出现其他类型的经济安全问题，如粮食安全、水安全等。

3. 国际交往中的选择权、自决权、发展权。在国际经济合作中，要体现国家经济主权。其主要体现为：国家按照自己的意志，自主选择并决定该国的社会经济制度；独立进行经济立法、经济司法和经济执法活动而不受其他任何国家的干涉；独立自主地制定对外经济政策，排除干扰地调整对外经济关系；独立自主地决定与其他国家的经济交往的原则、形式，自由缔结与国家、地区间的经济协议；等等。

三、倾斜保护原则

倾斜保护可能基于关系的不平等，也可能基于产业安全或产业发展不均衡。前者如用人单位和劳动者之间、经营者和消费者之间、大企业和中小企业之间，后一方主体处于相对劣势地位。后者如国家援助或对特殊主体的扶助，这属于产业政策的范畴。故下文主要展开对前者的讨论。

1. 对劳动者的倾斜保护。雇主和雇员的关系是资本与劳动的关系。在一般劳动力使用中，后者不仅难以与前者对抗，而且存在依附性，且总体上资本对劳动力成本存在挤压的势力。资本的力量随着资本积累的增长而增强，进一步削弱了劳动者争取更高收入的能力。因为资本的增长推动了科学技术的增长，资本所雇佣劳动的需求存在减少的趋势，形成了雇佣劳动的相对过剩。[1] 另外，资本积累所带来的产能过剩使工业产业陷入了怪圈，生产过剩使得所有企业都面临着产品滞销的风险。为了使自己的企业不至于成为最终的失败者，"所有的公司都急忙采取措施避免持仓，通过有序地关闭工厂或低价倾销以打击对手，保护自己。为保持自己的位置，公司被迫循环往复地这样做：进一步降低成本或削减价格，反过来，潜在的供给进一步扩张"[2]。这种恶性循环周而复始地进行，不仅破坏了经济的平衡，而且使得企业对劳动力的需求不断下降。

劳动者职业的稳定性是一国经济持续发展的基础，国家会制定诸多劳动

---

〔1〕 赵培：《资本的哲学——马克思资本批判理论的哲学考察》，上海人民出版社2014年版，第126页。

〔2〕 ［美］威廉·格雷德：《资本主义全球化的疯狂逻辑》，张定淮等译，社会科学文献出版社2003年版，第49~50页。

力保障的措施，从劳动法的劳动工时、休息休假、女职工的保护，到最低工资保障制度、失业保险等。

2. 对消费者的倾斜保护。消费者权益保护法是消费合同从商事合同中分离出来而形成的独立法律制度。分离的原因是双方关系的不平等，不平等的理由是信息的不对称。所谓信息不对称，是指交易双方对交易商品的信息的占有不对等。一般生产经营者对商品的成分、质量、功能等信息了解得更多，为了自身利益，会隐瞒一些信息。信息不对等不仅仅存在于买方劣势地位，一些情况下，也存在卖方劣势地位，如卖方对买方信用等方面信息的占有，这会加大卖方的风险。但消费合同一般是即时清结的合同，所以卖方因信息偏在而生的风险基本不会显现出来。所以，消费合同的风险，主要是消费者信息占有不全面而进行消费选择的风险。

消费者权益保护法确立了消费者的基本权利，也规定了其利益受损时不同于一般合同的救济措施。

劳动者、消费者属于弱势群体，但广义上来说，倾斜保护的对象还应当包括因贫富分化而产生的社会上的弱势群体。为衡量收入分配上的差异，意大利经济学家基尼（Corrado Gini）于1912年提出一种方法，学界称之为基尼系数。该系数是目前运用最为频繁的收入不平等衡量指标：一方面，在一国工业化发展的早期，已经占有财富的人的收入会迅速上升，而迅速的资本化造成城乡收入差距扩大，作为落后产业的农业部门无法为从业农民提供较高的收入；另一方面，极速膨胀的工业部门则召唤更多劳动力的加入，于是农民纷纷放弃农业生产开始大量涌入城市。在这一阶段，进入工业生产部门的农村劳动力数量非常充裕，因此其工资水平很低。我国实行的定点（精准）扶持制度，解决的就是这类弱势主体的问题。

3. 对中小企业的倾斜保护。中小企业是一国市场中的基本主体，数量大、产业分布广。中小企业在市场竞争中因资本力量不够而无法和大企业竞争，因其产业特性也不能和国有企业竞争。中小企业自身财力有限，经营中也存在融资难、投资方向受限等问题，故诸多国家都制定了中小企业促进法或基本法，以特殊的政策扶持中小企业。

四、适度干预原则

适度干预原则在经济法学界影响很大。但学者们的论述并不统一，阐述的角度也多从经济学的角度出发。适度干预原则应当从以下几个方面理解：

1. 以解决市场机制运行中产生的问题为前提。经济法的产生以市场失灵为前提，是解决市场失灵的一种手段，但也只是解决市场失灵的手段之一。政府的行为不一定是最有效的，尤其对于创新性较强的行业。政府与市场是经济运行中资源配置的两种基本手段，也是经济体制中的两个基本要素。不同国家或地区在不同时期的市场运行中呈现出的问题是不一样的，也没有政府和市场配置关系状态的固定形式。但不论西方国家还是发展中国家，政府介入市场的目标是使市场回复到运行良好的状态，而不是代替市场。若完全取代市场，则属于垄断经营，如果是合法的垄断，应具有倾斜保护的政治和社会基础。

2. 干预以社会公共利益或国家利益为基础。被干预的对象是私人权利的行使，或者说在一定程度上限制私益的实现。干预的基础需要具备法益上的优位，相比之下，社会公共利益和国家利益具有这种特性。对于被限制的主体而言，在行为上负有容忍的义务，包括不作为或限制性作为义务。

3. 以法律规定的手段或授权许可的方式为依据。经济法律制度规定了诸多的直接干预方法，例如，价格法中允许政府对特殊的产品（服务）制定指令性价格，反不正当竞争法中规定了诸多"禁止""不得"等行为；也包括间接限制的方式，如价格法中的指导性价格，劳动合同法中的竞业禁止问题；还包括引导性的方式，如宏观调控制度中以价格基金或价格储备方式平抑物价，税法上的税率，金融法中的利率、汇率，社会保障法中的工资和津贴；等等。

在政府行为具有公共性这一基本前提之下，政府与市场关系问题的焦点逐渐集中到政府动用社会资源的公共性目的如何评判上，由此引发了理论上法律实证主义和社会实证主义的激烈而持久的纷争。[1] 二者的主要分歧在于：依赖规范的技术还是坚持事实中的正义。换言之，是遵守既定的法律规范还是致力于规范重建；是注重法律文本还是立足于社会政治经济现实需要；是强调文本中规范和原则的先定性、正当性还是跳出法律文本在实践中寻找存在的规范和原则。政府干预的难点在于干预的事实基础和法律基础之间的关系，以及干预的"度"的把握。

第二节　经济法的价值与理念

对于法的价值，有从"有用性"的角度来理解的，认为"单纯的实在法是没有任何意义的，只有当它能够符合人们的主观愿望，符合它的存在基础时，它才能实际地对社会发生效用和影响，此时法律面临的问题，是它能否符合人们的主观评价，及法律能否满足社会主体的需要，及法律是否能够发挥社会效用，这就是法律的价值问题"。[2]

法的价值首先应该指客观规定性，是由客观经济规律所决定的必然性的东西。至于"满足人们需要的程度"则是法的作用效果。同时，集目标、宗旨、原则、规范、追求等为一体的观念性的总体即理念。　　　．

---

〔1〕　二者的主要分歧在于：依赖规范的技术还是坚持事实中的正义。换言之，是遵守既定的法律规范还是致力于规范重建；是注重法律文本还是立足于社会政治经济现实；是强调文本中规范和原则的先定性、正当性还是跳出法律文本在实践中寻找存在的规范和原则。
〔2〕　徐士英、魏琼、瞿向前："经济法的价值问题"，载《经济法论丛》1999 年第 1 期。

因此，理解法的价值时，切勿混淆法的价值与法的作用、理念。

一、经济法的价值

经济法的价值是经济法所能提供的客观效用。经济法的价值首先来自于法的价值，其次区别于有关法学其他学科的价值。经济法价值的认识路径是在一般法律科学（法理学）的价值类型中按照本学科的特点，同时与其他学科进行比较、鉴别而得出的价值体系。

（一）有关经济法价值的观念分歧

因对经济法的理解不同和理解经济法的视角不同而产生了不同的结论，总结有关经济法价值的分析，大致可以将其归纳为一元论、二元论和多元论。

1. 一元论。即单一价值目标说。持此观点的人认为，经济法只应具备唯一的代表经济法根本特征及其基本精神的价值目标。但哪种价值可以代表这一基本精神，认识上有所差异：

（1）效益。当经济法的多元价值发生冲突时，经济法应当以效益作为其基本价值。以效益作为经济法的基本价值不仅具有坚实的理论基础，而且体现在经济法的具体制度中。经济法效益价值可以通过经济立法、经济执法和经济司法等途径得以实现，并与经济法其他价值存在连动互补关系。[1]

（2）公平。效益是经济法追求公平价值的客观结果，公平是经济法的真正价值所在。经济法赋予市场经济一些社会伦理因素，通过协调运用各种调整手段来弥补传统民商法的不足，以不断地解决个体营利性和社会公益性的矛盾。社会公平是经济法的核心价值。[2]

（3）效率。该说认为，经济法的价值是内在化了的公平的经济体制效率。经济法的公平价值内在化于效率价值之中，成为效率价值的一个内容。[3]

（4）社会利益。体现社会公共利益是经济法的使命。从价值取向上看，经济法所保护的不是纯粹的私人利益或国家利益，而是社会公共利益；从调整机制上看，它不是立足于社会的个别领域或个别层次，而是立足于社会整体。[4]

2. 二元价值说。持此观点的学者认为，经济法具有相辅相成的双重价值目标。同样，哪两种价值是经济法价值的核心，认识也不一致。

（1）社会整体效益与公平说。该说认为经济法作为规范政府直接作用于市场经济的法律，以公平为宗旨，兼顾社会整体效益和公平，以此实现二者的统一。[5]

---

〔1〕 张英："论经济法的基本价值取向"，载《法律科学》2004 年第 4 期。
〔2〕 饶琴、李志明："论社会公平是经济法的核心价值——以反垄断法为视角"，载《法制与社会》2008 年第 7 期。
〔3〕 邓社民、杨连专："经济法价值论"，载《甘肃政法学院学报》1997 年第 1 期。
〔4〕 蒙启红："论经济法价值取向的选择"，载《学术交流》2005 年第 12 期。
〔5〕 莫俊："论现代经济法的价值取向"，载《山东法学》1998 年第 4 期。

（2）社会公平与经济民主说。经济法价值应当是社会公平和经济民主，社会公平包括竞争公平、分配公平和正当的差别待遇。经济民主则是在充分尊重经济自由基础上的多数决定。这两种价值是基础性的，不排除其他价值的存在，如经济效益、经济秩序等。[1]

（3）经济公平与经济和谐说。该说认为，经济法的价值应分为主导价值和终极价值两个层次。经济法的主导价值是经济公平。经济法的终极价值是经济和谐。经济公平是实现经济和谐的前提，经济和谐则是主体对经济法更高层次的追求。[2]

3. 多元论。即综合价值目标说。持此观点的学者认为，仅仅将经济法的价值目标概括为单一或双重的价值目标，不足以适应经济法规范和制度日益复杂化、多元化的发展趋势。[3] 多种价值目标的说法一般没有划分价值结构，而是以平行的观念对待所认为的经济法的价值；也有观点从经济法的调整对象出发，引申经济法的价值。有的观点认为，经济法的基本价值为发展、公平、安全三位一体；有的观点认为，经济法的价值是实质正义、社会效益、经济民主和经济秩序和谐统一；还有的观点认为，经济安全、经济秩序、社会正义论、整体效益论、经济民主论、经济自由都是经济法的价值；[4]等等。很难一一列举。

（二）经济法的价值

由于经济法制度的构成具有多元性和层次性，不同制度所居的位置不同，对价值的认识也不同。在研究经济法的价值时，首先需要表明所站的角度。因此，经济法的价值可分为基本价值和特别价值。基本价值即经济法作为制度体系所具有的价值；特别价值是经济法的构成制度中所表彰的价值。

总体上来说，经济法的制度体系由三个部分构成：经济主体法、市场监管法、宏观调控法。这样，由这三个部分各自抽象出来的价值分别为实质正义、秩序和社会整体效率。当然，这种对应只是在价值显现较为明显的意义上归纳出的结论，并不意味着各价值在各制度体系构成中的孤立对应。之所以将上述三个价值列为基本价值，主要是基于在总体上这三个价值的贯通性更强。

1. 实质正义。正义分为程序正义和实质正义。实质正义又被称为社会正义，是指社会资源和要素分配的结果须符合正义原则。程序正义只注重分配的程序符合正义要求，不关注分配的结果。实质正义价值观建立的基础有二：

第一，正义的最初含义是程序正义，只是社会发展到现代，在程序正义中增加了公平要素以后才从中分化出了实质正义。来自柏拉图和亚里士多德

---

〔1〕 李昌麒、鲁篱："中国经济法现代化的若干思考"，载《法学研究》1999年第3期。

〔2〕 杨连专："论经济法价值中的公平与和谐"，载《洛阳师范学院学报》2000年第3期。

〔3〕 吕忠梅、陈虹："论经济法的工具性价值与目的性价值"，载《法商研究》2000年第6期。

〔4〕 何文龙："经济法理念简论"，载《法商研究》1998年第3期。

的正义观念即为程序正义。柏拉图认为正义即让个人得其所应得。亚里士多德认为，正义即同等情况同等对待。在他们看来，社会将个人分为不同的类型是合理的，社会规则是要不同的人使用不同的规则，同类人适用相同的规则，即在规则的适用上类别内无特权。近现代以来，程序正义成就了代表西方经济政策的主导思想的自由主义，从亚当·斯密，到哈耶克、弗里德曼、诺齐克，他们以各自不同的思想不断夯实程序正义的理论基础，并因思想核心之薪火相传而使自由主义成为西方向全世界普遍推广的价值观。

美国大法官道格拉斯曾指出："权利法案的大多数都是程序性条款，这一事实绝不是无意义的。正是程序决定了法治与恣意的人治之间的基本区别。"[1] 程序正义被西方政治宠爱有加的主要理由，是实质正义在实践中几乎不存在操作的可能性，对权利的任何干涉在实质上都是不正义的。这种观念的思想基础是政府和市场是对立的。

古典经济学代表人之一亚当·斯密的正义观建立在"小政府"论的基础上，新古典经济学派最著名的"帕累托最优"理论建立的是理想化的最优状况的获取，"最优"或"优化"都是建立在个人理性和自我实现之上，并由此认为，"经济学中，正义体现为利益的均衡，如果简单、直观地描述一下正义在经济学中的位置，可以说，正义位于完全竞争市场的均衡点上。与此同时，资源配置和激励效果都达到了最佳境界……因此，正义即是帕累托佳境的前提，又是它的结果。帕累托佳境应该是一个充满正义的世界"[2]。作为一种理想，这种观念不无意义，但作为一种现实结果，这种状态不可能实现。与之类似，哈耶克强调，追求社会正义、忽视程序正义的社会政策必定会导向极权主义，因为这需要不断强化对经济和社会生活的控制。实际上，自由主义构建的程序正义理念因采取方法论上的个人主义，使得其思想必然导向宣扬起点平等和规则的同等适用。

程序正义思想的前提或假设的社会背景，即承认微小的社会个体之间自然（自身）的平等。法律人为造成的不平等因改变了"自然的平等"而不能被容忍。

第二，社会环境基础的改变。现代社会中，由于主体的类型发生了本质的改变，社会团体吸纳了自然人主体成为社会主体的主要形式，这样，主体之间的不平等大多都不是自然人主体的体力、智力、样貌等自然因素造成的，而是由团体主体的性质或财产数量不同而造成的。所以，自由主义的平等观在由自然人平移到团体身上时，就脱离了该观念得以产生的原初环境，虽然不能说这种观念在团体身上变得完全不适应，但至少这种观念的普遍性应该转变为相对性。团体的禀赋本身已经不是"自然"的了，即属于自由主义思想家们所言的"人为"的。在新的社会环境下，需要在程序正义的基础上，

---

〔1〕 转引自何文燕等：《民事诉讼理念变革与制度创新》，中国法制出版社2007年版，第19页。
〔2〕 转引自苏惠祥主编：《中国商法概论》，吉林人民出版社1993年版，第100页。

构建实质正义观念和价值。

在上述基础上，经济法的实质正义内容包括如下方面：

（1）经济法所崇尚的实质正义强调"不同情况不同对待"。"不同情况不同对待"和"同等情况同等对待"并不矛盾，只是现代社会中，前者存在的情形更为普遍，或者说，后者的基础越来越匮乏，需要特别的调整手段来实现经济运行中的关系"同等"。从这个意义上来说，实质正义是矫正正义。例如，在消费关系中，从作为普通民事主体而言，消费者和经营者之间的关系是平等的。但事实上，因经营者主要是以营利为目的的企业，交易产品的技术性、促销手段的诱惑性、信息的非透明性等使得双方的交易地位不可能平等。所以，在合同关系上，双方均具有程序正义：交易、不交易、交易多少、什么条件交易等；在消费者身份上，给予其特殊的权利和利益。同样，抽象意义上，中小企业也具有市场准入、市场退出的权利和自由，但在实际环境下，其市场准入要受大企业所形成的市场力量的限制和制约。

（2）追求以群体为中心的价值观。简单商品经济时期的正义观，来源于单个主体之间的财产分配，程序正义观直接体现为财产的占有基础上的机会公平和补偿正义；在复杂商品经济时期，分配是社会性的，不仅发生在个别主体之间，更重要的是会发生在单个主体与群体之间，或群体与群体相互之间，这种分配的不公平单靠个人的力量是难以矫正的。实质正义将自然人的禀赋、自然条件和社会因素都纳入财富分配的考量因素之内，追求以群体为中心的价值观。

（3）经济法上的实质正义是以矫正正义体现出来的。矫正正义针对的是如下方面：①因自然禀赋不同导致的不公平的矫正。例如，中小企业自身的资金和抗风险能力无法和大企业相比，由此会产生市场经营上的不公平问题。为此，需要制定特殊的法律给予其在融资上、市场进入条件上、税收上、会计上等以特殊的处理。②因自然条件差别产生的不公平的矫正。按照唯物史观，自然条件属于经济发展的基础因素，自然条件不同，经济发展的速度和程度不同，发展的结果必然存在差异。依靠"自然"的引力来逐步减少发展上的差距还是依靠公权的推动力来缩小差距，两种手段会有两种截然不同的效果。现代转型国家经济发展中的地区不平衡问题、城乡差别问题很普遍，而自然条件的差别制约资本、劳动力、技术等经济发展要素的转移，这些问题很难靠市场力量来解决，需要国家以特殊的税收、财政等手段合力解决。③因社会原因产生的不公平的矫正。没有一种实施手段能够体现永恒的正义，常规的现象是不公正的分配使得社会资源的合理配置状态遭到破坏，矫正之后，又出现了新的不正义。社会现象的动态性决定了体现正义观的手段也应该是动态的。国民经济运行中出现的因经济危机、国际环境影响等造成的经济波动，需要特殊的手段治理。

（4）实质正义作为一种价值，其存在和实现过程并不完全否定程序正义，相反，其需要程序正义的辅佐。例如，政府创设某种权力或行使某种既有的权力，必须严格按照法律程序的要求，不得任意僭越。有些规范也同时融程序正义和实质正义为一体。例如，各国普遍采用的累进税率制度，既体现了同等情况同等对待，也体现了不同情况不同对待。从同一税率层级上看，体现了程序正义；但从税率整体来看，收入越高，税负越重，该制度体现的是实质正义。

在意识形态上偏左的自由主义者罗尔斯既强调程序正义又兼顾实质正义，但其思想仍然未能步入经济法意义上的实质正义观的轨道。罗尔斯强调："所有社会价值（自由、机会、收入和财富以及自尊的基础）平等地分配，除非是这些价值之一或全部的不平等分配合乎每个人的利益。"[1] 罗尔斯的思想深根于个人主义这个古老的自由主义土壤，经济法实质正义建立在群体思想上，它不可能解决所有人的所有问题，但可以部分地解决自由主义思想家们担心的实质正义无法操作的问题。

2. 竞争秩序。维护社会秩序和经济秩序是公共政策的中心功能。秩序之所以需要维护，理由有三：其一，人们的认识能力是有限的。一种具有公共理性的秩序会协调具有相同意图的人们的行为，增进劳动分工并因此提高生活水平。其二，个人的行动自由与保障他人行动自由是构建秩序的前提条件。其三，人们拥有的信息不对称，并禁不住利益诱惑而时常机会主义地行事，这使得建立约束性承诺或强制执行的规则非常必要。[2] 有序竞争是高度抽象的概念，其追求的是秩序价值。工业化社会孕育了一种考虑到当事人之间实际存在的不平等的契约关系。立法者倾向于保护弱者，打击强者；或者保护诚信者，打击搭便车式的盗窃者。为此，当事人必须服从于一个被现代法学家称为经济秩序的东西。[3] 这是秩序政策的核心内容，也是竞争法产生和发展的基本前提。

对于秩序构建的基础，有个人理性和社会理性之说，哈耶克的自生自发秩序理论是当代依个人理性构建社会理性的主要代表。在他看来，制度不是设计的"结果"，而是动态的"过程"，是不同人群互动和博弈的过程。这种"自由秩序"的形成，需要作为个体的人的自主选择和自主行动，即需要赋予个人以自由的权利。因此，自由之于哈耶克，不是一种绝对抽象价值的理想追求，而是人类生存的选择战略。这种植根于亚当·斯密时代的经济基础的当代思潮是难以建立起现实的竞争秩序的。另一个在欧洲一直影响广泛的秩序理论是德国弗莱堡学派的社会市场竞争秩序理论。该学派的竞争秩序分为两层含义：一是作为理念的应然竞争秩序，即"完全竞争秩序"，是合乎人的理性或事物的自然本性的秩序，也被称为"奥尔多秩序"；[4] 二是实然的竞

〔1〕 ［美］约翰·罗尔斯：《正义论》，何怀宏等译，中国社会科学出版社 1988 年版，第 58 页。
〔2〕 ［德］柯武刚、史漫飞：《制度经济学——社会秩序与公共政策》，韩朝华译，商务印书馆 2000 年版，第 380~381 页。
〔3〕 ［法］热拉尔·卡：《消费者权益保护》，姜依群译，商务印书馆 1997 年版，第 5 页。
〔4〕 ［德］何梦笔：《秩序自由主义》，董靖等译，中国社会科学出版社 2002 年版，第 3~4 页。

争秩序，即现实经济领域竞争的条理性。尽管弗莱堡学派的理论目标因建立在完全竞争理论上而成为一些经济学家进行学术批评的靶子，但该目标的手段在德国乃至欧共体竞争法制定中所发挥的作用却不容忽视。同时该种经济理论的"虚一实"结构对理解竞争法的价值不无借鉴意义。

哈耶克和弗莱堡学派代表欧肯，都承认秩序之于自然界和人类的重要性，需要一种维持秩序的机制。但在维持秩序的方法上，两人（派）分道扬镳了。哈耶克走上了"自然之路"，欧肯则转向"社会之路"。

哈耶克的自然之路建立在心灵自由的基础上。哈耶克并未界定过什么是他所理解的竞争，他认为的有关竞争的作用和功能建立在初始市场经济的子嗣——自由的基础上，即"一个人不受别人意志的任意强制的状态"[1]。竞争是他所认为的自由的人的行为结果，自由竞争则是一个包括工具在内的结果状态。这和他研究问题采取的个人主义的方法论是分不开的。哈耶克对差别待遇和卡特尔的态度都建立在自治这个工具之上。"毋庸置疑，人们在社会生活中会就应予适用的标准和类似问题达成各种谅解或协议，只要人们没有就特定情势中的其他条件达成明确的协议，那么他们就标准问题达成的协议或谅解就应当得到适用。此外，只要人们是在完全自愿的基础上遵守这类协议，而且任何其他人都不得对那些认为推出这类协议对自己有益的人施加压力，那么这一协议或谅解就是有百利而无一害的。或者说，任何对这类协议或谅解予以彻底禁止的做法都是极具危害的。"[2]

哈耶克认为垄断有两种类型并应对其采取不同的态度。一种类型的垄断是市场合理结构的表现，这种合理结构是主体关系走向平衡的一个驿站。由于他将竞争视作一种发现的过程，高额垄断利润很容易被竞争者发现，并使得进入市场富有吸引力。在他看来，潜在的竞争者发现并迅速进入市场本身就排除了垄断定价，由此可见，真正、长久地保持垄断地位的情况是不存在的。而短期的垄断不应该受限制，如同创新性企业将其任何一个新产品销售到市场，其本身就是一定时间内的垄断者一样。这种意义上的市场结构代表了市场绩效。真正需要加以限制的垄断，是在原来优越地位消失之后保护和维持其地位的垄断，即自然垄断。它使得潜在的竞争者无法进入市场。需要打破的，就是这种垄断。

弗莱堡学派构建的秩序自由主义有着与新自由主义相同的思想渊源，即接受古典经济学的两个基本出发点：竞争是良好经济所必需的；必须由私人而不是政府决策引导资源流动。但其在目标和方法上都发生了革命性的改变。他们不但要求分散政治权力，还要求分散经济权力。后一个目标是个人无能

---

〔1〕［德］格尔哈德·帕普克主编：《知识、自由与秩序：哈耶克思想论集》，黄冰源等译，中国社会科学出版社 2001 年版，第 129 页。

〔2〕［英］弗里德利希·冯·哈耶克：《法律、立法与自由》（第二、三卷），邓正来、张守东、李静冰译，中国大百科全书出版社 2000 年版，第 397 页。

为力的，需要依靠政府的力量。政府的经济政策分为秩序政策和过程政策。所谓秩序政策，是指国家确定经济主体都必须遵守的法律和社会总体条件，以便使一个有运作能力和符合人类尊严的经济体制得到发展。所谓过程政策，是指在既定的或者很少变化的秩序框架和国民经济结构下，所有那些针对经济运行过程本身所采取的，并能影响价格—数量关系变化的各种国家干预调节措施的总和，包括货币政策、财政政策、收入政策等。秩序政策的地位要高于过程政策，过程政策是为秩序政策服务的。

秩序自由主义在欧洲的影响十分深远，不仅仅对经济理论，更重要的是通过经济政策对经济产生了积极的影响。它确定了竞争法在经济法中的中心地位，并确立了竞争秩序是一种国家构建秩序的理念。

毫无疑问，制定竞争法就是在实现国家和地区构建秩序，它强制性地限制某些自由来实现更广泛的自由。国家和地区必须为竞争秩序确定一个框架，并不断保护这个框架。在保证自由进入市场和防止垄断行为的条件下，市场的参与者可以自主作出决策。同时，市场把各个市场参与者的计划协调成一个国民经济的整体过程。[1] 这种秩序政策也被国内学者概括为社会市场经济政策，即所有那些为经济运行过程创造和保持长期有效的秩序框架、行为规则和权限的有关经济法律和措施手段的总和。[2]

维护竞争秩序是竞争法公开宣示的目标，也是竞争法特有的价值。根据美国《克莱顿反托拉斯法》第2条、第3条规定，任何实质上损害竞争或者可能妨碍、破坏、阻止竞争的行为均为非法。德国《反对限制竞争法》第1条规定："企业或企业协会为共同的目的所签订的合同以及企业协会的决议，其目的如果是限制竞争……则无效。"日本《禁止垄断法》第1条规定："本法的目的是……促进公正而自由的竞争。"我国台湾地区"公平交易法"第1条规定："为维护交易秩序与消费者利益，确保公平竞争……特制定本法。"

竞争法之所以将秩序作为价值目标，是因为竞争是一种理想的资源配置方式。竞争所产生的效果有两个方面：①效益好的企业将获得利润，效益差的企业将面临亏损与破产；②竞争将产生商品或服务的最低价，消费者对商品或服务有选择的机会。一定范围和程度的企业破产或亏损是市场规律发生作用的正常表象，维持这种程度的竞争就是经济学上所称的有效竞争。如果企业亏损或破产大面积爆发，则可能是过度竞争造成的。竞争无序不利于社会经济的发展，甚至会带来社会政治、经济动荡。

3. 社会整体经济效率。法的利益本位亦即法在利益保护上的出发点与立场。民法是市民社会的法，是典型的私法，以个人利益为本位，以确认和保护私人利益为其价值追求的目标，从而维护民事主体的权利。经济法以社会利益为本位，把社会总体利益作为自己的价值目标，在兼顾各方经济利益的

---

〔1〕 ［德］何梦笔：《秩序自由主义》，董靖等译，中国社会科学出版社2002年版，第3~4页。

〔2〕 陈秀山：《现代竞争理论与竞争政策》，商务印书馆1997年版，第131页。

同时，维护社会整体经济效率。

从产生之初，经济法就站在全社会的高度，从国民经济的整体出发对社会经济活动进行干预与调控。其中市场监管法创造了公平、自由的竞争环境，维护着公平竞争的市场秩序。宏观调控法从全局出发，调控社会总供给和总需求的关系，保持经济总量的持续平衡，促进经济结构优化，保障社会经济的协调发展。

在近代，人们曾经认为个体效率与社会整体效率是一致的，社会整体效率只是全部个体效率的简单相加，只要达到了个体效率最大化就能促进社会总体效率最大化的实现。人们为了追求个人效率的最大化，对个人权利进行绝对保护。由于每个经济主体均只从自己的利益、认识能力出发进行意思自治，但因人的禀赋不同，不可避免地产生行为结果上的差异，随着资本集中和积聚，便出现了经济性垄断、不正当竞争等现象。这些现象既伤害公民、法人的利益，也妨碍了市场资源的优化配置。

"效率是资源配置使社会所有成员得到的总剩余最大化的性质。"[1] 社会整体效率和私人个体效率是一对矛盾统一体。社会整体效率的实现需要承认和尊重私人个体效率，没有个体效率，不可能存在社会整体效率。但不能过分推崇个体效率，尤其不能以牺牲社会整体效率为代价来实现个体效率。

（1）市场监管法体现的整体效率。在垄断状态下，以价格卡特尔为例，被价格卡特尔所固定的价格为垄断价格，成员企业因垄断价格获取垄断利润，对所有成员企业来说是有效率的，成员企业的有限性决定了这种效率是个体效率。价格卡特尔使大量的非成员企业难以通过正常的价格竞争充分行使自主定价权，不可避免地会降低其经济效率；另外，某种商品的价格被确定为垄断价格时，消费者往往无法在价格上做出选择只能被迫接受高价，因此，消费者的福利受到侵害。更为重要的是，价格卡特尔扭曲价格信号，垄断价格不能客观真实地反映商品或资源的稀缺程度，它会给经营者提供虚假信息，误导生产和消费，国家无法实施有效的宏观调控措施。正因为价格卡特尔是以损害社会整体效率为代价追求个体经济效率的典型形式，现代各国反垄断法无一例外地严厉禁止价格卡特尔。

竞争法通过设定一系列预防和救济措施维持市场的合理结构，保障有序竞争，实现市场的有效配置资源功能，进而保证国民经济的稳定、协调发展。竞争法所奉行的效率准则，是坚持创新效率下的配置效率。概括而言，就是以消费者利益为中心的资源配置效率。创新效率是社会进步的源泉，也是实现消费者福利最大化和全社会福利最大化的基本动力。

以消费者利益为中心的配置效率，指导并限制创新效率和生产效率的发

---

〔1〕 ［美］格列高里·曼昆：《经济学原理》，梁小民译，生活·读书·新知三联书店1999年版，第152页。

挥，其不仅体现在司法案例中，立法也给予创新效率以积极的关注。[1] 2000年《美国关于竞争者之间合谋的反托拉斯指南》对研发合谋进行规范，考虑到研发合谋促进创新的作用，一般认定其属于竞争性的，根据合理原则进行分析。但是，基于消费者利益可能会受到来自创新导致的市场支配力的侵害，《美国关于竞争者之间合谋的反托拉斯指南》提出，如果该研发合谋产生或增加了市场支配力，那么就要分析其总竞争效果。这里的"中心问题是，协议是否增加反竞争性的能力或动力，减少独立追求或通过合谋追求的研发成果"。[2] 总之，对于研发合谋的分析，首先是肯定其因创新给消费者带来的利益，但创新的同时，也可能带来消费者福利的减少，最终需要分析总的消费者利益是否有所改进。欧盟竞争法中也有同样的分析。在合并案件分析中，欧盟认为新的或改良的产品、服务业会有益于消费者，为了开发新产品而建立的合资企业可能会增加消费者利益，那么委员会将该效果予以考虑。[3]

（2）宏观调控法体现的社会整体效率。宏观调控是资源的再调配，这种调配的目标是提升社会整体效率。

第一，提升资源的总体利用效率。这里的资源不仅仅指自然资源，还包括人力资源和社会经济资源。对资源的利用会产生两种同时并存的影响，即正效应和负效应。正效应一般是指一定时期开发利用资源创造的社会价值总和，包括提高了人类自身的能力、完善了适于经济增长的基础设施、获得了进一步发展的能力等。负效应是指开发利用资源时造成的阻碍社会经济发展的代价，包括人力资本质量的下降、自然资源、环境的破坏等。一国经济持续发展建立在资源合理开发利用的基础上，合理性的评价是看到资源利用的总体效应，即综合平衡资源利用的正效应和负效应的关系，体现正效应大于负效应。对于劳动力资本而言，建立的劳动卫生安全制度、休息休假制度、社会保障制度等都是为了拉大正效应与负效应之间的效应额度；对于国家财政资金使用而言，效应评价是决算体系的建立；对于自然资源和环境开发利用而言，总体效应评价体现为自然资源的可持续使用、用途管制、环境影响评价制度等。

第二，促进区域经济的总体发展。美国经济学家缪尔达尔曾经指出，市场的力量往往倾向于扩大而不是缩小地区差距。市场竞争和企业追求利润最大化的结果，往往是资金、劳动力和人才从经济落后地区流向发达地区，由此进一步产生了生产要素在地域上的级差，并引发区域累积因果效应，使落后地区愈落后，发达地区愈繁荣。缩小地区经济差距单纯依靠市场力量不足以完成，需政府出面以国家的力量解决。财政转移支付法、税法、固定资产

---

[1] 对创新的最大的立法关注应该是知识产权立法，本文限于讨论反垄断法立法中的关注。

[2] 《关于竞争者之间合谋的反托拉斯指南》（2000年4月联邦贸易委员会与美国司法部联合颁布）。

[3] 《关于在控制企业集中的理事会条例下评估横向合并的指南》（2004/C 31/03），王晨译，载许光耀：《欧共体竞争立法》，武汉大学出版社2006年版，第471页。

投资法等可以单独或联合适用，发挥缩小地区经济差距的功能。

二、经济法的理念

在哲学家看来，理念是一个宏大的主题。柏拉图认为"理念"是永恒不变而为现实世界之根源的独立存在的、非物质的实体，它是唯一真实的存在，个别的事物只是其"摹本"或"影子"。柏拉图对概念的解释扩大了理念的外延。康德认为"理念"是纯粹理性的概念，是基于知识性而产生超越经验可能性的概念，它是理性所追求的最高、最完整的统一体。黑格尔认为"理念"是"自在而自为的真理——概念和客观性的绝对统一"。[1] 黑格尔更加简明地解释："理念是任何一门学问的理性。"[2] 法学家认识的理念通常要和法的要素结合起来，"法包含着统治者对秩序的希望，统治者总是把自己对秩序的希望注入法之中，在法的典章条款及其字里行间形成一个社会秩序的预想模式，并以此模式作为现实中法的秩序追求的目标"。[3]

通常来说，理念指行为的总目标。因理念中包含理想化的目标，故和价值相比较，理念是主观的。当然，理念也并非空中楼阁，理念都是在一定现实的基础上建立并着眼未来。理念的现实意义在于设定行动的目标和努力的方向。

经济法的理念是经济法调整国民经济关系所产生的理想的社会经济生活状态。经济法的理念核心可以概括为经济可持续发展。十九大报告提出："发展必须是科学发展，必须坚定不移贯彻创新、协调、绿色、开放、共享的发展理念。"经济领域的科学发展是经济可持续发展，是经济、社会、人口、资源、环境、科技的协调发展、永续发展。

1. 经济增长。不附加其他要素的情况下，经济持续增长是个量的概念。分析经济增长的指标一般是公民生产总值（GNP）和国民收入（GDP）的总量。这些指标受到诸多因素的制约，如投资率、储蓄率、消费需求等指标，所以，是否属于增长不能单纯依据数量。

2. 协调、可持续发展。协调、可持续发展强调经济发展的质量。一是减少经济增长过程的社会代价。可持续发展要求把发展的负面效应和代价降低到最低限度，尤其是资源和环境免遭或少遭破坏，要求既达到发展经济的目的，又能保持人类赖以生存的自然环境良好；既满足当代人的需要，又不危及后代子孙的安居乐业，继续发展，从而实现代内公平和代际公平的统一。以新的视角、新的理念将经济法定位为发展之法、未来之法，其使命不仅是巩固、保护已有的权益，而且要兼顾未来，为可持续发展战略和可持续生产

---

〔1〕《简明社会科学词典》编辑委员会编：《简明社会科学词典》，上海辞书出版社1982年版，第415页。

〔2〕［德］黑格尔：《法哲学原理》，范扬、张企泰译，商务印书馆1979年版，第2页。

〔3〕卓泽渊：《法的价值论》，法律出版社1999年版，第183页。

方式的实现、代际公平的实现保驾护航。在这种价值基础上形成的可持续发展体现了维护社会整体利益的终极目标。二是强调经济增长的质量。技术的进步是经济发展的前提，以技术的商品化为基础不断提高经济发展的质量是经济增长的应有之义。对于企业而言，技术创新需要时间、人员的成本，且往往不能迅速转化为生产力，所以，技术创新需要国家的引导和扶持。

3. 可持续发展的目的——实现共同富裕。即经济增长必须与社会整体福利增进结合起来。社会关系的本质就是一种利益关系，各种利益关系不断冲突、不断整合的过程构成了社会存在的常态，平衡利益、保持稳定成为保持社会和谐的关键。在很大程度上，社会的不和谐由贫富差距导致。现实世界中的和谐社会应该是有着健全的解决机制和通畅的解决途径，使纠纷能够得到有效预防和及时解决，防止势态扩大到威胁社会和谐的程度。保证不同群体的利益得到协调与平衡是经济法的终极目标。中国的改革开放使得社会结构发生了巨大变化，因财富占有不平衡形成多元利益主体，原有的社会秩序日渐失范，社会矛盾增多，冲突加剧。经济发展的成果应由全民共享。经济法中的宏观调控措施力求在经济增长的同时，保障财富的公平分配，增进社会整体福利。党的十九大报告明确提出了中国未来经济发展的两个阶段，第二个阶段目标完成的根本目的是"全体人民共同富裕基本实现，我国人民将享有更加幸福安康的生活"。

4. 可持续发展的经济法保障。马克思曾经指出，资产阶级在它不到一百年的阶级统治中所创造的生产力比过去一切世代创造的全部生产力还要多，还要大。创造资本主义的经济增长奇迹的要素有以下条件：竞争、创新、法治。法治在其中的作用体现为财产和契约神圣不可侵犯。马克思所言的资本主义经济增长的奇迹以及财产和契约神圣不可侵犯在资本主义经济增长中的保障作用要归功于当时低下的生产力水平。资本主义近代经济发展历史表明，单靠财产和契约神圣不可侵犯的传统规则来激发创造的财富甚至还不如财产和契约神圣不可侵犯规则下经济危机浪费的财富多。

除了创造财富，财富创造的可持续性是更重要的方面。为保障经济的可持续性发展，经济法制度从不同角度发挥着作用。这一点可以从各经济法法律制度的宗旨上体现出来。我国《税收征收管理法》第1条规定："为了加强税收征收管理，规范税收征收和缴纳行为，保障国家税收收入，保护纳税人的合法权益，促进经济和社会发展，制定本法。"《中国人民银行法》第1条规定："……保证国家货币政策的正确制定和执行，建立和完善中央银行宏观调控体系，维护金融稳定，制定本法。"《反不正当竞争法》第1条规定："为了促进社会主义市场经济健康发展，鼓励和保护公平竞争，制止不正当竞争行为，保护经营者和消费者的合法权益，制定本法。"《反垄断法》第1条规定："为了预防和制止垄断行为，保护市场公平竞争，提高经济运行效率，维护消费者利益和社会公共利益，促进社会主义市场经济健康发展，制定本法。"

二维码

第三章　拓展阅读

第四章

经济法律关系

法的特殊性可以从调整对象、调整方法等方面表现出来。研究经济法律关系的目的是从制度结构上揭示经济法的特殊性。在很大程度上，经济法的独立性来源于经济法律关系的特殊性。

第一节　经济法律关系概述

由经济法的历史沿革观之，经济法由萌芽到成熟，期间伴随着的相关理论问题依次产生、发展直至成熟，这些理论问题不断充实着经济法的内涵，使经济法的理论体系日臻完善。在界定了经济法的概念后，还可以从另外一些侧面来观察经济法的特殊性，以进一步明晰经济法的特殊性。经济法律关系是一个重要的侧面。

一、经济法律关系的含义

（一）经济法律关系的意义

19 世纪末，随着自由市场经济过渡到垄断阶段，国家的社会机能和阶级机能发生分离，国家承担起社会经济调节的职能，国家运用经济法律手段，进行调整各种社会关系、解决危机、应对战争、阻止垄断等行为，以保障国民经济持续健康运行。经济法制度在世界各国陆续产生和发展，并作为一门新的法律学科受到普遍关注。在中国，经济法制建设热潮兴起于 20 世纪 80 年代，这与当时中国改革开放初期经济建设热潮的大背景有关。在此期间，有关经济活动的法律法规大量颁布，但缺乏系统性和体系化，其间夹杂着现在已经明了的并不属于经济法范畴的法律规范。

随着法学理论研究的深化，以及经济法研究路径的探索和研究方法的运用，从经济法律关系理论解释经济法可以使得其架构轮廓更加清晰，因此，经济法律关系成为经济法学研究的一个基本模型[1]。在经济法学的理论框架内，经济法律关系处于枢纽地位：经济法律关系是经济法概念的扩展和细化。一个学科的成熟与独立与否取决于对该种法律关系特征的描述，法律关系决定研究的对象和范畴。经济法的独立性在很大程度上是由经济法律关系构成

---

[1]　李昌麒主编：《经济法学》，法律出版社 2007 年版，第 85 页。

要素的特殊性构建起来的。这样，经济法律关系既是经济法理论研究不可或缺的对象，也是使经济法制度得以体系化的关键。

（二）经济法律关系的含义

何谓经济法律关系，学界有诸多的表述。有学者认为，经济法律关系是指经济法律规范在调整国家干预经济过程中所形成的经济职权和经济职责、经济权利和经济义务关系[1]；也有学者认为，经济法律关系是指经济法调整因国家调节社会经济而发生的国家经济调节关系所形成的各方主体之间的权利义务关系[2]；还有学者认为，经济法律关系是由经济法确认和调整的在经济管理和经济协作过程中所产生的权利和义务关系[3]。虽然这些观点在具体表述方面有所差异，但从其论述的内容来看，经济法律关系与民事法律关系、行政法律关系、刑事法律关系等这些传统的法律关系有着显而易见的区别。

法律关系是在法律调整人们行为过程中形成的权利义务关系。经济法产生的特定历史背景，决定了经济法律关系不同于以往其他传统的部门法律关系。因此，应该这样理解经济法律关系：经济法律关系是指由经济法律规范所调整的国家在调整社会经济活动中所形成的经济权利、经济权力与经济义务、经济责任的关系。

这里为什么加上了"权力"？经济法律关系中体现了国家对社会经济活动的监管。经济法的产生是基于资本主义经济发展过程中产生的对社会调节的现实需求，是对已有法律的空白状态所做的填补。从这一层面上看，经济法律关系在形成过程中，渗透进了国家的意志，隐含了国家对社会经济活动的介入。即"用社会调节的办法去解决在经济循环中所产生的矛盾、困难"[4]，而这些矛盾和困难由市民法来调整已显得力不从心。虽然因具体的时代和社会背景的不同，由经济法调整所形成的经济法律关系的表现形式多种多样，例如竞争法律关系、宏观调控法律关系等，但其中所体现的精髓却是相通的：即国家对社会经济活动的管理和规划。

二、经济法律关系的类型

法律本身是一种控制机制，这种控制机制通常是通过建立相关的法律关系模型以达到控制目标的。法律关系是进入法律制度的前阶，是社会关系成为独立的法律关系的认识基础，也是认识一个法律制度框架的平台。经济法律关系的类型，建立在经济法产生的特定背景以及经济法的独特性质基础上。

经济法律关系的类型包括经济主体法律关系、市场监管法律关系和宏观调控法律关系。

[1] 李昌麒主编：《经济法学》，法律出版社2007年版，第86页。
[2] 漆多俊：《经济法基础理论》，武汉大学出版社2000年版，第200页。
[3] 徐杰：《经济法概论》，首都经济贸易大学出版社2006年版，第5页。
[4] [日]金泽良雄：《当代经济法》，刘瑞复译，辽宁人民出版社1988年版，第20页。

（一）经济主体法律关系

经济法律关系主体包括个人、企业和权力机构。对于个人，只有参与到国民经济有关环节中并为法律所确认，才属于经济法律关系主体。对于企业，因营利本性、主体的虚拟性等，其组织状况、人格特性等需要借助公共权威来确认，将此类信息公示可以便于他人判断不同主体的交易风险。市场秩序的维护需要建立企业组织的基础性公共信息。这些公共信息是抽离具体企业的特殊性，以类型化的方法统一同类企业市场准入的基本条件、市场退出的基本结果。国家通过立法制定企业的组织性的规范，确立企业作为经济组织的设立、变更和终止的基本条件和程序，以此稳固企业的基本组织结构，显示同类企业大致相同的基本权利和义务。这些基本信息是社会交往并控制交往风险的基本要素。如果具有法律有限人格的组织滥用其组织人格，将承担相应的法律责任。就权力机构而言，包括宏观调控主体和监管主体。宏观调控主体是具有宏观调控手段的中央机关。监管主体不限于国家行政机关，还包括法律、法规授权的具有管理公共事务职能的组织，如证监会等。

（二）市场监管法律关系

监管是一个跨法学和经济学的范畴。法学上解决的是政府监管的必然性和必要性，经济学上探讨的是政府监管的效率性。监管源于市场和政府的关系。"市场决定资源配置是市场经济的一般规律，市场经济本质上就是市场决定资源配置的经济。……市场在资源配置中起决定作用，并不是起全部作用。政府的职责和作用主要是保持宏观经济稳定，加强和优化公共服务，保障公平竞争，加强市场监管，维护市场秩序，推动可持续发展，促进共同富裕。弥补市场失灵。"[1] 实际上，"人类社会中的法律制度从来就没有（而且也不可能）把作为社会秩序之基础的那种契约责任完全交由合同当事人自己去决定"[2]。公共利益理论认为，政府监管是对市场失灵的回应，政府追求公共利益，能够代表公众对市场作出一定的理性规划，从而对效率和社会公正的需求做出无代价和有效、仁慈的反应[3]。因此，在现代经济中，监管的含义应该是指政府依照一定的规则对市场主体的活动进行参与或限制的行为[4]。日本学者使用"规制"表述经济法的监管关系，植草益认为，在广义上，规制又可视为政府对微观经济运行的干预[5]。

虽然经济学和法学的研究视角不同，但却服务于一个共同的主题，即秩

[1]　中共中央宣传部：《习近平新时代中国特色社会主义思想学习纲要》，学习出版社、人民出版社2019年版，第115页。
[2]　[英] F. A. 哈耶克：《个人主义与经济秩序》，邓正来译，生活·读书·新知三联书店2003年版，第169页。
[3]　孙同鹏：《经济立法问题研究——制度变迁与公共选择的视角》，中国人民大学出版社2004年版，第195页。
[4]　张忠军："经济法与政府经济管理的法治化"，载何勤华主编：《20世纪外国经济法的前沿》，法律出版社2002年版，第9页。
[5]　张忠军主编：《经济法学》，中国城市出版社2004年版，第21页。

序的建立。立法是建立和创造秩序的手段，探究现代经济条件下政府对市场监管的法律规范结构的分析和构建，可以更好地把握市场监管法律关系的要义。

从监管的范围看，包括对金融市场的监管和对商品市场的监管。对金融市场的监管包括银行监管、证券市场监管、保险市场监管、期货市场监管、信托市场监管，由于金融是虚拟化的，对其的规制与对普通商品市场的规制有很大的不同。

从监管的方式来看，有准入监管和行为监管。准入监管的形式有国家垄断、申报、审批、许可、营业执照、标准设立；行为监管主要是对特殊行为的监管，如发行股票、公司债券，自然垄断企业的价格等。

从监管的渠道来看，有政府的一般市场监管、市场中介的监管及社会力量监管。一般市场监管是政府基于对市场秩序的维护而对市场行为所进行的监督管理；市场中介监管是行业组织和行业协会对本行业所进行的特殊监督或自我管理；社会力量监管主要是民众通过检举揭发等方式对经营者的行为进行的监督和制约。

监管的法律制度渊源，主要有反不正当竞争法、反垄断法、产品质量法、银行业监管管理法、保险法、证券法、信托法、期货法等。

由于监管体现的是一种政府对市场的干预，所以在确立市场监管法律关系时，必须考虑监管所产生的成本，以及有可能产生的"政府失灵"。在采取相应的监管措施时，也需要同时考虑相应的可替代方式，使得在规制的适当性上保持一种平衡，这决定了市场监管法律关系的复杂性。

（三）宏观调控法律关系

宏观调控法律关系是指国家权力介入国民经济运行体系之中，运用相关法律手段调整经济总量平衡、结构平衡等所形成的权利（权力）义务关系。宏观经济调控是现代经济的特有现象，政府调控下的市场经济是现代市场经济的基本特征。每个国家发展市场经济的模式不同，但共同之处在于市场经济越发展越离不开政府的宏观调控[1]。基于国民经济的网络化运行机制，宏观经济调控是一项非常复杂的系统工程，针对特定经济的运行态势，政府有的放矢地确定相应的调控目标和方法。就总体而言，政府宏观经济调控的目标是面对宏观经济总量的，基本目标是要实现总供给与总需求的基本平衡，保证国民经济运行态势平稳有序地发展。在具体实施调控措施时，通常认为有四大具体调控目标：充分就业、稳定物价、经济增长、国际收支平衡。针对这四项调控目标形成了如下一些宏观调控法律关系：

目标调控手段及法律关系，即以确立未来国民经济发展计划和目标的方式来保障经济的稳定增长。包括计划法律关系、产业政策法律关系等。

公共投资手段及法律体系，即以财政手段及政府投资的方式解决公共投

---

〔1〕 金硕仁：《政府经济调控与市场运行机制》，经济管理出版社 2000 年版，第 205 页。

资不足和平衡地区发展的差异。包括财政法律关系、政府采购、固定资产投资、财政转移支付法律关系等。

杠杆手段及法律体系，即利用经济调控杠杆调节货币流量和利率高低来收紧银根或放松银根，以控制经济的发展趋势。包括银行金融法律关系、税收法律关系和价格法律关系等。

第二节　经济法律关系的结构分析

经济法律关系由特定要素构成，这些特定要素既是经济法律关系区别于其他法律关系的基础，也是经济法独立性的重要标志之一，其有助于我们把握经济法律关系的独特性。分析经济法律关系应从主体、客体、内容着手。主体、客体、内容是经济法律关系的三大支柱。

一、经济法律关系的主体

（一）经济法律关系主体的含义

经济法律关系是 20 世纪经济法产生之后出现的一种新兴法律关系，不同于传统的法律关系。由于经济法是在调整国民经济运行过程中所形成的经济法律关系，因此，经济法律关系主体是指依法参与调整国民经济运行过程中所形成的特定的经济法律关系，并据此取得权力和享有权利、履行义务、承担责任的主体。

国民经济网络状运行机制所形成的有机联系，涵盖了社会经济关系的各方面，无论是在宏观领域还是在微观层面，都体现出国民经济的统一性和整体性。国民经济的平稳运行反映出生产、分配、交换、消费等全部生产环节的协调发展，这使得参与其中的当事人之间的关系密切而复杂，它们可以在不同的层面、不同的环节形成有机联系，从而建立起相应的经济法律关系。故而经济法律关系的主体具有相当的广泛性，凡是出于国民经济宏观全局的考虑需要受经济法调整的当事人，都可成为经济法律关系的主体，其涵盖了社会经济生活的所有参与者，包括民法主体、行政法主体等。

在此需要阐明的一点是：并非民法或行政法主体必然同时是经济法律关系的主体，而是说某一具体的当事人（或主体）可以有多重身份，当其参与民事法律关系或行政法律关系时，自然是民事法律关系主体或行政法律关系主体，一旦其活动进入国民经济的调整范围，该当事人（主体）就成了经济法律关系的主体，但其不能在一种法律关系中拥有多重身份，例如在民事法律关系中只能是民事法律关系主体，不能同时是经济法律关系主体。

这些属于民法或行政法的主体之所以能够成为经济法律关系主体，是因为在其所参加的这种特定经济关系中，渗透进了国家调控的因素。尽管所有的当事人都可能成为经济法律关系主体，但是，不同的主体在不同法律关系中的功能不同，其地位也有所差异。例如，自然人、合伙企业、独资企业等是税收征纳法律关系中的主体，在民法、合伙企业法和独资企业法中具有典型意义，而在经济法律关系中，与其说是主体，不如说是行为。因此这些主体不是本书论述的重点。

（二）经济法律关系主体的特点

社会主体具有多重身份，其既作为独立的社会个体，也是社会关系中的集体中的个体。就经济主体而言，其既是自主经营的主体，也是国民经济活动的主体。由此，很难说哪一类主体不属于经济法律关系主体。

经济法律关系主体具有多样性、扩展性的特点。作为经济法制度核心内容的竞争法，其法律关系主体的宽泛性足以独立支撑起经济法主体的这些特点。

美国 1980 年的《反托拉斯程序改进法》中将公司改为"人"（person）。这个"人"包括公司、非公司法人的合伙、未注册的合营企业、个人等。根据美国于 1984 年通过的《地方政府反垄断法》及联邦最高法院的有关判例，这个"人"还可以指诉讼中作为被告的市政机关。美国《统一商业秘密法（1985 年修订）》第 1 条规定，"人"意为自然人、公司、商业信托、不动产、信托基金、合伙、联合、合资、政府、政府分支机构或代理机构，或其他法律或商务实体。1983 年美国联邦最高法院扩展了罗宾逊—帕特曼法案的适用范围，把并非出于传统目的购买商品的政府机构也包括进来。

欧共体竞争法用"undertaking"即"企业"（有的翻译成"事业"）来指称其规制对象，在 Poiypropylene 案件中，欧共体委员会认为，企业不限于有法律人格的实体，而是包括参与商业活动的一切实体，[1] 在 *Mannesman v. High Authority* 案件中，欧洲法院认为"企业"包括从事商业活动的国家机关。[2]《日本禁止垄断法》第 2 条规定："事业者，是指从事商业、工业、金融业及其他行业的事业者。为事业者的利益从事活动的干部、从业人员，代理人及其他人员在适用下款及第三章的规定时，视为事业者。"[3]

可以看出，竞争法律关系的主体除了享有执行权的主体之外，违法行为主体具有多样性、扩展性等特殊性。经济法律关系除了竞争法律关系之外，还包括其他多种类型的法律关系，总体上重复加重了由竞争法主体构筑起的上述特殊色彩。

经济法律关系主体的这种特殊性可以从以下三个方面理解：

1. 经济法主体的多样性打破了某些传统法的主体与法律关系的单一对应关系。传统的法律主体要么高度抽象，要么十分具体。组织体抛去了各组织的具体特点而被抽象为民法上的法人、非法人组织；抛去职业特点和社会地

---

[1] 包括股份公司、合伙、个人、联合经济组织、国有公司、合作企业等，但国有公司行使公法权力时除外。

[2] 许光耀："欧洲共同体竞争法研究"，载《经济法论丛》1999 年第 2 期。

[3] ［日］村上政博：《日本禁止垄断法》，姜姗译，法律出版社 2008 年版，第 165 页。

位的人被抽象为自然人。法人、非法人组织和自然人属于民法的特有主体。公司、国有企业、国家机关、合伙等分别是公司法、国有企业法、行政法、合伙法的主体；人民、消费者、劳动者、公务员分别是宪法、消费者权益保护法、劳动法和公务员法的主体。经济法的典型主体是国有企业，特定主体是弱势主体。当然，国有企业、弱势主体也不是唯一由经济法调整的主体。

2. 经济法的主体囊括了以往几乎所有的法律主体的分类。就法人而言，按成立基础划分为社团法人、财团法人；按目的划分为营利法人、公益法人、中间法人、机关法人。就非法人组织而言，包括合伙企业、个人独资企业、不具备法人资格的外商投资企业等。就个人而言，包括个体工商户、单位内部普通人员、单位的管理人员等。如公司法所说的"高管"，是指董事、监事、经理等。

3. 经济法律关系主体的新标准。经济法囊括所有法律主体的这一特性，揭示了一个不同于传统法主体划分的新思路。传统法确定主体的标准是从主体到行为，即"主体-行为"模式。例如，公司法是调整公司的组织及行为的法律规范的总称，消费者权益保护法是调整消费者在购买产品或接受服务过程中与经营者关系的法律规范的总称。经济法从正反两方面确定法律关系的主体，即"主体—行为"模式和"行为—主体"模式。按照"主体—行为"模式，经济法的主体是具有经营资格的主体，包括公司、合伙、经营关系中的个人等，或者说以营利为目的的法人、非法人组织或个人。按照"行为—主体"模式，经济法的主体包括可能参加或实际参加竞争法律关系的主体，即没有经营者资格的主体，但因其参加到竞争法律关系中，而成为经济法的主体。例如，国家机关不是经营者，但在基建工程招标活动中，可能存在收受有关人员以各种名义给予的财物的行为，此时，国家机关就成为经济法违法主体。与国家机关一样，医院、行业组织、单位内部人员、消费者等非"经营者"也可能成为竞争法律关系的主体。这一点很像行政法律关系主体，当社会主体按照行政法的要求参加行政关系时，它们便成为行政法律关系主体。但在行政法中这些主体被概括为"行政相对人"，行政相对人可以将不同的社会主体——公司、公民等统统囊括其中，能够做到概念的外延上的周延。而经营者因存在与经营、营利等相关词的特定的含义，经济法的主体范围无法做到像"行政相对人"那样在外延上的周延。换言之，经营者或管理者只是经济法全部主体中的典型主体。

（三）经济法律关系的典型主体

根据职能性经济活动的不同，可以把经济法主体分为五类：①国家，是特殊经济法主体。国家既是国家政权的承担者，又是生产资料的所有者。这就决定了国家参加经济法律关系时的职能性特点。②国家经济机关，是重要的经济法主体。从广义上说，所有国家经济机关都参与国民经济运行并发挥关键作用，因而都可以成为经济法主体。③社会组织，是经济法的广泛主体。凡参加经济活动的社会组织，均为经济法主体。④经济组织的内部组织，也是经济法主体之一。经济组织的内部组织是指在实行统一领导的经济组织内部，享有一定经营管理权的专业生产经营单位和经济联合组织内部成员单位。⑤个体工商户、农村承包经营户和自然人。个体工商户特别是农村承包经营户，是新的经济主体形式，它们的某些经济活动是与国民经济整体运行联系在一起的。

上述主体中，作为经济法的典型主体包括以下几个：

1. 国家。国家在任何一种法律关系中都是无可替代的主体，对于国家的作用到底应该如何体现，"是仅仅在于关心安全，还是从根本上讲必须意在关心民族整个物质的繁荣和道德的弘扬"？[1] 随着社会的进步和经济的发展，观点的重心在二者之间游移，但一个确定无疑的事实是农业、手工业、形形色色的工业、商业、甚至艺术和科学等都受国家引导，国家的影响力渗透到了社会生活的诸方面。国家既是政治主体，又是经济主体，是全民物质财富的代表者。现代国家履行经济职能与履行政治职能并驾齐驱。由于经济是实力的见证，在很多情况下履行经济职能是实现政治目的的一种手段。因此，国家参与经济活动成为一种普遍的现象，国家也是一种特殊的主体。国家在履行其经济职能时是以经济主体的身份出现的，承担管理与调控宏观经济的职能，所以，在具体的经济法律关系中，国家作为主体的角色定位会发生相应的转换。

首先，国家是实行宏观经济调控的决策主体。国家代表全社会行使管理者的权力。国家在经济领域从宏观上对国民经济实施调控，这是现代国家最重要的职能。国民经济复杂的运行体系决定了必须要有一个强有力的调节者从总体上把握国民经济的平稳运行，保持经济总量平衡，在经济法律关系的所有主体中能担此重任的唯有国家。在此情况下，国家既是在行使权力，也是在履行义务，并为此承担责任，如宏观调控决策失误的问责制。其次，国家是经济活动的参与者。基于国家主体的特殊性，只有在特定的情况下国家才以自己的名义直接参与特定的经济关系，如特定购销关系、特定借贷关系、以国家的名义同外国进行的经济贸易、科技活动等。在此情况下，国家作为经济交易中的一方主体，享有权利，履行义务。

2. 国家经济机关（以下称政府）。政府和国家往往被混淆，在同等语意上被使用。其实，国家是主权者，是主权的象征和代表，而政府只不过是国家的代言人，是主权者的执行人，政府与国家一样，是社会发展的必然产物。在不同的历史时期，由于国家职能的演变，政府的作用也随之发生变化，但始终扮演着社会秩序维护者的角色。当现代国家的经济职能凸显时，政府在经济领域中的作用也变得突出了。

首先，政府是经济秩序的维护者。在现代市场经济条件下，经济活动成

---

〔1〕 ［德］威廉·冯·洪堡：《论国家的作用》，林荣远、冯兴元译，中国社会科学出版社1998年版，第29页。

为社会最主要的活动，因此，维护经济秩序成为政府最主要的职责。不同国家政府参与经济活动的深度和广度不同，对市场的调控模式也各不相同，但在确立规则、建立秩序方面却是相同的。政府基于公平正义的理念，通过建立市场秩序来规范市场行为，为市场的参与者创造一个公平的市场环境和竞争环境，明确界定市场主体的权利和义务。此外，政府对经济秩序的维护也是对社会各方的经济利益予以协调的需要，确立规则、建立秩序实际上是平衡利益冲突的结果。所以，规则与秩序恰当与否，直接影响到对社会各方经济利益协调的结果。由此表明，经济秩序必须由第三方加以维护，而政府能够担当起这一重任。其次，政府是宏观调控政策的实施者。宏观调控政策和措施虽然是由国家制定的，但从实际操作和运行角度看，最终落实在政府身上。从中央到地方，各级政府都有权力和义务保证国家宏观调控政策的贯彻落实，在这一过程中政府还有责任监督落实情况，采取相应的控制手段排除妨碍宏观调控措施落实的行为发生。

上述政府的一系列经济管理职能是通过其所属的政府机关来完成的，政府把某一具体领域的经济管理职能以及相应的权力分配给各个职能机关和职能部门，由这些机关和部门具体执行国家的宏观调控政策并具体落实政府的经济管理意图，在职权范围内对违反者追究责任，以体现政府监督者的主体身份。正因如此，有学者将政府机关（尤其是经济机关）作为经济法主体的典型形式。

3. 国有企业。在资本主义转化为国家垄断资本主义的时代，国家对社会经济的调节更加全面。针对经济发展的不同态势，国家采取不同的调节方式：在发生战争或经济危机等非常态势下，国家通常通过出台法律、制定政策介入经济活动中，对特定经济行为或禁止或限制，对经济活动主体实施经济强制，以使其经济行为符合特定时期国家整体利益的需要；此外，国家还通过组建国有企业直接参与到经济活动中，以介入相关市场获取利润。在这种形势下，传统的股份公司的局限性限制了国家职能的发挥，建立在市场经济自发力量基础上的法人制度已经不能满足生产社会化对法律形式的需要，国有化的发展表现出客观上否定传统法人制度的趋势[1]，国有企业是资本社会化发展的新的生产组织形式，是对传统股份公司的扬弃，由此国有企业获得了新的内涵，承担起了国家调控国民经济的职能，国家要求其承担特定的社会责任，这是任何传统形式的法人所不具备的。所以，国有企业的目标函数中也包含利润目标，但往往不是以利润最大化为目标，甚至不是以获取利润为目标。因此，国有企业就成为经济法律关系中不可或缺的一类主体。

4. 弱势主体。这个概念是和经济强势主体相对应的。民商事法律规定了民事主体人人平等的抽象资格，在具体经济关系上这种形式平等很难以意志或行为自由表达出来。市场力量是实体经济关系不平等的基本前提。市场力

---

〔1〕 刘瑞复：《经济法学原理》，北京大学出版社 2000 年版，第 177 页。

量来自于资源的控制力。占有可以用来对他人使用的手段或资源便具有市场力量。"权力是某些人对他人产生预期效果的能力。通常,权力具有单向性,或非对称性,即某些人有影响他人的权利,而反过来就没有类似的权利。"〔1〕经济法上的强势主体和弱势主体是相对的。相对于用人单位,劳动者是弱势主体,因为用人单位控制劳动力的再生产可能性。相对于经营者,消费者是弱势主体,因为经营者行为可能影响消费者的福利。相对于大企业,中小企业是弱势主体,因为大企业可能挤压中小企业的生存和发展。

5. 社会自治组织。按照社会契约论的观点,国家或政府是人们通过订立契约将部分自然权利让渡给社会的结果,国家和政府存在的目的主要就是保护私有财产和公民的权利。但随着国家和政府力量的强大,其日益凌驾于社会之上,存在侵蚀社会的权利的危险。随着近代市民社会的兴起,市民社会作为独立的力量与国家并存,多元化自主发展的市民社会自治组织产生并发展起来。社会自治组织的出现,一方面协调了市民社会内部各主体之间的矛盾冲突,平衡了各方利益,另一方面使得处于弱势地位的市民联合起来与强大的国家和政府相抗衡。当国家和市民社会由对抗走向兼容之后,社会自治组织成为联系市民和国家的纽带,国家将一部分管理社会的权力下放给社会自治组织,既可以使有限的政府资源配置在更有价值的领域提高政府的管理水平,防止官僚机构的膨胀,又可以避免国家与社会的直接对抗,减少矛盾冲突,发挥社会自治组织管理高效率的优势。

社会自治组织是自律性的民间机构,不以营利为目的,强调互助共利,大多是由一定范围内的同行业的市场主体所组成〔2〕,例如同业公会、行业协会等,其组织规约是其成员共同意思表示、民主决策的产物,具有公共契约的特性,是市民社会私主体维护私权秩序的需要在现实中的反映。社会自治组织的权力来源于私权,但又反作用于私权;对市民社会私主体的管理与规制既是私权自治性的体现,同时具有公权力的意义,但又不具有公权力扩张的本性,是借助于公权力的运行机制在私权利内部所进行的利益分配和平衡。至此,在国家之外又多了一个管理社会的主体,其在一定程度上行使干预权,但又独立于政府,与政府之间不存在行政隶属关系,是一种"准公法人",在经济法的调控机制中发挥着独立且独特的作用,是新兴的、不容忽视的一类经济法律关系主体。

二、经济法律关系的客体

经济法律关系的客体是在国民经济运行中形成的客体。这种客体,是在生产社会化、国民经济体系化和经济全球化背景下形成的客体。与自由放任经济阶段及以前诸经济阶段不同,从国民经济运行的需要出发,法律对经济

---

〔1〕 [美] 丹尼斯·郎:《权力论》,陆震纶、郑明哲译,中国社会科学出版社 2001 年版,第 3 页。
〔2〕 蒋安:《经济法理论研究新视点》,中国检察出版社 2002 年版,第 141 页。

过程采取限制、禁止等措施。另外，这种客体具有私人性与公共性的两重属性。企业的合作属于合作者私人的事情，但这种合作不得危害公共利益。再如，企业交换情报、制定统一标准、避免价格战，可能涉嫌反垄断中的共谋；企业意图通过合并提高竞争能力，但可能构成经济力集中。每一个企业的行为，都涉及私人评价和社会评价。经济法是一种社会评价。

（一）经济法律关系客体的特殊性

经济法律关系的客体是经济法律关系的又一基本构成要素，是经济法律关系主体权力、权利与义务所指向的对象。经济法律关系中的客体是对传统民事法律关系中的客体的突破和超越。

第一，经济法律关系客体突破了私主体的控制范围。在经济法律关系的范畴内研究客体，前提是该客体是在国民经济运行的框架内所形成的，其中体现了国家的意志，有国家干预的成分，即使是占有人也不能随意处置该客体，此时的客体必须服从国民经济运行的整体需求，反映社会总体利益。客体从民事法律关系中的私人的产物演变为社会的产物。

第二，经济法律关系客体是对传统民商法中物的概念的扬弃。从外在表现形式上看，经济法律关系客体与传统民商法中的物有共同之处，都是一种客观实在，但从本质上讲，经济法律关系客体在经济发展中的作用已经超出了民商法中物的局限性，对经济发展的贡献率远远超过了物，例如自然资源，作用于国民经济相关领域，其产生的效益造福于全社会，不像物只是有益于具体的个体。在某些情况下，经济法律关系客体强调被利用，甚至有的不强调被拥有、被支配，例如风能。

第三，经济法律关系客体改变了非实物形态物（无体物）的判断标准。民事法律关系中的客体有物和智力成果之分，前者指实体物，后者即指知识产权，传统民商法区分二者的标准是其是否有实物形态的载体。经济法律关系客体中也包含无体物，除了知识产权外，还包括网络世界中的虚拟空间等。经济法可以借国家之手人为阻隔虚拟空间，使其不危害国家利益、社会公共利益，一旦溢出边界国家即可将其封锁。

第四，经济法律关系客体中的经济行为修正了传统民事法律关系中行为的含义。民事法律关系中的行为是依照主体的意思表示实施的具体行动；而经济行为是为满足生产发展的社会化要求而被概括出来的，它逐渐脱离传统民事行为的狭隘含义，成为20世纪初以来经济学、管理学、行政学等诸多学科采用的术语[1]。

（二）经济法律关系客体的内容

经济法律关系客体包括资源、信息、行为和状态。

1. 资源。作为经济法律关系客体的物表现为资源，主要是指自然资源。自然资源是自然界中天然形成的、能够被人类利用的物质和能量的总称，

---

〔1〕 刘瑞复：《经济法学原理》，北京大学出版社2000年版，第216页。

常见的有土地资源、森林资源、草原资源、水资源、矿产资源等，此外，还有一些能源性资源，例如风能、太阳能、潮汐能，水、煤炭、石油、天然气等既是自然资源，又是自然能源。自然资源分为再生资源和不可再生资源，前者可以不断更新被人类重复利用，后者是一次性的，只要被消耗掉即不可重生，不能被人类重复利用。自然资源中的绝大部分可以表现为实物形态，但其性质已经不是传统法律关系中的客体所能包容得了的，自然资源不仅有通常物的使用价值，而且从功能上看，其还负载着在战略高度上保障国家的经济安全和国民经济长远发展的重任，是一个国家生存安危的战略基础，也是国际竞争的命脉；其所处的领域和行业必是国家重点掌控和调节的，私人在某些层面的开发利用必然处在国家的有效监控之下，不可能像民商法中的物那样由私主体凭借意思自治加以处置。

经济法律关系客体超越了传统民事法律关系客体——物的内涵和外延。传统民事法律关系的客体的内涵，是私人对物（有体物和无体物）的无限制地占有、使用、收益和处分的绝对自由。经济法律关系的客体建立在对物的受限使用的基础上。限制的目的是对物进行有效利用。

2. 信息。信息资源是经济法的重要客体，其内容既包括传统的知识资源，也包括现代的新信息形式（网络资源）。

信息资源能作为经济法律关系的客体首先是因为信息资源的稀缺性，其次是信息资源的价值性。由于科学技术是一个国家经济、政治等综合国力增长的决定因素，几乎所有的国家都加大了科技研发的投入，并且利用国家的力量，通过制定计划，调动人力、物力等加快科技发展。国家一方面制定相关扶持性的法律，鼓励科技创新；另一方面制定法律保护权利人的权利，并防止他人掠夺其科技成果。

传统知识产权强调之于所有权人的无形财产的特性，现代法律除了赋予开发人以知识产权所有权外，更关注知识产权的有效利用，包括使用（如强制使用许可）和滥用（反垄断法中的知识产权滥用的禁止）；商业秘密也是一种重要的财产权，但竞争法不关注商业秘密所有人对其享有何种权利，而是关注怎样合理使用他人的商业秘密。网络资源是一种新兴的资源形式，其空间的无限性、使用的有限性以及便捷性与安全性的矛盾是困扰这个领域的主要问题，因此，它的开发利用也不是任意的，需遵守一定的限制性规则。

很多经济法律制度是以信息为中心建立起来的。消费者权益保护法的基础是信息在经营者和消费者之间的不均衡而使消费者在交易中处于弱势地位。冷静期制度是由于现代信息技术的发展使消费者知悉真情的可能性进一步弱化而形成的制度；广告法所禁止的虚假广告或引人误解的广告均源于信息传播中产生的危险；商业标识的混淆是搭借他人有一定影响的商业标识而形成的误导；网络安全法重点保护可能严重危害国家安全、国计民生、公共利益的关键信息基础设施。等等。

3. 行为。经济行为包括国家的经济行为、政府的经济行为和社会自治组织的经济行为。

（1）国家的经济行为。表现为宏观经济调控行为、规制竞争的行为。其一，宏观经济调控行为是为了保证总供给与总需求的平衡，保障国民经济平稳协调运行，避免经济运行过程中出现大起大落。其二，竞争与垄断是一个矛盾统一体，竞争形成垄断，垄断反过来抑制竞争。缺乏竞争的垄断的经济是没有活力的经济，但过度竞争不仅会导致竞争无序，而且难以形成规模经济、产生规模效益。因此，在一个国家的竞争政策中，如何既鼓励竞争又限制竞争、既促使垄断又防止垄断、既鼓励充满竞争活力的市场又发展规模经济，针对前述问题如何把握适当的尺度是难点也是要点。竞争法律关系的客体主要是行为。许多国家的竞争法规范直接表明了这一点。我国《反不正当竞争法》所称的不正当竞争，是指经营者违反该法规定，损害其他经营者的合法权益，扰乱社会经济秩序的行为。俄罗斯反垄断法规定了所调整的"垄断活动"的含义，即垄断活动是指经济实体或联邦行政权力机构、俄联邦各部门的行政权力机构和各市政当局所从事的与反垄断法规相抵触的行为，以及趋向阻止、限制和排除竞争的行为。

（2）政府的经济行为。表现为制定市场准入标准、经营国有资产、市场监管等。其一，制定市场准入标准是为了确定经济主体的经营资格。划分标准不同，经营主体的种类也不同，对于具体的经营活动和特定的行业，要求经济主体必须具备相应的经营条件和经营能力，而该条件和能力谓之"准入"，这是维护市场秩序的需要。其二，经营国有资产。虽然从理论上讲国有资产的所有者为全体人民，由全体人民将该部分财产委托给国家经营管理，但实际上运作国有资产的是各级政府及其相应的机关或职能部门，由政府代表国家行使出资人的权利，对国有企业的高管人员进行监督，防止国有资产的流失，保证国有企业能够准确落实国家参与经济活动的意图。其三，市场监管。针对某些涉及国民经济整体性和全局性的产业，需要政府适时监管，否则一旦发生危险，将连带引发结构性危害。

（3）社会自治组织的经济行为。社会自治组织通过制定本社团内部的行规标准以约束社团成员的行为，使其符合本社团内部的统一要求，实现本社团整体利益的最大化，并且不与社会整体利益相抵触。

4. 状态。状态是经济法律关系的特殊客体，主要指垄断状态，垄断状态是指少数企业占有某行业或产业绝对份额的市场结构形式。对状态的调整源于一种因果推理，即一定的市场结构会有与之相适应的企业行为方式，进而导致特定的市场绩效。

高集中度会导致进入障碍、产量减少和利润率提高。美国 1968 年公布的《企业合并指南》明确将垄断状态作为调控的目标，即市场份额、集中度成为决定合并能否得到批准的决定性因素：在一个高度集中的市场上（$CR_4 >$ 75%），如果合并企业与被合并企业的市场份额分别达到 4%，则可以推定合并为非法。对于其他因素，如效率，法院明确表示，效率改进非但不能作为抗辩的理由，相反，正可被用来攻击合并，原因是小的对手因此陷入了不利的境地。[1]

日本禁止垄断法也将"状态"作为客体，并且在法条中明确界定了垄断状态的含义及其构成条件。第 2 条之（7）规定，"垄断状态"是指在国内（出口除外）提供的同种商品（包括对与该同种商品有关的通常事业活动的设施不做重要变更而可能提供的商品）以及其性能和效用显著类似的其他商品的价额或在国内提供的同种劳务的价额，按政令规定，在最近 1 年内超过 500 亿元的场合，该一定的商品或劳务在与其相关的一定事业领域内，出现下述各项给市场结构和市场造成弊害者：①在一年的期间内，一个事业者的市场占有率或在国内供给的该劳务的数量中，该事业者供给的该一定商品以及其机能和效用明显类似的其他商品或劳务的数量所占的比例超过 1/2 或两个事业者的市场占有率合计超过 3/4……．

三、经济法律关系的内容

经济法对经济关系的复合性调整，决定了经济法律关系的内容也是复合性的。具体而言，经济法律关系的内容包括经济权利、经济权力与经济义务、经济责任。

1. 经济法律关系中经济权利与经济义务并存。国家或者政府介入经济生活、参与引导经济活动是在市场经济中进行的，其不仅不排斥市场机制，反而以健全市场机制为目的；其限制了契约自由，但不否定契约自由；其压缩了其他市场主体自主决策的空间，却未排除自主决策空间。国家或政府可以限制其他经济主体必须为某种交易行为，如政府采购、土地使用权出让。国家或政府作为交易主体时，需要尊重市场规则，按照价值规律与交易相对人进行交易。因这种权利义务是国家或政府在履行其经济职能时产生的，故其拥有经济性内容，与国家或政府为履行经济职能以外的其他职能（如政治职能）时所取得的权利和产生的义务相区别，我们将国家或政府在履行经济职能时生成的权利义务称为经济权利和经济义务。这是现代市场经济条件下国家职能演变的一个显著结果。

2. 经济法律关系体现了国家调整经济活动的经济权力与经济权利的复合性。由于国家经济职能的强化与扩展，国家行使的行政权力中有很大一部分用于调节社会经济关系，在这些权力中，行政作用被分离，经济作用显现出来，形成一种独特的经济权力。一方面，经济权力源于行政权力，其作用是一种权力的作用，因此其中体现了国家意志和国家强制；另一方面，这种经济权力以权利为依存基础，如果没有这种依存基础，国家行为就成为"全能国家"了。经营者拥有经营自主权，但其生产经营的产品需要受标准化法的

---

〔1〕　［美］奥利弗・E. 威廉姆森：《反托拉斯经济学——兼并、协约和策略行为》，张群群、黄涛译，经济科学出版社 1999 年版，第 4 页。

约束，其行为需要受反不正当竞争法的限制，如有奖销售是经营者的权利，但特殊的有奖销售不得超过一定的数额。经济法律关系的结构往往是民商事法律确认主体具有某种权利，而经济法制度在此基础上划定权利行使的界限。如果缺少前者，则属于行政法律关系，如果缺少后者，则属于民事法律关系。故上述二者缺一不可。

3. 经济法律关系中责任内涵的凸显。在经济法律关系中，不论国家和政府以何种方式参与社会经济活动，二者都是在一定程度和一定范围内借助公权力的运作方式对国民经济施以干预或渗透的，而公权力若不加以限制，其扩张的本性有可能使国家或政府的干预过度反而干扰国民经济的正常运行。因此，对国家和政府管理国民经济的经济行为必须加以监督。国家的宏观调控行为、参与经济活动的行为与政府的规制经济秩序的行为、监督宏观调控措施落实情况的行为都要有合理的依据和法律作为支撑。在经济法的框架内设计相关制度环节，以约束国家和政府的过当经济行为，其中最有效的方法是为此承担责任，建立问责制，亦即政府机关主体在行使经济权力时必须同时伴有责任的制约。

二维码

第四章 拓展阅读

第五章

经济法与相邻法律的关系

探讨经济法与相关法律的关系，指出它们的联系和区别点，能够为经济法自身的独立性及其在法体系中的地位提供有力的证明。

第一节 经济法与民商法的关系

一、关系产生的原因

民法始于罗马法、完善于以《法国民法典》和《德国民法典》的颁布为标志的 19 世纪，商法于 11 世纪晚期至 13 世纪早期形成了完整的体系，[1] 二者构成了具有共同内核——个人本位和私权神圣的私法体系，即民商法。经济法萌芽于 19 世纪末资本主义由自由竞争向垄断过渡的特定社会经济背景之下，并且至今仍处于变化、调整和发展之中，其所形成的核心思想是社会本位和社会公共利益至上。经济法与民商法形成的时间跨度如此之大，核心内涵迥异，二者本不具可比性，但在现实中，二者的关系却一直剪不断理还乱。一个耐人寻味的现象是，不论是成熟的民商法，还是形成中的经济法，都在试图从自身的角度撇清与另一方的瓜葛：民商法极力表明自己的纯正，经济法力图证明自己的独立。其中的原因概括如下：

1. 法律思想的演变促成新的的法律思想突破旧的制度框架。个人主义的经济观点和经济思想、私权神圣和意思自治的私法理念发展到极致，并未出现当初学者们所预想的"最共同的福利"，而是走向了其对立面。自私自利与共同繁荣、和谐共处的理论在现实面前显得苍白无力，新的社会经济思想开始萌芽。通过国家有节制的调整，个人主义的经济力量不再任意发挥作用，作为私法经典代表的民法也已在自身的体系范畴内开始自我修正，如《德国民法典》规定："如果一项权利仅能以加害于某一他物为目的，则该项权利不得行使。"但《德国民法典》对所有权的限制仅仅是基于滥用权利，因此，《德国民法典》处在两个时代的交接点上：它的双足仍然立于自由市民、罗马个人主义法律思想的土壤之上，但是，它的双手却已踌躇迟疑、偶尔不时地

---

〔1〕 〔美〕哈罗德·J. 伯尔曼：《法律与革命——西方法律传统的形成》，贺卫方等译，中国大百科全书出版社 1993 年版，第 424 页。

向新的的社会法律思想伸出。[1] 而与《德国民法典》几乎处于同一时代的《魏玛宪法》则使社会法律思想得到了质的升华："所有权承担义务，它的行使应同时服务于社会的福祉。"这一规定以社会利用作为所有权行使的前提条件，将其合法化，并将所有权从纯粹的私法框架下解放出来，使其成为维护社会福利的手段，以此逐渐形成社会法的法权思想。这是一种新的法律思想，是对旧的法律思想的完全突破，由此形成两个新的的法律领域，即经济法和劳动法。[2] 与此同时，这种新的的社会法律思想也只有在这两个新生的法律领域里才能得以实现。萌生于私法制度体系、形成于经济法和劳动法之中的社会法思想，是对旧的思想制度的升华，其不可能完全脱离旧的基础，与过去一刀两断，二者之间的这种血缘联系，必然会将经济法与民商法联系起来，以此构成探讨二者关系的理论基础。

2. 社会经济环境的变迁引发法律制度的调整。商法是基于个人主义的私法本质，是为那些精于识别自己的利益并且毫无顾忌地追求自身利益的极端自私和聪明的人设计的。[3] 商法所规范的主体是自由主义和个人主义盛行背景下的典型的商人，他们形成一个固定的群体和阶层，他们区别于市民社会中普通的市民，唯利是图是其本性；他们能够敏锐地把握交易机会，可以迅捷地将经济事实转化为法律关系，对其而言，效率即金钱；他们可以根据交易的需要创建交易规则，这些规则为其设定了自治的权利，当然，同时也设定了保障权利实现的自治的义务。当得到全体商人遵守之时，此类规则便上升为交易的一般惯例——商事惯例或习惯，只要不与强制性法律相抵触，商人即可依此设定自己的法律关系。因此，商法最初的发展在很大程度上——虽不是全部——是由商人自身完成的，[4] 因此，商法也就成为适用于特定商人阶层的、区别于调整市民社会法律的特别法。

经济法源于新的社会经济关系，也是传统民商制度异化的结果。具体表现如下几个方面：

（1）社会经济的主导主体发生了变化。近代以来，参与商业活动的主体已主要不是自然人，而是由商人身份的自然人演化而来的多种多样的公司。公司参与社会经济生活成为一种常态，公司的影响力渗透到社会生活的方方面面，成为经济领域中最普遍存在的形式。自然人时代的商人的特性已不复存在，与之相适应，调整公司活动的商法作为特别法存在的意义已经丧失。

（2）市场力量的集中可能产生的危险增加。在现代社会，由于公司的巨型化，公司成为一种日益凌驾于社会之上的主体。公司强权的扩张对社会生活的侵蚀，不论是单独发生的市场力量，还是公司间联合实施的市场力量，

---

〔1〕［德］拉德布鲁赫：《法学导论》，米健、朱林译，中国大百科全书出版社 1997 年版，第 66 页。

〔2〕［德］拉德布鲁赫：《法学导论》，米健、朱林译，中国大百科全书出版社 1997 年版，第 68 页。

〔3〕［德］拉德布鲁赫：《法学导论》，米健、朱林译，中国大百科全书出版社 1997 年版，第 72 页。

〔4〕［美］哈罗德·J. 伯尔曼：《法律与革命——西方法律传统的形成》，贺卫方等译，中国大百科全书出版社 1993 年版，第 414 页。

都可能阻碍经济环节中的参与主体，这引起了人们的不安和警觉，管控公司的呼声日益高涨；正因为如此，在经济领域，国家和社会的关系日益紧密，政策和法律对公司的限制增多，公司自由决策的空间日渐狭小。

这些变化反映在法律中，便是相关法律制度属性的改变，企业形式、企业的内部管理机构都逐渐成为经济法调整的对象，但在法律上依然根据私法的模式来构建其形式和内部组织机构，即使这些新的变化不改变其固有的私法结构。[1] 经济法与商法的这种"貌合神离"，便是社会经济关系的折射。

3. 民事法律制度的演变。作为私法体系另一组成部分的民法，其调整市民社会的功能以及整体意义上的法律属性虽未改变，但其法律制度的具体内容却悄然发生着变化，表现最为明显的是侵权法。由于生产的现代化发展，各种产品的科技含量和技术含量越来越高，顾客囿于专业知识的限制，对产品质量的安全性和可靠性的认知和判断能力越来越弱，这种现象已由出卖人与买受人之间的个人问题，演变为一种具有普遍性的社会问题。

相对于生产者和经营者而言，消费者处于劣势地位，属于弱势群体，传统民法中的侵权法在解决此类具有普遍性的社会问题时已显得力不从心：一是按照侵权法，认定侵权的举证责任在受害者，如前所述，消费者缺乏该能力，这意味着受害人难以得到侵权法的救济。二是即便假设所有的购买者都具有举证能力，每个个案都可得到裁决，以此来解决普遍的社会问题，从社会的角度看，这种社会成本由谁来承担？其又是否承担得起？三是有一些购买者或者缺乏举证能力，或者惰于主张权利，作为加害者的生产者和销售者总是有很大的机会不用为自己的侵权行为"埋单"，违法不究的结果是纵容违法，这不符合任何法的初衷。社会法的思想适时地冲破了固有法律框架的束缚，去除了具体购买者的个性差别，抽象出其共性，将民法意义上的每个买卖关系中的买者，从个体层面上升到一个总体的概念，从顾客变为消费者。消费者法、产品质量法、反不正当竞争法保护的已不再是某个受到侵害的顾客的个人利益，而是作为整体的消费者的整体利益，维护的是一种社会公益。

因此，民商法将消费者法、产品质量法、反不正当竞争法视为自己固有的"领地"也无不可，传统上它们确实曾零星地共存于民法规范体系之中；但经济法将这些法律视为自己发挥最佳功效的"属地"亦适应了现代法制发展的需要，因为上述法律所体现的思想和理念是传统民商法所无法容纳的，其已溢出了民商法的体系框架，归宗于体现社会法思想的经济法。[2]

4. 现代经济运行及调整的复杂性导致传统意义上的纯正的某一部门法无法解决社会经济的一些现实问题。出于维护秩序的本能，法律不得不做出自我调整以适应现实的需要，"公法私法化"和"私法公法化"便是最好的印

---

〔1〕 ［德］托马斯·莱塞尔、吕迪格·法伊尔：《德国资合公司法》，高旭军等译，法律出版社 2005 年版，第 27 页。

〔2〕 关于该问题，详见本书第八章第二节的论述。

证。即便是在当代所实现的法律生活的深刻转变，也是以最清楚的形式体现在公法和私法的关系当中，在二者重新的相互渗透中——在新产生的法律领域中，如经济法和劳动法，人们既不能将其说成是公法，也不能将其说成是私法。[1]现代法律中，不论是经济法还是民商法，从其体系框架角度观之，都有一个共同的特点：以某一个对象为核心逐渐向边缘扩散，并与相关法律部门形成较大的交叉。对于这些交叉部分的法制度的归属，成为经济法与民商法纠缠不休的原因，传统的部门法概念无以应对，只能从法制度的角度对其本质属性加以归纳。

二、经济法与民商法的联系

经济法与民商法的联系表现在经济法的产生、经济法制度体系的构成、经济法律责任等多个方面。具体而言，主要的联系可以概括为以下三个方面。

（一）功能互补

近代私法和公法的变迁诞生了被一些学者称为第三法域的经济法，姑且不论这种称谓是否科学，经济法诞生所依赖的私法环境客观上表明二者不是对立关系。没有私法的社会化，也不会产生完整的经济法律制度。反过来，经济法的产生和发生作用需要民商法微观调整的市场环境，排斥民商法的微观调整，自然就不存在经济法的秩序矫正和宏观调整，那样的"经济法"只能是处于原初的、非常态的经济管制法。当代国家遵行的完全的自由市场经济或完全的行政计划经济都不符合社会化生产的需要，混合经济是当代经济的特征，也是经济法和民商法相互依存的社会基础。一国的国民经济包括宏观、中观、微观经济三个方面，对经济的法律调整需民商法和经济法各自发挥不同的作用，但二者又不可分割。

在政府与市场的关系上，政府不能抑制或取代市场的自我调节功能。市场经济的本质就是以分散化的决策配置资源的体制形式。政府干预作为一种外在力量，只是在"市场失灵"和"市场无能"时起校正和补充作用。党的十九大报告指出，发展是解决我国一切问题的基础和关键，发展必须是科学发展，必须坚定不移贯彻创新、协调、绿色、开放、共享的发展理念。必须坚持和完善我国社会主义基本经济制度和分配制度，毫不动摇巩固和发展公有制经济，毫不动摇鼓励、支持、引导非公有制经济发展，使市场在资源配置中起决定性作用，更好发挥政府作用，推动新型工业化、信息化、城镇化、农业现代化同步发展。所以，市场的手段和政府互为补充。

在很大程度上，经济法的调整意图使被扭曲的经济关系回复到民商法得以良性运行的制度状态。如商业贿赂发生在交易中，但产生的前提是交易关系不平等，通过对商业贿赂的规制使交易意图恢复到关系平等基础上再进行自由交易。

---

[1]　[德]拉德布鲁赫：《法学导论》，米健、朱林译，中国大百科全书出版社1997年版，第58页。

（二）范围交叉

经济法调整的范围包括经济主体关系、市场秩序关系和宏观调控关系。民商法调整的范围至少涵盖经济主体关系、市场秩序关系。例如，经济主体是否设立、何时设立、选择何种形式、投资人各自的出资情况等内容，通过私法范畴的意思自治即可解决，同时法律、法规也规定了属于经济法范畴的严格的设立条件和程序。再如市场秩序关系，《价格法》中规定了自主价格，即自主定价权，应属于私法的范畴，同时也规定了属于经济法范畴的浮动价格和指定性价格。

这种调整范围交叉的现象，可以用制度经济学原理加以解释。

制度经济学认为，制度是影响经济效率的重要因素，强调制度（institutions）的重要性是制度经济学的一贯立场，但直到交易费用概念的出现，这一立场才有了真正的经济学含义。在传统制度经济学中，制度多少还是一个外在变量，是一个相对虚无缥缈的东西。科斯提出了交易费用的大量存在，使得制度变为经济学的分析对象和内在变量。从历史上看，经济制度的进步体现为费用更低、更有效率的制度不断地替代费用较高、效率较低的制度。科斯第二定律告诉我们，在交易费用为正数的情况下，法律制度的安排是通过降低交易费用来优化资源配置的，因此，良好的富有效率的法律制度能够降低交易费用，从而达到提高社会资源的利用和优化配置的目的。在资源配置领域，民商法和经济法都具有资源配置的职能，只是配置的方法不同。民商法更相信个人理性，经济法则依靠国家理性。即在经济活动中，人们之间的合作行为较之竞争行为，前者对人们的效率（好处）最大，即合作总是有效率的。但是，当一个人或一些人没有全部承担他的行为引起的成本或收益时，即有人承担了他人行为引起的成本或收益时，就存在外部性。外部性将影响资源配置效率，是市场失灵的核心内容。外部性不能实现社会性收益（成本）等于或接近私人收益（成本）这一福利最大化的"黄金规则"。消除外部性的一个基本方法，就是将外部性制造者所制造的社会成本和收益，变成他们自己承担和享有的私人成本和收益，即外部性的内部化，这是一种团体理性。同时，一味强调团体理性，将导致团体理性否定个人理性，由此产生市场主体对管理者的不合作，导致低效率甚至无效率。

对于调整范围而言，财产关系、行为关系、资源关系、信息关系等都是民商法和经济法共融的领域，只是民商法解决的是基本权利和权利行使问题，经济法是从权利行使的负外部性的角度进行控制和约束而已。

（三）某些原则共用

近现代民商法中都规定了公共利益原则，但公共利益具有高度抽象性和不确定性，其内涵大多都是通过部门法予以明确化的，明确公共利益内容的部门法主要是经济法部门。自然资源法、环境法、劳动法、反垄断法等法律都是在公共利益主导下形成制度内容的。

例如，诚实信用原则在民法中被尊为"帝王条款"，其是民法中一个标志性的原则。但它不是只在民法中发挥作用的原则,该原则在经济法律制度中发挥着特殊的作用。我国《反不正当竞争法》第2条第1款规定:"经营者在生产经营活动中,应当遵循自愿、平等、公平、诚信的原则,遵守法律和商业道德。"西方国家也有相似的现象,如德国《反不正当竞争法》第1条规定了"善良风俗"。历史上,大陆法系国家的反不正当竞争法和民事侵权法的关系较为紧密。早期法国的反不正当竞争法是在《法国民法典》第1382条和第1383条这两个有关侵权的一般条款和一些判例基础上发展起来的。意大利早期与法国相似,也是用民法典中关于侵权的一般条款来制止不正当竞争——旧民法典是1865年所制定的,后于1942年制定出新的民法典。此后,意大利便把该法典的第2598条至2601条用作竞争法的一般条款。事实上,这展示了一个问题的多元观察视角。如对商业标识的混淆,从民法角度来看,关注的是标识所有人或使用人的权利保护,从经济法的角度来看,强调的是维护以购买者和竞争者为法益的竞争秩序,即保护的不是权利,而是利益。

三、经济法与民商法的区别

经济法与民商法的区别表现在制度产生的背景、制度内容、制度理念等多方面。

(一)产生的背景和目标不同

民商法的最初职能是充当与封建制度(包括宗教制度)斗争的武器。作为商品经济充分发展的前提,市场主体的平等地位和意思表示自由成为经济加速发展的必需要素,民商法以其特有的方式关注平等主体的权利,使社会发展摆脱了封建等级制度的束缚,使人类社会第一次得到全方位的洗礼。

1. 民商法表达的是形式公平、行为自由的私法精神,经济法宣扬社会正义、行为受限的社会理念。"'罗马法典'只是把罗马人的现存习惯表述于文字中。它的公布时间,正当罗马社会还没有从这样一种智力状态中脱身出来,也就是正当他们的智力状态还处在政治和宗教义务不可避免地混淆在一起的时候。"[1] 有学者认为罗马法是私法,只是相对于教会法而言具有有限的自治性。"在专制主义统治下,它与其说是法律,不如说是一种私法技术,在倾向中央集权的权威和维护特权的等级的斗争中,它充当着封建领土的工具。"[2] 自罗马法公布,一直到资产阶级民法典的诞生,人们采取不同的形式确认和补足被政治国家吸收而相对缺失的市民社会私法关系,并使私法制度完善起来,期间经历了身份关系的解放和契约的广泛发展。"如果说国家和公法是由经济关系决定的,那么不言而喻,私法也是这样,因为私法本质上只是确认单个人之间的现存的、在一定情况下是正常的经济关系。"[3] 为了适

〔1〕 [英]梅因:《古代法》,沈景一译,商务印书馆1997年版,第11页。
〔2〕 [德]哈贝马斯:《公共领域的结构转型》,曹卫东等译,学林出版社1999年版,第86页。
〔3〕 《马克思恩格斯选集》(第4卷),人民出版社1972年版,第248页。

应资本主义生产关系发展的需要，发端于 19 世纪欧陆编纂法典的热潮，使得罗马法在中世纪宗教法、世俗封建法、日耳曼习惯法等众多的法中脱颖而出。由此，保障私人利益和私人行为的"私法"形成。经济法建立在私权运用存在外部不利社会后果的基础上，其不相信社会经济关系中权利能力的落实仍然是平等的，需要以保障国民经济发展为基础，对行为的前提和结果进行特殊处理，以保障经济实践中不同主体的经济利益相对公正。

2. 依靠的力量和对市场的假设存在不同。民商法建立在传统市场理论的基础上，其认为，在产权界定清晰的基础上，"市场主体"均是"使自我满足最大化的理性主体"，或称为追求收入最大化或效用最大化的"经济人"。交易主体能够自主、自愿地谈判成交。这种制度的理念可以概括为：市场主体理性能够创造社会的理性。但是，这个假定忽略了私人创造的制度的外部性问题。一种交易往往由私人成本和外在成本两部分组成，私人成本是指直接由私人支付、容易为私人所计算和考虑的费用，外在成本是不易被交易个人所考虑却最终分摊给社会或由其他非受益者直接负担的费用。经济法建立在个人不理性或无法理性的基础上，认为解决这种不理性的关系只能是外部主体——国家，以法律手段而不是自治手段解决生产经营者之间的矛盾。其理论基础是私人利益与国家利益相对可协调，经济秩序与法律秩序相对可协调。换言之，民商法警惕政府失灵，认为政府是无能的；经济法防范市场失灵，认为放任私人行为是危险的。

3. 民商法以部门法为基础，经济法强调部门法认识视角的转移和跨部门法。部门法的出现使公、私法从罗马法时期的逻辑思维落实到法律制度，肯定了法律关系的不同性质，并对不同性质的法律关系实施不同的法律控制手段，是法律进步的表现。这种划分摆脱了"诸法合体"百科全书式的法律关系，具有先进性。但这种先进性又是历史性的，它同人类其他文明发展一样只是迈向更大进步的一个阶梯。

部门法的划分总结了中古世纪的经济和法制发展的历程，也宣示了资本主义时期法制发展的新使命。正如恩格斯所说："法的发展的进程大部分只在于首先设法消除那些由于将经济关系直接翻译为法律原则而产生的矛盾，建立和谐的法体系，然后是经济进一步发展的影响和强制力又经常摧毁这个体系，并使它陷入新的矛盾。"[1]

经济法是在同垄断资本主义新斗争中产生的法律部门。19 世纪末期至 20 世纪初期，经济发展出现了新的诸如经济结构不均衡、经济危机和社会分配扭曲等矛盾，新矛盾的性质不是中古时期的人与人之间的身份关系的矛盾，而是私人利益与社会利益之间的矛盾。这些矛盾依靠"条块分割""分立分治"的法部门，依靠"看不见的手"自发调解都无法解决，需要"以看得见的手"强制解决。国家不得不从经济舞台的背后走向前台，作为市场的外部

---

[1]　《马克思恩格斯选集》（第 4 卷），人民出版社 1972 年版，第 484 页。

力量解决这个矛盾。经济法以"社会本位"为其基本理论定位，以社会整体经济利益为其终极关怀。其渗入到传统民商法的内部，作为一种限制性的规范而存在。在很大程度上，是民商事制度异化和转换了认识视角的结果。

（二）调整方式及手段不同

民法是纯粹以个人为本位的私法，其以自由平等为核心，调整方式相应地采取意思自治原则，即由当事人按照自己的意志设定权利和义务，国家并不予以过多干预，其调整手段主要采取授权手段，但授权的方法及其形成的规则很难解决经济垄断、资源配置地区不平衡、弱者特别保护等现代经济中的新问题，这就需要经济法采取一系列弹性的综合调整经济的手段，如禁止性、限制性、鼓励性、倡导性手段等加以调整。通常情况下，需要多样的调整工具综合适用，如计划、价格、税收、信贷、利率、工资等，以引导、监督社会经济的良性运行。在很大程度上，其发生作用的方式并不表现为直接设定国家与市场主体之间的权利义务，而是充分发挥经济杠杆的调节作用，从国民经济的整体出发来引导市场主体做出能够促进社会经济协调发展的选择，使市场经济的盲目性得以避免。

（三）法律关系的构成要素不同

民法调整的是抽象的人，经济法调整的是具体的人。由于民法强调主体关系的平等性，其主体是在抛却了社会地位、职业等特殊性后进行高度抽象而确定下来的，并将这种主体分为自然人与法人两大类。经济法主体是在承认一定社会地位和职业特点等关系的层次性的基础上确立的。经济法主体更为广泛，既包括法人，也包括不具有法人资格的国家机关、社会团体、其他组织企业内部组织及其人员、公民等。民事法律关系的客体一般包括物、行为和智力成果。经济法律关系的客体所涉及的物更强调"合理利用"，行为需满足不具有不利涉他性。另外，经济法律关系的客体还包括物、行为和智力成果的特殊形态：信息、资源，此外也存在新客体，如垄断状态（上文已述）、宏观经济关系等。民事法律关系的内容是权利、义务关系，经济法律关系的内容是复合的权利（力）义务关系（上文已述）。

（四）法益上的不同

民商法以个体权利的保护为逻辑，追求个体在权利上、地位上的绝对平等，在竞争条件和利益获得上的机会公平。经济法要求建立和维护市场公平竞争的秩序，使每个经营主体，不管是强者或弱者，均有平等的机会进入市场，参与到竞争当中。包括适度开放国民经济的特殊领域，限制垄断行为。使弱者在维护自身合法权益时能同强者抗衡（如承认优胜劣汰与实行国家援助，鼓励自由竞争与反对市场垄断等），在承认形式上的不平等的基础上力求达到实质结果的平等。

同时，经济法承载着保障市场机制的有效运行、实现对特定资源配置和利用的效益最大化的任务。用有限的资源生产更多的社会产品，为全部社会成员个体谋求更多的社会福利，从而通过对社会利益的促进实现对个人利益、集体利益乃至国家利益的保护，即只有在全社会总体效益增长的前提下，个体利益的增长才是真正高效益的增长。其取道整体-个体效益增长途径。

此外，经济法与民商法还存在诸多不同，如民商事法律制度具有稳定性，经济法律制度具有变动性；民商事责任具有单一性，经济法律责任具有综合性；等等，此处不赘述。

第二节　经济法与行政法的关系

一、关系产生的原因

行政法被称为"扩大的国家活动的法律",[1] 其同样被认为是最具生命力的法律领域，其演化发展的每一阶段，都对国家、社会、国民之间的关系产生了深刻影响。

1. 古代社会广泛存在的宗法关系和人身依附关系决定了当时不存在独立的行政法。行政权力不受任何限制，行政管理权充斥社会的各个方面是古代法的特点之一。真正的行政法是从资本主义制度确立并建立"三权分立"的政治体制开始的。由于摆脱了封建权力束缚的资本主义经济对权利的迫切需求，近代的行政法属于控权法，行政权力被压缩到极小的范围内，这确立了行政法的本质含义。随着民主宪政理念的深入，行政法构筑起了行政主体与行政相对人之间的均衡机制，通过控制行政权力滥用和保护行政相对人的基本权利，以明确二者之间的权利（力）和义务；在此基础上，行政法进一步融入了国民参与国家管理的自治思想，即自治行政，体现了行政法的活力；时至今日，行政法的着眼点已经跳出了构建国家与国民之间具体关系的微观层面，开始落脚于国家与社会关系的宏观环境上，"福利国家"的概念成为行政法具有旺盛生命力的标志，向福利国家迈出的任何一步，都意味着在发展行政法方面迈出一大步。[2] 而福利国家的思想恰是以经济法为代表的社会法所追求的最高境界，经济法与行政法在追求社会和谐共荣中殊途同归。经济法与行政法所追求的最终结果的同一性，成为二者之间关系的本源。

2. 在现代经济条件下，政府行政机关职能多元化，不仅要履行国家行政管理职能，而且要履行经济管制职能，这导致经济法与行政法在以下几个方面发生竞合：首先，产生行政执法主体与经济执法主体的身份竞合，因为经济执法机构本身就是行政机关，同一个机构会在履行不同的职能时随时变换身份。行政权力的扩张，一方面，因建立的行政机关以行政权力运作为内容，从主体性质上这类机关就可以被划归行政法学科；另一方面，国家对国民经济管理需要以行政权力为中介，对于国家运用的调节国民经济发展的新的手

〔1〕 ［德］拉德布鲁赫：《法学导论》，米健、朱林译，中国大百科全书出版社1997年版，第130页。
〔2〕 ［德］拉德布鲁赫：《法学导论》，米健、朱林译，中国大百科全书出版社1997年版，第136页。

段——行政权力——从目的性上来说又可以归位于新生的法律学科——经济法。其次，现代经济强调国家的适度干预，干预的具体方式表现为管制，这是经济法实施的重要途径，管制的内容及法律依据属于经济法范畴，但实施管制的权力来源于国家公权力；行政权力是标准的公权力，由此产生经济法与行政法在权源方面的竞合。最后，行政机关在对经济活动进行管制时被要求依法进行，这与行政机关依法行政的要求相一致。事实上，孟德斯鸠的三权分立学说从未严格实行过，[1] 因此，行政机关参与司法（执法）现象也就不足为奇，这也为探讨经济法与行政法的关系埋下伏笔。

3. "经济行政法"这一称谓的输入，使经济法和行政法的关系问题更加复杂化。经济行政法本身不是一个典型的法律概念，作为一门学科，其在各国的发展不平衡。美国将其作为一般行政法来看待，在奥地利、瑞士和德国，其已经获得了完全独立的法律地位。在我国，对其研究探讨的相关论著并不多见。从德国学者的研究来看，经济行政法由经济法和行政法两个法律部门交叉组成，其法律领域的重点在"经济"，即对经济进行管理，具体定义为："经济行政法是指以计划、监督、指导和支持基础设施和信息方面的经济现象为目的，对管理组织和行政机关的设立和活动进行调整，以及对经济生活的参与者与公共管理之间的法律关系进行调整的规范和措施的总合。由于这一特别的任务，经济行政法被称为一个特别行政法部门……"[2] "经济行政法"这一术语虽然已经传入我国，但我们对其的研究和了解都还有限，在没有真正领悟这一"独立法律学科"的真谛时，便将其扯入经济法与行政法的纠葛之中，借助于该术语，顺水推舟地将经济法作为行政法的一个亚部门法，加剧了经济法与行政法的纷争。现代行政法的发展使行政权力延伸到了经济领域，体现为国家对经济生活的管理。此种现象既被用来引证"行政法现代化"概念的物质基础；也被用作说明经济法学科的独立化的思想来源。其实，这反映了学科上二者存在一些共有的关系和各自特有的性质。

4. 历史上我国实行中央集权制度，行政权力强大，与国家相对的另一极——市民社会相对薄弱，可以说，在主体层面上，国家完全吸收了社会。因此，存在着一种较为普遍的错觉：将国家利益直接等同于社会利益，将维护国家利益视为维护社会利益，已有的强大的行政官僚体系和自成一体的行政法制足以维护该利益，大可不必另立一套法律体系。当经济法的观念产生及制度体系建立后，到底该如何界分二者的关系便成为一个问题。

二、经济法与行政法的联系

在正视法律发展现实的基础上分析经济法与行政法的关系，如果用意象

---

〔1〕 ［德］拉德布鲁赫：《法学导论》，米健、朱林译，中国大百科全书出版社1997年版，第130页。
〔2〕 ［德］罗尔夫·斯特博：《德国经济行政法》，苏颖霞、陈少康译，中国政法大学出版社1999年版，第12页。

语言描述现代行政法和经济法的关系的话，二者是有部分交集的两个圆，交集部分是二者共同的复合调整关系，交集之外各自的独立部分则是其特殊性。二者交集的部分很难量化，但可以确定一定的指标，即需要同时符合下列条件：其一，行为涉及国民经济发展的内容。其二，行为效果的外在化，即法律调整的效果在社会经济生活中产生外在影响。仅仅是内部的利益或部门之间的利益调整内容则不属于经济法范畴。

具体而言，二者之间的联系可以表述如下：

1. 社会经济条件决定国家治理的需要。自自由资本主义以来，行政权力和经济关系曾一度"井水不犯河水"。但自 19 世纪中叶起，因社会关系的基础逐渐发生了变化——经济活动的基本主体由个人变为垄断组织，进而社会关系的矛盾主体也逐渐变为垄断组织和非垄断组织及垄断组织和个人之间，由于交易地位的不平等，以理性为基础的个人协调不得不让位于政府协调。

从特定的历史条件出发，权力对经济关系的介入，既有社会转型的客观要求——被垄断组织及其垄断行为破坏了的竞争秩序维护的需要；也有应对特殊社会关系的需要，如战争、经济危机等。理论上凯恩斯学说曾作为一种"正统"被政府越来越广泛地接受，由此，干预主义成为国家经济治理的思想基础和行动指南。权力介入经济关系的主要理由是行政体系内经济信息集中、经济监督适时、行政裁决及时等。二战以来政府职能的扩张几乎成了世界性潮流。由于行政权力介入社会经济事务逐步增多，政府也逐渐代替商人成为现代政治、经济舞台上的组织者，并在经济发展和社会发展方面起主导性作用。它标志着现代国家治理的开始。

2. 对权力的基本态度相同。行政法的本质在于"控权"。随着社会的发展，行政法经历了最初的维护国家公权力到"控权"观念的转变。现代行政权是国家得以直接、能动地影响个人权利和义务、利益和负担的一种最直接的公共力量，社会需要行政权主动地发挥其维持秩序、保护相对一方权利、增进公共利益和福利的积极作用。但国家的行政权作为一种强制力量，其不当行使会造成对个体私权利的侵害。行政权力的行使不应随心所欲、漫无边际，而应当有一定的法律界限，超出法律界限就应当承担相应的法律后果。尤其是国家行政管理的范围日益扩大，对行政权进行控制和监督，是防止行政权运作脱离行政法治的必然要求。

经济法在授予政府经济管理职能时，需要对权力的行使目标以规范、秩序加以制衡。虽然政府对社会经济生活进行调控的权力本质属于国家权力的范畴，具有强制性的特征，但是，在确定政府应有的权力之时，也要规定制约权力的措施，防止政府失灵。特别是在我国社会主义市场经济体制之下，如果经济法只确认政府干预，就容易使人们忽视对政府干预的制约，从而使政府的适当干预又重回过去计划经济体制中政府无所不包的管理模式，那么经济法也就失去了其存在的价值。

3. 渊源表现形式相同。行政法的渊源是指行政法规则的来源或表现形式，行政法包括适用于行政活动的各种法律和法规，所以行政法必然以多种法律形式表现出来。其基本法律渊源主要有最高权力机关制定的宪法、法律、最高国家行政机关制定的行政法规、自治条例、单行条例以及宪法、组织法授权的特定中央部门行政机关和地方行政机关制定的规章。

经济法的渊源同行政法的渊源表现形式大体相同。

4. 社会公益基础相同。行政权从国家活动中分离出来之后，就具有公权力的性质，其所追求的目的就是维护公共秩序，谋求公共利益，其权力的行使以公共利益为落脚点。行政机关的职权虽然很广泛，但都与公共利益有关，其涉及的事务都是社会公共事务。其中为了确保经济发展、促进社会稳定和谐发展而对国家公共事务进行管理、维护公共秩序和经济法所追求的目标相同。经济法所强调的社会本位观念即社会公益观念。

随着私法的社会化，规范中的技术和事实中的正义矛盾之间的共融性渐渐地凸现出来——公共利益观念逐渐取得了优位地位[1]，任何公共行为的正当理由——不管是理论上的还是实践中的——在于，它所取得的公众福祉应当与行为所需要的强制力相称。[2] 实践中，各国努力探索适用于本国环境的政府与市场协调关系之路时，公共利益、公众福祉所发挥的指导作用时常发生偏离。以功利主义或福利经济学的理论来阐释权力行使的正当性进而展现政治治理的基础，坚持的是社会实证主义的立场和方法，包括"政府发布被称为法律的普遍性规则，这些规则的特征来自于政府为自己制定的目标"。[3] 由此，可能产生"目的偏移"的问题。

5. 克服的危险大致相同。"权力"和"权力的滥用"天生就难以割断。由于历史经验和政治环境的特殊性，西方社会对行政权力的介入，尤其是权力的现代性扩张存在一种微妙的心理。一方面，行政行为不时被病垢为某些社会不公平现象的源头——当西方经济陷入了"滞胀"状态以后，以美国为代表的西方国家将"滞胀"的原因归咎于国家干预过多；另一方面，为克服经济危机等社会风险又不得不眷顾过往的权力，如应对2008年金融危机美国迅速通过《紧急经济稳定法》。由此，经济关系中呈现出权力增压和权力释放的频繁交替。这种市场状况和权力行使情况正在改变权力的社会形象和淡化人们对权力的警觉。权力介入经济关系成为常态，也成为一项管理技术——对经济的管理要求动态的权力行使机制，需要随时间、地点、环境的变化而变化。这些都加大了对行政权力监督的难度。恰如英国著名法学家詹宁斯所

---

〔1〕 在一些著作中，可以发现"公共利益"和"社会公共利益"的不同提法，也有观点认为前者是后者的上位概念。但一般认为，社会公共利益和公共利益的意涵相同，本文在此也作同义语使用。下文所用的"公共福祉"的含义也非常丰富，这里使用的语义在于公共利益的落实和实现。

〔2〕 ［英］卡罗尔·哈洛、理查德·罗林斯：《法律与行政》（上卷），杨伟东等译，商务印书馆2004年版，第152页。

〔3〕 ［法］莱昂·狄冀：《公法的变迁·法律与国家》，冷静译，辽海出版社、春风文艺出版社1999年版，第54页。

言，法律界的任务不是宣称现代干预主义的极其有害性，而是在认识到所有的现代国家都已经采取了这种政策的情况下，在让该政策高效运行的必要的技术手段上提供咨询并为个人提供正义……要讨论的问题是行政管理者与法官之间的权力。[1]

三、经济法与行政法的区别

目前，对二者区别论述的方法有两种：①寻找外围制度进行比较。行政法有调整不直接涉及经济关系的内容，选取行政法中不含有经济内容的部分论述二者的区别，如治安管理，并就此认为，凡规范政府经济行为的法就是经济法，凡规范政府非经济行为的法就是行政法。②从认识论上重新调整。认为现代的行政控权法已经超出了行政法的范畴，进入经济法的领域，因而，行政法首先要复归，然后再和经济法对话。这样二者的区别也较容易得出。

应当承认行政法的现代特性，在兼容并包的基础上界分二者的关系。

1. 二者产生的背景不同。人们常常把法国称为"行政法母国"，实际上早在 17 世纪，行政法就已在英国萌芽。17 世纪英国资产阶级革命时，普通法院和议会结成同盟与国王进行斗争，最终战胜王权，确立了普通法制度。普通法制度已包含了行政法的精神实质——对行政权的控制。当然，行政法作为一项独立的法律制度，是在法国大革命后首先确立起来的。1789 年的大革命推翻了封建专制制度，资产阶级按照"三权分立"的思想重新设计了法国的政体；1799 年，拿破仑一世建立了国家参事院和省参事院，自此，法国建立起行政审判制度，为行政法的发展奠定了基础。法国对行政权的控制主要是通过诉讼来实现的，其适用的法律和程序都自成体系，这是法国行政法的特点，也是行政法应具有的特点。可见，行政法产生的社会背景是自然权利、三权分立和法治理论指导下的资产阶级革命。

经济法作为晚近以来新兴的法律部门，是经济与社会发展的产物。由于自由资本主义时期过分强调经济民主，实行自由竞争，在法律上出现了公、私法的分野。此时的法律保障个体权利和行使权利的自由，追求自身利益最大化，这种法律适应了资本主义上升时期社会发展的需要，对促进资本主义在全球的扩张起了促进作用。随着自由竞争发展到垄断资本主义阶段，劳资对立、公共产品供应不足，垄断、生态危机等资本主义经济危机频繁出现，经济社会发展受到严重阻碍。资本主义国家在经济大萧条中开始重新思考国家在社会经济生活中的作用。在这样的背景下，很多国家纷纷抛弃了"干预最少的政府是最好的政府"的理念，对经济领域实行国家干预。"如果要用法律语言来表达我们所见证的社会关系和思潮的巨大变革，那么可以说，由于对'社会法'的追求，私法与公法、民法与行政法、契约与法律之间的僵死划分已越来越趋于动摇，

---

[1] ［英］卡罗尔·哈洛、理查德·罗林斯：《法律与行政》（上卷），杨伟东等译，商务印书馆 2004 年版，第 153 页。

这两类法律渐不可分地渗透融合，从而产生了一个全新的法律领域，它既不是私法，也不是公法，而是崭新的第三类：经济法与劳动法。"〔1〕

2. 二者作为法律规范的性质不同。经济法多属实体性规范。例如，消费者法规定消费者的权利和经营者的义务；产品质量法主要规定生产者和销售者的产品质量义务和责任；竞争法中规定不正当竞争行为、垄断行为的表现形式、构成要件等实体内容；税法中主要规定纳税人、课税对象和税率，为纳税人履行纳税义务确立法律标准；商业银行法规定商业银行的性质、地位、业务范围；等等。与之相反，行政法中最基本的是行政程序法。"随着政府权力持续不断地急剧增长，只有依靠程序公正，权力才可能变得让人能容忍。"〔2〕"行政程序是现代行政控权最重要的环节。"〔3〕

3. 二者的价值理念不同。从法治理念层面研究，经济法和行政法各有其独特的价值理念。

第一，二者的正义价值观不同。追求行政程序顺畅和秩序是行政法的基本价值。追求社会经济正义，是经济法的价值取向。在行政法领域，实体法和程序法没有严格区分，有关行政活动的法律规范，往往实体和程序规范在一个法律文件之中。行政法意义上的秩序是一种系统内的程序和秩序，行政机关按照法定的权限、法定的程序行事，并保障其顺利贯彻执行。另外，行政法规范以内部程序和秩序为主导，是因为行政活动较为复杂，各行政机关的权力、职责范围各不相同；又因为在行政管理中，行政主体在行政过程具有较大程度的自由裁量权，而另一方则处于被管理者的地位，这就需要在程序上为行政相对人设定保障。行政法主要约束行政主体是否超出了法律设定的权限、程序以判断其行为是否违法。

经济法对正义的价值取向为对实质正义的追求。假如没有个人本位主义与私权，就不可能有自由与平等的追求，从而也就不可能有人的解放与人类文明的不断发展；假如没有国家本位主义与统治权，就不可能形成统治与秩序。但是，社会是在努力克服不断出现的各种对立与矛盾中而发展的，单靠行政法与民法自身的力量无法做到兼顾。经济法以社会为本位，它既要限制私权的滥用，又要限制国家权力的扩张。经济法中强调的正义是实现社会性的、实质性的正义和公平，是一种追求最多数社会成员福祉的正义观。这种正义观体现为：规则的正义，即虽然社会经济个体在客观能力上不平等、不相同，法律针对不同情况不同对待，赋予某些主体以特别的条件；分配的公正，即社会生活中由于种种原因造成的地区发展不平衡、个体贫富悬殊等分配不均衡现象所引发的再分配需求。在实现社会公正的手段方面，政府可以通过财政转移支付实现地区分配公平，可以通过收入转移支付实施贫富差距

---

〔1〕 [德]拉德布鲁赫：《法学导论》，米健、朱林译，中国大百科全书出版社 1997 年版，第 77 页。

〔2〕 [英]威廉·韦德：《行政法》，徐炳等译，中国大百科全书出版社 1997 年版，第 93 页。

〔3〕 姜明安："新世纪行政法发展的走向"，载《中国法学》2002 年第 1 期。

调节，着力提高低收入者收入水平，逐步扩大中等收入者比重，有效调节过高收入，规范个人收入分配秩序。

第二，二者的效益价值观不同。行政法以效率先定原则保证行政效率。以征税行为为例，无论相对人对行政机关的征税决定有何异议，都应该按照规定先交税，而后再要求行政复议或提起行政诉讼。在价值观上，行政法以秩序为先导的理念与行政法的效益价值并不违背。行政秩序化不仅不会妨碍行政效率，而且有助于提高行政效率，因为行政程序是一种可以反复使用的技术，它能提高行政执法者的熟练程度，从而提高其工作效率。行政秩序化还有助于相对人了解合法的行政程序，使其更好地配合，也可以保障相对人的合法权益。对于行政权力行使偏离行政法的既定目标的情形，行政法依靠系统内的监督来解决。经济法的效益观集中在权力行使的社会效果，即行政权力溢出系统之外所产生的社会后果。对于行政权力行使偏离行政法的既定目标的情形，经济法依靠社会监督来解决。

4. 二者的权力运行的原则不同。经济法与行政法中的权利运行原则有所差异。行政法涉及的是一般行政管理，其贯彻命令与服从原则，近代各民主国家实行不同形式的民主集中制原则。一般行政管理不以维护经济效益为基本目标。经济法围绕国家经济调节展开，其贯彻的是市场监管与宏观调控相结合的原则、国家经济主权原则等。

5. 二者的立足点不同。因政府干预经济而出现了以市场监管和宏观调控为主要内容的经济关系和政府经济行为。由于政府经济职能的内容和形式已远远突破了以往行政行为的外壳，传统行政法已不足以实现对政府经济行为的全方位规范，经济法应运而生。

现代社会发展的复杂化，使法律所调整的社会关系及其法律制度本身不可能像自由资本主义时期那样界限分明，不同部门法在调整对象上存在重叠和交叉。无论是经济法还是行政法，都规范着政府经济行为，但经济法侧重从内容上规范，行政法则侧重从形式上、程序上规范。行政程序机制主要是指承担国家干预与协调职能的政府，按照经济法律、法规的规定，进行宏观调控和市场监管所遵循的一整套程序。政府的决策过程以及决策结果都必须透明化、科学化、有序化，如果一项方案没有经过专家论证、没有经过市民的听证程序，即使它是好的、可行的，也违反了行政法；相反，如果经过专家论证、市民听证程序拿出了几个方案，但最终选定了最差的方案，那么，虽然在程序上它是遵守行政法的，但在内容上，它违反了经济法。相比较而言，内容比形式更丰富和多样化，因而行政法的稳定性高于经济法。

6. 二者的调整对象和方式不同。行政法调整的关系包括系统内的行政关系和系统外的社会关系。系统外的社会关系又包括经济性的社会关系和非经济性的社会关系，后者包括政治、治安、战争及其他社会秩序。经济法调整的社会关系是社会经济关系，包括市场秩序关系和宏观调控关系。

在调整的方式上，按法律规范直接或间接作用于经济关系的不同，可以分为直接调整和间接调整。直接调整是指法律直接设定当事人的权利义务，当事人无须借助中间工具就可以依法享有权利和承担义务；间接调整是指法律对当事人并不直接赋予权利义务，而是利用中间工具促进当事人权利义务的实现。经济法出于尊重市场主体独立地位的需要，对政府与市场互动的关系的调整以间接调整方式为主。在宏观调控法中，国家的各项产业计划和政策，一般不对市场主体发生作用，而是主要利用经济杠杆来促使市场经济主体按照国家的经济政策安排市场经营活动。例如，为促进某一产业的发展给予减税，或者为延迟某一产业的发展而加税则属于经济法上的调整。而行政法的调整方式一贯以直接调整为主。

经济法的调整手段是一种综合手段而非单一手段，健全完善的经济法制度必然要求经济手段和行政手段的法律化，而经济法就是经济手段和行政手段法律化的集中表现。在经济法中，无论是经济手段还是行政手段，都集中表现为法律形式。例如，税收、财政、金融、价格等作为经济杠杆，是国家实现宏观调控的重要经济手段，但这些经济杠杆在经济法中都已被法律化，理所当然又成为法律手段。又如间接性的行政手段，如建议、许可等，也都在经济法中被法律化了。同时，经济法调整的追责手段主要包括经济责任、行政责任和刑事责任；行政法则一般只是指行政责任。

除此之外，二者调整的强度也不同。行政机制的政府利益本位决定了行政评价的主动性、及时性以及执行力强的特点。政府为实现其利益目的，最有效的手段就是运用手中掌握的行政权力，以国家强制力为后盾，对各种行为予以直接的矫正。经济法的调整方式以弹性调整为主。政府的市场监管政策和宏观调控政策，都应随着市场的变动而适时调整，不宜做过多过严的限制。由于政府干预与市场机制的结合因时间、空间或主体而异，内容复杂多变，行政法侧重规范政府经济行为的形式，它规定的行政机关设置、行政职权行使等都具有抽象性，不可能包含所有情况，所以才有了经济法。

当然，经济法与行政法的调整方法也不是泾渭分明的，经济法中有大量关于行政权力行使程序和行政救济的具体规定，经济法的实施大部分属于行政权实施的过程。经济法内容的实现需要行政权力的行使有一套完整、公开、公正的程序，包括政府经济职权如何行使以及市场主体权益受到政府经济行为侵害时如何救济的程序。行政法对经济法自由价值实现的作用体现在对行政权力的控制以及对行政相对人的救济上；尤其是对行政权力行使的一般方式和程序的严格设定，以保障经济法市场主体的自由和权利不被分割。

7. 二者构成违法的条件不同。滥用行政权力即构成行政违法。各国政府都将"以公共的代价获取私人利益"[1]——腐败——作为政府行为的主控目标。化解权力行使的危险始终是各国谨慎处理经济事务时的一项重要政治任

---

[1]　俞可平：《权利政治与公益政治：当代西方政治哲学评析》，社会科学文献出版社 2000 年版，第146 页。

务。而化解风险的基础在于找到风险的来源。根据卢梭的政治理论，权力行使的危险来自利益的层次性及层级错位："在行政官个人身上，我们可以区分三种本质上不同的意志：首先是个人固有的意志，它仅倾向于个人的特殊利益；其次是全体行政官员的共同意志……我们可以称之为团体的意志，这一团体的意志就其对政府的关系而言则是公共的，就其对国家——政府构成国家的一部分——的关系而言则是个别的；最后是人民的意志或主权的意志，这一意志无论对被看作是全体的国家而言，还是对被看作是全体的一部分的政府而言，都是公意。"[1] 这三种意志代表了三种不同的利益，即公职人员的私人利益、全体公职人员的集团利益（或部门利益）、社会公共利益。利益冲突就发生在前两者与第三者之间。"在一个完美的立法之下，个别的或个人的意志应该是毫无地位的，政府本身的团体意志应该是极其次要的，公意或者主权的意志永远应该是主导的，而且是其他意志的唯一规范。相应的，按照自然的次序，这些不同的意志越是能集中，就变得越活跃。于是，公意便总是最弱的，团体的意志占第二位，而个别意志则占一切之中的第一位。因是之故，政府中的每个成员都首先是他自己本人，然后才是行政官，再然后才是公民；而这种级差是与社会秩序所要求的级差直接相反的。"[2] 换言之，公域与私域的利益矛盾、"理性经济人"与"忠实公共人"的角色冲突，极容易致使公职人员丧失公共精神，从而导致公共权力的异化、私权与公权的错位。在异化和错位中的"国家公职人员作为'理性经济人'，其职业特点决定了'权钱交易'的易致性"。[3]

行政违法不等于违反相关经济法。相比较而言，经济法更强调行政权力运用中的外部群体性不利影响，而不是个体性影响。例如，在反垄断法中，滥用行政权力是行政垄断的前提，但只有达到阻碍、限制竞争的程度和后果，才构成反垄断违法。

二维码

第五章　拓展阅读

---

〔1〕 ［法］卢梭：《社会契约论》，何兆武译，商务印书馆 1980 年版，第 82 页。

〔2〕 ［法］卢梭：《社会契约论》，何兆武译，商务印书馆 1980 年版，第 83 页。

〔3〕 谢庆奎、佟福玲主编：《政治改革与政府转型》，社会科学文献出版社 2009 年版，第 214～215 页。

第六章

经济法律责任

　　法律关系的保护离不开责任制度的支撑。责任一词含义甚多，在不同的语境中表达的意思不同，而且其内涵仍在不断改变和发展之中。基于此，法律责任的语意也颇为丰富，从广义上理解，可指一切义务，这时的法律责任对应的是权利；狭义上的法律责任，是指违法的后果，与此相对应的是法律义务。这里使用的是狭义的概念。

第一节　经济法的责任制度体系

一、经济法律责任的独立性与特殊性

　　既存的法律责任类型被传统的部门法"垄断"，相应地确立了民事责任、行政责任和刑事责任，作为后发制度代表——经济法在责任制度方面似无立锥之地。民事责任、行政责任、刑事责任是基于各自的法律关系所保护利益的区别，以惩罚、补偿和强制为目标加以落实并以此形成了层次不同、力度不等、效果互补的责任制度体系。

　　（一）研究经济法律责任的意义

　　经济法学作为法学大家庭中新兴的成员，其是否具有独立的法律地位尚在争议之中，其独立性不仅需要为其他法学学科，也需要为其他非法学学科所认可。与其他传统的法学学科相比，经济法的责任制度一直受到各方质疑，甚至一些经济法学者自己也否认经济法责任制度的存在，认为民事法律责任、行政法律责任和刑事法律责任已经很完善了，再创制出一套经济法律责任完全是画蛇添足，甚至提出了"经济法需要有独立的责任形态是实践的需求，还是我们主观设置的命题"[1] 这样的疑问。

　　法律责任是任何一种法律制度、法律规范的实体法基础，离开责任的强制力保障，该法律制度就是一种政治宣誓，制度规范便成了纸上谈兵。所以，法律责任是保障经济法作为一门具有实际操作性制度的基础内容。确认存在经济法责任制度对于经济法学的独立性有系统性的价值。经济法应该有、而且能够有自己的责任制度，只是在构建具体的制度体系时不同于传统法学学

---

〔1〕 李曙光："经济法词义解释与理论研究的重心"，载《政法论坛》2005 年第 6 期。

科而已。中国特色社会主义法治体系，本质上是中国特色社会主义制度的法律表现形式，是国家治理体系的骨干工程。[1] 经济法律责任是中国特色社会主义法律制度中不可或缺的一部分内容。

法学是以一个整体与其他学科相区别的独立学科，在法学之下所划分的民法、刑法、行政法、经济法等二级学科是对法学研究的细化，划分的基础是法学的整体性和统一性，划分的目的不是割裂法学的内在有机联系，更不是"分家析产"，这些二级学科之间在思维方式、逻辑推理等方面就是法学的延续。所以，它们在学术规范、学术术语、体系构建方面有许多共通之处，相互之间可以借鉴。在经济法学产生之前形成的民法、刑法、行政法等传统法学学科中的许多制度已经成熟，经济法学可以"站在其他法学学科的肩膀上"构建自己的制度，这既是对已有学科资源的利用，以便资源共享，避免浪费，又是对既有学科资源的一种超越。现实中法律责任的划分标准是多方面的，并非只是单一的"三大责任"或"四大责任"[2]，不同类型的责任之间可能存在一定的交叉和内在联系，不同法律学科对某种责任形式的侧重并不意味着要排除其他责任类型。由此决定了经济法律责任与其他法律责任肯定会有重合之处，但这并不妨碍形成经济法律责任独立的体系和内涵。

（二）经济法律责任制度的特殊性

经济法律责任独立性的体现在于经济法律责任制度的特殊性。

第一，经济法律责任体现了经济性。现代国家运用权力与权利复合调整国民经济的运行，国家是天然的权力主体，其可以以此为依据发布指令，强制其他经济活动主体服从该指令；国家也可以通过具体的经济活动引导其他主体的经济活动走向，发挥其"窗口指导"[3] 的功能。经济法调整手段具有综合性，可以是指令性的，也可以是引导性的，还可以是参与性的；这些手段可以单独使用，也可以综合运用。其运用的目的都是调节国民经济的协调运行，体现了其经济性。这使得经济法律责任制度具有了不同于其他法律责任制度的特殊性。

第二，经济法律责任体现了社会性。经济法保护的利益不同于传统法律。从法所保护的利益角度观之，刑法通过对犯罪行为进行否定性评价、以限制人身自由的方式维护统治秩序，即便对经济犯罪追究刑事责任也是出于这一目的，虽然在客观上也产生了维护经济秩序的效果，但其本意还是重在国家

---

〔1〕　中共中央宣传部：《习近平新时代中国特色社会主义思想学习纲要》，学习出版社、人民出版社2019 年版，第 100 页。

〔2〕　三大责任即指民事责任、行政责任、刑事责任；四大责任即在前三类责任的基础上加入违宪责任。

〔3〕　"窗口指导"又称"道义劝告"，是指中央银行利用其说服力影响金融机构经营活动的行为。在这里是借用金融学上的这个概念，以表明国家可以利用其强有力的地位和较高的威望或者说服其他经济活动主体服从其意志，或者通过实际参与经济活动来表明自己的态度，传达一种信息，对其他经济活动主体施加影响，使其自觉顺从国民经济发展的整体需要。

的安宁，而非国民经济的协调发展。所以，刑法保护的核心利益是国家利益，其他利益只是在国家利益之外间接体现出来的，由此，刑事法律责任的核心价值是惩戒；行政法致力于国家政权的有效运作，其所强调的是一个国家的政治利益，在责任制度的设计中通过对自然人的荣誉贬损或职务减等以达到警示目的；民法保护的是平等主体之间的人身关系和财产关系，关注的是个人利益，对于个人利益的毁损注重的是补偿；经济法是对国民经济运行进行宏观调控、经济秩序进行规制过程中所产生的社会整体利益予以维护，强调对弱势群体的保护，例如消费者利益、中小股东利益的保护等，意在促进经济的协调发展，所以，经济法律责任制度体现了社会性，这显然是其他法律责任制度所不具有的。

第三，经济法律责任具有综合性。传统的法律责任在相互分割的情况下独立存在并各自发挥相应的作用，单一性是传统法律责任的总体状态。经济法律责任针对同一种情形依据行为的性质和危害程度将传统法律责任有机地整合为一体，将原来条状的、互不搭界的法律责任类型用各个不同的横线串联起来，形成综合性的责任。例如产品质量责任包括民事责任、行政责任和刑事责任。经济法律责任的综合性与经济法调整的方式、方法紧密相关，经济法的调整方式较民法和行政法更为丰富，而且对同一种行为的调整往往多种方式同时使用。另外，评定经济法律责任的前提——经济行为的不利涉他性、侵害公共利益、国家利益程度和影响不同，需要施以不同的惩治尺度，传统法律责任适应了这一需要。当然，也不能将经济法律责任简单地理解为传统法律责任的简单综合。

由于经济违法行为侵害的是社会利益，会给不特定的社会公众带来损害，经济法律责任的设计必须使违法者为其行为付出高昂的成本，基于违法主体的经济能力不同，采用传统的财产罚或自由罚只是责任体现中的一部分，还应该设定资格罚、能力罚、声望罚等[1]，这些责任会直接影响到经济活动主体的行为能力，因而会对其产生根本性的甚至是致命的影响。

在具体制度的构建中，因为针对的经济法律关系的主体不同，应分别设计相应的责任措施。其一，对于除国家之外的市场活动主体，针对其不同的行为予以不同的责任制裁，有的是针对人格身份的，例如信用减等、资格减免等；有的是针对财产的，例如惩罚性加倍赔偿，有双倍赔偿、三倍赔偿等；有的是针对行为的，例如产品召回、禁止企业合并、拆分和分解企业以及返还企业股份等；其二，对于宏观调控主体的国家和规制市场秩序的政府及其机关，实施首长和直接责任人员问责制。基于国家和政府及其机关的特殊性，遏制经济权力滥用的有效措施即是引咎辞职。这些具体制度是无法为传统的"三大责任"体系或"四大责任"体系所包容的，其是经济法产生之后才出现的责任现象或责任制度，具有经济法属性。

---

[1] 张守文："经济法责任理论之拓补"，载《中国法学》2003年第4期。

二、经济法律责任的类型及其功能

（一）援用责任

援用责任是为了调整的需要，在经济法制度中援引民法、行政法、刑法上的责任加以适用而形成的责任体系。援用责任包括两种援用的方式。

1. 转致适用。即在经济法律制度中未明确规定法律责任的具体类型，只提供一种指向。根据指向的责任本源不同，又可以分为一次转致和二次转致。一次转致即某种援引责任直接指向责任的本源；二次转致是某种援引责任指向另一个援引责任的法律，该法律中的同种责任直接指向责任的本源。例如，《反不正当竞争法》第 19 条规定："经营者违反本法第 7 条规定贿赂他人的，由监督检查部门没收违法所得，处 10 万元以上 300 万元以下的罚款。"如果行政责任不足以惩罚行为人，则转致适用刑事责任。

2. 有限的援引适用。经济法中援引的民事、行政和刑事责任并不和民法、行政法和刑法责任形成全面交叉对应，而是根据不同法律内容有选择地适用。例如，反垄断法上民事责任仅限于停止侵害、消除危险和赔偿损失。对行政责任援引限于罚款，刑事责任限于经济类犯罪的责任。

（二）特有的责任

经济法律责任独立性的重要支撑点在于法律实践中存在区别于传统法律责任又处于经济法律关系之中的新的责任形式。随着国民经济的复杂化，对经济关系的调整不断创新，尤其是知识经济和经济全球化的影响，更加深了这种趋势。目前，较为普遍的新兴的经济法律责任可以分为两类：涉及经济主体的经济法律责任和涉及政府或政府机构人员的经济法律责任。

1. 惩罚性赔偿责任。美国 1914 年的《克莱顿反托拉斯法》第 4 条规定了（法定的）三倍赔偿。我国台湾地区"公平交易法"第 31 条也规定了（意定的）三倍赔偿。[1] 我国《消费者权益保护法》第 55 条规定了"三倍赔偿"。[2]

经济法中采取这种制度与经济的违法特性直接相关。其一，违法行为具有隐蔽性，查处违法行为的难度大。一些违法行为可能以明示的方式表现出来，也可以默示达成。在美国，谢尔曼法消灭了正式的卡特尔后，价格卡特尔更加隐蔽。规避法律的心理导致隐蔽的涉嫌违法行为多于明示的行为。这

---

〔1〕 "法院因前条被害人之请求，如为事业之故意行为，得依侵害情节，酌定损害额以上之赔偿。但不得超过已证明损害额之三倍。"

〔2〕 我国《消费者权益保护法》第 55 条规定："经营者提供商品或者服务有欺诈行为的，应当按照消费者的要求增加赔偿其受到的损失，增加赔偿的金额为消费者购买商品的价款或者接受服务的费用的三倍；增加赔偿的金额不足 500 元的，为 500 元。法律另有规定的，依照其规定。经营者明知商品或者服务存在缺陷，仍然向消费者提供，造成消费者或者其他受害人死亡或者健康严重损害的，受害人有权要求经营者依照本法第 49 条、第 51 条等法律规定赔偿损失，并有权要求所受损失二倍以下的惩罚性赔偿。"

增加了查处案件的难度和查处成本。美国反托拉斯法官 Richard. A. Posner 阐明美国反托拉斯法中三倍赔偿的立意时指出，违反反托拉斯法的行为，其被查获、处罚的可能性有 1/3，为了断绝违法者之侥幸心理，乃设定三倍赔偿，令其无实施违法行为的诱因。[1] 其二，危害涉及的主体范围广且具有不确定性。惩罚性赔偿制度多体现在涉及侵害不特定主体利益的法律之中，例如消费者权益保护法、竞争法、证券法等。理论上以一定的标准来划定经济违法行为侵害的主体——消费者、竞争者、投资者。实际上，由于时间和举证等因素的困扰，真正到法院起诉的可能只是少数人。又由于违法行为定性上的特定技术性，某一涉嫌违法行为能否得到权威机构的最终违法性认定，受害人往往很难把握，由此增加了诉讼的风险。根据风险和受益相一致的原则，对这种诉讼必须给予与风险相匹配的利益，以形成一种激励型的诉讼机制。

惩罚性赔偿制度的功能可以从多个方面解释：惩罚被告、威慑、补偿等。在惩罚性赔偿制度的发展中，一些功能逐渐被归化和整合。人们将更多的注意力集中在威慑功能[2]和鼓励私人协助执法功能上。

2. 资格、信用减等或由此进行的业务限制。资信减免措施是经济法律关系主体在行为中未履行法律规定的倡导性义务而采取的公布行为状况记录，对主体资信施加不利影响，或因行为记录较差限制主体扩展发展空间的措施。

倡导性调整包括履行倡导性权利和确定倡导性义务。前者对经济法律关系主体而言往往体现为社会监督权，虽然它不同于私权那样可以由主体选择使用或放弃，但这种权力的不行使也不会引发责任归责。倡导性调整的立法意图和运作方式是通过给予经济法律关系主体以奖励来达到法律实施的目的，这种规范广泛分布于经济法各项制度中。例如《中小企业促进法》第 30 条规定："国家鼓励互联网平台向中小企业开放技术、开发、营销、推广等资源，加强资源共享与合作，为中小企业创业提供服务。"再如税收征管法、外汇管理法、统计法等法律中规定的对检举揭发违法行为的当事人给予一定奖励，也属于这类规范。2018 年颁布的《循环经济促进法》大量吸收了这种调整方法。其中第五章对激励政策作了比较具体的规定，包括：建立循环经济发展专项资金（第 42 条）；对循环经济重大科技攻关项目实行财政支持（第 43 条）；对促进循环经济发展的活动给予税收优惠（第 44 条）；对有关循环经济

---

〔1〕 黄铭杰：《公平交易法之理论与实际：不同意见书》，学林文华事业有限公司 2002 年版，第 577 页。

〔2〕 我国台湾地区学者多表述为遏阻功能，也有学者以民法理论来解释我国台湾地区"公平交易法"第 32 条之规定的理由，认为是一种侵害人的不当得利，三倍请求只是返还不当得利而已。还有学者认为所谓"三倍"，仅仅是一种计算方式的转换。如以受害人的损失为确定标准，赔偿损失后侵害人仍保有不法所得。以侵害人因其侵害行为所得利益为标准，则应当完全交出其违法所得，三倍只是一种便于计算的估计标准。黄铭杰：《公平交易法之理论与实际：不同意见书》，学林文华事业有限公司 2002 年版，第 573、584 页。笔者以为，如果以民法的理论解释惩罚性赔偿责任，则软化了该种责任本身具有的刚性，至少在经济法中这种解释和经济法制度的特殊性不相一致。

项目实行投资倾斜（第 45 条）；实行有利于循环经济发展的价格、收费等政策措施（第 46 条）、实行有利于循环经济发展的政府采购政策（第 47 条）、对在循环经济发展中表现突出的单位和个人给予表彰和奖励（第 48 条）。

对于法律确定的倡导性义务的不履行，其后果则不同于倡导性权利的不行使。法理上，义务的不履行将引起不利的法律后果。强制性法律义务不履行的法律后果大多都直接体现在财产、主体资格或人身上，以限制或剥夺等刚性的方式施加惩罚，倡导性义务不履行的法律后果则相对柔性，并间接将不利后果体现在财产或主体资格上。美国金融业对中低收入主体存在歧视性信贷行为。1977 年，为了消除"社区不投资"（community disinvestment），促进中低收入社会主体的信贷可能性，美国颁布了《社区再投资法》（community reinvestment Act，以下简称 CRA），以鼓励加柔性制裁的方式促使金融机构满足社区信贷、投资和服务需求。CRA 授权监管机构对金融机构完成义务的情况进行评级，并将其与一定的金融业务联系起来。例如金融机构设立分支机构、与其他金融机构的合并、银行控股公司转为金融控股公司时，监管机构将把其执行 CRA 的记录和评级作为主要参考依据来决定是否批准。

此外，通过合法公布不良信息实施信誉制裁也属于此类责任，此类责任属于信誉罚。对于经营者而言，信誉的价值以财产性利益为主，兼具人格属性。经营者在市场竞争中通过长期的诚实经营和创造性劳动逐步获得消费者信任、投资者认可和社会认同，从而形成了商誉这种无形资产。良好的商誉使企业能够长期稳定健康发展，为企业开拓市场和巩固市场优势地位奠定基础，使经营者在竞争中处于有利地位。不良的商誉往往会使企业经营活动受阻、产品销售不畅、失去交易伙伴、丧失交易机会，甚至使企业陷入瘫痪、倒闭破产。以合法手段将经营者的不良记录公布于世，将督促重视名誉的经营者尽早履行法律的倡导性义务。目前这一措施已经开始在税收申报、环境污染、节能减排等法律制度中广泛运用。

3. 替代责任。经济法在肯定传统的义务违反需承担法律后果——法定责任的同时，还存在另一种预期义务违反需承担的法律后果——商定责任，它是传统法律责任理论内涵上的扩展，也是一种特殊的预防性控制手段，是一种替代责任。

替代责任（也有称承诺制度）主要体现在反垄断法中，其手段包括和解、劝导机制和咨询三种形式。

（1）和解。和解是指司法机关或行政机关以签订和解契约来代替依据法律事实或法律关系应当承担相应法律责任的争议解决方式。依据签订代表国家机关一方主体性质的不同，和解分为行政和解和司法和解。

行政和解机制介于民事和解和行政处分之间。准确地说，其是民事和解机理移用到行政机关代替行政处分的机制。行政和解不是调解。调解是行政机关居中平衡当事人的权利、义务关系的过程。行政和解中行政主体可以就有关和解的内容征询利害关系人的意见，或要求相对人与利害关系人达成和解或协议，但行政和解不受民事和解内容、协议内容或意见的约束。另外，调解是在确定法律责任的前提下，就承担赔偿责任的数额进行协商，而行政和解商谈的核心是责任性质的认定。行政和解主要适用于危险行为而不是危害行为，或者在调查后仍不能确定的违法性，或者是在调查后危害事实确证但有回复可能的情况下作出的，行政机关在和解中多以"如果……则不受（这样的）处罚"模式化的语言反映其立场。这种假言推理的合理性建立在对竞争关系所体现的多种利益充分平衡的基础上，体现矫正后的积极利益大于消极利益的原则。由此，行政和解中行政机关不以出让什么利益为条件，更不是出让行政责任。本质上，行政和解是行政自由裁量的结果，只是行使裁量权时，思维的起点建立在法律规范定性标准的模糊之上。这与行政机关对违法者处以"1万元以上3万元以下罚款"之类的法律规范定量标准上的自由裁量迥然有别。

需要一种监督机制替代责任运用的合理性、合法性。监督机制有多种选择，常见的是依法设定和解的条件以约束任意和解。例如我国台湾地区公平交易委员会于2000年9月21日通过了《缔结行政和解契约处理原则》（以下简称《处理原则》），该原则第2条规定了和解的适用条件："进行和解契约之协商程序前，应衡酌下列要素：①本会与相对人相互让步之适法性及妥当性；②公共利益之维护；③利害关系人因和解契约之成立，而可能遭受之损害。"另一种监督形式是将和解协议公示，听取公众意见，接受社会的监督。在任何情况下，美国联邦贸易委员会可以根据同意令公布后的60天内的公众评论，来对同意令进行分析。如果评论的信件所揭露的情况表明，同意令是不合适或者不充分的，就必须对同意令作出修改。[1] 此外，如果和解协议涉及利害关系人，利害关系人也可以提出异议监督。上述《处理原则》第6条对涉及第三人的和解协议规定："和解契约之履行将侵害第三人之权利者，应经该第三人书面之同意，始生效力。"

司法和解是司法机关（主要是检察机关）基于行为的危险性，平衡其预期应承担的法律责任与处罚后对社会利益的影响，认为变通处罚的后果大于正常处罚的消极后果，进而要求违法者附条件承担另外一种法律责任，并接受法院监督的争议解决方法。微软案件是司法和解的典型。[2] 司法部原来起诉中要求的"拆解"微软的诉控目标变更为"停止"掠夺行为，但微软需向特定主体公开"视窗"原代码。

---

〔1〕 ［美］马歇尔·C. 霍华德：《美国反托拉斯法与贸易法规》，孙南申译，中国社会科学出版社1991年版，第48~49页。

〔2〕 2001年11月，微软公司与司法部签署了持续3年的反垄断案和解协议。和解协议将对微软公司在今后5年内开发和许可软件、与独立软件开发商的合作、就其软件的内部工作运转与合作伙伴和竞争对手的交流进行限制和规范。微软公司主席兼首席软件设计师比尔·盖茨先生表示：和解协议是公平、合理的，尽管和解协议对公司的业务发展作出了一些非常严格的规定和限制，我们相信现在解决这一案件对于我们的消费者、对于整个科技行业乃至经济都是明智之举。

在美国，司法和解仅仅是案件处理的初步程序，司法部和被诉方达成协议后，协议的内容需接受两重监督，一是将双方协议在法院所在地和哥伦比亚特区的有关报纸上公布，且公布材料的内容有一定的限制，包括签订的协议对竞争影响的评价[1]、调查文件目录、公众评论以及这些材料的来源。二是协议应受法院的监督，即需得到法院的同意（法院基本上将这项实体权力程序化了，很少有不同意的）。法院同意后发布"同意令"（consent decree）。此种司法和解"同意令"与另一种由联邦贸易委员会与被调查企业签订的"同意令"（consent order）不同，后种同意令可以避免对所指控的违法行为进行正式诉讼。通常在调查完成的前后，联邦贸易委员会与被告可以就同意令进行谈判，此同意令无需法院协助。同意令往往不对行为性质进行认定，只注重确定双方权利义务的具体内容。因此，接受同意令并不等于被告承认违法，接受同意令的理由是被调查方同意承担一定义务可以免除诉讼。同意令的内容具有与联邦贸易委员会根据正式程序而作出的其他行政处罚同样的法律效力。

和解机制有比法院诉讼更为简单、更为快捷、更为成本低廉的优点。同时，案件的处理过程更具有亲和力。这种亲和力或许是因为被处罚者的意见部分得到了尊重而减弱了角色负担，也可能是取消了场所产生的威严，还有可能是学者所言的"气氛和谐"所至。后竞争立法中有国家也适用类似的和解机制。截止到1985年底，英国已经进行或公布了调查的案件有21起。其中4起在正式调查之前企业作出了公平贸易局长可以接受的保证，另外7个案子是在公平贸易局的调查过程中或调查结束时作出了可以接受的保证。在5起案件中，公平贸易局没有发现重要的妨碍竞争的后果，4起案件被提交到垄断和合并委员会。[2] 这个保证，本质上是附条件不起诉，这一点和和解的效果是一样的。

（2）行政劝导。所谓行政劝导，是指行政当局为了实现一定的行政目的，不以个别立法措施为依据而对产业、企业活动实施各种劝告性意见及其产生的特殊效果。行政劝导措施是因法律执行程序的繁琐和手段欠贴切而产生的。行政劝导不需要履行其他行政手段所要履行的法定程序，名义上也不存在所针对问题的范围限制，具有广泛性、适应性。

行政劝导机制体现了政府与企业之间的柔性结合。其实质是一种官商协调的运作方式。20世纪中期以前经历的政府与企业的游离与深度结合，使两种对立的制度开始各自吸收对方的优点，行政劝导就是相互吸收之后的创造

---

〔1〕 法律所要求的对竞争影响的陈述包括以下内容：①这种程序的性质与目的；②所宣布的违反反托拉斯法的做法；③这种补救方法对竞争的预期影响；④对因受到被宣布的违法行为损害而可能成为原告的私人补救措施；⑤修改这种协议的程序；⑥对选择郑重协议的评价。但1974年以后，对私人三本赔偿诉讼这种陈述不得作为证据使用。

〔2〕 Morgan, monopolies, pp. 32-33. 转引自：〔美〕格伯尔：《二十世纪欧洲的法律与竞争》，冯克利，魏志梅译，中国社会科学出版社2004年版，第277页。

性成果之一。这种成果得以创造并延续下来，一方面是因为之前的战争环境和经济危机给政府以介入经济成功的经验和信心，另一方面是因为经济全球化需要政府以经济调解主体和活动主体的双重身份来控制国民经济运行的方向和速度。日本劝导机制的前身是协调恳谈会，最初的恳谈会是以产业界"自治"为基础的官民协商方式。协商的"互利互惠"色彩浓厚，产业界因受惠于政策而愿意接受或一定程度接受政府的意见。后这种方式的作用渐渐扩大，成为一种独立机制和政府调控经济的手段。日本经济学者植草益认为："民间企业发展与官僚干预之间所保持的平衡关系，使后发型经济的稳定发展成为可能。"[1]

　　行政劝导机制多在产业"机体"内发挥政策性协调作用，被劝导主体主要是大企业或企业集团。这自然可以在反垄断法中找到适于发挥作用的环境，因为反垄断政策作为一种竞争政策，其与产业政策具有内在统一性。在产业政策实施手段上，依是否以法律为依据可以将其分为基于酌情处理的政策和基于规范执行的政策；在反垄断法中，可以分为基于自由裁量认定的行为和基于规范认定的行为。劝导机制生发于可以行政"自由裁量"的法域。

　　日本反垄断法在公正交易委员会下专门设置审查部掌管对违法措施的劝告和劝告审决事务。其事务范围涉及：实行私人垄断和不当交易限制、事业者不得签订以属于不当交易限制和不公正交易方法的事项为内容的国际协定或国际契约、公司股份保有的限制、金融公司的股份保有限制、干部兼任的限制、公司合并的限制、价格上涨理由的报告等方面。同样，劝告程序不是法律审判或承担法律责任的必经程序，但不听取劝告则可能承担法律责任。日本劝导机制的责任替代性体现在该措施与法律责任的关系上，当审查部劝告违法行为人（包括该事业团体的干部、管理人及其事业者成员）采取适当的措施，被劝告者必须就是否应允该劝告的问题迅速通知公正交易委员会。被劝告者应允该劝告的，公正交易委员会可以不经过审判手续作出与该劝告相同内容的审决。因此，劝告程序具有提示危险和缓冲矛盾的双重职能。显然，这也不同于对违法行为采取的警告处分。虽然提示危险并不等于一定承担危险，但由于不允诺后案件交由同一机关审决，摆脱责任的可能性很小。这也就得出了劝导机制得以有效运行的机理，即劝导具有准强制性和充分的信息交换性。

　　日本的劝导机制广泛适用于促进企业合并或合理化、自主出口管制、企业间的生产数量调整、不景气时期生产时间的缩短和产量控制等方面，并取得了良好的经济效果。当然，任何一种制度都具有两面性，劝导机制的负面效果在于，一定程度上和市场的优胜劣汰机制背离。不景气时期较弱的企业因此而未能被淘汰出局，景气时期因此可能存在数量较多的企业，导致过度

---

〔1〕　〔日〕植草益等：《日本的产业组织——理论与实证的前沿》，锁箭译，经济管理出版社 2000 年版，第 323 页。

竞争。正因为具有两面性，该机制才不作为强制程序。是否适用该机制、何时适用、对谁适用等都需要实施机关认真考量。但不管怎样，在国民经济运行上，日本的市场经济被称为"政府主导型"与劝导机制及其他行政指导机制共同发挥的显著作用密不可分。

（3）咨询。咨询即咨询机关接受委托提供的咨询意见，产生了阻止限制竞争行为或不正当竞争行为发生的效果，并避免诉讼发生的机制。法国于1953年8月9日颁布的政令设立了合同技术委员会（Commission Technique des Ententes）。该委员会一直是咨询性机构，但它的意见对案件的最终定性有重要的影响。这个委员会名称虽几经变化，[1] 但其咨询职能基本未变。

委员会的咨询包括任意咨询和强制咨询。任意咨询是指适用竞争制度方面向国会、政府、其他社会团体（地方团体、职业及劳工组织、经认可的消费者团体、农会、手工业公会或商业及工业公会）提供的咨询。强制咨询是指对用于建立新制度而直接产生一定效果的行政命令草案，政府必须向竞争审议委员会提供的咨询。包括以下行政命令草案：①对职业活动或进入市场为数量上之限制；②在某些地区创设排他权利；③强制实施统一价格或出售条件。

不论任意咨询或强制咨询，竞争审议委员会的意见仅具有参考性质，无法律约束力。但咨询意见的公布在客观上对企业行为具有监督作用——由主管部门监督转为社会监督。对申请企业而言，公布的信息不能不给企业以一定程度的压力，尤其是咨询机关的特殊身份及身兼的调查和处罚权力，企业对其意见不能等闲视之。另外，其对从事同类行为的企业具有警示作用。

美国司法部反托拉斯局也具有同法国竞争审议委员会相似的咨询职能。反托拉斯局可以根据请求，评估申请中的商业行为，若评估意见中声明申请评估行为具有限制竞争性质，相当于给申请者一纸法律责任处罚书。因此，尽管评估意见中带有假设条件推定，申请人同样如临大敌，其与法国竞争审议委员会的咨询机制有相同的运行机理。企业会本着遵守规则的精神自愿服从法律，以避免法律程序所导致的被动的信息公开。这个系统较之禁止和刑罚的做法，更使人愿意接受。

4. 报告制度。报告属于被监管对象依据法律法规向监管主动披露信息的手段，目前在互联网企业的设立、存续运营和终止三个阶段都适用。报告义务与产品服务提供者的安全保障义务相关联，主要在产品、服务出现安全缺陷、漏洞风险等突发性事件发生时需经营者履行。报告义务的履行有两个要素：一是及时履行；二是报告内容的清楚、明确。公众性互联网企业涉及的

---

[1] 1963年名称改为"企业联合及控制企业技术委员会"；1977年，又改为竞争委员会；1986年再改为"竞争审议委员会"。其职能也发生了一定的变化，1953~1977年间，主要为经济部提供关于企业联合和企业经济力滥用的咨询意见。1977~1986年间，除了原有的职能外，增加了企业合并的审查权，并扩大了咨询的范围。

用户范围广，且关乎国家网络安全。由于网络技术不可避免地存在漏洞、缺陷，易被更高的技术破解、感染病毒等，公众性互联网企业及时、清楚地履行报告义务，是监管部门及时、准确地启动应急机制、采取补救措施、统筹全局的至为重要的一环。因此，公众性互联网企业有必要在应急措施中提升报告义务的重要性。如《网络安全法》第22条第1款规定："网络产品、服务应当符合相关国家标准的强制性要求。网络产品、服务的提供者不得设置恶意程序；发现其网络产品、服务存在安全缺陷、漏洞等风险时，应当立即采取补救措施，按照规定及时告知用户并向有关主管部门报告。"《网络安全法》第47条规定："网络运营者应当加强对其用户发布的信息的管理，发现法律、行政法规禁止发布或者传输的信息的，应当立即停止传输该信息，采取消除等处置措施，防止信息扩散，保存有关记录，并向有关主管部门报告。"

5. 约谈制度。约谈是指规制主体采取谈话、听取意见、提供信息等手段，对公众性互联网企业提出建议、指导、劝告、要求等，以对所涉事项中的问题予以规范纠正或加以预防的行为。约谈契合了社会治理由"反应型"向"预防型"转变的时代任务，内化了服务行政的理念。规制主体和相对人在约谈行为中避免了对立和冲突，不仅有利于实现行政监管目标，提高行政效率，而且可以最大程度上获得相对人的认可和配合，从而减少监管成本。

作为规制手段，约谈的拘束力较弱，仅仅起到督促整改的作用，因此其适用范围较广。根据《互联网新闻信息服务单位约谈工作规定》（业界简称为"约谈十条"），当发生严重违法违规情形时，国家互联网信息办公室、地方互联网信息办公室可以约见其相关负责人。约谈过程应当符合法定程序。结束约谈之后网信办可以进行监督检查与综合评估，未按要求整改，或经综合评估未达到整改要求的，将依照《互联网信息服务管理办法》《互联网新闻信息服务管理规定》的有关规定给予警告、罚款、责令停业整顿、吊销许可证等处罚。

要注意到的是，约谈本身拘束性较弱，规制主体不会藉此恐吓相对人，并且相对人有不接受约谈的权利。否则约谈将异化为行政命令，失去了其作为柔性规制手段的特点。

6. 警告或关注制度。俄罗斯反垄断法中，设置了"警告"这种危险解决的方法。它不是一种行政责任，也不在《俄罗斯联邦行政违法法典》中。警告的目的是消除行为（不作为）带来或可能带来阻碍、限制和消除竞争和（或）侵害其他主体（经营者）的商业利益或者侵害不特定消费者利益的因素。警告针对的主体包括经营者、联邦权力执行机构、俄罗斯联邦主体权力执行机构、地方自治机构、其他履行上述机构职能的机构和组织、参与国家采购或者市政服务的组织、国家预算外基金。警告针对的行为类型包括：某些滥用市场支配地位的行为、不正当竞争行为、滥用权力限制竞争。警告的形式和内容是：以书面形式发布要求停止行为（不作为）、废除或改变涉嫌违反反垄断法的指令，或者解除引发违法的基础和条件，或采取措施消除违法后果的警告。不同于行政法上的警告——不履行警告的事项，将承担更严厉的不利法律后果，反垄断法上的警告针对的垄断危险，而不是危害，即如果不执行警告，将直接进入立案程序，经立案审查最终可能构成违法，也可能不构成违法。

关注制度是监管部门向被监管对象出具的书面关注函，表明监管部门对被监管对象某一方面或某种行为表示关注的态度，属于柔性监管措施。

关注函有以下几个特点：首先，关注函是监管部门监管态度的表达——即重点关注被监管对象的疑似违规行为；其次，它明确了被监管对象的疑似违规违法点；再次，关注函可以要求被监管对象谨慎处理某类业务、提供相应的说明与信息披露义务等；最后，若被关注对象未按要求披露信息、改变违规行为，会引发后续的强制监管手段。

公众性互联网企业的运营，关乎企业及其广大用户的利益。而关注函作为一种柔性手段，给企业以说明和整改的机会，对公众性互联网企业本身的发展和用户利益的保护都是较好的监管措施。

第二节 社会责任在经济法责任中的作用

由于经济法以社会利益为本位，社会责任是维护社会利益的一种形式，经济法和社会责任的关系似乎就此构建起来。党的十九大报告中提出，推进诚信建设和志愿服务制度化，强化社会责任意识。作为一种新的概念，社会责任是否为一种新的责任形式（即其独立性）、其与传统法律责任有何关系（即其归属）、其主要内容是什么等问题都值得研究。

一、关于社会责任的争议

资本主义自由竞争使个别的商业经营走向团体经营。商业团体组织发展壮大使其代替传统的商人成为市场的主要主体，商人是商法主体这一概念也渐趋为企业是社会法主体的新概念所代替。企业的广泛发展，一方面，改变了社会生产的组织形式，使生产力诸要素以新的方式结合起来，在社会财富创造中发挥了巨大的潜力；另一方面，企业能够吸收更多劳动力，进而改变个人的生存条件。因此，可以说，企业在实现自身利益的同时，也肩负着维持现代社会进步和发展的重大使命。

然而，20世纪以来，曾带动资本主义经济快速发展的企业在创造财富的同时也附带生产出副产品——社会利益损害。随着这种副产品对社会的影响越来越突出，企业对社会应否负担责任，以及若应负担的话，是何种责任的问题由此产生。[1] 一石激起千层浪，这一问题的提出引起广泛关注并引发了激烈的讨论。所以，社会责任是在企业活动中生发出的概念，社会责任的承担主体也主要指企业。

反对企业社会责任是一种独立责任的论点主要集中在：其一，企业社会责任这一含义模糊的概念无法起到行为规范的作用，若将其落实到立法中，则有可能成为立法本应极力避免的"空洞规定"。单凭此点它已经失去了存在的意义。其二，在司法实践中，企业社会责任的权利、义务对象不明确。社会责任向谁承担，谁作为权利请求人，社会责任理论无法做出令人满意的回答，而笼统地以消费者、一般大众、企业全体等来表现的话，有违现实法律的规定，因为在法律上并不存在这些集团。其三，企业是以营利为目的的社会团体。企业保有这一传统、固有的本质，在资本主义社会中才能起到作为企业手段的应有作用。如果不顾企业的本质执意引入社会责任，很容易使企业成为公益性的工具。当政治权力迎合一般民众对企业积累财富产生反感时，这又将进而成为制裁企业营利的借口。[2]

赞成企业社会责任具有独立性的学者对企业社会责任内涵的认识亦存有较大分歧。可分为两种观点：其一，认为企业社会责任是经济责任和道德责任的协调统一。把企业"追求利润最大化"作为唯一目的是错误的，企业的经营者不应单单着眼于企业本身和股东利益，还要为消费者、劳动者和社会着想。企业从事道德善事有利于实现企业的长期利益，"为了公共利益自愿花钱表面上看似乎是减少了利润，但从长远观点看，实际上却有利于企业的利润最大化。……因为这种行为最终将产生企业运营的更好的氛围或文化"[3]；其二，认为企业社会责任是经济责任和法律责任的协调统一。利润最大化目标暗示企业和经理对成员以外的人只负有最低限度的法律义务。与自然人行为相比，企业有更为强大的力量影响和作用于相关的市场主体，一旦这种力量以侵蚀和损害他人利益的形态发生时，其社会后果可能甚为严重。因此，"公司和受其影响的个人或群体之间的每个重大关系，都要受庞大而错综复杂的法律原则体系和法律强制执行机制的调整。……公司对它们的顾客、供应厂商、债权人、雇员以及对环境、全体公众和为数众多的政府实体负有契约的、普通法的和成文法的义务。"[4] 这种义务存在并不剥夺企业的获利目标，只是改变了利润最大化目标的位次。即在法律限制范围内，创造利润尽可能

[1] 有学者认为"公司的社会责任"一语起源于美国，而且在美国商业界和公司法学界使用频率很高。该语词出现的具体时间作者没有明确，对该问题的讨论，发生在1924年。美国的谢尔顿把公司社会责任与公司经营者满足产业内外各种人类需要的责任联系起来，并认为公司社会责任含有道德因素在内。参见刘俊海：《公司的社会责任》，法律出版社1999年版，第1~2页。
[2] 参见［韩］李哲松：《韩国公司法》，吴日焕译，中国政法大学出版社2000年版，第54~56页；卢代富："国外企业社会责任界说评述"，载《现代法学》2001年第3期。
[3] ［美］克拉克：《公司法则》，胡平等译，工商出版社1999年版，第566页。
[4] ［美］克拉克：《公司法则》，胡平等译，工商出版社1999年版，第564页。

大；无论向企业家要求什么样的社会责任，也都是要求他们按合法手段去经营。[1]

概念的形成决定于先期对资料的分类，如果分类的标准统一并内容周延，抽象出的概念是准确或比较准确的。另外，一个概念若能得到应用和普及，还必须处理和其他相关概念的关系，即能够和相关概念融合相处。企业社会责任的讨论只有提炼出一个智慧结晶才有可能终止，而智慧结晶的产生需要走过这样的思维路径，尽管它不是唯一的思维进路。

二、社会责任的内涵

企业的社会责任始于自由资本主义时期，经历一个世纪的发展演变，企业社会责任的形式和内容发生了重大的变化，其内容扩展过程可以归纳为三个阶段。

（一）一元的社会责任

自由资本主义时期，企业社会责任的概念已初露端倪。在政府对企业行为不干预的自由制度氛围中，资本主义民族精神就是经济增长，而企业利润增长是国家经济增长的直接动力。企业负有帮助国家增进国民财富的责任。这个责任并不是国家以法或以行政命令方式强加于企业的，而是在当时的经济环境下，企业的经济目标和国家经济发展的目标不谋而合，企业的目标行为具有主观为自己、客观为国家的双重功效。企业社会责任就是企业追求利润最大化的同义语，其责任的体现是增大企业股东的共同福祉。正如有学者所言："牟取利润是企业的社会责任，这个责任是绝对的，是不可放弃的。"[2] 新古典经济学派代表人米尔顿·弗莱曼是这一观点的主要倡导者，他认为，经理应当只承认赚钱的责任，如果他们被卷入诸如控制污染这样的活动，他们就是挪用股东的投资，就是在破坏自由的企业制度。

（二）二元的社会责任

企业责任从内部利益的增进扩展到维护外部利益是在 19 世纪末期至 20 世纪中期。前期企业对利益的无度追求破坏了公共利益。企业为自身利益不择手段，产生了大量外部性问题和不公正性现象，如环境污染、产品质量、工厂安全、与消费者公平交易、信息公开、同等就业等。这些问题和现象越来越引起公众的不满，公众期望以法律手段控制企业的不公正行为。于是，政府行动起来，开始制定相关法律限制企业的不公正、不道德行为。《消费者权益保护法》《产品质量法》《反不正当竞争法》《环境保护法》等法律相继出台，分别从社会主体、客体、行为、环境等方面要求企业必须保护社会利益，在强调企业不得以侵害社会公共利益来获取自身利益的同时，还负有制度的、他律的社会责任。

———————————

[1] ［日］金泽良雄：《当代经济法》，刘瑞复译，辽宁人民出版社 1988 年版，第 109 页。

[2] ［日］金泽良雄：《当代经济法》，刘瑞复译，辽宁人民出版社 1988 年版，第 105 页。

他律的社会责任是一种外在的社会责任。其最大的特点是，责任的内容具有强制性，要求企业必须遵守。它使企业社会责任进入了一个新阶段，即企业的目标从自由资本主义时期的完全无限制追求利润转换为只有在法律限制下才有资格实现利润，即只能追求"剩余目标"。尽管受传统自由放任思想惯性的影响，企业对法律所规定的若干来源于企业之外的约束，会发自本能地抵触，认为这是国家以法的形式对企业事务的不当干涉。但法律限制因提倡维护公共利益而具有公正性，同时，法律的严肃性使企业不能无视这种法律约束的存在。正如1950年的《幸福》杂志中所指出的，从前公众对向河流倾倒化工废料或拒绝雇佣未受过教育的黑人，没有发过怨言。在旧的习俗盛行之时，企业家们从来不必谈企业的"社会责任"问题。但随着社会标准的变化，强制企业回忆起一条旧而低调的真理：虽然企业在市场上极力追求以利润为首的经济目的，但是除了此生存目的外，它在某种程度上需受法律和习惯的制约。[1]

和一元的社会责任相比，二元社会责任的内容更加丰富，强调企业行为目标和目标约束之间的对立与统一，企业只有遵守法律和尊重道德习俗才能追求利润最大化。

（三）多元的社会责任

20世纪60年代以后，社会经济状况发生了重大的变化，公司制尤其是股份公司的广泛实践，企业规模的飞速扩大，形成了少数大型的企业和企业集团。市场的价格往往不受传统供求关系的制约，而受制于大企业的决定。这些大型企业为了占有足以影响经济和政治的资源，将一部分力量投入到追求利润目的之外，追求创造性的广告、为改变企业形象支付费用、时时为地方捐款、借调经理部门人员到各类政府机构服务等行为，这一切都证明企业为改变自身环境而做出新的适应性的反应。企业对法律和道德约束的态度从先前的排斥、被动接受逐步转化为主动承担。关注社会责任的企业越来越多，美国《商业周报》（1973年4月21日）报道了对一百家企业的抽样调查，其中1970年的抽查结果，共有30家在其年度报告中谈到社会责任问题，1972年增加到64家。它们所关心的问题是：控制污染、雇佣未成年人、企业的一般权利与义务。当然，对社会责任的关心，并没有淹没企业获取利润的性质，获取利润仍然是第一位的。只是企业已把外在的来源于法律强制和道德准强制的社会负担内在化。企业家充分认识到，企业得以生存的社会环境，包括法律环境和社会舆论环境，是企业发展的一种社会资源，利用这个资源能够促进企业获取利润目标的实现。因此，先前的企业获利目标和承担社会责任截然对立的面貌改变了，社会责任不再是企业身外的异己之物，而是保障企业生存发展的内在手段。企业"作为自由经济的承担者，现在需确立与新时

---

[1] ［美］马歇尔·B.克林纳德、彼得·C.耶格尔：《法人犯罪——美国大公司内幕》，何秉松等译，中国广播电视出版社1992年版，第236页。

代相适应的社会主体性。企业、产业及地区的各国领域，对经济危机、环境、土地、国民福利问题等许多领域的问题，不得不做出积极的反应"[1]。企业在对社会责任问题积极做出反应的同时，也获取了利润回报。据《华尔街日报》（1980年4月29日）报道，有143年历史的普洛克特和干布尔公司主动与消费者建立联系，以改进产品质量并满足消费者的需求而赢得极高的声誉。在过去的几十年里，该公司的工资每年几乎增长两倍，利润增长三倍。

至此，社会责任紧紧地镶嵌到企业行为范式之中，承担社会责任成为现代企业的基本特征。正如金泽良雄所言，今天的企业，已经摆脱了单纯朴素的私有领域，而作为社会制度有力的一环，其经营不仅受到资本提供者的委托，而且也受到包括资本提供者在内的全社会的委托……换言之，即无论是在理论上还是在实践上，已再不允许片面地追求企业一己的利益，而必须在与经济和社会的协调中最大效率地与各种生产要素相结合，并须立足于生产"物美价廉"的商品而提供服务的立场。因此，只有这种形态的企业经营才堪称现代化企业，而所谓经营者的社会责任，也不外乎就是要完成这个任务。[2]

综上所述，企业社会责任内涵的扩展，既是经济发展和法制完善共同作用的结果，也是企业适应市场环境变化所做出的积极回应。

三、社会责任内部结构的位阶

现代经济条件下，只有承担社会责任的企业才能立足于市场经济环境之中。在承认上述社会责任内容的前提下，另一个问题摆在我们面前，就是如何理清经济责任、法律责任和道德责任的关系。这将直接关系到企业职能的发挥和国家经济秩序的稳定。

企业作为经济组织，基本的使命是生产、销售商品或提供服务，这是企业存在的根本宗旨。科斯在《企业的本质》中提出，企业和市场是两种不同而又可相互取代的交易体制。市场交易是由价格机制来协调的，而企业的存在将许多原来属于市场的交易"内化"了。通过"内化"市场交易而减少交易费用，企业就是比市场更有效率的交易管理机制。科斯的理论得到广泛的赞誉，该理论同古典经济学理论一样，都是以企业为中心阐述其存在的合理性和创造价值的本性，它完美地揭示了企业代替商人成为市场的主流主体的经济学原因。但该理论没有考虑企业自身效率增加时给外部（包括社会发展和其他主体）带来的影响，事实上，随着企业数量的增多、企业实力的增强，企业与所处的社会环境存在密切的联系，不能抛开企业的生存环境空谈企业的使命和责任。企业的利益和社会利益之间的关系不是简单的一加一等于二。企业必须考虑与其相关的各种利益团体的关系，如股东、员工、顾客、政府、

---

[1] ［日］金泽良雄：《当代经济法》，刘瑞复译，辽宁人民出版社1988年版，第105页。
[2] ［日］金泽良雄：《当代经济法》，刘瑞复译，辽宁人民出版社1988年版，第104页。

当地社区等，满足对方的需求。外部的需求来源于法律和民众的欲求，以及社会发展中长期凝结成的诸多具有约束性和正义感的社会文化、习俗、道德规范。因此，尽管企业的社会使命在于经济方面，但它必须考虑社会的愿望和反映，遵守法律规范和有关道德标准。

法律责任是企业行为的前提，在责任体系中占据最高的位阶。这里要区分企业的法律责任和企业社会责任意义上的法律责任。前者是某个具体的法律关系中企业违反相应的义务而承担的民事、行政或刑事责任。在具体法律关系中，企业侵害的对象是特定的，责任形式主要是赔偿损失；社会责任意义上的法律责任包含两个环节：其一，积极的法律义务环节，要求企业应遵守法律规定的各种标准，如产品质量标准、排污标准、用工标准等，这是企业的积极责任。法律欲求企业将这些标准内化为企业行为的准则，或内化为道德责任，以减少社会利益受损的可能性。积极义务性质的企业社会责任既具有强制性，又具有倡导性，但更多体现为预防性效力。其二，消极的法律责任环节。由于这些责任（其实是义务）涉及广泛的主体，如不合格产品大量销售（也有的没有具体权利主体，如排污到海洋未造成污染或鱼类死亡），其造成的负面社会影响十分巨大，责任者需承担高于一般侵权责任或合同责任的责任，即惩罚性赔偿责任。例如，企业排放未达标污水的行为致使农户受损，除需承担有关民事赔偿、行政责任（即具体的法律责任）外，还应承担惩罚性赔偿责任，即另外承担高于一般赔偿责任的责任。这个阶段的责任是强制性责任。企业社会责任制度希冀企业承担第一个环节的责任，尽可能不进入第二个环节。因预防性调整和倡导性调整总比救济性调整和强制性调整的社会震荡小，并能树立企业亲和的外部形象。"如果公司都自愿遵守环境法，它们将会大大改善现代商业企业的重大负面外部影响；如果公司都遵守工作场所安全制度或药品检测制度，那么它们可以减少商业行为的其他各类的负面影响；如果公司都自愿按照法院的诠释去遵守反垄断法，就会更公正地处理经济利益在消费者和其他经营者之间的分配。"[1]

道德责任是社会责任中的补充责任。企业承担道德责任的范围以企业的能力为前提，以不干扰和削弱企业的生存和发展为界限。企业从事的事务包括经济性、法律性、社会性等不同的种类，参与除法律强制性规定之外的社会性事务，应出于企业的自愿，如慈善性捐赠。非出于自愿，比如乱摊派或滥收费，会扭曲企业的行为。超出企业的能力承担或过多承担社会事务，企业的职能就会受到限制。因此，企业承担法律责任之外的社会责任，应该从实际能力和社会效果上把握，既要有利于改善公共关系，有利于社会资源的有效配置，又要有利于促进企业发展。因此，道德责任区别于法律责任之处

---

〔1〕　〔美〕克拉克：《公司法则》，胡平等译，工商出版社 1999 年版，第 570 页。

在于，它是自愿性行为，而法律责任是强制性行为。[1]

由此，企业社会责任是包容性很强的一种新的责任形式，既有出于自愿履行的责任，也有强制必须履行的责任。在企业社会责任体系中，法律责任是第一位阶的责任形式，经济责任是第二位阶的责任形式，道德责任是第三位阶的责任形式。至此社会责任的独立性就表现出来了，即融强制性和倡导性义务于一体，融法律与道德于一体。

企业社会责任内部结构的位阶确定了企业行为的基本范式。它不仅仅在理论上为企业行为提供指导，实践上也要求内部结构要素不能任意僭越其位序。

如果经济责任跃居成为绝对责任，将严重损害社会利益。当代有一种新的经济学理论——社会成本和社会效益分析理论，根植于功利主义——自我利益选择的总和也是社会的最佳选择，其标榜的价值取向为"社会财富最大化"。其实质是将企业的经济责任绝对化。美国曾经发生过这样的案件：福特品托汽车在高速公路上意外抛锚，被在同一方向行驶的汽车撞上，汽车起火，驾驶员死亡，同车乘客严重残疾。福特公司内部文件显示：公司内部知道，该车的供油系统和油箱在车速达 30 公里后经障碍物碰撞有起火危险。针对这一问题完全可以通过简单的改进设计加上一个廉价的只需 11 美元的"加固器"来解决。但公司对品托汽车事故可能造成的死亡和伤害成本做了估算：支付 180 人死亡和 180 人伤害的成本低于每辆车增加 11 美元的改进从而避免伤害的费用。改造汽车供油系统需耗资 1.37 亿美元，而可能就人身伤害支付的费用是 4950 万美元。简单的经济计算告诉福特公司，无需耗用巨额资本弥补有限的损害。[2] 福特公司使用较少的资源来赔偿伤害的损失而不去改进供油系统是合算的，按照上述经济学的理论也是可以理解的。但在当代经济、法律条件下，企业的行为不能"损人利己"，应当"利人利己"或"损己利人"。换言之，福特公司的决策应建立在不侵害社会公益的基础上，使用有限的资源使自己利润"最大化"。成本效益分析的做法与其说是积极承担法律责任，毋宁说是获取承担法律责任之利。类似情况也会发生在难于监督的企业社会责任（法律责任）的环境下，例如，假设有一部完善的水污染法和实施它的详尽的行政规章，对长期以来惯于向其毗邻河流排放污水的特定企业来说，该企业的行为已经触犯法律、法规，主管机关发觉并矫正不守法的行为（通过有效的法律程序）的可能性极小。企业主动更换排污设备的守法成本支出与被发现并且受到有效的强制执行（包括发生的概率）相比，如果后者的成本更小，从纯粹利润最大化的角度看，经理们可能会决定不去遵守污染法规。凡此种种，科学的理性分析将经济利益凌驾于社会利益之上。法律不应

---

〔1〕 有人认为，企业社会责任内涵不包含"自愿"要素。参见卢代富："国外企业社会责任界说评述"，载《现代法学》2001 年第 3 期，第 142 页。

〔2〕 ［美］罗宾保罗·麦乐怡：《法与经济学》，孙潮译，浙江人民出版社 1999 年版，第 133 页。

给成本效益分析方案提供主动或被动承担法律责任之外获取经济利益的余地，因此，在企业经济责任和法律责任对峙的情况下，禁止以经济责任吸收法律责任。

当道德责任超越法律责任或经济责任跃居为首要位阶时，企业的经营效率必然下降。我国传统的国有企业在承担着提高社会生产力、促进经济发展职能的同时，还承担着诸多慈善性事务，如提供住房、兴办学校、负担医疗支出、职工就业（按照国家统一分配的劳动就业）等，企业负担超出满足其有效运行所需求的社会慈善责任（即道德责任），使得企业成为一个职能和设施相对完备，能满足企业内部成员各方面需要的社会实体，成为一种同时容纳多种社会活动的综合单位，在多种社会活动中，企业经济活动淹没在其他活动之中。在多元的企业责任体系中，这些责任体系的目标总是处在冲突之中。法律责任（主要表现为完成指令性计划）和经济责任的冲突是全面性的，即追求利润最大化与完成指令性计划之间存在冲突。因为指令性产品的价格通常低于市场价格，完成指令性计划任务对企业来说是一种损失；反过来，企业要实现利润最大化，就要尽力按较高价格出售产品，这将会冲击国家指令性计划的完成。为解决这一矛盾，国家曾在1990年4月对全国234家大型骨干企业实行"双保"（国家保外部环境，企业保国家指令性调拨产品和上缴利税），但实际上1990年完成合同的企业只有134户。[1]双保企业也难完成国家合同，一个重要的原因就是利润最大化目标和完成国家合同之间存在矛盾冲突。[2]经济责任和社会福利（道德）责任的冲突也较大。企业为了完成社会福利事务需要花费大量的人力、物力和财力，使企业中的大量资金转化为消费基金，削弱了企业扩大再生产的能力，导致国有企业成为社会中的一种特殊主体。很难说我国传统的国有企业是经济主体，因为在国有企业中，企业的根本属性——经济职能被抑制。因此，需要恢复竞争性行业的国有企业的经济职能，将企业执行的国家技术规范（命令）变为法律规范，变社会道德强约束为弱约束。在此意义上，国有企业改革就是理顺企业社会责任内部结构的合理位序过程。

企业的经济责任，既是企业本性的外在反映，也是企业生存和发展的内在动力，它贯穿于企业存续的始终。不能将企业的经济责任无限放大，也不能以其他责任覆盖企业的经济责任，束缚住企业的手脚。这对经济体制转型中的企业，尤其是国有企业具有重要意义，申言之，现代企业不能将自由资本主义时期企业崇尚的利润最大化理念奉为圭臬，否则社会法律环境将遭破坏；也不能延续计划经济时期那样把企业塑造成全能社会主体，让其承担国家政治职能和充当社会保障工具，否则无法创建国民经济良性运行的微观环境。企业社会责任的三项内容，是从三个角度认识企业行为的特质，其本质

〔1〕　资料来源：1991年8月15日《中国统计信息报》。
〔2〕　北光主编：《中国企业百年批判》，国际文化出版公司1998年版，第466页。

是平衡国家利益、社会利益和企业利益。企业利益是企业发展的动力，国家利益是社会安全的最终保障，社会利益是经济有序发展的前提。后两者是企业行为的合理限制力量。只有尊重公益，私益才能得到承认；只有承认私益，公益才能得到发展，如此，"私益和公益（才）是一致的"[1]。

二维码

第六章　拓展阅读

---

[1]　金泽良雄所言的"公益和私益是一致的"含义是企业追求利润最大化就实现了国家经济的最大增长。参见〔日〕金泽良雄：《当代经济法》，刘瑞复译，辽宁人民出版社1988年版，第109页。

第七章

经济法的实施

法的实施是法在社会生活中的实现。法的实施体现在守法、执法和司法环节中。每一个环节都是一个相对独立的系统，所有这些系统的有机结合构成了法律的实施系统。

守法是指社会主体严格依照法律的规定为某种行为的活动。守法要求公民和其他法律主体自觉遵守法律，从而使法律的功能得以实现。依靠守法实现法的调整功能，是法律实施的最经济和最理想的方式。

执法是指国家行政机关及其公职人员依照法定职权和程序，贯彻、执行法律的活动。广义上讲，执法包括国家行政机关和司法机关的一切执行法律的活动；狭义上讲，仅指国家行政机关及其公职人员的执行法律的活动。通常在论述法律的实施时特指狭义上的执法，下文在论述经济法的实施时亦如此。

司法是最古老的法律实施方式，也是法实施的重要途径。它是指国家司法机关依照法定职权和法定程序，具体应用法律处理案件的专门活动。司法是国家司法机关以国家强制力为后盾，以国家的名义运用法律提起诉讼或审理案件，其裁决具有权威性和终局性，任何组织和个人必须执行。它具有独立性、强制性、程序严格性、被动性、事后性等特点。

虽然守法是最经济和最理想的法律实施方式，但在实践中，违法行为的社会危害性常常使得执法和司法在法律实施中的功能更为突显，而守法这种理想的目标更多地具有静态的意味。故在此主要以执法和司法为基础展开对经济法实施问题的讨论。

第一节 经济法实施的方式

经济法实施中的执法主要是政府实施，具有主动性和专业性，以法律授权的单位和部门作为补充。经济法实施中的司法是组织或个人以向法院提起诉讼的方式来维护自己的权益的法的实施方式，其具有被动性和救济性。

一、政府实施

法律的生命在于实施，法律的权威也在于实施。[1]

（一）政府实施的原因和特点

现代经济社会的复杂程度趋增，社会对法律的要求较之以往要高，政府机构管制的空间也在不断扩张。

1. 原因。形成这种状况的主要原因如下：①现代社会发展迅速，立法机关很难预见未来的发展变化情况，只能授权行政机关根据各种可能出现的情况作出决定。②现代社会极为复杂，行政机关必须根据具体情况作出具体决定，法律不能严格规定强求一致；③现代行政技术性高，议会缺乏能力制定专业性的法律，只能规定需要完成的任务或目的，由行政机关采取适当的执行方式；④现代行政范围大，国会无力制定行政活动所需要的全部法律，不得不扩大行政机关的决定权力；⑤现代行政开拓众多的新活动领域，无经验可以参考，行政机关必须作出试探性的决定，积累经验，无法受法律的严格限制；⑥制定一部法律往往涉及不同的价值判断。从理论上说，价值判断应由立法机关决定，然而由于议员来自不同的党派，议员的观点和所代表的利益相互冲突，国会有时不能协调各种利益和综合各种观点，得出一个能为多数人接受的共同认识。为了避免这种困难，国会可能授权行政机关，根据公共利益或需要，采取必要或适当的措施。[2]

现代经济性管制在范围上包括市场进入、市场运行和市场退出三方面关系。管制的根源在于存在社会性风险。例如，在市场竞争中，大企业经营行为至少会存在两种社会风险：滥用市场支配力对经营者的排挤或对消费者利益的剥夺。政府运用行政力量来防止社会性风险的发生，其产生的"事前"效应是司法（事后）救济不可匹比的。另外，在事中，行政认定和行政处罚也往往较司法程序更能及时地纠正错误或阻止危险的进一步扩大。尤其是对于应急性的事件，政府介入的时间往往是社会性风险控制效率的首要指标，如食品安全风险控制，包括风险监测、警示等。

2. 特点。二战以后，各国对经济的管制趋向于按行业设置专业机构，实行分门别类的行业监管。监管上的行业拆细与国民经济的复杂性和监管的专业性、效率性密切相关。专业性主要来源于其管控的事物多具有技术性。很多法律规范的适用需要以一定的指标来认定，即以定量分析来定性——政府的专业性可以提供相关数据。"广泛观察经济事件和经济运行情况是每一种经济行政的基础，共同体和国家机关为了完成其任务，以各种方式依赖于完整的、现实的、可靠的和有说服力的数据。为了了解总体经济状况（总体发展

---

[1] 中共中央宣传部：《习近平新时代中国特色社会主义思想学习纲要》，学习出版社、人民出版社2019年版，第102页。

[2] 王名扬：《美国行政法》，中国法制出版社1995年版，第546~547页。

趋势）、部分范围的经济状况（区域的、部门的发展状况）以及一定市场中的经济状况，了解国家措施的变化和作用，这些数据是特别需要的。"[1] 客观、全面地分析市场结构、市场行为和市场结果的关系离不开相关的经济信息。效率性主要是因为行政体系内经济信息集中、经济监管适时、行政处理及时。行政体系内集中的经济信息可以为经济监管和行政制裁提供基础条件。

（二）政府实施的形式与内容

1. 形式。依据政府是单独进行还是联合实施，对政府实施进行分类。一般而言，一部法律会授权一个部门独立实施，但由于制度中的社会关系的多元性，可能产生一部法律由多个政府部门联合实施的情形。例如，2006 年"五部门"联合颁布的《零售商供应商公平交易管理办法》第 21 条第 1 款规定："各地商务、价格、税务、工商等部门依照法律法规及本办法，在各自的职责范围内对本办法规定的行为进行监督管理……"

从制度体系上分析，经济法制度的政府实施应该包括实体和程序两个方面：

实体上，涉及政府部门职权及其实施的方式。一种情形是政府部门严格按照法律的授权，只在明确列举的事项内行使职权，即严守权力的"法定主义"；另一种情形是法律授权政府部门可以根据兜底条款认定并处理其他违法行为，即扩张性规制。后者如《反垄断法》第 13、14、17 条中均有规定："国务院反垄断执法机构认定的其他……"扩张性调整是司法机关的职能，通常行政机关不具有此项职能，但随着法律调整的社会关系的性质越来越复杂和行政机关执法专业性的提升，这种扩张性调整的范围也在不断扩大。2018 年修订的《反不正当竞争法》第 6 条第 1 款第 4 项、第 12 条第 2 款第 4 项等均属于授权扩张调整的情形。

程序上，可以分为一般行政程序、行政前置和行政复议前置。行政前置如《土地管理法》对于土地权属的争议，以及《税收征收管理法》对（是否）纳税的争议，均需要行政处理前置。行政复议前置是指对行政处理不服，必须经上级行政机关的处理，不能直接提起诉讼。上述土地和税收征管上的争议也属于行政复议前置程序。另外，如《反垄断法》第 53 条规定，对反垄断执法机构依据《反垄断法》第 28 条、第 29 条（对经营者集中作的限制性处理）作出的决定不服的，先依法申请行政复议；对行政复议决定不服的，可以依法提起行政诉讼。

2. 内容。政府实施，也称为政府规制或监管。经济学上有管制经济学，从这个视角看，政府管制可分为经济性管制和社会性管制。日本学者植草益认为，经济性管制适用于自然垄断和存在信息偏在的领域，主要为防止发生资源配置低效率的情形和确保利用者的公平利用，通过授予政府机关以一定

---

[1] [德] 罗尔夫·斯特博：《德国经济行政法》，苏颖霞、陈少康译，中国政法大学出版社 1999 年版，第 207～208 页。

的法律权限，以许可和认可等方式，对企业的进入和退出、价格、服务的数量和质量、投资、财务会计等有关行为加以管制。[1] 社会性管制是指以保障劳动者和消费者的安全、健康、卫生、环境保护、防止灾害为目的，对产品和服务的质量和伴随着提供它们而产生的各种活动制定一定标准，并禁止、限制特定行为的管制。

政府实施以行政权力为中心展开，政府实施的制度体系还包括对政府权力滥用的监督。"没有监督的权力必然导致腐败，这是一条铁律。要加强对权力运行的制约和监督，让人民监督权力，让权力在阳光下运行。"[2] 一般而言，监督的方式有两种：行政监督和司法监督。行政监督即行政系统内的监督，从效力上可以分为终局性监督和程序性监督。前者如《审计法实施条例》第52条规定，被审计单位对审计机关依照《审计法》第16条、第17条和《审计法实施条例》第15条规定进行审计监督作出的审计决定不服的，可以自审计决定送达之日起60日内，提请审计机关的本级人民政府裁决，本级人民政府的裁决为最终决定。后者一般表现为当事人对行政决定不服的复议，也包括上级机关基于职权对下级机关的监督。司法监督是对行政决定不服提起行政诉讼。

二、私人实施

私人实施包括私人直接实施和私人间接实施。私人直接实施即私人诉讼；私人间接实施是私人向有关部门投诉或协助有关部门实施。我国诸多法律中都规定了私人间接实施，如《反垄断法》第38条规定，对涉嫌垄断行为，任何单位和个人有权向反垄断执法机构举报。《税收征收管理法》《外汇管理条例》等法律中都有类似的规定。应该说，私人间接实施是一种不够彻底的法律实施方式，因其中包含着一些待决问题：私人检举揭发的动力是什么、有关机关不予以处理的该如何继续监督等。所以，私人间接实施只是一种补充实施手段。

（一）私人实施的社会效果

经济法中的市场监管法以保护受害者的正当权益为目的。受害者维护自己的正当权益的基本方法是私人诉讼。私人诉讼除了保护个体利益外，还能够发挥特殊的社会效果，具体表现在：

第一，有利于及时制止涉及私人利益的经济违法行为。倘若经济违法行为控制机制的启动和实施主体仅限于政府机构，即使政府机构可以采取行政管制和诉诸司法两个手段，仍很难改变监督的"猫捉老鼠"游戏的本像，且碍于信息渠道狭窄等原因，该监管"游戏"也仅能打击少量的"过街老鼠"。

---

〔1〕 ［日］植草益：《微观规制经济学》，朱绍文等译，中国发展出版社1992年版，第27页。
〔2〕 中共中央宣传部：《习近平新时代中国特色社会主义思想学习纲要》，学习出版社、人民出版社 2019年版，第102页。

作为经济违法行为受害人的私人身处市场之中，他们直接触及违法行为或深受侵害（危险）之苦，所以他们反对违法行为的态度坚定，也有一定的行动力。

第二，可以节约政府公共资源。政府的公共资源是有限的，允许私人利用自身力量进行诉讼，可以减轻公共权力机构的执法负担，使公共权力机构能够集中有限的人员和经费等投入到查处关系国民经济的重大经济违法案件上去。许多国家的法律中都规定了惩罚性赔偿制度，以激励私人积极参与法律的实施。甚至在私人实施的时间上给予特别的处理，如美国反托拉斯法对当事人自主决定诉讼的时机几乎没有任何限制——在联邦贸易委员会（FTC）或司法部审决或参加诉讼前、后[1]，这使得私人诉讼的数量远高于政府诉讼。[2] 当然，美国私人反垄断监督取得如此不能小觑的成就还和《克莱顿法》规定的三倍惩罚性赔偿制度的激励密不可分。惩罚性赔偿制度巧妙地将激励和惩罚叠加在一起并产生了双重效应——"私人及其律师不是从国家取得报酬，而是从违法行为人那里获得，从这个意义上，他们是起辅助性、志愿性作用的私的法务总裁，也是私的 FTC"[3]。可见，私人诉讼节约的政府公共资源既包括人力成本，也包括财政资金。

第三，私人诉讼在一定程度上还能起到对执法机关进行监督的作用。公共权力机构可能会因为种种原因——主观故意或者客观上的信息阻滞等，遗漏一些经济违法行为。赋予私人提起诉讼的权利，可以适度阻止公共权力机构在明知违法行为存在而不作为的情况发生。当政府考虑其所代表的利益集团的利益而对某些垄断行为制裁与否举棋不定时，受害人直接起诉到法院，由司法机关对违法行为进行裁决，可以提高公共权力机构的工作效率和透明度。当私人诉讼案件大量出现，或私人诉讼先于专业机关执行法律时，社会将促使专业机关对自己的职业能力或执法效果进行反省。因此，私人执行除了能够达到公共执行所能达到的执法效果外，还能在权力的社会监督上溢出单独的公共执行所不能显现的制度效果。

（二）私人实施的局限性

当然，私人实施也有其局限性。首先是案件范围的限制。不是所有的案件都适用于私人诉讼，如涉及国家的宏观经济调控、产业政策、安全政策等的案件。这些政策通常要结合多种因素来综合运用。"私人"很难准确估计并控制这类案件的风险。再如企业合并案件，既不直接涉及私人利益，也需要

---

〔1〕 一些国家在法律中设立了行政前置程序，以防止滥诉。

〔2〕 美国司法部 1960~1969 年提起的民事和刑事反托拉斯诉讼案件共 402 件，而 1962 年的私人反垄断诉讼就达 2005 件；1990~1999 年司法部提起的反托拉斯诉讼案件共 609 件，而同期的私人反托拉斯案件为 6096 件。参见 ［美］波斯纳：《反托拉斯法》，孙秋宁译，中国政法大学出版社 2003 年版，第 40、52 页。

〔3〕 ［日］田中英夫、竹内昭夫：《私人在法实现中的作用》，李薇译，法律出版社 2006 年版，第 167 页。

收集大量的证据，耗费大量的时间。其次，一些风险大、诉讼成本高的案件，私人诉讼发挥的作用很小或基本没有私人诉讼。如是否构成滥用市场支配地位的案件，需要划分相关市场、确定市场支配地位，再认定是否滥用市场支配地位。

三、社会团体实施

社会团体是社会组织的重要组成部分，比社会组织更大的概念是社会群体。广义上的社会群体泛指一切人类共同活动的群体，包括家庭、政府等；狭义上的社会群体指正式的社会组织，即人们为了实现特定目标而有意识地组合起来的社会群体，如企业、政府、学校、医院、社会团体等。显然，社会团体是个更小的概念。在消费者保护法中，消费者协会被确定为一种社会组织。

（一）社会团体实施的基础

社会团体的自治性管理可以作为经济法实施的一种方式。《全球公民社会——非营利部门国际指数》一书通过对全球范围内的社会团体进行分类比较，得出其主要的功能为两项："服务"和"表达"。[1] 服务，即通过调动、整合和分配社会资源提供公共产品和公共服务，弥补市场失灵和政府失灵。表达，即通过构建社会资本、参与公共政策过程，实现社会治理。由此可见，社会治理本身就是社会（自我）组织的重要职能之一。[2]

社会团体的典型形式是行业协会。[3] 行业协会是政治国家和公民之间的中间地带，服务于其所代表的群体；另外，在国家治理中行业协会有职责向政府表达民意、传达民情，并有权利和义务参与到有关法律的制定过程，或有关政策的调整过程中。由于它掌握较为全面的信息，在提供政策咨询、加强行业自律、促进行业发展、维护成员的合法权益等方面发挥着不可替代的作用。

一些法律制度把社会团体的自我管理作为法实施的强制性的方式。例如，证券业经营者必须强制加入证券业协会，接受其管理。另一些属于自愿加入，以互助互利、合作共赢为目标的自我管理、自我服务。

（二）社会团体实施的方式

社会团体实施经济法律制度的方式可以分为一般方式和特殊方式。

一般而言，行业协会进行行业自律管理以下列方式展开：①制定自律规则、经营细则、行业标准并组织实施；②教育会员遵守法律法规和有关监管规定；③依法维护会员的合法权益，协调会员关系，组织相关培训，向会员

---

〔1〕 ［美］萨拉蒙等：《全球公民社会——非营利部门国际指数》，陈一梅等译，北京大学出版社2007年版，第27~29页。

〔2〕 高宁、刘佳：《社会组织的社会责任》，山西人民出版社2015年版，第122页。

〔3〕 在我国，行业协会也叫商会。日本《禁止垄断法》称之为"事业者团体"；德国《反对限制竞争法》称之为"事业团体"。

提供行业信息、法律咨询等服务，调解纠纷；④受理有关投诉和举报，开展自律检查；⑤依据自律规则监督，检查会员的经营行为，对违反自律规则及协会章程者进行处分；⑥法律法规赋予的其他职责。

在法律法规赋予的特殊职责中，最典型的职责是行业协会提起诉讼的权利。这构成了社会团体实施的特殊方式。例如，2005 年德国《反对限制竞争法》进行了第七次修订，第 33 条第 2 款规定："在同一市场上提供同种或类似商品或服务的数量可观的企业组成的有权利能力的协会，如果具备人力、物力、财力实现协会章程规定的促进工商业或者独立职业者利益的职责，并且其成员利益受到违法行为的影响，协会为了促进工商业或独立职业者的利益，可以主张第 1 项规定的请求权。"这是现代行业协会的新职能。赋予其这项职能的原因在于：随着社会生产力的发展，产品结构越来越复杂，加上在私人诉讼当中，被告一般都是具有市场支配地位的大企业，这些企业规模大，经济实力雄厚，销售链非常复杂，原告在经济地位和证据的收集能力上都处于劣势。行业协会拥有较强大的经济、技术优势、信息优势，具备完善的参与诉讼的能力。这在一定程度上可以弥补私人诉讼的缺陷。但是，这项权利也不是被普遍地授予。未普遍性授予的原因是防止权利滥用。如行业协会团体利用诉权为自己谋利、越权代理诉讼等。囿于行业协会具有"俱乐部式的组织"和"政府代理人"[1]的双重属性，其可能滥用俱乐部组织者的身份从事限制竞争的行为，也可能依托政府代理人的身份滥用相关权力。一些国家（地区）的法律没有赋予行业协会以代表诉权的理由，大概主要是担心行业协会利用自己的优势以诉讼的方式干扰相关经营者的生产经营活动。为此，一些赋予行业协会等社会团体以诉权的国家，在立法上也对其行使诉权进行了一定的限制。

美国、加拿大等国的消费者权益保护法都赋予了消费者协会代表消费者提起诉讼的权利。波兰《制止不正当竞争法》第 31 条第 1 款规定："对违法行为涉及众多消费者或者引起重大不利后果的当事人的诉讼，在受害的消费者个人不能被确定的情况下，竞争监督机构或者消费者利益保护机构可以参加诉讼，提出消费者的民事请求。"英国 2002 年 11 月 7 日颁布的《企业法》规定，因违反竞争法受到损害的人可以向竞争上诉法庭（Competition Appeal Tribunal，CAT）提起诉讼，而且公平贸易办公室和欧盟委员会对于违反竞争法的事实的决定对该法院的审理具有约束力，同时消费者团体可以就违反竞争法的行为向 CAT 提起代表诉讼。

在中国，有关行业协会只能提起具有公益诉讼性质的环境诉讼和消费者诉讼（后文将述），尚无此项反垄断诉讼的权利。

〔1〕 黄红华："商会的性质"，载《中共浙江省委党校学报》2005 年第 5 期。

第二节　经济法实施的特点

在市场监管中，经济活动主体的可诉性强，能够大量通过诉讼途径来追究其责任，例如侵害消费者利益的责任、产品质量责任等。经济法可诉性的难点在于宏观调控领域，一方面，对于宏观调控失误是否要承担责任，这实际上涉及国家是否要为其政策制定行为负责。虽然就此暂无定论，但就法治的真谛而言，肯定性答案应该是一个基本趋势。另一方面，宏观调控的决策是否符合法定程序，例如价格调整是否举行了听证会。程序违法同样是诉因之一。余下的就是该如何着力解决实际操作的问题了。实践中的实际承担者往往是作出具体决策或执行决策的直接责任人员。

一、司法实施方式上的特点

经济法的实施本身属于法律实施的范畴。经济法的司法实施和传统法的司法实施之间有微妙的关系，这形成了经济法的司法实施的特点。

1. 司法程序的援用性。2000年8月启动的最高人民法院机构改革的结果之一是经济审判庭的撤销，原来由经济审判庭审理的案件现在分别划归不同的民事审判庭审理。一直以来，有两组概念的界限是模糊的："调整经济的法律与经济法"；"经济纠纷和经济法上的纠纷"。对于前者而言，实际上涉及经济法与民法调整范围的问题。主张"大经济法"观点的经济法学者认为，凡是调整经济的法律就是经济法，而主张"大民法"观点的民法学者认为，民法的功能之一就是调整经济关系，既然经济法是调整经济关系的，自然属于民法的组成部分。事实上，问题都出在"经济"二字该如何理解上。经济法中的"经济"在法学上有特定的含义，而经济纠纷中的"经济"是经济学上的概念。二者之间存在交叉部分。合同（交易）关系是典型的经济关系，但不是经济法意义上的"经济"问题。

历史上，经济法是在传统民商事制度异化后产生的新的制度形式。在制度中包含权利和权力的复合性。对于一些事项的权力之复合是否恰当，仍可以借助于传统的行政程序法来解决。另外，群体中的个人事务，如消费者问题，民事诉讼制度同样可以很好地解决其中的纠纷。这里首先需要破除以"民法—民诉；行政法—行政诉讼；刑法—刑诉"这种结构来评价经济法的独立性。依据传统诉讼程序就可以解决的问题何必再造一套程序。其次，也不意味着经济法没有自己独特的诉讼制度形式。经济法注重社会整体利益，以社会利益为核心的价值理念使经济法与其他法律学科区别开来。程序上以公共利益为中心的诉讼制度也在日益成熟。

在诉讼法的形成发展史上，三大诉讼程序是适应消除不同类型的社会冲突的需要而产生的，是对实体法的理念、价值和功能的回应。经济法的产生有特定的背景，是现代垄断经济下的产物，与传统法律有着本质的区别，同时也有着紧密的联系。对于传统权利或权力滥用的矫正，其可以依据传统的诉讼程序以维护市场秩序，这恰是司法程序制度效率性的体现。

2. 司法实施范围的限定性。与传统的法律实施相比，经济法有其独特之处。经济法的实施方式是与国家对国民经济的管控手段密切联系在一起的。经济法律体系包括宏观调控法和市场秩序规制法。在这两类法律中，由于国家和政府参与经济活动的方式和角度不同，法律实施的途径也有差异。

（1）不是所有经济法上的违法行为都可以通过诉讼解决。在宏观调控法律关系中，管理主体的守法具有重要意义。国民经济管理主体的行为的合法性与其他经济活动主体的行为的合法性的要求不同。对于一般民事主体而言，实施法律未明确禁止的行为均为合法行为，但对于管理主体而言，某种经济管理行为是基于法律的泛化授权，而不是明确的规定。在实施中若不符合国民经济总体协调运行的需要，则只能进行政策的适时调整，难以通过一般司法程序认定其行为违法。在宏观上，这属于宪法实施的范畴。一些国家建立了宪法法院，制定了相应的程序。在我国，这属于人大的监督或立法法的实施范畴，不是一般司法的实施范畴。

（2）区别于传统法的司法实施范围的限定性。在竞争法领域，因其自身的技术性，有的国家设置了专门的法院或法庭。这属于对应具体经济法制度的专门司法机构。例如，瑞典竞争司法体制的中心角色是斯德哥尔摩市法院（以下简称市法院）。[1] 市法院是为竞争执法而设立的一个特别法庭，它不属于普通法院的一部分。在法庭的组成上，一般由4名成员组成，其中2名应该是依法具有资格的法官，另外2名应当是经济学家。法庭主席应当由1名具有资格的法官担任。该法院的工作不是按照起诉、证据认定、合议等程序进行，其工作的开始也不是因起诉或公诉而启动，而是应竞争局的申请而启动。从与竞争局的工作关系上看，其更像竞争局的上级机关。

与瑞典类似，俄罗斯设有仲裁法院，专门审理反垄断案件、消费者案件、广告违法案件等。2008年6月3日俄罗斯联邦发布了《关于仲裁法院适用反垄断法的相关问题的解释》[2]，第5条明确规定，反垄断机构在监督检查反垄断法遵守的过程中，确认经济主体具有市场支配地位的事实（包括签订强迫价格的合同，不公平价格和价格折扣），适用终止有关违法行为以保障竞争的条件，以及对违法者处以行政法律责任。但是，终止违法行为的同时，反垄断机构无权解决经济主体的民事纠纷，包括反垄断机构不能给违法者发布履行债务或损害赔偿的指令，以保护经济主体的求偿权。由此，凡涉及当事人间就损害赔偿的争议只能通过诉讼途径解决。另外，当事人对反垄断机关作出的决定（指令）有异议，可以由受害者或经营者向仲裁法院提出司法

---

〔1〕 1993年以前是竞争监察使和市场法庭。

〔2〕 О некоторых вопросах, возникающих в связи с применением арбитражными судами антимонопольного законодательства（2008. No 8.）

审查。

这种技术性是否能够导致服务于经济法实施的专门性法院进一步扩大，值得关注。例如，金融同样是技术性很强的法律关系，在国民经济体系化、经济全球化背景下，金融风险加大趋势增强，由此单独设立了金融法院。

（3）特殊纠纷类型的制度需求。伴随着市场经济的发展，同时出现了一些损害社会整体利益、扰乱社会经济秩序的行为，由此产生了一些与传统的民事纠纷、行政纠纷不同的纠纷，例如环境污染纠纷、侵害消费者权益纠纷、诈害中小股东利益纠纷等。这些矛盾和冲突在传统的诉讼法框架内难以得到及时有效的解决。

传统诉讼制度中，强调当事人与特定案件有直接利害关系——只有自身的直接利益受到侵害才有资格提起诉讼。在经济法领域内，有些行为没有明确的受害主体，如执法机关禁止企业合并，被禁止的企业可以以该政府机关为被告提起诉讼，而如果政府机关允许企业合并但由此形成的垄断给社会公众造成损害，则无直接受害主体。按照传统诉讼制度，就会产生一个怪圈：实施了范围更大、影响程度更广的侵害行为，但却可以免受处罚。由此可见，传统诉讼主体适格理论为防范侵害个人利益打开了方便之门，但关闭了维护社会公共利益的救济之门。"法律必须设法给没有利害关系或没有直接利害关系的居民找到一个位置，以便防止政府内部的不法行为，否则没有人能有资格反对这种不法行为。"[1] 由此，需要建立公益诉讼制度。后文详述。

二、行政实施方式上的特点

在经济法的实施中，行政执法具有重要地位，但也需要防范过度的行政执法。以此为基础，经济法实施中行政实施方式的特点如下：

1. 对行政执法的依赖性。从第一次世界大战开始，行政控制在资本主义国家渐渐获得了合法地位，并相应地建立起稳定的行政控制手段及协调机制，其控制的范围也由个别向多项扩展。第二次世界大战以后，价格、产品质量、食品安全、产业进入、竞争等均被纳入管制的范围。行政执法之所以具有重要地位，是基于其专业性和效率性。在上述法律关系中，被管控的事务多具有技术性，很多规范需要确定相应的指标，即以定量分析来定性，例如经营者集中、食品的安全标准等。行政执法范围的扩大主要是因为其具有效率性，能适应经济生活瞬息万变的需要。

行政机关的执法具有主动性、及时性、专业性的特点。以行政力量减少风险、防止风险的发生所产生的"事前"效应是司法（事后）救济不可企及的。在制裁上，行政处理纠纷往往较司法程序及时。但是，过分依赖于行政执法必然会消解司法应有的功能，也可能产生权力滥用。在此基础上，需要完善防范权力滥用的机制。

---

〔1〕 转引自蒋安：《经济法理论研究新视点》，中国检察出版社 2002 年版，第 205 页。

2. 建立防范权力滥用的内化机制。传统上，防范行政权力滥用的方法主要是上级机关对下级的监督和行政司法审查。在经济法制度的创新中，还有两种内化的方法。

（1）行政权行使的司法化。"司法化"倾向主要体现在反垄断案件的审查程序上。例如，日本反垄断机构是公正交易委员会，其工作方式按照法院审判方式进行。在审判开始决定书中，应该记载事件的要点，并由委员长及参加决定决议的委员在上面签名盖章。审判手续始于把审判开始决定书的副本送达到请求者手中，同时命令被审人于审判的日期到场。被审人在接到送达的审判开始决定书时，应该迅速向公正交易委员会提出对该决定书的答辩书。另外，《禁止垄断法》规定了缺席审判、审判公开、被审人陈述、审决的合议、合议的非公开等内容。与有关民事、刑事诉讼法不同的是，"裁判所"变为"公正交易委员会或审判官"，"证人"变为"参考人"，"寻问"变为"审讯"，"被告人"变为"被审人"。其工作模式是尽量提出同等情况下法院所能提出的问题。对于一个问题，沿着与法院基本相同的"程式"，使用基本相同的话语。德国的联邦卡特尔局、俄罗斯的联邦反垄断署的工作程序均有这样的特点。相似的，我国台湾地区的公平交易委员会（以下简称公平会）名义上隶属于一个行政机关，[1] 但公平会并不是传统的行政机关，公平会的功能就是以行政裁决方式预防或处罚违反公平法的行为，而不是针对特定目的事业加以行政管理。换言之，公平会无"政"可"行"，而是有"法"可"司"，因此并不是行政机关，而是带有准司法特质。[2]

（2）公平竞争审查。在中国，2016年国务院颁布了《关于在市场体系建设中建立公平竞争审查制度的意见》（以下简称《意见》）。其意义在于确立了一种纠正行政违法的新机制——将自我审查作为解决以法令限制竞争问题的主要方向。另从近期出台的有关细化的公平竞争审查制度上看，[3] 政策制定主体将要被塑造成解决上述问题的核心主体。政策制定机关在政策制定过程中，要严格对照审查标准进行自我审查。经审查认为不具有排除、限制竞争效果的，可以实施；具有排除、限制竞争效果的，应当不予出台，或调整至符合相关要求后出台。没有进行公平竞争审查的，不得出台。制定政策措施及开展公平竞争审查应当听取利害关系人的意见，或者向社会公开征求意见。有关政策措施出台后，要按照《中华人民共和国政府信息公开条例》要求向社会公开。为了落实《意见》，有关省份相继发布了地方性实施办法。

---

〔1〕 德国联邦卡特尔局隶属于经济部，我国台湾地区公平交易委员会隶属于我国台湾地区行政管理机构"行政院"。

〔2〕 刘孔中：《公平交易法》，元照出版公司2003年版，第397~398页。

〔3〕 包括各省发布的公平竞争审查制度规则，也包括构建联席会议，发改委发布的《公平竞争审查制度实施细则》等一系列的政策措施。

第三节 经济公益诉讼

一、公益诉讼的内涵

公益诉讼最早起源于古罗马。在罗马法的诉讼法中有一种基本诉讼制度——程式诉讼。程式诉讼可分为公益诉讼和私益诉讼。前者是指可由社会中任一成员提起的诉讼；后者是指只能由相对关系人提起的诉讼。这种划分是从诉讼主体的角度区分公益诉讼和私益诉讼的。

现代公益诉讼的创始国是美国。公益诉讼的内涵也随之发生了改变，其不仅丰富了罗马法中公益诉讼的含义，而且所涉及的纠纷带有传统型诉讼模式抑或解决纠纷模式所不能容纳的新要素。故这类诉讼法律关系具有区别于传统诉讼的特点。

其他国家也在不同程度上存在公益诉讼或近似于公益诉讼的制度。不同的国家、不同的社会背景，对公益诉讼的理解也不同。在日本，处理这类案件采用通常所说的公共诉讼模式或结构改革诉讼模式。在印度，公益诉讼概念具有其特定的含义。1981 年，印度最高法院的法官 P. N. Bhagwati 在 S. P. Gupta 诉印度政府一案中阐述了公益诉讼的概念："如果侵犯了某一个人或某一阶层人的法律权利而对其造成了法律上的错误或损害，但该人或这一阶层的人由于社会经济地位造成的无力状态不能向法院提出法律救济时，任何公民或社会团体都可以向高等法院或最高法院提出申请，寻求对这一阶层的人遭受的法律错误或损害给予司法救济。"[1] 这一概念反映出公益诉讼突破了诉讼主体适格以及利害因果关系的束缚，任何人都可以为弱势群体的利益提起诉讼。从以上阐述来看，印度将公益诉讼的内涵限制在对弱势群体的救助上。

早期的公益诉讼大多运用于具有历史背景的人权案件、种族和性别歧视案件、反托拉斯案件及社会福利案件等。由于现代宪政制度的推行，社会民众的权利意识日渐觉醒，公益诉讼获得了长足的发展，以前不曾由司法干预的社会生活领域也由公益诉讼介入调整了。公益诉讼的范围已经超出了扶助弱势群体的最初目的，其触角延伸到了社会公共生活的诸多领域，扩大到了与保护弱势群体的基本人权没有关联的那些公共利益领域，开始以维护公共利益为己任，而公共利益是一个宽泛的概念，公益诉讼是否应该覆盖整个公共利益领域，是个值得关注的问题。公益诉讼的内涵和外延处在变动、调整之中，因此，其概念也处于一种不确定的状态。究其本质，公益诉讼应该是指不以自己的私益受有直接损害为诉因提起的诉讼。

在我国，公益诉讼是附随着另一个有争议的制度——经济法制度的构建

---

[1] 陈阳：《检察机关环境公益诉讼原告资格及其限制》，山东人民出版社 2009 年版，第 109 页。

被提出来的，随后其开始了向其他理论研究视域的"漂移"，相继进入民事诉讼、行政诉讼和刑事诉讼领域并得到各理论领域部分学者的积极而严肃的对待。审视目前理论界对此制度的研究成果，已经积累了一定的外国主要国家的类型化的法律资料、国内的可以引发共鸣的实务资料以及些许用以分析制度合理性的理论资料。所以，公益诉讼的研究在理论界应该进行更为深刻的理论挖掘，包括模式归纳、本质探讨、法理分析、制度检讨等。

二、公益诉讼产生的依据

任何一种法律制度，不论是实体制度还是程序制度的建立和发展都必须有其自身的理论基础作为支撑，否则它就会成为空中楼阁。

第一，公益诉讼的宪法学基础——公民公共事物民主管理权的法治化。公益诉讼的成立不以直接利害关系为前提，这就使得公益诉讼的诉讼标的不是私益而是公共利益。社会公共利益的维护总是行使民主管理权的主要场合。

在历史上，公民的民主管理权涉及相互分离又重新耦合的两个理论范畴，即私人领域和公共领域。当私人领域从重商主义统治下解放出来时，其独立性才真正地确立起来。到了19世纪末期，随着具有政治功能的公共领域范围的扩大，国家和市民的利益渐趋吻合。公共权力在介入私人交往的过程中也把国家机关管理活动中产生的各种冲突纳入协调的范围。国家处理的矛盾和解决冲突涉及的关系扩展成为：国家内部之间、市民社会内部之间和市民社会与国家之间三个方面。于是，政治发展和法律保障开始了与前期的"社会国家化"、"社会与国家二元化"相区别的"国家社会化"的运动。国家在保障公民社会福利的同时，也提供了公民参与国家治理的法治渠道，包括实体法和程序法。公民的民主管理权力是经由"应然权力"到"法定权力"，再发展成为"现实权力"的过程。"应然权力"到"法定权力"，和"法定权力"到"现实权力"都表现为渐进的过程。不同的经济发展阶段和发展程度会在上述权力发展阶段上被复印出来。其中，"法定权力"是"现实权力"的前提和基础，"现实权力"是"法定权力"的实现。当程序法设定的内容不能与实体法的权力内容相匹配时，不能被涵盖的实体权力内容就被形式化了，权力的运行道路就被会阻断。公共事物的民主管理权只有在实体法和程序法的双重保障的前提下，才能避免民主管理权停滞于政治宣言或理论抽象，才能切实落实于实践。例如，19世纪末期的美国《反欺骗政府法》规定，任何个人或公司在发现有人欺骗美国政府，索取钱财后，有权以美国的名义控告违法的一方。美国1890年的《谢尔曼法》、1914年的《克莱顿法》均规定对于反托拉斯法禁止的行为，除受害人有权起诉外，检察官可提起衡平诉讼，其他任何个人及组织都可以起诉。另美国的《防止空气污染条例》《防止水流污染条例》《防止港口和河流污染条例》《噪声控制条例》《危险货物运输条例》等都规定公民有为公共利益提起诉讼的权利。

在我国，《宪法》和有关实体法明确规定了公民的民主管理权力。《宪法》第2条规定:"中华人民共和国的一切权力属于人民。……人民依照法律规定,通过各种途径和形式,管理国家事务,管理经济和文化事业,管理社会事务。"同时,《宪法》还明确规定,公民对国家机关和国家工作人员有提出批评和建议的权利;对其违法失职行为有向国家机关提出申诉、控告或者检举的权利;等等。另外,如《中华人民共和国统计法》第8条规定:"统计工作应当接受社会公众的监督。任何单位和个人有权检举统计中弄虚作假等违法行为……"《中华人民共和国外汇管理条例》《中华人民共和国税收征收管理法》等都有与其性质相同的规定。我国的诉讼法中保障的都是有直接利害关系的主体的利益,而上述仅有间接利害关系的"任何单位和个人"的监督权的诉讼法保障暂时尚附阙如。进一步来讲,当检举、揭发不能取得效果时,没有制度保障"任何单位和个人"可以提起民事或行政诉讼。

第二,公益诉讼产生的实体法基础。经济法的产生确定了一种新的法益——社会利益,社会主体享有一种新的权利——社会权,这是一种不同于民事权利的新型权利,其是指通过国家或由国家来保障的权利,是通过公权力的积极介入干预来保障的权利。经济法中所规定的权利即属于社会权:全体社会成员在社会经济生活领域都享有的一种无差别的积极的权利。对应于该权利,其行为对社会利益有不利影响的主体应对社会承担某种消极义务。究其根本在于,社会利益是全体社会成员基于其享有的社会权而获得的一种利益。社会权是一种群体性权利,是每一个社会成员都享有的权利。社会权在内涵上是平等的,在表现形式上无量的差别,不论单个的社会主体对社会的贡献率有多大,其享有的社会权是同等的。社会权与民事权利最大的区别在于民事权利是法律所保护的一种私益。民事权利主体主动享有该权利,国家仅负有保护该权利不受侵害的义务,而社会权的实现是需要国家积极协助的。现实中,存在作为社会公共利益保护者的行政当局不作为而未能充分保护该公益,且公权力的救济渠道不畅的现象,私人的力量和社会的力量可以弥补这一缺陷。此外,通过公益诉讼还可以防止政府机关、垄断组织等社会强势集团对司法介入的排斥[1],杜绝为这些强势集团在合法的幌子下侵害公共利益打开方便之门。

第三,公益诉讼产生的程序法基础。虽然传统的三大诉讼法体系在一定范围内可以缓解公益诉讼的压力,但毕竟作用有限。从本质上讲,民事诉讼、行政诉讼和刑事自诉都是维护私人合法权益的,都属于私益诉讼。

民事诉讼法强调对平等主体之间的财产权益和人身权益的私益进行保护,体现了民商法中"私权神圣""权利本位"的理念,与体现"以社会利益为核心"的经济法的理念存在某种不协调甚至冲突。从操作技术上看,侵害社会权所危害的主体往往是非特定范围的多数人——群体,被侵害的主体有时自己都未意识到这种危害的发生,因此,从危害行为与受害人的关系表象上

---

[1]　单飞跃:《经济法理念与范畴的解析》,中国检察出版社2002年版,第117页。

看往往不具有直接利害关系。从经济学角度讲就是外部性问题。单个的某个行为使行为人之外的其他人受益或受损的现象并不罕见，但传统的民事诉讼程序仅接纳有直接因果关系的两个当事人，这种制度安排相对于因外部性而产生的损益关系而言，局限性日渐凸显。

行政诉讼法通过对行政主体的行政违法行为进行一定程度的遏制，体现了现代社会"依法行政"的理念，但只限于具体行政行为。现代国家经济职能的加强，通常是通过制定大量的公共政策来管控经济的，例如财政税收政策、货币政策、投资政策等，这些行为都具有准立法的性质，都是属于政府的抽象行政行为。一旦由于这些行为失当产生弊害，司法救济是被排除在外的，而这些失当行为产生的危害不仅波及面广，而且还很难得到切实有效的救济。

至于刑事诉讼中检察机关提起的公诉虽然属于公益诉讼，但其直接针对的是犯罪行为，代表受害人主张权利的只能是国家公诉机关，但危害社会公益的行为并非都构成犯罪。因此，刑事诉讼程序的局限性更加明显。

"诉的利益"是诉权产生的前提条件，也是法院受理案件和进行裁判的前提，即所谓"无利益即无诉权"。传统理论上，诉的利益与原告资格的关系仅是直接利益关系，而涉及间接利益关系的矛盾由国家机构按照一定程序在体系内解决。这样，"诉的利益"就被限制在私人（指自然人或法人，下同）的财产权或人身权范围内。诉的关系表现为私人与私人、私人与国家机关的关系。

现代经济社会中，除了私人相互关系和私人与国家机关的关系外，还存在私人与社会的关系。历史上被称为"左""右"的两种社会形态都将私人和社会的关系简单化处理了。大政府和福利国家包揽一切的政治原则不但挫伤了私人的积极性，也削弱了私人群体自助的主动性；在神圣不可剥夺的自由和个体权利的原则之下，小政府和"夜警国家"完全放弃了个人行为的空间，个人关系排斥国家的干预，个人和国家缺少联系的纽带。同样也不存在社会关系或个人与群体关系（即公共关系）。国家代替社会或国家远离社会都不符合现代经济对国家的要求。与前述两种社会形态不同的是，国家直接介入社会进而影响个人的生活，个人借助社会与国家发生利益关系。社会利益是个人与国家关系的中介，社会利益已被法律拟制为一种特殊的客体。

作为法律客体的社会利益表现为多种形式，其可以是群体的财产，例如国有财产和集体财产；也可以是群体环境，例如环境保护；还可以是群体的成员权益及地位，例如消费者利益和地位。大量侵害社会利益的案件可以被称为公共案件。这些新型纠纷中，环境纠纷和消费者纠纷可能源于个人受有实际损失，也可能为防止加害进一步深入而主张消除危险。在国有资产流失纠纷、涉税纠纷中，不直接涉及个人利益。不直接涉及个人利益的上述新型纠纷的解决若只能依凭行政程序排斥个人诉讼程序是无法保障这个特殊的群体利益的。事实上，基于个人从属于群体的事实，其成员有维护群体利益的权利和义务，法律应当为其提供司法救济途径。作为先于制度存在的制度理念，应该首先突破传统的诉所涉及的利益关系的简单化、线条化的理解，树立新的诉的利益观。

诉的利益的突破将扩大诉的自身功能和社会功能。以公共利益为诉的理由，将使诉由事后救济的消极功能增加为也具有事前预防的积极功能。另外，在社会功能上，也会改变一国的民主权利行使的方式和范围。通常，社会公共性权力受到尊重和保护的程度，是一国法治状况和人权发展水平的反映。诉讼制度本身就是民主政治在某一诉讼领域的具体反映。赋予什么样的人可以提起诉讼的权利，不仅仅是一个诉讼程序问题，更重要的是通过诉讼这一特定的诉讼制度体现一个国家对公民权利保护的程度。

第四，公益诉讼产生的社会现实基础。从理论上讲，对社会公益的司法救济程序可以利用私益诉讼，但现实中，一是民事诉讼解决的纠纷只具有个别效力，缺乏普遍性，这种个体正义难以适应公共利益保护的需求；二是由个体维权来保护公共利益，因信息不对称产生收集信息的费用、交易费用，使得成本太高，得不偿失。绝大多数人最终选择放弃诉讼权利，大量的社会权利得不到救济，放纵了违法者；即便有个体基于个人的需要就公共利益的维护提出诉讼，获利者也只是其本人，与该诉讼提起人处于同一个受害层面的其他个人不能因此获得相应的利益。此时的社会公益萎缩成了私益，难以体现维护社会公益的实质[1]，需要考虑公益诉讼程序的参与。现实的纠纷催生了诉讼形式，"诉讼在本质上是对社会冲突进行司法控制的基本手段。在任何社会中，诉讼都以解决某种社会冲突为自身使命。换言之，当某类社会冲突大量出现，需要相应的解决手段时，一定的诉讼形式便获得了产生的根据"[2]。

三、公益诉讼的本质

对于公益诉讼存在的理由，有人认为，公益诉讼主要是弥补国家力量之

---

[1] 长春市政府规定老年人持证免费乘公交，可专线车就是不让上。李成宪老人为此打起了"优待证"的官司。要求市公交总公司停止侵害他免费乘坐专线车的正当权利，并向他赔礼道歉，同时赔偿精神损失费1元钱。经过3年多的诉讼，李成宪终于赢了这起官司，他想这回终于可以为4万多持证的老人讨回公道。然而事实是此判决只对李成宪一人有效。按常规逻辑理解，办理乘车优待证的老人是一个群体，终审判决可以认为是针对一个特定的群体作出的，这个判决的意思是，凡是70岁以上的老人持乘车证坐专线车都不用买票了。法官李海峰解释说：按照我国《民事诉讼法》的规定，民事案件是不告不理，其他国家的民事诉讼也基本都是这个原则，所以二审作出这个判决，它的法律效力只给予李成宪老人本人。终审判决只对李成宪有用的说法让他感到十分吃惊，其余的除李成宪之外所有持证的老年人，要想免费乘坐专线车也必须通过诉讼才能达到自己的目的。——本案例转引自"试述'经济公益诉讼'的实体法基础"，本文下载自 http//：www. paper800. com（免费论文网）。本网隐去了作者，本文作者在引用时无从查实作者，故未标注作者姓名。

[2] 顾培东、王莹文、郭明忠：《经济诉讼理论与实践》，四川人民出版社1988年版，第10页。

不足。[1] 近现代以来，国家机关和公职人员的种类和数量与国家对社会生活的干预和管理的繁复程度成正比例增加，二者的关系大体相符合。因此，不能认为维护社会公共利益的国家机关和公职人员总是处于相对不足的状况，进而得出为保证实现国家对社会生活的管理目标，仍然需要依靠"私人检察官"的力量以补充国家力量的不足的结论。

事实上，现代公益诉讼不是基于私人力量补充国家力量的不足而产生，而是源于私人力量对国家权力的制约。古代行政权力是皇（王）权之下的管理权，行政权的制约只受制于更高一级的行政权力；晚近以来，在三权分立制度下，行政权的行使除了受制于更高一级行政权外，还受制于立法权和司法权，形成行政控权法。但不论是古代行政法还是行政控权法，私人力量都被置于国家力量的对立面，国家权力的制约方式都是以官方机构的制约为唯一形式。私人对国家权力的控制限制在非常狭小的范围内，只有公民、法人或其他组织认为具体行政行为侵犯其自身合法权益时，方有提请司法审查的权利；而如果政府行为侵害了社会公共利益，因这种侵害与私人没有直接利害关系，也被排除在司法审查的范围之外。

上述行政机关的层级监督和对行政机关的司法监督都存在制度上监督不彻底的先天不足的缺点。行政层级监督理想化地认为行政系统内部权力的设置和运行是一个完美的体系，预先假设了行政机关完全尽善职守地履行职责。偶有出现的偏差，依行政系统内部的机制可以及时纠正。然而，现代社会政府机关及其公务人员不可能超脱于一切利害关系之外，尤其是同类行政机关或公务人员上下级之间，他们本身也会不显化地组成若干利益集团或阶层，互相之间有形形色色的利益关系。这样，为了防止权力滥用，国家建立的控权体系——将一项权力授予某一机关行使的同时，也设立并授权另外一个机关对其进行监控；如果另外一个机关滥用权力，再设立第三个机关来干预和控制——因内在的团体利益关系或共同的个人利益关系不同程度地弱化了监督的效力，于是就产生了怠于行使监督权、截留监督权的大量事实。建立在国家行政人员都是尽善职守、忠于正义、廉洁奉公的"完人"基础上的监督制度在一定程度上和现实发生了偏离。

法律制度设定的——对国家机关有损公益的违法行为，公民可以向上级机关检举；对于检举有功的公民，国家给予适当奖励——因监督渠道单一和缺乏再监督，公民难以获得其提出监督行为后期望得到的真实信息或正式的结果。常常发生的"石沉大海""不了了之"的公民检举案件除了再行提起检举外，没有其他的监督渠道，尤其是没有司法监督渠道。因此，设立公益

---

[1] 在古代罗马法中，公益诉讼的产生确实是与维护公共利益力量的不足相联系的，由于国家机关和公职人员不足以维护社会公共利益，因此授权市民起诉违法行为。罗马法学者周枏先生在其研究中证实了这一点：罗马当时的政权机构远没有近代这样健全和周密，仅依靠官吏的力量来维护公共利益是不够的，故授权市民代表社会集体直接起诉，以补救其不足。

诉讼制度是开通行政监督的司法监督渠道。这样，公益诉讼产生的根本原因就应该是：对国家行政职权不行使导致的社会不公平而产生的一种替代机制，本质上是公民借助司法公正力对行政监督的再监督，是国家行政监督转交社会司法监督的一种方式。

四、我国公益诉讼制度的实施

在中国，公益诉讼制度的研究和应用相对滞后，一方面是因为法律制度和司法机构体系制约着公益诉讼制度在中国的建立，而另一方面是由于政府参与经济活动的力度加大，对社会经济生活的干预愈加广泛，调控过当、决策失误频有发生；加之一些崛起的大规模经济实体已经形成了经济优势地位，一旦滥用这种优势地位，损害的不仅仅是某个竞争对手，而是国家的竞争秩序、社会公共利益；再者，大规模工业化发展和资本投资市场的发达所引发的侵害消费者、投资者权益的事件日渐增多，环境纠纷也不断涌现，而且具有群体性纷争的特点，这些都迫使人们不得不加大公益诉讼制度建设的步伐。

（一）现状

2013 年实施的《民事诉讼法》第 55 条规定："对污染环境、侵害众多消费者合法权益等损害社会公共利益的行为，法律规定的机关和有关组织可以向人民法院提起诉讼。"这是我国法律第一次明确环境公益诉讼的地位和立法依据。迄今为止，我国开启的公益诉讼主要有两类：环境公益诉讼和消费者公益诉讼。

1. 环境公益诉讼。2014 年修订的《环境保护法》第 58 条明确规定了提起环境公益诉讼的基本条件："对污染环境、破坏生态，损害社会公共利益的行为，符合下列条件的社会组织可以向人民法院提起诉讼：①依法在设区的市级以上人民政府民政部门登记；②专门从事环境保护公益活动连续 5 年以上且无违法记录。"2015 年实施的《最高人民法院关于审理环境民事公益诉讼案件适用法律若干问题的解释》详细地解释了公益诉讼的主体、管辖、程序等内容，使我国环境民事公益诉讼突破了传统立法的限制，正式步入法制殿堂。

2. 消费者公益诉讼。2013 年修订的《消费者权益保护法》第 47 条规定了消费者协会的公益诉讼的职能：对侵害众多消费者合法权益的行为，中国消费者协会以及在省、自治区、直辖市设立的消费者协会，可以向人民法院提起诉讼。另外，2016 年开始施行的《最高人民法院关于审理消费民事公益诉讼案件适用法律若干问题的解释》进一步解释了消费者公益诉讼的具体适用条件：经营者提供的商品或者服务具有下列情形之一的，可以提起消费者公益诉讼：①提供的商品或者服务存在缺陷，侵害众多不特定消费者合法权益的；②提供的商品或者服务可能危及消费者人身、财产安全，未作出真实的说明和明确的警示，未标明正确使用商品或者接受服务的方法以及防止危害发生方法的；对提供的商品或者服务质量、性能、用途、有效期限等信息作虚假或引人误解宣传的；③宾馆、商场、餐馆、银行、机场、车站、港口、影剧院、景区、娱乐场所等经营场所存在危及消费者人身、财产安全危险的；④以格式条款、通知、声明、店堂告示等方式，作出排除或者限制消费者权利、减轻或者免除经营者责任、加重消费者责任等对消费者不公平、不合理规定的；⑤其他侵害众多不特定消费者合法权益或者具有危及消费者人身、财产安全危险等损害社会公共利益的行为。

从发展的眼光看，消费者公益诉讼的范围将越来越广泛。

（二）发展

在确定行业协会提起有关公益诉讼的同时，也要落实民事诉讼中规定的"法律规定的机关"类型的公益诉讼。它对应的主体是检察机关。检察机关是行使公权力的国家机关，办理公益诉讼案件是其履行法律监督职责的职权行为。这种特殊的诉讼地位使其以"公益诉讼起诉人"的身份提起公益诉讼，身份更加合理、明确。为此，2018年"两高"联合制定并发布了《最高人民法院最高人民检察院关于检察公益诉讼案件适用法律若干问题的解释》（以下简称《解释》），对办理检察公益诉讼案件的程序、检察机关的权利义务等内容作出了规定。

检察公益诉讼有不同于普通民事、行政诉讼的特点。检察机关提起公益诉讼进一步丰富和完善了中国特色的检察公益诉讼制度，走出了司法保护公益的中国特色的道路。

按照《解释》，公益诉讼的类型分为三类：

1. 民事公益诉讼。人民检察院在履行职责中发现破坏生态环境和资源保护、食品药品安全领域侵害众多消费者合法权益等损害社会公共利益的行为时，可以提起民事公益诉讼。在人民检察院提起的民事公益诉讼的案件中，由于参加人之间利益的非直接对抗性，产生了很多区别于一般民事诉讼的程序，如被告以反诉方式提出诉讼请求的，人民法院不予受理。

2. 行政公益诉讼。其适用范围包括生态环境和资源保护、食品药品安全、国有财产保护、国有土地使用权出让等。不同于民事公益诉讼，行政公益诉讼在提起前有督促程序，即负有监督管理职责的行政机关违法行使职权或者不作为，致使国家利益或者社会公共利益受到侵害的，人民检察院应当向行政机关提出检察建议，督促其依法履行职责。行政机关应当在收到检察建议书之日起2个月内依法履行职责，并书面回复人民检察院。出现国家利益或者社会公共利益损害继续扩大等紧急情形的，行政机关应当在15日内书面回复。行政机关不依法履行职责的，人民检察院依法向人民法院提起诉讼。

3. 刑事附带民事诉讼。《解释》在民事公益诉讼和行政公益诉讼的基础上，增加了刑事附带民事公益诉讼这一新的案件类型，明确规定在生态环境和资源保护、食品药品安全领域的刑事案件中，需要追究被告人侵害社会公共利益的民事责任的，检察机关可以一并提起附带诉讼，由同一审判组织一并审理，节约司法资源。

（三）进一步发展的障碍

由上文可知，我国现行制度确立了两种公益诉讼形式：代位诉讼和国家公权力机关诉讼。前者由社会中介组织代表其所属的群体行使诉权，后者属于公权力机关原有职责的适度扩大。按照公益诉讼的本义，我国现行制度在主体资格、适用范围等方面还有进一步扩展的空间，但扩展存在一定的制度障碍。

1. 涉诉主体资格范围扩大的障碍。涉诉主体包括原告和被告。基于公益诉讼的理念，起诉主体具有广泛性，不受传统诉讼法原告适格制度的束缚，即无需证明有直接利害关系。有观点认为，提起诉讼的主体是享有特定经济案件诉讼实施权的行政机关或人民检察院，行政机关享有其主管范围内经济案件的起诉权，检察机关则享有涉及社会公共利益案件的起诉权。[1] 这里将行政机关列入原告范围，也只是特殊情况下的特殊行政机关，例如，在俄罗斯反垄断法中，反垄断机构可以就权力滥用行为提起诉讼。[2] 从理论上讲，任何个人和组织，尤其是社会中介组织都可提起公益诉讼，以体现公共利益全民维护、全民享有的思想，而不应对起诉主体的资格作出限制[3]。但如果扩大到无利害关系的个人，则需要防范诉权的滥用。这样，原告的范围可以适度扩大，但也不能扩大到无任何条件的程度。故确立原告的范围应当把握一定的原则。我们认为，坚持如下方面是必要的：一是原告必须是善意的，是基于对公共利益的关注，不是假借公益之名行个人私利之实；二是防止公益诉讼成为政客用于政治争斗的工具，避免不同党派因政见分歧而将公益诉讼当作诋毁某项公共政策的攻击手段；三是法院应该谨慎对待公益诉讼，避免跨入立法和行政领地而发生身份混同，蜕变为国家管理机构。特殊情况下代表人诉讼也可列入公益诉讼的范围。对于公害发生规模大、受害者人数众多但又不是特定的集团或群体的案件，受害者可以推举代表人行使诉权，维护受害人群的利益，这不同于私诉中的代表人诉讼。

有关被告资格的确定。不能单独针对个人提起公益诉讼，而只能针对企业或政府机构提起公益诉讼。这样可以避免与私人之间的损害赔偿纠纷相混

〔1〕 李昌麒、刘瑞复主编：《经济法》，法律出版社 2004 年版，第 128 页。
〔2〕 按照俄罗斯《竞争保护法》第 23 条的规定，俄罗斯反垄断机构可以向仲裁法院提出有关违反反垄断法的诉讼和申请，包括：a) 认定联邦执行机构、联邦成员执行机构、地方自治机构、其他履行上述机构职能的机构、国家预算外基金以及俄罗斯联邦中央银行的规范性法律文件或非规范性法律文件，其中包括对企业开展经营活动造成不合理障碍的规范性法律文件或非规范性法律文件，全部或部分无效，或违反反垄断法；b) 认定不符合反垄断法的合同全部或部分无效；c) 裁定强制签署合同；d) 裁定修改或解除合同；e) 裁定在反垄断法规定范围内注销法人资格；f) 裁定将因违反反垄断法所得的违法收入上缴联邦预算；g) 裁定追究允许违反反垄断法行为的个人的责任；h) 裁定招投标无效；i) 裁定强制执行反垄断机构的决定或指令；j) 其他反垄断法规定的情形。
〔3〕 起诉主体在理论上可以不受限制，但实践中往往是由那些掌握法律资源的人代为行使的。作为社会弱势群体，其自身无能力、财力和精力提起诉讼，正因为如此，更需要放宽原告主体资格，使那些有能力与热情、但与案件没有直接利害关系的人代为诉讼。

淆，也可以避免与民事诉讼制度相重叠。

2. 公益诉讼的受案范围不确定。公益诉讼问题的核心，是局限在保护那些处于不利地位的群体的基本人权，抑或同时涉及公共监督。对此，不同国家由于国情的差异，侧重点也不同。撇开特定背景的考虑，公益诉讼应该将这两个方面都涵盖其中，既保护弱势群体，又能监督公共政策。因此，兼具二者的有关社会经济问题，如产品质量问题、垄断违法问题等均有必要纳入公益诉讼的范围。

此外，制度上还涉及一些具体的问题有待于进一步明确，如公益诉讼案件管辖权的确定，原告诉讼费用支付与否，举证责任的分配等。

因循守旧不是司法的本意，司法理念的转变为公益诉讼制度的形成扫清了观念障碍。公益诉讼改变了对传统法律的功能的认识：法律不仅仅是一种解决争端的方式，更是获得社会正义的工具。公益诉讼制度与经济法的契合点在于公共利益，公益诉讼也为经济法的实施奠定了独特的程序基础。

二维码

第七章　拓展阅读

第二编

经济主体法

经济主体类型具有广泛性。在国民经济运行中，一些主体直接影响到国民经济运行的安全和秩序，进而在制度上需要对其身份予以特殊处理，由此形成了经济主体法。特殊经济主体指经济弱者，是需要法律提供倾斜保护的经济主体。经济法中的特殊主体主要有消费者、劳动者和中小企业。

第八章

经济主体法总论

第一节　经济主体法的含义

一、与相关概念的关系

"经济主体法"这一称谓并不通用,本书用以将经济法的一类制度进行归纳,并以此凸显这类制度的特殊性。当然,有必要先区分与之相关的概念。

(一) 社会主体法与经济主体法

通常,人们把经济法律关系的主体称为经济法主体,按照学者的解释,经济法主体是指依据法律规定的经济权限,参加或能够参加经济法律关系的社会主体。

这一定义表明:经济法主体具有调整范围上的开放性,其基本含义是以参加或可能参加经济法律关系为基础来确定的。换言之,经济法主体是具体问题具体分析才能判定的。例如,民法中的自然人,如果在经济关系中涉及纳税,即转化为纳税人时,便在税收法律关系中成为经济法的主体。

经济法主体的开放性,使得社会主体在一定条件下都可能成为经济法的主体,进而决定了经济法主体的界域关系特性。自然人可以成为纳税人,也可以是劳动者、消费者等。从法律关系的角度来认识主体的性质及主体在具体法律关系中的权利义务,是与社会主体的身份多样性相符合的。

经济主体法中的主体首先是经济法主体,它同样存在社会身份的多元性,和可能参与法律关系的多元性。但区别于其他主体,此类主体的正位观察是经济法视角,而不是其他法律视角。例如,国有企业因其具有功能上需要执行国家政策的特点而被认定为经济法主体。但是,这并不妨碍国有企业作为一般民事主体从事相关业务。所以,可以说,经济主体法中的主体是诸多经济法主体类型化而分离出来的特殊经济法主体。

其次,经济主体法在范畴上是社会主体法的类型化。依据法调整的不同视角,可以将法的类型分为主体法、行为法。根据不同的社会主体的需要,可能单独制定某类主体的法律制度,例如,残疾人保障法、妇女儿童权益保护法、乡镇企业法等。

社会主体的类型化是社会发展的必然趋势。一定形式的主体本身是同一定的社会生产方式相适应的。有什么样的生产方式，就会有什么形式的主体。马克思主义认为，阶级是一种历史现象，它不是从来就有的。阶级主体是在生产有了一定的发展但又发展不足的情况下产生的。"从第一次社会大分工中，也就产生了第一次社会大分裂，即分裂为两个阶级：工人和奴隶、剥削者和被剥削者。"同样的道理，人类社会不同形态、不同社会主体的差别根源于不同历史时期的不同的生产方式。[1] 将所有类别的人抽象地加以规定，确定其权利和义务，难以适应社会发展的需要，尤其是无法实现社会公平正义的价值，由此产生了诸多的社会主体法。在社会主体法中，基于其对国民经济稳定、发展的影响，将对国民经济具有重要影响的社会主体进行单独立法的法律制度分化出来，归类便形成经济主体法。

综上，从法律角度，经济主体法是法律归类统合的结果，其身份得以固定的社会基础是对国民经济发展的影响。经济主体法视角下的主体并不排斥在其他法律关系中的其他身份。区别于其他主体法，他们能够成为经济法律关系主体只是多元身份的一个侧面。

（二）经济主体与经济主体法

经济主体是进行经济活动的主体。马克思将经济活动分为生产、交换、分配、消费四个经济过程，存在于或参与到每一个经济过程的主体都是经济主体。这些经济主体的特定经济关系是经济法律关系，如其成立需依法登记、注册，其组织形态的变更需要进行变更登记等。现代法律对经济关系的关注越来越细致，经济关系基本等于法律关系，经济主体是法律主体。所以，也有人将经济主体作扩张解释："经济主体，是指在市场经济活动中能够自主设计行为目标，自由选择行为方式，独立负责行为后果，并获得经济利益或其他利益的能动经济有机体。主要的经济主体包括与经济活动有关的政府、企业、家庭或居民等。"[2]

需要注意的是："经济主体"这个概念是在经济学语境下产生和运用的。经济学的研究有自己的独特视角，其中，资源的稀缺和交易成本为经济学研究的一般方法。通常认为，经济主体是根据一定的经济目标而集中各种资源的一种组合。这种组合基于自由和自愿，不服从任何外部指令。与经济主体相近的一个经济学概念是经济组织，它同样强调资源的组合，但是，它的含义更宽，除了包括各种各样的企业外，还包括千差万别的市场。经济组织概念已经扩展到行为上，选择不同的合约形式来组织生产或交易，所以，这里的组织还包含有行为和结果、动词和名词两层含义。新制度经济学用交易费用理论来阐释组织的形成和变更。在不同的组织里，为了降低协调成本，人们采取了不同的治理结构；当外界的环境发生改变时，人们发现采用新的组

---

〔1〕 袁贵仁：《人的哲学》，工人出版社 1988 年版，第 210 页。
〔2〕 鲍步云主编：《西方经济学·宏观部分》，中国科学技术大学出版社 2016 年版，第 8 页。

织形式可以降低成本或增加收益，于是一种组织就向另一种组织演变。[1] 交易费用决定了不同的组织形式的形成。这种扩大了的经济主体的概念建立在理性经济人假设的基础上，认为不同的合约结构将带来不同的资源配置条件、不同的财富分配和不同的物质资产贬值，理性人会选择合理的方法降低交易费用，增加经济效率。

经济主体和法律主体不是完全对应的关系。早期的生产活动和交换活动的经济主体形式是手工作坊或手工工场。18世纪中叶起，工厂制度摧垮了工场手工业的统治而取得了历史性胜利。工厂制度的特点是：①工人、机器、设备和原材料都集中在一座或一组厂房里，进行集中生产，而不是分散在农村或手工业家庭里；②工厂对原材料、生产和产量有统一计划，并对其进行管理、监督和控制，而原来的原材料和产品由包买商控制、生产由家庭控制；③产生了劳动雇佣关系，生产资料所有权和经营管理权属于资本家，作为生产劳动者的工人处于无权和被剥削的地位。工厂制度是新型的社会生产方式，极大地提高了社会生产力。[2] 公司制度建立后，规模较大的工厂作为公司主体，较小规模的成为合伙企业和独资企业，他们成了现代市场经济的核心主体。尽管如此，现代各国公司法、企业法中规定的公司或企业类型也不完全一致。

二、经济主体法的形式

剥离开上述概念后，就可以发现，这里的经济主体法有其特定的含义，它是基于对国民经济运行的稳定、持续发展的需要而对特别经济主体进行单独立法而形成的制度总体。它不是经济法律关系主体的规范总称，也不是经济主体的法律规范的总称。

以单独主体为中心进行立法的规范形式很多，例如，以劳动者为中心的劳动法，以公司型企业为基础的公司法，以合伙型企业为基础的合伙企业法，等等。

在诸多主体立法中，视角不同，产生了主体立法之间内容上的交叉。例如，国有企业法和公司法，乡镇企业法和公司法，等等。

（一）典型的经济主体——国有企业及其立法

在我国，国有企业的主要法律制度是《中华人民共和国企业国有资产法》。按照该法第5条的规定，国家出资的国有独资企业、国有独资公司、国有资本控股公司和国有资本参股公司依照《中华人民共和国公司法》的相关规定监督管理。在国有企业经历公司制改革后，国有企业大部分都转制为公司制企业，但事实上，由于国有资产法的限制，公司制改革后的国有企业的主体特性并没有被一般公司制度所覆盖。《中华人民共和国企业国有资产法》

[1] 张卫东：《新制度经济学》，东北财经大学出版社2010年版，第124页。
[2] 刘瑞复：《经济法学原理》，北京大学出版社2000年版，第170页。

中，国有企业的主体性主要体现在国家的一致性，具体表现为如下方面：

第一，国有企业的改制。企业改制是指国有独资企业改为国有独资公司；国有独资企业、国有独资公司改为国有资本控股公司或者非国有资本控股公司；国有资本控股公司改为非国有资本控股公司。

企业改制应当依照法定程序，由履行出资人职责的机构决定或者由公司股东会、股东大会决定。重要的国有独资企业、国有独资公司、国有资本控股公司的改制，履行出资人职责的机构在作出决定或者向其委派参加国有资本控股公司股东会会议、股东大会会议的股东代表作出指示前，应当将改制方案报请本级人民政府批准。

第二，出资人参与任免公司制国有企业的高级管理人员。履行出资人职责的机构依照法律、行政法规以及企业章程的规定，任免或者建议任免国家出资企业的下列人员：任免国有独资企业的经理、副经理、财务负责人和其他高级管理人员；任免国有独资公司的董事长、副董事长、董事、监事会主席和监事；向国有资本控股公司、国有资本参股公司的股东会、股东大会提出董事、监事人选。

第三，公司制国有企业的组织性变更需要符合出资人利益。国有独资企业、国有独资公司合并、分立，增加或者减少注册资本，发行债券，分配利润，以及解散、申请破产，由履行出资人职责的机构决定。国家出资企业合并、分立、改制、上市，增加或者减少注册资本，发行债券，进行重大投资，为他人提供大额担保，转让重大财产，进行大额捐赠，分配利润，以及解散、申请破产等重大事项，应当遵守法律、行政法规以及企业章程的规定，不得损害出资人和债权人的权益。

第四，相关行为需要符合国家产业政策。国家出资企业发行债券、投资等事项，有关法律、行政法规规定应当报经人民政府或者人民政府有关部门、机构批准、核准或者备案的，依照其规定。国家出资企业投资应当符合国家产业政策，并按照国家规定进行可行性研究；与他人交易应当公平、有偿，取得合理对价。

第五，国有资本经营预算。国家建立健全国有资本经营预算制度，对取得的国有资本收入及其支出实行预算管理。国家取得的下列国有资本收入，以及下列收入的支出，应当编制国有资本经营预算：从国家出资企业分得的利润；国有资产转让收入；从国家出资企业取得的清算收入；其他国有资本收入。国有企业不能像私人企业那样以企业财务预算的形式完全留归企业自己支配而彻底脱离政府预算的控制。原因有二：一是数额巨大的资本企业自身难以驾驭，这笔资金在企业内部自行循环，易造成资金使用的非效率甚至违法，形成资金使用黑洞；二是基于全民所有的理论前提，国有企业的资本流动、利润分配理应在一个更高层次上进行，能够使其既惠及于民，又处于全民监督之中，那么最佳途径即是将其纳入国家财政分配系统。[1]

党的十九大报告提出，加快国有经济布局优化、结构调整、战略性重组。深化国有企业改革，发展混合所有制经济，培育具有全球竞争力的世界一流企业。混合所有制经济中，仍需要发挥国有经济的主导作用。

（二）弱势群体及其立法

弱势群体的范围很大，不同环境下都可能存在弱势群体，例如，战争、灾荒等因素而出现的灾民、难民等。即使在正常环境下，弱势群体的认定有不同的视角，例如，相对于用人单位，劳动者是弱者；相对于男性劳动者，就业中，女性劳动者还可能受到歧视，成为弱者。由此，关于弱势群体的保护法的种类很多。作为经济主体法的弱势群体，是与国民经济运行直接关联的主体集合，关于这些主体的立法主要有：

第一，消费者保护法。消费者相对于经营者是弱者。一般认为，消费者成为弱者是因为信息不对称而导致的。在市场经济条件下，消费者取得的消费资料是由他人提供的。生产者或经营者对商品比较了解，却并不使用、消费这些商品，而使用、消费这些商品的消费者对商品的基本构成、功能、生产过程以及最佳的消费条件等一系列问题一无所知，或者知之甚少。消费者只能依靠一般常识及经营者提供的信息进行消费。唯利是图的市场经济导致商品的信息不适当地分布，信息的占有与对信息的需求之间的矛盾，导致消费者的无知和误解进一步加深，消费者的利益损害的可能性也会大大增加。因此，在与经营者的力量对比中，消费者天然地处于劣势地位，成为弱者。[2] 事实上，信息不对称的原因是商品的工业化，或者说，因为商品的加工过程大大改变了原料的自然本性，使得加工出的商品包含更大的危险，作为购买者的消费者难以辨别和规避其中的风险，由此导致消费者的弱势地位。所以，表象上是信息不对称，实质上是风险控制能力的不对称。

第二，劳动者保护法。在普遍意义上，由于劳动力依赖于资本，劳动者会在人身上对用人单位存在依附性。在特殊意义上，劳动者的依附性有所差异。传统国有企业中，劳动者具有很强的稳定性，也被称形象地称为"铁饭碗"，有"铁饭碗"意味着出让劳动获取对价的持续性有保障，相比之下，私营企业内的劳动者弱势地位更加明显。民营企业市场风险较大，企业应对市场风险的常规手段就是裁员。雇佣关系不稳定，员工流动性大，都是劳动者作为弱者的客观因素。有学者将劳动者作为弱者的主要原因概括为：不均衡的市场力量、歧视现象、不充分的信息、缺乏对付风险的能力等。[3] 此外，生产经营中大规模的机械化，劳动力市场供大于求等因素，也是劳动者成为

---

〔1〕　何国华：《国有独资企业利润分配与上交法律制度研究》，中国政法大学出版社 2016 年版，第
　　　69~70 页。

〔2〕　麻昌华主编：《消费者保护法》，中国政法大学出版社 2006 年版，第 27 页。

〔3〕　肖艳：《博弈与制衡：民营企业劳资关系体系研究》，吉林大学出版社 2015 年版，第 40 页。

弱者的不可忽略的要素。

第三，中小企业法。中小企业相对于大企业（包括不是大企业的国有企业）而言是弱者。弱势地位的原因有多方面，不论哪种类型的中小企业，他们共同的不足在于：市场风险较大，新产品投入市场，难以很快被消费者认同；资金风险，即因资金不能适时供应导致市场开拓能力不足而无法站稳市场；技术创新风险，即技术开发前期资金投入不足、技术开发失败等产生的风险。此外，还存在国家产业政策调整、国际市场变化等因素的影响。所以，严格说来，从法律角度，中小企业法（不论名称如何，有的国家叫《中小企业基本法》，我国叫《中小企业促进法》）不是组织法，是国家对中小企业的扶持法，带有浓厚的产业政策的意味。这从一个侧面说明了中小企业在市场中的弱势地位。

第二节　经济主体单独法的视角和意义

一、普遍主体与特殊主体

市场上经济主体多种多样，如果从形式及数量上看，公司是市场经济的基本主体，合伙企业、个人独资企业是补充性主体，这些企业是按照统一的标准——承担的法律责任不同——排列出来的。但是，国有企业和中小企业概念本身没有遵从上述标准，它们有各自的标准。国有企业是按照出资人的国家身份而产生的企业，强调出资的性质，与之对应的是非国有企业，习惯上也称民营企业。与中小企业相对的是大企业，这是从企业的规模而不是出资的性质来划分的。由此可以看出，国有企业和中小企业有各自的划分标准。之所以从特别的角度将它们单独立法，是因其在国民经济运行中有特殊的功能。

（一）两个企业主体的特殊性

国有企业和中小企业是两类特殊的主体，它们的特殊性源于和国民经济的关系。

1. 国有企业的特殊性。西方国家法学教科书一般把国有企业设定为"特殊企业形式"。在我国，国有企业曾经是一般企业，私营企业是特殊企业形式。现在，针对普遍企业形式的一般公司企业而言，国有企业应为特殊企业形式。

以"所有权的归属"和"所占比重"作为衡量普通主体与特殊主体的标准，便超越了国家与国家、企业与企业等差异的哲学界限，从而在法学上获得了认定特殊主体形式普遍适用的标准和尺度。国有企业是资本社会化发展的新的生产组织形式。股份公司统治下的私人垄断的发展，要求国家干涉，而生产资料的国家所有制是国家干涉的重要表现，也是垄断资本主义的重要内容。当代市场经济国家的国有企业，不仅是个体私有制资本的扬弃，也是联合所有制资本（股份公司）的扬弃。[1]

在俄罗斯，国有企业被称为单一制企业，根据投资主体是国家还是自治地方，又分为国家单一制企业和地方所有单一制企业。

在所有商业组织中，单一制企业的特点是：既不是以会员制方式设立的公司，也不是划拨给其财产的所有权人。创立该企业的单一发起人（通常是公共所有人）对移交给企业的财产以及企业在经营活动中取得的财产享有所有权。虽然企业本身作为独立的法人，依法享有一定的有限物权，但本质上是使用别人的财产。"单一制"这一术语强调了法人财产不能根据投资、份额和股票进行分割，包括不能在其雇员之间进行分配，除了发起人，任何人都未参与法人财产的形成。

这样，财产由发起人出资的不可分割的商业组织是单一制企业。[2] 作为非所有权人的法人这种独特的组织法形式，其固有的本性是不发达的财产流转关系，是在市场经济形成之初，法律为国家和自治地方所有人（公共所有人）保留的一种管理经济的方式。所以，在立法体系中，这种商业组织形式被排在特殊的位置。

这种法人结构是国民经济的产物，在国民经济中，国有企业是基础经济主体。国家作为其财产的统一所有权人，批准企业的章程，确定企业权利能力的大小和特性，任命企业的管理机关并且实际领导企业的全部活动，形式上不对企业的活动结果承担责任（由于那类企业被认为是独立的法人，故其发起人不对企业的债务承担责任），但仍然是全部企业财产的所有权人。所以，那些主体的相互责任仅限于记在其账上的资金，而不以免受债权人追偿的基本财产清偿（经常是国有企业以政府决议的方式简单地免除因其未履行自己的义务而应该承担的财产责任）。国家所有人的代表机关可以随时收回企业的部分财产并将其转让给其他企业。在有财产流转的条件下参与企业相互之间签订的契约在很大程度上是人为控制的结果，不是源于市场的交易。显然，能够与那样的契约当事人打交道的只能是与其相似的组织。

由公共所有权人创设的单一制企业是商业组织的一种形式，这种商业组织不具有一般的权利能力，而是具有专门的权利能力。[3] 所以，这类企业的章程除了记载在法人设立文件中规定的一般信息外，还应包括关于法人活动对象和目的的信息。单一制企业违背其权利能力实施的行为，依据俄联邦《民法典》第 168 条的规定自始无效。[4] 单一制企业的商业名称应该标示其财产所有权人。

---

[1] 刘瑞复：《经济法学原理》，北京大学出版社 2000 年版，第 174 页。

[2] 俄联邦《民法典》第 113 条第 1 款。

[3] 俄联邦《民法典》第 49 条第 1 款第 2 项的规定。

[4] 俄联邦《民法典》第 168 条规定："不符合法律或其他法律文件的法律行为无效。不符合法律或其他法律文件要求的法律行为是自始无效法律行为，但法律规定此种法律行为是可撤销法律行为或者规定了违法的其他后果的除外。"

可见，即使国有企业不单独立法，在民事法律制度上，国有企业也具有特殊的身份。

2. 中小企业的特殊性。中小企业单独立法是从中小企业的整体性出发，考虑到在市场经济活动中中小企业的数量较多，其活动具有某种特殊性、规律性，以立法确立中小企业的独立的市场地位是现代各国普遍的做法。

源于中小企业在市场经济活动中能力的不足，且这种不足难以以一般的企业组织法来解决，需要单独立法。本质上，仍然是中小企业在国民经济中的地位决定了需要单独解决、调整和处理中小企业的问题。

从一般市场的角度，中小企业规模小、人数少的另一面是生产灵活、富有弹性、能及时适应市场需要的变化。中小企业设备简单，更新比较方便，从国民经济的角度，随着竞争的加剧，专业化和企业间分工进一步加强，中小企业的存在与发展，可以使国民经济主体结构更加合理。中小企业与大型企业的并存，对于开展竞争、提高经济效益、发展新技术也有极大的促进作用。中小企业对劳动力的吸纳能力也是社会稳定的基础。此外，在税收、技术更新等方面，中小企业都是市场中的重要力量。所以，有学者认为，中小企业对整个国民经济来说，是技术进步、经济增长的重要支柱，是使社会市场经济发生效用的基本条件。[1]

一般情况下，实施中的《中小企业促进法》会突出两种不同的价值：①效率价值。即通过《中小企业促进法》中授权的手段促进中小企业提高经营效率，手段上更注重技术支持、资金支持等，以使中小企业通过技术更新或扩大投资来提高经济效益。至于中小企业经营中的风险，是第二位的目标。基于我国新时代的市场环境，党的十九大报告中明确提出，"加强对中小企业创新的支持，促进科技成果转化。倡导创新文化，强化知识产权创造、保护、运用"。②公平价值。以此为目标，扶持政策会考虑中小企业的经营范围，适度扩大投资规模和方向，常用的手段是税收、投资范围的开放等。

在特殊情况下，为防止不正当、过度竞争，或进行产业调整，需要运用产业政策，例如压缩产能或强制改造旧设备。

我国市场改革的深化，对于中小企业的政策目标几乎是齐头并进的，既扶持企业增效，也进行供给侧改革。党的十九大报告中明确指出："多元坚持质量第一、效益优先，以供给侧结构性改革为主线，推动经济发展质量变革、效率变革、动力变革，提高全要素生产率。"

（二）两个个人主体的特殊性

1. 消费者在国民经济中的特殊地位。英国古典经济学家所关心的是以商品为元素的社会财富的增长，马克思也认为生产决定消费。但法国古典经济学家西斯蒙第则认为，人们进行生产只是为了满足他们的需要，因而是消费引起生产，消费先于生产并决定生产。因此，在他看来，国民经济关系是国

[1] 杨祖功：《西欧的中小企业》，中国展望出版社1987年版，第59页。

民消费的关系，与此相适应的，政治经济学的基本问题在于消费与生产平衡，同时，他认为消费不足导致经济危机。[1]

在互联网时代，信息的高度发达、传播的迅捷，使得生产和消费的关系倒转成为经济关系要素结构的新特点。单纯为生产而生产几乎是不现实的，甚至用户找到之后再组织生产成了经营管理的主要方法。

工厂手工业时代，生产决定消费，是产能不足所决定的。工业文明时代，生产商品的速度很快，同类产品种类繁多，市场竞争激烈，不断的转产似乎是以生产引领消费，但新品更新换代的速度和机器生产的速度叠加在一起形成的大工业生产力，不断超越生产关系造成的生产和消费的脱节，最终以经济危机的形式爆发出来。

信息技术在互联网的运用，从传统市场分化出电子商务市场，后者改变了生产和消费的传统结构关系：一方面，电子商务提供了更加明确的消费指向，为有针对性地安排生产提供明确的路线图，避免了为生产而生产的盲目性；另一方面，互联网信息的通透性极大地降低了经济关系中的交易成本。对于企业而言，借助于互联网，它们可以以更低的成本接触到更为广泛的供应商，从而降低其采购成本；企业也可以通过与产业价值链上其他参与者的流程整合来降低交易费用和生产成本。[2]

互联网时代的"产消特征"决定了"生产"和"消费"关系需要重新构造，在非因战争、不可抗力等因素制约生产的前提下，即解决了基本生活需要并存在更高需求的前提下，应该是"消费"决定"生产"。

因此，在不同时代，消费者单独立法所蕴含的意义是不同的。工业化时代，因大规模工业生产改变了原料的自然属性，增大了购买、使用商品的风险，由此消费者作为弱者需要单独立法保护其群体利益。互联网时代，消费在国民经济中的引领作用，要求国家将消费纳入国民经济发展体系中考虑，正确地引导消费。

2. 劳动者在国民经济中的特殊地位。传统上，劳动者以出让自己的劳动力获取对价，但由于劳动力的再生产对资本有依赖性，所以劳动者合同并不平等，需将诸多涉及劳动者基本利益的权益以强制性规定的方式在合同中予以确认。所以，劳动者问题源于生产社会化过程中生产者排解市场风险而对劳动力使用的任意性。

在国民经济体系化以后，劳动者的问题与国民经济的关系更加紧密，劳动者的大面积失业，必然导致国民经济的不稳定。因此，宏观调控的目标之一是就业稳定。所以，在制度上，除了制定劳动法、劳动合同法外，对劳动者的保护还增加了劳动保险、社会保障制度等。

在经济全球化时代，国家竞争力是国家在国际市场竞争取得优势的基础。

〔1〕 文锋主编：《经济学经典语录：经济大师金言》，广东经济出版社 2014 年版，第 29 页。
〔2〕 郭斌：《信息时代的企业管理》，浙江大学出版社 2009 年版，第 2 页。

而国家竞争力来自于企业的产品及其内含的技术，而这些来自于劳动力的品质。

就业与否或劳动力的技能既是劳动者个人的追求，也是国家的义务。党的十九大报告中明确指出："提高就业质量和人民收入水平。就业是最大的民生。要坚持就业优先战略和积极就业政策，实现更高质量和更充分就业。大规模开展职业技能培训，注重解决结构性就业矛盾，鼓励创业带动就业。"

二、确立经济主体法的意义

（一）经济法学科构建上的意义

按照学界较为普遍的认识，经济法制度结构由市场监管法和宏观调控法两个部分构成，将国有企业、消费者、中小企业融入市场中。事实上，消费者等主体融入市场淡化了这些法律的主体身份特性，同时，市场监管法是对行为的监管，消费者的消费行为、国有企业的经营行为等只是其制度内容的一个侧面。如果承认经济法是国民经济运行法，则需要确认这些主体在国民经济中的特殊地位，以及相关制度服务于国民经济协调、发展的特殊功能，则这些主体就可以成为经济法律关系中的典型主体。

作为新兴学科，经济法理论体系的构建，需要在概念、方法、原理等方面确立属于自己的独特的认识，也需要在结构上确立自己的特殊性，经济主体法是经济法学科体系的一个重要方面。换言之，经济法的政府"看得见的手"不仅仅作用于一般主体的行为上，也作用于特殊主体上。有学者甚至提出"经济法人"[1]的概念，以概括主体的特殊性，这种思路对完善经济法的学科体系无疑是正确的，也是值得经济法学人深入研究的。国有企业身份的特殊性是行为特殊性的基础；消费者身份的特殊性是确定经营者义务的前提；中小企业的主体规模是立法的基本前提，如此等等。因为存在这些特殊性，经济主体法可以单独成为一个经济法学科体系中的构成部分。

（二）制度理解上的意义

经济主体法制度建立在实体制度的基础上，不是纯粹抽象的理论设计。将其整合到一起，由这些主体在国民经济中的特殊功能决定。从对这些制度的理解上，确立经济主体法也有一定的意义，具体体现如下：

第一，有利于在解释这些法律时确立"国民经济"语境。资料显示，人类学家马林诺斯基最早提出了"语境"分析的方法[2]。所谓语境，即语言使用的环境。马林诺斯基认为，任何言语交际，总是在一定的语言环境中进行的，因此，语境就成了制约言语交流的一个十分重要的因素。这一观念迅速得到语言学家们的响应，并开始了这一视角下化解语言模糊性问题的研究。

语义的理解和分析要结合具体的语境来考虑，唯如此才能更好地帮助准

---

〔1〕 刘瑞复：《经济法学原理》，北京大学出版社 2000 年版，第 176 页。

〔2〕 高登亮、钟锟茂、詹仁美：《语境学概论》，中国电力出版社 2006 年版，第 20 页。

确理解表达者的思想。一般情况下，在语言表达中，语境不仅揭示语言的意涵，也改变语言发挥作用的形式。"抛开语境，那么这句话表达的就是句子意义，即通过语言符号来表达独立于语境之外的静态意义……若将语境加入其中，就变成了动态的话语意义。意义由静态变为动态的过程就是语境要素突显的结果。"[1]

法律是一种稳定的社会关系的仿拟，法律的效率建立在从立法到法律实施过程的两个预设的基础上：立法者的经验准确地捕捉到了现实的典型现象，并建立起事实与规范的有机联系；司法者和执法者准确地通过法律文本语言建立起其与立法者之间的心理沟通。从语言学的角度，法律实施的基础是作为同一语言共同体的司法者或执法者能够对一个法律文本表达式以同一方式理解。

语境分析最常用的方法是言语内语境分析，即语言（或语词）的上下文，或者说前言后语的关系，与其相对应的是非言语语境分析，即表达语言的社会环境、社会背景。所以，经济主体法的共同制度语境是国民经济。认识这一点对正确理解这几部法律具有重要意义。

第二，有利于发现并揭示制度的不足。在国民经济的背景下理解制度，能够为准确理解制度的宗旨、原则，并作出正确的判断提供基本依据。特殊行业的国有企业之间的合并，从纯粹市场关系上看，可能涉及集中度的提高，甚至垄断市场。但从产业政策上看，国企之间的合并使经营更加稳定，有利于抗击国内外的市场风险。再如，对于技能性的原因导致的劳动者失业，需由政府建立职业培训制度，加强失业者的技能培训工作，提高待业人员的技能和素质。

经济法律制度需要随市场的变化而进行动态调整。中小企业受市场环境变化的影响比较大，中小企业促进法中的不同扶持措施需要根据不同的社会风险进行相应的调整。同理，保护消费者利益不仅仅是单个主体的权利救济，而应当放到国民经济制度的背景下分析和评价。

二维码

第八章　拓展阅读

---

[1]　在李福印编写的《语义学概论》中提出。徐国珍：《仿拟研究》，江西人民出版社2003年版，第78页。

第九章

国有企业法律制度

第一节 国有企业的地位

国有企业具有社会政治职能，主要体现在维护国家安全和社会稳定上。国有企业的产生表明社会经济发展进入了一个新阶段。国有企业的存在为国家参与经济活动和调控经济提供了新的手段，在国家与市场之间建立起一道直接沟通的桥梁。国有企业既面向市场，又与国家相联系。国有企业的行为表现为两重性，即实现政策目标和参与市场经营。

一、国有企业的概念

国有企业是 20 世纪以后各国都存在的一种经济现象，也被称为国营企业、公营企业等。俄罗斯民法典中将其称为国有单一制企业。《新帕尔格雷夫经济学大辞典》将国有企业的含义表述为"由政府代理人所有、控制或经营的企业"，并强调"政府有任命和罢免经理人员的权力"[1]。根据 1980 年欧洲共同体法规指南中的有关定义，公营企业是这样一类企业，即"政府当局可以凭借它对企业的所有权、控制权及管理权，对其施加直接或间接的支配性影响"[2]。

国有企业被理解为国家所有并由国家经营的企业。但如何理解国家经营？是直接经营还是间接经营？一般而言，直接或间接经营指国家控制权。在法国，国家拥有 30%以上资本的企业统统被称为国有企业；日本的国有企业则既包括由政府部门直接经营的事业体，也包括依特别法设立的、由地方政府或公共团体出资组建的具有法人资格的企业，还包括由政府或公共控制一定比例股份、依商法设立的股份公司。[3]

在我国，早期主要是从出资人的角度理解国有企业，认为其是生产资料归全体人民所有的企业。也有从企业经营控制权的角度来认定国有企业身份

---

[1] ［英］约翰·伊特韦尔、［美］默里·米尔盖特、［美］彼得·纽曼编：《新帕尔格雷夫经济学大辞典》，陈岱孙译，经济科学出版社 1996 年版，第 638~640 页。

[2] ［英］亨利·帕里斯等：《西欧国有企业管理》，张冀湘、鲁奇译，东北财经大学出版社 1991 年版，第 2 页。

[3] 苏武俊：《国有企业交易成本研究》，广东经济出版社 2008 年版，第 37 页。

的观点。还有从功能的角度来界定的，指出国有企业是提供公共产品或社会福利的企业，是为弥补市场缺陷而存在的。

国有企业是基于促进国民经济稳定发展的需要，由国家或政府投资设立或入股，以资本为联系形成对主体的控制或控制性影响的企业。功能性、资本性和控制性为国有企业的基本特点。

其中控制性是理解国有企业的核心。对此应作广义理解：一种情况是国有独资，即国家全额投资；另一种情况是国有控股，即国有股份在企业总资本中超过 50%。上述两种情况，国家投资者都具有控制权。第三种情况的股权相对分散，国有投资主体持股不到 50%，但仍能够施加控制性影响。

总体上，对于国有企业，需要从如下方面综合理解：①国有企业是国家出资设立的企业法人。②国有企业是国家投资设立的营利性法人。③国有企业是公益性为主的营利性法人。其基本的组织职能有二：一是在特殊时期，国有企业要承担社会性职能；二是通常情况下，国有企业的职能是使国有资产保值增值。④国家投资的机构可以是中央政府，也可以是地方政府，还可以是法律授权的国有资产监督管理部门或特定的投资机构，还可以是国有企业。⑤国家投资的方式可以是全资即独资的方式，也可以是控股的方式，还可以是控制性影响的形式。

二、国有企业的一般职能

国有企业是国家机器的"阶级性"和"社会性"的综合体现。在战争时期，国有企业是战略物资的主要提供者，国有企业是否强大决定战争能否取得胜利。在和平发展时期，国家的经济职能是维护国民经济稳定和促进国民经济发展，国有企业可以弥补市场调节的不足，尤其是解决公共产品投资不足的问题。

国有企业不仅是一种新的经济主体，更重要的是一种经济调控手段。"发挥国有经济主导作用，深化国有企业改革，……培育具有全球竞争力的世界一流企业，推动国有资本做强做优做大"。[1] 国有企业的特殊职能决定了国有企业行为的方式和行为的范围与一般企业迥然有别。国有企业经营的范围是公共产品，如道路、邮政、电信等基础产业，这些领域一般投资大、资金回收周期长，私人企业不愿介入或无力介入。在经营中，国有企业不是以追求利润最大化为唯一目标，而且国有企业不能采取"灵活多样"的措施提高经济效益，同其他企业形态相比较，社会效益是国有企业行为的主要目标。

具体而言，国有企业的职能主要包括如下方面：

1. 基础服务职能。这是国有企业最基本、最重要的职能。其表现为两个方面：其一，承担国民经济发展所需的公用设施和基础设施的建设和经营任

---

〔1〕　中共中央宣传部：《习近平新时代中国特色社会主义思想学习纲要》，学习出版社、人民出版社 2019 年版，第 116 页。

务。例如，铁路、航空、港口等。这些部门所需投资大、资金回收慢，同时这些行业是整个国民经济发展的基础，制约其他产业的发展，常常需要优先解决。其二，资源和能源的开发与利用。资源包括自然资源和社会资源。自然资源是自然界的产物，也是人类赖以生存和创造社会财富的物质基础。国有企业的经营可以保障产品提供的稳定性，维护资源利用的有序性以及促进资源开发与环境保护的协调性。凡具有社会属性的资源则称为社会资源，如劳动力、资金、科学技术、信息等，是国民经济发展的内在动力，是市场充满活力的客观条件。国家需要提供这些社会资源的开发利用条件，包括设立相关交易场所、采取鼓励措施等。

2. 引导开拓职能。国家要解决国民经济结构调整、产业升级等问题，单靠市场自发调节以及民间企业的自发行动无法实现，因此需要由政府承担这一职能。引导开拓主要集中在两方面：其一，选择并带头发展一些支柱产业，如重化工、新能源等；其二，促进重大科学技术研究和开发。国家可以通过设立国有企业专攻某个战略工程，并以产业集群的方式带动其他相关产业的发展。

3. 对民营企业的维护和救助功能。这一职能并非社会化大生产发展的自然要求，而是在特殊时期的一项特殊的作用。20 世纪 30 年代的西方世界大危机时期，为了维护就业和社会稳定，一些国家通过国有企业对关系国计民生的重要企业进行接管和救助，使其免于破产，待其经营正常后，再交给民间经营。发展中国家国有企业的这一职能并不普遍，但偶尔也会出现，如 20 世纪 50 年代巴西政府接管了 Usiminas、Cafavi 和 Cosipa 三家钢铁厂。我国央行曾提出对陷入流动性困境中的证券公司实施救助的思路，即若被证监会、央行认定为需要国家救助的重组类证券公司，由汇金公司或建银投资以股权或债权形式注资。[1]

4. 经济调节和控制职能。恩格斯曾经指出："猛烈增长着的生产力对它的资本属性的这种反抗，要求承认它的社会本性的这种日益增长的必要性，迫使资本家阶级本身在资本关系内部一切可能的限度内，愈来愈把生产力当作社会生产力来看待。……社会的正式代表——国家终究不得不承担起对生产的领导。"[2]政府对经济的调节和控制有很多种方法，通过国有企业达到上述目标的方式，主要包括：以国有企业控制金融机构实现金融稳定；以国有企业在落后地区或新经济区进行投资和经营引导；对部分商品实行国家专卖和专营等。

---

〔1〕 汤凌霄等：《中国金融安全报告预警与风险化解》，红旗出版社 2009 年版，第 271 页。

〔2〕 ［德］马克思、［德］恩格斯：《马克思恩格斯全集》（第 19 卷），人民出版社 1965 年版，第 238~239 页。

三、我国国有企业的特殊性

西方国有企业是在战争和经济危机时期，基于解决特殊的社会经济矛盾的需要而产生的。第一次世界大战后，西方国家为了恢复基础设施和基础产业，组建了一批国有企业。西方国家的国有企业很大程度上是在发达的市场经济基础上产生的，其基本环境是，出现了市场的缺陷，依靠市场的力量无法克服，需要政府的介入。所以，西方国有企业是为调节市场的矛盾而产生的。

在我国，国有经济在国民经济中具有特殊地位和作用。首先，新中国建立后，国有企业是国家最重要的经济力量，构建起了我国国民经济的体系框架并奠定了社会经济发展的基础。其次，在计划经济时期，国有企业是社会主义制度的主要体现形式。这是中西方国有企业形成的条件差异。我国改革开放后，国有企业仍然在国民经济发展中发挥着特殊的作用，但作用的形式和发展的方向发生了一点的变化。

我国《宪法》规定，"国家在社会主义初级阶段，坚持公有制为主体、多种所有制经济共同发展的基本经济制度，坚持按劳分配为主体、多种分配方式并存的分配制度。""公有制为主体、多种所有制经济共同发展，是我国社会主义初级阶段的一项基本经济制度"，"公有制的主体地位主要体现在：公有资产在社会总资产中占优势；国有经济控制国民经济命脉，对经济发展起主导作用。"[1] 这一论述，为我国国有经济的改革，特别是为国有资产的结构调整和合理化指明了方向。

1. 国有经济在国民经济发展中起主导作用是以存在多种经济成分为前提的。主导作用是对以往那种全盘国有化理论和现实的扬弃。如果没有多种所有制经济的共同发展，仍然是国有经济包办一切，就谈不上什么国有经济的主导作用。国有企业主导作用是在我国社会主义初级阶段所坚持的基本经济制度之下提出的，并且是这一基本经济制度的组成部分。

2. 国有经济在国民经济发展中起主导作用，反映了国有经济与非国有经济成分的职能分工和联系。国有经济的主导作用主要体现为两个方面：一是调节和引导其他经济成分沿着发展社会主义国家的生产力和综合国力、提高人民群众物质文化生活水平所要求的轨道发展；二是为其他经济成分的健康发展创造条件。这与世界范围内国有经济的调节和基础服务两大基本功能是相吻合的，符合社会化大生产发展的规律。

3. 国有经济更注重质的提高。党的十五大报告中明确指出："公有资产占优势，要有量的优势，更要注重质的提高。"公有制为主体是指"公有经济在社会总资产中占优势"，并非要公有制企业更不是要国有企业在户数上占优势。

---

〔1〕　人民出版社编：《中国共产党第十五次全国代表大会文件汇编》，人民出版社 1997 年版，第 21 页。

总之，国有经济的地位和作用，主要取决于其配置的合理性，而不取决于它的数量和规模。世界各国国有企业发展经验证明，确定国有企业占据的行业和领域是国有企业结构调整的最重要问题之一。这也是国有企业作为经济法典型主体的原因。

第二节　国有企业的特别调整措施

一、国有企业的特别调整措施

国有企业行为的国家目的性，源于企业财产所有权的国家性。国有企业由中央或地方政府出资，出资者拥有企业财产的全部或部分所有权，企业拥有经营权。企业的生产经营行为受出资者的控制。所有者对企业进行控制的理由，是保证企业行为的目标为公共利益服务。这一特性表现在企业行为的各个方面：从企业的设立到企业的终止需经过批准；存续期间的重大经营行为受到限制，如企业的重要资产处置、企业形式的改变、企业主要负责人的安排等，均需要经政府有关部门的批准。

（一）国有企业的变动

国有企业作为国家所有的经济组织，本来目的是追求国家公共目标和实现企业效率的统一。然而国有企业的国家目的性与企业行为的市场竞争性之间存在矛盾。国家在贯彻政策目标的过程中需要在这两重性之间进行权衡。在不同的历史发展阶段，西方国家国有化、民营化的交替出现，就是国有企业的两重性之间内在矛盾的反映。

西方国家自20世纪30年代的经济危机以来，通过国有企业私有化加强企业行为的独立性，通过国有化增强国家对企业的调控权力，而且两种行为交替进行。这一点在西欧表现得最为突出：英国保守党在20世纪50年代的执政过程中，曾把工党执政时期建立的一些国有企业，如钢铁工业和运输业中的一部分企业私有化，但在其后，工党在20世纪60年代、70年代的两度上台执政期间，掀起了更大的国有化运动，使英国的国有化走在西方国家的最前列。法国在戴高乐政府、密特朗政府执政期间，两度掀起国有化高潮，对前任政府的私有化政策和措施予以纠正，推动国有经济发展到了更大规模。20世纪80年代，英国的撒切尔政府和法国的希拉克政府都推行私有化政策。

国有企业私有化的原因是国有企业存在效益和效率低下的问题。国家要求国有企业付出经济代价、经营损失来承担国有企业的社会责任，以及国有企业自身的经营方式、管理方式上的特殊性，使得利益最大化一直无法恒久地作为国有企业的战略目标。在经济发展的非常时期，国家对国有企业的规制程度加强，企业的经营自主性会受到一定限制，企业追求内部效率的行为动机就会遭到削弱。在经济发展的平常时期，为了改变国有企业低效率状况而进行的改革，要实现预期目标，就必须强化企业独立自主经营的能力，减少政府干预。

私营企业国有化的原因是国家经济稳定的需要。国有企业并不参与社会再生产的全过程和所有方面，而是根据国家调节经济的需要，作用于社会经济发展的基础设施和产业，以纠正和弥补私人经济的不足，尤其是在国民经济的命脉行业，如基础产业、基础设施、国防工业、高技术产业等领域。

总之，国家目的性与市场竞争性的对立统一，是国有企业的固有属性。

（二）国有企业的治理

虽然国有企业是中西方国家的共有现象，但在治理思路上两者的差别显著，治理模式各有千秋。20世纪70年代末，西方国家开始了对国有企业管理体制和经营机制的调整和改革，具体治理举措可以概括为以下三个方面：

1. 国家元首或国会直接控制制度。例如比利时，其君主长期直接参与监督国有企业的经营活动以及这些活动的财务报告，君主也可以通过任命专门负责国有企业的部长代表负责监督；国有企业的董事由部长会议提名、君主任命，董事长由君主推选、部长会议任命。[1] 在日本，国会是国有企业的主要管理主体，国会对于企业的预算、决算、资金筹措、利润处理等拥有表决权，对其进行监督指导，政府企业的预算、决算还需经大藏省承认，执行情况还需接受会计检查院和总务厅行政监察局的检查和审计；在人事任免方面，中央一级的国有企业的人事受国会、政府内阁以及有关省厅的管理，地方政府国有企业的人事受地方政府的控制，地方政府的国有企业的领导人一般由地方政府首脑任命或批准。[2]

2. 雇员在国有企业治理中发挥着举足轻重的作用。在这方面体现最为鲜明的是德国，德国构建了三个不同层次的职工共同管理制度：行业劳资合同和劳资斗争制度、雇员代表参与管理制度以及职工代表参与监事会和董事会制度，三者相互补充，共同发挥作用。德国自1972年颁布《雇员代表共同管理法》以来，职工参与企业决策发挥着日益重要的作用。[3] 此外，在日本，政府利用职工的终身雇佣制实现对国有企业的管理，[4] 日本政府为国有企业职工建立各种社会保险，免除其后顾之忧，以使职工对企业有一种归属意识，从而使得职工将对企业的经营管理视为己任。

3. 新闻媒体在国有企业的监管中发挥了有力的外部监督作用。根据德国的新闻法，媒体有权从政府得到消息。2005年2月德国联邦法院的一项判决更加强化了媒体的作用，法院指出了在一个民主社会中媒体对于民意形成的

---

〔1〕〔比利时〕C. 范德厄斯特：《比利时国有企业的管理、决策和监督》，田薇琪、何胜云译，载吴越主编：《公司治理：国企所有权与治理目标——中国欧盟国有企业公司治理国际研讨会论文集Ⅰ》，法律出版社2006年版，第79页。

〔2〕 昌忠泽编著：《日本国有企业之路》，兰州大学出版社1999年版，第83页。

〔3〕〔德〕托马斯·莱塞尔、〔德〕吕迪格·法伊尔：《德国资合公司法》，高旭军等译，法律出版社2005年版，第132页。

〔4〕 昌忠泽编著：《日本国有企业之路》，兰州大学出版社1999年版，第84页。

重要性。[1]

上述域外国有企业的治理措施由其本国的社会经济、政治、文化决定，中国的国有企业的存在和发展有自己的社会背景。政府，尤其是中央政府，直接管控国有企业是不现实的，特别是采取一对一管理模式，成本太高，更缺乏可操作性。西方国家以多党轮流执政为基础，管理国有企业的政府代理人是执政党思想和意志的体现，代理人在行使对国有企业监督权时有现实的利益和动力。但是，外国国有企业的治理措施并不适合于中国。中国国有企业的治理必须另辟蹊径，转换思路。

二、我国国有企业改革

(一) 改革的历史过程

我国的国有企业生成于晚清的官厅企业，经历了复杂多变的不同时期。中华人民共和国成立后，国有企业在政治和经济上发挥了重要的职能。改革开放以后，城市经济体制改革是从国有企业改革开始的。迄今我国的国企改革之路仍在探索之中。总结国有企业改革的过程，大致可以归纳如下：

1. 确立国有企业的法人身份。1983 年国务院发布的《国营工业企业暂行条例》第 8 条规定："企业是法人，对国家规定由它经营管理的国家财产依法行使占有、使用和处分的权利，自主进行生产经营活动，承担国家规定的责任，并能独立地在法院起诉和应诉。"尽管这一规定尚未明确国家对企业的有限责任，但它仍然标志着我国国有企业法人制度的初步建立，标志着国有企业的改革已经从国家单纯放权让利进入了认可企业独立于国家的法律主体资格的阶段。

2. 两权分离。1984 年中央发布了《中共中央关于经济体制改革的决定》。该决定将增强国有大中型企业的活力作为以城市为重点的整个经济体制改革的中心目标。在处理国家与国有企业的关系上，首次提出了所有权与经营权分离的理论。按照这一理论，企业改革的目标是使其真正成为"自主经营、自负盈亏的社会主义商品生产者"和"具有一定权利和义务的法人"。1988年颁布的《中华人民共和国全民所有制工业企业法》第一次以法律形式肯定了两权分离原则。

3. 承包制和租赁制。承包制和租赁制的试点始于 1985 年以前，大规模推行在 80 年代后期。它是以国家和国有企业的利益分配为格局的改革措施，意在使经营者在承包、租赁期间可以获得法律规定的经营管理自主权，包括利益分配权和财产支配权。但是这种措施具有短期效应，包括资产的加速折旧、合同签订的寻租等。

---

[1] [德] V. 克诺帕斯基：《德国国有企业公司治理的讨论》，徐文静译，载吴越主编：《公司治理：国企所有权与治理目标——中国欧盟国有企业公司治理国际研讨会论文集Ⅰ》，法律出版社 2006 年版，第 352 页。

4. 现代企业制度的提出。所谓现代企业制度，是指企业中的国有资产所有权属于国家，企业拥有由全体出资者投资形成的全部法人财产权。国家与企业作为各自独立的法律主体享有法律赋予的权利、义务和责任。改革的目标是实现政企分开。为配合国有企业建立现代企业制度，《公司法》于1994年12月公布。

此后国家又采取过很多措施，如"抓大放小""债转股""年薪制""职工持股计划"等。

（二）混合所有制改革

上述国有企业的特殊职能和国有经济的动态特性，也使国有企业的创造性倍受质疑。一方面，作为生产经营单位，国有企业要向社会提供物品和服务以保证取得一定的营业收入，因而国有企业自然具有追求收入增长和提高效率的行为动机。另一方面，在垄断领域中的国有企业，不需要多少努力也可以保持稳定的经营，且获得利润的经营行为对经营责任者没有足够的刺激作用。

国有企业的职能决定国有企业的权利义务配置。根据十五大报告的要求，参考世界范围内国有企业发展的实践，改革中的国有企业被分为两类：垄断性国有企业和竞争性国有企业。垄断性国有企业也可以分为两类：涉及国家安全的国有企业和社会公益性的国有企业。

1. 涉及国家安全的国有企业，是需要政府重点扶持和发展的部门，也就是国民经济命脉部门，是最能体现国有经济主导作用的部门，诸如军工、通讯、航天、造币等关系到国家安全的部门和行业。这些行业只能由国家垄断，非国有经济不宜进入。对于这些部门和行业的国有企业，即使亏损，也不能贸然取消。

2. 社会公益性的国有企业，即为社会提供普遍性服务的行业，如民用通讯、供水、供电、供气等。这些行业属于国民经济发展的基础行业，影响国计民生。这些行业不完全以营利为目的，可以获微利，如出现亏损，政府应以适当的方式提高其效率。在政府统一管理和控制下，可吸收民间资本参与。

3. 竞争性国有企业，是指那些既不起主导作用，又对国民经济发展没有基础性影响的行业。这类国有企业主要分布在一般性的制造业和商业、服务业领域。

确定三类国有企业的不同性质后，国有企业改革的范围和方向就有了基本依据。竞争性国有企业可以实行或部分实行民营化。竞争性行业的国有企业民营化的目标是探索促进生产力发展的经营模式，提高经济效益。所以只要是能够实现上述目标的方式均可以适用，不宜采取统一的方式推进民营化。社会公益性的国有企业根据经济发展的状况，可以采取灵活的方式，允许民间资本部分或全部进入，国家可以根据这些产业发展的状况，决定扩大民营资本比例或缩小比例或全部挤出民营资本。

为此，党的十八届三中全会通过的《中共中央关于全面深化改革若干重大问题的决定》提出了国有企业的混合所有制改革，强调国有企业的产权可以按照股份制框架实行混合所有制。2016 年和 2017 年，混合所有制改革一直在稳妥推进，并且已建立起日趋完善的政策体系。

非公有资本投资主体可通过出资入股、收购股权、认购可转债、股权置换等多种方式，参与企业改制重组。支持国有资本与非国有资本共同设立股权投资基金。非公有资本投资主体可以货币出资，或以实物、股权、土地使用权等法律法规允许的方式出资。国有企业不仅针对民间资本开放股权，而且支持集体资本参与国有企业混合所有制改革。另外，推广政府和社会资本合作（PPP）模式。PPP（Public-Private-Partnership）模式，通常称为"公与私合作制"，是指政府与私人组织之间合作建设城市基础设施项目。PPP 模式的核心就是以特许经营权的形式，让非公经济参与提供公共产品和服务，在实现部分政府公共部门职能的同时，为非公经济带来相应收益。通过合作，在一定程度上满足非公经济的投资回报的同时，为社会更有效地提供公共产品和服务。

第三节　我国国有企业的治理

鉴于中国国有企业所处领域和行业的广泛性，中国国有企业只能依据行业特点区别垄断性和竞争性国有企业，分别采取不同的治理措施。

一、竞争性国有企业的治理

竞争性国有企业存在的根本问题，是内部人控制和责任的缺失。国有企业经营效率低下、国有资产流失均与此有关。国有企业面临的问题也是家族企业正在遇到的问题，不建立有效的职业经理人信托责任机制，民营企业的资产也同样会流失。如今探讨的国有企业的治理措施，也是民营企业防患于未然所应采取的举措。

从理论上讲，国有企业的财产属于全民所有，全体国民是其股东，但实际上，这类"股东"因过于泛化而无法发挥传统公司中股东应有的功能，只能将属于自己所有的财产委托于国家，国家将这部分财产再次转委托于相应的国家机关。过长的代理链条以及由此产生的过高的代理成本，加之国家机关作为行政机关，其所固有的官僚主义、行政效率低下甚至权力寻租等原因，使得企业的命运、生杀大权完全掌控在经理人手中，内部人控制成为普遍现象。

这种现象在其他国家也存在。美国上市公司的股权极为分散，股东之间缺乏凝聚力，难以形成制衡经理人的力量，股东缺乏监管能力和监管动力，因而此类公司普遍由经理人把持。为此，美国政府制定了一系列针对经理人的严格的责任制度，作为对上市公司治理规则的补充。美国上市公司的一些治理规则对于我国竞争领域的国有企业的治理具有一定的参考价值。

美国的《萨班尼斯—奥克斯利法案》对我国竞争性国有企业的治理具有启示意义。该法案为公司高管人员量身定做了一套严格而有效的责任机制，其中一些具体措施可以"西学东鉴"，为我所用。美国制度的核心是强化高管人员的相关义务和责任。①引入公司定期报告的个人认证制度。[1]加强公司高管人员的信息披露责任（不论是向社会披露，还是向股东的代理人——国家或国资委披露），保证所披露的信息及时、真实、准确，保证财务会计的准确性。为此，公司的高管人员要对公司的季报和年报进行书面认证。②返还所得利益。在公司提交的财务报表有重大违规的情况时，高管人员在此之前的一定时期内从公司获得的利益必须向公司返还，包括奖金、红利、其他奖金性或权益性酬金。[2]③判处罚金。这适用于高管人员明知提交的定期报告违规或不真实仍然作出书面认证的情形。具体数额须结合高管人员的薪酬、违法认证可获得的利益、违法认证可能带来的损害等综合因素确定，但必须设置上限，以不影响其正常生活水准为限。④追究刑事责任。《萨班尼斯—奥克斯利法案》规定，首席执行官、首席财务官违反其在呈报给 SEC 的财务报告中所承诺的"完全符合证券交易法，以及在所有重大方面公允地反映了财务状况和经营成果"的保证的，可被处以 50 万美元以下的罚款或监禁 5 年。

理想目标是竞争性国有企业的治理按照一般公司的治理模式进行，但前提是有合理的股权结构。过渡中的竞争性国有企业需要完善如下治理措施：

1. 强化证监会的权力，从证券市场上加强对这类企业的监管。例如美国的证监会拥有司法权，其可以调查任何人、任何物，包括总统，还可以发传票。证监会正是基于这种至高无上的权力，才能保证上市公司的非掠夺性。无独有偶，香港证监会同样拥有广泛的调查权力和多元化的调查手段，不仅可以传唤涉嫌违法人士、要求交出相关文件和记录、进入涉嫌违法机构场所，还可以要求相关机构和人员（包括交易对手、审计师以及开户银行）提供资料、协助调查，妨碍调查的行为可能面临刑事处罚，以此为调查活动提供强有力的支持。中国证监会缺乏的正是这种调动上市公司以外的资源的权力。中国证监会由于缺乏权威性因而也就没有威慑力，因此上市公司丑闻迭出。

2. 为公司的高管人员建立信誉征信体系，确立信誉罚。我国的人力资源

---

〔1〕　美国证券交易委员会在 2002 年 6 月 27 日发布了一道行政法令，要求全美 945 家年营业收入超过 12 亿美元的上市公司的 CEO 和 CFO 以个人认证的形式保证公司财务报表不存在重大失实和误导投资者的内容。认证包括以下内容：①本人已审查该报告。②据本人所知，报告不存在有关重要事实的虚假陈述、遗漏或者误导。③据本人所知，报告中所作的财务陈述和其他财务信息，对于其所披露期间的财务状况和营运结果的所有重要内容，均已作公允的表述。④本人负责建立和运作公司内部控制系统。⑤在内部控制上，本人已经向公司外部审计和审计委员会披露了内部控制系统设计和运作的一切重大缺陷和弱势，披露以往发生的包括公司管理人员和其他在内部控制系统中有重要地位的雇员的欺诈行为，不管该行为是否重大。⑥如果内部控制系统发生重大变化，本人必须声明是哪些因素导致了这些变化，对于内部控制系统的缺陷是否已经采取措施纠正。

〔2〕　《萨班尼斯—奥克斯利法案》规定，CEO 和 CFO 在违规报告公布或向 SEC 财务文件机构提交报表之日起 12 个月内获得的一切业绩报酬必须向公司返还。

市场尚未建立，难以通过市场机制对经理人员予以优胜劣汰，经理人的任用机制还无法做到市场化。为了弥补这一缺陷，目前最便捷有效的措施是借助于政府的威信和公权力的威慑力，建立一套专门针对公司高管人员的信誉查询系统。对其违法违规行为，不仅要实施经济惩罚，还要对其信誉予以惩罚，每一次的违法违规行为都使其信誉度减等，直至职业禁入。以政府行为确立一种职业经理人淘汰机制，打破高管人员终身制，以此刺激经理人行为的效用函数与企业利益最大化和股东利益最大化相一致，客观上有利于完善公司治理。

3. 对于竞争性国有企业，按照市场条件运营的要求，由国家按公司的风险等级提出赢利与回报的要求。这类企业的经营目标为创造利益最大化，因此要求其经济增加值为正数。国有企业改制过程中，在权力结构上发生了非常大的变化，多数企业都确立了"一把手说了算"的体制，即便是按照公司法的要求确立了公司法人治理结构，依法建立了董事会和监事会，形成了理论上的制衡力量，但事实上，在多数国有企业里，几乎所有的制度建设过程都是在"一把手"的直接指挥和控制下进行的。机构设置仅仅是为了满足企业改制或公司注册的要求，董事会和监事会的制衡力量形同虚设，外部的派出监事制度、传统的纪律检查制度和监察制度以及职工参与制度都很难发挥实效。这种严重的内部人控制现象表明中国国有企业真正需要市场化的是经理人团队，促使他们有信托责任，经营的好坏与否通过赢利与回报等量化的经济性指标予以反映。

二、垄断性国有企业的治理

垄断性国有企业在中国的存在，既有其历史原因，也有现实背景，但基于"垄断"的前提，此类国有企业的共同特点是协同政府主管部门通过非市场的手段获得稀缺资源，并据此进行垄断经营，以获取垄断利润。虽然对于哪些行业应该垄断经营、垄断的边界该如何确定等问题一直处于争论之中，但对于现有的这些垄断性国有企业的治理问题却是无法回避的。

在传统的公司治理中，从制度（或技术操作）层面上看，法学界认为，公司治理是由内部治理和外部治理组成的系统。在公司法的框架内，公司治理的范畴不单指公司机构制度的调整和改革，也包括对公司资本，特别是对公司处于流转状态的资本的监控及改革。[1] 垄断性国有企业的特殊性使得其不仅不同于传统公司的治理，而且与竞争性国有企业的治理思路也不完全吻合。传统公司治理系统中的内部治理对垄断性国有企业的意义不大，因为垄断性国有企业的运作在很大程度上依赖于国家产业政策以及政府主管部门的扶持，行政干预的色彩较浓，即便是建立了完善的治理机构，也难以彻底摆脱行政干预而完全按照市场化的方式运作。垄断性国有企业的治理既属于公

---

〔1〕　徐晓松："论资本监管与公司治理"，载《政法论坛》2003年第4期。

司治理的范畴，但又超出了公司法的控制框架。因为中国的垄断性国有企业享受着一般企业所不具有的国家投入、扶持、优惠政策，这些是垄断性国有企业发展的依托，其据此可以很容易地获得垄断利润，完成所谓的经济指标并不困难，所以前述对竞争性国有企业提出的赢利与回报的要求对于垄断性国有企业的高管人员难以形成有效的制约。

相对于内部治理，外部治理应该是垄断性国有企业治理的主要方式。传统公司的外部治理，即资本监管对于垄断性国有企业的治理更具有可行性，但此处所说的资本监管是在广义上使用的，是在资本预算的整体框架之中的资本监管。

首先，实行国有资本经营预算制度可以强化企业的财务监管。后者是前者顺利实施的基础，严格规范的国有资本经营预算制度要求有规范的企业财务管理制度，账户的设置和收支行为必须符合财务制度的要求，建立定期报表制度，保证做好企业的财务预算，以此杜绝利润在财务预决算中被转移。严格而完善的财务制度是资本监管的本质内涵和内在要求。

其次，通过收取红利的方式将垄断性国有企业取得的垄断利润上缴国家财政，最大限度地减少此类企业高管人员的现金支配权，以有效节制经理人员不受监督的支出行为。如果企业有太多的现金，可能产生如下后果：一是可能会导致过度投资。包括国有企业在内的中国公司的留成利润比例比美国和法国高[1]，这为国有企业的投资提供了资金。这种投资由于缺乏像从金融部门获得融资那样严格的审核监督，有可能影响投资效率，导致包括国有企业在内的企业资金使用效率的低下，并直接表现为企业经济效率低下。对国有企业实施公司制治理的目的就是提高经济效益，而国有资本经营预算的实施有助于对资本配置实施监督，提高企业的经济效率，实现公司治理的目标，尤其是在垄断性国有企业的治理结构难以发挥作用的前提下，国有资本经营预算制度所产生的治理效果具有特别的意义。二是高管人员可能通过对这部分资源的分配以给自己带来现实的好处，甚至将其据为己有，而这些活动显然不符合股东利益最大化原则。

关于国有资本经营预算制度的构建，是《国有资产法》中的重要组成部分，在第六章专门规定了这一内容，虽然具体收取的比例目前尚无定论，但应该肯定的一点是基于垄断性国有企业利润来源的特定性，由于国有企业属于一种公众信托，对其收取的比例要高于竞争性国有企业。对国有企业剩余现金留存比例应该有更严格的标准。"对于一家国家百分之百控股的国有企业来说，合理的分红政策是将其全部利润都用于分红，除非这家公司能够表明，在考虑风险的情况下，它仍然有可以带来合理回报的投资机会。"[2] 在经合

〔1〕　世界银行驻中国代表处高路易（Louis Kuijs）、高伟彦（William Mako）、张春霖："世界银行：国有企业为何不向政府分红？"，载《商务周刊》2006年第5期。
〔2〕　高路易等："国企分红：分多少？分给谁？"，载《中国投资》2006年第4期。

组织国家里，国有企业的实际分红政策差别很大。在新西兰，国有企业董事会在与持有股份的政府部门协商后，根据国有企业的资本结构、未来投资计划和盈利前景等因素来制定分红计划。在新加坡，国有企业分红主要考虑现金流（即折旧前盈利）。在瑞典和挪威，国有企业不定期地以特别红利（一次性）的形式将资本金归还国家，目的是减少国有企业的资本（股本）以取得更高的资本（股本）回报率。

最后，通过国有资本经营预算对此类企业的高管人员进行监督考核。国有资本经营预算是企业经营业绩的晴雨表，其收益直接反映企业经营者管理水平和能力以及贡献大小。[1] 垄断性国有企业高管人员的绩效考核与其上缴的红利相挂钩，变被动收缴为主动上缴。因此，业绩考核为实施奖惩提供了一个可操作的平台，强化了责任机制，业绩考核成为激励约束机制的核心内容，而科学合理的激励约束机制是公司治理机制所力求构筑的重要内容。

综上所述，对垄断性国有企业实行严格的国有资本经营预算，可以有效地控制此类企业利润的流向，使取之于民的垄断利润最后能够用之于民，同时也是防止企业高管人员腐败的积极的事前举措。作为广义资本监管的范畴，国有资本经营预算的实施对于完善垄断性国有企业的治理具有其他制度和措施所不可替代的作用。

二维码

第九章　拓展阅读

---

〔1〕 李作凯、张苏炜："推进国有资本预算科学营运国有资产"，载《当代经济》2007 年第 5 期。

第十章

消费者权益保护法

第一节　消费者保护立法与消费者政策

消费者是与经营者相对应的一个概念。消费者与经营者是社会中共生共融又互相矛盾的两大主体，矛盾的融合及融合的程度既需要对某些行为进行限制，也需要政策予以引导。

一、消费者保护立法的产生

消费者问题的产生是随着产品的复杂化而逐渐显现出来的。消费关系的成立源于消费合同，历史上，消费合同属于民事合同。基于一些客观因素导致消费合同无法实现平等、自由、意思自治等民事规范的基本原则，需要对其进行特殊处理，进而从民事合同中分离出来而成为一种类型化合同制度。

（一）消费者问题及消费者运动

西方国家的消费者保护制度，经历了一个由弱渐强的制度形成过程。资本主义建立初期，与亚当·斯密自由放任的经济学思想相吻合，以意思自治为核心的契约神圣原则在交易过程中占据统治地位，合同自由原则是交易的基本原则。在自由竞争的市场经济时代，市场被认为是蕴含着一种神奇力量的场所。基本前提是，倚赖游弋于市场中的"经济人"的理性即可实现参与者最大化利益，并能使资源配置达到最优的效果。在商品结构简单的交易中可以体现市场的这种特殊功能，因为当事人可以在交易时通过观察、体察等方式即时化解交易中可能存在的风险，如此交易亦较为充分地体现了交易自由和交易平等。

1. 消费者问题的产生。随着商品经济的发展，工业化大生产打破了这种平衡。具体而言，形成了以下四个突破传统交易模式的外在力量：

（1）技术的商品化。随着科学技术的迅猛发展及技术在商品中的广泛运用，商品中的技术含量越来越高，产品的结构和性能也日趋复杂，消费者依已有的知识、经验和能力通过观察和体察均难以对商品的内在品质及其风险作出准确和充分的判断。相比经营者，消费者对商品的信息知晓不足。获取信息是交易选择的前提，获取信息越充分，交易的风险越小。消费者无法知道经营者生产经营中的如原料、卫生等具体状况，由此增大了消费者的交易风险。

（2）商品形成过程改变了原材料的自然性状。技术商品化的直接结果，是改变物的自然本性（物理属性），通过工业过程的化合形成了物的人工控制的属性（化学属性）。作为原材料的物的性状改变得越大，风险越大。而如何改变、改变的程度等往往是经营者的商业秘密，消费者无法知道，甚至业界的同行也无法知道。在产品质量标准不能及时跟进及，市场监管不可能全覆盖的情况下，消费交易的风险增大。

（3）规模主体的形成。在生产经营中规模性的经济主体取代了个体手工业者成为市场中的主导主体，特别是少数大型垄断企业的出现，中小企业和消费者在与大公司的交易中难以充分实现自己的意愿，相互协商的机会减少，对抗的能力减弱。因此，消费者在交易中的地位进一步弱化。表面的自由交易中越来越多地出现了经营者的单方强制，进而在交易上形成了消费者对大企业的依附。在经济依附的前提下，交易模式也悄然发生转化，大企业通过格式合同加重消费者的义务、减免自己的义务。

（4）营利手段的扭曲。随着市场竞争日趋激烈，一些经营者的目标短视，以扭曲的手段谋取利益，如偷工减料、掺杂使假、缺斤短两、虚假广告等，这些行为严重损害了消费者的利益。即使不是扭曲的手段，商业宣传的诱导性也会渗透并一定程度上改变消费者的理性。"商业宣传必须炫耀，乃至喧哗。宣传的目的就在于要吸引那些对市场反应不灵敏人群的注意，激起购买欲望，怂恿人们抛弃传统，尝试创新。想要获得成功，广告必须迎合大众的心理，适合他们的品位，说出他们的心声。广告就要强烈，就要喧闹，就要粗暴，就要吹嘘。否则，公众是不会对高贵的暗示有任何反应的。"[1]

在形式平等的幌子下，交易双方当事人的风险和利益部分的失衡，需要一种外在的平衡力量对此予以矫正，以实现实质上的平等。当这一类问题已经发展成为普遍的社会问题时，要求经营者承担维护社会正义的呼声日渐高涨，在一些国家掀起了保护消费者的运动，并由此拉开了创建现代消费者保护制度的序幕。

2. 消费者运动及其成果。消费者运动发起于美国。20世纪60年代之前，美国消费者运动以争取洁净食品和药品为目标。当时的经营者控制着市场，具有欺骗性的广告，低劣的、掺假的和危险的产品充斥市场，此时的消费者保护主要侧重于消费品的安全、卫生，消费者的知情权及产品质量责任等方面。为此，美国政府颁布了一系列法律，例如1906年颁布的《纯洁食物及药品法》《肉类检查法》。1929~1933年由美国开始的全球性的经济危机导致市场中充斥着各类假冒伪劣产品。社会公众为了表达对政府的不满开始举行消费者运动。消费者运动是消费者表达诉求的一种社会形式，也为政府监管的

---

〔1〕〔奥〕路德维希·冯·米塞斯：《人类行为的经济学分析》（上），聂薇、裴艳丽译，广东经济出版社2010年版，第273~274页。

内容和立法的完善提供了方向。为此，美国颁布了一系列的保护消费者利益、加强产品质量安全的法案，如《儿童玩具安全法》《电冰箱安全法》等。

20 世纪 60 年代以后，美国经济的高度发展使信贷消费快速成为一种新的消费模式。但是，以合同法来认定信贷消费过程中信贷机构、销售商及消费者之间的关系难以适应社会现实的需要，保护作为弱者的消费者的合法权益的要求日益迫切。[1] 进而，美国消费者保护的重点转向信贷交易。联邦议会在信贷消费者交易规则的制定方面进一步加强。1968 年议会制定了《消费信贷保护法》，其生效后又经多次修改，并细化出了《公平信贷报告法》《信贷机会均等法》《消费者租借法》《电子资金转账法》《公平信用和付款卡公开法》《房屋信贷消费者保护法》等一系列法律规范。一系列法律制度的颁布表明在产品的安全、卫生、质量和服务等方面对消费者的利益予以特别关注已经形成共识，保护制度也臻于全面和体系化。上述法律法规构成了美国消费者保护法律的实质部分，并为建立起统一的、基本法性质的消费者权益制度奠定了基础。

另一个持续性发生消费者运动并不断促进立法的国家是日本。第二次世界大战以后，战败后的日本国内物资奇缺，商品价格昂贵且质量低劣。以火柴划不着火为导火索，家庭主妇于 1948 年 9 月组织召开了一次"清除劣质火柴大会"。她们把劣质火柴集中起来，请一些主要厂家到现场参观自己生产的废品。这次大会也诞生了日本主妇协会，标志着有组织代言人的日本消费者运动的开始。1956 年日本召开了全国消费者团体联络会议，通过了《消费者宣言》，消费者运动进入一个新时代。[2] 20 世纪 50 年代至 60 年代，随着人们生活水平的提高，对消费品的质量提出了更高的要求。这期间由于发生了一系列侵害消费者生命、身体安全的重大事件，日本又连续发生了几次抵制和驱逐有害消费品的运动。自此，安全和健康成为消费者关注的重点，消费者运动成为日本消费者集体表达不满的主要方式。

除美日之外，消费者运动在其他国家也蓬勃兴起。发达国家中，加拿大、英国、德国、澳大利亚等国均出现了此类社会现象。

从世界范围看，消费者运动兴起于第二次世界大战之后。战后相对安宁的生活环境使得人们对生活品质提出了更高的要求。为了保护消费者的利益，各种消费者组织应运而生。消费者团体趋于成熟，反映意见的方式也更加理性，进而为消费者保护法律的制定提供了社会组织基础和行动方案。

（二）消费者立法

由于消费者的弱势地位，统领性的消费者保护制度体现为消费者权利和经营者的义务体系的形成和完善。从其产生的过程看，首先关注的是消费者权利及其制度体系的构建，即从不同类型的消费行为中抽象出消费者的基本

---

〔1〕　张为华：《美国消费者保护法》，中国法制出版社 2000 年版，第 5 页。
〔2〕　谢次昌主编：《消费者保护法通论》，中国法制出版社 1994 年版，第 26 页。

权利，由此构成权利基本法。

1. 美国的消费者立法。消费者立法，以美国的发展最快。总结上述消费者运动的阶段性成果，可以看出，美国立法对消费者保护的范围逐渐扩大：从初期的侧重于消费品的安全、卫生等，不断扩大到商品标识的规范性等方面。消费者的保护已形成共识，其特点是分门别类进行保护，缺乏一个统领性的制度。

在美国，消费者权利的构造是个渐进的过程。1962 年 3 月 15 日，美国总统肯尼迪向美国国会提出了"关于保护消费者利益的总统特别国情咨文"，首次概括了消费者的四项权利，即消费者有权获得商品的安全保障——安全权，有权获得了解商品的权利——知情权，有权自由选择商品——选择权，有权就消费事务提出意见——建议权。1969 年美国总统尼克松又提出消费者在其财产或者人身遭到损害时，具有要求获得适当补偿的权利，即依法求偿权，进一步丰富了消费者权利的体系。1975 年美国总统福特政府时期，又增加了新的内容：接受消费者教育的权利。后来许多国家都在消费者的这六种基本权利的基础上，发展出新的权利，逐步建立了愈发完善的消费者法律保护体系。

随着消费方式和领域的不断扩大，立法开始关注消费信贷领域中消费者的利益和安全。在美国，产生了另一项新的权利——反悔权。为了规范消费信贷中的信息披露问题，解决消费者与信贷授权机构的信息不对称问题，美国制定了《消费信用标志法案》。该法案在 1961 年改名为《诚实信贷法案》，并于 1967 年 1 月被正式通过，成为法律。该法规定：对于房屋信贷交易，消费者享有反悔权，但必须适用于购买经常居住的房子，且以书面方式在签订合同的 72 小时内行使。另外，《消费信贷保护法》规定，在合同签订时，经营者要告知消费者共享有解除权，且要告知该权利行使的除斥期间为从发出通知之日起，到第 3 个交易日的午夜。当然，在注重权利体系的逻辑关系的制度中，反悔权是否是一项消费者的基本权利是有争议的。很多国家或地区将此类制度称为"冷静期制度"，而不是反悔权制度。属性上它和选择权有紧密的关联，也许将其认定为是选择权的深化更为合理。具体展开请见后文。

2. 转型国家和中国的消费立法。不同于发达国家，发展中国家的消费者保护意识和表达方式是自上而下开始的。一般是由政府主动介入消费者关系，即通过制定相应的法律法规为消费者提供制度保护。印度、泰国、菲律宾、马来西亚、斯里兰卡等均国如此。其制度创设的时间，大多都集中于 20 世纪 90 年代这个转型期，如俄罗斯是于 1992 年颁布《消费者权益保护法》的。

可以说，中国的消费者政策从一个微观的侧面反映了中国经济改革发展的宏大历程。改革开放之前，消费品的极度匮乏形成的卖方市场不可能孕育消费者运动，也无需消费者政策及消费者保护法；改革开放之后，发展经济并不断满足人民群众日益增长的物质文化需要成为国家全部工作的重心，"发展是硬道理"，国家经济政策的制定以丰富物质财富为第一要务。只有经营者提供的产品或服务丰富到一定程度时，社会的整体价值才开始趋向保护消费者的权益。

我国的消费者保护始于 20 世纪 80 年代。1981 年 6 月，联合国亚洲太平洋经社理事会在曼谷召开"保护消费者问题磋商会"，邀请中华人民共和国的消费者组织派代表参加，会议的目的是推动开展保护本国消费者利益的活动，研究在保护消费者利益活动中各国政府应采取怎样的政策和措施以及有关国际组织应如何协助的问题。参加会议的人员回国后建议建立我国的消费者组织。基于当时条件的限制，这个建议未能马上实行。但这是我国首次涉足消费者保护领域，对我国消费者保护制度的产生和发展起到了启蒙的作用。

1983 年 5 月河北省新乐市成立了我国第一个消费者组织。1984 年 8 月广州市消费者委员会成立。1984 年 12 月 26 日中国消费者协会在北京成立。1989 年中国保护消费者基金会成立。至 1999 年底，全国已建立县以上的消费者组织 3086 个，并在农村、乡镇、城市街道设有 23819 个分会。[1] 中国消费者组织的产生和发展受到了国际上的广泛关注。[2]

成立初期的消费者协会开展的活动如火如荼，[3] 提高了消费者的维权意识，但中国的消费者问题仍然形势严峻。消费者投诉量呈逐年递增趋势，投诉范围逐渐扩大，对消费者保护法的实施提出了更为严峻的考验。提升法律实施的效率、维护法律的权威已成为消费者保护法律制度的核心。在净化市场环境、促进公平竞争秩序的建立、树立为消费者服务的理念、配合国家的经济政策目标等方面，中国的消费政策还任重道远。

二、消费者政策

消费者利益普遍受到侵害，实际是市场无序的表现。国民经济的可持续协调发展客观上要求有一个规范的、有序竞争的市场和一个诚信的、有着基本商业道德的经营者阶层。消费者政策反映国家对消费者的态度，也是诸多法律、政策共同使命。

1. 消费者政策的功能. 消费者政策体现在消费者保护法中，并决定着消

---

[1] 李昌麒、许明月编著：《消费者保护法》，法律出版社 2015 年版，第 18 页。

[2] 1986 年 5 月中国消费者协会秘书长参加了国际消费者联盟在美国纽约召开的"2000 年消费者政策研讨会"，国际消费者组织联盟主席卡帕金说，中国消费者协会的与会是"送给会议的一份最好的礼品"。1987 年 9 月中国消费者协会代表团出席了在马德里举行的国际消费者组织联盟第 12 届大会，中国消费者协会破例不先当"通讯会员"，而直接被接纳为该组织的会员。参见谢次昌主编：《消费者保护法通论》，中国法制出版社 1994 年版，第 30 页。

[3] 中国的消费者保护组织一开始就是在政府的主导之下设立的。消费者协会每年都确立一个主题进行消费者保护的宣传，其效果比较明显。全国各大媒体也加入到消费者权益保护的行列中来，开展了声势浩大的宣传活动，揭露侵害消费者利益的事件，披露虚假广告、欺诈性宣传，特别是 1992 年《人民日报》和首都 64 家新闻媒体共同发起的"中国质量万里行"活动将消费者运动的理念广泛传播开来；1995 年中宣部等六部门组织开展了"百城万店无假货"活动。2002 年《上海市消费者权益保护条例（修订草案）》公布，该草案明确规定打假者不受消法保护。

费者保护法的价值取向。涉及消费者利益的其他法律也应当辅助落实消费者政策。例如，反不正当竞争法、反垄断法是市场经济有序竞争的基础，而有序的市场、规范的市场必然有利于对消费者利益的保护。

一国合理的经济政策通常不违背消费者政策。消费者政策从属于一国政府经济政策范畴，是一国政府制定宏观经济政策所必须考虑的组成部分。消费者政策是针对消费者问题应运而生的，其核心目标是解决消费者问题，因此应当通过与相关的消费者保护法相衔接，制定配套的措施和方案，将消费者问题提到国家政策的战略高度。

2. 消费者政策的实施。消费者政策的实施需要有阶段性的目标和方向。从宏观经济全局的角度，消费者政策须与产业政策等其他经济政策互相配合，引导符合国情的合理的消费导向，进而促进国民经济健康、协调、有序地发展。将消费者政策上升到经济体制的高度，明确对消费者保护的阶段和重点，以切实有效地保护消费者利益是非常必要的。例如，作为"福利国家橱窗"的瑞典，其政府一贯推行的消费者政策的核心是，以家庭经济为基础，以保护消费者权益为目的；结合可持续发展战略的要求，支持和帮助家庭有效地利用其经济资源；加强消费者的市场地位，确保消费者的健康与安全；建立对环境负面影响最小的生产和消费模式。[1] 日本消费者保护总政策是从调整市场经济制度下经营者与消费者的关系的角度出发，确定国家、政府（包括地方政府）的保护消费者利益的任务，规定经营者维护消费者利益的责任，阐明消费者的作用，以此维持自由市场经济的秩序，确保消费者应有的地位和消费生活的安定与提高。中国经济的发展态势已经从无节制地盲目地开发资源开始逐渐向理性的方向转变，与这一经济发展阶段相适应，已有的经济政策和消费者政策要作出适时的调整。确立特定时期消费者保护的重点是落实消费者政策的主要方式，所以有关食品药品的质量与安全、商品的标识、产品质量责任等不同的消费者利益的内容可以列出阶段性工作重点，并逐步完成。

消费者政策的实施方式主要有两种：消费倡导和消费教育。

时至今日，西方国家消费者立法进入了一个新时期，其开始反思消费社会产生的弊病。例如因石油价格的大幅上涨波及了其他能源领域，引起通货膨胀，舆论不断提出限制某些原料、反对浪费的倡议。一些国家的消费政策因而出现了新的转向，开始限制过渡包装，倡导消费过程的环境保护。罗马俱乐部的第二篇报告《明天的战略》指出："必须对使用自然资源的行为制定新的法规……它们的依据应该是最低限度地使用资源，考虑物质的试用期，而不是最大限度地开发资源。"[2]

消费教育是消费者政策的实体内容。在美国的实用主义观念下，教育与

---

〔1〕 张严方：《消费者保护法研究》，法律出版社 2003 年版，第 199 页。
〔2〕 ［法］热拉尔·卡：《消费者权益保护》，姜依群译，商务印书馆 1997 年版，第 2 页。

实际生活相结合，消费者教育是实践性教育的主要内容。日本的消费者教育包括学习和实践两个过程，在学校教育中实施的例子很多，特别是为了落实消费者法所规定的消费者安全权，加深消费者对消费安全的重要性和掌握相关救济方法的必要性的认识，消费教育中会尝试各式各样的方法。相比较，行政部门对学习教育的支援工作虽然做得还不是很充分，但是他们已经开始着手这方面的工作。[1]

第二节　消费者的含义和范围

"消费者"是一个众所周知的概念，但又是一个不同学科认识存在差异的概念。经济学上消费者是一个重要主体，其含义不同于消费者法。另在竞争法中也明确"保护消费者利益"，这个消费者也别于消费者法。所以需将"消费者"放置于不同的语境下来理解。

一、消费者的含义

专门的法律概念应当具有规范性和标准性，因为它决定着法律的可适用性。当然，限于特定的条件，法律上界定概念也可能不够规范，所以在法律概念之外还有学者的理解。

经济学上，消费者是与生产者相对应的概念，是在限定经济条件下的所指，这种指向具有不特定性。如以原材料的生产商为基础，它的下游企业，包括生产企业和销售企业都是消费者。所以，经济学上的消费者是一个被压缩了的主体，消费包括生产消费与生活消费，其范畴大于消费者法意义上的消费者。

法律上，美国《布莱克法律词典》将消费者解释为："消费者是与制造者、批发商和零售商相区别的人，是购买、使用、保存和处分商品和服务的人或最终产品的使用者。"在此基础上进一步解释为"任何商品或服务的购买者（有别于以再贩卖为目的的购买者）在明示或默示的担保期间（或服务契约），适应受让该商品或服务者，均该当为消费者"。《意大利消费法典》第18条定义的消费者是"在本章所称商业行为中，任何不在其商业、工业、手工业或专业活动目的范围内行为的自然人"。[2] 在《EC指令》中规定，所谓消费者，是指在该指令作为对象的合同中，为自己的营业、事业或者专门职业以外的目的而实施行为的所有的自然人。

上述制度对消费者的界定有三点是一致的：①消费者是交易中的人，处

---

〔1〕［日］铃木深雪：《消费者政策：消费生活论》，张倩、陈肖盈译，吉林大学出版社2011年版，第331页。

〔2〕［意］阿拉巴等：《意大利消费法典》，胡俊宏、雷佳译，中国政法大学出版社2013年版，第17页。

于购买商品或接受服务的过程之中或之后；②消费者的目的不是将购买的商品再次投入到流通领域并从中赚取买卖差价；③与同样进行交易的生产经营者相对应的人比较，消费者仅限于自然人。

我国《消费者权益保护法》第 2 条规定："消费者为生活消费需要购买、使用商品或接受服务，其权益受本法保护……"可以从以下方面对这一规定进行理解：①消费者是为生活消费需要而购买、使用商品或接受服务的人。法律上的消费者仅指生活消费者，生产消费者仍被视为经营者。②消费者是购买、使用商品或接受服务的人，三者具有选择关系，只需符合其中任一条件即可成为消费者。③消费者是自然人。

相比较我国立法采取正向说明的方法，上述国家或地区立法采取的是排除方法解释或混合解释的方法。我国正向解释的核心是目的性——"生活消费"，这是概念的特殊本质属性，但什么是"生活消费"还需要进一步作出解释。

在《意大利消费法典》中，不仅界定了消费者的含义，也定义了经营者："在本章所称商业行为中，任何在其商业、工业、手工业或专业活动范围内行为的自然人或法人。"还定义了交易的对象——产品："包括不动产、权利及债券在内的任何物或服务。"更为鲜见的是，该法典还将"经营者与消费者之间的商业行为"定义为："由经营者实施的，涉及向消费者进行促销、销售或提供产品，包括广告和产品营销在内的任何行为、疏漏、行动或声明及商业宣传。"相当于从四个方面确定了消费者法的调整范围，严谨且明确。

在我国消费者权益保护法的语境下，消费者是与经营者相对应的一个概念。这个概念也是一个跨法域的用语，其在竞争法、价格法等制度中均是核心主体。竞争法中，经营者"是指从事商品生产、经营或者提供服务（以下所称商品包括服务）的自然人、法人和非法人组织"。可见，自然人可以是消费者，也可以是经营者。但是这个概念并不等于是消费者权益保护法中的定义。如学校是竞争法上的经营者，但不是消费者法上的经营者。严格说来，消费者权益保护法中的两个主体均应当作规范的定义。因为如果交易对方不是消费者法上的经营者，则不适用消费者法，同理，如果不是本法上的消费者，也不适用消费者法。

《消费者权益保护法》对其调整对象只作了前述第 2 条这样一个抽象规定，未揭示"消费者"的属概念，以及消费的层次、类型或消费的动机等。这些模糊性在司法实践中产生了一些争议问题，而这些问题直接影响着《消费者权益保护法》的适用范围。

自从《消费者权益保护法》颁布实施以后，在我国社会生活中曾出现了一类"特殊的消费者"——知假买假者（其实更准确地说，在大多数情况下是"疑假买假"，只是人们已经习惯于"知假买假"的说法了，本处仍沿用此习惯用语）。说其特殊，是因为其与普通消费者的最大区别在于普通消费者在购买商品或接受服务时并不知有假。理论界有一种观点，认为知假买假者不是为生活需要购买、使用商品；另外也有观点认为，知假买假者是自愿买假，主观上并未陷入认识错误并基于错误认识作出不真实的意思表示，不应获得惩罚性赔偿。我们认为，在消费关系中，即使生产者或销售者没有明确地实施欺诈行为，只要消费者购买了该商品或服务，经营者的欺诈利益就实现了。欺诈利益的非法性是不言而喻的，知假买假的定性不能因为购买者购买时是否知情而有所改变。从逻辑上推理，有欺诈利益就推定有欺诈行为，由此照章赔偿即理所应当。每个人都有购买消费品的权利，如果从购买动机上对其实施差别待遇，是对经营者行为的放任，这与消费者主权的观念不相一致。当然，由于过度偏向消费者利益，出现了的打假获利的职业主体，甚至为了打假而由他们先造假的事件。对此法院在对待制假买假时做了政策上的微调。有案例已经将此种观念落实到司法实践：经营者主观上存在故意，消费者一方"以营利为目的的知假买假不能取得三倍赔偿"[1]。

消费者是对应于经营者的一个群体或阶层。相对于经营者而言，消费者处于经济弱势地位，是消费者法倾斜保护的对象。消费者保护法的理念及各项制度的设计应围绕着消费者总体利益展开。

时下有一种观点认为消费者不只限于自然人，还应包括单位或法人。这其实是对消费者概念的误读。因为单位或法人有足够的能力与经营者相抗衡，在相关的交易关系中不存在强弱差别，无需给购买消费品或服务的单位或法人予以特殊保护。国际上对此也已基本达成共识，例如，国际标准化组织消费者政策委员会在 1978 年 5 月的首届年会上便将消费者定义为"以个人消费为目的而购买或使用商品或服务的个体社会成员"[2]。

消费者是因生活需要的目的购买、使用商品或接受服务而为法律所确定的自然人主体。与之相对应的是经营者的概念。因此消费者的行为目的限于生活消费需要，消费行为是购买商品或接受服务，而不能是以营利为目的将购得的商品再次投入流通领域。

二、消费者的范围

消费者的范围是建立在消费者概念界定的基础上所形成的外延。它是正确适用法律的前提，也是法律保护力度的评价指标。由于我国立法未明确消费者、经营者等相关概念，就消费者的身份问题需要进一步探讨。

1. 消费者是否限于买卖合同的当事人。法律条文上的"购买、使用"是行为的过程，没有明确行为的主体是否是同一个人。在逻辑关系上，应当包括购买并使用、购买不使用、不购买而使用三种情况。如果将购买与使用狭义地理解为并列关系，则会大大限制本法的适用范围。

从消费者问题产生的背景来看，基于交易信息的不均衡，须对处于信息

---

[1] 参见江苏省徐州市中级人民法院民事判决书（2018）苏 03 民终 659 号。
[2] 转引自张严方：《消费者保护法研究》，法律出版社 2003 年版，第 119 页。

弱势地位的消费者提供特殊救济。因此消费者问题的本质是提升其地位以对抗经营者。为此目的，只要是为生活需要而使用交易产品，便应当视为消费者，而不限于合同的当事人。将合同法意义上的非购买但使用商品的间接法律关系主体确定为消费者法意义上的直接法律关系主体，体现了消费者权益保护法在救济关系上的特殊性，这也是消费者法优于合同法救济的一个方面。

扩展主体范围源于"使用"。解释上，这个"使用"不限于所有并使用，包括单纯的使用，例如临时借用或租用。换言之，就"购买"而言，只要是生活需要即可，无需探查消费者购买的动机。因为购买和使用之间可能会存在时间间隔，怎么使用（或使用方式）可能一时未显现出来，由此购买商品时的交易人内心真实想法是为了自用、给他人用（包括出租）、收藏、赠与还是抛弃（不使用）都不重要。就"使用"而言，同样是只要为生活需要而使用即可，谁使用并不重要。

或许将"购买"理解为"交易"更为合理。有一类行为，即经营者为了宣传品牌、推广产品而免费提供的商品或者服务，不具有"购买"的属性，但接受赠与的一方，属于交易人。商业性免费赠与具有广告性质，可能将其成本计入定价，也可能是单纯的推广。此时是否支付对价不是判定是否属于消费者的标准，而应以是否有风险转移为标准，即针对经营者而言，凡交易人均属于消费者。

由于"购买""使用"两个概念之间的可能逻辑关系有多种，消费者可以包括以下几类主体：①为自己生活需要购买商品或接受服务的人（生活需要可以包括收藏、保存、赠与等）；②为他人生活需要购买商品或服务的人（替他人或者代理他人购买生活用品的人）；③未购买但为生活所需要的使用商品或接受了服务的人；④经营者无偿提供的生活消费需要商品或服务的使用人。因此消费者的范围要比交易人的范围宽广得多。

2. 消费者的"生活消费"是否包括精神消费。美国心理学家亚伯拉罕·马斯洛在《人类激励理论》中提出"人类需求层次模型"，将人类需求层次分为五种，依次为：①生理上的需求。这是人类最低层次的、最基本的需求，是维持生命延续的基本条件。②安全上的需求。解决了生存问题以后，需要关注的是生存安全和稳定问题，包括对人身安全、财产安全、生活稳定以及免遭痛苦、威胁或疾病等的需求。③交往上的需求。此需求也可称为归属和爱的需求，包括社会交往，从属于某一个组织或某一种团体，并在其中发挥作用，得到承认。④尊重上的需求。这一需求也即自尊、自重，或要求被他人所尊重，包括对成就或自我价值的个人肯定。⑤自我实现的需求。这是人生追求的最高目标，位于金字塔的顶端，包括能充分发挥自己的潜力，表现自己的才能，成为有成就的人物。马斯洛说："音乐家必须演奏音乐，画家必须绘画，诗人必须写诗，这样才会使他们感到最大的快乐。是什么样的角色就应该干什么样的事。我们把这种需求叫作自我实现。"[1]

随着生活水平的提高，消费不仅仅是衣食住行等物质资料的消费，更高层次的需求消费大量出现。消费者使用商品、接受服务的形式也日趋多样化。那么"生活消费"是否包括较高层次的精神消费？精神消费是以满足精神文化需要、提高文化知识水平、陶冶性情、愉悦情绪等为目的的消费。人的基本物质生活需要得到满足之后，精神生活就决定了人的生活质量。随着社会的发展，精神消费将成为消费的主要目的和动力。观看电影和文艺演出、欣赏音乐、旅游以及为了追求时尚而享受美容服务、购买金银珠宝饰品、购买并收藏名人字画、古董都应当属于精神消费，此类消费品的购买者、使用者及服务接受者应被纳入消费者的范围。

3. 单位是否应纳入消费者范围。我国《消费者权益保护法》中没有明确消费者主体的类型。从国外的立法例上看，消费者的主体形式是自然人，不包括法人和其他非法人组织。但是在我国早期的地方性法规中，仍有明确规定单位属于消费者的，如早期的《上海市保护消费者合法权益条例》《黑龙江省消费者权益保护条例》《贵州省消费者权益保护条例》[2] 等。这些规定在后期的修订中大多都删除了"单位"，以与《消费者权益保护法》相协调。如《上海市保护消费者合法权益条例》第 2 条规定："消费者在本市行政区域内为生活消费需要购买、使用商品或者接受服务，其合法权益受本条例保护。"该条文相当于模糊了单位是否属于消费者的问题。

单位消费一般都是生产消费。至于单位购买作为生活福利专供职工个人使用的生活消费品，或不是作为生活福利，而是作为单位食堂使用的商品——最终也由个人使用，此时的单位仍然不能作为消费者。这是因为单位为主体的交易具有重复性和稳定性，在与经营者发生交易关系时，两者的经济实力差距不会特别悬殊，而且单位具有丰富的交易经验，掌握着足够的商品信息与知识，相对而言，其与经营者谈判是具有对等的实力的。另外，单位本身不能直接使用生活用品或直接接受生活服务，在购买某种商品或接受某种服务以后，还是需要将这些商品或服务转化为个人的消费。

消费者权益保护法产生于社会大生产背景下，此时人的抽象平等性与现实不平等产生明显的矛盾，需要确立"从契约到身份"的立法形式，将消费者的范围局限于个体社会成员，是基于对个体社会成员弱者地位的认识。单位在购买商品或订立服务合同时与经营者发生纠纷可以适用合同法或民法。把消费者限于个体社会成员，是国际上通行的做法。

4. 房产买受人是否属于消费者。商品房是否为《消费者权益保护法》上

---

[1] [美] 马斯洛等著，林方主编：《人的潜能和价值——人本主义心理学译文集》，华夏出版社 1987 年版，第 168 页。
[2] 《贵州省消费者权益保护条例》第 2 条第 1 款规定："消费者在本省行政区域内为生活消费需要购买、使用商品或者接受服务，其合法权益受本条例保护。"

所称的商品，购房者是否属于消费者，一直是一个颇具争议的话题。商品房相对于普通商品而言，造价高、售价高、使用期限长。一些人认为，若将商品房这类特殊商品认定为消费标的，承认购房者是消费者，进而适用惩罚性损害赔偿制度，对开发商明显不利——开发商赔偿责任过重，因而主张商品房买卖纠纷的处理不适用《消费者权益保护法》。

我们认为，将商品房购买者利益由合同法保护上升为特别法即消费者权益保护法保护十分必要。相对于熟知房地产构造、价格、买卖行情的开发商而言，购房者处于显著的弱势地位。对于利害关系重大的商品房买卖纠纷，开发商和购买者的利益和风险是否平衡？从购买者方面而言，一方面购买商品房对购买者的财产利益影响巨大，商品房的耐久性和价值性是否匹配是购买者关注的焦点。另一方面，在市场中存在大量"炒房"现象的背景下，如果不以特别条款区别商品房和一般商品、购房者和普通消费者，则可能进一步刺激"炒房"行为。从销售者一方而言，中国房地产价格变动较大，在违约损失小和正常履约收益不平衡的情况下，开发商可能倾向于违约损害购房者的利益。另外，商品房的复杂结构和交易过程中均可能存在隐蔽性问题，如在商品房买卖中故意隐瞒妨碍消费者取得产权的真实情况、故意隐瞒影响消费者使用的重大质量问题、将法院封存的房产予以出卖等。这些行为给消费者带来的经济上和精神上的伤害是巨大的。

应在保护消费者购房合法权益的前提下，兼顾房产开发商的利益，对较为严重的欺诈行为实施惩罚性赔偿。《最高人民法院关于审理商品房买卖合同纠纷案件适用法律若干问题的解释》第8条规定："具有下列情形之一，导致商品房买卖合同目的不能实现的，无法取得房屋的买受人可以请求解除合同、返还已付购房款及利息、赔偿损失，并可以请求出卖人承担不超过已付购房款一倍的赔偿责任：①商品房买卖合同订立后，出卖人未告知买受人又将该房屋抵押给第三人；①房屋买卖合同订立后，出卖人又将该房屋出卖给第三人。"第9条规定："出卖人订立商品房买卖合同时，具有下列情形之一，导致合同无效或者被撤销、解除的，买受人可以请求返还已付购房款及利息、赔偿损失，并可以请求出卖人承担不超过已付购房款一倍的赔偿责任：①故意隐瞒没有取得商品房预售许可证明的事实或者提出虚假商品房预售许可证明；②故意隐瞒所售房屋已经抵押的事实；③故意隐瞒所售房屋已经出卖给第三人或者为拆迁补偿安置房屋的事实。"以上规定表明，房产开发商的欺诈行为不适用《消费者权益保护法》第55条规定的"三倍"惩罚性损害赔偿制度，商品房购买者是否属于消费者值得探讨。该司法解释存在与《合同法》《消费者权益保护法》之间相冲突的问题，有司法解释权僭越立法权，进行"造法"而非"释法"的嫌疑。首先，商品房买卖合同没有超出《合同法》范畴，只是鉴于交易标的的特殊性，商品房买卖合同构成一种特殊的买卖合同，该司法解释构成对合同法的补充。其次，为生活需要（非投机牟利需要）订立的商品房买卖合同是一种特殊的消费合同，没有超出《消费者权益保护法》的范畴。只是鉴于购房者与开发商之间的利益平衡需要，不适用《消费者权益保护法》的三倍惩罚性赔偿的规定，并且对适用惩罚性赔偿的欺诈行为的范围进行限缩。该司法解释构成对《消费者权益保护法》在商品房消费欺诈问题上的一种"修正"（特别与一般的关系）。

5. 患者是否属于消费者。患者是否是消费者，医疗纠纷能否适用《消费者权益保护法》的规定，这也是一个争议颇大的问题。主要观点包括如下两种：一是肯定说。该说认为，看病、治病是人们为了生存和发展所必不可少的活动，医生、医院对患者出售的药品和提供的服务就是《消费者权益保护法》所调整的商品和服务，医院提供的服务与出售的药品也都是有偿的。因此，患者属于消费者的范围，医疗纠纷应当适用《消费者权益保护法》的规定。二是否定说。该说认为，医院的医疗收费坚持执行政府的指令性价格，不能采取市场调节价随行就市。患者以违背价值规律的价格支付费用，与其接受的诊疗服务不属于等价交换，患者不同于普通的消费者。另外，医疗服务受限于医生的水平，在医疗水平总体不高且医疗服务需求不断加大的情况下，不宜将医患关系视为消费关系。医患关系包括商品关系和服务关系。医院出售药品给患者的行为属于消费者关系，适用《消费者权益保护法》的规定。

学界认为医疗关系具有有偿性，患者接受医疗服务是为了恢复身心健康，满足个人的需要，我国《消费者权益保护法》赋予的消费者的权益，可以为患者所享有。在医患关系中，医生在整个医疗活动中处于主导和优势地位，由于医疗服务的技术含量高，信息不对称，使得患者一般处于缺少充分选择权的被动地位，其弱者身份更加突出，需要对其进行特别保护。本人认为，医患关系是否适用消法，难点在于消费者的惩罚性赔偿权是否适用。惩罚性赔偿的制度前提是经营者有"欺诈"，但让患者证明欺诈是很困难的。另外，不论哪种医疗机构，其提供的服务针对的都是人的生命和健康，疾病的诊断和治疗有其模糊性和经验性，一些治疗手段和药品还具有一定的毒副作用，医疗服务效果存在不确定性。[1] 基于医务人员的判断提供服务会存在一定的不准确性（失误），对这种无法证明主观上是否存在故意的结果进行惩罚，将束缚医务人员的手脚，这反而不利于患者。因此，对医疗服务关系，不适用《消费者权益保护法》。进言之，不适用的理由并不是由价格决定的，也不是由医疗机构的性质——公立还是民营，进而实行不同的财政、税收和价格政策等因素决定，而是由医疗行为的特殊性决定。

社会对医疗行业有很高的道德要求和价值期待，但多种利益交汇冲击又容易使医生易受到诱惑而偏离职业道德要求。在何种程度上自律、何种情况下实施他律，需要结合医疗的专业特性，而不仅仅只是坚持消费者利益至上主义。

---

〔1〕 王魁、齐玉龙主编：《医院概论》，中国科学技术大学出版社 2014 年版，第 51 页。

6. 农民是否属于消费者。消费者是为生活消费需要购买、使用商品或者接受服务的人。农民购买化肥、农药、生产工具等行为，其目的是从事农业生产，而不是生活消费需要。但现实的客观情况是：我国农民大多都是小农经营，与发达国家作为农场主的农民不同，其经济力量薄弱，难以与经营者抗衡。农民因购买劣质种子、农药、化肥可能遭受到的损害比一般消费者更为严重。为了维护广大农民的合法权益，《消费者权益保护法》第62条对农民购买生产资料的行为进行了特别规定，即"农民购买、使用直接用于农业生产的生产资料，参照本法执行"，由此赋予了农民以生产消费为目的的生产资料购买行为与普通消费行为相同的法律保护。理解上述规范时，应当将主体身份和行为后果区分开来，即（购买直接用于农业的生产资料的）农民不是消费者，但对于购买、使用直接用于农业生产的生产资料的农民给予同消费者相同的保护。

综上所述，由于我国当前立法未对消费者概念作更为细致的规定，导致概念的内涵与外延可以有很多解释，进而导致消费者的范围也具有相应的模糊性。消费者的范围应当随着经济发展和技术进步而不断扩大，从而使对消费者的保护水平不断提高。在现有制度下，不妨在具体案例中基于特殊情况对上述有关问题作出特别的解释，以弥补法律条文中消费者概念的不足。

三、知假买假的《消费者权益保护法》适用

关于知假买假的法律适用问题，长期以来一直存在着争议。争议的焦点有二：一是知假买假者是否属于消费者；二是知假买假是否构成欺诈。

（一）关于知假买假者身份

在实践中，惩罚性赔偿制度的积极意义并没有充分体现出来，对于一些价位较低的假冒伪劣商品，即使给予消费者三倍赔偿或兜底性赔偿也难以弥补其损失，如消费者为索赔所付出的时间、耗费的精力以及承受的心理和精神上的焦虑等，这些因素都遏制了消费者运用《消费者权益保护法》第55条维权的积极性。一定程度上允许或鼓励知假买假行为有利于打击假冒伪劣行为、净化市场环境。

具体而言，赞成者的主张还有如下理由：只要有假，进行打假便是消费者进行社会监督，个人打假行为比国家动用公权力打假效果更好；另外，惩罚性赔偿制度的目的是惩戒经营者，这是制度的核心，只有给予制假售假者一定的威慑力，增加其成本并达到抑制制假售假行为的效果才能最终保护消费者。再者，购买商品的数量和次数仅仅是依据生活经验进行的判断，并无明确的法律依据。

反对者主张，存在如下理由，不应当给予知假买假者以消费者的对待。

1. 知假买假与我国《消费者权益保护法》的立法宗旨相悖。《消费者权益保护法》的立法宗旨是以消费者的经济弱势地位为基础而确立的。与经营者相比，消费者经济实力弱小、占有的信息资源少，无力与经营者讨价还价。

知假买假者则对商品或服务的有关信息资源的占有较充分，有相应的与经营者讨价还价的能力，他们不是消费者权益保护法上的经济弱者。

2. 知假买假行为违背了诚实信用原则。诚实信用原则是指合同双方当事人要根据合同的性质和目的，从有利于交易和维护对方当事人的合法权益出发，在交易过程中双方要把有关交易的真实情况如实告知对方，不得隐瞒对交易另一方不利的信息，以确保商品交易符合交易目的——交易的商品符合使用功能并且不会造成人身损害和财产损失。消费者享有要求获得非假冒伪劣商品的权利，也就应该负有举报或者拒绝假冒伪劣商品交易的义务，这是权利和义务必须相等和共生共存的必然要求。法谚有云，不得从他人的错误中获利。知假买假者明知商品或服务存在缺陷，却为了获得惩罚性赔偿等特别目的仍予购买，其行为违背了诚实信用原则。

3. 一部法律只有有限的功能，不能随意扩张其能力。法律规定禁止消费者和经营者之间进行假冒伪劣商品交易，更不鼓励假冒伪劣商品进入市场。假冒伪劣产品的问题是另一种法律关系，涉及产品质量法、食品安全法等制度，这些制度是解决产品问题的基本制度。消费者可以运用该制度进行社会性监督，而不是知假买假。

4. 知假买假行为产生了较大的社会负面影响。大部分知假买假行为的目的并不在于购买并使用该商品本身，而在于获得《消费者权益保护法》所规定的惩罚性赔偿，其行为会对企业的生产经营活动形成不当的干扰。还有一些知假买假者，人为制造"假象"，包括以不合法的手段获得他人的知识产权、篡改商品信息等，并以此来索取不当利益。

（二）关于欺诈的认定

欺诈是民法中的基本概念，其内涵建立在悖反人的理性和善意的基础上。判断要件上，它包含两个主观要素：实施者一方主观上存在故意；另一方由此陷入错误。《消费者权益保护法》的惩罚性赔偿制度以（经营者）"欺诈"作为承担责任的前提条件。一直以来，这一概念的解释都因循民法中固有的意义，但由于消法建立在不平等关系的基础上——具有信息优势地位的经营者的行为可能使消费者的行为不理性或无法理性，进而，立法的目的被确立为倾斜性地保护消费合同的一方当事人——消费者的利益。因"不平等"这个制度语境干涉，《消费者权益保护法》上的惩罚性赔偿制度便发生了语意脱落的现象。2014 年最高人民法院发布的指导案例 23 号（孙银山诉南京欧尚超市有限公司江宁店买卖合同纠纷案[1]）中，消费者"陷入错误"这一内构要素开始溢出固有的概念范畴，成为一个非必要条件。于是，消费者权益保护法中的欺诈概念在内涵上就不完全等同于民法上的"欺诈"了。概念内涵的简约，会带来外延的扩大。一方面欺诈概念的语意脱落有利于保护消费者，但另一方面引发了更多的不真正诉讼（职业打假）。于是，司法在上述欺诈概

---

〔1〕 参见江苏省南京市江宁区（县）人民法院民事判决书（2012）江宁开民初字第 646 号。

念内涵的基础上再行适度回调，在标准上建立了"一个半"的主观要素，即经营者主观上存在故意，消费者一方若"以营利为目的的知假买假不能取得三倍赔偿"[1]，若不是以营利为目的的，则可以获得惩罚性赔偿。但认定上的难点，是如何认定以营利为目的。

第三节 消费者保护制度体系

对消费者的保护是一个有机的体系，其中的各个环节紧密地交织在一起，任何一项制度的构建都会涉及与其他制度相互衔接与配套的问题，需要从体系化的角度构建消费者权益保护法律制度。消费者保护制度体系由宪法、消费者基本法、其他保护消费者的法律如反垄断法等构成，限于篇幅，这里仅以《消费者权益保护法》为中心展开其体系内容并说明其特点。

在我国《消费者权益保护法》中，可以看到其与其他法律所保护的传统法律关系的不同之处，即权利义务的不对等，消费者只享有权利，经营者只承担义务，消费者保护法也被认为是一部消费者的权利法。

在传统的契约关系中，当事人之间的权利义务是对等的，任何一方当事人都要为自己的行为承担责任。在消费法律关系中，消费者与经营者之间的交易在形式上体现为契约关系，但另一方面消费者所拥有的自由选择很大程度上是在无知之幕下，可能存在结果上的不公平。为了纠正经济活动中的实质不公平，法律设置了特殊的权利义务架构，即从法律的层面将权利配置给消费者，将义务施加在经营者身上。当然这并不意味着消费者没有义务，不承担违反义务的行为责任，而是在合同关系的基础上进一步强调消费者的特殊权利。所以消费者的义务和经营者的权利均隐含在消费合同中。进一步而言，消费者法律关系是复合性的，基础关系是合同关系，在此基础上又附加了特殊的权利和义务。

一、消费者权利的性质

中国《消费者权益保护法》中的权利义务配置具有单向性，即消费者仅是权利主体、经营者仅是义务主体。这不同于其他一些国家。[2]

（一）消费者权利体系

消费者权益是基于消费者这一特定身份建立起来的一种权利体系。随着消费者运动的兴起，"消费者主义""消费主权"等思想深入人心，消费者权利逐渐形成并日渐体系化。这是一种不同于传统民事权利的平等视角，是对作为弱者的消费者的特殊赋权。

1979 年，消费者运动的国际协调机构 CI（Consumers International）提出，

---

[1] 参见江苏省徐州市中级人民法院民事判决书（2018）苏 03 民终 659 号。
[2] 例如俄罗斯《消费者权益保护法》中既包含消费者的权利和义务，也包括经营者的权利和义务。

包括发展中国家在内，世界上所有的消费者都拥有八项权利：生活的基本需求得到保障的权利、安全的权利、知情的权利、选择的权利、被倾听的权利、接受赔偿的权利、接受消费者教育的权利、在健全的环境中工作生活的权利。[1]

我国《消费者权益保护法》在第二章对消费者权利作了专门规定，共设定了九项权利。这些权利包括：①安全权，即消费者在购买、使用商品和接受服务时享有人身、财产安全不受损害的权利。消费者有权要求经营者提供的商品和服务符合保障人身、财产安全的要求。②知情权，即消费者在购买、使用商品或接受服务时，享有知悉其购买、使用的商品或者接受的服务的真实情况的权利。③选择权，是指消费者享有自主选择商品或者服务的权利。④公平交易权，即消费者在与经营者进行消费交易的过程中所享有的获得公平的交易条件的权利。⑤索赔权，即消费者因购买、使用商品或者接受服务受到人身、财产损害时所享有的依法获得赔偿的权利。⑥结社权，是指消费者享有依法成立维护自身合法权益的社会团体的权利。⑦受教育权，是指消费者享有的获得有关消费和消费者权益保护方面的知识的权利。⑧受尊重权，即消费者在购买、使用商品和接受服务时，享有人格尊严、民族风俗习惯得到尊重的权利，享有个人信息依法得到保护的权利。⑨监督权，是指消费者享有对商品和服务以及消费者权益保护工作进行监督的权利，包括对侵害消费者权益的行为和国家机关及其工作人员在消费者权益保护工作中的违法失职行为进行检举、控告的权利，以及对消费者权益保护工作提出批评、建议的权利。

（二）消费者权利的性质

消费者权利是消费者在消费过程中，即在与经营者进行购买商品或接受服务的交往之中所享有的权利。消费者权利作为消费者利益在法律上的体现，是国家对消费者进行保护的前提和基础。消费者在购买、使用商品或接受服务时，有权自己为一定行为，也有权依法要求生产、销售商品或者提供服务的经营者为或者不为一定行为。

消费者权利究竟属何种性质，这个问题直接决定着消费者保护法的性质。由于权利范围广泛，其权利性质也呈现复合性的特征。

宏观而言，消费者权利具有人权性质。随着市场经济的发展，自由放任市场经济的弊端越发明显，经济上的自由平等被打破，消费者这类经济主体在社会经济上处于弱势地位，甚至连其生命和健康都受到威胁。基于此，国家政策开始强调安全福利和经济公平正义的理念。特别是二战以后，经济交往上的公平和正义受到广泛重视并逐步在法律制度上得到落实。在这样的背景下产生的消费者权利是"经济公平与正义"价值的表现形式和实现方式。

---

〔1〕 〔日〕铃木深雪：《消费生活论——消费者政策》，张倩、高重迎译，中国社会科学出版社2004年版，第21页。

消费者权利的核心内容是确保消费者的生命健康和安全，维护消费者的基本生存人权。

消费者权利具有与人权相一致的特性：①普遍性。人权是所有人都应当具有的基本权利。尽管表面看来，消费者权利只是个体享有的权利，而不是人类共享的权利，但在市场经济和人类社会高度发展的前提下，人与人的依赖性增强，每个人从事社会行为时，均可能是消费者身份，从而享受消费者权利。在这一意义上，消费者权利具有作为一类人权应当具备的普遍性特征。②基础性。人权是人们作为人应当享有的一项基础性权利，它关注的是人这一主体的生存和发展。现代市场经济国家发起的消费者运动，基本诉求是消费者的健康和安全。交易的客体亦具有标准化的特征，包括产品质量法、食品安全法等，均服务于消费者的安全利益。消费者权益保护法落实了消费者在获得食物、衣服等维持自身生存所必需的基本物质过程中的基本权利，这些权利同样具有基础性。③内容的广泛性。消费者权利与人权一样，内容涉及经济、社会和文化权利等各个方面。它是消费者在"生活消费"这一与人的生存息息相关的活动中所体现出的物质乃至精神利益。承认消费者权利的人权性，使消费者权利本身获得一项独立的价值，有助于增强消费者保护工作的独立地位。

微观而言，某些消费者权利具有私权性质。从各项具体消费者权利的产生和发展历史看，消费者权利脱胎于民事权利，体现出明显的私权性，消费者权利的人权性是消费者权利发展到一定阶段才逐渐显明出来的。最早提出的消费者权利，如知情权、选择权和赔偿权等，关注点在于消费者和经营者的合同关系，强调的是经营者的合同义务，基本上是私权；随着消费者运动的深入，消费者权利的类型和性质也发生了根本性变化。一方面许多公权色彩浓厚的新型权利，如消费者的结社权、批评建议权、良好环境权等提出并得到重视；另一方面对于那些较早产生的赔偿权等权利，国家也日益强调其实际的贯彻落实。例如，为保障消费者赔偿权的实现，促进消费关系接近正义，以美国为代表的西方国家进行了积极的探索，力求通过立法或者行政程序为消费者提供更加便利快捷的纠纷解决机制。这种做法强调国家在立法、司法等方面的"制度框架保障义务"，从而使索赔权逐渐突破了原先的民事色彩并因而获得了公权性。

私权性是某些消费者权利性质的一个方面，是分析消费者权利性质的起点。私权最重要的特点是可以抛弃。但是诸多消费者权利是不可以抛弃的，例如安全权、监督权、受尊重权、公平交易权、获取知识权、结社权、选择权。消费者保护民事特别规范仍然是当前世界各国消费者保护法的重要组成部分，厘清消费者权利的私权性及其与消费者权利的人权性的关系对于探究消费者保护法规范具有重要的理论指导意义。

以系统化的观念来认识消费者权利的性质，则不能将其归属于私权，而应将其界定为一种社会性权利。正是因为这一点，消费者权益保护法才被归位于经济法的范畴。这是因为经济法始终坚持社会本位思想，以社会整体利益为出发点来设立法律制度。

二、经营者的义务和责任

经营者的义务是与消费者的权利相对应的，凡是基于保障消费者的权利实现所必须承担的义务，都属于经营者义务的范畴。法律加重对经营者的义务是"个人本位"向"社会本位"转变在立法实践中的反映。

（一）经营者义务

经营者作为消费关系中的一方主体，与消费者一样，也有独立的主体资格，也有自己的权利和利益，但由于其强势的经济地位，权利的行使受到法律的限制，并被设定了更多的义务。

1. 履行法定的义务和约定的义务。经营者向消费者提供商品或者服务，应当依照消费者权益保护法和其他有关法律、法规的规定履行义务。经营者和消费者有约定的，应当按照约定履行义务，但双方的约定不得违背法律、法规的规定。经营者向消费者提供商品或者服务，应当恪守社会公德，诚信经营，保障消费者的合法权益；不得设定不公平、不合理的交易条件，不得强制交易。

2. 接受消费者监督的义务。经营者应当听取消费者对其提供的商品或者服务的意见，接受消费者的监督。

3. 保证商品和服务安全的义务。经营者应当保证在正常使用商品或者接受服务的情况下其提供的商品或者服务应当具有的质量、性能、用途和有效期限；但消费者在购买该商品或者接受该服务前已经知道其存在瑕疵，且存在该瑕疵不违反法律强制性规定的除外。经营者以广告、产品说明、实物样品或者其他方式表明商品或者服务的质量状况的，应当保证其提供的商品或者服务的实际质量与表明的质量状况相符。宾馆、商场、餐馆、银行、机场、车站、港口、影剧院等经营场所的经营者，应当对消费者尽到安全保障义务。

4. 提供商品和服务真实信息和标明真实名称和标记的义务。具体内容包括：①经营者应当保证其提供的商品或者服务符合保障人身、财产安全的要求。对可能危及人身、财产安全的商品和服务，应当向消费者作出真实的说明和明确的警示，并说明和标明正确使用商品或者接受服务的方法以及防止危害发生的方法。②经营者发现其提供的商品或者服务存在缺陷，有危及人身、财产安全危险的，应当立即向有关行政部门报告和告知消费者，并采取停止销售、警示、召回、无害化处理、销毁、停止生产或者服务等措施。采取召回措施的，经营者应当承担消费者因商品被召回支出的必要费用。③经营者向消费者提供有关商品或者服务的质量、性能、用途、有效期限等信息，应当真实、全面，不得作虚假或者引人误解的宣传。④经营者对消费者就其提供的商品或者服务的质量和使用方法等问题提出的询问，应当作出真实、明确的答复。经营者提供商品或者服务应当明码标价。经营者应当标明其真实名称和标记。租赁他人柜台或者场地的经营者，应当标明其真实名称和标记。

5. 出具购货凭证和服务单据的义务。经营者提供商品或者服务，应当按照国家有关规定或者商业惯例向消费者出具发票等购货凭证或者服务单据；消费者索要发票等购货凭证或者服务单据的，经营者必须出具。

6. 履行退货、更换、修理等责任的义务。经营者提供的商品或者服务不符合质量要求的，消费者可以依照国家规定、当事人约定退货，或者要求经营者履行更换、修理等义务。没有国家规定和当事人约定的，消费者可以自收到商品之日起 7 日内退货；7 日后符合法定解除合同条件的，消费者可以及时退货，不符合法定解除合同条件的，可以要求经营者履行更换、修理等义务。消费者依照法律规定进行退货、更换、修理的，经营者应当承担运输等必要费用。

7. 7 日无理由退货的义务。经营者采用网络、电视、电话、邮购等方式销售商品，消费者有权自收到商品之日起 7 日内退货，且无需说明理由，消费者退货的商品应当完好。经营者应当自收到退回商品之日起 7 日内返还消费者支付的商品价款。退回商品的运费由消费者承担；经营者和消费者另有约定的，按照约定。

8. 不以格式合同等方式损害消费者权益的义务。经营者在经营活动中使用格式条款的，应当以显著方式提请消费者注意商品或者服务的数量和质量、价款或者费用、履行期限和方式、安全注意事项和风险警示、售后服务、民事责任等与消费者有重大利害关系的内容，并按照消费者的要求予以说明。经营者不得以格式条款、通知、声明、店堂告示等方式，作出排除或者限制消费者权利、减轻或者免除经营者责任、加重消费者责任等对消费者不公平、不合理的规定，不得利用格式条款并借助技术手段强制交易。格式条款、通知、声明、店堂告示等含有前述所列内容的，其内容无效。

9. 不得侵犯消费者的人格尊严和人身自由的义务。经营者不得对消费者进行侮辱、诽谤，不得搜查消费者的身体及其携带的物品，不得侵犯消费者的人身自由。

10. 信息安全义务。包括两个方面：①信息披露义务。采用网络、电视、电话、邮购等方式提供商品或者服务的经营者，以及提供证券、保险、银行等金融服务的经营者，应当向消费者提供经营地址、联系方式、商品或者服务的数量和质量、价款或者费用、履行期限和方式、安全注意事项和风险警示、售后服务、民事责任等信息。②信息安全义务。经营者收集、使用消费者个人信息，应当遵循合法、正当、必要的原则，明示收集、使用信息的目的、方式和范围，并经消费者同意。经营者收集、使用消费者个人信息，应当公开其收集、使用规则，不得违反法律、法规的规定和双方的约定收集、使用信息。经营者及其工作人员对收集的消费者个人信息必须严格保密，不得泄露、出售或者非法向他人提供。经营者应当采取技术措施和其他必要措施，确保信息安全，防止消费者个人信息泄露、丢失。在发生或者可能发生信息泄露、丢失的情况时，应当立即采取补救措施。

（二）经营者责任制度

消费者保护的责任体系既包括了传统法律责任的运用，也有新的责任类型。传统上的民事、行政、刑事责任在消费者权益侵害中都可能产生。限于篇幅，行政、刑事责任不赘述，以下仅就民事责任进行阐述。

民事责任体现了运用平等手段和等价补偿的方法调整社会关系的内在制度价值，消费者保护法中经营者的民事责任是经营者违反消费者保护法的规定或违反其与消费者约定而产生的财产或精神损害的赔偿责任。在消费者保护法中，民事责任主要表现为如下几种类型：一是经营者的违约责任，这是基于标的物瑕疵违反了当事人之间的合同约定而产生的责任；二是经营者的侵权责任，即因其提供的产品或服务不当造成消费者人身或财产损害所承担的责任。

在民事责任承担上，既有单独责任，也有连带责任；既有惩罚性赔偿责任，也有一般民事责任。

1. 单独责任。一般情况下，消费者在购买、使用商品时，其合法权益受到损害的民事责任具有如下特性：①选择性的先行赔偿。消费者或者其他受害人因商品缺陷造成人身、财产损害的，可以向销售者要求赔偿，也可以向生产者要求赔偿。且不论是哪一方的过错，两者都有先行赔付的义务。属于生产者责任的，销售者赔偿后，有权向生产者追偿。属于销售者责任的，生产者赔偿后，有权向销售者追偿。②补充性的先行赔偿。消费者通过网络交易平台购买商品或者接受服务，其合法权益受到损害的，可以向销售者或者服务者要求赔偿。网络交易平台提供者不能提供销售者或者服务者的真实名称、地址和有效联系方式的，消费者也可以向网络交易平台提供者要求赔偿；网络交易平台提供者作出更有利于消费者的承诺的，应当履行承诺。网络交易平台提供者赔偿后，有权向销售者或者服务者追偿。再如，广告经营者、发布者不能提供经营者的真实名称、地址和有效联系方式的，应当承担赔偿责任。

2. 连带责任。特殊情况下，经营者向消费者承担连带责任。具体表现为：①营业执照出借者和使用人的连带责任。使用他人营业执照的违法经营者提供商品或者服务，损害消费者合法权益的，消费者可以向其要求赔偿，也可以向营业执照的持有人要求赔偿。②柜台出租人和承租人的连带责任。消费者在展销会、租赁柜台购买商品或者接受服务，其合法权益受到损害的，可以向销售者或者服务者要求赔偿。展销会结束或者柜台租赁期满后，也可以向展销会的举办者、柜台的出租者要求赔偿。展销会的举办者、柜台的出租者赔偿后，有权向销售者或者服务者追偿。[1] ③平台提供者和平台经营者之

---

[1] 理论上，这种责任又被称为不真正连带责任。

间的连带责任。网络交易平台提供者明知或者应知销售者或者服务者利用其平台侵害消费者合法权益，未采取必要措施的，依法与该销售者或者服务者承担连带责任。④广告主体间的连带责任。广告经营者、发布者设计、制作、发布关系消费者生命健康商品或者服务的虚假广告，造成消费者损害的，应当与提供该商品或者服务的经营者承担连带责任。社会团体或者其他组织、个人在关系消费者生命健康商品或者服务的虚假广告或者其他虚假宣传中向消费者推荐商品或者服务，造成消费者损害的，应当与提供该商品或者服务的经营者承担连带责任。

3. 惩罚性赔偿责任。《消费者权益保护法》第 55 条规定了惩罚性赔偿制度。这个责任制度分为两种类型：

（1）轻微损害的惩罚性赔偿。这种责任的构成要件包括：①经营者一方提供商品或者服务时存在欺诈；②消费者提出惩罚性赔偿的要求；③增加赔偿的金额为消费者购买商品的价款或者接受服务的费用的 3 倍；④增加赔偿的金额不足 500 元的，为 500 元。

（2）严重损害的惩罚性赔偿。这里的"严重"是指结果严重。经营者明知商品或者服务存在缺陷，仍然向消费者提供，造成消费者或者其他受害人死亡或者健康严重损害的，受害人有权要求经营者依照《消费者权益保护法》第 49 条、第 51 条等法律规定赔偿损失，并有权要求所受损失 2 倍以下的惩罚性赔偿。与之类似的制度是《食品安全法》第 148 条的规定。相比较，前提条件上有所不同，即这里是"生产不符合食品安全标准的食品或者经营明知是不符合食品安全标准的食品"；另外，数额上也有不同："消费者除要求赔偿损失外，还可以向生产者或者经营者要求支付价款 10 倍或者损失 3 倍的赔偿金；增加赔偿的金额不足 1000 元的，为 1000 元。"

广义上讲，经营者的责任还包括承担社会责任。这是对经营者与社会和谐共处的一种尝试，其实质是在微观经济基础上构建经济民主，杜绝经济强制和经济霸权。社会责任要求经营者在产品设计、角色定位、运营及管理上都应当顾及利害关系人的利益，这些利害关系人包括投资者、劳动者、消费者、竞争者、债权人、用户、客户、其他社会公众。这意味着经营者的行为不只是自己利益的体现，而且会影响到上述群体的利益实现程度。社会责任理论决定了经营者必须诚实地向消费者承担社会责任，[1] 所以将企业的社会责任理论适用于消费者保护领域，对处于经济弱势地位的消费者予以特殊保护，不仅符合企业社会责任的应有之义，也是稳定社会经济秩序的重要保障。

4. 民事程序责任。《消费者权益保护法》中规定了经营者保障商品和服务质量的义务及瑕疵举证责任。经营者提供的机动车、计算机、电视机、电冰箱、空调器、洗衣机等耐用商品或者装饰装修等服务，消费者自接受商品或者服务之日起 6 个月内发现瑕疵，发生争议的，由经营者承担有关瑕疵的

---

〔1〕 刘俊海：《公司的社会责任》，法律出版社 1999 年版，第 153 页。

举证责任。

三、消费者权益的保护模式

（一）国家对消费者及其权益的保护

现代国家在维护政治统治的同时承担起了维护社会公共利益的任务，在调整行政关系的同时还要调整特定的经济关系。国家作为主权的拥有者，对其主权范围内的资源及其公民的各种活动有适度干预的权力。国家以权力对社会生活施加一定的影响的同时，也有责任采取措施促使社会向着人们普遍认为合理的方向发展。

消费者问题是当今社会普遍存在的现象。虽然公认的消费者是自然人，但消费者的范畴不是单个自然人的简单叠加，而是对消费关系中的每个购买者进行概括、去除个性抽出共性所形成的一个抽象概念，是对全体消费者共同本质的升华。因此在与经营者的交易中，处于弱势地位一端的不是某个具体的商品或服务的购买者，而是一个群体；经营者侵害的对象也不是单个的个体，而是一个整体。所以消费者问题是一个社会问题，经营者的不法行为危害的是社会公共利益。出于政治稳定、社会安宁的需要，国家必然要介入消费关系之中对其加以调整。国家对消费者的保护模式的建立体现在立法、司法和行政上。

1. 在立法上的保护。不同的国家由于历史传统、法律文化背景、经济发展状况等方面的差异，对消费者及其权益保护的立法模式有很大不同。

有的国家运用判例法和成文法综合调整。在美国，虽然没有一部统一的消费者保护法典，但综合性调整效果明显。判例法对经营者欺诈行为的调整主要是运用民事侵权法和合同法；成文法有联邦和州立法机构制定的法律。根据不同时期消费者保护的侧重点的不同，分别制定相应的单行法规。美国是从广义上解释消费者保护法的，反不正当竞争法和反托拉斯法也被认为属于这一范畴。此外，在消费品的安全、卫生等方面的问题日益凸显的时候，一系列相应的单行法规应运而生，如《联邦食品和药品法》《肉类食品卫生法》《化妆品真实法》《香烟标识法》《汽车信息披露法》等。20世纪60年代末，随着消费者信贷的逐渐普及，联邦议会在这方面又制定了大量的法律法规，不予赘述。

有的国家制定专门的消费者保护法典并辅之以具体的单行法规。如日本，1968年颁布实施的《保护消费者基本法》是一部宣言性的消费者保护法律总纲，其意义在于确立了日本消费者保护的基本方针。该法典的内容规定得比较原则、简单，本身不是为了实际可操作，而是用于指导具体的消费领域的立法。在此基础上，日本政府就具体的消费领域制定了有针对性的法律法规，如1970年的《国民生活中心法》、1973年的《国民生活安定紧急措施法》和《消费生活制品安全法》、1975年的《制造物责任法要纲试案》等。

2. 在司法上的保护。虽然诉讼是解决纠纷最有力度的途径，但在消费者诉讼实践中，存在一些障碍使得诉讼并未成为被普遍选择的纠纷解决途径。就我国的实际情况而言，其原因包括：一是经营者侵害消费者利益的现象还较为普遍，如果消费者以司法程序解决这些纠纷，时间成本太高，司法机关也可能不堪重负；二是消费者在诉讼中要支出各种成本，相对于诉讼金额及获得的赔偿额，有时显得得不偿失，高额的诉讼成本阻碍了消费者通过诉讼途径解决纠纷。上述原因抑制了消费者主动维权的积极性，很多情况下消费者会息事宁人。为尽量避免侵害消费者利益的消极后果的产生，修正性的制度便应运而生。

（1）小额诉讼制度。这种制度最早在 19 世纪被英国和加拿大等国用于解决小额债权债务纠纷，20 世纪初期被美国引入，并迅速得到普及。该制度的基本架构是设立专门的小额法庭，适用简便灵活的审理方式和简易程序，用以解决争议金额很小的纠纷。这一司法途径非常适用于解决争议标的较小、发案又比较多的消费者权益纠纷。美国的小额法庭有以下几个特征：一是诉讼标的额很小。早期其管辖权仅限于 200 美元以下的案件，但目前这一限额在大多数州已经超过 2000 美元；二是双方当事人不委托律师参加诉讼，自己亲自参加庭审；三是简便的程序规则和证据规则，通常法官会鼓励当事人通过协商解决争议。[1] 虽然我国民事诉讼程序中有简易程序，但对于处理小额消费者权益纠纷来说仍显繁琐，当事人难堪诉累，因此小额诉讼制度的引入具有很强的实践意义。

（2）集体诉讼。集体诉讼制度起源于英国衡平法院的"息诉状"，这是衡平法上的一种诉状。当原告就同一权利可能与不同的人、在不同时间、以不同的诉讼发生争议时，可提出此诉状，法院裁决具有"以一当十"的效果，禁止他人就同一请求再行起诉。[2] 该制度被美国引入，并加以改造，用以解决诉讼人数众多、无法以全体起诉或全体应诉的方式进行诉讼的集团式纷争。其中一人或数人可以为全体利益起诉或应诉。其基本特点在于：①众多的成员构成了一个集体，他们有共同的诉因和诉求。②因人数众多要求全体成员参加诉讼是不可能的，因此推举代表代为诉讼，作为代表的诉讼当事人，其自身的主张或抗辩必须能够代表其余成员的主张或抗辩，或构成其余成员主张或抗辩的核心，代表人能够公正妥当地代表全体成员的利益。③主要用于小额消费者争议：一是对受到损害的众多且分散的消费者予以救济；二是对不法经营者的不当收益予以剥夺并防止其继续实施违法行为。

从效率的角度看，该种诉讼可以节约诉讼成本，提高司法审判效率；从公正的角度看，集体诉讼有利于杜绝个别诉讼有可能造成的各个判决之间的互相歧义或矛盾，保证司法的公平和公正，最终达到促使众多的小额权利主张者能够迅速、有效、方便地获得损害赔偿的目的。

----

〔1〕 张为华：《美国消费者保护法》，中国法制出版社 2000 年版，第 199 页。
〔2〕 冷霞：《英国早期衡平法概论——以大法官法院为中心》，商务印书馆 2010 年版，第 233 页。

这一制度的核心思想从强迫违法经营者吐出非法利益的单一目标向兼顾救济消费者与剥夺经营者违法获利的二元目标转变。对于前者，由于市场空间的无限扩大，经营者面对的消费者人数甚巨，经营者即使从每个消费者身上只多收取一分钱的不当利益，结果也会因此获得巨额非法收入；对于后者，如果没有集体诉讼制度的应用，这些数额很小的权利主张不仅无法实现，甚至都不可能浮出水面。[1]。

（3）在行政执法上的保障。行政保护的特点是专业性、及时性和灵活性。一方面，行政机关通过抽象行政行为对有关消费者保护的法律予以解释，制定实施细则和具体办法，使其条文更加清晰明确，更具可操作性，其自身也可以通过制定行政法规、行政规章、行政解释等为消费者保护提供法律渊源；另一方面，行政机关具有一定范围的执法权，可以通过行政处罚等措施制裁侵害消费者利益的行为，通过行政调解、行政裁决等方式解决消费者关系纠纷，以此维护交易双方的利益平衡。

（二）消费者组织对消费者权益的维护

消费者组织产生的社会基础是多元主义公民社会，强调社会具有自我组织和自我协调的能力。多元主义公民社会成熟的标志是可以在国家管理系统之外创立一个自治系统，依靠自身的力量维护系统内部的秩序。

科学技术的发展为消费者带来物质财富极大丰富的同时也为侵害消费者埋下了伏笔，当这种侵害威胁到系统性的社会安全时，必然会遭到系统内部自发力量的抵抗，消费者运动的兴起便是社会系统内部一种本能的自卫。从自发到有序，从单个人的抗争到消费者作为一个整体有目的的运动，体现了消费者组织的萌生、发展与成熟，因而消费者组织是伴随着消费者运动的兴起而生成的一种组织团体。消费者组织本质上是一个民间团体，是消费者自发、有效地组织起来，按一定目标运动的社会组织，它承担着维护市场秩序和交易秩序、保护消费者及其利益的职能。

最初的消费者组织是自发形成的，消费者本身就是其中的成员，以自然人的身份行使结社的权利。之后，消费者组织发展成为一种固定的社会组织团体，有专门的管理人员、章程、职能等。因此，消费者组织从一个自发组织转变为一个自律组织并由国内向国际发展。消费者组织的活动方式也从单一的抗议示威向综合运用政治、法律等多种手段转变。

消费者组织的职能包括四个方面：一是为消费者提供服务，包括向消费者提供消费信息和咨询服务。二是配合有关国家机关和政府行政部门的工作，包括参与有关行政部门对商品和服务的监督、检查；就有关消费者合法权益的问题向有关行政部门反映、查询，并提出建议；敦促立法机关完善保护消费者的立法，并将有关法律落到实处。三是履行维护消费者合法权益的职责，包括受理消费者的投诉，并对投诉事项进行调查、调解，对于存在质量问题的

---

[1] 钟瑞华："美国消费者集体诉讼初探"，载《环球法律评论》2005年第3期。

相关商品或服务，可以提请鉴定部门予以鉴定；对于损害消费者合法权益的行为通过大众媒介予以披露、批评；支持受损害的消费者提起诉讼，或代表消费者提起诉讼。四是进行国际交往，建立世界性的消费者监督网络，加强国际合作，相互交流经验。从消费者组织的上述职责可以看出，消费者组织具有一定的权威，而这种权威来源于法律或行政部门的授权。

（三）消费者的自力救济

自力救济是权利人依靠自己的力量强制他人，从而捍卫受到侵犯的权利的保护程序。[1] 自力救济是人类早期盛行的自我保护方式，一旦国家权力足够强大时，便不再允许自力救济的泛滥。现代社会的自力救济与公力救济补充适用。相对于后者，自力救济有及时迅捷的优势。自力救济的本质是法的私人实施。

法的公共实施是以政府职能部门为基础，运用权力解决纠纷。由于公共部门的不断扩张，公共实施面临着众多的难题。首先是公共执法机构受财政预算限制，会将有限的预算收入投入到能够获得最大效用的地方。对于人数众多且数额较小的消费纠纷，公共执法不可能面面俱到。其次是公共机构的执法经常出现偏差，产生这种结果的原因在于公共机构自身的利益与执法的社会成本和收益不相关。[2] 如果公共机构既不能从降低执法成本中受益，也不会从减少执法收益中受损，自然会对提高执法效率漠不关心。

在消费关系中鼓励消费者维护自己的权益，基于消费者有维权的主动性和积极性，私人实施一定程度上有助于克服公共执法的弊端。传统的私人实施主要有和解和诉讼。

另一种新型的方式是七天无理由退货制度，也叫冷静期制度。这个制度之所以产生，本质上还是源于信息不对称。

互联网交易已经逐步代替传统交易并承担起商品销售主渠道的功能。这种功能的发挥主要源于信息技术拉近了交易主体之间的空间距离。但是与传统交易方式相比，查看商品、了解基本信息、讨价还价等一系列环节都以虚拟化的方式进行，若其中包含有虚假或引人误解的信息，必然会打击消费者的购物信心。提升消费者的网购信心就必须增加网络经营者虚拟交易信息的真实性，其前提是减少虚拟背景下相关信息传播的不确定性。若网络错标价格行为都以要约邀请来认定，则大量的交易将呈现不确定的状态。

因而有必要给予作为交易弱者的消费者以适当的关切。《世界互联网项目报告 2009 年摘要》显示，关于在线信息的可信程度调查中，在所涉及的 10 个国家和地区，有超过 40% 的互联网用户认为网上信息中只有一半甚至不到

---

〔1〕 张俊浩：《民法学原理》，中国政法大学出版社 1997 年版，第 88 页。

〔2〕 桑本谦：《私人之间的监控与惩罚：一个经济学的进路》，山东人民出版社 2005 年版，第 167 页。

一半是可信的，其中在中国有 70% 的城市网民觉得在线信息大半都不可信。[1] 信息化具有很强的"外部性"特征，因此网络交易不是一对一的传统交易，对其评价也不能只依赖传统的合同法观念和方法。《消费者权益保护法》规定了经营者在经营活动中使用格式条款的提请义务（第 26 条），并要求应当以显著的方式进行。如卓越网的《使用条件》或当当网的《交易交款》所单方限定的条件均不是以显著的方式提请消费者注意的。故而，在《消费者权益保护法》有效实施的背景下，类似《使用条件》或《交易交款》所限定的包括价格在内的与消费者有重大利害关系的内容与《消费者权益保护法》的强制性规定已然存在一定的冲突。需要站在消费者的立场上将原来经营者对主要交易条件的自治事项进行重新审视。

信息传递方式变革进一步加剧了交易关系中的信息不对称。一是广告方式的改变。二战以后被战争压抑了的生产迅速释放引发的大量销售，改变了企业的营销策略，信息性广告被劝诱性广告取代。信息性广告是直接传递产品的功用、款型、材质以及价格、销售地等具体信息的广告。劝诱性广告是并不介绍产品具体信息，旨在形成、影响或者改变消费者偏好的广告，比如品牌、企业形象、明星代言等广告。劝诱性广告会对消费者的心理产生强制，使其在缺乏充分判断的机会或丧失冷静分析的理智的情况下，将消费者不需要或不适用的商品推销出去。二是配合劝诱性广告，营销方式的多元化变革。随着市场竞争的日益激烈和新技术的发展，新的营销方式不断出现，例如未经事先约定的上门销售、电话推销、邮售、电视销售、网络销售等，这些销售常以低价和赠品相诱惑。在手段上运用了社会学、心理学等学科的因素，刺激消费者的购物冲动，将消费者引入非理性消费的购物情境之中。"销售上或销售方式过于灵活，对消费者施加的过度心理压力，都可能导致消费者做出考虑不周、不符合需要和在不利条件下的购买"[2]。

除了上述如上门推销施加给消费者过度的心理压力外，还包括如电视销售、网络销售等基于信息不全面而无法真实理性判断的消费情形。例如通过互联网销售的服装，消费者无法在购买前通过试穿、色彩比较等作出直观判断，因型号、色差等导致的不合适是消费者网购时无法理性判断出来的，这种不理性是信息不充分所导致的。

根据消费者对产品信息的了解程度和方式的不同，可以将产品分为以下三种：搜寻品、经验品和信赖品。搜寻品是指消费者通过互联网搜寻可以在电子介子上观察但无法知道其品质好坏的交易对象。经验品是指消费者必须实际购买产品并使用过后，才会知道其品质好坏的交易对象。信赖品是指顾客在做购买决策之前，因以往多次使用故充分了解产品品质、使用方法等信

---

〔1〕《"世界互联网项目"报告 2009 年摘要》，http：//ohmymedia.con/2008/12/14/1032/，访问日期：2015 年 12 月 1 日。

〔2〕〔法〕热拉尔·卡：《消费者权益保护》，姜依群译，商务印书馆 1997 年版，第 25 页。

息的交易对象。因从搜寻品、经验品到信赖品，消费者持有的信息逐渐增多，消费时非理性的风险也相应地减少。搜寻品的购买风险最高，信赖品的购买风险最低。

总之，在网络交易中，有必要以网络消费者知悉真情权为中心，确保经营者发布的信息必须真实、充分。这些信息包括但不限于网络商品经营者的内容、网络销售商品的情况、网络交易价格、运输方式及费用，以及对发生纠纷时救济方式的约定等。只有保护网络消费者的在线信息知情权才能减少因网络交易信息不对称使网络消费者权益受到侵害的风险。

综上所述，我们便可以揭开冷静期制度有所限定的神秘之幕，即之所以将无理由退货制度的适用范围限定于经营者通过网络、电视、电话、邮购等方式销售的商品，是因为通过这些方式销售的商品的信息或来自于交易对方的表述或源自于间接的媒介展示，属于搜寻品或经验品，对于消费者而言，上述交易方式无法使其掌握充分的信息。相关调查数据显示，超过八成消费者表示有买到实物与宣传不符的网络购物经历。部分网络商品经营者对商品的功能特性进行子虚乌有的宣传，过分夸大其优点、效果，不少外观图片经过处理，与实物存在较大差距。[1] 因而消费者需要冷静下来进行比较与试用之后才能判断产品能否满足自己的购买目的。这就是在立法上规定消费者在交易后须享有一定的冷静期的基本理由。

很多人将《消费者权益保护法》第 25 条的规定称为"反悔权"或"犹豫权"。事实上，称之为冷静期更合理，在收到货物后"7 日内"冷静下来，而不是鼓励"反悔"。换言之，在合同订立之后，消费者在不受任何外在因素的影响下，在一定期间内冷静、认真地对自己所订立的合同进行第二次考虑，如果觉得自己之前草率地决定购买商品、接受服务，或者觉得自己暂时不需要或不合适，可以在这段冷静思考的时间内取消合同。取消合同的原因可能是理性判断，也可能是非理性的其他理由，不论如何，取消合同是消费者的意思表示即可，不需要说明理由。

因为退货可以"无理由"，这一制度可能被滥用。为了防止制度被滥用，给经营者造成不当干扰，需要在消费者和经营者之间进行利益再平衡。法律上平衡的方法是列举例外适用的清单。《消费者权益保护法》第 25 条除明确列举了四种情况外，还补充规定了"除前款所列商品外，其他根据商品性质并经消费者在购买时确认不宜退货的商品，不适用无理由退货"。可见，不适用冷静期制度的范围是可以扩大的，也需要适度扩大，但扩大到何种程度尚不明确。此外，该制度本身还有很多模糊之处，例如，所根据的商品性质具体包括哪些，如何证明消费者已经"确认不宜退货"，这些问题需要进一步明确。

---

[1] 中国消费者权益保护法学研究会、北京市消费者协会、北京金鼎影响力市场调查中心：《网络购物的问卷调查报告》，于 2014 年 8 月 20 日发布于北京市工商局网站 http://www.hd315.gov.cn/zwgk/jqdt/sjdt/201408/t20140820_ 1102056.htm，访问日期：2014 年 8 月 27 日。

二维码

第十章　拓展阅读

第十一章

其他经济主体法律制度

第一节　中小企业促进法

一、中小企业的概念

中小企业是相对于大企业而言的。在市场竞争中，其无法与大企业对抗。法律上所涉及的中小企业，主要是从政策扶持的角度来表述的。既然法律给予了中小企业诸多政策优惠，界定中小企业的概念就非常重要。

（一）概念与分类

综观世界各国（地区）对中小企业的界定，可以归纳为五类：

1. 以从业人数为标准。如瑞士、奥地利、澳大利亚、荷兰等国认定，从业人员在 500 人以下的为中小企业。

2. 选择从业人员、营业额或资本额之一为界定标准。如日本工矿业和运输业等，资本额在 1 亿日元以下或从业人员少于 300 人为中小企业；批发业资本额在 300 万日元以下或从业人员少于 100 人为中小企业；零售和服务资本额在 100 万日元以下，或从业人员少于 50 人为中小企业。

3. 同时采用从业人员和营业额作为标准。例如，比利时的中小企业是指按照全日制工计算全年从业人员不超过 50 人，年营业额不超过 700 万欧洲货币单位或年度资产负债总额不超过 500 万欧洲货币单位的企业。我国台湾地区的制造业、建筑业等实收资本额在 6000 万元新台币以下，正常员工不满 200 人以下的为中小企业。

4. 选择从业人员、营业额或资本额三项指标中之二项为界定标准。德国《会计法》以营业额、资产总额和从业人员的平均数中任两项为标准：①营业额小于 1062 万马克为小型企业，小于 4248 万马克为中型企业；②资产总额小于 531 万马克为小型企业，小于 2124 万马克为中型企业；③从业人员平均人数小于 50 人为小型企业，小于 250 人为中型企业。

5. 同时采用从业人员数、营业额或资本额三项指标作为界定标准。例如，法国的中小企业是指从业人员数在 500 人以下，年营业额在 1 亿法郎以下，资本额在 500 万法郎以下的企业。

我国关于中小企业的划分，自 1949 年以来先后进行了几次调整。在 20

世纪 50 年代主要是按照企业职工人数来划分，1962 年改为主要依据固定资产价值划分企业规模，1978 年国家发展和改革委员会（含原国家发展计划委员会、原国家计划委员会）、国家建设委员会（已变更）和财政部下发的《关于基本建设项目和大中小型划分标准的规定》，把企业规模划分的标准改为年综合生产能力。1988 年国家有关部门对 1978 年的标准进行了修改和补充，颁布了《大中小型工业企业划分标准》。该标准按企业生产规模把企业分为特大型、大型、中型和小型。这里的划分标准是行业和产量。而企业的产量会经常处于变动之中。1992 年国家经贸委又制定发布了《大中小型工业企业划分标准》，该标准适用工业企业，对商业企业适用 1997 年内贸部发布的《关于颁布商业、粮食非工业企业大、中、小型规模界限的通知》。这两个文件未涉及的行业，其划分标准由地方政府行业部门确定。可以看出，我国颁布的文件中，中小企业划分的标准一直不统一。我国中小企业划分标准不统一，将带来法律的适用范围的模糊。

《中小企业促进法》第 2 条明确了中小企业划分的标准，该法所称中小企业，是指在中华人民共和国境内依法设立的，人员规模、经营规模相对较小的企业，包括中型企业、小型企业和微型企业。这确定了法律上"中小企业"包括三种形态。

按照该法，中小微企业的划分标准是"企业从业人员、营业收入、资产总额等指标，结合行业特点"。总体上，我国分为 16 类行业，分别确定中小微的不同指标。例如，

表 10-1　两类中小微企业规模标准

行业	中小微型企业总体标准	中型企业	小型企业	微型企业
农、林、牧、渔业	营业收入 20000 万元以下	营业收入 500 万元及以上	营业收入 50 万元及以上	营业收入 50 万元以下
工业	从业人员 1000 人以下或营业收入 40000 万元以下	从业人员 300 人及以上，且营业收入 2000 万元及以上	从业人员 20 人及以上，且营业收入 300 万元及以上	从业人员 20 人以下或营业收入 300 万元以下

（二）特征

各国的中小企业虽然在经济贡献率上可以与大型企业分庭抗礼，但是，中小企业的产生、生存、发展等方面却有许多不同于大型企业的特征。

1. 中小企业灵活，适应性强。中小企业由于经营规模小因而具有了较大的灵活性，可以根据市场环境的变化及时调整经营理念和经营方向，及时转

型，而且相对于大型企业而言，其转型速度快、成本低，可以更好地贴近消费者，满足市场多样化的需求，弥补了大型企业在生产供给中的市场空缺，满足了市场对小批量特殊商品的需求，从而实现了中小企业在某一特殊领域的生存发展，同时也增加了社会福利。

2. 中小企业是市场机制的产物。中小企业数量多且分散，客观上促进了竞争。中小企业规模小，单个企业的产值无法与大型企业相比较，数量众多的企业在客观上也不可能形成共谋，因此其自身不会形成垄断力量，其产生离不开市场环境，正是在市场机制所创造的公平秩序中，中小企业才能生存，而其在市场中的生存发展是对大型企业的一种挑战，推动了竞争，形成了公平的竞争局面，它们成为市场经济公正、公平原则的积极维护者。因此，在西方很多国家，中小企业是政府用来遏止垄断势力形成的一股力量。

3. 中小企业是市场中的弱者。中小企业的分散性决定了其无法操纵价格以支配消费者，因此不具有左右市场的能力，同大型企业相比较处于弱者地位，在市场经济中抗风险能力弱，容易受到伤害；其单个经济实力的弱小决定了其政治地位的低下，在政府机构中没有自己的代言人，其利益不容易在决策层中得到反映，其生存发展的困境容易被忽视。

4. 中小企业需要得到特殊保护。中小企业是一国经济发展中一支不可忽视的力量，但同时又是容易受到伤害的一类群体，因此，需要得到政府有目的的特殊的保护和扶植。

中小企业在市场经济中的重要作用引起了世界各国的广泛重视，但是在与大型企业的市场竞争中中小企业却在吸引人才、融资、建立营销网络、技术和产品研发等方面明显处于劣势，由此，政府必须通过制定特殊的中小企业产业政策和相关的法律制度对其予以扶植，以帮助中小企业的发展。经济发展水平和国情的差异，使得各国的中小企业产业政策迥异，但一些发达国家的经验值得我们借鉴。

二、中小企业在国民经济发展中的功能

从国外发达国家的实践情况看，中小企业的促进事业是一项系统性很强的工程，相关的法律、法令自成体系，并且修改十分频繁。在市场竞争中，中小企业虽然处于弱者地位，但在促进中小企业发展的公共政策选择的理论上并非出于保护弱者的考量，而是基于保持国民经济的发展速度和质量、实现充分就业、保持经济和社会活力的需要。[1] 因此，中小企业法的立足点必须体现这些价值目标。

1. 中小企业有助于扩大就业机会。中小企业一直是拉动就业增长的火车头，是缓解社会就业压力的主要承担者。因为与大企业相比，中小企业虽然

---

[1] 甘培忠："庄严的使命与深厚的期待——评中小企业促进法立法的社会价值"，载北大法宝（www.pkulaw.com），法宝引证码：CLI. A. 629925.

规模小、组织结构简单，但工资成本低、资本有机构成低、管理成本低，所以相同的资金投入，中小企业能够比大企业提供更多的工作岗位。另外，中小企业具有高度适应与应变能力。尤其在经济不景气的状况下，中小企业以其特有的适应性吸纳大量大企业分流的劳动力，对扩大劳动力就业更具现实和长远意义。

2. 中小企业有助于促进技术进步。中小企业是技术创新的重要力量。首先，在技术创新的周期方面，中小企业明显短于大企业。据统计，在日本，创新周期在一个月以下的企业当中，大企业仅占 1%，而中小企业高达29.3%；创新周期在三个月以下的，大企业占 6.3%，中小企业则高达36.2%。[1] 其次，中小企业创新的效率也高于大企业。发达国家有关资料表明，与大企业相比，中小企业更注重于开发"研究密集"型产品，其从每单位销售额中所能获得的专利成果大约为大企业的两倍。[2] 另外，各国实践证明，中小企业的技术创新无论在数量上还是在创新的水平和影响上都不亚于大企业，推动了各国技术创新的发展。在欧盟，中小企业人均创新成果是大企业的 2 倍，研究与开发所产生的新成果是大企业的 3~5 倍。[3]

3. 中小企业有助于维护国家经济安全。从国家经济的本质来看，发展是必不可少的，如果经济没有发展，那么经济的生存能力、抵御和适应内外威胁的能力就会大大降低。中小企业在一个国家的经济发展中发挥着重要的作用，特别是在经济全球化导致竞争日益激烈的今天，在出口创汇、繁荣国际市场方面更要发挥中小企业的优势。另一方面，从评价一国国家经济安全的角度来看，提高人民生活水平和质量、减少失业率也是重要的指标之一，中小企业提供了一个国家一半以上的就业机会，这不仅了提高中小企业职工的收入、生活水平，也在很大程度上改善了全国人民的生活水平指数。因此，中小企业也起到了一定程度的维护国家经济安全的作用。

综上所述，中小企业是一国经济发展的重要力量，国家应当鼓励创建中小企业、促进中小企业发展。

三、政府对中小企业的扶持

中小企业促进法律制度是一个复杂的综合体系，是由一系列的相关制度构成的从发达国家促进中小企业发展的手段来看，完备的法律法规体系对于中小企业发展产生了深远影响，如果将扶植中小企业发展的重点放在政策的改革和法制的保障方面，政府将会取得更大的成功，这也是发达国家支持中小企业创新的最基本经验。

---

[1] 蔡丹："中小企业技术创新能力对其创新绩效影响研究"，四川大学 2006 年硕士学位论文。

[2] 吴林海：《积极推动中小企业技术创新》，载《求是杂志》2002 年第 9 期。

[3] 王春法：《科技型中小企业在技术创新中的作用》，来源于中华人民共和国科学技术部网 http://www.most.gov.cn/kjjr/kjjrdt/200410/t20041022_16295.htm，访问日期：2007 年 2 月 1 日。

各国立法十分重视中小企业基本法的可操作性，这是保证中小企业实现其职能的前提。例如，关于金融扶持方面的专项法规，如日本的《中小企业现代化资金促进法》《改善中小企业金融方法纲要》《中小企业振兴资金助成法》《中小企业信贷保护法》《中小企业信用保险公库法》；韩国的《中小企业银行法》；英国的《信用保证基金法》和《迟延支付商业债务法案》等。以日本的《中小企业现代化资金促进法》为例，该法在资金的贷款方面就利率、偿还期限、期限前偿还、担保或担保人、贷款的额度、违约金等方面均作了明确而具体的规定。再如，有关国家颁布了关于支持中小企业技术进步方面的专项法规，如美国的《小企业技术创新开发法》《小企业发明推广法》《加强小企业研究与发展法》；法国的《企业现代化支持议案》；德国的《中小企业研究和发展工作的设想计划》；韩国的《产业技术研究组织育成法》等。

我国《中小企业促进法》中规定了六个方面的扶持内容，即财税支持、融资促进、创业扶持、创新支持、市场开拓、服务措施。一国法律对中小企业的扶持，除了制定中小企业基本法确立"国家要保护和支持中小企业的经营活动"这一立法精神外，还需要更细致的具体措施保障立法精神能够得以实现。

1. 财税支持。财税支持主要包括如下方面：①专项资金支持。中央财政应当在本级预算中设立中小企业科目，安排中小企业发展专项资金。县级以上地方各级人民政府应当根据实际情况，在本级财政预算中安排中小企业发展专项资金。中小企业发展专项资金通过资助、购买服务、奖励等方式，重点用于支持中小企业公共服务体系和融资服务体系建设。②国家设立中小企业发展基金。国家中小企业发展基金应当遵循政策性导向和市场化运作原则，主要用于引导和带动社会资金支持初创期中小企业，促进创业创新。县级以上地方各级人民政府可以设立中小企业发展基金。③国家实行有利于小型微型企业发展的税收政策，对符合条件的小型微型企业按照规定实行缓征、减征、免征企业所得税、增值税等措施，简化税收征管程序，减轻小型微型企业税收负担。④国家对小型微型企业行政事业性收费实行减免等优惠政策，减轻小型微型企业负担。

2. 融资促进。由于交易成本和信息障碍，中小企业融资面临着巨大的困难，由此严重制约了中小企业的发展。融资促进包括：①融资环境的改善。国务院银行业监督管理机构对金融机构开展小型微型企业金融服务应当制定差异化监管政策，采取合理提高小型微型企业不良贷款容忍度等措施，引导金融机构增加小型微型企业融资规模和比重，提高金融服务水平。鼓励各类金融机构开发和提供适合中小企业特点的金融产品和服务。国家推进和支持普惠金融体系建设，推动中小银行、非存款类放贷机构和互联网金融有序健康发展，引导银行业金融机构向县域和乡镇等小型微型企业金融服务薄弱地区延伸网点和业务。②设立专门服务机构。国有大型商业银行应当设立普惠金融机构，为小型微型企业提供金融服务。国家推动其他银行业金融机构设立小型微型企业金融服务专营机构。地区性中小银行应当积极为其所在地的小型微型企业提供金融服务。③健全多层次资本市场体系。推动股权融资，发展并规范债券市场，促进中小企业利用多种方式直接融资。完善担保融资制度，支持金融机构为中小企业提供以应收账款、知识产权、存货、机器设备等为担保品的担保融资。建立中小企业政策性信用担保体系。

3. 创业扶持。主要体现在信息、资源、技术、人才等方面对中小企业予以扶助。县级以上人民政府及其有关部门应当通过政府网站、宣传资料等形式，为创业人员免费提供工商、财税、金融、环境保护、安全生产、劳动用工、社会保障等方面的法律政策咨询和公共信息服务。国家改善企业创业环境，优化审批流程，实现中小企业行政许可便捷，降低中小企业设立成本。国家鼓励建设和创办小型微型企业创业基地、孵化基地，为小型微型企业提供生产经营场地和服务。地方各级人民政府在城乡规划中安排必要的用地和设施，为中小企业获得生产经营场所提供便利。等等。

4. 技术创新扶持。党的十九大报告中指出："深化科技体制改革，建立以企业为主体、市场为导向、产学研深度融合的技术创新体系，加强对中小企业创新的支持，促进科技成果转化。"中小企业的核心竞争力在于技术创新能力和技术进步能力，但中小企业囿于条件的限制，不可能像大企业一样建立自己的技术开发体系，其技术来源必须依靠政府和社会力量的帮助。我国《中小企业促进法》第33条对此作了相应的规定："国家支持中小企业在研发设计、生产制造、运营管理等环节应用互联网、云计算、大数据、人工智能等现代技术手段，创新生产方式，提高生产经营效率。"第35条规定："国家鼓励中小企业研究开发拥有自主知识产权的技术和产品，规范内部知识产权管理，提升保护和运用知识产权的能力；鼓励中小企业投保知识产权保险；减轻中小企业申请和维持知识产权的费用等负担。"

5. 市场开拓扶持。国家支持大型企业与中小企业建立以市场配置资源为基础的、稳定的原材料供应、生产、销售、服务外包、技术开发和技术改造等方面的协作关系，带动和促进中小企业发展。向中小企业预留的采购份额应当占本部门年度政府采购项目预算总额的30%以上；其中，预留给小型微型企业的比例不低于60%。国家有关政策性金融机构应当通过开展进出口信贷、出口信用保险等业务，支持中小企业开拓境外市场。

6. 社会化服务体系。中小企业由于自身规模小，容易受市场各种供给要素的制约，在市场竞争中处于劣势，需要社会为其提供多方位的服务，以弥补其自身的不足。因此，发展对中小企业的社会化服务，发挥民间社会团体的作用，是许多国家扶持中小企业发展的重要制度措施。具体包括：县级以上人民政府负责中小企业促进工作综合管理的部门应当建立跨部门的政策信息互联网发布平台，及时汇集涉及中小企业的法律法规、创业、创新、金融、市场、权益保护等各类政府服务信息，为中小企业提供便捷无偿服务。国家鼓励各类服务机构为中小企业提供创业培训与辅导、知识产权保护、管理咨询、信息咨询、信用服务、市场营销、项目开发、投资融资、财会税务、产权交易、技术支持、人才引进、对外合作、展览展销、法律咨询等服务。

第二节　劳动者保护制度

近代劳动法保护劳工的独立人格，奴役性的劳动已经越来越不能适应现代社会的发展，因此也被现代精神文明社会所抛弃，各国不断制定劳动法以及国际条约以加强对劳动者的保护，这使得劳动法具有了倾斜的保护功能，对劳动者的保护不断在加强。

一、劳动法的特征

劳动法是调整劳动关系以及劳动附随关系的法律规范的总称。对"劳动法"一词可作狭义和广义两种理解：狭义上的劳动法也称为形式意义上的劳动法，指由国家最高权力机关颁布的关于调整劳动关系以及劳动附随关系的综合性法律，即法典式的劳动法。广义上的劳动法也称为实质意义上的劳动法，是指所有调整劳动关系以及劳动附随关系的法律规范的总和。这里所讲的劳动法是狭义的劳动法。

西方早期的劳动立法将劳动合同视为民事合同，完全适用契约自由的原则，这对于只有劳动力而无其他财产的劳动者来说，机会公平并不能带来结果公平。历史上奴役性的劳动已经越来越不能适应现代社会的发展，因此也被现代精神文明社会所抛弃，近代劳动法保护劳工的独立人格，各国不断制定劳动法以及国际条约以加强对劳动者的保护，这使得劳动法具有了倾斜的保护功能，对劳动者的保护不断在加强。20世纪初，出于保护劳动弱者的需要，国家开始干预劳动合同，确定了劳动合同的强制性内容，使劳动关系从民事关系中独立出来。

劳动合同是劳动关系的具体化，劳动合同的内容是否齐备直接影响劳动关系的稳定。劳动合同具有两个特征：一是劳动合同主体具有特定性。一方是企业、事业单位、国家机关、社会团体、个体经济组织；另一方是劳动者本人。二是劳动合同具有从属性。体现为经济上的从属性和组织上的从属性。经济上的从属性是指劳动者完全被纳入用人单位的经济组织和生产过程之中，劳动者作为劳动力的所有者只能从属于资本。组织上的从属性是劳动者要让渡一定的人身自由。劳动法产生后，劳动合同的内容发生了质的变化——其内容由完全意定变为绝大部分属于法定。劳动法将涉及劳资双方利益的内容设定为法定必备条款，缺少这些法定必备条款的劳动合同无效。法定必备条款中既包括保障劳动者利益的内容，如劳动保护和劳动条件条款、劳动报酬条款；也包括保障用人单位利益的内容，如劳动纪律条款、竞业禁止、保密条款等。另外，有些条款涉及劳资共同利益，法律一般会规定最低或最高限度，例如，试用期最长不得超过 6 个月，且对一个劳动者只能使用一次。再如关于劳动工资，一般各国都制定了最低工资标准，用人单位不得低于法定最低标准确定劳动工资。当然，强制性的法律规范中，劳动者利益始终是偏重保护的客体，这体现在劳动合同之外的特殊社会保障之中。典型的表现就是社会保险，劳动者在社会保险中是利益享有者，用人单位在社会保险中主要是义务承担者。

总体上，各国立法对劳动者权利的保护越来越细密，强制性规范的运用越来越突出。

二、我国劳动法的制定

我国民国时期已经着手起草劳动法相关的法律法规，但由于一些政治方面的因素，这些法律法规在我国大陆地区没有延续下来，直到 1982 年《宪法》的制定，劳动者的权利和义务才予以明确，但是宪法是一国的根本大法，所规定的都是最基本的权利，并没有具体的保护措施。另外，因为我国没有违宪审查制度，仅仅依靠宪法无法对劳动者权利给予切实有效的保护。1994 年《中华人民共和国劳动法》正式颁布，该法作为我国的一部基本法，对劳动者各方面的保护即劳动者应该享有的权利作了具体的规定。为了完善劳动合同制度，明确劳动合同双方当事人的权利义务，保护劳动者的合法权益，我国于 2007 年 6 月 29 日又颁布了《中华人民共和国劳动合同法》，这两部法律的颁布与实施对我国劳动者的保护更加全面与具体。

总体上，劳动法对劳动者的保护包括实体上和程序上的保护两个方面。

实体上，从劳动合同的一般内容到劳动合同的特别规定都体现了特别保护的思想。劳动合同的必备内容包括当事人的基本情况；劳动合同期限；工作内容和工作地点；工作时间和休息休假；劳动报酬；社会保险；劳动保护、劳动条件和职业危害防护。此外，试用期条款、保密条款、福利条款等属于劳动合同的选择条款。所有这些内容都属于强制性规范。还有一些类推性的法律规范也是从保护劳动者利益的角度设立的。例如，我国《劳动合同法》规定，如果不能够在建立劳动关系同时订立书面劳动合同，可以给予一个月的宽限期。用人单位自用工之日起超过 1 个月不满 1 年未与劳动者订立书面劳动合同的，应当向劳动者每月支付 2 倍的工资；用人单位自用工之日起满 1 年仍然未与劳动者订立书面劳动合同的，除按照以上规定支付 2 倍的工资外，还应当视为用人单位与劳动者已订立无固定期限劳动合同。

所谓劳动合同的特别规定，是指属于劳动关系范畴，但又不是一般劳动关系的特殊内容，包括集体合同、劳务派遣、非全日制用工。集体合同是指双方集体协商代表依据法律、法规的规定就劳动报酬、工作时间、休息休假、劳动安全卫生、保险福利等事项在平等、协商一致基础上签订的书面协议。劳务派遣是指劳务派遣单位与劳动者建立劳动关系，而后将劳动者派遣到用工单位，在实际用工单位的指挥监督下从事劳动的情形。非全日制工是指以小时计酬为主，劳动者在同一用人单位一般平均每日工作时间不超过 4 小时，每周工作时间累积不超过 24 小时的用工形式。

劳动法对劳动者的保护不仅体现在实体方面还体现在程序上面的保护。我国《劳动合同法》第 43 条规定："用人单位单方面解除劳动合同，应当事先将理由通知工会。用人单位违反法律、行政法规规定或者劳动合同约定的，工会将有权要求用人单位纠正。用人单位应当研究工会的意见，并将处理结果书面通知工会。"即《劳动合同法》将工会纳入用人单位是否无故解除合同的程序当中，并要求将理由及结果告知工会。而《劳动法》对用人单位解除劳动合同并没有程序上的限制，只要用人单位认为符合法律规定就可以解除合同，倘若用人单位和劳动者发生分歧，则只能在救济程序即劳动仲裁和诉讼中进行。而《劳动合同法》则增加了该条，这对劳动者的保护更加切实，而且通过工会来对劳动者保护也更加直接和方便。

此外，劳动法还赋予工会和职工代表大会在重大事项上的讨论与协商权以此来在程序上确保劳动者得以维护自己权利。如《劳动法》规定了用人单位在制定、修改或者决定有关劳动报酬、工作时间、休息休假、劳动安全卫生、保险福利、职工培训、劳动纪律以及劳动定额管理等直接涉及劳动者切身利益的规章制度或者重大事项时，应当经职工代表大会或者全体职工讨论，提出方案和意见，与工会或者职工代表平等协商确定。此外，在规章制度和重大事项决定实施过程中，工会或者职工认为不适当的，有权向用人单位提出，通过协商予以修改完善。而用人单位应当将直接涉及劳动者切身利益的规章制度和重大事项决定予以公示，或者告知劳动者。一旦用人单位的规章制度违反法律、法规的规定，损害了劳动者权益，劳动者可以解除劳动合同，而用人单位应当向劳动者支付经济补偿。这些规定对处于弱势地位的劳动者而言，其保护更加具体有效。限于篇幅，在此不再展开。

三、劳动者的社会保险

在我国，社会保险从属于社会保障体系，后者包括社会保险、社会救助、社会福利、社会优抚。这些制度是经济发展到一定程度后各国普遍实施的国家义务，但在西方国家，社会福利是大概念；在中国，社会保险是大概念。另外，各种社会保障制度针对的对象范围也不同。

社会救助是指因各种自然原因、社会原因或个人原因导致的基本物质生活陷入困境、公民个人无力维持最低生活水平，国家或社会对其提供一定形式援助的社会保障制度，通常包括救灾、救济、五保、扶贫。不同于社会救助针对所有的社会民众，社会优抚针对的是特定的对象，即对现役、退伍、复员、残废军人及其军属给予抚恤和优待的一种社会保障制度，包括抚恤、优待等。社会福利是指国家依法为所有公民普遍提供的在保障基本生活水平之上提供进一步提高生活质量的资金和服务的社会保障制度。

社会保险是指国家通过依法设立的社会保险基金统筹调剂，对遭遇劳动风险的劳动者给予必要的物质帮助和补偿的一种社会保障制度。社会保险是保障劳动者在其失去劳动能力或暂时中断生活来源之后的基本生活，从而维护社会稳定的社会保障手段。社会保险是整个社会保障体系的支柱。具有宽覆盖、保基本、多层次、可持续的特点。党的十九大报告指出，按照兜底线、织密网、建机制的要求，全面建成覆盖全民、城乡统筹、权责清晰、保障适度、可持续的多层次社会保障体系。完善的社会保险制度是社会稳定的基础。在我国，其法律依据是《社会保险法》，该法对基本养老、基本医疗、失业、工伤、生育等社会保险制度作了系统性的规定。

（一）基本养老保险

养老保险是指职工在因年老或病残而丧失劳动能力的情况下，依法领取一定数额费用的社会保险制度。按照《社会保险法》的规定，职工应当参加基本养老保险，由用人单位和职工共同缴纳基本养老保险费。无雇工的个体工商户、未在用人单位参加基本养老保险的非全日制从业人员以及其他灵活就业人员可以参加基本养老保险，由个人缴纳基本养老保险费。参加基本养老保险的个人，达到法定退休年龄时累计缴费满15年的，按月领取基本养老金。累计缴费不足15年的，可以缴费至满15年，按月领取基本养老金；也可以转入新型农村社会养老保险或者城镇居民社会养老保险，按照国务院规定享受相应的养老保险待遇。

（二）基本医疗保险

基本医疗保险是指职工非因工伤疾病从国家和社会获得医疗帮助的社会保险制度。医疗保险待遇主要表现为医疗服务，包括药品、诊疗、住院等项目。

职工应当参加职工基本医疗保险，由用人单位和职工按照国家规定共同缴纳基本医疗保险费。无雇工的个体工商户、未在用人单位参加职工基本医疗保险的非全日制从业人员以及其他灵活就业人员可以参加职工基本医疗保险，由个人按照国家规定缴纳基本医疗保险费。

过去，在城乡二元体制下，医疗保险只针对城镇职工。现阶段，国家建立和完善了新型农村合作医疗制度。

参加职工基本医疗保险的个人，达到法定退休年龄时累计缴费达到国家规定年限的，退休后不再缴纳基本医疗保险费，按照国家规定享受基本医疗保险待遇；未达到国家规定年限的，可以缴费至国家规定年限。

（三）工伤保险

工伤保险是指职工因工致伤、致残、致死时，依法获得一定经济赔偿和物质帮助的社会保险制度。工伤保险中的保险事故包括工伤和职业病。工伤保险兼有经济赔偿和物质帮助性质。工伤保险是法律规定必须对全体职工实行的强制性社会保险，用人单位承担全部责任，职工不缴纳工伤保险费。国家根据不同行业的工伤风险程度确定行业的差别费率，并根据使用工伤保险基金、工伤发生率等情况在每个行业内确定费率档次。行业差别费率和行业内费率档次由国务院社会保险行政部门制定。

（四）失业保险

失业保险是指劳动者在非自愿失业期间，由国家和社会给予一定的物资帮助，以保障其基本生活并促进其再就业的一种社会保险制度。职工应当参加失业保险，由用人单位和职工按照国家规定共同缴纳失业保险费。失业人员应当持本单位为其出具的终止或者解除劳动关系的证明，及时到指定的公共就业服务机构办理失业登记。按照《社会保险法》第45条的规定，失业人员符合下列条件的，从失业保险基金中领取失业保险金：①失业前用人单位和本人已经缴纳失业保险费满一年的；②非因本人意愿中断就业的；③已经进行失业登记，并有求职要求的。

（五）生育保险

生育保险即女职工因生育而从国家和社会获得医疗、休息、补助等物质帮助的社会保险制度。生育保险待遇的项目有：产假、生育津贴、生育医疗待遇等。

职工应当参加生育保险，由用人单位按照国家规定缴纳生育保险费，职工不缴纳生育保险费。用人单位已经缴纳生育保险费的，其职工享受生育保险待遇，职工未就业配偶按照国家规定享受生育医疗费用待遇，所需资金从生育保险基金中支付。

二维码

第十一章　拓展阅读

第三编

市场监管法

第十二章

市场监管法总论

第一节 市场监管的理论

市场监管法，也被称为市场规制法。相比较"调整"而言，"监管"和"规制"都具有明显的倾向性。在我国经济法学界，"规制"使用较多，意旨是规范和限制。但"监管"和许多实体制度紧密关联，故本章使用"监管"一词。

一、市场监管法的产生

任何法律的产生和发展都是对经济关系的反映，市场经济关系被确定为法律关系的基本条件是经济基础的改变。尽管中古时期就有法律调整经济关系的现象，但还不能将其作为市场监管法律的开始。理解市场监管法应该从资本主义或垄断资本主义开始，因为市场经济体制的表现形式和实现方式在此时发生了重要变化，而这些变化对国民经济的发展具有不利影响。

分析资本主义阶段的特殊经济环境对理解市场监管法具有重要意义。"马克思对资本主义所作的理论和历史的分析，证明了自由竞争产生生产集中，而生产集中发展到一定阶段就导致垄断"[1]。生产集中改变了经济关系结构，进而影响市场积极作用的发挥。市场监管不是限制市场的功能，而是对限制市场功能的行为进行限制以使市场更好地发挥作用。市场监管法产生的基础原因表现如下：

第一，生产集中衍生了经营中的非效能竞争。自由资本主义时期的企业为工厂手工业形式，企业的实力大致相当。19世纪末期，有限责任制度的发展和企业组织制度的创新使得新成立的企业多采取股份公司的形式，这种形式在资金和抗击风险上优于传统的工厂手工业。其强大的融资能力也使兼并或控制中小企业成为可能。为逃避竞争，大企业本能地进行生产要素的组合

---

[1] ［苏］列宁："帝国主义是资本主义的最高阶段"，载《列宁全集》（第二卷），人民出版社1995年版，第588页。

运动，形成垄断组织或垄断联合体。垄断最初出现在那些投入资本量大的行业[1]，后来逐渐扩大到其他主要经济领域。

垄断组织体内外关系都受到某种强制，因此产生非效能竞争。尽管对内部主体来说，在某段时期它们可能愿意接受这种限制条件。但不管是强迫还是自愿，成员主体都在一定程度上凌驾于市场规则之上。按照对市场规则破坏程度的不同，垄断组织可分为几种不同的层次。最脆弱的组合形式就是所谓"君子协定"，它基本上是竞争者作出承诺但却缺乏约束力的一纸空文。高一级的组织是普尔（pool），即企业同盟。在同盟体内，产品的价格和销售量按照约定进行，参加者必须在一定时期内遵守一定的售价。由于普尔联盟的基础是成员自愿参加，这种组织具有不稳定性。比普尔更高级的组织是卡特尔，是关于确定商品价格和商品销售条件的较稳定的垄断联合体。联合体成员在生产和经营上受协议确定的范围的约束。托拉斯是更为稳定的垄断联合，其成员完全丧失独立性，企业的命运和全部经济活动完全依赖托拉斯。另外，受限制的成员企业因失去内部经营管理自主性使其独立人格受限。人格不健全的企业通常通过将其残缺转嫁给社会来维持其存在。所以，垄断联盟形成的关系，不论是内部还是外部都是一种失衡的关系。

资本主义国家在 19 世纪末期相继形成了垄断。奥地利的卡特尔于 19 世纪 70 年代后期开始形成，到 20 世纪的前 10 年，它们的数量和经济实力不断增长。[2] 1896 年德国的卡特尔和辛迪加共有 250 个，而 1930 年已有两千多个了。[3] "卡特尔几乎如闪电一般，从不再那么辉煌的天堂——各种力量自由竞争的信念，自由主义经济学的竞争和谐——来到人间。同来自经济自由主义的其他新模式相比，它们大概对'自由竞争'的教条施加了最迅猛的打击，它直接来自那些自由竞争的参与者"[4]。

经济主体的垄断及其多种表现形式改变了市场的竞争效能，使市场从效能竞争转向非效能竞争。效能竞争，是指积极进取型的竞争。在效能竞争中，经营者通过提高自己的效益、完善自己的技能等手段，来争取市场交易机会，扩大自己的销售范围或促进自己的销售业绩。典型的效能竞争，如经营者提出的价格比竞争对手更为优惠、经营的商品或服务的质量比竞争对手的更好、其他交易条件比竞争对手更佳、售后服务比竞争对手更为完备。效能竞争应当是市场竞争的正常形态，效能竞争通常属于正当竞争。即使经营者在从事

---

[1] 例如，1888 年合并了 65 家企业的英国盐业联合公司，控制了英国 91%的食盐生产。1890 年成立的碱业联合公司，是由 49 家企业合并而成的，它控制了英国全部漂白粉的生产。德国 1893 年成立的莱茵—威斯特伐利亚煤业辛迪加控制了煤总产量的 86.7%，等等。

[2] Good, Economic Rise, pp. 218~226. 转引自［美］戴维·J. 格伯尔：《二十世纪欧洲的法律与竞争》，冯克利、魏志梅译，中国社会科学出版社 2004 年版，第 61 页。

[3] ［俄］H. C. 佐托夫：《垄断资本主义—帝国主义讲义》，吴振坤等译，高等教育出版社 1956 年版，第 19 页。

[4] Albet Schaffle, "Zum Kartellwesen und Zur Kartellpolitik", *Zeitschtift fur die gesamte taatswissenschaft* (1898), p. 467.

效能竞争时旨在损害其竞争对手的利益，甚至意在消灭竞争对手，这种竞争行为也并非违法。非效能竞争，又称消极阻碍型竞争，是经营者通过阻碍竞争对手开展竞争活动，以便为自己获得交易机会创造条件的竞争。非效能竞争来源于垄断组织或垄断联盟的市场支配力、零售商市场支配力、生产商市场支配力和协同支配力等。典型的非效能竞争有两种表现：第一种是阻碍价格机制发生作用。限制价格、差别待遇、掠夺定价、搭售都是由市场支配力引起的，其直接破坏了市场价格机制。价格的自发调节是市场发挥资源配置功能的前提条件，破坏或阻碍价格调节功能就抑制了市场的基本功能。形式上，垄断组织或垄断联盟同非垄断组织或垄断联盟主体之间仍然存在竞争关系。但本质上，市场支配力滥用下的竞争关系不可能公平、有效（指整体效率）。第二种是剥夺竞争对手的营业自由，即经营者采取某些措施，使其他竞争对手无法展示其竞争力或直接消灭其竞争力的行为，包括限制经销商的营业自由、阻止新的竞争者进入市场、将已有竞争者排挤出市场等。因此，市场监管法肇始于 19 世纪末期西方国家竞争法的产生。

第二，主体关系的不平等。平等关系大多都依赖于独立主体的规模和资源占有有限的经济背景，如"英国商人住在农村，他们从庄园收购羊毛，然后出售给佛兰德商人；佛兰德商人则把羊毛分配给住在佛兰德农村的纺纱工和织布工，由他们在家里加工；最后佛兰德商人又转而在英国的国际商品交易会上出售佛兰德生产的布匹"[1]。而当主体规模差距增大到一定程度或资源的占有明显不均衡时，平等关系只是一种不切实际的幻想。

不平等关系包括经营者之间关系的不平等和经营者与消费者之间关系的不平等。

资本主义的垄断首先开始于工业，商业资本开始依附于生产资本。工业资本和工业生产集中的过程也是商业的优势地位逐渐丧失的过程。垄断组织的目的是通过调节生产、价格获得垄断利润，垄断组织必须控制销售领域的价格才能达到上述目的。因此，垄断组织必然要利用它的各种优势来削弱商业的独立性，加强对市场的控制。可采取的办法有两项，一项是"向前一体化"，将销售企业兼并为己有；另一项是利用产品的垄断生产剥夺商人的定价权，使他们成为自己的代理商。垄断组织给代理商规定了商品的出售价格和佣金，由此形成了商业资本对产业资本的依赖。

消费者和经营者的不平等关系既来源于垄断也来源于产品更新。垄断组织获得垄断利润最直接的方法是建立价格联盟或实行价格控制。提高了的价格最终将转嫁到产品的最后环节，故消费者是价格卡特尔的最终受害者。另外，由于新技术的运用，产品科技性增强的同时，因科技不成熟导致的产品危险增大，但产品的复杂性又使购买者（尤其是作为消费者的购买者）难以像简单商品经济时期通过外观评定或直接体察的方法把握产品性能的真实全

---

[1]　[美] 伯耳曼：《法律与革命》，贺卫方等译，中国大百科出版社 1993 年版，第 407 页。

貌。相比较，内含在商品中的信息在经营者和消费者之间不对等。经营者可能通过隐藏在产品中的缺陷或瑕疵来欺诈或侵害消费者，经营者牟利的本性决定了难以靠其自觉意识来消除产品风险，所以，产品质量法和消费者权益保护法应运而生。前者是从客体安全性上维护交易稳定，后者是从主体的地位上保障交易公正。

建立在大工业基础上的资本主义经济，摧毁了自给自足的自然经济，整个社会建立起联系紧密、结构复杂的社会经济关系。生产、销售、分配、消费的关系中出现的新的紧张，要求立法及时关注和解决。

二、市场监管法的目标和价值

市场监管法的价值在于维护竞争秩序。

维护社会秩序和经济秩序是公共政策的中心功能。秩序之所以需要维护，理由有三：①人们的认识能力是有限的。一种具有公共理性的秩序会协调具有相同意图的人们的行为，增进劳动分工并因此而提高生活水平。②个人的行动自由与保障他人行动自由是构建秩序的前提条件。③人们拥有的信息不对称导致信息的拥有者会因禁不住利益诱惑而时常机会主义地行事，这使得建立约束性承诺或强制执行的规则非常必要。[1] 工业化社会孕育了一种考虑到当事人之间实际存在的不平等的契约关系的新观念。立法者倾向于保护最弱者，打击最强者；当事人必须服从于一个被现代法学家称为经济秩序的东西。[2] 这是秩序政策的核心内容。

1. 竞争秩序构建的理论基础。对于秩序构建的基础，有个人理性和社会理性之说。哈耶克的自生自发秩序理论是当代个人理性构建社会理性的主要代表新自由主义。在他看来，制度不是"设计"的结果，而是动态的"过程"，是不同人群互动和博弈的过程。这种"自由秩序"的形成，需要作为个体的人的自主选择和自主行动，即需要赋予个人以自由的权利。因此，自由之于哈耶克，不是一种绝对抽象价值的理想追求，而是人类生存的选择战略。这种有着亚当·斯密时代的经济基础的当代思潮是难以建立起现实的竞争秩序的。另一个个人理性说的观点是一直在欧洲影响广泛的秩序理论——德国弗莱堡学派的社会市场经济秩序理论，该理论表彰的是构建的秩序。尽管弗莱堡学派的理论目标因架设在完全竞争理论上而饱受一些经济学家的诟病，但该理想的手段在德国乃至欧共体竞争法制定中所发挥的作用却不容忽视。同时该种经济理论的"虚一实"结构对理解竞争法的宗旨不无借鉴意义。

因此，新自由主义之于弗莱堡学派、哈耶克之于欧肯的理论，都承认秩序之于自然界和人类的重要性，认为需要建立一种维持秩序的机制。但在维

---

〔1〕 〔德〕柯武刚、史漫飞：《制度经济学——社会秩序与公共政策》，韩朝华译，商务印书馆 2000 年版，第 380～381 页。

〔2〕 〔法〕热拉尔·卡：《消费者权益保护》，姜依群译，商务印书馆 1997 年版，第 5 页。

持秩序的方法上，两人（派）却分道扬镳了。哈耶克走上了"自然之路"，欧肯则转向"社会之路"。

哈耶克的自然之路建立在心灵自由的基础上。哈耶克并未界定过什么是他所理解的竞争，他有关竞争的作用和功能建立在初始市场经济的家族成员——自由的基础上，即"一个人不受别人意志的任意强制的状态"。自然，竞争就是他所认为的自由的人的行为结果，自由竞争便是一个包括工具在内的结果状态。这和他研究问题采取的方法论——个人主义是分不开的。哈耶克对差别待遇和卡特尔的态度都建立在自治这个工具之上。"毋庸置疑，人们在社会生活中会就应予适用的标准和类似问题达成各种谅解或协议，只要人们没有就特定情势中的其他条件达成明确的协议，那么他们就标准问题达成的协议或谅解就应当得到适用。此外，只要人们是在完全自愿的基础上遵守这类协议，而且任何其他人都不得对那些认为退出这类协议对自己有益的人施加压力，那么这一协议或谅解就是有百利而无一害的。或者说，任何对这类协议或谅解予以彻底禁止的做法都是极具危害的"。[1] 哈耶克认为垄断有两种类型并应对其采取不同的态度。一种垄断是市场合理结构的表现，这种合理结构会走向平衡。由于他将竞争视为一种发现的过程，高额垄断利润很容易被竞争者发现，并使得进入市场富有吸引力。因此，在他看来，潜在的竞争者发现并迅速进入市场本身就排除了垄断定价，真正地、长久地保持垄断地位的情况是不存在的。而短期的垄断不应该受限制，如同创新性企业将其任何一个新产品销售到市场，其本身就是一定时间内的垄断者。这种意义上的市场结构代表了市场绩效。真正需要加以限制的垄断，是在原来优越地位消失之后保护和维持其地位的垄断，即自然垄断。它使得潜在的竞争者无法进入市场。显然，这里的竞争秩序靠竞争者和潜在的竞争者调节即可完成，他将国家介入经济的最基本方式也排除了。总之，这种自生自发的秩序相对于国家而言，就是排除国家调节、国家参与。

弗莱堡学派构建的秩序自由主义有着与新自由主义相同的思想渊源，即接受古典经济学的两个基本出发点：竞争是良好经济所必需的；必须由私人而不是政府决策引导资源流动。但在目标和方法上都发生了革命性的改变。他们不但要求分散政治权力，也要求分散经济权力。后一个目标是个人无能为力的，需要依靠政府的力量。政府的经济政策分为秩序政策和过程政策，所谓过程政策，是指在既定的或者很少变化的秩序框架和国民经济结构下，所有那些针对经济运行过程本身所采取的，并能影响价格—数量关系变化的各种国家干预调节措施的总和，包括货币政策、财政政策、收入政策等。秩序政策的地位要高于过程政策，过程政策是为秩序政策服务的。所谓秩序政策，是指国家确定的经济主体都必须遵守的法律和社会总体条件，以便使一

〔1〕 ［英］弗里德利希·冯·哈耶克：《法律、立法与自由（第三卷）》，邓正来等译，中国大百科全书出版社 2000 年版，第 397 页。

个有运作能力和符合人类尊严的经济体制得到发展。国家必须为竞争秩序确定一个框架，并不断保护这个框架。在保证自由进入市场和防止垄断行为的条件下，市场过程的参与者可以自主做出决策。同时，市场把各个市场参与者的计划协调成一个国民经济的整体过程。[1] 这种秩序政策也被国内学者概括为社会市场经济政策，即所有那些为经济运行过程创造和保持其长期有效的秩序框架、行为规则和权限的有关经济法律和措施手段的总和。[2] 秩序自由主义者在欧洲的影响十分广大，不仅仅对经济理论影响深远，更重要的是通过经济政策对经济发展产生了积极的影响。它确定了竞争法在经济中的中心地位，并确立了竞争秩序是一种国家构建秩序的理念。

毫无疑问，制定竞争法就是在实现国家构建秩序，它强制地限制某些自由来实现更广泛的自由。

2. 竞争秩序的评价方法。作为两个不同的市场群体，消费者利益和竞争者利益不可能完全一致，但也不会走向另一个极端，即完全对立。各国消费者权益保护法格式化般地规定了消费者的权利、经营者的义务及经营者对消费者承担的强化了的法律责任。产品质量法亦然，消费者的产品权利、经营者的产品质量义务、产品的归责原则是该法的最基本框架。在这个结构中消费者和经营者各自支撑着产品法律关系的"横梁"，但"责任"的砝码加载在经营者一边。市场关系应该是三个主体，即经营者、竞争者和消费者关系的总和。

有序竞争就是在三种主体利益关系中坚持消费者利益和竞争者利益的指导作用，或者说建立公共利益主导下的消费者利益和竞争者利益协调机制。

在此基础上，有序竞争的具体标准包括以下：

（1）消费者利益大于经营者利益。例如，经营者的行为有利于竞争者但不利于消费者的横向价格协议，公共利益在得利者人数与失利者人数、长期利益和短期利益的比较中体现出来。价格协议满足少数卡特尔成员的利益，而消费者利益和未加入协议的竞争者及潜在竞争者的利益远远大于前者。所以横向价格协议应当禁止。再如，价格歧视体现的是少数经营者利益而剥夺消费者剩余。在 Brown 鞋业案中，法官认为：反垄断法对于垂直联合的效果分析的关键在于"是否是实质地限制竞争或形成垄断"。而搭售合同（tying contract）一般而言是违反反垄断法的，这一违法并不是因为其协议的市场大小，而是因为这个合同迫使消费者为了购买他想要的商品而购买他实际上并不必需的商品，而这一特点就构成了"实质限制竞争"的可能性。这类合同的签订，损害的是消费者选择商品的自由，即使搭售商品总体价格小于单独出售搭卖品和结卖品价格之和。

---

〔1〕 ［德］何梦笔主编：《秩序自由主义德国秩序政策论集》，董靖等译，中国社会科学出版社 2002 年版，第 3~4 页。

〔2〕 陈秀山：《现代竞争理论与竞争政策》，商务印书馆 1997 年版，第 131 页。

（2）消费者长期利益大于消费者短期利益。对于有利于消费者但不利于竞争者的低价倾销、有奖销售等经营者的行为，应该从时间上和效果上进行评价，长远的利益应当比眼前利益得到优先考虑。倾销者排挤掉竞争对手后，必然要抬高价格以弥补低价损失，长远看，消费者的福利将被剥夺。欧盟竞争法对于消费者利益的分析将消费者的长、短期利益都予以考虑。对于长期利益，根据通货膨胀以及利息来折算将来的消费者预期利益的现值。如道格拉斯法官在 Socony 案中对固定价格的合理性的分析，"今天被认为固定价格的合理性是永恒的，到了明天就有可能是不合理的"[1]。知识产权垄断的合理性，就是允许牺牲短期的消费者利益来促进创新带来的长期的消费者利益，而知识产权滥用实质是牺牲短期的消费者利益并抑制创新。[2]

（3）竞争者利益大于经营者利益。经营者可以和同盟者联合起来（吸纳少部分竞争者或上下游企业同盟）限制竞争者的经营活动，这种行为可能不直接涉及消费者利益，但直接危害竞争者利益。像拒绝交易、限制转售价格（转售低价）、行政垄断、商业贿赂等行为就是如此。这些行为的违法性判定标准是竞争者利益大于经营者利益。从反垄断司法实践来看，美国在对于合并和限制性协议的效率分析中主要考虑短期内的效果，虽然会考虑非短期的影响，但是一般不会考虑遥远而难以预期的效率，即使这部分可能会转化为消费者利益。此种情况下，竞争者利益是主要的评价标准，消费者利益则是一个辅助的分析标准。

综上，反垄断法所保护的公共利益体现为秩序，对秩序的评价是通过消费者利益、竞争者利益和经营者利益的协调表达出来的。

第二节 市场准入与退出的法律调整

市场主体监管法律制度是对所有的市场经济主体进行规制的制度。对市场经济主体的法律规制具体体现在以下两个方面：组织的存设关系、内部组织管理关系。

一、组织存设关系的法律调整

存设关系是指按照一定的条件和程序完成企业创设所发生的经济关系，以及企业设立后因组织变更、终止所发生的经济关系，即市场准入和退出关系。存设关系的法律规范主要解决的是企业资格认定问题，其目的在于保障市场交易的安全。现代法治理念将企业的市场准入与退出作为一种强制性规

[1] *United States v. Socony-Vacuum Oil Co.* 310 U. S. 150（1940）.
[2] 1995 年《关于知识产权许可作为的反托斯指南》中规定，"反托拉斯通过禁止某些行动来促进创新、提高消费者福利，被禁止的这些行为可能会在现有或新的为消费者服务的方面损害竞争"。美国诉微软公司案件则充分表明了创新带来的消费者利益优于短期价格上消费者利益。

范行为，而不是企业的任意行为。

（一）组织设立关系

法律调整企业设立关系的范围包括以下四个方面。

1. 设立主体的法定条件。法定条件即法定实体条件，一般涉及设立主体的资金、发起人人数、地址等。

2. 设立主体的设立行为关系。设立中的企业是虚拟主体，设立主体的行为具有目标一致性，行为协调性。因此，设立主体和设立中的主体之间的设立行为关系体现为设立主体相互之间的设立分工协作关系。除个人独资企业和国有独资公司外，设立主体之间应当明确其在企业设立中的权利义务。设立中的行为有法定的，也有约定的；有单独的，也有共同的。设立中的法定文件，如协议、合同、章程需设立人共同制定。设立人身份的确定除了在设立文件上签字外，还应当向设立中的企业出资，出资以办理财产所有权转移手续为标志，且必须在申请设立登记前完成。之所以确定设立主体间的法律关系，是为了明确其权利和义务，尤其是设立失败后对第三人的法律义务和责任。

3. 设立中的企业和第三人的设立协作关系。这里主要包括：筹建中的公司和银行之间的代收股款关系、和证券经营机构的承销关系、和注册会计师事务所之间的验资服务关系。个人独资企业和合伙企业因执行申报出资制度，需在银行开立专用账户，并注入申报的出资等。

4. 设立中的企业和政府部门之间的审批和资格确认关系。核准原则之下的企业设立主要包括企业主管部门批准和工商登记过程；准则主义原则之下的企业设立程序主要体现为工商登记。

（二）组织变更关系

企业变更关系主要包括企业的合并与分立关系、企业形态的转换、企业登记事项的改变。

法国于1966年最先在公司法中规定合并与分立制度。欧共体自1982年发布第六次指令以来，其大多数成员国已经采纳合并与分立制度。我国最早关于企业法人合并与分立的规定在《民法通则》中。

企业合并包括吸收合并和新设合并，企业分立包括新设分立和派生分立。法律对合并与分立的调整范围包括以下内容：①合并与分立的内容。以公司分立为例，公司分立不仅仅是财产分离，其部分营业也分离，尤其是在派生分立的情况下。对于新设分立，原公司的营业可能被一个新设公司承继，也可能分立的所有新公司都享有原公司的权利能力。因此，不能单纯将特定财产的转移称为公司分立。②合并分立的程序。企业组织体的变化会影响利害关系人的利益，应执行严格的内部决策程序和外部审批程序。内部决策程序即合并、分立的决策关系及机制。合伙企业需经全体合伙人同意，公司企业需经过股东特别会议决议。依据核准主义设立的企业，其合并、分立需得到原批准机关的批准，再行变更登记。准则主义下设立的企业，其合并、分立直接到登记机关登记即可。③股东和债权人保护。合并、分立的效果是权益和义务的概括转移。在内部决策程序中，少数反对人的意见不影响公司做出决策，因此少数反对人的股份有加以特别保护的必要，国外立法通常赋予反对股东以股份收买请求权。企业分立在财产总量上似乎没有发生变化，而企业合并增加了对外担保能力，但担保财产的责任主体的变化可能影响偿债能力。我国《公司法》对债权人保护的措施是规定了撤销公司合并、分立的请求权。④合并的限制。一般同类企业可以合并，不同种类的企业合并有一定的限制。我国《公司法》对公司之间的合并没有作出明确的规定，但合伙企业与公司企业之间的合并一般不被允许。另外，反垄断法对企业合并涉嫌垄断作了禁止性规定。⑤合并、分立无效。合并、分立违反法律的强制性规定是合并、分立无效的原因。无效的认定得依法院判决作出，提起无效的主体应包括股东、董事、债权人。

企业形态的转换是不中断企业主体资格而改变企业形态的行为。企业形态转换的特点是营业延续性。形态转换有主动转换和被动转换之分。主动转换是企业不欠缺其登记企业的形态要件，企业因业务需要转化为另一企业形态。被动转换是企业欠缺其登记企业的形态要件，依法必须转化为另一企业形态。被动转换所欠缺的要件主要是法定人数的不足。例如，《法国商事法》第36条规定："有限责任公司的股东不得超过50人。如果公司达到拥有50人以上的股东，则应在2年内将公司转变为股份有限公司。除非在2年内股东人数变为等于或低于50人，否则，公司解散。"日本《商法》第162条规定："两合公司可以在所有无限责任股东或有限责任股东退股时解散。但不妨碍经剩余股东一致同意后，让新的无限责任股东或有限责任股东加入公司，使公司存续下去。"我国只在《公司法》中规定了公司形态转换，《公司法》规定的公司形态转换有两种：国有企业转变为公司、有限责任公司变更为股份有限公司。这两种转换具有单向性特点，即不允许反向转换。企业形态转换的法律规制是为了使事实上的企业形态与法律上的企业形态相匹配，为交易人提供准确的法律责任等方面的信息。

组织变更必须进行登记。登记事项包括企业名称、住所、经营场所、法定代表人、经济性质、经营范围、经营方式、注册资金、经营期限、增设或撤销分支机构等内容。

二、组织终止关系的法律调整

(一) 破产的商事后果

企业终止是企业的法律地位和法律资格消灭。企业终止后企业法调整的关系主要有二：一是企业财产处理。终止企业的财产处理，除合并、分立外通过财产清算完成。组织终止关系的核心内容是清算，包括破产清算。我国企业法律规定的清算形式主要是自行清算，即由企业合同或章程规定的人员组成清算组依法进行清算。合伙企业解散的清算、《公司法》规定的清算都属于自行清算。自行清算不同于自由清算，自由清算是按照出资人的意志或章程的规定等法定程序之外的程序进行的清算。在我国，企业的清算都属于法定清算。与自行清算相对应的是特别清算，是指由法院指定人员组成清算组，在法院严格监督下按照法定的程序进行的清算。我国《公司法》对特别清算未作规定，但1996年对外贸易合作部发布的《外商投资企业清算办法》规定了特别清算。二是破产企业主体资格消灭。进入破产程序后，法律关系主体便转向债权人会议组织、清算组。清算执行完毕，清算组应办理企业注销登记。

（二）破产的社会性危险的防范

企业的社会性决定了企业破产不仅仅是企业设立者和企业债权人之间的二元法律关系，其也是为现代各国高度关注的复杂社会关系。社会关联性表现为，对企业职工来说，企业破产不仅意味着其可能失去或部分失去未得到支付的工资，更重要的是失去了工作的岗位和一定时期内稳定的生活来源。劳动者失业是个社会问题，可能引发社会不安定。因此，在破产财产清算中，破产财产优先拨付破产费用后，优先支付破产企业所欠职工工资和劳动保险费用。当然，优先支付工资是职工的历史收入，而不是未来稳定收入。解决职工未来收入需要促进再就业。在失业和再就业中间这个过程，需要国家保障，即通过实施社会保险保障失业者的利益。此外，在破产企业清算之前，还可能出现破产重整，以使债务危机中的企业起死回生。

重整制度的价值体现在社会效益上。这是重整区别于同样具有延迟清算的和解制度的一个重要特征。和解是债权人和债务人之间的债务处理，是破产中的自然流程，以公平保护债权人的利益。重整保护目标转向给予债务人以特别的保护，通常也称为对债务人实施破产重整。重整的主要目的在于对债务人进行挽救。破产重整的条件相对宽松。按照《企业破产法》的规定，破产重整的条件有两种：一是企业法人具有一般破产原因，即企业不能清偿到期债务，且资产不足以清偿全部债务或者明显缺乏清偿能力的。二是企业法人有明显丧失清偿能力可能性的。这种情况下，企业法人不符合破产条件，自然也不涉及实施破产清算或者破产和解，所以，准确地说，是为避免进入破产程序而进行重整。

第三节　交易客体的标准化和用途管制

一、标准化法

标准化法是产品质量法的"姊妹法"，服务于产品质量的提升。当然，标准化法所涉及的标准除了产品标准外，也包括服务等质量标准。标准化法中的标准，是指农业、工业、服务业以及社会事业等领域需要统一的技术要求。

（一）标准及其分类

标准化法所称标准（含标准样品），是指农业、工业、服务业以及社会事业等领域需要统一的技术要求。

标准包括国家标准、行业标准、地方标准、团体标准、企业标准。

国家标准分为强制性标准、推荐性标准，行业标准、地方标准是推荐性标准。

强制性标准是必须执行的标准。涉及保障人身健康和生命财产安全、国家安全、生态环境安全以及满足经济社会管理基本需要的技术要求的，应当制定强制性国家标准。《食品安全法》第25条规定："食品安全标准是强制执行的标准。除食品安全标准外，不得制定其他食品强制性标准。"强制性标准的制定由省、自治区、直辖市人民政府标准化行政主管部门向国务院标准化行政主管部门提出强制性国家标准的立项建议，由国务院标准化行政主管部门会同国务院有关行政主管部门决定。社会团体、企业事业组织以及公民可以向国务院标准化行政主管部门提出强制性国家标准的立项建议，国务院标准化行政主管部门认为需要立项的，会同国务院有关行政主管部门决定。强制性国家标准由国务院批准发布或者授权批准发布。

推荐性标准是不违反国家强制性标准的前提下，倡导实施的指标更高的标准。推荐性国家标准、行业标准、地方标准、团体标准、企业标准的技术要求不得低于强制性国家标准的相关技术要求。国家鼓励采用推荐性标准。国家鼓励社会团体、企业制定高于推荐性标准相关技术要求的团体标准、企业标准。对满足基础通用、与强制性国家标准配套、对各有关行业起引领作用等需要的技术要求，可以制定推荐性国家标准。推荐性国家标准由国务院标准化行政主管部门制定。

行业标准是因为没有推荐性国家标准，为在某个行业范围内统一技术要求而制定的标准。行业标准由国务院有关行政主管部门制定，报国务院标准化行政主管部门备案。

地方标准是为满足地方自然条件、风俗习惯等特殊技术要求而制定的标准。地方标准由省、自治区、直辖市人民政府标准化行政主管部门制定；设区的市级人民政府标准化行政主管部门根据本行政区域的特殊需要，经所在地省、自治区、直辖市人民政府标准化行政主管部门批准，可以制定本行政区域的地方标准。地方标准由省、自治区、直辖市人民政府标准化行政主管部门报国务院标准化行政主管部门备案，由国务院标准化行政主管部门通报国务院有关行政主管部门。

团体标准是由学会、协会、商会、联合会、产业技术联盟等社会团体协调相关市场主体共同制定满足市场和创新需要的标准。由本团体成员约定采用或者按照本团体的规定供社会自愿采用。制定团体标准，应当遵循开放、透明、公平的原则，保证各参与主体获取相关信息，反映各参与主体的共同需求，并应当组织对标准相关事项进行调查、分析、实验、论证。

企业标准是企业可以根据需要自行制定的标准，或者与其他企业联合制定的标准。

（二）标准的实施

标准的实施有利于提升产品和服务质量，保障人身健康和生命财产安全，维护国家安全、生态环境安全，提高经济社会发展水平。为了保障标准的实施并产生相应的效果，需要采取一定的措施。

1. 不符合强制性标准的产品的市场禁入。不符合强制性标准的产品、服务，不得生产、销售、进口或者提供。

2. 标准公开制度。国家实行团体标准、企业标准自我声明公开和监督制度。企业应当公开其执行的强制性标准、推荐性标准、团体标准或者企业标准的编号和名称；企业执行自行制定的企业标准的，还应当公开产品、服务的功能指标和产品的性能指标。国家鼓励团体标准、企业标准通过标准信息公共服务平台向社会公开。企业应当按照标准组织生产经营活动，其生产的产品、提供的服务应当符合企业公开标准的技术要求。

3. 强制性标准实施情况统计分析报告制度。国务院标准化行政主管部门和国务院有关行政主管部门、设区的市级以上地方人民政府标准化行政主管部门应当建立标准实施信息反馈和评估机制，根据反馈和评估情况对其制定的标准进行复审。标准的复审周期一般不超过五年。经过复审，对不适应经济社会发展需要和技术进步的应当及时修订或废止。

4. 社会监督制度。任何单位或个人有权向标准化行政主管部门、有关行政主管部门举报、投诉违反《标准化法》规定的行为。标准化行政主管部门、有关行政主管部门应当向社会公开受理举报、投诉的电话、信箱或者电子邮件地址，并安排人员受理举报、投诉。对实名举报人或者投诉人，受理举报、投诉的行政主管部门应当告知处理结果，为举报人保密，并按照国家有关规定对举报人给予奖励。

5. 禁止滥用标准。标准尤其是行业标准集中到企业手中时，就构成一种市场力量，并可能被滥用。禁止利用标准实施妨碍商品、服务自由流通等排除、限制市场竞争的行为。如果出现标准的滥用，适用反垄断法来规制。

二、交易客体的标准化

计量的目的是保证测量结果的准确可靠，实现高度的统一性。计量广泛应用于国民经济的各个方面，具有社会性，为此需要建立与其相适应的法律制度，使之具有权威性和强制力，作为交易公平合理的基准依据。世界各国都以立法的形式对计量实行强制管理，有的国家甚至写入宪法，以保证全社会贯彻执行，以进一步加强和完善计量法制工作，将其纳入法制化轨道。

（一）计量与计量立法

自秦始皇统一度量衡以来，测量以及统一测量的意义已为世人所接受。计量来自于测量和计算。人类的测量方法经历了由估算到精确的发展过程，测量标准也由任意到确定，"度量衡"有了统一的单位制。以此为基准、标准来校准、检定测量器具，保证量值的准确可靠，这已超出了测量的范畴，这便是计量。可见，计量是以测量为实质内涵，但又区别于测量，其测量的对象不是一般的事物，而是具有某一精度级别的测量手段，是更高层次的测量。

1. 计量的特征。计量涉及整个测量领域，并对该领域起指导、监督、保证的作用，其特征如下：

（1）统一性。这是计量最本质的特征。统一计量的目的是测量的统一，没有统一性，计量也就失去了意义。现在计量的统一性不仅限于一国，而且遍及国际。国际米制公约组织和国际法制计量组织的使命，就是使计量工作在更广的范围内实现统一，这不仅对一国的经济发展、技术进步和生活便利具有重要意义，而且也非常有利于国际经济、技术、文化的交流与合作。

（2）准确性。这是计量的核心，是其权威性的标志。一切数据只有建立在准确测量的基础上才具有使用的价值，因为一切科学研究的目的，最终要达到预期的准确度，只有测量准确了，计量标准才有统一的基础。

（3）技术性。计量的历史经历了由原始到现代的发展过程，人类的计量活动由最初的"布手知尺、掬手为升、取权定重、迈步算亩、滴水计时"，逐步发展为现代以长度、热学、力学、电磁学、光学、声学、化学、无线电、时间频率、电离辐射等为研究对象的计量学，计量由最初的测量活动发展成为一门独立的科学。随着科学技术的发展，计量活动的科技含量越来越高，这为计量的准确性提供了技术保障。

（4）法制性。计量的统一性和准确性需要通过法律赋予其权威性，并依据法律的强制力保证其在特定地域范围内的使用、普及和推广，没有法律做后盾，计量的统一性难以实现，计量的准确性也就难以保证。当今世界上有很多国家都制定有《计量法》，甚至有些国家还在宪法中对计量问题作出了原则性规定。目前有一些专门的国际组织，如国际米制公约组织、国际法制计量组织等，这些相关的国际组织为协调各国计量法的差异，制定了许多计量法制的国际建议供各国参考，并制定了有关的国际规约，如《国际法制计量规约》《〈计量法〉国际建议》等，促进了各国之间的计量交流和合作。离开法律的保障，即便在一国之内计量都难以统一，更谈不上国际范围内的统一和公认。

2. 计量立法。计量法是确保国家计量单位制度的统一和量值准确一致的法律，即是调整计量法律关系的法律规范的总称。

计量法作为国家管理计量工作的基本法，是实行计量法制监督的基本准则。制定和实施计量法，是国家完善计量法制、加强计量监督管理的需要，是我国计量工作进一步纳入法制轨道的标志。新中国成立后，党和政府十分重视计量法制建设，1954年全国人大常委会批准建立了国家计量局，统一管理全国的计量工作。1956年，国务院发布了《关于统一计量制度的命令》，确定国际公制为我国的基本计量制度，在全国范围内推广使用，同时对市制进行了改革,将 16 两为一斤改为十两为一斤,并限制英制的使用,废除旧制,使全国的计量制度基本达到统一。

1977 年,我国正式参加了国际米制公约组织,同年 5 月国务院颁布了《中华人民共和国计量管理条例(试行)》,这是中华人民共和国成立后第一部较为完整的计量法规,对我国计量工作的恢复和发展起了十分重要的作用;1984 年国务院发布了《关于在我国统一实行法定计量单位的命令》,正式决定以国际单位制为基础统一我国的计量单位。对于人民生活中使用的市制计量单位,允许延续使用到 1990 年,但要求 1990 年底以前完成向法定计量单位的过渡,这是进一步统一我国计量制度的一个重大决策,使我国计量法制迈上了一个新台阶。1985 年 9 月 6 日,第六届全国人大常委会第十二次会议通过了《中华人民共和国计量法》,为我国计量管理工作开创新局面奠定了法律基础。该法及其实施细则于 2017 年修订,2018 年实施。

(二)计量单位和计量单位制

物质世界有各种不同的性质,如大小、长短、高低、轻重、冷热、快慢等,这些程度上的差异使某一事物区别于他事物,而这种程度上的差异即表现为量的差异。这种特定的量就是计量单位,它是依人的主观意图而定的,只要为社会认可即可通行适用,但从严格科学的角度来看,计量单位应具备如下条件:①单位本身是一个固定的量,是可以具体比较的,不是一个"量值";②这个固定量的数值被规定为 1;③这个数值被规定为 1 的固定量有具体的名称符号和定义,如米、千克等;④单位量的测量必须建立在科学、准确的基础上,要能定量地表示并可复现,即单位可以变成实物,并具备现代科学技术所能达到最高准确度和稳定性。因此,所谓计量单位,是指有明确定义并命其数值为 1 的一个固定量,或者是用以量度同类量大小的一个标准量。[1]

计量与人民的生活和国民经济的发展息息相关,计量离不开计量单位,计量单位不统一会严重影响社会生活的稳定和社会经济的顺利发展。因此计量工作的核心是计量单位制,而计量法的核心任务就是统一计量单位。一个国家采用何种计量单位,是一国主权范围内的事务,但鉴于国际经济、技术、文化交流活动的日益增加,不仅一国之内计量单位的统一成为必然,国际之间计量单位的统一也是大势所趋。

《计量法》规定,国家实行法定计量单位制度。国际单位制计量单位和国家选定的其他计量单位,为国家法定计量单位。国家法定计量单位的名称、符号由国务院公布。国际单位制是 1960 年 11 届国际计量法大会通过的、国际上公认的、先进的单位制。国际计量单位结构科学,使用方便。使用国际计量单位对发展国际贸易和对外技术交流具有重要意义。其基本单位包括:

---

〔1〕 国家技术监督局政策法规司编:《技术监督法律基础讲座》,中国计量出版社 1992 年版,第 106 页。

米、千克、秒、安培、开尔文（热力学温度单位）、坎德拉（发光强度单位）、摩尔（物质的量单位）。辅助单位有弧度、球面度等。

（三）计量器具的管理

1. 计量器具的分类。计量器具是用于实施计量工作的工具。计量器具分为如下四种：

（1）计量基准器具。计量基准器具是指由国务院计量行政部门负责建立的并作为统一全国量值的最高依据的计量基准器。计量基准器具的使用必须具备一定条件：经国家鉴定合格；具有正常工作的环境条件；具有正常的保存、维护、使用人员；具有完善的管理制度。具备上述条件后，还必须经国务院计量行政部门审批并颁发计量基准证书。

（2）计量标准器具。计量标准器具又称计量标准，是指按照国家规定的准确度等级作为检定依据的计量器具或物质。计量标准分为部门使用和企业、事业单位内部使用两种。国务院有关主管部门和省、自治区、直辖市人民政府有关主管部门，根据本部门的特殊需要，可以建立本部门使用的计量标准器具，其各项最高计量标准器具经同级人民政府计量行政部门主持考核合格后使用；企业、事业单位根据需要，可以建立本单位使用的计量标准器具，其各项最高计量标准器具经有关人民政府计量行政部门主持考核合格后使用。

（3）社会公用计量标准器具。社会公用计量标准器具，简称社会公用计量标准，是指经过政府计量行政部门考核、批准，作为统一本地区量值的依据，在社会上实施计量监督具有公证作用的计量标准。建立社会公用计量标准，由县级人民政府计量行政部门根据本地区的需要决定，需经上一级人民政府计量行政部门考核合格。

（4）单位内部计量标准器具。单位内部计量标准器具，简称企业标准。企业、事业单位根据需要，可以建立本单位使用的计量标准器具。其各项最高计量标准器具经有关人民政府计量行政部门主持考核合格后使用。

2. 计量器具的检定。社会公用计量标准对社会上实施计量监督具有公证作用。为此，确定标准的计量器具需要检定。计量器具检定是确定计量器具的计量性能并测定其是否合格的过程，分为强制检定和非强制检定。强制检定是指由县级以上人民政府计量行政部门指定的法定计量检定机构或授权的计量检定机构，对强制检定的计量器具实行的定点定期检定。县级以上人民政府计量行政部门对社会公用计量标准器具，部门和企业、事业单位使用的最高计量标准器具，以及用于贸易结算、安全防护、医疗卫生、环境监测方面的列入强制检定目录的工作计量器具，实行强制检定。未按照规定申请检定或者检定不合格的，不得使用。非强制检定是指由使用单位自己依法进行的定期检定，或者本单位不能检定的，送有权对社会开展量值传递工作的其他计量检定机构进行的检定。县级以上人民政府计量行政部门应对其进行监督检查。

3. 计量器具的管理。

（1）开工资格管理。制造、修理计量器具的企业、事业单位，必须具备与所制造、修理的计量器具相适应的设施、人员和检定仪器设备，经县级以上人民政府计量行政部门考核合格，取得《制造计量器具许可证》或者《修理计量器具许可证》。制造、修理计量器具的企业未取得《制造计量器具许可证》或者《修理计量器具许可证》的，工商行政管理部门不予办理营业执照。

扩大、改变经营范围制造、修理计量器具的企业单位，也应先取得制造、修理计量器具许可证，否则工商行政管理部门不予办理营业执照或扩大、改变经营范围的登记。

（2）制造计量器具新产品的管理。企业、事业单位制造计量器具新产品，必须按规定履行法律手续，向省级以上人民政府计量行政部门申请对其计量器具新产品的样品考核合格，即对计量器具新产品的样品进行定型或样机试验合格，方可投入生产。

新产品一般指本单位未生产过的计量器具，进一步说，是指在全国范围内从未生产过的（含对原有产品在结构、性能、材质、技术特征等方面做了重大改进的），或者在全国范围内虽已定型生产，而本单位未生产过的计量器具。

（3）定型管理。制造在全国范围内从未生产过的计量器具新产品，必须进行计量器具新产品定型，包括定型鉴定和型式批准。定型鉴定由国务院计量行政部门授权的技术机构进行；型式批准向当地省级人民政府计量行政部门申请办理。省级人民政府计量行政部门批准的型式，经国务院计量行政部门审核同意后，作为全国通用型式，予以公布。

制造在全国范围内虽已定型生产而本单位未生产过的计量器具新产品，必须进行样机试验。样机试验由所在地方的省级人民政府计量行政部门授权的技术机构进行。

（4）废除或禁用的计量器具管理。未经国务院计量行政部门批准，不得制造、销售和进口国务院规定废除的非法定计量单位的计量器具和国务院禁止使用的其他计量器具。

（5）销售和使用监督。外商在中国销售计量器具，须向国务院计量行政部门申请型式批准。县级以上地方人民政府计量行政部门对当地销售的计量器具实施监督检查。凡没有产品合格印、证标志的计量器具不得销售。任何单位和个人不得经营销售残次计量器具零配件，不得使用残次零配件组装和修理计量器具，不准在工作岗位上使用无检定合格印、证或者超过检定周期以及经检定不合格的计量器具。在教学示范中使用计量器具不受此限。

三、资源的管制

（一）自然资源的用途管制

实行用途管制的交易客体主要是指自然资源，准确地说是自然资源的使用权。对自然资源实行用途管制的原因是自然资源的不可再生性。

法律作为上层建筑，要保障经济的可持续发展，必须立足于经济生活来构建其权利体系。马克思在批评黑格尔的法哲学时指出："法的关系正像国家的形式一样，既不能从它们本身来理解，也不能从所谓人类精神一般发展来理解，相反，他们根植于物质的生活条件。"[1] 这就要求，自然资源的配置和利用必须从客观物质生活条件出发。我国现在的客观物质生活条件是：一方面在建立社会主义市场经济的同时，对资源的需求越来越大；另一方面，由于立法的不完善，资源的无序利用现象越来越严重。

自改革开放以来，自然资源的破坏和浪费的现象日趋严重，我们开始背负人多地少的压力，经济的可持续发展提上日程。资源的永续利用是保障经济可持续发展的物质基础。资源的可持续利用的前提是立法的完善和执法的严格。

依据我国国情，最珍贵的自然资源是土地。珍惜土地、合理利用土地和切实保护耕地是我国的基本国策，各级人民政府应当采取措施，全面规划，严格管理，保护、开发土地资源，制止非法占用土地。我国实行土地用途管制制度，使用土地的单位和个人必须严格按照土地利用总体规划确定的用途使用土地。

具体而言，土地的用途管制主要体现在三个方面：①耕地保护。国家保护耕地，严格控制耕地转为非耕地。我国实行基本农田保护制度，基本农田是长期不得占用和规划期内不得占用的耕地。国家实行占用耕地补偿制度，对于非农业建设经批准占用耕地的，由占用耕地的单位负责开垦与所占耕地数量、质量相当的耕地，没有条件开垦或开垦的耕地不符合要求的，应按规定缴纳耕地开垦费，实行专款专用。②建设用地管理。国有土地使用权可以按照特定的用途以划拨、出让、租赁、投资作价入股等方式取得，也可以由单位或者个人承包经营。任何单位和个人进行建设，需要使用土地的，必须依法申请使用国有土地，对于涉及农用地转为建设用地的，应办理农用地转用审批手续；征用基本农田、征用基本农田以外的耕地超过 35 公顷的，征用其他土地超过 70 公顷的，需经国务院批准。对于在生产中因挖损、塌陷、压占等造成破坏的土地，要采取整治措施，使其恢复到可以利用的程度，并向遭受损失的单位或个人支付补偿费等。③集体土地可以由单位或者个人以承包合同方式从事种植业、林业、畜牧业、渔业生产，也可以用农村宅基地建造房屋或以投资入股、租赁等方式确认土地使用权。不同用途之间的改变，应依法办理批准和登记手续。

《森林法》《草原法》《水法》等自然资源法对各自的资源形式也实行用途管制。例如，《森林法》将森林分为五类，并不得随意改变森林的属性。森林的种类具体为：①防护林：以防护为主要目的的森林和林木。②用材林：以生产木材为主要目的的森林和林木。③经济林：以生产果品，食用油料、

---

[1] 《马克思恩格斯选集》（第 1 卷），人民出版社 1972 年版，第 71 页。

饮料、调料、工业原料和药材的功能为目的的林木。④碳薪林：以生产燃料为主要目的的林木。⑤特种用途林：以国防、环境保护、科学实验等为目的的森林和林木。再如，《草原法》严格保护草原植被，禁止盲目开垦和破坏，已经开垦并造成沙化或水土流失严重的，应限期封闭，返耕还牧，限期恢复植被；禁止在荒漠草原、半荒漠草原和沙化地区砍挖灌木、药材或其他固沙植物，不得采集草原上的珍稀野生植物；在草原上割灌木、挖药材、挖野生植物和刮碱土、拉肥土等，需报乡或县人民政府批准。

对于矿产资源的开发利用，《矿产资源法》第29条规定，开采矿产资源，必须采取合理的开采顺序、开采方法和选矿工艺。矿山企业的开采回采率、采矿贫化率和选矿回收率应当达到设计要求。第30条规定，在开采主要矿产的同时，对具有工业价值的共生和伴生矿产应当统一规划，综合开采，综合利用，防止浪费；对暂时不能综合开采或者必须同时采出而暂时还不能综合利用的矿产以及含有有用组分的尾矿，应当采取有效的保护措施，防止损失破坏。矿产储量规模适宜由矿山企业开采的矿产资源、国家规定实行保护性开采的特定矿种和国家规定禁止个人开采的其他矿产资源，个人不得开采。

（二）信息资源的竞争约束

在大数据时代，随着数据重要性的愈渐凸显，有学者称其为"企业提升竞争力的核心资产"[1]，学界对数据权属的争论如火如荼。我国现阶段对数据产权的保护主要集中在民法与知识产权法、竞争法等领域。数据与信息在本质上同义，[2]《民法总则》规定了个人信息的保护以及对数据保护的转致规定，但并未明确数据权属问题。加之囿于种种局限，对数据的保护主要集中于对个人信息部分。但随着互联网的发展，数据的种类、数量均极速增长，个人信息固然是数据不可或缺的一部分，但经过加工处理后的匿名化信息亦不可忽视。在互联网企业竞争中的数据，既包括个人信息，也包括其他数据。

1. 数据问题的多元性。互联网领域的数据具有海量性及与原始主体分离等特点，物理学上有量变产生质变的说法，这一论点可以用于数据之中。互联网领域数据的海量性决定了互联网领域数据与单独的数据有所区别，互联网数据中各种数据均为一种集合体，其保护方式应与单独的数据有所不同。同时，就个人信息而言，互联网企业所拥有的个人信息系经个人同意获得，由互联网企业进行管理与使用，与信息的原始主体（即个人）分离，而在此基础上获取的衍生数据及经加工后的全新数据自不待言。这就是个人信息与数据资产存在区别的原因[3]，前者从个人角度出发，后者则从互联网企业角度出发。但这也导致数据权属不明的问题，互联网数据系归属于原始主体即

〔1〕 参见范为："大数据时代个人信息保护的路径重构"，载《环球法律评论》2016年第5期。
〔2〕 有学者称"信息与数据、资料之不同仅是实质与表现的差异关系"，参见杨惟钦："价值维度中的个人信息权属模式考察——以利益属性分析切入"，载《法学评论》2016年第4期。
〔3〕 参见龙卫球："数据新型财产权构建及其体系研究"，载《政法论坛》2017年第4期。

个人，还是属于对其进行管理及加工的互联网企业，抑或属于所有人均可使用的公有领域？互联网企业经个人同意后是否就可随意处置所获数据？这些问题均无定论。这也导致关于互联网中的数据能否复制流通，该在何种限度内流通成为问题，而这也是互联网领域涉数据竞争的根本缘由。而如何解决互联网企业间的数据保护问题，成为理论与司法实践均亟待解决的问题。

"北京淘友天下技术有限公司等与北京微梦创科网络技术有限公司不正当竞争纠纷案"（以下简称"新浪诉脉脉案"）引申出了数据不正当竞争问题，不论从理论上还是从实践意义上，该案均颇具研究意义。

根据案情，新浪与脉脉达成合作并签订《开发者协议》，其中规定"用户数据是指用户通过微博平台提交的或因用户访问微博平台而生成的数据"。该协议还约定，第三方开发者获得微博上的用户数据时需取得用户同意，且在合作结束后必须立即删除其从微博获得的数据。然而，在合作期间，脉脉非法抓取了不在协议范围内的用户的职业、教育信息；合作结束后，脉脉仍然从新浪平台上抓取数据并显示在脉脉平台上。故此，新浪控告脉脉存在不正当竞争行为。对此，一审法院依据《反不正当竞争法》第 2 条，认定脉脉构成不正当竞争。二审法院则在不正当的认定上，从 OpenAPI 开发合作模式出发，依据《开发者协议》归纳得出，在该模式中第三方获取用户数据时应遵守"用户授权" + "平台授权" + "用户授权"的三重授权原则。而脉脉违反三重授权原则，故而违反了诚实信用原则和互联网行业的商业道德，进而构成不正当竞争。[1]

在新浪诉脉脉案中，对数据保护应采取何种规制路径是一个重要问题。原告以不正当竞争为由起诉，被告则认为应援引商业秘密条款加以规制。两审法院均从违背用户同意角度及平台授权出发，推论脉脉违反诚实信用原则及互联网商业道德，进而得出脉脉构成不正当竞争行为。法院承认用户数据是一种商业资源，但均未承认新浪微博所持信息资源属于商业秘密。

从法律渊源上分析，法院在审判该案时，系以个人信息保护以及《合同法》为基础，遵循的是一种私法自治原则。依据我国《消费者权益保护法》等相关法律规定，经营者收集用户信息须明示收集、使用信息的目的、方式和范围，并经其同意。在该案中，法院严格遵循法律规定，以个人信息保护及《合同法》为基础，从用户同意角度出发并结合本案双方签订的《开发者协议》，创造性地提出了"三重授权原则"，这一点值得关注。

以竞争关系为前提，结合诚实信用原则与互联网商业道德，并结合市场主体间的协议来界定不正当竞争行为，并利用一般条款加以规制的逻辑思路，为数据保护提供了一种规制路径。但该路径是否适用于所有数据竞争？脉脉提出的商业秘密是否可作为数据之争的又一种规制路径？饱受热议的个人信息与数据权属问题又能否成为数据保护的可行路径？这些均系从新浪诉脉脉

〔1〕 参见（2016）京 73 民终 588 号判决书。

案所引申出的思考。

（1）数据损害的私法保护。个人信息权保护是针对数据的私法保护。在新浪诉脉脉案中，法院确立的"三重授权原则"，即属个人信息保护的思路。互联网所涉数据包括用户的直接个人信息及由用户行为产生的衍生数据，这两类数据是基础，此外经大数据技术分析加工还可得到全新数据。若仅从个人信息权出发，可以从源头解决数据流通共享中的问题。《民法总则》中对个人信息保护的重视，便是这种规制方法。按此，若一律建立在三重授权原则的基础上，则脉脉的数据使用行为因缺少了一重用户授权而缺乏正当性。

对个人信息进行"一对一"的确认和保护这一民法调整方式，无疑是数据保护的重要前提和基础。但是，如果大量的数据全部只有这样一条获取的通道，则会限制数据的开发和运用，这对以数据作为重要支撑的互联网企业而言，无疑极大地限制了其发展能力。这种违背企业发展需求的限制，极有可能导致更多的互联网企业以不正当手段谋求发展，引发竞争市场的扭曲。无论是从社会发展角度还是竞争秩序角度而言，此种做法均弊大于利。况且如前所述，在新浪诉脉脉案中涉及的个人信息是一种海量个人数据的集合体，由新浪获取并使用信息开始，其已成为一种与原始主体脱离的商业资源，成为一种与个人信息相区别的经营者信息。[1] 要求互联网企业在此种情况下进行数据流通共享时必须取得用户的再次同意，无疑忽视了这种特性，将单独的个人信息与作为商业资源的个人信息混为一谈。此外，我国法律并未规定数据流通使用需用户再次同意，此类规则系互联网企业自己设置，其效力缺乏普适性，用户在现实中对此知之甚少。故而依据个人信息权设立的三重授权原则缺乏实质意义。

构建数据保护制度，需要区分数据和大数据权利的关系。数据是个人的私权利，大数据是来源于个人但可以剥离人格身份而形成一种新型权利。单独的数据可用个人信息加以保护，但是大数据则不然，互联网数据涉及的主要是大数据的权利。

（2）数据侵害的侵权法保护。这种数据保护的方法类似于财产权保护，[2] 即侵权法规制路径。但其前提是数据的权属清晰，目前数据权属问题存在很大的争议，是此种规制路径的首要障碍，且短期内难以克服。

以是否匿名，将信息分为三类，并分别确定权利归属：对包含用户个人信息、使用痕迹的底层数据，用户拥有所有权；对经匿名化处理的数据，数据控制者拥有受限制的所有权；对经过数据清理加工的衍生数据，数据控制者拥有所有权。[3] 按此种分类，新浪诉脉脉案中所涉数据所有权归属于用

---

〔1〕 参见郑佳宁："经营者信息的财产权保护"，载《政法论坛》2016年第3期。
〔2〕 有学者认为因数据具有商业价值故可以将其视为一种新型财产权加以保护。参见郑佳宁："经营者信息的财产权保护"，载《政法论坛》2016年第3期。
〔3〕 参见武长海、常铮："论我国数据权法律制度的构建与完善"，载《河北法学》2018年第2期。

户,"北京百度网讯科技有限公司与上海汉涛信息咨询有限公司不正当竞争纠纷案"(以下简称"大众点评诉百度案")[1] 中所涉数据归属于数据控制者即大众点评网。据此可以得出脉脉与百度分别侵犯了新浪网用户与大众点评网对数据的所有权。然而,所有权具有占有、使用、收益、处分权能,因数据不具有排他性,脉脉抓取新浪用户数据与百度复制大众点评网数据的行为,并不会阻碍数据所有权人对数据所有权的正常行使。在此情形下,因数据所有权不具有排他性,数据所有权人对数据的占有、收益与处分不受影响。有学者将其概括为数据所有权具备复制、传输权能。[2] 但是数据的传输、复制是数据的使用手段,而非数据所有权的特殊权能。由于数据的非排他性,其使用权可与所有权分离,而这种分离需通过复制、传输而达成。其他使用者对数据的复制,不会阻碍数据所有权的行使,但会造成数据使用效果的减损,而这种减损效果单独从所有权角度难以判断。在目前法律对数据所有权无特殊规定的情况下,难以找到侵权法适用的合理依据,故数据侵权至多是一种违反商业道德的行为。

依照现行法律规定,仅能确定用户对其个人信息享有处分权,但在互联网领域涉数据的竞争中,所涉数据往往已经过用户授权,在此种情形下,互联网企业拥有的海量数据已然从个人信息转化为一种商业化数据,数据与大数据的区别不容忽视。在大众点评诉百度案中法官提出从数据获取者、数据使用者与社会公众三方考虑数据使用限度问题,这似乎为数据权利归属提供了方向。但是如前所述,即便确定了数据权利归属,单独依侵犯所有权而对数据课以侵权法保护仍缺乏法律依据。

(3)大数据的竞争法保护。数据成为拉开互联网企业间竞争优势的重要因素,这也使之成为各互联网企业争夺的对象。从近来不断出现的数据竞争行为中可以看到,数据已然成为影响互联网领域竞争秩序的一大因素,足以影响到社会公共利益与竞争秩序。我国竞争法的重要目的之一是鼓励和保护公平竞争,利用竞争法规制涉数据的反竞争行为,符合其立法目的。同时,因竞争法规制系从利益保护出发,而非从权利保护出发,故其可以抛开数据权属不明的桎梏,从竞争者间的利益争夺角度出发,开辟出一条可行的规制路径。

立足于《反不正当竞争法》,并结合新浪诉脉脉案,可以看到对数据的竞争法规制有两个层次的内容:一是数据权利属性的确定;二是数据运用中的权益保护。

在新浪诉脉脉案中,新浪作为数据获取者提出了用户数据属性为商业秘密的主张,法院对此采取了回避态度,但这是一个不可任意跨越的法律问题,

---

[1] 参见(2016)沪73民终242号判决书。
[2] 有学者认为经营者信息权主要包括复制权、使用权、传输权和处分权四个基本权能。参见郑佳宁:"经营者信息的财产权保护",载《政法论坛》2016年第3期。

否则缺乏认定不正当竞争行为的权益基础。我国现行《反不正当竞争法》对侵犯商业秘密行为进行了明确规定，若能证明互联网领域的数据属于商业秘密，便可直接据此加以规制。那么，数据是否符合商业秘密的特征呢？有学者认为数据符合商业秘密的秘密性、商业性和保密性，仅因其与立法与司法旨意相抵牾，故法院方不予讨论，致使该条未被适用。[1] 笔者认为，对数据是否属于商业秘密不可一概而论，须对不同类别的数据做差别化分析。

依照我国法律规定，商业秘密具有秘密性、价值性和保密性特征。[2] 同时，其具有"见光死"的特性，一旦为多数人所知悉，其价值将受到极大贬损。[3] 随着数据在互联网企业经营中的重要性日益凸显，加之互联网企业在收集数据时的大量经济投入，以及数据对互联网企业的投资回报，数据的价值毋庸赘言。

学界对数据的分类，存在多种不同观点。笔者认为，可以从数据对除数据获取者外的所有人无差别公开及推送的角度，将其分为两类：一类是对所有人无差别公开的数据，如大众点评案中的所有点评信息；另一类则并非无差别对所有人公开的数据，其中既包括完全不公开的数据，如互联网企业搜集的个人信息、经推演得到的全新数据等，也包括依据个人浏览痕迹而进行的有差别推送内容，以及社交网络中有差别公开的朋友圈数据等。

第一种数据与商业秘密的特征并不契合。第一种数据的功能在于通过数据的完全公开给用户以参考，并吸引用户赚取交易机会，其主要内容完全无差别公开，任何人皆可通过相关链接获取所有相关数据，最典型的如大众点评案中的点评数据。此类数据完全不具备秘密性与保密性的特征，相反，公开范围越广其价值越大，非但不"见光死"，反而"见光活"。商业秘密侵权往往从非法获取行为开始，于不正当公开行为结束。此类数据侵权不会围绕数据获取角度展开，而往往从数据的不正当使用出发，与数据的获取与公开无涉。故而此类数据不属于商业秘密，不适用商业秘密条款。但此类数据的获取者在其上付出了劳动，故而相对于其他经营者而言，其对此类数据仍存在基于其获取、管理等劳动行为而产生的竞争利益。

第二类数据则与商业秘密的特征相契合。在互联网时代，围绕第二类数据的竞争居多。暂且抛开数据权属问题不谈，从利益保护出发，华为与腾讯、"菜鸟"与"丰巢"、新浪与脉脉等企业间的数据之争，所涉数据均为第二类，此类数据符合商业秘密的所有特征。对于完全不公开的数据，其秘密性是必然，需要探讨的是有差别公开的数据是否具有秘密性的问题。对有差别公开的数据，每位用户可见的数据内容往往由其身份及好友圈等决定，概言

---

[1] 许可："数据保护的三重进路——评新浪微博诉脉脉不正当竞争案"，载《上海大学学报（社会科学版）》2017年第6期。

[2] 我国现行《反不正当竞争法》第9条第4款规定："本法所称的商业秘密，是指不为公众所知悉、具有商业价值并经权利人采取相应保密措施的技术信息、经营信息等商业信息。"

[3] 参见刘继峰：《竞争法学》，北京大学出版社2016年版。

之，其只能窥得数据的一角。而若要获取数据全部，一则由于权限限制无法获取，二则即使可以获取，由于此类数据内容庞杂，每位用户所见皆不相同，仅凭公开内容获取所有数据所需耗费的人力、物力过大。且随着大数据时代用户从"传统人"向"数据人"的转变，[1] 精准营销模式下数据最重要的是其整体价值，整体价值虽来自于单个数据的价值，但不是单个数据价值的简单相加，它是一种新的质的飞跃，此类数据整体具有秘密性。至于第二类数据是否具有保密性的问题，部分论者的主要疑虑在于，一些差别化公开的数据，其具有部分公开性。对此，笔者认为无论是有差别公开的数据还是完全不公开的数据，其整体都是非公开的，对个体或者部分数据的公开并不使整体失去其保密性。且互联网针对其后台数据往往采取保密措施，如签订 robots 协议，利用技术性措施防止其他互联网企业获取相关数据等。尽管互联网的开放性与技术创新性等特征使得信息完全处于密封状态更为艰难，但不能据此否认其保密性。故此，第二类非完全公开的数据符合商业秘密的所有特征，可以将其视为一种商业秘密，并利用商业秘密条款加以保护。

2. 商业秘密条款的可适用性。如果说新浪诉脉脉案中我们对数据是否一概属于商业秘密还有疑虑，那么在大众点评诉百度案出现后，足以说明这种将互联网数据笼统地称为商业秘密的做法难有立足之地。如前所述，大众点评案中涉及的数据具有完全无差别公开的特征，此类数据不符合商业秘密的特征，但对其他有差别公开及完全不公开的数据，其符合商业秘密的所有特征，完全可以用商业秘密条款加以规制。

《反不正当竞争法》第 9 条规定了商业秘密条款，现在各界对该条在数据竞争中的适用态度不明，目前法院尚无适用该条款的先例。此种现状出现的原因无非是担心，一旦将数据确认为商业秘密，将会出现反推数据权属的问题，但是，此种担忧实无必要。商业秘密条款保护的是一种商业秘密权益，而非一种权利，故而即便适用商业秘密条款，也不能认为对数据权属作出了判断。商业秘密条款的适用仅仅在于保护互联网企业因劳动投入等原因积累起来的权益，其规制的是竞争者的"不劳而获"行为，而非排斥其他所有权，对数据的权属并未据此明确。商业秘密条款属特别规定，其适用优于一般条款，故在涉及非无差别完全公开的数据的案件（如新浪诉脉脉案）时，应当适用商业秘密条款。

故此，法院在涉及非无差别完全公开的数据时，应援引商业秘密条款，且该条款的适用优先于一般条款。对无差别完全公开的数据，由于其不符合商业秘密的特征，则不能适用该条款，但也不能否认在这些数据上的竞争利益，可寻求其他的竞争法规制路径。

《反不正当竞争法》修订过程中针对互联网问题增加了第 12 条，该条又

---

〔1〕　参见卢泰宏："消费者行为学 50 年：演化与颠覆"，载《外国经济与管理》2017 年第 6 期。

被称为"互联网专条",其采取了"列举+兜底"的模式。[1] 该条未对数据竞争问题作专门规定,其对数据保护的司法、执法有何影响,学界尚无明确表态。[2] 但总体而言,互联网专条是数据保护直接的制度依据。

第四节 金融市场行为监管法律制度

一、金融市场行为的特殊监管

金融市场之所以需要特别监管,是因为金融市场的高风险性和金融行业的社会性等国有属性。

（一）金融监管的必要性

每个行业都具有自己的特殊性,金融行业的特殊性决定了其需要比其他行业更多的关注。

1. 金融行业在国民经济体系中占据独特地位。邓小平同志曾指出:"金融很重要,是现代经济的核心。金融搞好了,一着棋活,满盘皆活。"[3] 传统的货币经济以商品市场的运行为中心,经济活动以"实物流"为主导,即围绕商品的生产、分配、交换、消费四个环节展开,以商品价格作为主要调节机制,引导和组合生产资源。在现代的金融经济中,"资金流"居于主导地位,资源配置越来越金融化,金融的稳定、发展与安全,直接决定着一国经济的稳定、增长乃至社会的安定。[4] 金融体系稳定是国家安全的基础。

2. 金融涉及社会安定。现代社会,金融活动广泛地渗透到社会经济生活的各个方面。金融的基本业务是货币资金的筹集、运用、融通及管理,常见的是货币资金的收支和借贷、有价证券的发行与流通、外汇的买卖等,这些业务大部分涉及民众财产,其一方面是民众财产的保险箱,另一方面也是民众财产保值增值的主要渠道。当然,金融更是企业生存和发展离不开的支柱,几乎上述各个环节都和企业的活动有关。所以,金融业务与各社会主体的关联性极其紧密,需要从宏观角度对货币资金的流通进行调控,也需要在微观层面进行风险管控。

3. 金融风险具有外部性和社会连带效应。金融机构的基本业务涉及民众利益。例如,银行的基本业务是吸收存款和发放贷款。吸收的存款来自社会民众;发放贷款的对象也是社会民众。由此,银行的业务具有社会性。在债券、证券等业务方面也是如此,一般发行针对的对象是不特定的社会民众。

〔1〕 参见张璐、曹丽萍:"'互联网专条'存废之争与规范模式的思考",载《法学杂志》2017年第12期。

〔2〕 参见田小军、朱荑:"新修订《反不正当竞争法》'互联网专条'评述",载《电子知识产权》2018年第1期。

〔3〕 《邓小平文选》(第三卷),人民出版社2008年版,第366页。

〔4〕 郭艳辉主编:《财政与金融》,北京理工大学出版社2012年版,第144页。

因此，金融产品具有公共产品的特性。金融主体是以营利性为目的的经营者，其业务活动中必然存在私人利益和社会利益之间的冲突。因此，需要通过立法协调经营者的自主权和其对社会应当承担的义务，同时赋予政府以外部监管权来预防金融体系出现风险或控制已经出现的风险，保障金融业的健康、稳定。

（二）金融监管的目标和方法

规范与监管金融市场的目标具有系统性。其宏观目标是维护国民经济的健康发展。现代金融业作为资金的高度密集区，渗透范围具有广泛性，其运作需要相对安全与稳定的环境，一旦有某一个环节出现不良反应，整个系统就会出现风险，进而危及整个国民经济的发展。金融监管的中观目标是保护金融系统运行的安全、稳健。

在上述目标的基础上，金融监管的微观目标有很多，例如维护金融市场秩序和公平竞争；保护金融消费者合法权益；防止利用信息优势从事各种欺诈活动，促进服务的规范化；等等。

应当说，宏观目标是金融监管的主要目标，也是确定金融监管方法的基础。

金融监管的内容，包括组织关系和行为关系。前者即金融机构和金融市场的设立、变更、终止；后者即金融机构的各项业务活动。

对金融行为监管的基本方法包括如下两种：

1. 直接监管。直接监管是金融监管主体对金融机构的业务活动进行监管的方法。直接监管又包括两种方法：现场检查与非现场检查。

现场检查，是监管机构亲临现场，实地对金融机构的业务内容进行监管检查。监管材料可以是金融机构的会计凭证、账簿、报表等，也可以是文字性材料，还可以是对有关人和事进行的调查。监管的内容主要是资本充足状况、资产质量、债务状况、收入及清偿能力等。通过现场检查，监管人员可以及时发现某些具有隐蔽性的问题。

非现场检查，是金融监管部门在场外对被监管人提交的相关书面材料进行分析检查，并由此评价金融机构的经营现状及可能存在的问题的检查监督形式。限于监管机构的人力资源，非现场检查作为日常监督的方式得到广泛运用。

2. 间接监管。间接监管是监管机构委托金融机构内部的审计部门对特定行为或状况进行的监管，或者委托第三人进行相关的评估。

金融机构的内部审计，是由金融机构内部审计机构及其人员进行的监管，主要方式是内部审计。这种监管具有常在性、便捷性，可以实时进行。

第三方机构的外部监管，包括由会计师事务所、审计师事务所、律师事务所等专职机构和人员就特定范围内的问题进行的监督审核。

广义上，资信评估机构的评级也是间接监管的一种方式。这种监管基于资本充足性、资产质量等对金融机构进行信用分级，从而达到稳健经营的目的。

二、金融监管体制

金融监管体制，也被称为监管模式，是指金融监管机构的组织形式及其职责划分的制度形式。不同国家金融监管体制不同，同一国家在不同经济发展阶段或经济发展水平下金融监管体制也不相同。

（一）监管体制类型

监管体制的类型可以从不同的角度进行划分，例如，依监管主体的性质不同，可以分为行业监管机构监管和非行业监管机构监管。还可以依据金融行业的不同，设立监管机构的多少来划分，分为统一监管和分散监管，即统一监管体制和分业监管体制。

统一监管体制，即只设一个统一的金融监管机构对金融机构、金融市场以及金融业务进行全面的监管。代表国家有英国、日本、意大利等。统一监管体制的好处如下：①有利于对金融体系的系统性风险进行整体性的把握和控制，如此，宏观风险控制能力强，监管效果可能更好。②节约监管成本，提高监管效率。对不同行业的统一监管，有助于将外部行为内部化，减少监管的真空。

由于金融行业具有高度的专业性，不同的金融行业其专业特性也非常强。所以统一监管体制的不足之处在于，统一监管体制容易造成官僚主义，也可能因为专业性不够而产生监管措施不当的问题。

分业监管体制是由多个不同类别的金融监管机构分别承担各自的监管责任的模式。一般，将银行业、证券业、保险业等分开，分别设置不同的监管机构，分工负责，协调配合，共同组成国家的金融监管组织。

（二）我国的金融监管体制

一直以来，我国的金融监管体制是分业监管体制，监管机构分别依据《中国人民银行法》《商业银行法》《证券法》《保险法》《银行业监督管理法》的规定设立。在这种分业监管体制中，从职能上看，中国人民银行处于核心地位，它不仅执行货币调控政策，也负责对银行业和信托业的监管，还在宏观上对证券业和保险业的监管予以指导。此外，银监会负责对全国银行业、金融机构及其业务活动进行监督管理；人民银行负责对货币流通、银行间外汇市场、银行间同业拆借市场、银行间债券市场及黄金市场等进行监督管理。保监会负责对全国保险业和保险市场的统一监管；证监会作为国务院证券监督机构对全国证券市场实行集中统一的监管。

这种体制在2018年十三届全国人大一次会议后，发生了一定的变化。会议通过了关于国务院机构改革方案的决定，设立中国银行保险监督管理委员会。中国银行保险监督管理委员会的主要职责是：依照法律法规统一监督管理银行业和保险业，维护银行业和保险业合法、稳健运行，防范和化解金融风险，保护金融消费者合法权益，维护金融稳定。

三、监管的主要内容

（一）银行监管

银行监管包括对银行的接管、银行资金运用的监管和分业经营的监管。接管是为了使陷入困境的银行恢复正常经营能力，银行业监督管理机构对商业银行实施的监管措施。接管期限最长不超过 2 年。银行资金运用的监管包括资本充足率的监管、负债以及放款业务监管、同业拆借的监管。另外，随着金融市场的发展，监管的范围也在扩大。新的业务监管在我国目前有股票质押贷款业务的监管、商业银行设立基金公司的监管。

银行混业经营模式逐渐成为全球金融业发展的新趋势。全能型外资金融机构已经进入我国金融市场，国内金融业也发出越来越高的混业经营的呼声。对此必须从国情出发，不盲目跟进。目前，应在维持金融分业经营总体格局下，在现行法律框架内适当拓展混业经营，例如允许保险资金进入证券市场。在"分业"向"混业"过渡的过程中，须以控制金融风险为基础，借鉴别国的实践经验，逐渐建立起符合国际惯例和中国国情的金融法律体制和金融监管体制。

（二）证券监管

证券市场的基本功能在于为社会资本的融资提供一个直接的渠道，而影响这一基本功能发挥作用的关键因素，首先是市场价格是否能根据有关信息自由地变动，其次是证券的有关信息是否能充分地披露，使每一个投资者在相同时间内得到等质等量的信息，以便作出理性的投资决策。

由于信息不完全或信息差别，有两种证券市场失去效率的典型形式：一是"败德行为"，即公司为实现自身的利益，不实公布或封锁某些信息；二是"不利选择"，一部分投资者由于有某种特殊的信息来源，从而相对于另一些投资者处于信息强势地位。在具有败德行为和不利选择的市场中，投资者和筹资者之间的委托代理合同的效率是低下的，在这种低效率的合同环境下，资金往往难以得到合理有效配置。败德行为和不利选择说明，监管的核心应集中在改变证券市场上的信息不完全和信息分布的不对称上。由此可以进一步得出，证券市场监管的应是以信息的披露为核心的一系列规范化的市场法律制度。

各国法律普遍规定，公开发行股票等有价证券的公司必须真实、公开、及时、充分地披露公司重大事项和经营状况，披露的信息主要包括招股说明书、上市公告书、中期报告、年终报告和其他临时公告等。

从我国的情况看，信息披露方面存在的问题主要是：①信息披露不实（发布和散布虚假信息），具体包括多种未经证实的信息与市场谣传；有关咨询机构发布不实信息；正式文告中出现虚假信息。这些不真实的公司信息扰乱了证券市场的正常秩序，误导了广大中小投资者，危害极大。②不及时披露信息，主要是上市公司改变募集资金投入等重大临时变动情况，不及时予以公告，使广大公众不能及时获取信息调整投资决策。③信息披露不规范，主要表现为故意隐瞒一些重大事项，和使用模棱两可的语言进行披露。

（三）保险监管

保险监管，是保险监管机关对保险公司日常的经营活动实行的日常和年度检查的制度。监管的内容主要包括保险机构设立或变更事项的审批手续、申报材料、资本金及各项准备金、账簿、凭证及各种资料、业务经营和财务情况、报表、营业场所和安全设施等。

1. 保险条款和保险费率的审批和备案。现行《保险法》第 135 条规定："关系社会公众利益的保险险种、依法实行强制保险的险种和新开发的人寿保险险种等的保险条款和保险费率，应当报国务院保险监督管理机构批准。国务院保险监督管理机构审批时，应当遵循保护社会公众利益和防止不正当竞争的原则。其他保险险种的保险条款和保险费率，应当报保险监督管理机构备案。保险条款和保险费率审批、备案的具体办法，由国务院保险监督管理机构依照前款规定制定。"

2. 保险经营规则的监管。保险公司应当严格遵守保险经营规则，依法提取或转结各项准备金，办理再保险，依法运用保险资金。对于保险公司违反上述保险经营规则的行为，保险监管部门有权责令保险公司采取如下措施限期改正：①依法提取或者结转各项准备金；②依法办理再保险；③纠正违法运用资金的行为；④调整负责人及有关管理人员。

3. 强制整顿和接管保险公司。整顿保险公司，是保险公司逾期不改正应当改正的不法经营行为时保险监管机关采取的一种强制监管措施。整顿有助于使保险公司彻底纠正其违法行为，恢复正常的经营活动。

整顿组由保险监管机关选派的保险专业人员和保险监管机关指定的被整顿保险公司的有关人员组成。其职责主要包括：①监督保险公司的日常业务。被整顿保险公司在被整顿过程中，原有业务继续进行，整顿组织有权对其日常业务及其负责人和有关管理人员行使职权实施监督。②督促被整顿保险公司改正其不法经营行为，执行保险监管机关的决定。在整顿过程中，保险公司的原有业务继续进行，但是保险监督管理机构有权停止开展新的业务或者停止部分业务，调整资金运用。

在整顿期间，被整顿保险公司经整顿已纠正其违反保险法规定的行为，恢复了正常的经营状况的，由整顿组织提出报告，经保险监管机关批准，整顿结束。

接管保险公司，是保险公司的违法行为损害社会公共利益，可能严重危及或已经危及保险公司的偿付能力时，保险监管机关实施的一种强制监管措施。接管的目的是制止被接管保险公司实施的危害社会公共利益的行为，保护被保险人的利益，恢复保险公司的正常经营。

与整顿保险公司时整顿组并不直接介入被整顿保险公司的日常业务不同，从接管开始之日起，接管组织直接行使被接管保险公司的一切经营管理权利，代行该保险公司原董事会、监事会职责。被接管保险公司的债权债务关系不因接管而变化。接管期限最长不得超过 2 年。

（四）商业主体的金融行为的监管

实践中，不少工商企业、事业单位滥发各种彩票、奖券，印制并发售"礼品券""代金券"，这些行为属于变相发行和使用货币，会对一国金融秩序形成严重干扰。1991 年 5 月国务院办公厅发布了《关于禁止发放各种代币购物券的通知》，指出发行代金券行为不仅影响了市场的正常供应，扰乱了金融秩序，逃避了国家对工资和奖金的监督管理，扩大了消费基金支出，而且还助长了不正之风。并明确指出，对发放、使用购物券的单位要按财务、税收和金融管理的有关规定进行处理，对情节严重的，要依法追究有关人员的责任。1993 年 4 月国务院发布了《关于禁止印制、发售、购买和使用各种代币购物券的通知》，进一步指出了各种代币购物券破坏社会经济生活的危害性，布置了制止该行为的有力措施，明确了对各个环节的违法者都要进行处罚。另外，《中国人民银行法》第 45 条规定："印刷、发售代币票券，以代替人民币在市场上流通的，中国人民银行应当责令停止违法行为，并处 20 万元以下罚款。"

二维码

第十二章　拓展阅读

第十三章

反垄断法

第一节 反垄断法的产生与价值

一、反垄断法的产生

资本主义发展到垄断阶段，经济力集中形成的垄断增加了经济关系的复杂性，并产生了新的矛盾。这些矛盾表现在：垄断企业限制产量、抬高价格，损害了消费者的利益；企业之间订立垄断价格、实现垄断利润，加剧了其与中小企业之间的矛盾；垄断组织分割市场、控制价格，抑制了竞争和技术创新。为解决上述矛盾，政府开始运用法律手段调整垄断行为。

从反垄断法产生的历史及其对后来垄断立法的影响来看，美国、德国、日本的反垄断立法更具有代表性。

美国反垄断法产生基于两个主要原因：①垄断组织大量存在，联合限制竞争；②州立法调控能力不足。19世纪末期的美国，新技术得到广泛的应用，加之铁路事业的发展，促使美国出现了一些大规模的企业，垄断组织形式得以显现。在势力日益强大的托拉斯面前，一方面，已有的法律对托拉斯的控制显得力不从心。当时美国已有的对托拉斯进行调整的法律主要包括各州立法和普通法。19世纪80年代美国有13个州通过了反托拉斯法，但由于托拉斯组织的经营活动超出了州法管辖的范围，从而使得州法难以执行。美国早期的普通法有限制贸易的合同规范，但在运用过程中由于不具有直接的针对性，只能以违反"公共政策"宣布托拉斯停止执行或无效，无法对其进行制裁。另一方面，中小企业主深受托拉斯之害，联合起来反对托拉斯控制价格和垄断市场进而掀起反托拉斯运动。面对公众的反托拉斯愿望和州法控制能力的不足，联邦政府在参议员谢尔曼的提议下于1890年通过了美国第一部也是世界上第一部反托拉斯法——《谢尔曼反托拉斯法》（Sherman Antitrust Law）（简称《谢尔曼法》）。《谢尔曼法》主要规制协议行为。为规避该法，企业间的合作更多地采取合并的形式，由此在美国出现了第一次合并高潮。为此，美国国会1914年制定了《克莱顿法》和《联邦贸易委员会法》，增加了对企业合并的限制，也确定了联邦贸易委员会为反托拉斯的专门行政执法机关。由此，形成了美国反托拉斯法的基本结构。

德国对垄断的态度经历了从扶持垄断到反垄断的立法过程。德国的资本主义发展过程就是垄断组织不断建立和强化的过程。第一次世界大战前，以统一规定价格、划分市场为特征的卡特尔在德国的经济生活中具有举足轻重的地位。为了应付战争的需要，政府于1915年颁布《强制卡特尔法令》，在各行各业中强行组建卡特尔垄断组织。虽然战后成立的魏玛共和国意识到卡特尔的危害，在1923年制定了《反滥用经济力量法令》（也称为《卡特尔条例》）。该法令仅仅有保留地赋予国家对滥用卡特尔行为予以制止的权力，在原则上卡特尔仍是合法的，只有滥用卡特尔才会受到管制。1933年希特勒上台后，制定了《强制卡特尔法》，德国再次走上了一战时期的政府扶持卡特尔的道路。战后，德国开始推行自由经济政策，为了保障竞争性的经济秩序，1949年7月德国开始起草《反垄断法》，但由于长久以来形成的势力庞大的卡特尔一直充当反垄断法的阻碍力量，该法历经近十年才得以通过。1958年德国《反限制竞争法》生效。

日本与德国同作为战败国，也有近似于德国的为应付战争扶持行业垄断的经历。二战后，为了消灭为战争提供支持的日本经济垄断势力，美国对日本进行民主化改革，根据美国的指令，日本政府制定了1947年《禁止垄断法》。该法体现了美国反托拉斯法的基本精神，即预防保护。尽管该法并不完全符合日本的经济状况，但在美国占领期间还是得到了切实的执行。[1] 盟军总部撤销后，1953年该法即行修改，删除了原法第四节"禁止卡特尔"的规定，许可萧条卡特尔和合理化卡特尔的存在，从而缩小了经济垄断的控制范围。20世纪60年代后，日本物价上涨，主要原因是价格卡特尔和维持协议的广泛存在。为了抑制通货膨胀，保护消费者利益，1977年日本《禁止垄断法》进行第二次修改，主要是加强了对价格卡特尔的处罚力度和非金融公司最高持股额的限制。由于经济全球化趋势的增强，各国经济之间的依赖性加深。美国、欧洲各国强烈要求日本开放市场，1991年日本第三次修改《禁止垄断法》，对垄断状态、卡特尔和不公平交易作出了新规定。这次修改确立了日本禁止垄断法规范的垄断行为的基本类型，即三个支柱：私人垄断；卡特尔和其他不合理的贸易限制；不公平交易行为。

上述国家的立法历程表明，曾经将自由竞争奉为圭臬的资本主义国家在19世纪末期20世纪初期相继走向了垄断，垄断阻碍了自由竞争，国家为维护竞争秩序需要采取反垄断措施。由自由放任到放弃自由放任，实行国家积极干预经济是资本主义政治经济发展规律性的运动。反垄断法是这一规律性运动凝结的独特的法律文化成果。

---

[1] 1952年4月，旧金山合约生效，盟军总部撤销。1947年至1952年，日本公平交易委员会平均每年作出反垄断执法判决18件。1950年是反垄断执法最严厉的时期，该年的判决达59件。美国自《谢尔曼法》颁布后至1925年平均每年判决只有8件。

二、反垄断法的价值

反垄断法的价值不同于反垄断的价值，前者在于法学范畴，后者在于经济学范畴。法的价值体现为秩序、公平、自由、效率等。反垄断法除体现法的一般价值外，还体现了本法的特有价值，表现为：

（一）维护竞争秩序

竞争是一种理想的资源配置方式，竞争秩序的维护是反垄断法的特有法价值。首先，维护竞争秩序是各国反垄断法所共同宣示的立法目标。美国《克莱顿法》公开宣示：任何实质上损害竞争或者可能妨碍、破坏、阻止竞争的行为均为非法。德国《反限制竞争法》第1条规定：企业或企业协会为共同的目的所签订的合同以及企业协会的决议，其目的如果是限制竞争……则无效。日本《禁止垄断法》第1条规定："本法的目的是……促进公正而自由的竞争。"我国台湾地区"公平交易法"第1条规定："为维护交易秩序与消费者利益，确保公平竞争……特制定本法。"其次，维护有效竞争是反垄断法规范对象的标尺。竞争是自由企业的核心。竞争所产生的效果有两个方面：一是那些效益好的企业将获得利润，效益差的企业将面临亏损与破产；二是竞争将为消费者提供更多消费福利。上述两个效果如果同时存在，应该就是有效竞争的外在表现。

（二）维护实质正义

正义与公平、公正所表达的意思基本相同，都是人类所追求的一种理想，[1]也是社会制度的首要价值。法律必须体现正义，一项法律制度如果不能体现正义，就必须加以改造和废除。[2]法律制度体现的正义包括实质正义与形式正义。实质正义遵行公平分配、机会均等、缩小差距、公共福利高于一切等原则；形式正义所遵行的是公开原则、合法原则、民主集中原则等。反垄断法的价值体现是实质正义，申言之，反垄断法的实施目标是创造机会相对均等的竞争环境。当中小企业因大企业的垄断行为在竞争中遭受失败、消费者因垄断市场不得不支付更高的代价或丧失更多的选择机会时，反垄断法通过对垄断状态的控制、垄断行为的禁止、对行政垄断的限制等方法来防止或消除不法经营者掠夺或独占经营机会、削弱消费者的福利的事件发生。

（三）实现社会整体效率

社会整体效率和私人个体效率是一个矛盾统一体。社会整体效率的实现需要承认和尊重私人个体效率，没有个体效率，不可能存在社会整体效率；但不能过分推崇个体效率，尤其不能以牺牲社会整体效率为代价实现个体效率。例如，价格卡特尔所固定的价格为垄断价格，成员企业因垄断价格可以获取垄断利润，对所有成员企业来说是有效率的。而下游的购买者只能被迫

---

[1] 孙国华：《法理学教程》，中国人民大学出版社1994年版，第106页。
[2] ［美］罗尔斯：《正义论》，何怀宏等译，中国社会科学出版社1988年版，第2页。

接受垄断高价，其利益受到侵害。更为重要的是价格卡特尔扭曲价格信号，垄断价格不能真实地反映资源的稀缺程度，国家无法据此实施有效的宏观调控措施。因此，价格卡特尔是以损害社会整体效率为代价追求个体经济效率的典型形式，各国反垄断法无一例外地严厉禁止价格卡特尔。

三、对垄断行为规制的原则和方法

经济力集中形成的垄断增加了经济关系的复杂性，并产生了新的矛盾：垄断企业限制产量、抬高价格，损害了消费者的利益；企业之间订立垄断价格、实现垄断利润，加剧了其与中小企业之间的矛盾；垄断组织分割市场、控制价格，抑制了竞争和技术创新。为解决上述矛盾，创造有利于竞争的市场环境，政府开始运用法律手段调整垄断行为，进而产生了反垄断法。

垄断行为多种多样，按照内容类型近似性进行分类梳理进而从个性中抽象出共性是化繁杂为简约的主要方法。反垄断法将垄断行为分为四种：限制竞争协议、滥用支配地位、企业合并和行政垄断。

（一）规制原则

以判定商业行为是否为垄断行为所依据的规则明确与否为标准，将反垄断法的控制方式分为本身违法原则和合理原则。

《谢尔曼法》对垄断行为的规定非常原则化，无法从中寻找出一个具体的判定标准，只能依托法官判例。在反托拉斯法实施初期，美国最高法院一直苦于对案件的把握，直到 1911 年著名的"标准石油公司案"，才终于明确了方向，确定原则上只有"不合理"的限制竞争行为才属于禁止范围，这就是所谓的"合理原则"。在合理原则不断运用过程中积累了一些不合理限制竞争的案例类型，从而构成了控制垄断行为的另一项原则，即本质原则，或叫本身违法原则。该原则指那些特别有害于竞争的限制行为可以推定为违反了禁令，一旦认定属于这种原则所指导的范围，就不可逃避法律的制裁。主要包括价格操纵、市场划分、某些联合抵制和搭配销售行为等。德国《反限制竞争法》第 1 条的规定也是本质原则的体现：企业或企业联合组织为共同的目的所订立的协议以及企业联合组织的决议或协调行为，其目的如果限制竞争，可能影响货物或商业服务的市场或市场状况，则无效。

本身违法原则与合理原则关系的实质就是抽象法律规则与具体法律规则之间的平衡。反垄断法规制的垄断类型相当宽泛，只能用抽象的概念来概括具体行为的类型和条件。法律规定过于明确、具体则难免出现"挂一漏万"的现象；但法律规定过于抽象、原则又会因缺乏针对性而加重执法难度。立法就是在确定性与不确定性之间寻求平衡的技术。为反垄断法保护的竞争秩序所依存的经济环境的复杂多变决定了反垄断法应该具有一定的抽象性。本身违法原则和合理原则是为适应这些特点而产生的。

当然，这两项原则是早期美国反托拉斯法实施中经验的总结，在一定程度上扩展适用到后立法的国家和地区，但并不意味着，只有这两项原则。在欧盟法上，针对纵向垄断协议适用的是"原则禁止加例外"的原则，其颇具有地区特色，影响也越来越大，我国反垄断法实施中对于纵向垄断协议趋向于采取欧盟法上的这个原则。

（二）规制方法

反垄断法规制经营者集中，主要采取两种方法。

1. 结构方法或结构主义。结构主义控制模式预设的前提是，每个行业都存在维持有效竞争的合理结构状态，这个结构状态适当，就不需要政府干预和主动调整。结构主义控制模式的典型代表是美国。

《谢尔曼法》被认为是结构控制模式的先驱，它是作为"保护贸易和商业免受非法限制和垄断危害法案"被通过的，该法案是美国第一次明确政府对垄断的态度，即垄断被视为违法（第 1 条）、被视为犯罪（第 2 条）。《谢尔曼法》和其他反托拉斯法规定了三项对垄断组织的处理措施："解散、分离或放弃"（Dissolution，Divorcement，Divesture）。解散企业意味着原企业的消失，或被分解为几个小公司。这是比较严厉的处理结果，企业多年积累起来的规模经济将在转瞬间被消灭殆尽。囿于规模经济的考虑，在美国反托拉斯执法历史上，采用解散的处理办法并不多见。[1] 分离是对合并采取的措施。合并后的联合体能够控制从生产到零售的产品的所有环节，中小型企业无力与之竞争，以为中小企业创造公平的竞争环境为要旨，拆散合并的企业是最佳的方法。由于《克莱顿法》第 7 条修正案的有效执行[2]，这种处理方法已经非常普遍。放弃的办法所指的基本情况是母公司收回子公司的全部股本并使之脱离，也可以指放弃在另一个公司中的财产或财产权益，例如，被迫转让另一公司的股份，被强迫允许另一公司使用专利，被强制将产品特有名称让所有的企业公开使用，等等。所有这些放弃的情形都相当于对一个特殊市场的重新调整，是对市场"结构的补救"，这种措施被认为是使企业比其他情况更好地自由进入市场和经营的措施。

上述三项措施通过改变资产的权属来改变企业的市场控制力，从而改变企业的经营行为，进而改变市场结构。

2. 行为方法或行为主义。行为主义控制模式是法律不以规范企业的集中程度为中心，而是以规范占市场支配地位的企业行为为主的控制方式，代表国家主要是德国、法国、英国等，也包括欧盟。

企业合并是对市场结构或行业集中程度影响最明显的一种企业行为。德

---

[1] 解散公司的判决迄今只有约 30 个，其中只有 3 个涉及真正的大公司。并且这种解散并不具有彻底性，解散后的标准石油公司仍和原从属公司保持着密切的业务关系；解散后的北方证券公司大部分股票都被摩根集团掌握；解散后的美国电话电报公司仍是美国通信市场上最有实力的公司。

[2] 《克莱顿法》第 7 条关于公司合并的规定中，只是对公司股份的取得予以禁止，对公司财产的取得没有规定。一个公司取得一定的股份后，它可以通过行使表决权取得公司财产，进而取得对该公司的控制权。1950 年《塞勒—凯弗维尔修正案》通过，该修正案增加了财产取得的规定，因此，竞争者取得财产股份的行为都被禁止。

国的《反垄断法》对企业合并实行严格的监控，这种监控制度表现为事先登记制度和事后申报制度。根据德国《反限制竞争法》（2005年第7次修改稿）第3条第3款的规定，一个事业者的市场占有率达1/3以上，三家或三家以下事业者的市场占有率合计达1/2以上的，具有市场支配地位。拥有市场支配地位并不违法，如果滥用市场支配地位则是违法的。

在欧盟法中，对合并的控制目标同样不是集中在市场份额上，而是集中在控制行为上。合并概念的界定便说明了这一点。按照欧盟竞争法4064/89号法规第3条第1款的规定，符合下列条件之一的行为应当认为是合并行为：①两个或者两个以上原先各自独立的企业合并行为；②一个或者多个已经控制至少一个企业的人，或者一个或者多个企业，通过购买股票或者资产、签订合同或者任何其他手段获得对另外一个企业或者多个企业直接或者间接的、全部或者部分控制权的行为。

经济全球化下，以提高本国企业的国际市场竞争力为目标，反垄断法中结构主义的衰落日渐明显。

第二节 垄断协议

一、垄断协议的概念和特征

垄断协议，又称限制竞争协议，是指经营者以排除、限制竞争为目的而达成的协议、决定或者其他协同行为。

垄断协议就本质而言，并不是一种民事合同，其具有以下几个特征：

1. 垄断协议的目的是限制竞争。垄断协议实际上是协议双方通过限制协议各方之间的竞争或与第三方之间的竞争，从而避免竞争风险，共同谋取超额利润，而不是通过损害协议一方利益使自己单独获益。对于横向垄断协议，比如通过限制产品数量、分割市场、联合抵制交易等，可以明显地减轻具有直接竞争关系的协议各方的竞争压力；对于纵向垄断协议，虽然各方并不具有直接的竞争关系，但是通过垄断协议，可以增强自身的竞争能力，在与第三方竞争时取得一定的优势，最终达到限制或排除与竞争对手竞争的目的。

2. 垄断协议的主体是两个或两个以上的独立经营者。垄断协议的主体必须是独立的经营者，包括一切从事商品经营或者营利性服务的法人、其他经济组织和个人。所谓独立的经营者，是指具有事实上的独立决策能力的经营者。那些在民事法律上虽然属于独立的法律主体，但是事实上不具有独立的决策能力的主体，不属于垄断协议所要求的独立经营者。换言之，法人的分支机构和职能部门由于没有独立的财产，也不能独立承担民事责任，自然不能成为垄断协议的主体；而那些听命于母公司的子公司与母公司之间的"垄断协议"也不属于竞争法所要规制的垄断协议。

3. 实施垄断协议行为的主体必须是两个或两个以上的行为人，且他们须共同采取措施。通过共同行为以限制彼此之间的或与第三人之间的竞争，而不是单个的经营者滥用市场支配地位，限制他人与之竞争，这正是垄断协议行为与滥用市场支配地位行为的区别。换言之，任何单个的经营者所实施的市场行为均不可能构成垄断协议行为。

4. 垄断协议的表现形式是协议、决定或其他协同行为。从合同法角度讲，协议的含义和外延大于合同，合同只是协议的一种。竞争法使用协议的概念，目的在于尽可能广地涵盖应当禁止的限制竞争的意思表示的形式。除了协议以外，限制竞争行为还可以采取其他的形式，比如行业协会的决议。行业协会的决议限制竞争时，也会被认定为违法的协议行为。我国《反垄断法》第16条规定，行业协会不得组织本行业的经营者从事垄断协议行为。一般来讲，当事人知道自己的行为不合法，就会想方设法隐藏自己的书面文件，或者干脆就不使用书面文件或口头说明，而是通过行为心照不宣地表现为某种协同的意思，这就是协同行为。在欧洲，认定协同行为存在的经典案例是著名的"染料案"[1]。该案中，欧共体内的10家大染料企业曾经采取三次协调行动，共同提高产品的价格；尽管企业所在的区域不同，但这10家企业每次都按相同的比率提高价格。

二、横向垄断协议

常见的横向垄断协议是依据协议建立的基础构建的。按照我国《反垄断法》第13条的规定，横向垄断协议包括以下类型。

（一）固定或者变更商品价格的协议

固定或者变更商品价格的协议，又称为价格卡特尔。实践中，价格卡特尔最简单的形式是，协议当事人向某些或者全部客户收取高于市场价格的价格。此外，参与人还会采取一些比较隐蔽的价格垄断协议，如关于计算价格的标准公式的协议；关于提价的协议；关于在具有竞争关系但又非相同商品之间维持固定比率的协议；关于消除价格折扣或者确定统一折扣的协议；关于取消市场上以低价供应商品以限制供应和保持高价的协议；关于未经其他成员同意不得减价的协议；关于遵守公布价格的协议；关于除非满足商定的价格条款，否则不予出售的协议；关于使用统一的价格作为谈判的出发点的协议；等等。

由于价格在竞争机制中处于核心的地位，所以消除或者限制价格竞争的联合行为也就是最为严重的反竞争行为。它成为各国反垄断法首要的规制对象。各国法律一般都规定价格卡特尔本身即是违法行为，少有例外。

（二）限制商品的生产数量或者销售数量的协议

限制商品的生产数量或者销售数量的协议，又称为数量卡特尔。一般来讲，数量卡特尔总是与价格卡特尔紧密相连。从经济理论来看，在有效竞争

---

[1] 参见王晓晔：《欧共体竞争法》，中国法制出版社2001年版，第96~100页。

的市场上，市场的供给量影响着商品的销售价格，而价格的变动又影响着市场需求，市场需求和市场供给的良性互动共同决定着市场价格，也即均衡价格。如果一个卡特尔仅仅限制价格而不限制生产、销售数量，那么卡特尔成员为了增加利润而竞相扩大生产或销售规模，卡特尔的垄断高价就会难以维持，最后降低到正常的价格水平。所以，一个稳定的价格卡特尔总是同时伴随着一个数量卡特尔。可见，数量卡特尔同样是严重的损害竞争的行为。

（三）分割销售市场或者原材料采购市场的协议

分割销售市场或者原材料采购市场的协议，又称为地域卡特尔。同价格、数量卡特尔一样，也是赤裸裸的限制竞争行为。地域卡特尔的表现形式也是多种多样的：

1. 地理市场的划分，即参与协议的企业各自分得一块地域份额，在这一特定的地域内独家享有生产或者销售的权利，参加协议的其他企业则不得在该地域范围内生产或者销售特定的商品。这是地域卡特尔最基本的表现形式。

2. 客户的划分，即通过协议将特定的客户分给协议企业，例如串通招标投标协议。在公开招标时，当事人通过协议只安排一家企业作中标的准备，其他的协议企业根本不参加投标，或者作虚假的投标，从而使所安排的企业很轻松地中标。当出现其他的招标时，便可以用同样的手段安排另外的协议企业中标。

3. 地域卡特尔还可以根据协议企业的不同技术优势而订立。在技术比较复杂的生产领域，每个企业可以根据自己的优势，将自己的生产集中到某一个生产过程，从而使每一参与企业分得特定的产品市场。

地域卡特尔的危害也是明显的。在某些方面，地域卡特尔的危害比价格卡特尔还要大。通过划分地理位置、客户或者产品，消除竞争者，剩下唯一的竞争者，尽管可能市场有限，但其毕竟获得了一定区域的垄断地位，这样不仅价格方面不受竞争影响，而且在服务、质量和创新方面也不会受到影响。而且，地域卡特尔比较稳定，因为它克服了成本不同的生产者之间的内部差异，这种差异常常会导致价格卡特尔的短命。这种稳定加重了地域卡特尔的危害性。

（四）限制购买新技术、新设备或者限制开发新技术、新产品协议

在技术转让合同中，让与人通常会要求受让人接受一定的限制性商业条款，以保障让与人在技术上的优势地位，同时减少或避免技术转让所带来的潜在竞争。在这些限制性商业条款中，最常见的是限制受让人购买新技术、新设备或者限制受让人进一步开发新技术、新产品。

一般来讲，知识产权人对其知识产权拥有合法的垄断权，但权利人不能滥用这种垄断地位限制或排除竞争，否则就要受到反垄断法的规制。我国除了在《反垄断法》中明确限制购买新技术、新设备或者限制开发新技术、新产品协议构成违法垄断行为外，《合同法》也规定，订立技术合同，应当有利于科学技术的进步，加速科学技术成果的转化、应用和推广（第323条）；非

法垄断技术、妨碍技术进步的技术合同无效（第 329 条）。

（五）联合抵制交易的协议

联合抵制，是指竞争者之间联合起来不与其他竞争对手、供应商或者客户交易的横向垄断协议。

联合抵制的表现形式是多种多样的。有时是针对竞争者实施的；有时是针对垂直关系的其他企业实施的；有时是相当大数量的竞争者为将特定的企业排挤出市场而实施的。但所有的这些情况大体上可以分为两类，即促进竞争的联合抵制和反竞争的联合抵制。

促进竞争的联合抵制可能具有提高效率的好处，如中小企业之间的共同购买安排，就具有潜在的促进竞争的好处。这种安排可以使中小企业在购买和仓储方面获得规模经济，从而使这些经营者可以更好地与大企业进行有效的竞争。

反竞争的联合抵制通常发生在以下的情况，即联合使相关企业取得市场支配地位，他们通过直接拒绝与竞争对手进行交易，或者迫使供应商或者客户中断与这些竞争对手进行交易，从而将竞争对手置于不利的地位。这种联合抵制通常是拒绝某企业获取某种必需的产品、设施、资源等。

反垄断法对这两种不同的联合抵制行为采取了不同的规制态度：对反竞争的联合抵制行为，反垄断法采取了本身违法的态度；对促进竞争的行为，则采取合理分析的态度。

三、纵向垄断协议

纵向垄断协议，又称垂直限制竞争协议，是指两个以上处于不同经济阶段的市场主体之间达成的限制或排除竞争的协议。

根据常用的限制手段，纵向垄断协议又可以分为限制价格的协议和非限制价格的协议。限制价格的纵向垄断协议，一般表现为维持转售价格协议。在非价格的限制协议中，常用的手段是独家交易、搭售、使用限制、销售约束、知识产权中的许可证等。

（一）纵向垄断协议的经济效果

纵向垄断协议，对竞争结果既可能有消极的影响，也可能有积极的影响。

就积极影响而言，主要有以下方面：

1. 增加不同品牌产品间的竞争。一般来讲，纵向垄断协议对竞争的影响都是单线的，也就是说，一般限制的都是某一品牌产品内部的竞争。在美国，芝加哥经济学派的经济学家认为，纵向限制竞争行为虽然限制了同一品牌内部的竞争，但是促进了不同品牌产品之间的竞争。

2. 减少搭便车行为。一种产品与另一种产品在市场上的有效竞争，通常需要促销和提供良好的售后服务，尤其在新产品上市的情况下，要是不给予销售商在一定区域内垄断的地位，或者保证其获得一定利润的话，那么他们可能就不愿意进行促销和提供良好的售后服务，因为他们所做的种种努力要么得不偿失，要么被别的并没有多少投入的企业搭便车，无偿获得了他们通过大力投入促销或提供良好售后服务而获得的良好销售环境。而限制品牌内部的竞争，使销售商们有能力提供促销和良好售后服务，这同样能够使消费者获益。

3. 推动新企业进入市场。企业要进入一个新的市场，必然面临一定的风险和市场进入障碍，如现行厂商成本优势（如经济规模）、品牌忠诚度、客户转移成本、政府管制政策等。如果新企业采取独家销售方式，则有利于销售商迅速获得规模经济，缩短成本回收期限，从而鼓励有能力和有进取心的销售商为推销新产品而投入资金和劳动。

其实和横向垄断协议一样，纵向的垄断协议也是通过限制产品或服务的价格，限制生产销售数量、地域，限制交易对手等方式进行限制竞争的，所以横向垄断协议对竞争的不良影响在纵向垄断协议上也都是可能出现的。具体来说：

1. 推动价格卡特尔。如果一个生产商限制或固定其销售商的销售价格，自然就限制甚至取消了同一品牌商品的销售商之间的价格竞争，这实际上就是在这些销售商之间建立了一个价格卡特尔，很容易导致商品的高价，损害消费者的利益。

2. 增加市场进入障碍。例如，独家销售协议使得某个生产商在某个地区内只给某一个销售商供货，那么就该品牌而言，这个销售商在这个地区内就取得了垄断地位，排除了其他销售商进入该地区的可能。同样，独家购买协议也增加了其他制造商进入某一地域市场的障碍。

总之，纵向垄断协议是一把"双刃剑"，它既可能促进竞争，有利于消费者，也有可能相反，我们对它们通常要具体问题具体分析，运用合理原则来判断它是否应该规制。

（二）纵向垄断协议的类型

在美国反托拉斯法中，关于纵向垄断协议的成文法主要体现在《谢尔曼法》第1条、第2条和《克莱顿法》第3条上。《欧共体条约》不分横向限制竞争协议和纵向限制竞争协议，均规定在第81条第1款。我国《反垄断法》第14条规定了三类典型的纵向垄断协议：①固定向第三人转售商品的价格；②限定向第三人转售商品的最低价格；③国务院反垄断执法机构认定的其他垄断协议。

1. 固定转售价格协议和限定最低转售价格协议。固定转售价格协议是制造商或其他上游经营者要求下游经营者按照一个单一的价格转售商品。限定最低转售价格协议则是制造商或其他上游经营者要求下游经营者转售其商品时，不得低于某一价格。这两类限制竞争行为效果基本一样，适用的法律也相同。

早期，对于固定转售价格和限定最低转售价格的行为，由于其明显的反竞争性，一般采用本身违法原则。美国最高法院在 1911 年迈尔博士医药公司案[1]的判决中指出，纵向固定价格协议会严重限制销售商之间的竞争，这种做法同销售商联合订立价格卡特尔的后果是一样的。在 1988 年商用电器公司诉夏普电器公司案中，美国最高法院认定适用本身违法原则的纵向价格限制仅指生产商直接限制销售商的转售价格的行为，如果生产商不是直接限制销售商的价格，则应适用合理原则。然而在 2007 年丽晶时尚皮具公司（以下简称为丽晶公司）诉凯克劳赛德公司案中，美国最高法院 9 名大法官最后以 5∶4 通过决定，推翻了适用近一个世纪的禁止生产商控制其产品最低转售价格的判决先例。[2]

根据近年来的经济学文献显示，尽管转售价格维持协定可能在特定环境下损害竞争，如有助于达成卡特尔等，但他们也经常具有促进竞争的作用，比如促进品牌间的竞争，有利于新公司和新品牌进入市场等。考虑到其潜在的促进竞争的市场效果，转售价格维持不应再适用本身违法原则。

2. 特许专营协议。特许专营协议是独立企业之间，一方许可另一方使用自己所拥有的商号、企业形象、厂商标记、专有技术和其他知识产权等，提供技术上以及经营上的帮助，并就其特许行为收取特许权使用费的协议。特许的内容，是为使用、销售产品或提供服务所需的，有关商标、标识、专有技术的知识产权许可。有些情况下，特许方还会向受让方提供商业或技术协助。特许销售方式是生活中非常常见的一种方式，如麦当劳、肯德基等。

特许专营协议在经济上具有很多合理性。正如欧共体委员会在 1988 年《关于特许专营协议集体豁免条例》中所指出的，这种协议可以是特许权人利用有限的资金建立一个统一的特许专营网络，由此便利新的供货商特别是便利中小企业进入市场，从而强化生产商之间的竞争，改善商品的销售。此外，这种协议也为独立的销售商开展新的经营活动创造了条件。通过这种协议，特许权人可以向专营人提供其经验和资助，为这些销售商与大商业企业开展竞争创造有利条件。此外，在特许专营条件下，特许权人对被特许人的产品或服务都有统一、严格的质量标准，从而有利于消费者。

不过，在特许协议里往往也会含有很多限制性的规定，如限定被特许人购买商品或原材料，限制被特许人的销售区域等。这些限制性规定如果是维护特许协议所必需的，则可以得到豁免；如果超过了必要和合理的限度，则可能被认为违法。

---

〔1〕　*Dr. Miles Medical Co. v. John K. Park & Sons Co.*, 220 U. S. 373 (1911).

〔2〕　生产女性时尚饰品的被告丽晶公司，规定了所有经销商都要遵守其产品价格政策，不能低于其规定的最低价格。被告凯克劳赛德，位于德克萨斯的女性饰品零售商店拒不执行丽晶公司的价格政策，丽晶公司因此拒绝供货。为此，凯克劳赛德起诉丽晶违反反托拉斯法，并主张丽晶公司的价格政策是违法的维持转售价定。参见李海涛："推翻先例：美国对维持转售价格的最新判决"，载《法制日报》2007 年 09 月 23 日。

四、垄断协议的豁免

反垄断法意义上的豁免制度是指对于形式上符合反垄断法禁止性规定的行为，但是总体上有利于社会的整体利益，从而在反垄断法规定的适用范围中排除出去的法律制度。豁免制度是利益衡量的结果，即从经济效果上对于限制竞争行为的性质和影响进行利弊分析，在利大于弊时将其排除适用反垄断法的禁止规定。

美国法律没有明确规定哪些垄断协议可以豁免，法院在判断一个行为是否能够得到豁免时，主要根据合理原则来分析该行为是否具有反竞争的效果，对于那些可能产生的积极效果大于消极影响的协议，排除反垄断法的适用。德国《反限制竞争法》对于豁免的卡特尔曾经规定得非常具体，但随着欧共体规则统一化进程，德国对卡特尔豁免做了多次修改。2005年修改后的《反限制竞争法》就只留下关于豁免协议的一般规定和中小企业卡特尔的豁免，删除了标准化卡特尔、条件卡特尔、合理化卡特尔、结构危机卡特尔、专门化卡特尔的豁免规定。

欧共体竞争法上的豁免制度源于《欧共体条约》第81条第3款。根据该款规定，垄断协议要取得豁免必须具备以下条件：①有助于改进商品的生产或者流通，或者促进技术或经济进步；②消费者可以公平分享由此产生的收益；③对有关企业的限制，是实现前两者所必不可少的；④不存在使有关企业可以在相关市场内排除竞争的可能。

我国《反垄断法》第15条规定了7种豁免情形。经营者能够证明所达成的协议属于下列情形之一的，可以获得豁免：

1. 为改进技术、研究开发新产品的。改进技术、研究开发新产品，可以提高生产率，有利于经济发展和消费者利益，因此此类协议可以得到豁免。

2. 为提高产品质量、降低成本、增进效率，统一产品规格、标准或者实行专业化分工的。这是关于标准化卡特尔和专业化卡特尔的规定。统一产品的规格、标准，主要是指经营者对各种原材料、半成品或者成品在性能、规格、质量、等级等方面规定统一要求，使商品之间具有可替代性和兼容性；实行专业化分工，是指经营者发挥各自专长，分工协作，使他们从生产多种商品的全能型企业转变为专门化企业。标准化卡特尔和专业化卡特尔并不必然能够获得豁免，只有当它能够提高产品质量、降低成本、增进效率时，才可以获得豁免。

3. 为提高中小经营者经营效率，增强中小经营者竞争力的。这是有关中小经营者卡特尔的规定。在与大企业的竞争中，中小经营者往往处于劣势。如果中小经营者之间的联合能够提高效率，增强竞争力，则会促进市场竞争，因此可以获得豁免。

4. 为实现节约能源、保护环境、救灾救助等社会公共利益的。我国《反垄断法》的立法目的之一就是维护社会公共利益，促进社会主义市场经济健康发展。因此，诸如有利于实现节约能源、保护环境、救灾救助等社会公共利益的垄断协议，应得到豁免。

5. 因经济不景气，为缓解销售量严重下降或者生产明显过剩的。这是有关不景气卡特尔的规定。在经济不景气的情况下，市场会严重供大于求，造成销售量大幅度下降，出现生产大量过剩现象。在这种特定情况下，对经营者达成的限制产量或者销量等垄断协议予以豁免，有利于避免社会资源的更大浪费，有利于避免造成大量失业，更有利于经济的恢复。因此，不景气卡特尔应得到豁免。

6. 为保障对外贸易和对外经济合作中的正当利益的。对外贸易垄断协议包括两种：进口商之间的垄断协议和出口商之间的垄断协议，其中最常见的是出口商之间的垄断协议，即出口卡特尔。垄断协议可以避免出口商之间的恶性价格竞争，提高对外谈判能力，但在实践中容易引起国际贸易摩擦，对未参加的其他厂商也可能构成进入障碍，还可能影响国内市场。然而，基于国家整体经济利益，我国对其中保障对外贸易和对外经济合作中正当利益的协议依法予以豁免，从而保障和促进我国经济的对外发展，提高国际竞争力。

7. 法律和国务院规定的其他情形。这是一个兜底条款，以顺应国内和国际经济形势的变化。值得注意的是，对该项的解释应当以法律和国务院的规定为准，而不是由反垄断执法机构来认定。

上述豁免情形的认定，应进行合理性分析，以确定其对市场竞争的影响是利大于弊。对此应由经营者负举证责任。对于属于前述第1~5项豁免情形的，经营者除了证明协议本身的目的正当之外，还应当证明协议的实施具有两个效果：①所达成的协议不会严重限制相关市场的竞争。这是对协议实施的消极效果的限制，要求不会对相关市场的竞争构成"严重"限制。②能够使消费者分享由此产生的利益。这是对协议实施的积极效果的要求，消费者应能从协议的实施中获得好处。

第三节　滥用市场支配地位

滥用市场支配地位是一个组合概念，由市场、市场支配地位两个概念组成。这里的市场是特定语境下的概念，指相关市场。

一、相关市场的含义、分类及认定

（一）相关市场的含义

竞争虽然存在于整个市场经济中，但并不是所有的企业和所有的产品之间都存在竞争关系。一个企业总是在一个特定的市场上从事经营和开展竞争。这个特定市场在反垄断法上称为"相关市场"。我国《反垄断法》第12条第2款规定："本法所称相关市场，是指经营者在一定时期内就特定商品或者服务（以下统称商品）进行竞争的商品范围和地域范围。"

　　界定相关市场的目的是确定经营者之间有无竞争以及竞争的范围，它是判断经营者是否具有市场支配地位的前提。按照 2009 年 5 月 24 日国务院反垄断委员会颁布的《关于相关市场界定的指南》第 2 条的规定，界定相关市场的作用主要体现在：①界定相关市场就是明确经营者竞争的市场范围。在禁止经营者达成垄断协议、禁止经营者滥用市场支配地位、控制具有或者可能具有排除、限制竞争效果的经营者集中等反垄断执法工作中，均可能涉及相关市场的界定问题。②科学合理地界定相关市场，对识别竞争者和潜在竞争者、判定经营者市场份额和市场集中度、认定经营者的市场地位、分析经营者的行为对市场竞争的影响、判断经营者行为是否违法以及在违法情况下需承担的法律责任等关键问题，具有重要的作用。

　　（二）相关市场的分类及认定

　　总体上，各国和地区立法都认为相关市场包括商品市场和地域市场。不过，欧洲法院在相关判决中认为相关市场包括三个因素：相关产品市场、相关地域市场、相关时间市场。[1] 美国联邦贸易委员和司法部联合发布的《竞争者协同行为反托拉斯指南》还提出了技术市场（Technology Markets）和创新市场（innovation markets）的概念。尽管如此，案件中涉及相关市场主要是相关产品市场和地域市场。时间市场只是对于某些特定案件的分析具有重要意义，而对技术市场和创新市场的分析主要是为了保护潜在竞争者。

　　1. 相关商品市场。相关商品市场，是根据商品的特性、用途及价格等因素，由需求者认为具有较为紧密的替代关系的一组或一类商品所构成的市场。这些商品表现出较强的竞争关系，在反垄断执法中可以作为经营者进行竞争的商品范围。

　　各个商品之间之所以构成竞争，是因为这些商品都能满足需求者相同或近似的需求和偏好，因此相关商品市场就是指具有替代关系的商品的范围。商品的替代性包括两个方面：需求的替代性和供给的替代性。

　　需求替代是根据需求者对商品功能用途的需求、质量的认可、价格的接受以及获取的难易程度等因素，从需求者的角度确定不同商品之间的替代程度。原则上，从需求者角度来看，商品之间的替代程度越高，竞争关系就越强，就越可能属于同一相关市场。

　　从需求替代角度界定相关商品市场，可以考虑的因素包括但不限于以下各方面：

　　（1）商品的功能。商品的功能是否相同或相似可以从两个方面进行评价：主观功能和客观功能。主观功能是指产品生产者设计、制造和提供产品的动机和目的是什么；客观功能是指消费者认为产品具有的功能和用途能够满足自己的需要。[2] 客观功能包括商品的外形、特性、质量和技术特点等总体特

〔1〕 阮方民：《欧盟竞争法》，中国政法大学出版社 1998 年版，第 114 页。
〔2〕 阮方民：《欧盟竞争法》，中国政法大学出版社 1998 年版，第 115 页。

征和用途。商品可能在特征上表现出某些差异，但需求者仍可以基于商品相同或相似的用途将其视为紧密替代品。商品主要是用于满足消费者的需求，因此客观功能是否相同或近似，是确定商品之间是否具有替代性的决定因素。一般情况下，商品功能的认定应立足于市场上一般的、大多数的消费者的认识。但是，有时不同消费者对商品的功能评价差异较大，或者对新产品的功能尚未形成一致的认识，造成客观功能难以获得，这时可以考虑以生产者的主观功能作为认定产品功能的基础，毕竟消费者对商品的认识通常受到生产者广告宣传的引导。

（2）价格差异。通常情况下，替代性较强的商品价格比较接近，而且在价格变化时表现出同向变化趋势。在分析价格时，应排除与竞争无关的因素引起价格变化的情况。价格因素是商品具有相同或相似功能的基础上加以考虑的因素。虽然不同商品具有相同或相似的功能，但如果价格悬殊，这些商品之间仍不具有合理的替代性，因为不同价格的商品针对的是不同收入的消费者群体。如一般市场上的便宜香水和高级化妆品店的高级香水、豪华轿车和一般轿车，它们虽然有相同性能和用途，但由于价格上的巨大差异，不应被视为属于同一个商品市场。但是，到底多大的价格差距才不具有替代性呢？这应当考虑商品本身的价值和消费者的接受程度。有些价格的差异反映了商品的不同质量，低价（高价）商品价格如果上涨，消费者可能会认为其价格与质量不符转而购买高价（低价）商品，在这种情况下，两种商品尽管价格差异很大，但也具有一定的可替代性。欧共体委员会认为，在界定相关产品市场的时候，起决定作用的不是绝对的价格差异，而是一种产品的价格变化是否对另一种产品产生了竞争性的影响，这里就涉及需求交叉弹性的问题。

需求交叉弹性（cross-elasticity of demand）是一个经济学的概念。根据需求交叉弹性理论，如果一种商品的价格稍稍发生变化，就会引起消费者对其他商品的需求，那么，这些商品之间就存在很重要的竞争关系，从而可以被视为属于同一个商品市场。需求交叉弹性反映了消费者在选择商品或者服务时一种变化的可能性，因此，需求交叉弹性是合理可替代性的表现。在评价合理的可替代性时，除了考虑产品的价格、用途以及产品的质量等因素外，一种产品和另一种产品之间的需求交叉弹性也可以说明合理的可替代性。

为了能够科学和规范化地说明需求交叉弹性，美国和欧共体采取了一个界定相关市场的 SSNIP 标准。即界定相关市场时，应考虑一个数额不大但很重要且非临时性的涨价（Small but Significant Not-transitory Increase in Price）。具体而言，在界定一个相关市场时，需回答的问题是，作为对一定产品或者一定地域内假设的一个数目不大（一般幅度 5%~10%）但长期性的相对价格上涨的反应，当事人的客户是否愿意转向购买可以得到的替代品，或者转向其他地区的供货商？因为涨价会减少销售数量，在替代程度足以大到使涨价行为无利可图时，替代就会停止，在此之前的替代商品或者扩大了的地域就应当包括到相关市场之中。这个标准也被称为认定需求替代的"5%标准"。

（3）商品的销售渠道。销售渠道不同的商品面对的需求者可能不同，相互之间难以构成竞争关系，则成为相关商品的可能性较小。

（4）其他重要因素。如需求者偏好或需求者对商品的依赖程度；可能阻碍大量需求者转向某些紧密替代商品的障碍、风险和成本；是否存在区别定价等。

供给替代是根据其他经营者改造生产设施的投入、承担的风险、进入目标市场的时间等因素，从经营者的角度确定不同商品之间的替代程度。原则上，其他经营者生产设施改造的投入越少，承担的额外风险越小，提供紧密替代商品越迅速，则供给替代程度就越高，界定相关市场尤其在识别相关市场参与者时就应考虑供给替代。

从供给角度界定相关商品市场，一般考虑的因素包括：其他经营者对商品价格等竞争因素的变化作出反应的证据、其他经营者的生产流程和工艺、转产的难易程度、转产需要的时间、转产的额外费用和风险、转产后所提供商品的市场竞争力、营销渠道等。供给替代性主要通过考虑潜在的竞争者而扩大相关产品市场，由于供给替代性考虑的竞争仅仅是一种可能，因此一些国家和地区虽然使用"供给替代性"方法分析相关商品市场，但也只是作为辅助手段。[1]

当然，任何因素在界定相关商品市场时的作用都不是绝对的，可以根据案件的不同情况有所侧重。

2. 相关地域市场。相关地域市场是指相互具有替代性的商品展开竞争的地理范围。

从需求替代角度界定相关地域市场，可以考虑的因素包括但不限于以下各方面：

（1）需求者因商品价格或其他竞争因素变化，转向或考虑转向其他地域购买商品的证据。

（2）商品的运输成本和运输特征。相对于商品价格来说，运输成本越高，相关地域市场的范围越小，如水泥等商品；商品的运输特征也决定了商品的销售地域，如需要管道运输的工业气体等商品。

（3）多数需求者选择商品的实际区域和主要经营者商品的销售分布。

（4）地域间的贸易壁垒，包括关税、地方性法规、环保因素、技术因素等。如关税相对商品的价格来说比较高时，则相关地域市场很可能是一个区域性市场。

（5）其他重要因素。如特定区域需求者偏好；商品运进和运出该地域的数量。

从供给角度界定相关地域市场时，一般考虑的因素包括：其他地域的经营者对商品价格等竞争因素的变化作出反应的证据；其他地域的经营者供应

---

〔1〕　阮方民：《欧盟竞争法》，中国政法大学出版社1998年版，第120页。

或销售相关商品的即时性和可行性，如将订单转向其他地域经营者的转换成本等。

3. 相关时间市场。相关时间市场是指相关市场存在的时间期限。当生产周期、使用期限、季节性、流行时尚性或知识产权保护期限等已构成商品不可忽视的特征时，界定相关市场还应考虑时间性。相对于商品市场和地域市场而言，时间因素在界定相关市场中的意义有限。美国司法判例对时间市场没有明确的界定。欧共体委员会和欧洲法院、德国法院判例表明其将时间市场（temporal market）作为与商品市场、地域市场并列的因素。[1] 现有的有关时间市场的判例主要集中在世界杯球票的销售和展览会两个领域，其更多强调的是，该市场只在特定时间出现，一定周期内不会重复，且商品和服务的数量有限（如门票和展位）。在一般案件中，时间性仅是作为对产品市场和地域市场界定的补充和修正。

4. 相关技术市场和创新市场。在技术贸易、许可协议等涉及知识产权的反垄断执法工作中，可能还需要界定相关技术市场，考虑知识产权、创新等因素的影响。美国《竞争者协同行为反托拉斯指南》指出，当知识产权与使用它的产品被分别划分在不同市场时，执法部门在评估包括知识产权许可的竞争者协同行为后将界定技术市场。技术市场包含被许可的知识产权和它的近似替代品。近似替代品是指与被许可使用的知识产权相比，在限制市场力量方面足够相似的技术或商品。执法机关根据《关于知识产权许可行为的反托拉斯指南》相关规定确定技术市场的范围和市场份额。

创新市场（innovation markets）包括针对特定新的产品和方法或者其改进的研究和开发，或者与该研发相似的替代性工作。只有在竞争者的协同行为在创新方面产生的竞争效果，在产品市场和技术市场中没有得到充分的考虑的情况下，而且只有当相关的研发与特定企业的特有财产或者特征有关时，才会界定创新市场。

应该看到技术市场和创新市场的界定一般与特定技术相关，尤其是与技术开发和使用相关。现代企业十分注重技术研发，尤其是一些大企业对关键性新技术进行合作开发。对这些协议进行反垄断规制对于促进技术创新有现实意义。

二、市场支配地位的认定

我国《反垄断法》第 17 条第 2 款规定："本法所称市场支配地位，是指经营者在相关市场内具有能够控制商品价格、数量或者其他交易条件，或者能够阻碍、影响其他经营者进入相关市场能力的市场地位。"可见，我国立法规定了两种情形：①经营者在相关市场内具有能够控制商品价格、数量或者其他交易条件的能力；②经营者在相关市场内具有能够阻碍、影响其他经营

---

〔1〕 阮方民：《欧盟竞争法》，中国政法大学出版社 1998 年版，第 114 页。

者进入相关市场的能力。实际上，上述两种情形往往共生共存。经营者在相关市场内能够控制商品价格、数量或者其他交易条件时，也就具有阻碍、影响其他经营者进入相关市场的能力；反之亦然。

（一）市场支配地位的认定

对于市场支配地位的认定，需要综合考虑各种因素。我国《反垄断法》第18条规定，认定经营者的市场支配地位，依据下列因素：

1. 经营者在相关市场的市场份额，以及相关市场的竞争状况。市场份额是指特定经营者的总产量、销售量或者生产能力在特定的相关市场中所占的比例，故其又被称为市场占有率。

市场份额在确定市场支配地位中一般具有决定性意义。除利润外，企业经常追求的经营目标就是增加市场份额。在市场经济中，市场份额、利润和规模经济常常是密切相关的。高的市场份额可能给企业带来市场力量。在通常情况下，小的市场份额不会构成市场支配力。

2. 经营者控制销售市场或者原材料采购市场的能力。一般来说，一个经营者能够控制产品销售或原材料采购，就能对其他经营者的行为产生间接控制。如果一个经营者与其上下游经营者订立的合同是排他性的，这种合同涉及的市场份额越大，市场被控制的程度就越大。

认定经营者控制销售市场或者原材料采购市场的能力，应当考虑该经营者影响或者决定价格、数量、合同期限或者其他交易条件的能力，以及优先获得企业生产经营所必需的原料、半成品、零部件及相关设备等原材料的能力。

3. 经营者的财力和技术条件。经营者的财力是竞争的后盾，如果经营者的财力悬殊，那么它们之间往往难以公平竞争。经营者财力越大，在相关市场中的地位就越有利。技术条件主要是指企业对知识产权的占有情况。在今天这个知识经济时代，经营者间的竞争很多时候是技术之间的竞争，一种新技术不仅可以迅速改变企业的市场份额，而且可以给整个产业带来新的竞争和革新。[1]

认定经营者的财力和技术条件，应当考虑该经营者的资产规模、财务能力、盈利能力、融资能力、研发能力、技术装备、技术创新和应用能力、拥有的知识产权等。对于经营者的财力和技术条件的分析认定，应当同时考虑其关联方的财力和技术条件。

4. 其他经营者对该经营者在交易上的依赖程度。认定滥用相对市场优势地位除了考查需方对供方的依赖外，也要考查供方对需方的依赖。前者又可以分为四类：对名牌产品的依赖、因物资短缺产生的依赖、因长期合同关系产生的依赖以及关键设施依赖。后者主要是指中小生产企业对大型零售商的

---

[1] 时建中主编：《反垄断法——法典评释与学理探源》，中国人民大学出版社2008年版，第228页。

依赖。认定其他经营者对该经营者在交易上的依赖程度，应当考虑其他经营者与该经营者之间的交易量、交易关系的持续时间、转向其他交易相对人的难易程度等。

综合而言，依赖关系来源于以下方面：名牌产品、物资短缺、长期合同关系、关键设施等。

5. 其他经营者进入相关市场的难易程度。一个相关市场上的竞争格局不仅仅是现实竞争的结果，还要受到潜在竞争的影响。认定其他经营者进入相关市场的难易程度，应当考虑市场准入制度、拥有必需设施的情况、销售渠道、资金和技术要求以及成本等。从理论上讲，一个具有市场支配地位的经营者如果在相关市场上索取垄断高价，其利润率超过了市场平均利润率，通常会吸引新的经营者进入该市场，随着市场供给的增加，价格将回到平均利润率的水平。因此，在准入门槛较低的市场上，经营者即使占有相关市场的全部市场份额，它也没有力量来不受控制地确定市场价格。

6. 与认定该经营者市场支配地位有关的其他因素。除了上述通常的因素外，认定经营者是否具有市场支配地位有时还要考虑一些其他因素。例如，当市场上的购买者力量很强时，即使高市场份额的销售者也难以获得垄断利益。

（二）市场支配地位的推定

如前所述，认定经营者是否具有市场支配地位需要考虑众多因素，认定工作纷繁复杂，任务艰巨，耗时冗长。为了降低反垄断执法机关和司法机关的评估难度，减少工作量，提高执法和司法效率，法律规定了可以推定经营者具有市场支配地位的情形。

根据我国《反垄断法》第19条的规定，有下列情形之一的，可以推定经营者具有市场支配地位：①一个经营者在相关市场的市场份额达到1/2的；②两个经营者在相关市场的市场份额合计达到2/3的；③三个经营者在相关市场的市场份额合计达到3/4的。但是经营者的市场份额不足1/10的，不应当推定该经营者具有市场支配地位。这是为了保护中小经营者的利益，避免将其与大企业一起处理。

当然，所谓推定，是指依照法律规定，从已知的基础事实推断未知事实的存在，至于所得出的结论是否正确，并没有确实充分的证据支持。因此，为了避免出现错误的推定，被推定具有市场支配地位的经营者，若能够证明其在相关市场内不具有控制商品价格、数量或者其他交易条件，或者不具有能够阻碍、影响其他经营者进入相关市场的能力，则不应当认定其具有市场支配地位。

三、滥用市场支配地位行为

（一）滥用市场支配地位行为的分类

滥用市场支配地位行为，是指具有市场支配地位的经营者利用其市场支配地位实施的反竞争行为。

各国立法一般不对滥用市场支配地位行为分类，而是列举典型的滥用行为。在理论上，滥用市场支配地位行为可以分为两类：一类是剥削性的滥用，另一类是妨碍性的滥用。

剥削性的滥用指的是占市场支配地位的经营者因为不受市场竞争的制约，而对其他竞争对手提出不合理的交易条件，特别是不合理的价格等。现实中，具有市场支配地位的经营者往往通过降低产量和将价格提高到竞争水平以上，而使自己处于利润最大化的地位，但这些行为损害了不同层次上的供应商、客户或者消费者的正当利益。这类滥用行为主要有垄断高价或低价、歧视、搭售或者强加不合理条件等行为。这类行为在竞争的条件下是完全不可能出现的，但在市场结构受某一个具有支配地位的经营者主导的情况下，人们只能与支配地位经营者进行交易，接受这些不利的条件。

妨碍性的滥用指的是占市场支配地位的经营者为了维护自己的市场支配地位，或者为了进一步加强这个地位，或者为了将其市场支配地位扩大到相邻的市场上，凭借已经取得的市场支配地位，妨碍公平竞争，排挤竞争对手，或者阻止潜在的竞争者进入市场。这一类行为常见的表现形式有掠夺性定价、拒绝交易、歧视等。此类行为通过使其他经营者丧失向占支配地位的经营者挑战的信心，或者加大进入难度，保护自己的市场力量，扭曲竞争机制，最终达到永久维持其市场支配地位的目的。

上述只是对滥用市场支配地位行为进行一个大体的分类，二者之间并没有泾渭分明的区别。事实上，剥削性滥用行为能够加强经营者的市场实力和支配力，也就会妨碍潜在竞争者的进入；而妨碍了潜在竞争者的进入，就为其更加肆无忌惮地实施剥削性滥用行为创造了条件。不过，传统的法律规制总是以妨碍性的滥用为重点，因为这种行为对长远的市场竞争结构损害更大。

（二）滥用市场支配地位行为的表现形式

按照我国《反垄断法》第17条的规定，滥用市场支配地位的行为有以下情形：

1. 不公平价格。在垄断市场中，占市场支配地位的经营者可以控制市场供求，从而扭曲市场价格，排斥了市场机制对社会资源的优化配置，损害了消费者的利益。在卖方市场条件下，占市场支配地位的经营者通常向购买者索取高价，即垄断高价；在买方市场条件下，占市场支配地位的经营者通常强制销售者按低价进行交易，即垄断低价。占市场支配地位的经营者索取垄断高价或强制采取垄断低价是一种典型的剥削性行为，大多数国家的立法均明确禁止。

在对占市场支配地位经营者的垄断高价或垄断低价行为的认定上，最重要的也是最困难的，就是对不合理价格的认定问题，换个角度说，也就是对合理价格的认定问题。所谓合理价格，是指在一个正常和有效竞争市场条件下所应有的价格水平。但对于一个具体商品或服务来讲，什么样的价格是合理的价格呢？针对这个问题，理论界和实务界提出了种种解决办法。

（1）成本加合理利润比较。一般来讲，商品价格由成本加合理利润构成。在竞争性的市场中，一个商品的合理价格应该同它的成本大体相符。然而这里的问题是，一方面，经营者的生产或服务成本难以测算。特别是现代大工业企业，同时生产几十种甚至上百种产品，一般仅在个别、甚至偶然的条件下，才能准确地确定某种产品的生产成本。另一方面，合理的利润率难以确定。不同行业的利润率可能存在较大的差距，由反垄断执法机构来确定商品的利润率本身就是不合理的，也难以操作。

（2）商品比较。该方法是将争议商品或服务与其他具有可比性的商品或服务进行价格比较，如果它们的价格差异很大，即可说明该价格不合理。例如，在1975年联合商标案中，欧共体委员会和欧共体法院就使用商品比较的方式，即将联合商标公司销售的香蕉与同一市场上的其他香蕉进行比较，认定联合商标公司在德国、丹麦等国销售的香蕉中存在价格滥用行为。当然，采用商品比较的方法时，必须考虑不同商品的不同成本。

（3）空间比较。这种方式是将一个占市场支配地位的经营者的商品或者服务的价格与非相关地域市场（主要是指外国）上的同类商品或服务的价格进行比较。欧共体法院曾在一个判决中指出："一个拥有市场支配地位的企业，如果其服务的价格明显高于这种服务在其他成员国的价格，并且这种价格水平的比较结果不是偶然的，这种价格差异应被视为是滥用市场支配地位的表现。"[1] 采用这种方法时，应注意不同地域市场条件的相似性，只有在地域市场条件相同或相似的情况下，市场价格才具有可比性。

（4）时间比较。对于那些商品上或者空间上不存在可比性的商品或者服务，可以考虑把这个占市场支配地位的经营者的商品或服务价格与其过去某一个时期的价格做一个比较，从而评价其涨价或杀价行为是否存在滥用。例如，对于我国铁道部的春节涨价行为，在其成本没有提高的情况下，该涨价行为就难免有滥用市场支配地位之嫌。

上述种种认定垄断价格的方法，在理论上是说得通的，但实践运用效果十分有限，因为市场条件十分复杂，反垄断执法机构几乎不可能确定什么价格是"太高"或"太低"。甚至有人怀疑，强迫占市场支配地位的企业按照竞争条件下的水平制定价格是否是一个正确的方案，因为在这种情况下，反垄断法不是在保护竞争，而是在进行价格管制。美国《反垄断法》就不认为垄断性高价是滥用市场支配地位行为。不过，虽然认定有难度，但垄断性高

---

〔1〕 *Lucazeau v. SACEM*（110/88），13 July 1989，（1989）E. C. R. 2521.

价或低价是占市场支配地位的经营者较为普遍采用的垄断行为，严重损害了消费者的福利，其不正当性显而易见，反垄断法理应予以禁止。

2. 掠夺性定价。掠夺性定价是指占市场支配地位的经营者为排挤竞争对手，谋求未来的利润而确定的低于成本的价格，也称为策略性低价倾销。掠夺性定价以低于成本的价格销售，其代价是比较高的，但掠夺者期待将来实现的利润超过现在的损失，并得到更多的回报。掠夺性定价行为的构成要件包括以下几个方面：

（1）行为人是具有市场支配地位的经营者。如果经营者没有市场支配地位，其掠夺性定价行为不可能威胁市场竞争。

（2）低于成本销售。例如，生产企业销售商品的出厂价格低于其生产成本，经销企业的销售价格低于其进货成本。不过，如何认定低于成本是一个难题。我国《关于制止低价倾销行为的规定》（原国家计划委员会 1999 年 8 月 3 日发布）第 5 条规定，低于成本是指经营者低于其所经营商品的合理的个别成本；在个别成本无法确认时，由政府价格主管部门按照该商品行业平均成本及其下浮幅度认定。可见，我国规章将"低于成本"界定为低于经营者的个别生产经营成本。但对于行业平均成本，只能作为参考而不能作为界定的依据，以免在实际执行中将原本属于市场调节价格的商品变相地转变为实行政府指导价，违背《价格法》的有关规定。[1]

（3）排挤竞争对手的可能性。掠夺性定价行为一般是持续性地低于成本销售，直至将竞争对手排挤出市场。如果一个低价销售行为是临时的、偶然的，例如低价销售了两天后，第三天又把价格恢复到原位，这种低价销售行为对市场不会造成不利影响。

（4）获取垄断利润的可能性。经营者实施掠夺性定价，不但需要有强大的经济实力支撑低于成本价销售的损失，还要在达到目的后有能力维持垄断市场结构，以垄断高价回收低价销售中的损失，并谋取更多的垄断利润，否则在其目的达到后提价时，就会吸引其他的经营者进入市场，使掠夺性定价行为付诸东流。

（5）低价销售没有合理理由。低价销售行为并不总是出于排挤竞争对手的目的。国家市场监督管理总局发布的《禁止滥用市场支配地位行为暂行规定》第 15 条就规定了四种低于成本价销售的正当理由：①降价处理鲜活商品、季节性商品，有效期限即将到期的商品和积压商品；②因清偿债务、转产、歇业降价销售商品；③在合理期限内为推广新商品进行促销的；④能够证明行为具有正当性的其他理由。此外，当一个企业试销新产品时，为了能够迅速打开销路，也可能低于成本价销售，其目的显然不是排挤竞争对手，而是进入市场。

---

〔1〕 国家计委价格监督检查司编著：《〈价格违法行为行政处罚规定〉释义》，中国物价出版社 1999 年版，第 17 页。

总之，认定掠夺性定价行为时应当十分谨慎，以免将本来合理的低价销售行为认定为违法行为，毕竟物美价廉是市场竞争所追求的理想。正因为如此，许多国家虽然法律上禁止掠夺性定价，但事实上对经营者的定价行为缺少管制，甚至原则上允许经营者以低于成本的价格销售。[1]

3. 拒绝交易。拒绝交易，又称抵制，是指占市场支配地位的经营者拒绝向其购买者销售或供应商品的行为。一般来讲，市场经济尊重意思自治、契约自由，每个市场主体有权选择交易对象，包括有权拒绝与某一市场主体进行交易而不需要特别理由。但对于占市场支配地位的经营者来讲，拒绝交易有可能损害市场竞争。

由于占市场支配地位的经营者对市场竞争和其他相关经营者的利益具有重大影响甚至具有控制力，被拒绝的经营者受制于占市场支配地位的经营者，无法像在有效竞争市场条件下那样，绕过拒绝与它交易的经营者而与其他经营者交易，这决定了反垄断法对其规制的必要性。出于社会整体经济利益考虑，占市场支配地位的经营者的契约自由应当受到一定程度的限制。也就是说，占市场支配地位的经营者要拒绝与其他经营者交易时，应当有正当理由。如，一个占市场支配地位的企业因为签订了独家供货协议，根据合同，它必须向某个企业供货，从而不能再向其他企业供货。再如，购买者有不守信用的危险，不能保持充分的库存以及不能提供充分的销售服务、产品广告和展示等。总之，拒绝供货的原因我们要进行合理的分析，并不是所有的拒绝供货行为都构成了反垄断法上的拒绝交易。

在实践中，判断一个拒绝交易行为是否具有合理性，通常有两个方面：①认定拒绝交易方主观上是否具有维持或者扩张垄断地位的目的。显然，这一点的证明是很困难的，除非掌握该企业的内部资料，因为现实中恐怕没有企业会主动承认自己有此目的。②客观的利益比较。将拒绝的理由及后果和不拒绝的理由和后果进行比较，要是被拒绝方不具有销售的资质，或者仅仅是为了便利或节省费用而要求交易，那么这种拒绝就是合理的，不构成滥用行为。如果因为其拒绝，导致被拒绝方被排挤出市场，那么这种行为就构成滥用。美国就此发展出了著名的"关键设施原则"，即一个独占者控制了对于其他竞争者进入市场来说关键的设施，假如该进入是可行的，那么该独占者必须准许他人合理地进入该设施，否则就构成滥用。[2]

4. 强制交易。所谓强制交易，是指占市场支配地位的经营者没有正当理由，限定交易相对人只能与其进行交易或者只能与其指定的经营者进行交易的情形。强制交易通常发生在上下游经营者之间，占市场支配地位的经营者利用其市场优势，通过与交易相对人订立排他性交易协议，限制交易相对人与其竞争对手进行交易，达到抑制竞争对手甚至将其逐出市场的目的。

---

[1]　王晓晔：《竞争法学》，社会科学文献出版社 2007 年版，第 306 页。

[2]　*U. S. v. Terminal Railroad Association*，224 U. S. 383（1912）.

强制交易的反竞争性是明显的，其不但是对意思自治和契约自由的限制，而且排斥了竞争对手，因此为各国反垄断法所禁止。例如，美国《克莱顿法》第3条规定："商人在其商业过程中，不管商品是否被授予专利，商品是为了在美国内、准州内、哥伦比亚区及美国司法管辖权下的属地及其他地域内使用、消费或零售、出租、销售或签订销售合同，是以承租人、买者不使用其竞争者的商品作为条件，予以固定价格，给予回扣、折扣，如果该行为实质上减少竞争或旨在形成商业垄断，是非法的。"

强制交易如果具有正当理由，则不构成滥用。例如，强制交易是为了改善商品的生产或销售，或者是为了推动技术和经济进步，或者是为了更好地服务于消费者，则可以得到豁免。

5. 搭售或者附加不合理的交易条件。搭售以及附加不合理条件，是指经营者利用其市场支配地位，在销售某种商品或服务时强迫交易相对人购买其不需要、不愿购买的商品或服务，或者接受其他不合理的条件。搭售或者附加不合理的交易条件同样违背了意思自治和契约自由原则，妨碍了市场的自由竞争。美国《克莱顿法》第3条、《谢尔曼法》第1条和《联邦贸易委员会法》第5条对搭售行为进行了明确的规制。《欧共体条约》第82条特别禁止"在订立合同时要求对方接受附带义务，而根据其性质和商业惯例，该附带义务与主合同并无联系"的行为。

实务中常见的搭售情形包括一揽子强制销售。所谓一揽子强制销售，是指销售商迫使或者强制购买者购买一揽子产品，而购买者只想购买其中的某个或某些商品。例如，在转让技术时搭售其他的技术或产品，如搭售购买方不需要的技术、设备、原材料及零部件。常见的附加不合理条件行为包括转让技术时限制产品产量、销售价格、销售区域等。

当然，搭售和附条件销售也并不总是违法的，因为在市场交易中搭售和附条件销售的原因是多种多样的，如果有正当理由，则属于合法的搭售和附条件销售。通常的合理理由有以下两种：①符合交易习惯。例如出于商品的完整性，将鞋子和鞋带之类的关联商品一起出售。这可以节约消费者的购买时间，对消费者是有利的。②有利于商品的性能或者使用价值的发挥。如出售高科技的产品时，生产商或者销售商要求购买者一并购买它们的零部件或者辅助材料，因为这样有利于产品的安全使用，或者提高产品的使用寿命。

6. 差别待遇。差别待遇，又称歧视，是指占市场支配地位的经营者没有正当理由而对条件相同的交易相对人实行不同的价格或者其他交易条件，由此使某些交易相对人处于不利的竞争地位。差别待遇中最常见的是价格歧视行为。价格歧视是指卖方对购买相同等级、相同质量货物的买方要求支付不同的价格，或者买方对于提供相同等级、相同质量的货物的卖方要求支付不同价格，从而使相同产品的卖方因不同销售价格或买方因不同进货价格而获得不同的交易机会，直接影响它们之间的公平竞争。由于存在价格歧视，同一商品不同的批发价会直接影响到批发商之间的公平竞争，并进而影响到零售商之间的公平竞争，再进而影响到消费者的利益。

许多国家、地区或国际组织的反垄断法禁止差别待遇行为。如德国《反限制竞争法》第 19 条禁止"提出的报酬或其他交易条件差别于该支配企业本身在类似市场上向同类购买者所要求的报酬或者其他交易条件，除非该差异存在客观正当理由"。该法第 20 条禁止支配企业、企业联合组织"在向同类企业开放的商业交易中，以不公平的方式直接或者间接阻碍其他企业，或在没有客观正当理由的情况下直接或者间接地给予另一个企业不同于类似企业的待遇"。《欧共体条约》第 82 条也禁止"在相同的交易情形下，对交易当事人实行不同的交易条件，因而置其于不利的竞争地位"。在美国的反垄断法上，对价格歧视行为还作了进一步的区分。根据竞争主体的不同，分为第一线的竞争，即卖主之间的竞争；第二线的竞争，即买主之间的竞争；第三线的竞争，即买主的买主之间的竞争。不但第一线的竞争受到法律的规制，第二线甚至第三线的竞争同样受到法律的规制。美国《罗宾逊—帕特曼法》第 2 条规定："从事商业的人在其商业过程中，直接或间接地对同一等级和质量商品的买者实行价格歧视，如果价格歧视的结果实质上减少竞争或旨在形成对商业的垄断，或妨害、破坏、阻止同那些准许或故意接受该歧视利益的人之间的竞争，或者是同他们的顾客间的竞争，是非法的。"

占市场支配地位的经营者实行差别待遇，如果有正当理由则是合法的。可能的正当理由包括：①情势变迁，即市场情况发生了变化，如销售不景气，以至于之前的价格已不现实；②成本差别，即不同销售合同之间的成本存在差异，如批量供应、从容的交货时间或者其他合理理由导致对客户的最终价格存在差异。

第四节　经营者集中

一、经营者集中的含义

"经营者集中"是反垄断法上特有的一个概念，是指经营者合并、经营者通过取得其他经营者的股份、资产以及通过合同等方式取得对其他经营者的控制权，或者能够对其他经营者施加决定性影响的情形。经营者过度集中可能导致垄断，产生排除或限制竞争的后果，因此成为各国反垄断法规制的对象。

反垄断法意义上的经营者集中，具有以下特征：

1. 参与集中的主体是独立的经营者。参与集中的主体可以是各种形式的企业或其他类型的经营者，如公司、合伙企业、个人独资企业等，但有一点，即参与集中的经营者之间不但在法律上是独立的，而且在经济上是独立的，相互之间没有控制关系。如我国《反垄断法》第 22 条规定，具有控制和从属关系的经营者的集中以及被同一经营者控制的经营者的集中可以免予申报。

2. 经营者集中的后果是一个经营者能够直接或者间接控制另一个经营者或对其施加决定性影响。也就是说，经营者之间通过上述的经营者合并、取得股份、取得财产、交叉任职或者其他方式，实现了一个经营者直接或者间接控制另一个经营者或能够施加决定性影响的后果。反垄断法关注的不是经营者集中的方式，而是经营者集中后对市场竞争的影响。

反垄断法意义上的经营者集中与企业法意义上的企业合并不同：①二者的外延不同。企业法意义上的企业合并是指两个或者两个以上的独立的企业依法达成合意，合并为一个企业的法律行为。反垄断法意义上的经营者集中的涵义比企业法意义上的企业合并的涵义丰富而广泛得多，它不仅包括企业法意义上的企业合并（狭义的企业合并），而且还包括企业之间通过取得股份、取得财产、交叉任职以及其他方式，使一个企业能够直接或者间接控制另一个企业的各种形式的集中行为。②主体资格的变化不同。在企业法意义上的企业合并中，不论是新设合并还是吸收合并，都涉及现有企业的主体资格的变化，即被合并的企业不复存在，甚至合并各方都不复存在而共同组成一个新设的企业。而反垄断法意义上的经营者集中则不一定需要导致主体资格的变化，因为经营者集中关注的是实质意义上的经济力量的集中，至于参与集中的经营者主体资格是否变化并不重要。③两种制度设计的目的不同。企业法对企业合并行为进行调整，其目的是促使企业在合并时遵循一定的行为准则和程序，以维护企业债权人和股东的合法权益，确保交易的安全稳定。而反垄断法对经营者集中行为进行规制，其目的是规范经营者集中对市场竞争关系的影响。

二、经营者集中的方式

"经营者集中"的表现形式多种多样，但并不是所有形式的经营者集中都要纳入反垄断法规制的范围。对经营者集中应当规制到什么程度，这往往受到各国历史、文化、经济发展程度、竞争政策等多种因素的影响。因此，各国反垄断法一般都对经营者集中的表现形态作出了明确的规定。

我国《反垄断法》第20条的规定，经营者集中的方式包括下列情形：①经营者合并；②经营者取得其他经营者足够数量的有表决权的股份或者资产；③经营者通过合同等方式取得对其他经营者的控制权或者能够对其他经营者施加决定性影响。具体分述如下。

（一）经营者合并

这里的经营者合并指的是狭义上的合并，即相互独立的两个或两个以上的经营者合并为一个经营者。这种合并，可以是新设合并，即两个或两个以上的经营者合并为一个新的经营者，原经营者主体资格均消灭；也可以是吸收合并，即一个经营者兼并其他经营者，其他经营者主体资格消灭。

（二）取得股份

取得股份是现代经营者集中的重要形式，为各国反垄断法规制的重点之一。股份是公司控制权的载体，通过取得另一公司足够数量的有表决权的股份，即可控制该公司，实现经济集中的目的。美国《克莱顿法》第 7 条规定，从事商业或从事影响商业活动的任何人，不能直接或间接占有其他从事商业或影响商业活动的人的全部或部分股票或其他资本份额，如果该占有实质上减少竞争或旨在形成垄断。

至于取得多少有表决权的股份才算"足够数量"，这要看被集中的经营者的股份分散程度。如果被集中的经营者的股份很集中，则必须取得 51% 的股份才能掌握控制权；但如果股份很分散，则可能只要 20%~30% 的股份就可以获得控制权。德国《反限制竞争法》第 37 条规定，一个企业取得另一个企业的股份，如果这些股份或者它们与该企业以往所持有的股份共同至少达到被取得企业 25% 或者 50% 的资本或者表决权，这两个企业便可被视为实现了合并。在实践中，欧共体的做法是，如果一个企业取得另一个企业有表决权的大多数股份，则肯定构成企业集中；如果取得一半股份，则一般也认为取得了支配权，实现了集中；如果只是取得了少数股份，则原则上不构成集中，但在企业股份特别分散的情况下，如果取得少数股份后取得企业在法律上或事实上可以对被取得企业施加决定性影响，也可以视为取得了支配权，实现了集中。

（三）取得资产

资产是经营者存在的物质基础，一旦一个经营者的资产（特别是核心资产）被其他经营者所控制，该经营者的市场经营活动和市场影响力也就被控制，资产购买方的市场影响力或控制力也自然增强。这里的"资产"，可以是厂房、设备等有形物体，也可以是商标、专利、销售指标、租借权以及其他制约决策的事项。

实务中，取得资产的方式主要有资产信托、资产租赁、资产收购等。资产信托是指委托人基于对受托人的信任，将其资产委托给受托人，由受托人按照一定的目的进行管理和处分的行为。此时委托人及其资产都处于受托人的实际控制之下，受托人的市场影响力得到显著增强。资产租赁是指出租人以收取租金为条件，在一定期限内将资产交付承租人使用的行为。在租赁期限内，承租人以支付租金为代价获得出租人的资产经营权和控制权，增强了自身的市场影响力。资产收购是指收购方为取得目标经营者的经营控制权而购买该目标经营者的全部或主要资产的行为。这是最为常见的取得资产方式。资产收购一般采取现金收购和股份收购两种方式，也可以同时用现金和股份来支付收购对价。[1]

---

〔1〕　例如，2005 年联想以 17.5 亿美元（其中包含 6.5 亿美元现金，6 亿美元联想普通股，5 亿美元净负债）的价格收购 IBM 的个人电脑事业部，组建世界第三大 PC 领导厂商。以双方 2003 年的销售业绩合并计算，此次收购意味着联想的 PC 年出货量将达到 1190 万台，销售额将达到 120 亿美元，从而使得联想 PC 业务规模增长 4 倍。时建中主编：《反垄断法——法典评释与学理探源》，中国人民大学出版社 2008 年版，第 253~254 页。

正因为取得其他经营者的资产可能产生市场支配力，所以必须将其纳入反垄断法的规制范围。美国《克莱顿法》第7条规定，联邦贸易委员会管辖权下的任何人，不能占有其他从事商业或影响商业活动的人的全部或一部分资产，如果该占有实质上减少竞争或旨在形成垄断。在1958年的Bethlehem钢铁公司案中，当时的美国第二大钢铁公司取得排名第六位的钢铁公司的资产，美国联邦地区法院认定该取得资产行为违反了《克莱顿法》第7条的规定。

（四）其他形式

实践中，除了经营者合并、取得股份和资产等方式外，经营者还可以通过其他方式取得对其他经营者的控制权或者决定性影响力，常见的主要有控制权转让合同、合营、董事连锁、间接控股等方式。

1. 控制权转让合同。经营者可以通过订立合同的方式取得对另一个经营者的控制权或决定性影响力。这类合同包括支配合同、盈余转移合同、盈余共享合同、部分盈余转移合同、营业出租合同和营业转让合同等。经营者通过合同将自己的管理权、盈余分配权或营业权等控制权全部或部分地转让给另一经营者，从而实现市场力量的集中。

2. 设立合营企业。合营企业是根据企业之间签订的合营契约设立的，由当事企业共同出资、共同支配的独立的经济实体。通过设立合营企业，可以实现企业间的相互协作，形成新的生产能力，创造进入新的市场的机会。根据欧共体《控制企业合并条例》第2条第4款的规定，一个合营企业只要满足了以下三个条件，就可以被视为企业集中：①两个或两个以上的母公司共同控制一个合营企业；②合营企业作为独立的经济实体从事经营活动；③合营企业的建立是长期的。

3. 连锁董事。董事连锁，又称干部兼任，是指一个经营者的董事或其他管理人员（主要是指由董事会选举或任免的管理人员）同时兼任另一家经营者有关机构的成员。在这种情况下，虽然两个经营者在法律上是相互独立的，但是由于它们的经营决策、执行等重要机构的职务完全由相同的人担任或主要部分的职务由相同的人担任，因此这两个经营者在市场竞争方面可以采取一致行动，从而形成经营集中。美国《克莱顿法》第8条规定，禁止符合下列要件的人事连锁行为（银行、银行联合会、信托公司除外）：①当事公司的任何一方的纯资产（资本金、公积金以及尚未分配的利润的总额）为1000万美元以上；②各当事公司从事商业活动或兼营商业活动；③从各当事公司所从事的商业活动的具体业务内容及其营业地来看，当事公司之间处于竞争关系，因此当事公司之间的排除竞争协议将违反反托拉斯法的规定。

4. 间接收购。间接收购是指经营者通过股权或投资关系、协议、其他安排等方式，获取目标经营者的母公司或控股股东的控制权，从而间接控制目标经营者的收购行为。与直接收购相比，间接收购的收购人不成为目标经营者的股东，而是通过控制目标经营者的股东而行使控制权，其收购过程具有很强的隐蔽性。间接收购的方式多种多样，实践中主要有直接收购上市公司大股东股权、向大股东增资扩股、出资与大股东成立合资公司、托管大股东股权等方式。

三、经营者集中申报制度与审查

（一）经营者集中申报

申报制度是国家对市场主体行为进行监管的方式之一。在申报制度下，监管机构一般不事先介入审查，而是由被监管者主动向监管机构申报后，监管机构对其申报事项进行审查并作出决定；只有当被监管者不履行申报义务，监管机构才会主动启动审查和制裁程序。从一些国家的立法及司法实践来看，经营者集中的申报制度主要有两种：事前申报制度和事后申报制度。

1. 事前申报制度的意义。大多数国家都采用事前申报制度。事前申报制度便于反垄断执法机构对市场行为进行及时有效的监管。事后申报制度则具有很大的局限性。经营者集中后，如果遭到了反垄断执法机构的禁止，那么就意味着已经集中的经营者要重新拆散，而这将会使当事经营者面临巨大的经济损失，并且这种拆散也很难使当事经营者恢复到集中前的状态。对反垄断执法机构来说，禁止已经实施了的经营者集中远远要比禁止正在准备实施的经营者集中困难得多。当然，事前申报制度也有一些不足，即经营者有可能错过集中的最佳市场时机，特别是对于中小企业和濒临破产的即将重组的企业来说，尤其明显。

日本1947年《禁止垄断法》最先确立了事前申报制度。美国1976年的《哈特—斯科特—罗迪诺反托拉斯改进法》（Hart-Scott-Rodino Antitrust Improvement Act）确立了事前申报制度。德国《反限制竞争法》原来同时实行经营者集中事前和事后两种申报制度，在1998年第六次修订中改为单一的事前申报制度。欧共体有关经营者集中事前申报制度的立法包括1990年《关于依据经营者集中规制规则的申报、期限和听证的委员会规则（EEC No. 2367/90）》[1]、1994年修订后的《关于依据经营者集中规制规则的申报、期限和听证的委员会规则（EEC No. 3384/94）》。

我国《反垄断法》也采用了经营者集中事先申报制度，该法第21、22条规定，经营者集中达到国务院规定的申报标准的，经营者应当事先向国务院反垄断执法机构申报，未申报的不得实施集中。

2. 申报标准。申报标准是经营者集中是否需要进行事先申报的门槛，是对经营者集中进行管制的界限。申报标准应当与一国的经济发展水平相适应，不能太高或太低。申报标准太高，不利于防止过度集中导致的垄断；申报标准太低，不利于经营者形成规模效益，也会加大反垄断执法机构的负担和监管成本。

〔1〕 Commission Regulation (EEC) No. 2367/90 of 25 July 1990 on the Notifications, Time Limit and Hearings Provided for in Council Regulation (EEC).

目前，大多数国家的申报标准都以当事人本身的规模和交易的规模来确定。当事人本身的规模主要是以当事人的资产总额和年度销售总额作为基准，择一或合并适用。交易规模则主要以当事人准备实施的集中计划中作为最终结果所核定的金额数作为基准。具体做法各国并不相同。

美国申报标准兼采当事人的规模和交易规模双重标准。根据《克莱顿法》第7A条[1]，经营者集中达到下列规模，当事企业就要在集中前向美国司法部和联邦贸易委员会进行申报：①交易总额超过2亿美元的；②交易规模超过5000万美元但低于2亿美元的，一方当事人总资产或者年净销售额在1亿美元以上，而另一方当事人的总资产或者年净销售额在1000万美元以上。上述主体规模和交易规模标准，自2005年起根据GNP的变化作相应调整。

欧共体经营者集中申报标准采用当事人规模标准。根据欧共体控制企业合并的第139/2004号条例的规定，企业集中规制的适用对象仅限于达到"欧共体规模"的经营者集中行为。"欧共体标准"的确定主要是基于当事企业的年销售额，具体申报标准为：①全体当事企业全球年销售总额在50亿欧元以上；并且②至少有两个当事企业年共同体销售总额在2.5亿欧元以上，除非每一个当事企业的年销售总额中，均有2/3以上来自同一个成员国。没有达到上述规模的集中，如果符合下列条件，亦满足申报标准：①全体当事企业全球年销售总额在25亿欧元以上；②在至少3个成员国的每一国内，全体当事企业的年销售额总额超过1亿欧元；③在符合条件②的3个成员国内，至少有2个当事企业的年共同体销售总额在2500万欧元以上；④至少有2个当事企业，其年共同体销售总额均超过1亿欧元，除非每一个当事企业的年共同体销售总额中，均有2/3以上来自同一个成员国。

我国《国务院关于经营者集中申报标准的规定》确定的是以经营者的营业额为计算标准的申报制度，具体为：①参与集中的所有经营者上一会计年度在全球范围内的营业额合计超过100亿元人民币，并且其中至少两个经营者上一会计年度在中国境内的营业额均超过4亿元人民币；②参与集中的所有经营者上一会计年度在中国境内的营业额合计超过20亿元人民币，并且其中至少两个经营者上一会计年度在中国境内的营业额均超过4亿元人民币。经营者集中达到其中一项标准的，即应当事先向国务院反垄断执法机构申报。

由于经济生活非常复杂，在有些情况下，经营者集中虽然没有达到规定的申报标准，但仍有可能产生排除、限制竞争的效果。比如，有的行业经营者的营业额普遍较低，达不到申报标准，但参与集中的经营者的市场份额却相对较大，其集中行为就很有可能排除、限制竞争。对这类经营者集中，也需要有相应的控制措施。为此，《国务院关于经营者集中申报标准的规定》第4条规定，经营者集中没有达到规定的申报标准，但按照规定程序收集的事实和证据表明该经营者集中具有或者可能具有排除、限制竞争效果的，国务院

---

[1] 即1976年《哈特—斯科特—罗迪诺反托拉斯改进法》。

商务主管部门应当依法进行调查。

（二）对经营者集中的审查

反垄断执法机构收到经营者的申报材料后，就进入审查程序。对经营者集中的审查一般分为两个阶段：初步审查和进一步审查。

1. 初步审查。初步审查主要是对经营者集中是否影响市场竞争进行初步判断，以排除那些对市场竞争没有影响的经营者集中，对于那些可能影响市场竞争的经营者集中，则还要进一步审查。在申报被受理之日起至反垄断执法机构作出审查决定之日止，原则上不得实施集中，该期限被称为"等待期间"。

我国《反垄断法》第25条规定，国务院反垄断执法机构应当自收到经营者提交的符合规定的文件、资料之日起30日内，对申报的经营者集中进行初步审查，作出是否实施进一步审查的决定，并书面通知经营者。国务院反垄断执法机构作出决定前，经营者不得实施集中。国务院反垄断执法机构作出不实施进一步审查的决定或者逾期未作出决定的，经营者可以实施集中。

德国《反限制竞争法》第40条规定，联邦卡特尔局对经营者集中申报的第一阶段的审查期限为一个月，从企业进行全面申报之日起算。如果联邦卡特尔局打算禁止经营者集中，必须在这个期限内通知申报企业，并说明该集中将进入主要审查阶段；如果在这个阶段没有得到联邦卡特尔局的通知，那么该经营者集中原则上就得到了批准。

根据欧共体《关于企业集中控制的理事会第129/2004号条例》的规定，一旦欧共体委员会收到集中申报申请，即应判断是否属于受案范围，并在25个工作日内完成初步审查。如果有成员国请求委员会将该案移送给自己，或当事人作出了保证，则该期限可以延长至35个工作日。如果委员会未能在该期限内作出决定，则视为同意该集中，事后不得再对该集中的合法性提出异议。

2. 进一步审查。反垄断执法机构经初步审查，认为经营者集中可能对市场竞争造成影响时，应该对经营者集中进一步审查。进一步审查主要是在综合考虑各种因素的基础上，就经营者集中是否影响市场竞争进行具体分析，从而得出是否准许集中的最终决定。

我国《反垄断法》第26条规定，国务院反垄断执法机构决定实施进一步审查的，应当自决定之日起90日内审查完毕。有下列情形之一的，国务院反垄断执法机构经书面通知经营者，可以延长审查期限，但最长不得超过60日：①经营者同意延长审查期限的；②经营者提交的文件、资料不准确，需要进一步核实的；③经营者申报后有关情况发生重大变化的。进一步审查完毕后，反垄断执法机构应作出是否禁止经营者集中的决定，并书面通知经营者。作出禁止经营者集中的决定，应当说明理由。国务院反垄断执法机构逾期未作出决定的，经营者可以实施集中。在进一步审查期间，经营者不得实施集中。经营者违反规定实施集中的，由国务院反垄断执法机构责令停止实施集中、限期处分股份或者资产、限期转让营业以及采取其他必要措施恢复到集中前的状态，可以处 50 万元以下的罚款。

3. 审查时的考虑因素。从各国的立法和司法实践来看，审查经营者集中中的实质标准主要有两种：一是以是否实质性减少市场竞争为判断标准，比如美国的《克莱顿法》。该标准以经营者集中是否发生或可合理预见发生实质性限制竞争的后果作为判断标准。另一种是以经营者是否形成市场支配地位为标准，比如德国的《反限制竞争法》。该标准以经营者的市场份额为基础建立审查标准，同时兼顾经营者的财力，并考虑特定市场上可以相互替代的商品、潜在的竞争者等因素。总体来讲，对经营者集中控制的实体标准经历了从严厉到宽容、从有效控制到有利竞争的转变。晚近以来，各国的实体标准出现趋同化，基本上定位在"实质性减少竞争"标准上。

在我国，审查经营者集中，应当考虑下列因素：

（1）参与集中的经营者在相关市场的市场份额及其对市场的控制力。经营者的市场份额在很大程度上表现了该经营者的经济实力和竞争力，是市场控制力的集中体现，因此各国或地区的反垄断法一般都将市场份额作为判断经营者市场地位的一个重要指标。例如，欧共体《关于企业集中控制的理事会第 129/2004 号条例》的规定，如果参与集中的企业的市场份额不大，集中不会影响市场的有效竞争，经营者集中就可以被视为与欧共体市场相容；如果参与集中的企业在欧共体市场或者其重大部分的市场份额不超过 25%，该集中一般被认为与欧共体市场相容；如果集中后的企业的市场份额是 25%～40%，除非特殊情况，一般也被认为不可能产生市场支配地位。从欧共体委员会的实践来看，如果集中后企业的市场份额在 40%～75% 之间，一般可以认为产生了市场支配地位；如果集中后企业的市场份额超过 70%～75%，基本上就可以判断这些企业是处于市场支配地位的企业。

（2）相关市场的市场集中度。市场集中度是指在一个相关市场上，市场份额被少数经营者控制的程度。考察市场集中度主要有两种方法：一是大企业集中率；另一种是赫尔芬达尔—赫希曼指数（Herfindahl-Horschman Index，HHI，以下简称为赫氏指数）。其中大企业集中率方法是计算相关市场上最大的几家经营者的市场份额之和，方法比较简单，数据易得，易于操作。赫氏指数方法相对较复杂。

赫氏指数是市场上所有企业的市场份额的百分比数进行平方后相加的数额。在独家垄断的市场条件下，由于该企业的市场份额是 100%，赫氏指数就等于 10000；而在完全竞争的市场条件下，因为市场上的企业数目众多，每个企业所占的市场份额就极其有限，赫氏指数则仅仅是大于零的一个数目。例如，如果市场上有 4 个企业，市场份额分别为 40%、30%、20%、10%，这个市场上的 $HHI = 40 \times 40 + 30 \times 30 + 20 \times 20 + 10 \times 10 = 3000$。可见，赫氏指数是一个大于零小于等于 10000 的数。赫氏指数越大，表明市场集中度越高，反之则越低。

世界上许多国家都采用赫氏指数作为初步审查的标准。这里仅以欧美为例。欧美虽然都采用赫氏指数，但具体运用上有所不同。

（3）经营者集中对市场进入、技术进步的影响。经营者集中可能会产生或者加强市场势力，导致一些反竞争的行为。这一点可以从经营者集中后，新经营者能否及时、充分地进入市场得到判断。如果新经营者能够及时、充分地进入市场，那么这种集中通常不具有反竞争的效果；而如果集中阻碍了新经营者进入市场，那么这种集中就具有反竞争的效果。

考察经营者集中对市场进入的障碍，需要考虑以下几个因素：①进入的可能性。如果按照集中前的价格水平销售产品依然可以获得利润，新的经营者就具有进入市场的可能性；反之，新的经营者就不会进入市场。②进入的及时性。新的经营者能够及时进入，消费者就不至于因为集中导致商品价格上涨而遭受福利减损。如果新的经营者需要经过相当长的时间才能进入到这个市场，那么它们就不能阻止或者抵销集中的反竞争效果。美国反托拉斯当局一般只考虑能够在两年内对市场发生显著影响的进入。③进入的充分性。新的经营者及时进入能够使市场价格回落到集中前的水平，即是充分的进入。这就要求新经营者的进入必须要达到相当的规模，否则其无力弥补集中后所产生的竞争损失。

在当代市场经济，技术进步是企业核心竞争力的关键因素，是社会经济增长的基础。如果经营者集中导致集中后的经营者只凭提高商品价格即可获取垄断利润，而不需通过技术进步和创新来提高生产力和市场竞争力，则该经营者集中就是反竞争的。

（4）经营者集中对消费者和其他有关经营者的影响。保护消费者的利益是反垄断法的立法目的之一。经营者集中可能会增加消费者的福利，如因规模效益提高了生产效率而向社会提供更为物美价廉的商品。但是，经营者集中也可能减损消费者的福利，因为经营者集中减少了市场竞争者的数量，提高了集中后的经营者的市场支配力，集中后的经营者可能滥用其市场支配力而向消费者索取更高的价格或提出不合理的交易条件。

同样，经营者集中也可能损害其他有关经营者的利益，例如，利用集中后形成的市场支配地位排挤相关市场上其他经营者，封锁相关市场，阻碍新的竞争者进入。

（5）经营者集中对国民经济发展的影响。一般来讲，保护竞争防止垄断有利于国民经济发展，但在特殊情况下，一个损害竞争的经营者集中有可能有利于国民经济的发展，有利于社会公共利益，这样的经营者集中应当得到豁免。例如，外贸领域的经营者集中虽然会减损国内市场的竞争，但有助于提高经营者的国际竞争力，促进本国国际贸易的发展，这样的经营者集中一般会得到豁免。例如1997年美国联邦贸易委员会出于国家整体经济利益的考虑，在波音和麦道合并后占据世界飞机制造市场64%的份额的情况下，仍然不顾欧共体的强烈反对，批准该合并。

（6）国务院反垄断执法机构认为应当考虑的影响市场竞争的其他因素。除了上述因素外，经济发展周期、国内外经济形势、国家宏观调控政策和市场竞争政策等都对市场竞争产生直接或间接的影响，在审查经营者集中的竞争效果时，应当酌量考虑。

此外，对外资并购境内企业或者以其他方式参与经营者集中，涉及国家安全的，除依法进行经营者集中审查外，还应当按照国家有关规定进行国家安全审查。

（三）决定

对申报的经营者集中经过初步审查和进一步审查后，反垄断机构应当作出最后决定，具体有以下几种：

1. 禁止经营者集中的决定。经营者集中具有或者可能具有排除、限制竞争效果的，国务院反垄断执法机构应当作出禁止经营者集中的决定。

2. 不予禁止经营者集中的决定。经营者能够证明该集中对竞争产生的有利影响明显大于不利影响，或者符合社会公共利益的，国务院反垄断执法机构可以作出对经营者集中不予禁止的决定。

3. 附限制条件的不予禁止决定。对不予禁止的经营者集中，国务院反垄断执法机构可以决定附加减少集中对竞争产生不利影响的限制性条件。国务院反垄断执法机构应当将禁止经营者集中的决定或者对经营者集中附加限制性条件的决定，及时向社会公布。

对反垄断执法机构作出的上述决定不服的，可以先依法申请行政复议；对行政复议决定不服的，可以依法提起行政诉讼。

第五节　行政性垄断

行政性垄断是转型国家共有的现象，也是法律规制的重要目标和难点之一。党的十九大报告中明确指出：全面实施市场准入负面清单制度，清理废除妨碍统一市场和公平竞争的各种规定和做法，支持民营企业发展，激发各类市场主体活力。深化商事制度改革，打破行政性垄断。很大程度上，营商环境的优化取决于反行政性垄断的制度效果。

一、行政性垄断的概念和特征

所谓行政性垄断，是指行政机关和法律、法规授权的具有管理公共事务职能的组织滥用行政权力，限制或者排除竞争的行为。基于上述定义，行政性垄断具有以下法律特征：

1. 行政性垄断的行为主体是行政机关和法律、法规授权的具有管理公共事务职能的组织。这点与经济性垄断不同。这里的"行政机关"包括国务院部委、各级地方政府及其所属部门，但不包括作为中央政府的国务院，因为国务院是代表国家的主权机构，其行为不受反垄断调查。这里的"法律、法规授权的具有管理公共事务职能的组织”，简称公共组织，其虽然不是行政机关，但经法律、法规授权行使管理公共事务职能，在其授权范围内行使的是行政权力，具有行政机关的性质。以下为行文方便，除非另有所指，统称“行政机关和法律、法规授权的具有管理公共事务职能的组织”为“行政机关”。

2. 行政性垄断是行政机关滥用行政权力的结果。所谓滥用行政权力，是指行政机关违反宪法或法律赋予其的职权和程序，不正当地违法行使行政权力的违法行为。行政性垄断所凭借的不是一种经济优势，而是一种行政权力优势，是“超经济”的力量，并且这种优势是通过对行政权力的滥用表现出来的。

3. 行政性垄断具有排除、限制竞争的危害效果。行政性垄断与经济性垄断一样，都具有排除、限制竞争的效果。需要注意的是，行政性垄断不一定都要产生排除、限制竞争的实际危害后果，只要有排除、限制竞争的可能即可。这一点可以理解为行政性垄断的主观动机，但要证明存在排除、限制竞争的动机是十分困难的，而对排除、限制竞争的效果分析相对比较好把握。

二、行政性垄断的分类

根据不同的分类标准，可以对行政性垄断作如下分类：

（一）地区垄断和部门垄断

根据行政性垄断的作用范围，可以分为地区垄断和部门垄断。地区垄断，又称地区封锁，是指地方政府及其所属部门为保护本地区利益，滥用行政权力而实施的排除、限制竞争的行为。地区垄断的基本形式有两种：限制外地商品（包括服务，下同）进入本地市场和限制本地商品流向外地市场。地区垄断实质为地方保护主义。部门垄断，是指政府的各部门为保护本部门的企业和经济利益，滥用行政权力而实施的排除、限制竞争的行为。由于历史上我国管理经济的行政机关是根据行业对口设置的，形成部门分割，行业管理行政机关与特定行业的利益胶着在一起，从而有了部门垄断的驱动力。部门垄断的行业多是自然垄断行业和法定垄断行业，如电信、铁路、自来水、石油、电力等。

地区垄断与部门垄断有以下主要区别：①部门垄断的目的在于保护本部门的利益，而地区垄断的目的是保护本地区的利益；②部门垄断的结果是导致部门封锁即“条条垄断”，而地区垄断的结果是导致地区封锁即“块块垄断”；③部门垄断排斥的是不同部门之间的竞争，而地区垄断排斥的是不同地区之间的竞争；④部门垄断的实施者主要是各级政府所属的各管理部门，而地区垄断的实施者则主要是地方各级政府。[1]

（二）抽象行政性垄断和具体行政性垄断

根据滥用行政行为的方式不同，可以分为抽象行政性垄断和具体行政性垄断。

---

[1] 钟明钊主编：《竞争法学》，高等教育出版社2002年版，第300页。

抽象行政性垄断是指行政机关采取制定行政规章和规范性文件的方式实施的垄断。抽象行政性垄断针对的是不特定的经营者，且具有不可诉性，因此具有较大的危害。

具体行政性垄断是指行政机关通过具体行政行为进行的垄断。具体行政性垄断针对的是特定的经营者，经营者不服可以提起行政诉讼。

（三）作为型行政性垄断和不作为型行政性垄断

根据滥用行政行为的方式不同，还可以将行政性垄断分为作为型行政性垄断和不作为型行政性垄断。

作为型行政性垄断是指行政机关以作为的方式积极主动地排斥、限制竞争。例如，地方政府通过发布政府命令对外地生产的汽车在税费缴纳、牌照管理上采取歧视性政策。

不作为型行政性垄断是指行政机关以不作为的方式消极地排斥、限制竞争。有关行政机关本负有维护和促进市场公平自由竞争的法定义务，但为了保护本地本部门经营者的利益，采取不作为的方式排斥、限制外地外部门的经营者。例如，对本地本部门经营者的排斥、限制竞争行为予以放纵，应查而不查；对于外地经营者申请许可的行为不依法办理。

三、行政性垄断的具体行为类型

我国《反垄断法》共规定了6类典型的行政性垄断行为，具体分述如下：

（一）强制限定交易行为

所谓强制限定交易行为，是指行政机关和法律、法规授权的具有管理公共事务职能的组织滥用行政权力，限定或者变相限定单位或者个人经营、购买、使用其指定的经营者提供的商品的行政性垄断行为。强制限定交易行为主要是为了维护特定经营者的利益，强制"缔约"并强制"履行"。该类行为长期存在于我国政企不分的政治经济环境中，极大地损害了同类商品的其他经营者的竞争利益。

现实中，强制限定交易行为主要表现为：①限定单位和个人只能经营、购买、使用本辖区范围内的经营者提供的商品；②要求单位和个人必须经营、购买、使用行政机关挂靠企业的商品；③限定客户和消费者购买行政机关的关系户提供的商品；④限定客户和消费者购买行政机关指定单位提供的有偿服务。

（二）地区封锁行为

地区封锁行为主要是为了本地区的利益而实施的行政性垄断行为，妨碍商品在地区之间的自由流通。该行为与强制限定交易行为一样，曾经在我国各地大量存在。2001年《国务院关于禁止在市场经济活动中实行地区封锁的规定》（已于2011年修订）对地区封锁行为作了进一步的细化规定，2007年《反垄断法》第33条将地区封锁行为纳入反垄断法的规制范围。

根据《反垄断法》第33条的规定，地区封锁行为的表现形式主要有：①对外地商品设定歧视性收费项目、实行歧视性收费标准，或者规定歧视性价格；②对外地商品规定与本地同类商品不同的技术要求、检验标准，或者对外地商品采取重复检验、重复认证等歧视性技术措施，限制外地商品进入本地市场；③采取专门针对外地商品的行政许可，限制外地商品进入本地市场；④设置关卡或者采取其他手段，阻碍外地商品进入或者本地商品运出；⑤妨碍商品在地区之间自由流通的其他行为。

（三）排斥或限制外地经营者参加招投标的行为

所谓排斥或限制外地经营者参加招投标的行为，是指行政机关和法律、法规授权的具有管理公共事务职能的组织滥用行政权力，以设定歧视性资质要求、评审标准或者不依法发布信息等方式，排斥或者限制外地经营者参加本地的招标投标活动的行政性垄断行为。

排斥或限制外地经营者参加招投标行为的主要表现形式有：

1. 设定歧视性的资质要求。这是指对外地经营者设定高于本地经营者的资质方面要求。如要求参与投标的外地经营者具有高于本地经营者的注册资本、业务资格、既往业绩等。对此，我国《招标投标法》也有规定，即招标人不得以不合理的条件限制或者排斥潜在投标人，不得对潜在投标人实行歧视待遇（第18条第2款）。招标文件不得要求或者标明特定的生产供应者以及含有倾向或者排斥潜在投标人的其他内容（第20条）。

2. 设定歧视性的评审标准。这是指在对投标进行评审时，对外地经营者的评审标准高于或严于本地经营者，由此得出的招投标结果自然也不公平。对此，我国《招标投标法》明确规定，评标委员会成员应当客观、公正地履行职务，遵守职业道德，对所提出的评审意见承担个人责任（第44条）。

3. 不依法发布招投标信息。我国《招标投标法》规定，招标人采用公开招标方式的，应当发布招标公告。依法必须进行招标的项目的招标公告，应当通过国家指定的报刊、信息网络或者其他媒介发布。招标公告应当载明招标人的名称和地址、招标项目的性质、数量、实施地点和时间以及获取招标文件的办法等事项（第16条）。招标人采用邀请招标方式的，应当向三个以上具备承担招标项目的能力、资信良好的特定的法人或者其他组织发出投标邀请书（第17条）。行政机关不依照《招标投标法》以及其他法律法规的规定对外发布招投标信息，阻碍了外地经营者参与投标。

（四）排斥或限制外地经营者在本地投资或者设立分支机构的行为

经营者在某地进行投资或设立分支机构，一般是为了获取原材料、相对廉价的劳动力或者占领某地区的商品和服务市场，实现对当地市场的分享或控制。对于外来投资，本地政府一般是欢迎的，但出于狭隘的地方保护主义和维护小团体利益的需要，有些地方行政机关也会直接或间接地阻挠外地经营者进入本地市场。实务中，常见的排斥或限制外地经营者的手段主要有两类：一是直接限制外地经营者；二是为本地经营者提供特殊扶持而间接限制外地经营者。前一类手段如要求外地投资者具有与投资无关的资质条件、设定最低资本要求、提供不必要的高额担保、强制征收额外税费、限定投资项目和资金使用方向、设置烦琐的审批程序和条件等。后一类手段如要求银行只给予本地经营者贷款支持、给予本地经营者税收优惠、在行政程序上给予本地经营者特殊关照等。[1]

（五）强制从事垄断的行为

所谓强制从事经济性垄断的行为，是指行政机关和法律、法规授权的具有管理公共事务职能的组织滥用行政权力，强制经营者从事反垄断法规定的垄断行为的一种行政性垄断行为。现实中，行政机关往往利用手中市场管理方面的行政权力（如税收、工商、物价、卫生等行政管理权），强制经营者达成垄断协议、滥用市场支配地位或实施经营者集中，其行为不但干预和限制了经营者的经营自主权，而且损害了正常的市场竞争秩序。例如，有些地方政府以"将企业做大、做强"的名义，强迫经营者进行集中，组建大型企业集团。

（六）抽象限制竞争行为

所谓抽象限制竞争行为，是指行政机关滥用行政权力，制定含有排除、限制竞争内容的规定的一种行政性垄断行为。抽象限制竞争行为往往针对的是不确定的经营者和经营活动，效力具有普遍性，且不可诉，[2] 因此比具体的限制竞争行政行为危害更大，影响更广。

与前面几种行政性垄断行为相比，抽象限制竞争行为的主体比较特殊，仅限于行政机关，不包括法律、法规授权的具有管理公共事务职能的组织。对于地方各级人大及其常务委员会制定的抽象限制竞争行为，则应按照《立法法》《地方各级人民代表大会和地方各级人民政府组织法》的规定处理。

行政机关制定的含有排除、限制竞争内容的规定，可以是专门的排除、限制竞争的规范性文件，也可以是其他规范性文件中的排除、限制竞争条款。至于这里的"规定"是否包括"规章"，还有待于澄清。我国《行政复议法》第 7 条就明确规定，在对具体行政行为申请行政复议时可以附带申请审查的"规定"不包括规章。[3] 从立法用语统一性来看，这里的"规定"也不包括规章。对规章的审查应依据法律和行政法规办理。

四、对行政性垄断的规制

我国《反垄断法》第 51 条规定："行政机关和法律、法规授权的具有管理公共事务职能的组织滥用行政权力，实施排除、限制竞争行为的，由上级

---

〔1〕 时建中主编：《反垄断法——法典评释与学理探源》，中国人民大学出版社 2008 年版，第 359 页。

〔2〕《行政诉讼法》第 13 条规定："人民法院不受理公民、法人或者其他组织对下列事项提起的诉讼：……②行政法规、规章或者行政机关制定、发布的具有普遍约束力的决定、命令；……"

〔3〕《行政复议法》第 7 条："公民、法人或者其他组织认为行政机关的具体行政行为所依据的下列规定不合法，在对具体行政行为申请行政复议时，可以一并向行政复议机关提出对该规定的审查申请：①国务院部门的规定；②县级以上地方各级人民政府及其工作部门的规定；③乡、镇人民政府的规定。""前款所列规定不含国务院部、委员会规章和地方人民政府规章。规章的审查依照法律、行政法规办理。"

机关责令改正；对直接负责的主管人员和其他直接责任人员依法给予处分。反垄断执法机构可以向有关上级机关提出依法处理的建议。"法律、行政法规对行政机关和法律、法规授权的具有管理公共事务职能的组织滥用行政权力实施排除、限制竞争行为的处理另有规定的，依照其规定。"根据上述规定，行政性垄断行为的法律责任只有责令改正、行政处分，反垄断执法机构对行政性垄断也只有处理建议权。另外，《反不正当竞争法》对于强制限定交易行为和地区封锁行为也只是规定了责令改正、行政处分的责任；《国务院关于禁止在市场经济活动中实行地区封锁的规定》中对于地区封锁行为的处罚，除了触犯刑法应承担刑事责任外，也主要是撤销决定、通报批评、行政处分。此外，对于行政机关实施的具体的行政性垄断行为，造成经营者损害的，受害的经营者可以根据《国家赔偿法》的规定请求行政赔偿。

从执法效果来看，我国法律对行政性垄断行为的处罚制度设计是不十分合理和有力，不足以威慑广泛存在的行政性垄断行为。这与我国反垄断执法机关缺乏权威性和独立性有关，更与我国政治体制改革的进程有关。

另外，对于抽象行政行为的反垄断规制，近年来确立了另一种方法，即公平竞争审查制度。2016 年国务院颁布了《关于在市场体系建设中建立公平竞争审查制度的意见》（以下简称《意见》），并在 2017 年由发改委牵头制定并由五部委联合发布了《公平竞争审查制度实施细则（暂行）》。这意味着，在反垄断法上实施了一个解决规范性文件限制竞争的制度"外挂"。《意见》明确了两个审查的时间维度和效力跨度：既往效力——清理废除妨碍公平竞争的规定和做法；期后效力——出台的政策措施不得包含排除、限制竞争的要素。很大程度上，这种审查模式反映出了反垄断法规制渠道的不效率，而寄希望于"解铃还须系铃人"的观念。但在构建的制度上、程序上和实体上仍有诸多问题需要进一步细化，如政策制定者的审查能力是否可以保障审查效率、审查程序是否可以实现有效的社会监督、审查和司法的接轨问题等。

二维码

第十三章 拓展阅读

第十四章

反不正当竞争法

第一节　反不正当竞争法概述

反不正当竞争法是市场经济的重要法律制度，是国家规范市场经济、完善市场经济体制的重要手段。

一、不正当竞争行为的含义

世界上最早的反不正当竞争法是德国 1896 年颁布的。我国于 1993 年颁布了《反不正当竞争法》，并于 2017 年和 2019 年分别进行了修订。

反不正当竞争法有广义和狭义之分。狭义的反不正当竞争法是指我国现行的《中华人民共和国反不正当竞争法》；广义的反不正当竞争法还包括反不正当竞争的行政法规、反不正当竞争的地方性法规、反不正当竞争的部门规章等。

反不正当竞争法限制和禁止不正当竞争行为。不正当竞争行为，是指经营者在生产经营活动中，违反本法规定，扰乱市场竞争秩序，损害其他经营者或者消费者的合法权益的行为。

不正当竞争行为具有下列特征：

1. 实施主体主要是经营者。所谓经营者，是指从事商品生产、经营或者提供服务（以下所称商品包括服务）的自然人、法人和非法人组织。一般，非经营者不能单独成为不正当竞争行为的主体。在有些情况下，非经营行为会妨害经营者的正当经营活动，侵害经营者的合法权益，这种行为也是反不正当竞争法的规制对象。比如，事业单位在交易中从事的商业贿赂行为。

2. 损害竞争者合法利益和（或）侵害消费者的利益。不正当竞争直接损害了其他合法经营者的利益，尤其是与不正当竞争者有直接竞争关系的经营者（即竞争者）的利益。有些不正当竞争行为，如虚假广告和欺骗性有奖销售，还可能损害广大消费者的合法权益。不正当竞争会增加市场交易成本，阻碍技术进步和社会生产力的发展，危害公平竞争的市场秩序。

二、基本原则和调整方法

我国《反不正当竞争法》第 2 条第 1 款规定："经营者在生产经营活动

中，应当遵循自愿、平等、公平、诚信的原则，遵守法律和商业道德。"

（一）基本原则

1. 自愿原则。所谓自愿原则，是指经营者和消费者在法律许可的范围内，完全以自己的意愿决定自己的交易行为，不受任何干扰。《反不正当竞争法》除对自愿原则作出规定外，还在许多具体条款里作了具体的规定。第二章所规定的 11 种不正当竞争行为几乎都违背了自愿原则，特别是假冒仿冒行为、误导宣传行为、侵犯商业秘密行为。

2. 平等原则。所谓平等原则，是指经营者在市场交易活动中的法律地位都是平等的，在市场交易应自觉自愿、平等协商，任何一方都不得将自己的意志强加于另一方，特别是实力强大或具有独占经营地位的经营者，更不能利用自己的优势地位迫使对方服从自己的意志，即法律面前一律平等。如果承认特权和强制，市场的竞争性和效率必然会受到损害。

3. 公平原则。所谓公平原则，是指在市场交易中应当公平合理、权利义务一致。市场中的公平包括交易条件的公平和交易结果的公平。交易条件的公平是指交易条件的真实和交易机会的平等。如虚假广告就违反了交易条件的真实，商业贿赂、串通招标投标就违反了交易机会的平等。交易结果的公平是指交易双方交易以后的权利义务大致相当。"暴利宰客"行为显然违背了公平原则。党的十九大报告提出要实现的"竞争公平有序"包含三层含义：一是促进经济领域竞争，优胜劣汰；二是竞争才能产生公平；三是竞争公平才能有序发展。

4. 诚信原则和公认的商业道德。诚信原则，是指市场交易的参与者应该诚实待人，恪守信用，不得弄虚作假、欺诈对手、损人利己。诚实守信被称为民法中的帝王条款，可见其重要性。公认的商业道德在《反不正当竞争法》的基本原则中是一个兜底条款，即前几项原则中不能涵盖的内容也都被其概括进去了。

（二）调整的方法

不正当竞争是经营者排解竞争压力的一种本能反应。不正当竞争行为的本质是搭竞争优势的便车（或者说是盗用他人的竞争优势）。由于生产经营条件的改变，克拉克所言的先锋企业及其产品树立了良好的社会形象，良好的企业信誉和商品声誉就是市场优势的体现，而"追踪者"在急功近利的情况下搭借包括信誉和声誉在内的先锋企业的竞争优势，于是便产生了搭便车的问题。[1]

"只要存在着对竞争的不正当限制或者对消费中、购买中合理判断的严重障碍，那么，实际的政府干预就是必要的。这种社会控制与其说是对自由企

---

[1] 1966 年奥尔森发表了《集体行动的逻辑》一书该书首先提出并奠定了"搭便车理论"的基础。通常搭便车行为依附于公共物品（public goods），但随着这个概念的广泛使用，其含义范围扩大到差别事务中，上文使用的就是这一概念的扩展意义。

业体制本身进行限制，不如说是用来扩大企业在市场上的总体自由"[1]。

反不正当竞争法调整机制建立在各种调整手段的综合运用及其实现的调整效果上。各种手段的综合运用关系表现为：列举条款的基本调整、原则条款的辅助调整、一般条款的扩张调整。

1. 列举条款的基本调整。列举条款不仅在形式上占据竞争法条文的绝对份额，实质上，也是一定经济状态下反竞争行为的主要控制力量。一国反不正当竞争立法成熟、稳定与否以列举条款能否做到基本控制市场行为为主要标志。如果市场反竞争行为大多都在现行法律明确规定之外，要么是法律规定不健全，要么是竞争法律制度不独立。

在法的适用逻辑中，基本调整表现为列举条款优于一般条款，主要原因是列举条款的规范结构比一般条款的规范结构内容丰富，针对性强。

列举条款是将实践中多次重复出现的行为上升为行为规范构建起来的。它属于典型的法律规范。一般而言，法律规范的结构要素包括假定、处理和制裁三个部分（有人将三因素扩展为四要素，还有人将三要素进一步扩张解释为七要素：何事、何时、何地、何情、何故、何物、何人。在此以三要素进行探讨）。假定就是在何时、何地、何种条件某一社会关系由某一法律规范来调整。处理是指关于法律规范本身所规定的内容，它规定着人们应该做什么，必须做什么和可以做什么。制裁是指如果不遵守某一法律规范，将引起的不利法律后果。当然，不是所有的法律规范都可以单列出三个要素，为了条文表述的精练，可以将其中两个要素融合在一起。列举条款的规范要素都是明确的，而一般条款的规范要素中假定部分是模糊的，处理和制裁部分是明确的。按照凯尔森的法律规范分类标准来判明列举条款和一般条款，列举条款是有条件规范，一般条款是无条件规范。列举条款的规范要素和案件的构成要素能够形成对应关系。从案件的事实出发，一个案件应包括三个要素：侵害了他人的权益、负有某一法律义务（责任）、一定的法律有相应的规定。[2] 对应关系有利于发挥法律的预防性功能，在执法上也将产生积极的意义。列举条款拥有完整的假定、处理、制裁结构能够减少案件识别过程的不确定性，利于准确断案和准确执法。

2. 原则条款的辅助调整和补充调整。20 世纪以前，在法典的结构中，都只有法律概念、法律规范的成分，不存在基本原则的成分。20 世纪以后出现了配置基本原则的法典，授权法官将新鲜因素补充于正在运作的法律之中，由其实现法典内各成分的整体化、适用的合目的化、体系上的开放化。[3] 法

---

〔1〕 ［美］马歇尔·C. 霍华德：《美国反托拉斯法与贸易法规——典型问题与案例分析》，孙南申译，中国社会科学出版社 1991 年版，第 4 页。

〔2〕 ［美］迈克尔·D. 贝勒斯：《法律的原则——一个规范的分析》，张文显等译，中国大百科全书出版社 1996 年版，第 17 页。

〔3〕 徐国栋：《民法基本原则解释——成文法局限性之克服》，中国政法大学出版社 1992 年版，第 306~307 页。

理学上，原则条款不同于列举条款之处在于法律条文的性质。前者属于非规范性法律条文，后者属于规范性法律条文。在法的适用上，法律原则和法律规范也有一定的区别，前者并不必然限定某一种预期；后者是以要么予以适用，要么不适用的方式发生作用，它的作用是受限制的。不限于一种预期的原则的作用在竞争法领域表现为两个方面：辅助调整和补充调整。

所谓辅助调整，是指通过原则指导帮助列举条款和一般条款发挥调整功能的过程。法律规范需体现法律原则的主旨并接受法律原则的指导，法律原则是法律规范制定的根本出发点，也是法律规范适用过程的最终落脚点。"发挥调整功能的过程"主要表现在识别过程上：法律原则辅助法律规范识别事物或行为的性质，以确认是否属于本法调整。法律原则在识别事物或行为的性质时，应避免法律概念化、规范形式化。原则作为高位阶的价值渗透到法律规范中，对法律规范的适用发挥独特的指导和确认作用。

补充调整，是指在一国竞争法律制度中，因没有设置一般条款，对于法律规范限定的行为之外的反竞争行为，原则条款所具有的调整功能。原则的补充调整功能是对严格的规范主义局限和法律调整机制欠缺的积极反映。不是所有国家竞争法制度都设有一般条款，日本的反不正当竞争法，我国的《反不正当竞争法》都没有一般条款。在竞争法领域，法律原则作规范性适用只发生在无一般条款的情况下。

法律条文可依其在法部门中的性质不同划分为规范性条文和非规范性条文。表述立法的根据、目的、任务、原则、概念等内容的法律条文是非规范性条文；表述权利、义务或法律后果的法律条文是规范性条文。规范性条文即法律规范，它是具有完整逻辑结构的行为规范。法律原则与一般条款相比较，共同点是两者都具有授权性，两者的本质区别是，法律原则属于非规范性条文，而一般条款是规范性条文。法律原则作规范性适用来源于法律授权。法律授权产生于法律规范的模糊性，司法机关执行授权的任务是将模糊的条款明确化和具体化，以使案件的处理具有公信力和公正力。依原则授权行使法律的基本方法是有权解释。因此，法律原则独立承担调控功能时，就形成了区别于辅助功能时的另一种法律运行机制，立法者承认自己不能预料到的某些情况——授予司法者自由裁量权——司法者依据法律设定的基本原则进行有权解释——司法者通过有权解释的形式补充和发展法律，亦即法官"造法"。

法律原则的规范化适用与英美法的衡平方法有一定的联系，但也不同。两者都基于授权而行使相应的权力，但衡平方法是通过抛开具体规定或将具体规定变通适用进行司法，而原则适用是法官在规定提供的幅度和范围内行使自由裁量权。也有学者认为，（民法）基本原则兼具不确定性和衡平规定的性质，但两种性质不可能同时得到表现。在（民法）基本原则的文字通过解释尚能应付需处理的问题时，（民法）基本原则表现为不确定规定；当用上述手段不足以解决需处理的问题时，则表现为衡平性。[1]

3. 一般条款扩张调整。一般条款被奉为"整个竞争法领域之帝王条款"。在条款的构成上，一般条款形式上也包含规范结构中的"假定""处理""制裁"，但"假定"部分不表述某类主体或客体具体适用的情况，而代之以模糊的概念。这种替代因失去了清晰的法律适用环境，使一般条款处在法律原则和具体规范的夹层地带——它因缺少法律原则的高度抽象性而未达到原则性，因不具备列举规范的行为范式而未达到具体性。若列举条款属于"一对一"模式的话，一般条款就属于"一对多"模式。模糊的"假定"减弱了规范捕捉事实的准确性，但扩大了规范的调整范围。模糊性"假定"既是一种立法技术，也是司法实践的需要，还是一种适用机制。针对某种反竞争行为，能"一对一"地明确行为的法律性质的，总要优于需要"一对多"识别行为法律性质的情况。一般条款的规范要素中，与其说不作任何"假定"，毋宁说假定了列举之外的一切可能情况。

（1）一般条款具有规范性。一般条款包含有权利、义务或责任的内容，如我国台湾地区"公平交易法"第25条规定了"除本法另有规定者外，不得为其他足以影响交易秩序之欺罔或显失公平之行为"，第29条补充规定了违反第25条的法律责任。因此，一般条款的形式是法律条文，本质是法律规范，即包含了人们可以怎样行为或应该怎样行为，以及违反法律规定后应承担的法律后果的内容。

一般条款不同于不正当竞争（或限制竞争）的法律概念。不正当竞争的法律概念是对各种不正当竞争行为进行概括，抽象出它的共同特征而形成的范畴。法律概念有助于对竞争法的基本精神和具体内容的理解，有助于法律规范和法律原则的适用。依不正当竞争概念所表达的内涵和外延可以确定竞争法调整范围，但该概念因不具有权利、义务和责任内容只能属于非规范性条文。

（2）一般条款具有模糊性。竞争法条文的模糊性非常显著。竞争法一般条款的模糊性既有来源于概念的模糊又有来源于限制词的模糊。来源于概念的模糊主要是如何确定"善良风俗""诚实信用""欺罔""显失公平""公共利益"等的含义。这些概念本身的含义是发散的，可以从法律、哲学、政治学等多个视角作解释，同时其也是一般日常生活用语。就"善良风俗"而言，德国学者曾尝试从法律上解释其概念进而提出了诸多种学说，[2] 其努力的结果不但没有使原有概念的内涵明晰，却陷入自己设置的无限循环逻辑解释圈套之中。这种解释无外乎用一个不确定的概念代替另一个不确定的概念

---

[1] 徐国栋：《民法基本原则解释——成文法局限性之克服》，中国政法大学出版社1992年版，第37页。

[2] 关于善良风俗的含义，有道德说、习惯说、授权说、公共秩序说、效能竞争说、功能说等，参见邵建东：《德国反不正当竞争法研究》，中国人民大学出版社2001年版，第43~51页。

而已，最终无法达到预想的效果。有人干脆放弃从逻辑上解释的努力，改用形象类比方式化繁为简，将诚实信用理解为不得欺骗的摩西戒条，或理解为调和社会与当事人双方的利益以使之达到协调的平衡器等。在我国台湾地区"公平交易法"（2016年修订）第25条中何为"足以"？"显失公平"？难怪有学者感叹："还有什么能比'不公正的'竞争方法更为不明确呢？"[1]

（3）一般条款具有授权性。一般条款是立法机关给予司法机关和执法机构的一项授权。通过此项授权规范，将市场竞争领域的"不正当竞争"行为予以具体化，并具体划定正当竞争与不正当竞争的界限。

在我国《反不正当竞争法》上，并不存在上述意义上的一般条款。多年来，理论界将第2条当作一般条款看待。但第2条属非规范性法律条文，和传统意义的一般条款有本质的区别。2017年修订的《反不正当竞争法》有了类似一般条款的规范，即第6条第4项和第12条第4项。之所以称之为"类似"，是因为其具有扩张调整的功能，这个条文包括救济机制，且它既是向行政机构授权，也是向司法机构授权。但遗憾的是，它仅是某项行为的补充条款，不是整部法律的补充性条款。因此，只能说是"类似"了。

第二节　源于信息指示上的不正当竞争行为

在反不正当竞争法中，存在三种以信息为基础产生的不正当竞争行为：假冒或仿冒是信息标注上的搭便车问题；不正当宣传是信息发布中的争议；商业诋毁是信息散布上产生的矛盾。

一、假冒或仿冒行为

在市场经济条件下，商品交易遵循自愿原则。生产者或经营者在激烈的市场竞争中，通过改善产品品质、提高服务质量来赢得市场对其产品的认可，并以商标、名称、包装、装潢等外在表征来标表商品，使自己的商品特定化。这些外在的表征蕴涵了特定声誉或商誉，是生产者或经营者长期智慧劳动的结晶，是诚实经营的结果，同时也是其取得并保持竞争优势、占据市场份额的有力手段。

（一）认定的基础条件

1. 一定影响。《反不正当竞争法》对于商业标识混淆的认定，在条件上要求有"一定影响"，代替了原法规定的"知名"的条件。"一定影响"来自于《商标法》的规定，是为确立先用权而设定的。

在《商标法》中，认定商标是否有"一定影响"，需综合考虑下列因素：相关公众对该商标的知晓程度；该商标使用的持续时间和地理范围；该商标

---

[1]［美］马歇尔·C.霍华德：《美国反托拉斯法与贸易法》，孙南申译，中国社会科学出版社1991年版，第35页。

广告宣传的时间、方式、程度、地理范围；等等。事实上，在商标法中，"一定影响"是在一个扩展命题语境下发挥作用的，即"已经使用并有一定影响"。在《商标审查及审理标准》中展现了这个完整的概念。按照该标准第3.1的规定，"已经使用并有一定影响的商标，是指在中国已经使用并为一定地域范围内相关公众所知晓的未注册商标。"换言之，这个命题是由两个语词构成的："已经使用"和"一定影响"。

在反不正当竞争法中，"一定影响"的命题语境发生了很多变化，如适用的对象、前后修饰语等，这些变化也将对法律实施的方式和程序产生一定的影响。

中国古语有："橘生淮南则为橘，生于淮北则为枳"，它揭示了因地域环境变化产生的事物性质的改变。同样，因语境不同，"一定影响"从《商标法》转用到《反不正当竞争法》也会产生类似的效果。那么，在反不正当竞争法的理解和运用上，应补足"一定影响"的基础条件——"使用"。即明确商业标识的"一定影响"应来自于"使用"，而不是单纯的广告宣传。不仅要增加"使用"这个前提条件，还需要满足：涉嫌违法主体"使用"的相同或类似的商业标识与商业标识权利人使用的地点有交叉。地点不交叉不会产生搭便车的反竞争性后果。需要创建不正当竞争行为的相关地域市场分析方法。

从理论上分析，商业标识不正当竞争行为防范的是搭便车。搭便车源于他人商业标识的高知名度，而高知名度与经营者付出的劳动、投入的成本紧密相关，一定程度上也代表商品的稳定性。故不允许随意搭便车的机理，是对他人诚信劳动的尊重。

2. 混淆的判定。混淆是我国商业标志侵权的主要认定标准。由于它是一种客观情况引起的外部主体的主观认知状态，致使判定混淆时既不能像认定商标侵权那样仅确认行为（客观要件）存在即可，也不能像一般民事侵权那样需要考查致害人的客观行为、主观状态、结果、因果关系。混淆的特殊性在于非客观性和不特定性。非客观性指混淆的判断不是对外在损失的评价，而是对外部主体主观状态的评价；不特定性指评价主体的发散性，即一定范围的社会公众，一般称之为相关公众。因此，理论上和实践中对混淆的认定需要研究并明晰混淆的状态、主体范围、混淆的内容、认定混淆的方法等问题。

（1）混淆的状态。由于反不正当竞争法具有事前调整和事后调整的双重功能，在仿冒行为认定的标准——混淆的确定上就包括两种状态：产生混淆和可能产生混淆。对于产生混淆，依个案情况相对容易判定，但认定结论仅具有个案性，不能由此推定案外人员（他人）是否也会发生认识上的混淆，即无法解决个案中涉及的混淆是否具有混淆普遍性的问题。判定某种商业标志的使用是否在认识上可能产生混淆，由于主体大多都"不在场"，产生了一个难题：如何获取他们的认识，他们又是谁？这需要采取特殊的社会调查的方法。

（2）主体范围的确定。不管是混淆的事实还是混淆的危险，都属于认知的范畴，即属于人的认识上出现的错误。基于人的知识、经验等的差异，不同的人对一个事物的认识可能有所不同。就一个具体案件而言，以案件当事人（原告）的认识来作为判定标准还是以案外某类群体的认识来作为标准判定对审查结果将有不同的影响。具体而言，法律上将混淆主体确定为"相关公众"。所谓相关公众，是指与某类商业标志商品或者服务有关的消费者和与该类商品或者服务的营销有密切关系的其他经营者。如果将"有密切联系的消费者和经营者"统称为消费者（经济学意义上的），那么，消费者应该包括实际消费者和潜在消费者。[1] "有密切关系"表明作为相关公众的购买者的范围是有一定限制的。通常，基于商品功能，购买或使用该功能商品的人应该是相关公众；另外，没有购买或使用但知悉该商品基本信息的人也是相关公众。

相关公众具有一般的知识水平和认知能力，对目标商品的基本信息有常识性的了解。其运用知识和认识能力时，不是尽产品专家或者标识专业设计人员的注意。对于使用时不易发现的细小部位上的差别以及不具有一般美学意义的部位的外观和要素设计给其留下的视觉印象，不宜苛求且不宜将这些微小变化人为地放大。

（3）混淆的内容。由于混淆的情况大多发生在同行业或者相关行业使用的相同或相似的商标、商号等商业标志之间。从功能上讲，商业符号侧重于区别同行业的不同企业的特性。如果将他人知名的商业符号作为自己企业的商业符号，不仅仅会造成下游主体的误认误购，还会基于"搭便车"而侵害他人竞争利益。

1993年版《反不正当竞争法》中的"引人误认为是他人的商品"。被修订的法律解释为"引人误认为是他人商品或者与他人存在特定联系"。显然，混淆不仅仅限于商品与商品之间。从内容上讲，混淆可以包括三方面，一是使相关公众发生"客体—主体"或"主体—客体"间的错误性关联，如广州某市登记注册了"步步高"电子有限责任公司，产品上"步步高"的突出使用使人以为是"步步高"牌电子产品。二是使公众产生"客体—客体"（商品或服务）间的错误对应，包括基于商品功能、用途、生产部门、销售渠道、消费对象等方面使相关公众认为其与另一商品存在特定联系，或在服务的目的、内容、方式、对象等方面使相关公众认为其与另一服务存在特定联系，造成或可能造成认识错误。三是使相关公众对"主体—主体"之间存在着某

---

[1] 《审查指南》（2001年10月18日修改）中规定，在判断外观设计是否相同或者相近似时，以外观设计产品的一般消费者（简称一般消费者）是否容易混淆为判断标准。也就是说，将一般消费者作为判断外观设计是否相同或者相近似的判断主体。所谓一般消费者，是指一种假想的人。这里的混淆主体（相关公众）被确定为一般消费者。一般消费者是个大概念，包括消费者和经营者。由此尽管用语不一致，但在内涵上商业标识混淆和外观设计判断主体具有同类性。

种关联关系的混淆。当然主体与主体间的关系并不一定是竞争关系，可以是"与他人存在特定联系"，如是母子公司、总分公司的关系。

（二）行为的表现形式

1. 假冒或仿冒知名商品特有的名称、包装和装潢的行为。同商标一样，商品的名称、包装、装潢也是商品的外部特征，尤其是知名商品的名称、包装、装潢更是具有区别商品来源、标表不同商品的作用，与商标相辅相成，能够增强消费者所要识别商品的显著性。

商品的名称，有通用名称与特有名称之分。通用名称是某类商品所共同具有或使用的名称，它可以将一类商品与另一类商品区分开来，如"葡萄"酒，"水果"糖等这些已经成为本行业的通用名称；特有名称是指某一个体商品所独自具有的名称，它可以将彼此不同的两个商品予以区分。《关于禁止仿冒知名商品特有的名称、包装、装潢的不正当竞争行为的若干规定》第3条第3款规定："本规定所称知名商品特有的名称，是指知名商品独有的与通用名称有显著区别的商品名称。但该商品名称已经作为注册商标的除外。"

包装，是指为识别商品以及方便携带、储运而使用在商品上的辅助物和容器。在日常生活中，我们对于包装的理解非常宽泛，泛指一切盛装和保护产品的容器和包装物，而《反不正当竞争法》中所表明的包装的范围要窄于此，只有那些在一定程度上显现了商品的特征、为消费者识别商品提供了一定参照标准的包装，才是反不正当竞争法保护的对象。现实中常会遇到这样一种情况，有些商标注册人将其注册商标用烤花形式直接烤印在装饮料的瓶子上，如"可口可乐""雪碧""津美乐"等，该商标无法从瓶体上剥离。而一些饮料生产企业大量收购消费者遗弃的上述各类玻璃瓶后加贴自己的标签再灌装饮料出售，这些标签上有的有自己的商标，有的仅有企业名称或商品名称，其中有些标签全部覆盖了他人的注册商标图样，有些部分覆盖，还有一些没有覆盖。但不管怎样，这些都是擅自使用他人包装的行为。

装潢是指为识别与美化商品而在商品或者其包装上附加的文字、图案、色彩极其排列组合。一般，装潢附加于商品包装之上，成为商品的组成部分或者与包装一起成为商品的附着物。另外，由经营者营业场所的装饰、营业用具的式样、营业人员的服饰等构成的具有独特风格的整体营业形象，也可以认定其属于"装潢"。在大多数情况下，商品装潢所含载的信息量要远远大于商标，因此其更易吸引消费者的注意力。所以，仿冒商品装潢给消费者造成混淆的严重性不容低估。

2. 冒用他人的企业名称、社会组织名称或者姓名的行为。企业名称，是用来区别不同的厂商的，即区别不同的生产者和经营者。一个驰名商号是企业的无形资产，它一旦在公众中树立了良好的商业信誉，就会对公众产生极大的吸引力，并且不因经营者的更迭而受影响，商号与企业共存亡，如"同仁堂""冠生园"等老商号深深地根植于公众心中，历经数载而不衰，显示了企业名称标表商品时的巨大的潜在功能。企业名称由四部分构成，即行政区划名称、字号、行业和组织形式，通常情况下，这四部分不可分割。企业名称与商标、包装、装潢相比较，其表现方式单一，只能用文字表示，不能使用图案。

社会组织的名称，一般是指经县级以上人民政府民政部门依法登记的社会团体、民办非企业单位、基金会、城乡社区服务组织等的名称。社会组织是非营利性组织。但不意味着其不可以从事带有经营性质的活动。从事这些活动的目标虽然追求社会效益，但其中包含有利益关系，如收取经批准的管理费、咨询费、评估费等。这些活动可能涉及和外部经营者的合作。这样，其行为便扩展到具有经营性的范围。另外，由于其设立采取核准原则，行业中的社会组织在数量上、行业分布上都具有"垄断"性质。这使得社会组织可能成为经营者冒用、获取利益的一个对象。

姓名是自然人对于姓名设定、变更和专用的人格权，是法律赋予自然人的权利。在我国，依据《民法通则》的规定，法人、个体工商户、个人合伙享有名称权，并且有权使用和依法转让自己的名称；个体工商户和个人合伙可以起字号。自然人有权决定、使用和依照规定改变自己的姓名，禁止他人干涉、盗用、假冒。这里的姓名指被商品化了的姓名。

3. 域名主体部分、网站名称、网页。域名，又称网址，是连接到因特网上的计算机的数字化地址，在互联网上代表着入网申请者的身份。域名具有三种特性：①识别性。其产生的基础是为了在因特网上区别各个不同的计算机用户。②唯一性。由于域名的命名具有一定的规范性，同时它又与 IP 地址等价，具有高度的精确性。从技术保障上，域名具有唯一性，且不仅是全国唯一，而且是全球唯一。每个域名在全球范围内都是独一无二的，这是域名标识性的根本保障。③排他性。因为域名具有唯一性，相应地就产生了排他性，包括技术上和法律上的排他。一旦域名获得注册，就排斥此后其他相同域名的注册。

网站名称是基于网页内容的高度概括而形成的称谓，一般来说，网站首页的标题就是网站的正式名称。在国外，网站名称有时与域名重合；在中国，由于域名只能用英文或数字组合，网站的名称和域名大多都不重合。网站名称一般是中文，而域名不能使用汉字，因此，我国常见的网站名称大多都是以中文命名的。之所以在域名外还需要网站名称，是营销的需要。搜索时，以网站名称为关键词可以迅速检索到相关结果，并快速到达目的地，从经营角度，网站名称是对外形成并展示品牌形象的窗口。知名度高的网站名称，也可能被他人仿冒以搭便车。

互联网上的单一信息和系统信息均能够被复制。未经许可复制他人的信息涉及违反著作权法。一般用户复制并为学习之用并不违法。如果是经营者复制并以此作为经营的一部分，则构成违法，且还可能涉及违反反不正当竞争法。复制是著作权法中判定某一行为是否侵权的最核心的概念，其直接结果是一份或多份复制品的产生。网络空间上的复制的概念并不完全与传统的著作权法中的复制概念等同。其复制行为可以是临时的（或称暂时复制）。互联网用户在因特网上访问或浏览他人的网页或主页时，首先通过数字传输将网页以数字方式从该网页所在的远程计算机或服务器下载到用户的计算机上，尔后暂时存贮在用户计算机的随机存储器内，再通过用户计算机的显示器和相应的浏览器显示出来。这种复制是技术运用的基本程序，不是人为控制的结果。

4. 其他仿冒或假冒行为。随着商业标志被越来越多地开发使用，不同商业标志之间也可能发生混淆，进而构成特殊的不正当竞争行为。由于商标的构成要素包括了文字、图形，其构成要素比公司名称、徽记等构成要素丰富，所以构成异种商业标志间的冲突，一般容易以商标为中心展开。虽然修订后的《反不正当竞争法》将假冒注册商标行为删除，但以商标为中心的异种商业标识间混淆问题仍然存在。例如，商标与商号使用中造成或可能造成的混淆包括三种情况：将他人商号作为商标使用、将他人商标作为商号使用、商标和商号交叉使用。再如，将商标用作商品的名称、域名等。

二、不正当宣传行为

不正当宣传，是指在商业活动中经营者利用广告或者其他方法对商品或者服务作出与实际内容不相符的信息，导致客户或消费者误解的行为。

（一）不正当宣传行为的法律特征

1. 法律特征。宣传上的不正当竞争行为，有如下特征：

（1）宣传所提供的信息是虚假的信息。现代社会，对商品和服务进行宣传是最普通的营销战略，宣传一方面能够使消费者迅捷地了解有关商品或服务的信息，并依此作出是否购买的判断。另一方面可以树立企业的品牌形象，增加企业的知名度，使企业在生产经营中获取更大的竞争优势。如果经营者向社会提供虚假信息，必然会误导消费者，侵害消费者的合法权益。

（2）虚假宣传的性质既是广告违法行为，也是不正当竞争行为。2017年修订的《反不正当竞争法》将广告手段从法律中移除，值得商榷。毕竟广告是一种重要的竞争手段，其可能被滥用而获取竞争优势。竞争是市场经济有效运行的前提和基础，也是决定市场主体命运的重要因素。正当的竞争是通过不断改进技术、降低成本、开发新产品和新市场等方式实现的。合法的竞争要求每一个竞争参与者都必须遵守市场规则，以诚实守信的原则行事，偏离了这些原则和规则，必然走向不正当竞争。

（3）虚假宣传的直接受害者是消费者或者同业竞争者。经营者在宣传产品方面进行不正当竞争是很容易实现的，因为随着科技的现代化，生产工艺日益复杂，产品的种类纷繁多样，消费者对产品的性能、质量等不可能有足够的知识，消费者有关产品信息的来源主要依靠商品上的标注、广告等，经营者提供虚假的信息，会使消费者作出错误的判断。在既定的市场容量的前提下，依靠虚假信息赢得竞争优势或获取利润，势必使其他竞争者的竞争态势减弱或利润减少，损害其他竞争者的合法权益。

（4）虚假宣传是通过广告或者其他形式实现的。广告的基本功能是传递信息，同时广告所传递的信息不同于一般的商品信息，它带有劝诱性，诱导人们的思想和行为接近其推销的目标。通过广告宣传，可以吸引人们的注意，引起人们的兴趣，使人们处于潜在状态的需求被唤发起来形成显现的需求，因此，广告还有诱导和说服的功能。为了追求诱导和说服的效果，广告主或广告经营者就可能采用夸大宣传的方式发放信息，欺诈消费者。这样就形成了虚假宣传广告。当然，虚假宣传还可以通过其他媒介形式进行，比如，有偿新闻等。

2. 和假冒或仿冒行为的区别。值得注意的是，《反不正当竞争法》第6条规定的商业标识混淆行为也是信息传播中的不正当竞争行为，两者之间存在一定的关联关系和差别。

从法条的规定上看，假冒或仿冒行为和不正当宣传行为的区别在于两点：①二者的行为主体范围不同。前者的主体是商品经营者和服务者；而后者的行为主体，除商品经营者和服务者外，还包括广告的经营者。②导致引人误解后果的载体不同。前者是直接表示在商品上或者商品的包装上；而后者是通过广告或其他形式实现的。相比之下，两者的相同之处更为明显。①两者的法律性质相同，都是为了禁止对商品质量等作引人误解的虚假表示。无论是广告的形式，还是商品本身所承载的有关内容，都表明了商品的有关信息，其目的均是使消费者了解商品，激发购买欲望。②表示的内容相同，都是针对商品的质量、制作成分、性能用途、生产者、有效期限、产地等方面作出的说明。按照相同性质的行为应当作相同的归纳的逻辑规则，两者应当合并在一起予以规制。也确有很多国家在法律制度的安排上，将两者合并在一起。例如，《保护工业产权巴黎公约》第10条之2、3项采用概括的方式规定有关引人误解的商品表示："在商业经营中，对商品的性质、制造方法、特点、用途的适合性或数量使用误导公众的表示或说法。"

（二）认定的条件

宣传上的不正当包括两个条件：

1. 宣传的内容与商品（或服务）的实际状况不符。广告法严格要求广告说明应当真实、准确、清楚、明白。广告说明应当与商品或服务的内容相一致，虚假广告的判定标准之一就是看两者是否一致。如果经检验证明广告说明与商品（或服务）的实际状况不符，就可以将该广告认定为虚假广告。例如，在发布商品销售广告中，声称"本商场所有某某类商品××元起价"，但是如果消费者实际去购买商品时，被告知这样的商品已经售完（实际没有以这个价格销售过商品）则该商品销售广告构成虚假广告。广告说明与商品实际不符的情形具体包括：广告说明中的商品实际不能出售；广告说明中的商品仅仅限于少数几件，即限量供应而未言明等。

证明广告说明与事实不符时，要有充分的证据。有些广告有明显的不实或违法之处，例如广告词带有"最好""最佳"等字样。而有些广告说明则不能通过直观判定出来，例如，怀疑广告说明的内容含有不科学的表示功效的保证，这种保证是否科学，则需要经过鉴定。在一般情况下，应由请求停止侵害或损害赔偿的起诉人举证。当然，也有些广告说明的真实性以上述方式仍无法判明或者对广告涉及的技术问题不了解，消费者可以提出认定虚假广告的请求，或损害赔偿的请求，在抗辩过程中由经营者提出反证。

2. 导致或可能导致相关公众的误解。如果某广告宣传引起了相关公众的误解，即便该宣传具有一定的真实性，也可以认定其为虚假广告。按照最高人民法院《关于审理不正当竞争民事案件应用法律若干问题的解释》第8条的规定，经营者具有下列行为之一，足以造成相关公众误解的，可以认定为《反不正当竞争法》第9条第1款规定的引人误解的虚假宣传行为：①对商品作片面的宣传或者对比的；②将科学上未定论的观点、现象等当作定论的事实用于商品宣传的；③以歧义性语言或者其他引人误解的方式进行商品宣传的。总之，人民法院应当根据日常生活经验、相关公众一般注意力、发生误解的事实和被宣传对象的实际情况等因素，对引人误解的虚假宣传行为进行认定。

（三）行为类型和手段

不正当宣传包括两种类型：引人误解的宣传和虚假宣传。

引人误解的宣传，是指经营者利用广告或其他形式对商品内容所作的宣传致使相关公众的认识发生错位进而可能进行错误选择的信息传播形式。虚假宣传是高度模糊的词汇，从认定标准上看，其中心内容是"虚假"。何谓"虚假"，一般理解为"不真实"。具体内容参见《广告法》中的解释。

从法律规定看这两种行为的手段有：

1. 经营者利用广告进行虚假宣传。广告的含义有多种，按照《布莱克法律辞典》的解释，广告是通过某种旨在吸引公众注意的方式所发出的告示，是一种通过传单、报纸、电视、广播向公众或者有关的个人传播的信息。我国1994年公布的《广告法》中所称的广告，是指商品经营者或者服务提供者承担费用，通过一定媒介和形式直接或者间接地介绍自己所推销的商品或所提供的服务的商业广告。

2. 经营者利用其他方法进行虚假宣传。其他方法是指广告以外的方法。其他方法有哪些，竞争法中未作明确规定，一些地方性法规作了具体的解释，概括起来，例如，由合伙人或雇佣的他人冒充顾客进行欺骗性诱导。就是俗称的"托儿"，由合伙人或雇佣的他人充当"托儿"，假造购买气氛或劝诱其他购买者购买商品。它利用了人们消费中的从众心理，骗取信任，从而实现宣传商品的目的。再如，作引人误解的虚假的现场演示和说明。进行演示的实物多是经过特殊加工的，在演示期间能够反映出商品的特质，但消费者购买的商品则不具有或无法显现该特质。

三、商业诋毁行为

商业诋毁行为，又被称为商业诽谤行为，是指从事生产，经营活动的市场主体为了占领市场，针对同类竞争对手，故意捏造和散布有损其商业信誉和商品声誉的虚假信息，以削弱其市场竞争能力，使其无法正常参与市场交易活动，从而使自己在市场竞争中取得优势地位的行为。

（一）商业诋毁侵害的客体

商业诋毁侵害的是经营者的商誉。商誉的内容以财产性利益为主，兼具有人格属性。经营者在市场竞争中通过长期的诚实经营和创造性劳动逐步获得消费者信任、投资者认可和社会认同，从而形成了商誉这种无形资产。良好的商誉使企业能够长期稳定健康发展，为企业开拓市场和巩固市场优势地位奠定基础，使经营者在竞争中处于有利地位。不良的商誉往往会使企业经营活动受阻、产品销售不畅、失去交易伙伴、丧失交易机会，甚至使企业陷入瘫痪、倒闭破产。

商誉的载体种类丰富。商誉本身没有实体形态，它依附于特定经营者并通过其生产经营的产品和服务的商标、商品名称、包装、装潢、企业名称、商业道德、商品质量、服务质量、资信、价格以及其他商业性标记来显示经营者的整体素质，为社会公众的客观评价提供指引。这些商誉的表现形态相互配合，密切联系，处于一个完整的动态的统一体中，共同反映和构筑经济主体的商誉体系，同时它们也能够各自单独发挥作用。

法律上对商业诋毁侵害客体的表述并不完全相同。我国法律将商业诋毁的客体表述为商业信誉和商品声誉；《巴黎公约》表述为工业活动的信誉；德国《反不正当竞争法》第14条的规定涉及的客体除了商誉外，还包括企业主或企业领导人的信誉，即领导人的名誉。

之所以突破传统的侵权行为法，将商业中的信誉或名誉诋毁纳入到反不正当竞争法，是由其对市场竞争机制的破坏性作用决定的。竞争是相同或相似产品（服务）的提供者利益上的一种对峙行为。这种利益对峙以市场为场所，以客户为媒介而展开。客户是商业活动的根本要素，竞争者的一切经济活动都是以发展和保持对客户的注意力和吸引力为取向的。客户具有检验竞争优劣的价值，竞争者赢得了客户就是赢得了竞争优胜。商业诋毁引发的各种效应，会侵蚀人们的信任心理，降低消费者与经营者的亲密关系和信任感。

商业诋毁在本质上是一种欺骗性的信息行为。由于信息的不对称，不法商人可以通过对信息的干扰去影响顾客的注意力。在商业诋毁的情形中，诋毁者的欺骗性信息干扰了客户获得信息的全面性和真实性，这些经过诋毁者主观筛选，赋予特定"意义"的信息，客户尤其是消费者是不可能进行全面甄别的，在此基础上的评价，必然会产生偏向性及其他消极的结果。

（二）商业诋毁行为和不正当宣传行为的关系

《保护工业产权巴黎公约》第10条之2和我国《反不正当竞争法》都将

不正当宣传、商业标识假冒和商业诋毁分开列明，各自作为单独的不正当竞争行为。

在竞争法上，商业诋毁和虚假宣传的性质实质上是一样的，即"通过传布某种信息影响消费者的决定"。从《反不正当竞争法》第8条第1款规定内容的字面含义来看，该款要求经营者必须对自己的商品进行引人误解或虚假的宣传。《反不正当竞争法》第11条规定："经营者不得编造、传播虚假信息或者误导性信息，损害竞争对手的商业信誉、商品声誉。"可见，二者宣传的对象有差异，即前者是"对自己的产品或服务进行虚假的或欺骗性的陈述"，后者是"对他人的企业、产品、服务或工商业活动传布虚假的信息"。

如果为了宣传或突出自己的商品或服务而捏造或者散布虚假的事实，其行为首先构成引人误解的或者虚假的宣传，并进一步构成商业诋毁，此时虚假宣传和商业诋毁发生竞合。法律对虚假宣传与商业诋毁分开规定，可以理解为，虚假宣传是针对公众的宣传，直接侵害的是社会公众；商业诋毁直接侵害了特定竞争者的商品声誉或者商业信誉，但在贬低不特定竞争对手的情况下，还同时对公众构成与虚假宣传相同的侵害。

为此，二者关系的具体界限可以大致划定为：

1. 只虚假宣传自己的商品而不涉及他人的商品声誉和商业信誉的，只构成虚假宣传行为，而与商业诋毁行为无关。

2. 损害特定竞争对手的商业信誉和商品声誉的行为，构成商业诋毁行为，而不再构成虚假宣传行为。

3. 损害不特定竞争对手的商业信誉和商品声誉的行为，既构成虚假宣传行为，又构成商业诋毁行为，产生法律竞合。

(三) 商业诋毁行为的构成要件

商业诋毁行为的构成要件包括客观行为和主观状态两个方面。

客观上，主体实施了编造、传播虚假信息或者误导性信息的行为。"编造并散布"来源于刑法的诽谤罪。编造强调无中生有，散布强调公开。至于编造的事实是否广为人知、知悉者的识别状态等则无关紧要。《巴黎公约》的表述是"利用谎言"，德国《反不正当竞争法》第14条规定的是"声张或传播无法证实的事实"。不管使用什么样的表述，其本质都在强调两个要件：①信息的公开性。非公开的信息即使是捏造的，也不构成商业诋毁。②信息所言事实的虚假性。通过真实的事实描述或性能对比得出"某商品不如某商品"的结论也不属于商业诋毁。

商业诋毁侵害的客体是竞争对手的利益。对手包括特定的主体，也包括不特定的主体。例如一家生产新型无内胆饮水机的企业通过媒体公开宣称：传统饮水机内的水是反复加热的，饮水机内胆会产生重金属、砷化物等有害物质。国家质检总局经过权威机构检测证实：传统热胆饮水机不会产生有害的"千滚水"。中国家用电器协会同时指出，部分厂家将桶装水自身污染、长时间不清洗饮水机可能产生的问题扩大化为全部饮水机问题，是偷换概念、误导消费者的行为，消费者不应轻信。这里的竞争对手包括所有生产有内胆的饮水机生产厂家。

主观方面，商业诋毁行为必须是行为人主观上存在故意，其目的是占领市场、排挤竞争对手，而且侵权人与受害者之间应具有竞争关系。商业诋毁行为可以针对一个特定竞争对手进行，也可以损害同行业几个商业经营者。有时，虽然侵权人没有指明诋毁对象，但一般同业人员或者消费者可以轻易推知。

经营者常用的商业诋毁方式有：自我宣传中的贬低他人、虚假投诉、比较广告和利用新闻诋毁对手。自我宣传中的贬低他人是指无限夸大自己商品的质量，同时贬低同类产品的质量，构成一种商业诋毁行为。

第三节　交易上的不正当竞争

一、商业贿赂行为

美国《布莱克法律词典》认为，商业贿赂是指竞争者通过腐败收买预期交易对方的雇员或代理人的方式，获取优于其他竞争对手的优势。2003 年通过的《联合国反腐败公约》第 21 条规定，私营部门内的受贿犯罪是指："以任何身份领导私营部门实体或者为该实体工作的任何人为其本人或其他人员直接或间接索取或者收受不正当好处，以作为其违背职责作为或不作为的条件。"

（一）商业贿赂行为的特征

商业贿赂，是指经营者采用财物或者其他手段为谋取交易机会或者竞争优势贿赂有关单位或个人的行为。

商业贿赂与其他不正当竞争行为相比较，有以下几方面的特征：

1. 行为具有普遍性和隐蔽性。在我国，商业贿赂渗透了商业活动的各个领域，不必说各种产品销售，很多服务行业如广告、保险、旅游、甚至教育也充斥着各种名目的非法回扣、折扣、佣金、介绍费等。同时，商业贿赂一般都是以秘密方式进行的，具有很大的隐蔽性的特点。不过有些贿赂方式与合法的商品促销行为又具有很大的相似性。

2. 行为具有多重违法性及社会危害性。所谓多重违法性，是指某一行为的实施将触犯不同领域的法律规定。商业贿赂行为除了违反《反不正当竞争法》外，还可能涉及对《会计法》《税法》《刑法》的违反。商业贿赂行为的社会危害性由其多重违法性得以体现。具体而言，商业贿赂行为不仅损害公平竞争，破坏竞争秩序，侵害竞争对手和消费者的合法权益，破坏商业诚信，而且侵害国家廉政制度，为不良公务员的"权力寻租"提供了机会。

3. 贿赂手段的多样性。我国法律对经营者贿赂对方单位或者个人的手段规定为两类：一类是给付财产性利益，包括现金和实物。另一类给付是非财产性利益，如为对方单位中的有关人员提供国内外各种名义的旅游、考察、甚至性贿赂等。《联合国反腐败公约》中对此使用的是给予或者索取、收受"不正当好处"。从字面理解，其涵盖面非常广，上列财产性利益和非财产性利益，甚至其他类型的各种贿赂方式都包括在内。

（二）商业贿赂行为的构成要件

商业贿赂行为的界定包括以下要素：主体、客体、目的和手段。

1. 商业贿赂行为的主体。商业贿赂包括商业行贿和商业受贿。商业贿赂发生在拟交易环节，因供需不平衡导致交易双方地位不同，很难形成稳定的对应关系：行贿人就是卖方，受贿人就是买方。此外，由于交易之外的第三人的加入，更不能从行贿人或受贿人是合同的哪方当事人的角度去认定。

商业贿赂行为的隐蔽性、关系复杂性等决定了行为类型多样化，进一步决定了难以像刑法中的贿赂罪那样以一方的特殊性（国家工作人员）来确定行为的本质。很大程度上，正是因为商业贿赂的主体泛化的特点，需要扩大《反不正当竞争法》第 2 条规定的经营者概念的内涵。

2017 年修订后的《反不正当竞争法》不强调经营者是以营利为目的，这使得《反不正当竞争法》中的经营者概念不同于《消费者权益保护法》中的经营者概念。

基于主体的性质不同，可能出现的商业贿赂的类型包括：①交易的一方主体是以营利为目的的经营者，另一方主体也是同类主体。②一方是营利为目的的经营者，另一方是非营利为目的的经营者，如事业单位、社会团体、政府机构等。③双方均不是以营利为目的的经营者，例如某行业协会欲发放一个课题给社会团体性质的研究会，因与课题内容相关研究会有多家，其中一家为取得该项目给予行业协会人员以财物。

对商业贿赂主体的理解亦应从交易人员的权限角度切入，由此，可以分为三类主体：交易主体的工作人员（以下简称为代理人）、受交易主体委托的单位和个人（以下简称为受委托的第三人）、对交易有影响的单位和个人（以下简称为有影响力的第三人）。

与 1993 年版的商业贿赂制度的不同之处在于商业贿赂主体将作为合同当事人的单位（也包括个人独资企业或个体工商户的个人）排除在外。在理解上，之所以将商业贿赂主体限定为代理人和第三人，是为了防范代理人机会主义。不论代理人还是第三人在从事与交易有关行为时均具有双重身份：自己和自己所代表的合同主体，且代理人或第三人在从事业务时均有一定的交易选择上的能动性和灵活性，由此产生"代理人机会主义"。其始于自己与自己所代表的合同主体利益上的冲突：以自己利益最大化还是自己所代表的合同主体利益最大化。自己利益实现程度越大，被代理人一方利益实现程度就越小。法律要求代理人应当恪尽职守，以被代理人的利益最大化为行动目标，但由于代理人或第三人选择上的能动性和行为的隐蔽性，其可能会在行为目标上立足于自己利益最大化。

代理人机会主义是产生商业贿赂的内部机理，从外部条件上言，还需要拟交易对方提供"机会"——给予财务或其他好处，以使代理人或第三人有实现"机会"的机会。

法律上，对商业贿赂主体的表述为如下三种：

（1）交易相对方的工作人员。这里的交易相对方是相互的。合同主体互为交易相对方。在商业贿赂的主体是交易双方的内部职务人员时，这两个人均可能采取代理人机会主义的方法签订合同。且这里设定的前提是不存在代理人和合同主体身份混同。如果存在身份混同，如由个人独资企业的企业主对外直接签订合同，其身份不属于"工作人员"。由此，其获取的财物也不应视为商业贿赂。

（2）受交易相对方委托办理相关事务的单位或者个人。受委托办理交易事务的人，不论是单位还是个人均存在业务中的"自己利益"和受委托方利益的冲突，由此，这里将单位列入贿赂主体。例如在旅游行为中，导游将游客带入特定的购物店消费。在这个交易中，交易双方是商店和游客，委托方是旅行社或导游。如果导游收取商店的人头费或购物后的返利，不论将这种财务上交给旅行社单位还是由其个人留用，也不论给予或收受这种利益是否入账，均构成商业贿赂。

（3）利用职权或者影响力影响交易的单位或者个人。交易人之外的第三人能够对交易签订或交易数量施加影响力，这里的影响，应当理解为"直接影响"，即对交易有决定权或决定性影响。作为斡旋贿赂的第三人（单位或者个人），可能是政府管理部门的工作人员，也可能是事业单位、社会团体、中介机构及其工作人员；可能是交易人的关联企业及其人员，也可能是非关联企业但占据重要交易环节的主体；甚至还可能是已经离退休但仍有"余力"的人。总之，只要能够对交易的达成产生直接影响的单位和个人，收取了财务或取得其他利益，都可以成为商业贿赂的主体。

2. 商业贿赂行为侵犯的客体。商业贿赂行为危害的对象是指商业贿赂行为所侵害的且受法律保护的有序经济社会关系。这种社会关系指向的客体具有双重性：外部而言，是市场竞争秩序；内部而言，是企业内部管理秩序。

（1）市场竞争秩序。从外部环境上看，商业贿赂行为侵犯的客体是公平、有序的竞争秩序。公平竞争是市场经济的灵魂，也是竞争法所维护的核心价值。商业贿赂的不公平之处在于以个体（单位和个人）利益为基础改变市场的合理资源配置，使资源流向具有随意性。且因为利益的不当输送，可能使财力较小的企业被挤出市场；即使在输送出的"财物"可以转嫁的情况下，也将导致下游购买者的消费福利减少。另外，因交易的获取依赖于交易之外的"财物"，这会诱使企业在管理上偏离于质量、价格、技术、服务等基本竞争要素。长远地看，危害的是企业的生存和发展。

（2）企业内部管理秩序。从企业管理的角度，企业员工为了个人的私利可能会出卖企业的利益。反商业贿赂之外部强制性规定优于内部管理性规定，要求企业内部建立相关管理规范，以保障企业员工忠实守信，实现企业健康发展，展现诚信守法的社会现象。这种由外而内的约束促发大型企业建立内在稽核制度——合规性管制。合规性管制包括建立约束员工行为的"行为准则"——在与供应商、客户或者政府官员打交道时，禁止员工索要或接受现金、礼品或其他有价回报等；对员工进行合规培训和建立合规性监督制度等。

3. 商业贿赂行为的目的。从行贿人角度而言，修订后的《反不正当竞争法》规定的商业贿赂行为的目的是"谋取交易机会或者竞争优势"，这种表述更加准确地限定了商业贿赂发生的交易阶段及产生的直接后果。

确定行为的目的需要结合立法目的进行分析。《反不正当竞争法》的立法目的在于"鼓励和保护公平竞争"，该法第 2 条规定，不正当竞争是"扰乱市场竞争秩序，损害其他经营者或者消费者的合法权益的行为"。每个经营者的目标都是获得更多的商业利益，而实现这一目标的前提是获得交易机会。因此，从行贿人的角度而言，经营者给付不正当利益的直接目的是获得交易机会。也由此才可能损害具有竞争关系的其他经营者合法利益。如果在获得交易后，为了获取更大的利益变更合同内容而给予公司、企业的工作人员财物的，不应该定性为商业贿赂。涉及数额不大的，应按违反《合同法》《招标投标法》的规定处理；涉及数额较大的，构成对公司、企业人员行贿罪。

另外，有些交易具有明显竞争性或条件性，交易人给付财务给交易相对人的工作人员或第三人，其目的是取得竞争优势。如为将超市柜台放置于更有利的位置给予超市有关负责人以财物。在第三人受贿的情况下，行贿人的财物给付更多的是为了获取竞争优势。

如果经营者的行为不是以"获取交易机会或竞争优势"为目的，而是出于谋取商业利益以外的其他目的——如升学、户口迁移、晋级、出国等——而收买有关人员，则不是商业贿赂行为。从受贿人的角度分析，接受商业贿赂是交易之外的一种利益交换。行贿方输送利益以兑取交易机会或竞争优势，受贿方通过剥离开其他竞争者的交易机会而固化交易。有观点认为，规制商业贿赂的理论基础是受贿人侵害了其所代表的交易人的财产利益。其合理性在于，它反映出受贿人违背了其忠实义务或信托义务。但值得商榷之处在于，代理人或委托人侵害企业财产权问题是"私事"，不是危害竞争秩序的核心内容。

4. 商业贿赂行为的手段。商业贿赂手段的具体形式多种多样，无法完全列举，只能列示部分主要形式。我国《反不正当竞争法》将商业贿赂的手段划分为"财物"和"其他"两大类。财物，是指现金和实物。其他手段，包括提供国内外各种名义的旅游、考察、调动工作、性服务等直接给付财物以外的其他利益的方式。显然，这里以给付的客体作为划分标准。从手段的类型上，商业贿赂（罪）和刑法的贿赂罪不同，后者不包括"其他手段"。不同于我国法的上述规定，《联合国反腐败公约》用一个更大的概念——"不正当好处"——来概括"财物"或"其他手段"。我国台湾地区"公平交易法"

第 19 条"以胁迫、利诱或其他不正当方法"笼统概括行为的手段。从字面理解，这些表述涵盖面非常广，将财产性利益和非财产性利益都包括在内。

另外，财物的给付状况对行为定性也有一定的影响。理论上，支付可分为预先支付、约定支付、事后支付。我国《反不正当竞争法》对财物支付状况的规定语焉不详。实践中，大多都是财物已经转移支付，即给付完成。但是，如果有证据证明双方事先约定了给付财物而事实上没有转移财物，应当如何认定？《联合国反腐败公约》第 16 条规定，直接或间接向公职人员、外国公职人员或者国际公共组织官员许诺给予、提议给予不正当好处即为行贿。合同法上，允诺有合同成立的效果。在《反不正当竞争法》上，允诺可能成为排挤竞争对手的条件。与合同法不同之处在于，这种允诺执行不是通过合同制裁来维护，而是通过未来交易机会的扣减来保证执行的。因此，只要证明"允诺——接受允诺——排斥竞争对手"之间存在因果关系，这种期待利益应构成商业贿赂。

二、不正当有奖销售行为

（一）不正当有奖销售行为的概念和特征

有奖销售，是指经营者销售商品或者提供服务，附带性的向消费者提供物品、金钱或者其他经济上的利益的行为。竞争是推动市场发展的动力，在日趋激烈的市场竞争中，经营者为达到赢得消费者的目的，会采取各种方法。有奖销售成为商家在竞争中取得优势的一种手段。其通过给予消费者附带利益，吸引更多人购买自己的产品或服务。有奖销售本质上并不违法，因为其根本目的是促销产品，并一定程度上惠及了消费者。

有奖销售的特征：

1. 有奖销售活动是公开进行的。它通常以广告的形式让一定范围内的消费者周知，针对的对象不特定，是一种促销活动。这与有些隐蔽的促销活动相区别，如回扣。

2. 有奖销售存在两重法律关系。经营者与消费者之间的购销活动形成了买卖合同关系，同时经营者向消费者提供赠品又形成赠与合同关系。这种赠与是附条件的，只有在买卖关系成立的条件下才得以实现。这与折扣，回扣等促销手段不同，它们本身只是买卖合同的条款之一，不能构成一种新的法律关系。

3. 有奖销售分为附赠式有奖销售和抽奖式有奖销售。前者指对满足一定条件的消费者，一视同仁的提供赠品。其特点是，赠品的获得具有确定性。后者指以抽号、摇奖、对号码的方式决定购买者是否中奖，这种有奖销售方式的特点是：只向部分而不是全部购买者提供商品，决定中奖的方式是射幸的，具有任意性和偶然性。

4. 有奖销售行为的双重性。有奖销售作为一种促销售手段，具有积极的意义。它可以增加产品的销售量，加速经营者的资金周转，提高经济效益，巩固经营者的市场地位。同时也激发了消费者的消费欲望，活跃市场，促进消费增长。但有奖销售往往会被滥用，产生诸多危害。不正当有奖销售会助长不公平竞争，成为经营者排挤竞争对手的工具，严重扰乱市场秩序。同时它助长了消费者的投机心理，刺激消费者盲目消费，并易忽略产品的质量和实际功能。因此，不正当有奖销售被纳入《反不正当竞争法》的规制范围，由国家公权力进行干预。

不正当有奖销售的特征可以概括如下：

1. 经营者实施的不正当有奖销售行为违背了公平竞争原则和诚实信用原则。公平竞争原则是指经营者在争取交易机会方面平等，不受其他经营者不正当的干扰和限制。诚实信用是指行使民事权利，与他人之间设立、变更或消灭民事法律关系，均应诚实，不损害他人利益和社会利益。经营者有权通过给予消费者额外的利益争取交易机会，但如果经营者的这种行为扰乱了竞争秩序，妨害了其他经营者的正常营业活动，就应该认定其行为是不正当的，应受《反不正当竞争法》的规制。

2. 不正当有奖销售行为的行为实施者是经营者。经营者是参与市场经济活动，以营利为目的，自主经营，自负盈亏的商事主体。不正当有奖销售发生在经营者提供商品和服务的过程中。

3. 经营者实施不正当有奖销售的手段多样化。根据我国《关于禁止有奖销售活动中不正当竞争行为的若干规定》，不正当有奖销售包括欺骗式有奖销售、利用有奖销售推销质次价高的产品和设置高额奖项。

4. 不正当有奖销售应当以营利为目的。因此有奖募捐和其他彩票发售活动不同于有奖销售。根据《关于禁止有奖销售活动中不正当竞争行为的若干规定》第2条3款的规定："经政府或有关部门依法批准的有奖募捐及其他彩票发售活动不适用本规定。"有奖募捐和彩票发售具有公益性质，不以营利为目的，也不在销售商品和提供服务的过程中进行。因此它不属于不正当有奖销售的范围。

5. 不正当有奖销售行为导致正常竞争秩序被破坏。市场中存在优胜劣汰的法则，高质量的产品、服务以及良好的营销战略是经营者站稳脚跟的法宝。不正当有奖销售是竞争的一种畸形，它使经营者的注意力转移到不择手段的吸引消费主体达到取得竞争优势的目的上，而不是通过改良技术和改进服务争取消费者。

（二）不正当有奖销售的类型

不正当有奖销售包括欺骗性有奖销售和超出限额的有奖销售。

1. 欺骗性有奖销售行为。欺骗性有奖销售是指经营者隐瞒事实真相或者发布虚假有奖信息，引诱消费者与其交易，但消费者无法得到所称"奖励"的销售活动。

经营者举办有奖销售，应当向购买者明示其所设奖的种类、中奖概率、奖金金额或者奖品种类、兑奖时间、方式等事项。属于非现场即时开奖的抽奖式有奖销售，告知事项还应当包括开奖的时间、地点、方式和通知中奖者的时间、方式。经营者已经向公众明示的这些事项不得变更。

经营者从事欺骗性有奖销售是违背诚信原则的行为，破坏了市场的信用体系，因此被反不正当竞争法所规制。我国法律规定的欺骗性有奖销售行为包括以下几种：

（1）谎称有奖或者对设奖的种类、中奖概率、最高奖金额、总金额、品种、种类、数量、质量、提供方法等作虚假不实的表示。这种行为的主要特点是经营者对外宣称有奖，而事实上奖品并不存在。或者谎称中奖概率高，对中奖金额作夸大的描述等。

（2）采取不正当手段故意让内定人员中奖。这种不正当销售的行为适用于抽奖式有奖销售，形式比较隐蔽。通常经营者会在设奖商品上作出某种标记，告知内定人员抽取，或者在摇奖过程中弄虚作假，让内定人员中奖。表面上看，设有奖项是让利于消费者的行为，但由于经营者操纵了抽奖的过程，消费者根本不可能中奖，因此该行为与谎称有奖没有本质区别。由于操纵抽奖的过程比较隐蔽，甚至经营者会聘请公证机关进行公证以增强公信力，很难确定其是否实施了此种不正当有奖销售行为。一般的判断标准有两个：①是否由事先安排好的人员中奖。②这种中奖行为是否是经营者操纵的结果。

（3）故意将设有中奖标志的商品、奖券不投放市场或者不与商品、奖券同时投放市场；故意将带有不同奖金金额或者奖品标志的商品、奖券按不同时间投放市场。虽然此种情况下奖品与奖券是属实的，但消费者的中奖概率却不相等。经营者为了防止大奖被抽走后消费者失去继续交易的热情，往往将奖品、奖券分批投放或留置到最后投放。这使得某一时段的消费者丧失了高等奖项的中奖机会，而其他时段消费者中奖（尤其是中大奖）的概率却很高。这种有奖销售手段也是愚弄消费者的行为。

（4）被限制处分权或不可能实现其价值的奖品。未声明限制处分权而给予获奖者以限制处分权的奖品也属于欺骗性有奖销售。例如，某商业活动中主办者给予的奖品是往返巴黎的机票，在出票时主办方却告知只能获奖者本人享受该机票，但这一点并未事先向当事人明示。

（5）其他欺骗性有奖销售行为。实践中经营者所采取的不正当有奖销售行为花样繁多，不一而足。我国《反不正当竞争法》只兜底式地规定了一个弹性条款，随着经济发展出现的其他不正当有奖销售行为仍未被具体规定。

2. 超出限额的有奖销售。高额有奖销售已经脱离了正常竞争的范畴，它刺激了消费者的投机心理，使消费者不再关心商品的质量、性价比、实用性，而是为了大奖而购买商品。诱使消费者的购买意向发生扭曲，甚至导致市场反映出不真实的供需信息。同时，这种行为挫伤了依靠提高产品和服务质量取得竞争优势的商家的积极性，助长了不诚信之风气。高额有奖销售往往是大商家的促销手段，中小商家无力也无法与之抗衡，这可能导致中小商家被排挤出市场。

（1）抽奖式不正当有奖销售。我国法律允许小额的抽奖式销售，限制高额的有奖销售。抽奖式有奖销售的种类很多，凡以偶然性的方式决定参与人是否中奖的有奖销售均属于抽奖式有奖销售。偶然性的方式是指具有不确定性的方式，即是否中奖只是一种可能性，消费者可能中奖，也可能不中奖。是否中奖不能由参与人完全控制。

抽奖式有奖销售不仅仅发生在产品销售领域，也会发生在服务领域。例如，在证券经营者实施的以投资收益率或者利润率的高低来确定部分投资者是否中奖的各种奖赛、比赛等活动中，由各个投资者获取的投资收益率或者利润率等来决定其能否中奖。此类奖赛活动属于抽奖式有奖销售。再如，营利性保龄球场馆举办的以一定得分来决定消费者是否中奖的有奖销售活动，属于以带有偶然性的方式决定消费者是否中奖的抽奖式有奖销售；有线电视台为招揽广告客户和消费者，在提供电视节目服务中进行的有奖竞猜活动，也构成有奖销售。举办此类有奖销售活动，凡最高奖的金额超过 5 万元的，均构成不正当竞争行为。

此外，一些经营者在促销活动中，以轿车的使用权、聘为消费顾问并给予高薪等方式作为奖励推销商品，或者利用社会福利彩票、体育彩票设置的高额奖励来销售商品，这些行为都极易诱发消费者产生投机心理，影响并干扰消费者正常选择商品，妨碍经营者在质量、价格和服务等方面的公平竞争，不利于市场竞争机制的建立。尽管这些行为的名目和表现形式复杂多样，但都属于典型的规避法律的做法，其本质上仍属于不正当竞争行为。

（2）附赠式不正当有奖销售。目前在我国《反不正当竞争法》中没有规定附赠式不正当有奖销售的内容。但诸多国家（地区）的竞争法重点规制的恰是不正当附赠式有奖销售，这和我国法律形成了鲜明的对比。

日本《不当赠品及不当表示防止法》第 1 条明确规定其宗旨是："防止在商品和劳务的交易中利用不当的赠品及表示引诱顾客，而根据《关于禁止私人垄断及确保公平交易法》制定的特例，为确保公平竞争和保护一般消费者利益而制定本法。"该法允许通过附赠式有奖销售和抽奖式有奖销售方式销售商品和服务，但法律对有奖销售行为也有严格的限制。《不当赠品及不当表示防止法》规定，公平交易委员会有权根据有关情况，对赠品的价额最高额、总额、赠品种类、提供方法等作出限制，或禁止提供赠品，以防止不当的引诱顾客。法国允许经营者在销售商品时赠送价值不大的广告用品，但对赠送奖品的方式和数额进行了限制。经营者用于有奖销售的奖品需要有明确广告标识，且不易擦洗；奖品必须与销售的商品属于同一种类。法国禁止经营者在销售商品时采取免费、即付或定期付款的方式向消费者送赠品。

一般，此种不正当竞争行为的认定标准是赠品超过一定的价值或一定的比例。按照日本的相关法律规定，事业者提供附赠的奖品或奖金的最高额是：交易额在 1000 日元以下的，奖品和奖金的价值不得超过 100 日元；交易额在 1000 日元到 50 万日元之间的，奖品和奖金的价值不超过交易额的 10%；交易额在 50 万日元以上的，奖品和奖金的价值不得超过 5 万日元。我国台湾地区公平交易委员会于 1995 年通过的"处理赠品赠奖促销案件原则"规定销售商品附送赠品，其赠品价值上限分别是：商品价值在新台币 100 元以上者，为商品价值之 1/2；商品价值在新台币 100 元以下者，为新台币 50 元。

应该说，附赠式有奖销售同样会危害竞争秩序。2009 年版《反不正当竞争法（修订草案）》曾增加了这一内容的规定，但在期后的文本中又将其删除了。一是中国的经济转型，财富增加很快，固定一个数额可能会限制经营者的促销能力。二是多年来的实践使得附赠中潜藏的危险通过消费理性得到了部分化解。三是有关法律可以补充性规制附赠中存在的问题，如民法或消费者保护法中的消费欺诈，反不正当竞争法中的虚假宣传。如果确实存在市场危害，其他法又无法替代性地调整，还可以用《反不正当竞争法》第 2 条来兜底。如经营者从事的是真实的大额附赠，具有排挤竞争对手的目的，但客观上又不具有市场支配地位。

（三）不正当有奖销售和相关概念的区别

1. 不正当有奖销售与商业贿赂行为的区别。不正当有奖销售和商业贿赂都是经营者获取竞争优势，获得更多商业利益的手段，都违背了诚实信用的原则和公平竞争的秩序。

商业贿赂与不正当有奖销售的相同点表现在：①目的相同，都是促成交易相对方与自己达成交易。②手段相同，都是通过给予对方额外的好处来实现不正当竞争。有奖销售中经营者提供的利益是附带性的，商业贿赂提供的财物也是从属的，都是为了达到一定的目的。③后果相同，都限制了其他经营者的竞争，危害社会秩序，损害了消费者的利益。

商业贿赂与不正当有奖销售的区别在于：

（1）主体不同。商业贿赂的主体是交易的双方，包括为了销售商品而提供贿赂和购买商品进行贿赂，双方分别成为行贿人和受贿人。不正当有奖销售的行为主体只能是经营者，是经营者为了促销而单方面采取的措施。

（2）给付额外利益的形式不同。商业贿赂的手段主要是财物手段和其他手段，即直接以现金行贿，或者向对方提供旅游机会，为对方调动工作等。不正当有奖销售中经营者通常采用提供赠品或奖品的方式，较少直接向消费者提供现金。

（3）行为发生的时间不同。商业贿赂发生在经营者销售和购买商品的过程中，不正当有奖销售发生在经营者销售商品和提供服务的过程中。

（4）行为的方式不同。商业贿赂最主要的特点是账外暗中进行。它是秘密无偿的向交易对方或相关当事人提供额外的利益，收买交易对方或相关当事人，获得交易机会。不正当有奖销售都是公开地进行，经营者会作出向满足一定条件的所有消费者提供额外利益的表示。

2. 不正当有奖销售与折扣行为的区别。折扣是经营者通过对商品和服务打折，消减商品或服务的正常价格吸引消费者优先选择购买其商品或服务的正常促销行为。折扣后的商品或服务比原来价格低，易使消费者产生物超所值之感，从而优先选择有折扣的商品或服务。目前的折扣形式很多，包括现金折扣、数量折扣、现金返还等。折扣也是通过给予消费者一定的利益而吸引消费者，这与不正当有奖销售的目的相同。二者的区别在于：

（1）行为性质不同。折扣只要在法律允许的限度之内即是合法的，通常是一种正常促销的行为。不正当有奖销售是不正当竞争行为，为法律所禁止。

（2）给付额外利益的形式不同。折扣是通过消减商品的正常价格让利于消费者。不正当有奖销售通过提供赠品或抽奖方式让部分消费者获利来实现促销。

第四节　侵犯商业秘密的行为

商业秘密，是指不为公众所知悉、具有商业价值并经权利人采取相应保密措施的技术信息和经营信息。

一、商业秘密的认定

一般意义上，商业秘密应具备的要件包括：秘密性、实用性与价值性、保密性。

（一）秘密性

概括而言，秘密性是指不为公众所知悉或不为其所属领域的相关人员轻易获得的信息。其是与"公知信息"或"共知信息"相对应的概念。

公知信息属于民众的公共财富，不能为某人或某几个人所独占。共知信息虽不为公众普遍知悉，但属于专业人士的共享资源。商业秘密具有非公（共）知性。是否公（共）知，主要看是否可以通过正当的手段获得该信息。通常，"不为公众所知悉"是指该信息不能从公开渠道直接获取。通常，满足下列情形的信息则属于公知信息或可直接获得的信息：该信息为其所属技术或者经济领域的人的一般常识或者行业惯例；该信息仅涉及产品的尺寸、结构、材料、部件的简单组合等内容，进入市场后相关公众通过观察产品即可直接获得。

具有下列情形之一的，可以认定有关信息具有秘密性：

1. 未在公开发行的出版物上公开发表。商业秘密包括经营信息、技术信息。就经营信息而言，只要不为外人知晓，其秘密性便存在；就工艺流程、生产诀窍等技术秘密而言，只要该技术与已有公知技术有不同之处，且不是纯手艺、规格尺度的改变或等同性的改变，也应该认定其具有新颖性。[1] 公开信息的载体——出版物，包括正式出版的书籍、报纸杂志以及其他形式的出版物，例如手稿、打印材料、录音、录像带等。如果已经通过上述形式将

---

〔1〕　戴建志、陈旭主编：《知识产权损害赔偿研究》，法律出版社 1997 年版，第 132 页。

商业秘密的内容公布于众，第三人可以依据"公知信息"合法使用，即使形成与商业秘密权利人同业竞争的态势，造成权利人盈利下降，权利人也不能要求第三人损害赔偿，其只能向信息的公布人（出版人）要求损害赔偿。因此，信息失去秘密性，即意味着丧失价值性。

与之行比，专利法中新颖性的判断标准强调形式公开，即要求"在申请日以前，没有同样的发明或实用新型在国内外出版物上公开发表过、在国内公开使用过或者以其他方式为公众所知"。申请日前公开的技术可以是技术的全部内容，也可以是非成熟技术或者仅仅是技术要点。公开这些内容都会使技术丧失新颖性。在商业秘密的保护中，如果公开的仅仅是某些技术要点，仅凭这些技术要点并不能形成同业竞争，则商业秘密未丧失秘密性。

对公开出版物与非公开出版物认定标准的问题。一些行业内出版物上写明"非公开出版"，但实际上在该行业内很容易得到或购买到，则这样的出版物应视为公开出版物，其刊载的信息属于公开发表。另有一些为技术鉴定、评审成果等而准备的资料，由于其是为一个具体的技术目的而在一个相对狭小的范围内公开，应不属于公开发表。对于一些非法出版物如何认定公开的问题，由于非法出版物在出版署没有真实而确切的出版号，其销售基本上不通过主渠道而是通过地下渠道，由小书贩、书报摊等销售，因此在司法实践中，非法出版物一般被认为不属于"公开发表过"的情形。

2. 未以其他方式为公众所知悉。以其他形式为公众知悉，包括以口头、报告、讲演、电台、电视台等形式将商业秘密公之于众，只要是一般公众想获取便都能获得。如果仅是对特定的人公开，或者是对负有保密义务的人公开，或者是将信息的内容向无行为能力的、对其内容难以理解的人进行讲解，则不构成公开。另外，以其他方式公开也要看公开的内容是否清晰、完整、详细，只有达到"本专业的技术人员听后便能实施"这一要求，才能认为是公开。

（二）价值性

1993年版《反不正当竞争法》中与价值性并行的要求是实用性，修订后将其删除。当时所理解的实用性是要求商业秘密不能只是单纯的理论观念，而是能够转化为现实的生产力，能够解决实际问题的信息。这种实用主义价值观窄化了商业秘密的外延。因为判断实用性的标准是可实施性，即要求商业秘密能够在商业上运用，体现其技术价值，这要求商业秘密应是一套完整的技术方案。如此，处于创新过程中的技术或信息则被排除在外。这是不合理的。失败的实验室记录虽没有上述意义上的实用性，但可以避免获取同类技术时走弯路。因此其同样具有价值性。

价值性，就是商业秘密运用到实践中，可以给权利人带来的经济上的利益或潜在的科研价值。

商业秘密价值的分析视角有多种，可以包括：第一，现实的价值，即已经依靠商业秘密形成的竞争优势或带来的现实的经济利益；第二，潜在的价值。很难讲既有价值与潜在价值孰大孰小。一般而言，进入市场的商业秘密其财产性体现得更为充分，实验中的数据则体现的是潜在的价值。此外，还可以从时间上划分商业秘密的价值：长期价值，其信息的实用性具有长久的生命力，例如开发出某种现今世界领先的新技术，这种技术代表了今后 10 年的技术发展趋势；短期价值，其信息的实用性只具有临时性或应急性，例如招投标中的标底及标书内容作为商业秘密，这种信息就是具有短期价值的秘密信息。

（三）保密性

保密性指权利人为防止信息泄漏所采取的与其商业价值等具体情况相适应的合理保护措施。

对商业秘密的保护要求权利人采取合理的保密措施，其法律机理在于，通过采取合理的保密措施宣示权利人对相关信息的态度。如果没有表明对技术信息或管理信息的保密态度，即意味着权利人放弃了相关信息的财产性权利。

商业秘密是信息所有人的一项权利，对其是否加以保护及保护多久，所有人享有选择权。但是，如果欲追究他人法律责任，其前提性条件必须是信息的所有人采取了一定的管理措施。如同在专利法中，专利权人欲获得法律对专利的持续保护，就必须以按期交纳专利维持费的方式表明其对专利维护的态度。所以，"经权利人采取保密措施"只要求有证据证明权利人对信息的态度。

保密性应当根据所涉信息载体的特性、权利人保密的意愿、保密措施的可识别程度、他人通过正当方式获得的难易程度等因素，判断并认定权利人是否采取了保密措施。在证据上，采取了保密措施的最基本的标准是制定保密的规章制度、单方面提出保密要求。企业可以通过制定内部规章，确定劳动者的保密的责任，内部劳动规则具有准法规的性质，其效力范围及于全体职工；单方面提出保密要求，即企业一方以书面形式或口头形式要求有关技术人员或商业秘密的知情者保守商业秘密。更为明确的方法是订立保密合同。合同约束的主体可以是企业的在职职工、解除劳动合同后的原企业的职工、与企业有业务关系的第三人等。

从证据角度而言，上述标准可以下列形式体现出来：①限定涉密信息的知悉范围，只对必须知悉的相关人员告知其内容；②对于涉密信息载体采取加锁等防范措施；③在涉密信息的载体上标有保密标志；④对于涉密信息采用密码或者代码等；⑤签订保密协议；⑥对于涉密的机器、厂房、车间等场所限制来访者或者提出保密要求。

采取保密措施这个条件仅指保密行为，而不是保密的结果或效果。因为要求权利人采取牢不可破的保密措施实际上是不现实的，权利人只要表明已经采取保护措施即可，包括权利人仅仅提出保密要求。从相对人的角度讲，只要相对人知道或应当知道权利人已采取了相应的保密措施，相对人即应就此止步，而不能再行获取或披露、使用相关信息，否则即构成侵犯商业秘密。

二、侵犯商业秘密行为与抗辩

（一）侵犯商业秘密行为的表现形式

按照现行法律规定，侵犯商业秘密的行为有五种类型。

1. 不当获取商业秘密的行为。商业秘密具有财产性，可以使获取者拥有使财产增值的便捷机会。另外，商业秘密具有易获取性和实用性，获取的商业秘密可以马上在生产、经营中得到应用，常常无须再添加新的设备、培训新的工作人员，亦即获取者将商业秘密转手再用于生产经营的成本很小。他人运用商业秘密带来财产增加或潜在的财产价值增长的同时，商业秘密的所有权人将面临市场份额下降、营业客户减少、产品销量不足等竞争压力。商业秘密在传播上具有无形性，一旦被他人不正当获取，其扩散迅捷且不留痕迹。在某些情况下，仅仅掌握他人的商业秘密成果就可以使获取人的科研、生产、经营少走大量的弯路，获取巨大的竞争优势。因此，违反权利人的意愿获取商业秘密的行为，尽管获取者可能并未实际将之用于生产经营，但行为本身已经构成反不正当竞争法意义上的侵害行为。

这里的"不当"不仅仅指违反权利人的意愿，也指获取的手段。不当获取商业秘密行为所凭借的手段有多种，可以将相关手段分为两类：基本手段和其他手段。我国法律规定的基本手段包括盗窃、贿赂、胁迫；美国《统一商业秘密法》规定的基本手段包括盗窃、贿赂、虚假陈述、违背或引诱违背保密契约或通过电子或其他手段进行谍报活动等手段。

（1）盗窃手段。所谓盗窃手段，是指运用秘密窃取的方法获得并占有权利人的商业秘密。秘密窃取要求获取的是商业秘密的实质内容，包括将载有商业秘密的文件窃取、复制原件，或将商业秘密的内容以其他方式记录下来。不管采取什么方式，只要实施了秘密窃取他人商业秘密的行为，都属于盗窃商业秘密。

（2）贿赂手段。所谓贿赂手段，是指以给付物质利益或其他好处的手段诱使他人告知其商业秘密的行为。贿赂手段的特点，是以一定的物资利益或其他手段为对价，使商业秘密的知悉者泄露秘密给行贿者。

（3）胁迫手段。所谓胁迫手段，是指以损害他人财产或伤害其人身，以及带来精神损害相要挟，迫使他人违反其真实意思表示而告知商业秘密。胁迫手段要求用以作为胁迫的手段内容必须在事实上能够成立，即具有可实施性：若商业秘密的持有人不告知其商业秘密，胁迫人实现其所言，可能给权利人带来相应的损害结果。

（4）其他手段。其他手段，是指采用盗窃、贿赂、胁迫手段以外的不正当方法获取他人商业秘密的行为。例如通过电子手段进行间谍活动，或通过灌酒使知悉商业秘密的人说出商业秘密等。

2. 不当披露、使用商业秘密行为。具体而言，这种行为包括以下三种形式：

（1）不当披露行为。不当披露行为，指利用不当手段获取商业秘密的人将获取的商业秘密向他人泄漏，从而使商业秘密公开或可能公开。向他人披露包括向特定的他人泄露，也包括向不特定的人（社会公众）泄露。披露的对象是否为商业秘密权利人的竞争对象，以及这些人是否将得到的商业秘密用于生产经营、是否给权利人造成财产损害等均无需考虑。

（2）不当使用行为。这里的不当使用行为，是指以不正当手段获取商业秘密的人，直接将商业秘密用于自己的生产经营或自己参与的生产经营中。通常，以不正当手段获取商业秘密并自己使用的人是商业秘密权利人的竞争者，其使用行为可能造成商业秘密权人财产利益的下降。

（3）不当允许他人使用。不当允许他人使用的行为，是指获取商业秘密的人以一定的方式将商业秘密提供给第三人使用。"一定的方式"包括有偿方式和无偿方式，有期限方式和无期限方式等。

3. 合法持有但违反义务或要求的不正当行为。构成这种违法行为，首先要求行为人所掌握的商业秘密是通过正当的手段或者途径合法取得的。一些情况下，有关人员可能合法得知他人的商业秘密，如权利人因生产经营的需要，将商业秘密交付给技术人员、销售人员或与其交易的对方当事人、国家税收管理人员等。合法持有人可以被分为两类：内部人员和外部人员。对内部人员而言，商业秘密的保护是通过签订保密合同和内部管理措施来实施的，由此产生了内部人员的"义务和要求"。对外部人员而言，其负有相关法律规定的职务义务，合同法中的后交易义务，税收征收管理法、统计法、外汇管理法等制度上规定的法定保密义务。可见，这种违法行为将侵犯商业秘密行为主体从内部主体、竞争者扩大到合作者和管理者等非竞争关系人。

4. 教唆、引诱、帮助他人违反保密义务或者违反权利人有关保守商业秘密的要求，获取、披露、使用或者允许他人使用权利人的商业秘密。这是最高人民法院对《反不正当竞争法》第9条进行的解释中增加的行为。如果侵害商业秘密的行为具有"共犯"，则共同实施或协助实施者同样构成侵犯商业秘密行为。

5. 第三人恶意获取、使用或披露行为。恶意在民法上的含义是明知或应知。明知表明的主观状态是故意；应知指一个有理智的人从其掌握的信息可以推论出该事实，或一个有理智的人在特定情势下会产生疑问，对于该疑问，其以合理的智力和注意力将会知道相关事实。[1] 应知的主观状态是应当知道而不知道，即过失。反不正当竞争法对主观状态的要求约束的是第三人，即第三人明知或者应知侵权人的违法行为，获取、使用或披露他人的商业秘密，才构成侵犯商业秘密。国家科委曾经在其颁布的《关于加强科技人员流动中技术秘密管理的若干意见》第8条中将第三人主观状态限定为"明知"：用人

---

[1] 张玉瑞：《商业秘密法学》，中国法制出版社1999年版，第543页。

单位在科技人员或有关人员调入本单位时，应当主动了解该人员在原单位所承担的保密义务和竞业限制义务，并自觉遵守上述协议。明知该人员承担原单位保密义务或者竞业限制义务，并以获取有关技术秘密为目的故意聘用的，应当承担相应的法律责任。"应知"和民法上的"应知"存在一定的差异前者无法从价格上进行推走。但现行《反不正当竞争法》仍将第三人的主观状态确定为"明知或应知"："第三人明知或者应知商业秘密权利人的员工、前员工或者其他单位、个人实施前款所列违法行为，仍获取、披露、使用或者允许他人使用该商业秘密的，视为侵犯商业秘密。"这里增加了"前员工"，针对的是跳槽带走商业秘密的原单位人员，一旦其违反保密要求，责任人不仅是个人，还有新用人单位。"其他单位、个人"包括职务行为中国家机关及其工作人员，律师、注册会计师及其从业人员，等等。

实践中，法院判定某一行为是否侵害商业秘密的方法一般是推定的，按照"（商业秘密信息）相同+（获取人可能）接触-（无）合法来源"的要件来分析。这事实上有将主观要件客观化的倾向。这是由商业秘密的价格非市场性、性质单一等特性决定的。另外，由于法律规定经营者作为违法者，因而对于本单位的员工采取上述行为是否属于经营者这一问题最高人民法院解释为：经营者以外的其他自然人、法人和非法人组织实施前款所列违法行为的，视为侵犯商业秘密。

（二）侵犯商业秘密行为的抗辩

技术创造只有建立在信息共享的基础上才能避免重复性劳动。商业秘密是以人为阻止信息的传播来维持其权利状态的。在这个意义上，商业秘密是一种守旧的观念，专利是一种创新观念。专利排斥重复性劳动，商业秘密不贬低重复性劳动。对未公开信息的载体进行反向工程或重复开发，其成果将受到尊重，由此产生了侵犯商业秘密的抗辩。

反不正当竞争法禁止以不正当手段获得并形成与权利人共存的相同或类似的秘密信息状态。那么，依正当手段获得的商业秘密就成为可抗辩的理由，正当手段获得可以是继受取得，可以是原始取得。继受取得包括独立研制取得和反向工程开发取得；原始取得主要是继承、转让、受赠等获取的商业秘密。

1. 继受取得。继受取得包括通过继承、转让、接受赠予的方式取得。授权许可他人使用也是获得商业秘密权的一种重要方式。但授权许可一般有一定的时间限制，抗辩也只能在许可期限内才存在。

除了许可外，其他抗辩都建立在商业秘密所有权的基础上。在判断是否享有所有权时，因商业秘密不公示，在一定程度上只能参照适用善意取得制度。确立商业秘密的善意取得制度有利于维护商业秘密权的稳定和社会关系的稳定。但是，商业秘密的善意取得和一般动产的善意取得存在一定的差异。

（1）在判断技术标准上，"不知道"或"无法知道"标准无法简单平移。恶意和善意的分界线是"注意"。行使了一个有正常心智与正常法律观念的人的足够注意，即为善意。民法理论上，善意的判断有积极观念说和消极观念说。前者指当事人主观上将让与人视为所有人；后者指不知道或无法知道让与人是非处分权人。在实践中，前者很难证明，故通常采用消极观念的认定方法。第三人不知道也无法得知让与人的商业秘密属于盗窃、利诱、胁迫等方式获取的，其受让的心理状态是善意。进一步而言，动产善意取得中，判断"不知道"或"无法知道"的外在标准是受让人支付了合理的对价。但对于商业秘密而言，其比商标、专利更难以评估作价，受让人接受何种价格才属"合理"没有外在的参照。通常意义上的"过于低廉"就不是产品的市场价值和转让价格的比较，而是同行技术人员对某商业秘密的主观价格评定和转让价格之间的比较，但这种比较的主观差异性将非常大。

（2）在事后"知道"情况下权属关系的处理不能一概而论。当善意受让人在取得商业秘密后得知该商业秘密属于转让人无权处分，仍然使用或披露该商业秘密的，其行为如何认定？即使推定第三人构成侵犯商业秘密行为的情况下，仍存在由此知悉的商业秘密如何对待的问题。可能的权利状态有三种：商业秘密权中止，或者与商业秘密权利人签订商业秘密使用许可合同以复效，或者彻底终止商业秘密权。理论上，有人提出，从促进生产力的发展角度出发，对于善意第三人在"得知"之前已经支付了对价，或者对商业秘密进行了其他投资的，或者为了使用商业秘密已经对厂房、设备进行了实质性改造，或者了结了其他业务以便在此基础上开展新的业务的，善意第三人的责任应得以免除。这种提法值得商榷，原本和动产善意取得相比较，商业秘密的善意取得的标准就平添了许多主观性色彩。"投资转化"带来的问题是，增加了新的判断难度——即何为"实质性改造"；另外，在这一标准不明确的情况下，易使"投资"成为非法行为合法化的疏通管道。因此，笔者认为，在此种情况下，宜通过签订合同确立第三人享有对该受让商业秘密的所有权，并给予商业秘密原权利人以合理的对价来解决；如果不能达成协议，则由司法机关按照商业秘密在权利人市场经营中的价值确立合理的对价；如第三人不愿意负对价接受该商业秘密，则其对持有的商业秘密不享有任何权利，但仍应承担保密义务。

2. 原始取得之正向工程（平行独立开发）。独立研制的商业秘密也被称为正向工程，是指生产经营者各自独立地开发、获得与他人已有的商业秘密相同或者相类似的秘密技术。只有在证明属于独立研制的情形下，开发者才能享有平行的商业秘密权。开发者对于与他人相同或近似的商业秘密负有举证的义务。可供举证的材料包括研发时的一系列原始数据资料、商业秘密保密协议等。一般只能以物证来证明，不适于人证。

独立开发可能基于单位内部的物质条件或资料，也可能根据公知知识或公开的文献。公开的文献包括专利文献、专业期刊、科技杂志、学术论著等。例如：A公司对自己的先进技术没有以申请专利的方式在专利文献上公开，而是把它作为商业秘密保密起来。B公司为了打破A公司在技术上的垄断，广泛查找各种与之相关的文献，在国外的一期杂志上查到了与这种技术相近的基础性生产工艺，并结合自己的经验，开发出了与 A 公司相同的商业秘密技术。

保护经营者独立开发并获得的相应成果——商业秘密权，同著作权的保护前提是一样的，要求形式与内容的统一。仅有特定的思想内容，而无表现形式或者表现出来的东西无思想内容（如一声叫喊）都不能获得著作权。即著作权上形式和内容两者缺一不可。商业秘密也同样要求内容与形式的统一，只有包含实用性内容的信息才能具备经济性和价值性，只有将这种信息运用于实践才能产生效用，其载体可能以一定的形式固化，也可能是一种体系化的思想付诸实践，例如特殊的管理方法。有所不同的是，商业秘密权不排斥独立复制思想和载体，而著作权允许复制思想，但不允许复制表达形式。

3. 原始取得之反向工程。反向工程，也称还原工程，是指通过技术手段对从公开渠道取得的产品进行拆卸、测绘、分析等，而将该产品中的有关技术信息还原复制出来的过程和方法。

反向工程属于技术模仿，其优点是模仿人可以减少技术研究与开发的投入，降低成本水平，规避因巨额投资带来的风险；其不足在于允许模仿的技术范围有限。模仿出来的技术至多达到被模仿技术的水平，具有寄生性。

经反向工程获取技术的合法性理由，不仅仅是当事人付出了重复开发技术的劳动，也包括以此取得信息的载体具有公开性，即含有商业秘密的产品已然行销于世。产品公开销售，即意味着允许他人以反向工程的方法获取该产品中的商业秘密。另一个社会性理由是商业秘密的无期限性可以视为一种长期的垄断，反向工程获取商业秘密可以打破该种权利的垄断性。在 2001 年美国 DVD CCA v. Bunner 案例中[1]，加州上诉法院本来裁定反向工程在大批量生产市场许可中为侵犯商业秘密的行为，但加州最高法院推翻了上诉法院的意见："根据宪法第一修正案，以 DeCSS 的形式限制计算机代码的传播应受到审查。"裁定加州的商业秘密保护法没有为重要的政府利益——"鼓励创新和发展"——而服务。在此案的基础上，美国一些行业协会（如电气和电子工程师学会和计算机机械协会）进一步指出允许反向工程的理由：没有这种过程，检测第三方产品缺陷、升级产品与其他产品兼容等行为都很难实现。

反向工程似乎存在一个"二律背反"：反向工程增加了商业秘密权的不确定性，但禁止反向工程将进一步增加其不确定性，因为很难将自我创造和反

---

[1] *DVD CCA v. Brunner*, 93 Cal. App. 4th 648, 113 Cal. Rptr. 338（2001）. DVD 复制控制协会是一个电影工业贸易集团，控制用于加密 DVD 电影"内容干扰系统（CSS）"的权利。该协会起诉 Bunner 侵犯其商业秘密，网站公示了 DeCSS 软件的"万能钥匙"，它是一个适当授权的解密 DVD 电影的一段代码，被称为 DVD 播放机所使用的"万能钥匙"。初审法院批准了该协会的请求，颁发初步禁令禁止 Bunner 继续散发 DeCSS。美国加州上诉法院认为 Bunner 违反了加州的商业秘密法。但上诉法院坚持该禁令违反了《宪法第一修正案》的言论自由的权利。该协会继续上诉，加州最高法院卫兰布朗法官推翻了上诉法院的意见。

向工程区分开来，即使能够区分，恐怕也会大大增加司法成本。所以反向工程带来的商业秘密权的不确定性应该依当事人决策和增加法律严格条件来消减。就当事人决策来说，某一种技术信息是否以商业秘密形式维护其价值，要评估该种技术被反向工程的成本。如果反向工程的成本很高，会自动阻止他人搭便车；如果反向工程成本很低，当事人应当选择申请专利。就反向工程的条件而言，只有有证据证明是通过反向工程的方式获取的商业秘密才能取得该信息的所有权。

反向工程抗辩来自于获得商业秘密需具备的合法性条件，该条件主要有：

（1）解剖对象是合法取得的。通常对购买的产品实施反向工程，即对具有所有权的产品实施商业秘密反向工程具体合法性这一点并无争议。但对承租或借用的产品实施反向工程，是否能够获得商业秘密则有异议。有人认为，商业秘密权只能随同所有权存在而产生。承租产品的所有权属于出租人，产品中所含的商业秘密也同样属于出租人，他人不得开拆、分解、不得窥视。除非出租人与承租人在合同中明确规定了这样的条款，否则实施反向工程便属违法行为。[1] 其实，合法取得产品是个广义的概念，不仅仅包括取得产品的所有权，也包括使用权。在对产品享有使用权的情况下，如果没有和产品所有权人签订允许反向工程合同而实施反向工程，侵害的是产品所有权，不应该涉及商业秘密权属的问题。不能用民法中的原物与孳息物的理论来确认反向工程后商业秘密的所有权。所以笔者认为，只要是独立反向工程方式"翻译"出来的商业秘密就享有所有权，反向工程客体的权利属性是另一层法律关系，它对由此滤化出来的商业秘密权利不发生影响，即反向工程的商业秘密具有无因性。

（2）解剖的过程真实而有据可查。反向工程取得的商业秘密属于后商业秘密权，其权利取得除了具备真实的解剖过程外，还需要对反向工程过程进行详细文字记录或摄像，以保存充分证据，证实商业秘密权并对抗在先商业秘密权。另外，证据还需表明解剖取得了研究结果，即通过反向工程确实取得了某商业秘密。无证据证明取得结果的反向工程可能属于掩盖侵犯商业秘密行为。如果当事人以不正当手段知悉了他人的商业秘密之后，又以反向工程为由主张获取行为合法的，不予支持。因此，如果没有证据证明后商业秘密确实是通过解剖产品而获得的，将推定该商业秘密是通过不正当手段获取的。

（3）反向工程的限定性。除了专利不适用反向工程外，一些特殊的技术也被禁止反向工程。如美国《数字千年著作权法》第2章规定，禁止对有著作权的录音作品进行电子复制的加密措施实施反向工程。

---

〔1〕　吕鹤云等：《商业秘密法论》，湖北人民出版社2000年版，第98页。

第五节 互联网不正当竞争行为

互联网自身的功能、特点及现代经济条件下互联网所发挥的特殊作用，使得互联网成为竞争的新战场。经营者以商业目的为中心，以侵害竞争者利益、消费者利益为手段，运用的手段不同于传统实体经济关系的情形，产生了新型不正当竞争行为。

一、插入链接、强行跳转

插入链接、强行跳转是指未经其他经营者同意，在其合法提供的网络产品或者服务中，插入链接、强制进行目标跳转。

插入链接是常见的便捷浏览方式，以方便浏览内容相近的网站。这种插入是以显化的方式提示插入链接之处，正常情况下，浏览器"选项"默认的程序是"点击链接打开新标签时，总是切换到新标签页"。这意味着，不点击链接，不会切换到新标签。

从关系上看，插入链接和强制目标跳转的关系是递进关系，而不是如下文"误导、欺骗、强迫用户修改……"中的每个行为单独构成违法行为。换言之，插入链接是强行跳转的前提，强行跳转是插入链接的结果。

插入链接并强制进行目标跳转不是用户的主动行为和预期结果。页面跳转就是利用技术对打开的页面进行跳转。例如，用户欲打开的是 A 页面，通过设置的脚本会自动跳转到 B 页面。因此，在理解这一行为时，核心要素是"强制"。因为强制给用户端浏览器呈现的结果不是其目标指向。如果跳转到的页面提供的内容能够满足用户的需求，则跳转页面搭借了他人的便车。如果不能提供用户需要的相关内容，致客户离开，则劫持了流量。流量劫持行为至少有三种：客户端劫持、DNS 劫持和运营商劫持。

1. 客户端劫持。客户端（Client）也称为用户端，是指和服务器（Server）相对应，为客户提供本地服务的程序，例如浏览器、安全软件等。客户端劫持主要通过恶意插件、木马、病毒或正常软件的恶意功能来实施，又包括两种行为：一是劫持用户对网站的正常访问；二是在用户正常访问网站时弹出各种广告或信息。

第一种行为是劫持用户正常访问网站。这种劫持是将本应由被访问网站获得的流量劫持至他处。他处包括自己的或他人的特定服务器中，通常是劫持至实施主体自身提供的产品或服务处。在"北京百度网讯科技有限公司、百度在线网络技术（北京）有限公司诉北京奇虎科技有限公司、奇智软件（北京）有限公司案"中，被告通过其浏览器捆绑网址导航站，擅自在原告的搜索框中插入被告设置的搜索提示词，导致用户通过搜索提示词不但无法正常访问原告的网站，而且被引导至非用户目的搜索的被告的影视、游戏等网站频道中，从而本应由原告网站获得的访问流量均被劫持至被告的产品、服务中。北京市第一中级人民法院在判决中认定："被告行为属明显的搭便车行为，不仅不正当地获取了相关利益，亦有可能因为引导用户更多的访问与其搜索目的完全不同的页面，从而挫伤用户继续使用原告服务的积极性，或使用户对原告服务产生负面评价。"从而认定"被告劫持流量的行为违反了《反不正当竞争法》第2条规定的诚实信用原则，构成不正当竞争"。

第二种行为是在用户正常访问网站时弹出劫持者设置的相关广告或信息。一般情况下，广告弹出并不违法。但需要和互联网信息服务提供者约定并设定相关回避措施。按照《规范互联网信息服务市场秩序若干规定》第10条的规定，互联网信息服务提供者在用户终端弹出广告或者其他与终端软件功能无关的信息窗口的，应当以显著的方式向用户提供关闭或者退出窗口的功能标识。

2. DNS劫持。DNS即域名系统（Domain Name System）的缩写，其由解析器和域名服务器两部分组成，功能在于实现域名与IP地址间的转换。所谓DNS劫持，即域名解析劫持，是指通过技术手段修改域名解析，使对特定域名的访问由原IP地址转入到被篡改后的指定IP地址，导致用户无法访问原IP地址对应的网站或访问的是虚假网站，从而实现窃取资料或者破坏网站原有正常服务的目的。

此类流量劫持一般可通过三种途径之一实现：入侵运营商的DNS服务器；攻击网站DNS；攻击上游域名注册商。此外，由于DNS服务器往往掌握在运营商手中，提供宽带服务的运营商可自行通过掌控DNS来推送广告，这类现象也屡见不鲜。这种行为类似运营商劫持流量，若给第三方网站造成损失，同样涉嫌违反反不正当竞争法的规定。具体情况将在下面运营商劫持部分一并探讨。

3. 运营商劫持。运营商劫持，主要指电信、网通等基础电信服务商及互联网服务提供商利用其负责基础网络设施运营、网络数据传输、网络数据接入等便利，将用户访问第三方网站的流量劫持到己方或己方指定的网站，或在第三方网站页面弹出己方或己方指定的广告或其他信息的行为。此类劫持行为不但无偿利用了第三方网站的流量，亦会导致用户产生混淆，误认为推送广告、信息或有意误导用户的行为是第三方网站所为，从而严重影响第三方网站的运营和用户评价。

将原有页面进行全覆盖的页面跳转形式亦违法。在"施硕等非法控制计算机信息系统案"[1]中，被告人高某甲邀约被告人李某甲做传奇私服游戏的域名劫持，以从开设该私服游戏的人中获取经济利益。李某甲找到在某某重庆分公司工作的被告人施硕。施硕利用其负责公司网络域名解析的便利，按照指定需要劫持的网站和网络ip地址，修改某某重庆分公司的互联网域名解析系统的配置文件，致使用户在访问被劫持的网站时强行跳转到另外的页面，

---

〔1〕 参见重庆市渝北区人民法院（2015）渝北法刑初字第00666号刑事判决书。

用户实际访问的页面与用户输入的网址不同。被告人由此非法获利。

在理解上，强制进行跳转的危害结果首先是针对其他经营者而言的，即目标网页不能顺利到达，进而影响其正常运营和企业形象。其次是用户的利益，致其不能顺利获取信息。由于修订后的《反不正当竞争法》将征求意见稿中的"干扰行为"去掉了，后文的"误读、欺骗等"主要针对的是用户，故这里在行为的类型上宜作广义的解释，即包括跳转后对原有页面的全覆盖，也包括部分遮盖。

这样，未经经营者许可的弹出页面构成违法。在最高人民法院2015年发布的指导案例45号——"北京百度网讯科技有限公司诉青岛奥商网络技术有限公司等不正当竞争纠纷案"中，明确了弹出广告行为的不正当竞争性质和构成要件。在用户登录百度搜索引擎网站进行关键词搜索时，正常出现的应该是搜索引擎网站搜索结果页面，不应弹出与搜索引擎网站无关的其他页面。但是，在联通青岛公司所提供的网络接入服务网络区域内，却出现了与搜索结果无关的广告页面强行弹出的现象。联通青岛公司在其提供互联网接入服务的区域内，对于网络服务对象针对百度网站所发出的搜索请求进行了人为干预，使干预者想要发布的广告页面在正常搜索结果页面出现前强行弹出。该行为既没有征得百度公司同意，也违背了使用其互联网接入服务用户的意志，容易导致上网用户误以为弹出的广告页面系百度公司所为，会使上网用户对百度公司提供服务的评价降低，对百度公司的商业信誉产生不利影响，损害了百度公司的合法权益，同时也违背了诚实信用和公认的商业道德。

二、恶意干扰客户端软件行为

恶意干扰客户端指客户端软件利用其控制用户端的优势地位，通过误导、欺骗、强迫等手段使用户修改、拦截、屏蔽、卸载竞争对手的产品或服务，达到打击竞争对手目的的行为。这类行为主要依赖于客户端软件的底层优势和控制力，因此也最多见于处于最底层的安全软件服务领域。

在"北京三际无限网络科技有限公司诉北京阿里巴巴信息技术有限公司案"中，原告推出"360安全卫士"软件，被告阿里巴巴公司经营的雅虎中国网站向公众提供署名为国风因特公司的"雅虎助手"软件，被告是此软件的著作权人。该软件长期利用技术手段，干扰360软件的安装和运行。具体表现为：在用户安装360软件时，雅虎软件弹出诋毁360软件声誉的对话框，诱导用户删除360软件；即使在用户选择不删除360软件时，雅虎软件亦违背用户意志删除用户电脑中的360软件；当用户点击桌面快捷方式启动360软件时，雅虎软件在不进行任何提示的情况下屏蔽360软件的正常运行，使用户误以为360软件存在瑕疵。[1] 客户端干扰的最知名的案件莫过于"3Q案"。2013年4月，广东省高级人民法院对"腾讯诉360不正当竞争纠纷

---

[1] 参见北京市海淀区人民法院（2007）海民初字第1873号民事判决书。

案"作出了一审宣判。在该案中,原告指称被告实施了两类客户端干扰行为:被告的扣扣保镖直接针对原告的 QQ 软件,打着保护用户利益的旗号,污蔑、破坏和篡改 QQ 软件的功能,破坏原告合法的经营模式,导致原告产品和服务的完整性和安全性遭到严重破坏。[1]

这类行为的特点如下:

1. 利用软件技术优势或综合性业务扩张能力制约其他软件的运行。一般而言,平台上业务的综合性越强,外部制约能力越大;技术越强,制约性越强。此外,软件关系上,评价性软件往往更具有优势地位,其控制能力相对更强。"3Q 案件"判决中曾指出,安全软件的经营者必须具有与其权力和技术能力相匹配的谨慎责任。被告在兼备裁判者和经营者双重角色的前提下,更加应该谨慎、理性行事,依照《规范互联网信息服务市场秩序若干规定》和《互联网终端软件服务行业自律公约》的相关行为规范,以公开、透明的方式公平、公正的判断其他软件的性质。

2. 被干扰的产品或服务应具有合法性。如果被干扰的产品或服务属于病毒、木马程序、流氓软件等,相关下游软件提供者有权(义务)采取查杀、删除等控制手段这种"干扰"是合法的。若被干扰的信息是公认的商业模式辅助信息,如平台上发布的广告、游戏及增值服务等则属于违法行为。

3. 利用用户的非专业特性,以欺骗、误导或者强迫等手段使用户作出了违反其本意的行为,诱导用户使用或者不使用其他互联网信息服务提供者的服务或者产品、修改(删除)其他互联网信息服务提供者的服务或者产品参数等。

三、恶意不兼容

软件不兼容行为本身具有双面性,一方面在某些情况下不兼容的软件设计是处于互联网市场竞争环境中开发者的一种自我保护的方式,苹果开发的软件是闭源码,其他软件需要经过苹果的安全性审查,这有利于防止用户下载软件时被无意间捆绑其他软件,保障用户安全;另一方面不兼容行为也会成为一些竞争者牟取不法利益的违法手段,排斥相关软件的适用。如果经营者单独实施不兼容行为,相当于是一种单独抵制,抵制的对象是特定的。如果将用户策动起来,则本质上构成了一种联合抵制。但不是反垄断法的垄断协议之联合抵制,因为不是竞争者之间的联合行为。

软件的恶意不兼容行为,是经营者利用自身的技术性优势排斥其他辅助性软件加载和适用的行为。若干年前的"微软案"就是微软公司将视窗和浏览器捆绑并排斥其他浏览器在微软视窗上使用。

判断互联网恶意不兼容行为内容是否具有违法性的关键在于"恶意"的认定,微软案属于初期的恶意不兼容,且属于直接实施的不兼容。互联网发

---

[1] 参见广东省高级人民法院(2011)粤高法民三初字第 1 号民事判决书。

展到今天，恶意不兼容更多地采用了间接方式，即利用软件明示告知互联网用户拒绝其排斥软件的安装。利用用户普遍存在的互联网安全意识较强，但自身能力又无法预测风险的现象，通过警示、弹窗或其他带有安全风险提示的方式引诱用户抵触其所针对的目标软件。故恶意应当从两个方面理解：第一是无技术性证据证明使用软件将产生危险性后果，但提示存在危险；第二是预知用户从事某种行为的结果将直接或间接损害其他经营者软件适用及其权益。

如果不兼容软件不被认定为一个单一市场，相关主体就很难达到相应的市场力量，恶意不兼容行为也难以按照反垄断法中滥用支配地位之拒绝交易来规制。互联网技术的高度创新性和开阔性导致不兼容本身具有爆发的迅速性，恢复过程也没有那么大的障碍，故恶意不兼容只是一种特殊情况下的非技术力量的矫正。

实施恶意不兼容行为的本质在于扩大自身的利益，遏制恶意不兼容这种互联网不正当竞争行为的目的也旨在应对由不兼容的软件所造成的软件之间的恶意冲突，从而恢复互联网的秩序。软件的不兼容是否合法发生在软件与软件冲突之间。软件冲突是常见的现象，通常指两个或多个软件在同时运行时，程序可能存在不能兼容的现象，导致两个或多个软件无法同时存续或运行。合理的不兼容并不违背竞争法的宗旨，也就不具有违法性。反之则构成了互联网恶意不兼容行为，构成不正当竞争。

判断一个不兼容行为是否是合理的，可以有如下三个标准：①软件互斥的不可避免性；②排斥代码嵌入的非针对性；③因干扰而产生的对技术的破坏性。由于不兼容行为的非针对性，即很难将其列为恶意。

四、其他行为

《反不正当竞争法》第12条第4项设定了一个兜底条款："其他妨碍、破坏其他经营者合法提供的网络产品或者服务正常运行的行为。"认定其他互联网不正当竞争行为有哪些判断标准，需要结合《反不正当竞争法》的基本条款得出。

（一）其他行为的判断标准

上述兜底条款应受到该条中的概括性条款的约束。同时，还应当受到《反不正当竞争法》第2条的约束。于是，形成了判断标准的系统性条件。

在总则中，除了原则的指导性作用外，立法还规定了遵守商业道德的原则。但实体经济下的商业道德与互联网领域的商业道德存在较为明显的内涵差异性，同时其内涵的变动性快。实体经济下的商业道德相对稳定，其大多都来自于对人文精神的认同，是商业习惯的沉淀。互联网产业以技术为中心，以创新为特征，这使得互联网商业道德的基础不是人文精神，而是技术的更替。商业道德更多的以商业模式形式体现出来。但商业模式会随着技术的发展而不断被打破。

例如，"免费视频+广告"模式是很久以来的业界普遍做法。"北京爱奇艺科技有限公司诉深圳聚网视科技有限公司其他不正当竞争纠纷案"[1]中，原告爱奇艺公司以让用户观看视频前广告为对价向用户提供免费视频，通过广告播放获取利益或者通过让会员免看广告，收取会员费的商业模式获取利益。爱奇艺公司的上述商业模式既未违反现有法律又未违反商业道德，应受法律保护。爱奇艺公司对于其视频内容采取了设置密钥（Key 值）的加密措施，明确表明其拒绝他人任意分享其视频内容。被告聚网视公司通过破解爱奇艺公司验证算法，取得密钥（Key 值），达到绕开爱奇艺公司片前广告，直接获取正片播放的目的。其虽然没有直接去除片前广告的行为，但客观上实现了无需观看片前广告即可直接观看正片的目的，能使部分不愿意观看片前广告又不愿意向原告原告会员费的网络用户转而使用"VST 全聚合"软件，进而造成爱奇艺公司用户的减少和广告收入下降，损害了爱奇艺公司的合法权益。因此，聚网视公司开发经营的"VST 全聚合"软件实现的绕开爱奇艺公司广告直接播放视频的行为，违反了诚实信用原则和公认的商业道德，损害了爱奇艺公司的合法利益，构成不正当竞争。随着视频提供者获利模式的多元化和经营者市场结构的变化，这一模式正在被打破。在"深圳市某计算机系统有限公司与被告北京世界星辉科技有限责任公司不正当竞争纠纷案"[2]中，法院不是将商业模式作为一种权利，而是在竞争秩序的前提下，看经营者提供的商品或服务是否有利于消费者利益，"如果经营者经营依托的产品或者服务确实有利于消费者、广大的网络用户，保护该利益同时也不至于损害公共利益，则该行为不应受到法律的禁止"。

事实上，我们会看到，包括确定列举之外的互联网不正当竞争行为在内的其他行为，存在二元评价结构。形而上的标准是"原则+商业道德+竞争秩序"。在《反不正当竞争法》第 2 条规定的"自愿、平等、公平、诚信原则"中，四个原则是同序位的。但在一定情况下原则之间是有冲突的，如"自愿"和"公平"。同样，互联网中的商业道德具有易变性，竞争秩序是一种立法价值，其实现需要落实到具体的关系中。于是，有了形而下的判断工具。在第 2 条中，强调"其他经营者或者消费者的合法权益"，在第 12 条第 2 款中，规定的是"影响用户选择或者其他方式""其他经营者合法提供的网络产品或者服务正常运行"。可见，真正用来判断的实体化的标准是以其他经营者和消费者为中心构建起来的。但这两者应该有一个相对稳定的关系结构。"其他经营者"可能是一个特定对象，也可能是不特定的对象。如果是前者则侵害了经营者的权利，如果是后者则侵害了消费者的权益。相比较，在反不正当竞争法的语境下，某种涉嫌违法的行为所针对的用户（消费者）不会是特定对象，只能是消费者群体，即行为危害的是消费者利益。所以，相对稳定的结构应

---

〔1〕 参见上海知识产权法院（2015）沪知民终字第 728 号民事判决书。

〔2〕 参见北京市朝阳区人民法院（2017）京 0105 民初 70786 号民事判决书。

当是消费者利益具有优位地位，发挥核心功能。

另外，在第 12 条的概括性条款中，还规定了"利用技术手段"。但事实上，互联网上的不正当竞争行为不仅仅是利用技术手段，其他的一些手段也是有的，比如现在的一些大平台会通过服务协议的方法附加不合理的交易条件。所以，手段问题只是一个辅助的判断标准，不是核心标准。

（二）典型行为

从已有的案件看，其他互联网不正当竞争行为类型很多，也将会出现更多的新类型。现列举两类典型的形式加以说明。

1. 数据的利用获取行为。大数据时代，合法使用用户信息、注重用户信息保护是衡量经营者行为正当性的重要依据，也是反不正当竞争法保护消费者合法权益这一立法宗旨和目的的重要内容。

"上海汉涛信息咨询有限公司诉爱帮聚信（北京）科技有限公司、爱帮聚信（北京）信息技术有限公司案"[1] 中，原告指称被告通过"爱帮网"长期大量复制并使用原告大众点评网站的内容（包括商户简介、用户点评等），并针对被告的商业抄袭行为分别提起著作权侵权和不正当竞争之诉。其中，不正当竞争之诉经由北京市海淀区人民法院和北京市第一中级人民法院两审，最终认定"被告对原告网站的点评内容进行使用，已达到了网络用户无需进入原告网站即可获得足够信息的程度，超过了适当引用的合理限度，事实上造成被告向网络用户提供的涉案点评内容对原告网站的相应内容的市场替代，对原告的合法利益产生实质性损害"。

"脉脉非法抓取使用微博用户信息不正当竞争纠纷"[2] 案中，微梦公司经营的新浪微博，既是社交媒体网络平台，也是向第三方应用软件提供接口的开放平台。被告经营的脉脉软件是一款移动端的人脉社交应用软件，上线之初因为和新浪微博合作，用户可以通过新浪微博账号和个人手机号注册登录脉脉软件，用户注册时还要向脉脉上传个人手机通讯录联系人，脉脉根据与微梦公司的合作可以获得新浪微博用户的 ID 头像、昵称、好友关系、标签、性别等信息。被告通过经营脉脉软件，要求用户注册脉脉账号时上传自己的手机通讯录联系人，从而非法获取部分联系人与新浪微博中相关用户的对应关系，在这些人未注册脉脉用户的情况下，将其个人信息作为脉脉用户的一度人脉予以展示，同时显示有这些人的新浪微博职业、教育等信息。在双方合作终止后，被告没有及时删除从微梦公司获取的新浪微博用户头像、名称（昵称）、职业、教育、个人标签等信息，而是继续使用。被告的上述行为危害到新浪微博平台用户信息安全，损害了微梦公司的合法竞争利益，对微梦公司构成不正当竞争。

---

[1] 不正当竞争纠纷案见北京市海淀 区人民法院民事判决书（2010）海民初字第 24463 号。著作权纠纷案见（2010）海民初字第 4253 号。

[2] 参见北京市第三中级人民法院（2016）京 73 民终 588 号民事判决书。

本案提供的启示在于：①互联网业界的合作者之于数据的获取而言，也是竞争者；②一般情况下，数据对数据占有者而言是一个私产，特殊情况下，如果数据的联合应用涉及第三人利益的，则数据具有公益属性，其交易或不交易将受限，如菜鸟和蜂巢之间的数据纠纷；③强制或诱导用户提供信息是消费者权益保护法律关系，侵犯了单个消费者的知悉真情权，即消费者在充分表达自由意志的情况下向他人提供自己的信息或不提供信息，充分了解他人使用自己信息的方式、范围，并对不合理的用户信息使用行为予以拒绝的权利；④未经数据权人同意使用他人数据的行为是不正当竞争行为。

2. 软件捆绑行为。捆绑，亦即搭售。在互联网产业中，软件捆绑是非常常见的现象。但在现行制度中没有明确的规定。对于互联网产业中的这部分行为，我们可以将其纳入传统的不正当竞争行为中进行规制。比如，微软在操作系统上锁定 IE 浏览器导致网景公司衰败，是互联网行业中非常知名的案例。另外，判断是否构成搭售，关键看是否违背消费者意愿、搭售或者附加的条件是否合理。有的捆绑搭售带来了便捷，但有的捆绑搭售带来的是竞争机会的不平等。2012 年 4 月奇虎诉腾讯滥用市场支配地位案中，针对腾讯将 QQ 软件管家与 QQ 即时通讯软件相捆绑的行为，360 公司指出，QQ 即时通讯软件以及 QQ 软件管家属于独立的产品，被告捆绑安装，违背了交易惯例，属于捆绑销售行为。从产品性质而言，即时通讯产品与互联网安全软件产品满足用户的不同需求。两者的捆绑，仅为简单叠加，并无任何集成效益。被告捆绑销售行为违反了消费者意愿，在软件安装及升级过程中，用户如不接受被告的强制捆绑，软件就会直接退出，即时通讯以及互联网安全软件皆无法使用。

二维码

第十四章　拓展阅读

第十五章

产品质量法律制度

第一节 产品的范围

现代社会，人们须臾离不开产品，"对产品的依赖超过了以往任何时候"[1]。对于产品的范围，不同的学科有不同的界定。对产品范围的界定，直接影响到产品责任的认定和产品质量监管。

产品质量的优劣标志着一个国家经济发展的水平、市场的完善程度以及经营者的商业道德水准，激烈的市场竞争有可能迫使或诱使经营者违背其应承担的社会责任、违反其应履行的义务，通过制售假冒伪劣产品侵害消费者的权益。以产品质量法律制度规制经营者的行为，可以有效遏止经营者以虚假质量进行的不正当竞争，阻止假冒伪劣产品流向市场，从经济活动的源头对消费者进行实质性的全面保护。

一、产品的经济学和法学涵义

人们通常理解的产品，一般是指通过人们的劳动创造出来的一切有使用价值，能够满足人们生产消费和生活消费的物质实体。产品的这一生产过程是物化的劳动和劳动化的物相结合的过程。

经济学上的产品的整体概念主要包括三个层次，即产品的核心、产品的形式和产品的延伸。产品的核心是指生产者向购买者提供的基本效用或者利益。产品的形式是指产品在市场上出现时的实体外形，这是顾客对产品识别的外部要求。产品的延伸是指顾客在购买产品时所得到的一系列附加利益，如服务、维修、保证和运送等方面的具体利益。

从法学的角度透视，产品是指生产者生产出来，需经流通环节进入消费领域的物。因此，法学意义上的产品，不仅强调"生产"，更强调"流通"，即产品需进入流通领域。法学意义上的"产品"一般仅限于经"加工、制作"的劳动品，而"商品"则是用于交换的劳动品。劳动并不限于加工、制作，因此，"商品"与法学意义上的"产品"仍有区别。

产品的法学涵义最直接体现于相关立法的规定中。产品质量立法包括产

---

[1] 赵相林、曹俊主编：《国际产品责任法》，中国政法大学出版社 2000 年版，第 1 页。

品质量责任和产品质量监管两个方面的内容。国外的产品质量立法一般是从
产品责任的角度来界定产品的范围。

美国的商品经济高度发达，拥有完备的产品质量法律制度，强调对广大
处于相对弱势地位的消费者利益的保护，对产品范围的规定较为宽泛。《美国
统一产品责任示范法》第102条C项将产品规定为，任何具有内在价值、能
够整体或者部分转让并用于贸易或者商业销售的物品，但人体组织和器官，
包括人的血液和成分，不属其中。[1] 可见，美国法中产品的构成要件是：其
一，具有内在价值，即产品应具有适于消费的功能，包括生产消费和生活消
费。其二，产品需进入市场流通领域，即生产者生产出来的用于自用的物品
不包括在内。其三，除外情形，即人体组织和器官，包括人的血液和成分，
不属其中。在美国，人血或者血液组成成分、人体组织、器官的提供被认为
是提供服务，而不是提供产品，因而被排除在适用严格责任的产品的范围之
外。但在实践中，出于保护产品使用者的公共政策的考虑，法官们的态度倾
向于采用更广泛、更灵活的产品定义，包括"几乎任何经过工业处理的东西，
包括任何有形或者无形的，可以移动的或不能移动的，工业的还是农业的，
加工的还是未经加工的，凡涉及任何销售、可移动的或可使用的制成品"[2]。

英国1987年通过的《消费者保护法》是英国现阶段有关产品责任方面的
立法，该法系英国在1987年5月为实施《欧洲共同体产品责任指令》而颁布
的。该法第1条第2款将产品定义为：任何可移动的有形物品、电以及组装
于其他物品内的部件及原材料，血液及其制品也属于产品责任中的产品。

相较于上述国家和地区，德、日、韩等国的产品的范围要窄得多。1989
年《德国产品责任法》第2条将产品定义为任何动产，即使其已被装配在另
一动产或不动产之内。此外还包括电，但未经初步加工的包括种植业、畜牧
业、养蜂业、渔业产品在内的农业产品（初级产品）除外，狩猎产品亦然。
《日本制造物责任法》第2条规定："本法规定的制造物是指被制造或者加工
过的动产。土地、建筑物之类的不动产，未经加工的农产品等除外。"韩国
《制造物责任法》将制造物界定为制造或者加工的动产，也包括构成于其他动
产或者不动产的一部分的动产。

有关国际公约所规定的产品范围较上述美英等国要窄得多，基本上将不
动产、初级农产品排除在外。如《斯特拉斯堡公约》[3] 第2条第1款规定，
"产品"一词指所有动产，包括天然动产和工业动产，无论是未加工的还是加
工过的，即使是组装在另外的动产或不动产内。《欧洲共同体产品责任指令》
并未对产品的范围作出明确的界定，但其在立法说明书中表明，产品仅为动

---

[1] 该文本为1979年美国商务部公布，作为专家建议文本，已为美国大多数州所摘要。参见谭玲、
　　夏蔚：《产品责任法导论》，西安交通大学出版社1990年版，第52页。
[2] 曹建明、陈治国主编：《国际经济法专论》（第2卷），法律出版社2000年版，第113页。
[3] 又译作《涉及人身伤害与死亡的产品责任公约》。

产，不包括不动产〔1〕。当然也有国际公约将不动产纳入产品的范围。如《海牙公约》第 2 条第 1 款将产品定义为："产品"一词应包括天然产品和工业产品，而不论是未加工还是加工过的，是动产还是不动产。但对于未加工的农产品不包括在产品之列。

可见，各国和地区及有关国际公约中对产品范围的界定并不一致，但都将"经过加工的动产"或者是工业品纳入其中。而是否将初级农产品及天然品、血液及血液制品、不动产等是否包括在内，各自的立法差异较大。由于经济发展水平较高及消费者群体权利保护意识较强，英美等国界定的产品范围也较为宽泛。相反，德、日、韩等国界定的产品范围相对较窄，但也有逐步扩大的趋势。

我国《产品质量法》中的规定与德、日的规定类似，范围较窄。该法第 2 条规定："本法所称产品是指经过加工、制作，用于销售的产品。建设工程不适用本法规定；但是，建设工程使用的建筑材料、建筑构配件和设备，属于前款规定的产品范围的，适用本法规定。"可见，我国立法采用概括与排除并用的方式来界定产品的范围。

《产品质量法》中所指的产品应具备两个条件：其一，经过加工、制作。法律并未进一步明确加工、制作的涵义。一般来讲，"加工"是指把原材料、半成品等制成成品，或者使其达到规定要求的活动。"制作"等同于"制造"，是指人工使原材料成为可供使用的物品。加工、制作均是人类的一种劳动，因此，未经人类劳动而形成的物品不属于该法所指的产品，如天然品。同时，加工、制作均是在原材料的基础上经过进一步的劳动所形成的，所以，如果不是在原材料的基础上进一步制造出来的，也不是产品。如初级农产品。其二，用于销售。并非所有的经过加工、制作的产品都能构成《产品质量法》中所指的"产品"，该经过加工、制作的产品还必须用于销售。此处的"用于销售"是从产品的生产目的上来说的，并不意味着其实际上实现了销售。只要产品是为了营销的目的而加工、制作的，不论实际上是无偿赠与他人还是有偿提供给他人，均被认为是"产品"。因此，大多数学者认为，此处的"用于销售"，实际上是指用于"流通"。此外，该法所指的"产品"还具有一个消极要件，即不属于建设工程。建设工程产品一般是不动产。

我国《产品质量法》对产品的范围有较大的限制：首先，应当是经过加工、制作的劳动产品，不包括天然产品。且在该劳动产品中，不包括初级农产品和无形产品。在有形产品中，也不包括不动产。其次，产品应当用于销售，不包括自产自用的物品。最后，产品应当是指处于生产或者销售活动中的产品，不包括处于生产、销售活动外的其他经营活动的物品。另外，按照《产品质量法》第 73 条的规定，军工产品也被排除在该法所指的产品范围之外。

---

〔1〕 刘文琦：《产品责任法律制度比较研究》，法律出版社 1997 年版，第 86 页。

二、产品范围的比较分析

传统上人们对于产品的理解限于能够满足人类物质需求的实物形式，随着科学技术在生产中的运用，人们认知程度的提高，对产品的概念和范围的理解呈扩大趋势。美国卡特勒教授在广义上对产品概念的理解最具有代表性：产品是指市场上提供的、满足人们各种消费欲望的所有实物、服务、人、场所、组织以及意见[1]。从法律角度讲，产品是经过生产者某种程度或方式的加工并进入流通领域用于交换的物质产品，具有满足消费与使用的功能。

不同的国家对产品的认定范围不同，美国的公共政策倾向于对消费者的保护，因此其对产品的范围规定得相当广泛，只要是可以用于交易、消费的有价值的物品都属于产品法上的"产品"。甚至同一国家涉及产品的不同的法律制度对产品的界定也不完全相同。英国的《产品责任指令》将产品定义为：任何物品或电力，同时包括组成另一产品的产品，无论此产品是不是以零配件或原材料或其他的形式构成前者；英国的《消费者保护法》关于"产品"的规定广泛而详尽，包括人工产品（制成品）与天然产品、动产与合并到不动产中去的动产、通常意义上的固定装置与添附的建筑物，此外还包括船舶、飞机等[2]。《产品责任法律冲突规则公约》将产品定义为包括天然产品和工业产品，无论是加工的还是未加工的，无论是动产还是不动产。

法律中界定的产品具有抽象性，一些用词及抽象法律概念的内涵和外延难以统一，即使抛却其他法律对产品的特殊规定，仅就产品质量法上的产品也存在着一些分歧，值得探讨。

第一，产品法上的产品是否仅限于加工的物品。工业品普遍被认为属于产品范畴，工业品通常都是经过加工的，因而一些国家的法律就明确规定产品必须是经过加工的物品。天然产品是自然形成未经任何人工加工的物品，例如自然资源、能源等，其不存在生产者、制造者，但存在直接的销售者和最终的使用者，由此可能因其质量问题造成损害，所以天然产品也被认为是产品。1973 年 10 月在海牙订立的《关于产品责任适用法律的公约》中将天然产品界定为产品。农产品比较特殊，是介于工业品与天然产品之间的一类产品，其形成过程既有人为因素，也有天然因素，因此，各国对其持不同态度。例如除卢森堡外的大多数欧共体成员国对初级农产品和猎物作了排除，但何谓初级农产品却未形成共识。英国 1987 年《消费者保护法》将农产品限定为种植业、畜牧业和水产业的产品。通常的做法是将其有条件地排除在产品法的调整范围之外，但不是绝对不予调整，即使将其归入受产品法调整的产品范畴，在归责原则上也不适用严格责任。

将未经"加工"或者更准确地说是未经"工业加工"的物品排除在产品

---

〔1〕　转引自刘静：《产品责任论》，中国政法大学出版社 2000 年版，第 107 页。
〔2〕　赵相林、曹俊：《国际产品责任法》，中国政法大学出版社 2000 年版，第 49 页。

范围之外的理由主要有：其一，产品的范围来源于产品责任法中对产品的界定，而产品责任法的首要目的是解决在高度工业化和复杂技术化的社会中的"缺陷产品的责任问题"。初级农产品并未经过加工，或者说只是进行了简单的加工，该种产品即使具有缺陷，该缺陷一般也并非由加工过程导致的。其二，初级农产品的生产受土壤性质、温度、湿度等自然环境条件的影响较大。同时，也难以确定该类产品的质量标准。因而也就难以认定有"缺陷"的该类产品中的"缺陷"是来自于自然因素还是加工者的加工。

在科学技术已高度发达以及消费者权益保护日益受到重视的今天，仍然将初级农产品排除在产品质量法规定的产品范围之外是否恰当，值得商榷。初级农产品尽管不是工业产物，但其仍有可能进入流通领域，若其有质量问题，同样会造成严重的损害后果。同时，转基因农产品已在生活中大量出现。而转基因农产品的提供也不再是简单的人类劳动，而是凝结着高科技含量。初级农产品的提供受人类的影响越来越大。相较于天然因素，提供者对产品质量的影响也在不断增大。初级农产品中蕴含的风险变得不可预测。其次，随着科学技术的发展，完全可以对初级农产品制定严格的质量标准，以明确其提供者的责任。同时，我国加入WTO后，初级农产品在国外屡遭"绿色壁垒"，在国内市场上也面临着他国农产品的有力竞争。只有建立和完善农产品质量标准，将初级农产品纳入产品质量法中的产品范围，才真正有利于我国农产品的健康发展。

第二，不动产是否被排除在产品法上的产品之外。纵观各国的产品法，一般都肯定动产属于产品的范畴，但对于不动产却有不同认识。欧共体国家如德国、英国、丹麦、挪威等认定不动产不属于产品的范畴，但美国却认为产品包括动产但却不限于动产。现代社会人们对于动产与不动产的认识也在相应地进行调整，动产与不动产的界限并非一成不变，因此，产品的范围可能会延伸到不动产。

我国《产品质量法》第2条明确规定："建设工程不适用本法规定"。显然，我国立法混淆了"建设工程"与"建设工程产品"的概念。建设工程是一种行为过程，而建设工程产品是这一行为过程的结果。建设工程产品一般就是指不动产。不动产的价值较大，构建复杂。因此，除美国外[1]，大多数国家的立法和有关国际公约都将不动产排除在产品的范围之外，认为不动产应当由专门的法律予以调整。我国在明确规定建筑工程不适用《产品质量法》的同时，又颁布了《建筑法》和《建筑工程质量管理条例》，采取的就是这种做法。

不动产和动产都属于财产，二者只有在价值大小、流通程序等形式上的差别，本质上都凝结了人类的必要劳动，都可以通过特定的方式进入流通领

---

〔1〕 为了能够依据严格责任原则保护消费者的利益，美国法院越来越倾向于将房屋和出租公寓视为产品。

域。日本学者藤冢晴生认为，不动产作为新商品被添加各种各样的现代化设备、结构、材料，从其质量、复杂的结构以及从业者的关系来看，纳入"产品"的范围并无大碍。[1] 我国台湾地区学者朱柏松也认为，"产品"应包括动产和不动产。[2] 随着我国商品房买卖、租赁等交易的频繁发生，产生了大量的建筑质量、房屋面积测算等诸多问题。将不动产纳入产品的范围，能够更好地保护不动产购买者（使用者）的合法利益。同时，严格责任原则的适用，也有助于促使开发商正规经营，建立良好的不动产市场秩序。

第三，输血用血液是否应属于产品的范围。血液制品属于工业制成品，由血液到血液制品的过程经历了复杂的加工、制作过程，其应属于产品的范围。而一般认为，血液来源于提供者的体内，血液的形成过程类似于"天然品"的形成过程，提供者无法对其自身形成的血液的质量进行控制。因此，各国一般将输血用血液排除在产品的范围之外。但也有国家在司法实践中，将输血用血液纳入产品的范围。如美国科罗拉多州一法院在 1978 年的一则案例中裁定[3]，尽管人的血液不是"制造"的商品，但因输血而供人"消费"，血液也应被视为"产品"。负责提供输血用血液而使患者染上肝炎的血库应当承担赔偿责任。

今年来，我国因输血而感染艾滋病或者肝炎的案例接连发生，"艾滋病"村等称谓不断见诸报端。是否将输血用血液视为产品，关乎是否能适用《产品质量法》中的严格责任原则。1999 年河南省南阳市中级人民法院在一个因输血而感染艾滋病的案例中，认定输血用血液不符合《产品质量法》第 2 条关于产品的定义，因此输血用血液不是产品，从而不适用《产品质量法》中有关严格责任的规定，而应适用《民法通则》第 106 条规定的过错责任。

输血用血液的质量是否需要控制？这似乎是个不言而喻的问题。现代科学技术能否对输血用血液的质量进行控制？回答也是肯定的。采血中心都有严格的化验、检验、血型分类、存储等程序规范，只要严格执行上述规范，因输血而感染艾滋病或者肝炎的事件是完全可以避免的。输血用血液的质量出现"缺陷"，显然不能由献血者负责，而应由采集、提供血液的血液中心或者医院负责。同时，将输血用血液纳入产品的范围，并未违反我国《产品质量法》的规定，对现行法律体系也无太大冲击。首先，输血用血液在从献血者体内提取后，要在采血中心经过一系列消毒、血型分类、冷藏等过程，其是经过了"加工、制作"过程的。其次，输血用血液也经历了用于"销售"的过程。献血者的献血行为可能是无偿的，但医院在向病人提供输血用血液时一般来说是有偿的。从以上两点看，完全可以将输血用血液纳入"产品"的范围。

---

[1] 藤中晴生："关于产品责任立法化的考察"，载《法学译丛》1992 年第 5 期。
[2] 赵相林、曹俊主编：《国际产品责任法》，中国政法大学出版社 2000 年版，第 42 页。
[3] 谭玲：《质量侵权责任研究》，中国检察出版社 2003 年版，第 47 页。

将输血用血液纳入"产品"的范围，一方面，有利于保护特殊消费者群体（病人）的利益。一般来说，病人作为特殊的消费者群体处于较一般消费者更劣势的地位。将输血用血液纳入产品的范围，才能在因输血而致人损害的案件中适用严格责任原则，充分给予病人这一弱势消费者群体以充分的保护。另一方面，也有利于严格对输血用血液的管理，规范血液制品及输血用血液市场。随着医院体制的改革，一些医院受利益的驱使，从各种渠道进血。而这些血液的质量根本难以得到保障。严格责任原则的适用在一定程度上能促使医院从正规途径引进血液，加强责任感。

第四，产品法上的产品是否包含无形产品。无形产品是可以感知但又触及不到的一种客观存在，对于这类特殊产品能否列入产品法上的产品的范围，要视具体情况而定。如电，很多国家及法令认为其属于产品，如前述的英国、《欧洲共同体产品责任指令》等，但其他无形产品如声、光、波、热、磁等都没有得到承认。对于智力产品能否作为产品法上的产品，各国立法均未明确规定，司法实践的差异也很大，没有一个普遍适用的规则。欧洲大部分国家倾向于认为智力产品不属于产品法上的产品的范围，不适用严格责任原则，而美国的做法在大多数情况下正好相反。

一国产品质量法调整的范围和本国的产品政策有直接的关系，而产品政策和本国的经济发展状况、科技水平及消费水平都紧密相关。

从我国产品质量法的规定来看，首先，产品是经过加工制作的产品，包括工业产品、手工业产品、农产品，未经加工的矿产品、初级农产品、初级畜禽产品、水产品等不在产品范围之内；其次，必须是用于销售的产品，未投入流通的生活自用的产品、赠与的产品、试用的产品、加工承揽的非标准产品等不属于产品的范围；最后，建筑工程产品、军工产品都不属于产品质量法特征的范畴。总之，产品法所规定的产品的范围不仅小于经济学上的产品范围，而且也不同于民商法所规定的物的范围，其只是物的一部分。

第二节 产品质量监管制度

产品质量法有狭义和广义之分，前者仅指产品责任法，即产品责任法律关系，着重对质量责任行为进行规范，从保护消费者利益的角度出发，重点解决侵权行为的责任追究问题；后者除产品责任法外还包括产品质量监督管理法，即产品质量监督管理关系，通过质量体系认证制度、产品质量认证制度、产品质量监督检查制度等制度，保证和促进产品质量的提高。

许多发达的市场经济国家一般只制定产品责任法，并不强调产品质量监督管理关系，而我国则在广义上进行立法，将这两个部分都包括在内。出现这种差异的根本原因是国情不同。发达国家的市场经济的实施时间较长，优胜劣汰的市场机制已经成熟，依靠有序的市场秩序和良性的市场竞争可以促使生产者提高产品质量，而不需主要依靠行政管理来保证产品质量。我国的市场经济体制虽已建立，但其尚不完善，相关机制发挥的作用尚不理想，如信誉制度和个人信用制度等。这样，单靠市场的力量难以保证产品质量，需要政府力量介入以对产品质量进行宏观监督管理，以弥补市场监督的乏力与不足。因此，我国关于产品的法律规定包含了上述两种法律关系，相关法律的名称为产品质量法，我国没有直接照搬欧美国家中的产品责任法的立法思路和立法模式，因此，相关法律也没有沿用产品责任法的名称。产品质量法调整的范围确定为在生产、运输、仓储、销售过程中因产品质量而产生的各种社会经济关系。

"质量监管"是质量监督和管理的简称。广义上，产品质量监管既包括行政机关对产品质量进行监管，也包括社会组织以及消费者对产品质量进行的监督。从本质上说，对产品质量进行监管应主要是一种行政行为，是行政主体依法行使职权的行为。质量监管是保障市场有序运行的重要手段，是国家运用权力对市场进行干预、监控的主要方式。产品质量监管制度与产品责任制度共同构成了产品质量问题的两大制度。产品质量监管制度具有前期预防性，产品责任制度则为受害人提供了一种事后救济。产品质量监管制度在规制产品质量问题上弥补了一些私法领域的不足，体现了经济法的公法性。

国外对产品质量的管理大体上经历了四个阶段：第一阶段，20世纪初至20世纪30年代（第一次世界大战）前，各国开始对产品质量的严格检验，并逐步形成了质量控制思想。第二阶段，20世纪30年代至60年代，质量控制逐步演变为质量保证的阶段。第三阶段，20世纪60年代至80年代，全面质量管理阶段。第四阶段，20世纪80年代后期至今，质量管理国际化阶段。在这一阶段，国际标准化组织陆续颁布了面向质量管理和质量保证的ISO9000系列国际标准，其目的是帮助企业建立并有效运行质量体系，从而确保产品的质量。

我国对产品质量的监管大体上经历了三个阶段：第一阶段，新中国成立至20世纪70年代末，这一阶段是产品质量监督管理体制的初创时期。在这一时期，我国大量引进的是苏联和东欧国家的管理体制和模式，但并未形成严密的质量管理体系。同时，被纳入监管范围的产品种类也十分有限。第二阶段，十一届三中全会至90年代初，这一阶段是产品质量快速发展的时期。在这一时期，国家制定和颁布了大量的有关产品质量监督管理的法律法规。第三阶段，1992年党的十四大以后，这一阶段是产品质量监管的成熟和完善时期。建设社会主义市场经济体制的目标的确立，《产品质量法》的出台，使我国的产品质量监管逐步走向成熟、完善。就我国产品质量法的规定来看，产品质量监督管理制度主要包括产品生产许可证制度、质量认证制度、产品质量检验制度、产品召回制度。

一、产品生产许可证制度

在市场经济条件下，任何产品都能自由地进入市场是不可能的。对涉及人体健康、人身财产安全以及其他需要控制的产品实行生产许可证制度，有利于从源头上对产品质量进行监管。市场经济的基本规则是公平竞争、自由贸易。如果笼统地实行生产许可证制度，势必会限制市场的自由进入。我国实行生产许可证管理的产品目录由国务院有关产品的行业管理部门提出，由国务院技术监督行政部门审批公布。对实行生产许可证管理的产品，未取得许可证而擅自生产的为无证产品，其生产者要依法承担责任。

同时，对于部分产品，不应适用生产许可证制度：其一，国家明令禁止生产或者流通已被淘汰的产品。对于该类产品，国家禁止生产和流通。对于已经发放的许可证，必须收回或者注销。其二，定型鉴定前的国家级新产品。在定型鉴定前，新产品的安全性、质量标准等尚未确定，因此，应暂不实行生产许可证管理。其三，既无国家标准也无行业标准的产品。对于既无国家标准也无行业标准的产品，无法对其质量进行控制。对实行生产许可证的产品的监督和管理，应包括对产品质量的监督抽查和对企业使用生产许可证的行为进行监管两部分内容。

二、质量认证制度

质量认证包括对主体的认证，即企业质量认证；对客体的认证，即产品质量认证。

（一）企业质量认证

企业质量认证是指依照国家质量管理和质量保证系列标准，经过认证机构独立评审，对于符合条件的企业，颁发认证证书，从而证明该企业的质量体系达到相应的标准，质量保证能力符合相应要求的活动。产品质量认证是指依据产品标准和相应的技术要求，经认证机构确认，并通过颁发认证证书和认证标志来证明某一产品符合相应的标准和相应技术要求的活动。

企业质量体系认证制度起源于工业发达国家，英、美、德、法、加拿大等国的企业质量体系认证制度发展较快，处于世界先进水平。其中，英国的企业质量体系认证工作起步较早，是 ISO9001-ISO9003 三个质量保证模式标准的主要起草国，美国是 ISO9004 标准的主要起草国。

企业质量认证的实质是由权威的第三方对企业的质量保证能力做出评价，为普通消费者、社会提供可信赖的质量信息。通过企业质量体系认证的企业则能因认证而获得消费者和社会的信任。因此，企业质量体系认证对企业、消费者以及社会均有益处。承担企业质量体系认证的认证机构必须是权威的第三方认证机构，从而能保证质量体系认证的公正性和权威性。企业的质量体系认证是一种独立的社会认证，并非政府的行政行为。政府只能对认证机构及其认证活动进行引导和规范，而不能干预。

企业质量体系认证以企业为对象，反映企业的技术实力、质量管理、质量保证能力等在内的整体水平。质量体系由组织机构、职责、程序、资源五个方面组成[1]，每个方面又包含着相互关联、相互作用的要素，质量体系认证通过对这些要素进行评审，以证明这些要素是否符合保证能力的要求。认证的依据是国际通用质量管理标准，根据企业的具体情况选择对应的质量保证模式标准，对企业的质量体系进行评价：GB/T19001-ISO9001 标准规定的质量标准模式适用于保证在开发设计、生产、安装和服务的各阶段应当符合的规定要求的情形；GB/T19002-ISO9002 标准规定的质量标准模式适用于保证在生产和安装阶段符合规定要求的情形；GB/T19003-ISO9003 标准规定的质量标准模式适用于只保证在最终检验和试验阶段能够符合规定要求的情形[2]。对于企业质量体系认证的管理，由国务院产品质量监督管理部门实行统一管理，由具有认证资格的认证机构负责具体的实施工作，由县级以上地方人民政府管理产品质量监督工作的部门负责执法。

我国的企业质量体系认证工作是为了适应市场竞争的需要、促使企业转换经营机制的背景下展开的，最先在广东、上海等经济发达地区的企业中推行《质量管理和质量保证》系列标准，随着《产品质量法》的颁布实施，企业质量体系认证制度逐渐在全国推广开来。[3]

（二）产品质量认证

该制度是由法定认证机构依据国家有关标准和相应技术要求，通过颁发证书和标志的形式以证明某一产品的质量符合规定的要求，并对其实施监督的一种制度。

在认证制度产生以前，商品生产者往往会单方声明其产品已达到一定的质量技术水平，以取得购买者的信任。这种单方声明在科学不是很发达的阶段确实发挥了重要作用。但随着科学技术的发展，产品日益变得复杂化，顾客仅凭自己的能力无法判断这些产品是否达到了经营者所承诺的质量标准以及产品是否安全等。产品质量认证制度是伴随着消费者运动的兴起而产生的，当假冒伪劣产品大行其道的时候，消费者希望有一个独立于经营者的公正的第三方，能够对产品质量的可信度作出一个客观的评价，为消费者提供必要的产品信息指导。1903 年英国工程标准委员会首创了世界上第一个用于证明符合标准的产品质量认证标志——"BS"标志，又称为"风筝标志"。经过一个多世纪的发展，实行产品质量认证制度已经是国际上的一种通行做法，国际标准化组织 ISO 于 1970 年成立了认证委员会（CERTI-CO），1985 年改名为合格判定委员会（CASCO），该委员会相继制定了 20 多个认证指导性文

---

[1] 房维廉主编：《〈中华人民共和国产品质量法〉〈关于惩治生产、销售伪劣商品犯罪的决定〉讲话》，华夏出版社 1993 年版，第 55 页。

[2] 房维廉主编：《〈中华人民共和国产品质量法〉〈关于惩治生产、销售伪劣商品犯罪的决定〉讲话》，华夏出版社 1993 年版，第 56~57 页。

[3] 《产品质量法》第 14 条第 1 款规定："……企业根据自愿原则可以向国务院产品质量监督部门认可的或者国务院产品质量监督部门授权的部门认可的认证机构申请企业质量体系认证。经认证合格的，由认证机构颁发企业质量体系认证证书。"

件，即 ISO/IEC 指南，指导各国开展本国、本地区的产品质量认证工作，并建立国际认证合作制度。

国际标准化组织制定的国际标准将产品质量定义为"由可以充分信任的第三方证实某一经鉴定的产品或者服务符合特定标准或其他技术规范的活动"。质量认证机构必须是独立于生产者和经营者之外的第三方机构，认证必须体现公正性原则，由此才能提高商品的信誉，通过质量认证制度对产品实行优胜劣汰，以体现市场的公平竞争机制。

产品质量认证依据不同的标准可以有不同的分类。产品认证根据内容不同，可分为安全认证和合格认证。

强制认证涉及对保护公共利益所必须达到的基本要素，特别是保护用户，如消费者和工人的卫生和安全，并涉及保护财产或环境等方面的利益。由于强制认证涉及与产品有关的某些危险因素，如机械阻力、易燃性、化学性质、生物性质、卫生、放射性和精确度；或是涉及产品或其性能，如关于材料、设计、建筑、生产过程、制造商编写说明书的规定，各国都有对产品强制认证的要求并且其适用范围越来越大，其目的是为用户提供并确保高标准的保护。例如，FCC（Federal Communications Commission，美国联邦通信委员会）是美国政府的一个独立机构。FCC 通过控制无线电广播、电视、电信、卫星和电缆来协调国内和国际的通信。FCC 的工程技术部（Office of Engineering and Technology）负责委员会的技术支持，同时负责设备认可方面的事务。许多无线电应用产品、通讯产品和数字产品要进入美国市场，都要得到 FCC 的认可。另外，在美国许多州中，UL 认证已成为强制性要求，在有些州的法律中明文规定，没有 UL 标志的家电产品不准在市场上销售。1985 年 5 月 7 日，欧洲理事会批准了 85/C136/01 关于《技术协调与标准化新方法》的决议。该决议规定了产品所应达到的卫生和安全方面的基本要求，另外再以制定协调标准来满足这些基本要求。[1] 协调标准由欧洲标准化组织制定，凡是符合这些标准的产品，都可被视为符合欧盟指令的基本要求。在通常情况下，所有新方法指令都规定了加贴"CE"标志的基本要求。

我国按照世贸有关协议和国际通行规则，依法对涉及人类健康安全、动植物生命安全和健康，以及环境保护和公共安全的产品实行统一的强制性产品认证制度。国家对强制性产品认证使用统一的标志。新的国家强制性认证标志名称为"中国强制认证"，英文名称为"China Compulsory Certification"，英文缩写可简称为"3C"标志。这一产品认证制度于取代了原实行的"长城"标志和"CCIB"标志。

我国强制认证产品的范围最初采取产品目录方式进行管理，依据《实施

---

〔1〕"协调标准"是满足指令基本要求的"快速跑道"。协调标准具有"据此推断符合基本要求"的地位，是制造商证明产品符合指令基本要求的一种工具，符合协调标准的产品即可在欧盟市场流通，但实施协调标准仍是基于自愿的。

强制性产品认证的产品目录》来确定。在此之后确定了认证的主要标准，现行的认证依据主要是《强制性产品认证管理规定》《强制性产品认证标志管理办法》。强制性认证包括认证标志的申请使用、认证标志的使用规范和使用人的义务三个主要内容。认证标志的申请使用，要求申请人必须持申请书和认证证书的副本向指定的机构申请使用认证标志；申请人委托他人申请使用认证标志的，受委托人必须持申请人的委托书、申请书和认证证书的副本向指定的机构申请使用认证标志；申请人以函件或者电讯方式申请使用认证标志的，必须向指定的机构提供申请书、认证证书副本的书面或者电子文本，申请使用认证标志。

获得认证的产品使用认证标志的方式可以根据产品特点按以下规定选取：①统一印制的标准规格认证标志，必须加施在获得认证产品外体规定的位置上；②印刷、模压认证标志的，该认证标志应当被印刷、模压成铭牌或在产品外体的明显位置上；③在相关获得认证产品的本体上不能加施认证标志的，其认证标志必须加施在产品的最小包装上及随附文件中；④获得认证的特殊产品不能按以上各款规定加施认证标志的，必须在产品本体上印刷或者模压"中国强制认证"标志的特殊式样。

申请人应当遵守以下义务：①建立认证标志的使用和管理制度，对认证标志的使用情况如实记录和存档；②保证使用认证标志的产品符合认证要求；③对超过认证有效期的产品，不得使用认证标志；④在广告、产品介绍等宣传材料中正确地使用认证标志，不得利用认证标志误导、欺诈消费者；⑤接受国家认证认可监督管理委员会、各地质检行政部门和指定认证机构对认证标志使用情况的监督检查。

自愿认证，一般针对危险性较小的产品。实行自愿认证有助于提高商品的知名度和竞争力。在获准认证的产品上标注产品质量认证标志，表明该产品经过公证机构的检查和监督，符合国家规定的有关标准，向社会公众传达了正确可靠的质量信息。像绿色食品标志、纯羊毛标志等标志的主要目标是要对可信赖的产品作出严格的质量控制，以保障消费者利益。

此外，按照认证者所处的地位不同，可将产品质量认证分为自我认证和第三方认证，我国的产品质量认证一般是指第三方认证。按照认证性质的不同，可将产品质量认证分为合格认证和安全认证。限于篇幅，在此不展开论述。

三、产品质量检验制度

产品质量检验制度是指产品的经营者、消费者、管理者或者其他相关方在一定的条件下借助技术手段和方法，按照特定的标准或者法律法规的规定或者合同约定，对产品质量、规格、性能等进行检验，以确定其是否达到特定标准的制度。因此，产品质量检验应当由经营者检验、消费者检验、管理者检验等组成。从广义上说，产品质量检验还应当包括产品质量免检制度。

产品的经营者检验是指经营者（包括生产商和经销商）为了维护企业的经营，达到保证产品质量的目的而进行的检验，是经营者自律范畴内的检验。消费者检验是指在产品进入消费领域之前，消费者为维护自身的利益，保证所购产品满足需要而进行的检验。消费者检验属于产品质量的社会监督的范畴。

管理者检验主要是指有关行政机关依据行政职权，为维护社会公共利益而对产品质量进行的检验。管理者检验属于对产品质量的行政监督管理的范畴。产品质量检验一般就是指产品质量的管理者检验，即行政机关的检验。产品质量监督检查的主要方式是监督抽查，对此，我国《产品质量法》明确规定抽查是监督检查制度的主要方式，当然也可以有其他的检查方式，但是其为辅助性的。产品质量监督检查的重点对象是可能危及人体健康、人身、财产安全的产品，影响国计民生的重要工业产品、社会反映有质量问题的产品。对于产品质量监督抽查的组织管理由国务院产品质量监督管理部门规划和组织，县级以上地方人民政府负责管理产品质量监督检查工作的部门在本行政区域内也可以组织监督抽查，但要防止重复抽查。监督检查的费用按照国务院的规定列支，不得向被检查的企业收取，以保证监督检查的客观性。

产品质量免检制度曾是产品质量检验制度中的一项重要内容。2000年3月14日，原国家质量技术监督局制定了《产品免于质量监督检查管理办法》。2009年上述制度被废止，质量免检工作从此成为历史。

四、缺陷产品召回制度

产品召回制度，是指产品的生产商、进口商或者经销商在得知其生产、进口或经销的产品存在可能危害消费者健康安全的情形时，依法向政府部门报告，及时通知消费者，并从市场和消费者手中收回有问题的产品，并予以更换、赔偿的积极有效的补救措施，以消除缺陷产品的危害风险的制度。2007年8月国家质量监督检验检疫总局颁布的《食品召回管理规定》第4条对"召回"的界定是：食品生产者按照规定程序，对由其生产原因造成的某一批次或类别的不安全食品，通过换货、退货、补充或修正消费说明等方式，及时消除或减少食品安全危害的活动。

作为消费者权益保障制度一部分的缺陷产品召回制度，在西方发达国家已经得到普遍建立，并在实践中得到有效实施。在我国，基于消费者维权的强大压力和政府对社会公益的追求，近年来，以公众反映最为强烈的汽车产品为突破口，我国的缺陷产品召回制度也在逐步建立和完善。

1. 建立产品召回制度的意义。产品召回制度发端于美国，1966年美国汽车行业根据《国家交通与机动车安全法》明确规定汽车制造商有义务召回缺陷汽车，1972年美国颁布《消费品安全法案》，授权美国消费品安全委员会（CPSC）对有缺陷的产品发布"召回"公告，标志着其缺陷产品召回制度的正式确立。之后的召回制度扩展到多个领域，形成一套较为成熟的法律制度，美国政府通过产品召回制度管理产品质量，进行经济调控。为此，美国政府设置了6个主管产品召回的机构，分别负责不同领域的产品召回，它们是美国消费品安全委员会、美国食品与药品管理局、美国农业部食品安全检验局、美国环保局（全称为"美国国家环境保护局"）、美国国家公路交通安全管理局、美国海岸警卫队。除美国之外，目前实行召回制度的国家还有日本、韩国、加拿大、英国和澳大利亚等国。

与产品召回制度成熟的国家相比，我国在这方面的立法起步比较晚，缺乏完善的制度和配套措施，目前，在我国对消费者的保护主要依据《产品质量法》《消费者权益保护法》、民法中的民事赔偿制度和1988年通过行政手段实行的产品"三包"制度，这些法律和制度于消费者面临缺陷产品侵害之虞在保护方式方面显得滞后、被动，难以防患于未然，在保护力度方面也难以起到具有直接针对性的效用，单个的现实受害者只能根据侵权责任或违约责任提起诉讼来维权，无法避免缺陷产品对消费者整体的潜在危害。

《上海市消费者权益保护条例》第35条规定了较为系统的召回制度：①经营者主动召回。经营者发现其提供的商品或者服务存在缺陷，有危及人身、财产安全危险的，应当立即向有关行政部门报告和告知消费者，并采取停止销售、警示、召回、无害化处理、销毁、停止生产或者服务等措施。②责令召回。有关行政部门发现并认定经营者提供的商品或者服务存在缺陷，有危及人身、财产安全危险的，应当立即责令经营者采取停止销售、警示、召回、无害化处理、销毁、停止生产或者服务等措施。③消费者组织监督。市消保委发现商品或者服务存在缺陷的，可以向有关行政管理部门提出相应的建议。④《消费者权益保护法》第19条规定了上述①的内容，还规定了召加费用：采取召回措施的，经营者应当承担消费者因商品被召回支出的必要费用。

我国迄今尚未制定召回的统一制度，有关召回以规章形式只针对部分产品，如食品、药品、汽车、儿童玩具等。

产品召回制度成为国际通行的做法，对于切实保障消费者的利益具有重要的社会价值。建立完善的产品召回制度，对于已经遭受侵害的消费者可以免去诉累，对于尚未受害的消费者而言，其可以避免潜在威胁变为现实威胁，体现对社会利益的关注，节约为挽救损害的社会成本。对于经营者而言，对其苛以产品召回的制裁，是对以追求利润最大化的商人们予以最为严厉的经济惩罚，因为产品召回的费用是昂贵的过程，不仅使其已得利益荡然无存，而且会影响到其预期利益的实现，这是任何一个商人都不愿面对的现实。产品召回制度可以促使经营者"自律""自强"，可以在扶助弱者、抑制强者的较量中找到一个利益的支撑点，也是衡平法思想的一种体现。

产品召回制度已经成为经济全球化背景下各国参与国际竞争的一种潜在游戏规则，由于我国缺乏相关的法律制度，每当遇到此类事件都会被排除在游戏之外。德国奔驰、日本日产、日本丰田等汽车公司在进行全球召回的时候都表明"中国市场例外",这种"中外有别"的做法与其说是对中国消费者的歧视,倒不如说是对中国法律"恰到好处"地运用,即便是歧视,也无违法之虞。这种内外交困的窘境显示了产品召回制度在我国的价值所在。

2. 产品召回法律关系。产品召回制度是政府介入经济活动、对其进行调节和干预的产物,因此,产品召回法律关系不同于传统的民商事法律关系,在产品召回中必须有监管者参与其中。

产品召回法律关系中的主体通常包括三类:

(1)监管者,通常是政府机构,其负责管理产品质量,监督生产者召回缺陷产品,当生产者不召回缺陷产品时须指令生产者召回。产品召回对于生产者而言需要付出巨大的成本代价,因此,不是每一个生产者都会主动去执行的,尤其是一些品牌意识淡漠的生产者更是如此,由此凸显了国家监管的重要性和必要性,所以监管者是产品召回法律关系中必不可少的主体之一,例如我国《缺陷汽车产品召回管理规定》规定,国家质量监督检验检疫总局负责全国缺陷汽车召回的组织和管理。

(2)实施者,通常是指制造商和进口商,由他们承担缺陷产品召回的责任。在生产—销售—消费链条中,生产者位于首要环节,有时制造者同时又是设计者,通过制造商将缺陷产品投入流通领域,并最终进入消费领域,其是缺陷产品的源头;进口商虽然不是直接的生产者和设计者,但却是将缺陷产品引入本国市场的始作俑者。因此,制造商和进口商开启了危险之源,根据"就危险源之开启或使之持续者,须采取必要的可期待之保护他人措施"的原则[1],制造商和进口商理应承担产品召回责任。

(3)协助者,缺陷产品从生产者到消费者必经的销售渠道,销售商和租赁商是中间环节,在产品召回过程中,这二者是协助者,发现缺陷产品负责向政府报告,协助制造商和进口商实施缺陷产品警示以及召回。此外,参与产品召回的还包括公布产品召回信息的新闻媒体、对产品召回进行监督的消费者团体以及对缺陷产品进行检验鉴定的中立的权威产品质量鉴定机构等[2]。

产品召回法律关系中的客体即是缺陷产品。《食品召回管理规定》将召回的条件确定为不安全食品,即指有证据证明对人体健康已经或可能造成危害的食品。

这是产品召回制度确立的基础,客体成为该法律关系中的重心。缺陷产品范围的界定直接影响缺陷产品召回制度的建立及其实施的法律效果。我国产品责任法律制度中关于"缺陷"的界定,在一定程度上借鉴了欧美各国立法和司法实践经验。根据《产品质量法》第46条的规定,缺陷是指产品存在危及人身、他人财产安全的不合理的危险;产品有保障人体健康和人身、财

---

〔1〕 李昌麒主编:《经济法学》,法律出版社2007年版,第369页。
〔2〕 李昌麒主编:《经济法学》,法律出版社2007年版,第369~370页。

产安全的国家标准、行业标准的，是指不符合该标准。

可见，我国对产品缺陷的界定确立了两个标准，即不合理危险标准和国家与行业的强制性标准。依据该条的立法精神，强制性标准应优先适用。即：企业进入流通的产品只要符合国家强制性标准，就不认为其有缺陷。事实上，国家制定的这些强制性标准不一定涵盖所有的安全性指标，尤其是新研制的产品更是如此[1]。实践中，经常会出现产品虽然符合强制性标准，但仍具有不合理危险的情况。《缺陷汽车产品召回管理规定》第3条规定，本规定所称缺陷，是指由于设计、制造等方面的原因而在某一批次、型号或类别的汽车产品中普遍存在的具有同一性的危及人身、财产安全的不合理危险，或者不符合有关汽车安全的国家标准的情形。可见，这里不再将强制性标准优先适用，而是将二者同等适用。应该说，这是判断产品是否存在缺陷的比较明确的做法。

3. 召回产品针对的对象。召回产品针对的是产品缺陷。产品缺陷不同于产品瑕疵，其是指产品质量不符合有关法律、法规规定或者合同约定的情形，但该不符合的情形未必存在危及人身、财产安全的不合理危险。因此，产品瑕疵的范畴要大于产品缺陷。产品缺陷一般可以分为制造缺陷、设计缺陷和警示缺陷等。

缺陷是产品被召回的原因和理由，因此，对产品缺陷的鉴定成为决定产品是否需要召回的关键。从美国的做法来看，在鉴定产品缺陷的时候，不仅要看产品是否符合相关法规和标准的要求，还要考虑缺陷类型、缺陷产品的销售量、危险的严重程度、伤害发生的概率等因素，在一般消费品的召回中，根据产品危害程度不同，美国消费品安全委员会将其危害分为三级：A级危害（Class A hazard）最为严重，是指产品可能导致消费者严重伤残或死亡，或很可能使消费者致病或致残；B级危害（Class B hazard）不大可能使消费者严重伤残或死亡，但可能会导致较重的伤残或疾病，或很可能导致轻度伤残或疾病；C级危害（Class C hazard）不大可能导致消费者较重的伤残或疾病，有可能但不一定会导致轻度伤残或疾病。其中对于A级危害，相关公司应立即采取力所能及的全面措施，尽可能最快地通知各级经销商和消费者，并采取相应的补救措施。无论哪一级危害，都被认为存在"实质性产品危害"，需要采取纠正行动（corrective action）和一定的补救措施（remedy）[2]。

4. 产品召回程序。产品召回有制造商主动召回和政府指令召回两种。不论是哪种情况，召回都基本经历以下几个步骤：

第一步是缺陷产品的报告或投诉，这是启动召回程序的首要环节，但能够进入下一环节的只有部分报告或投诉。

---

[1] 李婉丽："关于我国建立缺陷产品召回制度的法律思考"，载《经济前沿》2003年第5期。
[2] ［荷］范博姆、［奥地利］卢卡斯、［瑞士］基斯林主编：《侵权法与管制法》，徐静译，中国法制出版社2012年版，第379页。

第二步是初步危害评估，以确定产品是否存在实质性危害，这也是进入下一步鉴定程序的依据。

第三步是产品缺陷鉴定，这是决定产品是否需要召回的关键。

第四步是召回确认和召回计划的制定，经过鉴定的产品一旦被认定为有缺陷就会立即通知企业，并要求其制定出切实可行的召回计划。

第五步是发布召回信息，发布的渠道多种多样，如网络、电视、广播、报纸等渠道均可，但信息的内容和表现方式应该有确定的要求。例如美国消费品安全委员会在一般消费品的召回中都有一定的格式和内容的要求，如对产品名称、数量、外形描述和危害作一定说明，另外海报还要求有醒目的"召回"或"安全警示"字样及产品图片。一般情况下，企业应将信息发布稿件先交给美国消费品安全委员会的工作人员审阅，在美国消费品安全委员会网站上发布的新闻稿一般是由该委员会工作人员撰稿，并以美国消费品安全委员会和企业共同的名义发布。除了最新信息和发布，该委员会还在其官方网站上提供所有以往通告资料的多种查询方式。

第六步是召回实施，由企业对产品进行回收并采取补救措施，具体内容包括产品回收、纠正行动和补救措施等。在这一过程中，不论是主动召回还是指令召回，有关政府机构都必须进行监督，并要求企业做好详细的召回记录，该召回记录是召回验收的重要依据。

第七步是验收和召回终结。当监管机构认为缺陷产品对消费者的危害降到了最低限度时，即可确认召回结束。

第三节 产品责任制度

一、产品责任法律关系

产品质量法律关系是在产品的生产制造、销售、消费过程中，基于产品质量问题而在生产者、销售者和消费者之间所产生的权利义务关系的总称。

（一）产品责任和产品质量责任

产品责任来自于产品中的纠纷。在探讨产品责任问题前，有必要分析法律上三个不同的涉及产品纠纷的概念：不合格产品、瑕疵产品和缺陷产品（或称之为产品不合格、瑕疵、缺陷）。

1. 产品不合格、瑕疵和缺陷的关系。它们之间的差别在于，不合格依据的是产品质量标准，即不符合产品质量标准的产品为不合格产品。瑕疵产品是产品表面不完整，不符合在产品或其包装上注明的其所采用的产品标准，或者不符合产品说明、实物样品等方式表明的质量状况，但其不存在不合理的危险。认定瑕疵产品的依据除了《产品质量法》，更多的是依据《合同法》的规定。缺陷产品是存在不合理危险的产品。缺陷产品从根本上导致了产品质量不合格。但是，合格产品也不等于无缺陷产品。这源于缺陷的来源但不限于产品的原料、工艺等。

缺陷是召回的前提，产品缺陷也是产品纠纷的主要理由。缺陷主要源于如下几种：

（1）设计缺陷。设计是在产品投入生产制造过程之前已经形成的构思、方案、规划、图纸等，是产品生产制造的必经阶段。设计缺陷是产品在设计中即存在不合理的危险因素，这往往是产品存在潜在危险的根本原因。设计缺陷使得产品存在先天不足，导致同类产品无一例外地存在这种不合理的危险性，直接后果是大范围地导致损害事故的发生，危害性波及面广，影响广泛。而与此同时，由于科技的发展，产品的结构越来越复杂，对于是否存在设计缺陷，判断起来非常困难。而且何谓设计缺陷，其本身也没有一个准确的概念或标准，国际上对此也无统一的认识和规定，这使得难以把握设计缺陷的标准。而作为此类产品的受害人，其并非单个的产品使用者，而是整个消费者群体，一旦发生诉讼，不仅取证范围广，而且诉讼成本也非常高，因此，生产者努力避免设计缺陷、忠实地承担保证消费者安全的义务，具有重要的法律意义和社会价值。

（2）制造缺陷。此类缺陷是指产品离开制造者之前，产品在制作、装配、铸造或包装等生产过程中产生的缺陷，该缺陷可由原材料或零配件不合格、制造、装配错误等原因引起，其结果达不到产品规格要求，表现为产品安全状态偏离制造者的预期目的[1]。首先，在产品生产过程中无论质量控制体系如何完备，都不可能保证产品百分之百的合格，"次品"总会出现，尤其是在大规模的批量化生产过程不可能绝对做到万无一失，即使最先进、科学、合理的检测手段也只能做到发现大多数的缺陷，而不会发现全部错误。其次，与设计缺陷相比，此类缺陷只是同类或同种产品中的少数或个别产品存在缺陷，受害的只是少数人或个别人，危害产生的危险性相对较小。再者，产品通常都有规格或质量标准，制造缺陷使得特定产品的质量与其他同类产品的质量出现差异，因为有具体的衡量标准，所以判断起来要容易许多。

（3）指示缺陷。此类缺陷是有关产品的信息在传递过程中存在失误或错误而产生的不合理危险，通常存在于产品的说明书、标签或广告之中，经营者本来应告知但未告知或未充分告知所产生的危险，而非产品本身所具有的危险。判断经营者是否履行了产品指示义务，要考虑如下几个因素：一是指示的时间，通常从产品投入流通之时起经营者就要承担此项义务，并且一直延续到产品流通之后。因为人的认知能力不断提高，所以经营者就有义务对新发现的产品危险及时作出警告和说明。二是指示的内容应当全面、充分，文字说明和图示标注应当通俗易懂、准确，避免空洞含糊或抽象笼统，警示性标志应当位于显而易见的位置，所用的字体大小要一目了然；对于明显的或众所周知的危险可以不予指示，但如果其危险性远远超出使用者的合理预

---

[1]　刘静：《产品责任论》，中国政法大学出版社2000年版，第128页。

期，仍应予以警告。三是指示的对象，通常是生产者能够合理预见的最终使用者，但也有例外，以下两种情况被视为经营者履行了指示义务：一种情况是如果实际使用者受雇主的绝对控制和监督，或者对实际使用者进行警告或说明会遇到困难或花费过大时，仅对雇主而不对实际使用者进行警告或说明；另一种情况是如果产品是在中间人的负责或指导下使用的，那么生产者所作的警告或说明视为对中间人作出而没有对产品的实际使用人作出[1]。

将产品缺陷划分为上述三大类型，是基于美国的产品责任理论，现已被各国的产品责任法理论所采纳，但对下列两类缺陷尚存在不同观点：一是原材料缺陷，有的国家将其单独列为一类产品缺陷；有的国家将其列入制造缺陷之中，认定其为一种缺陷对此无异议。二是科学上不能发现的缺陷，此类缺陷在产品投入流通领域之时，因当时的科学技术水平所限而无法发现，但其又确实存在，由此给使用者造成损害时经营者是否要承担责任，各国规定不一，司法实践中对案件的处理也不同，英国认定在此种情况下产品的提供者不承担责任，而日本认定产品的提供者要承担责任，但在美国不同的案例中，判决结果却大相径庭。

2. 产品责任和产品质量责任。所谓产品责任，一般是指产品经营者因产品存在缺陷而造成人身伤害或者财产损害所应承担的民事赔偿责任。产品质量责任一般是指产品经营者因产品质量不符合有关法律、法规的规定或者合同的约定，而应承担的否定性法律后果。可见，产品质量责任包括了产品责任。产品责任一般仅指民事赔偿责任，而产品质量责任除了民事责任外，还有行政责任和刑事责任。

产品责任和产品质量责任的区别主要表现在：①性质不同。产品质量责任的承担不以发生损害后果为要件，而只有当经营者所经营的产品具有缺陷，并且实际发生了损害后果时，经营者才承担产品责任。②责任承担方式不同。产品质量责任是一种综合责任，不仅包括民事赔偿责任，还包括行政责任和刑事责任；而产品责任仅指民事赔偿责任。③责任产生的时间不同。产品质量责任可能产生于生产、销售、使用等任何一个环节。在这些环节中，只要经营者违反了产品质量担保责任，就应当承担产品质量责任；而产品责任只可能在消费环节中产生。当产品的使用导致人身损害或者财产损失时，经营者才可能承担产品责任。

3. 产品责任法律关系的中心。消费者的权利是包括作为消费者、作为承受社会上各种损失的受害者所拥有的权利在内的综合性权利[2]，保证消费者能够获得符合质量要求的产品和服务是产品质量法的应有之意。消费质量合格的产品和接受安全的服务是消费者应有的权利，消费者因产品质量存在缺

---

〔1〕 赵相林、曹俊主编：《国际产品责任法》，中国政法大学出版社 2000 年版，第 103~104 页。
〔2〕 ［日］铃木深雪：《消费生活论——消费者政策》，田桓等译，中国社会科学出版社 2004 年版，第 19 页。

陷所受到的人身和财产伤害，享有从生产者或经营者处获得赔偿的权利，而不向消费者提供可能会造成危害的产品或服务是生产者和经营者应该遵守的最基本的原则。从广义的消费者保护的法律体系来看，该法律体系中各种具体制度的共同特点是消费者享有权利，生产者和经营者承担义务，而后者如果能够意识到其应遵守的最基本的原则，则前者的消费生活的质量、安全度会明显提高。因此，从生产者和经营者的义务角度来论述对消费者权利的维护，而在此不再赘述消费者的权利。

（二）生产者、经营者的义务

生产者、经营者的义务是从产品质量义务的角度所论及的，是国家法律所规定的生产者、销售者必须为或不为某种行为。

如果经营者与消费者之间有明确而直接的合同关系，经营者就要按照合同约定的具体要求承担合同义务，此义务为约定义务。基于经营者的强势地位，相关法律为其设定了经营的基本原则，这是其强制性义务的主要依据，表现为如下几个方面：一是诚信义务。这是基于诚信原则而生之义务，而诚信原则始于民法典中的债法，被奉为"帝王条款"。该原则之所以运用在消费者保护领域是由于消费者明显处于与经营者相对的弱者地位，以此规范经营者的行为是完善消费者保护的必然之举。二是告知义务。告知内容的外延没有一个明确的边界，但告知义务的底线则为不向相对人作出错误的意思表示，在此基础上进一步做到告知的信息内容与消费者的理解能力相符。在消费关系领域中，经营者所面对的是不特定的众多消费者，因此，告知在该领域的运用还有着节约成本、便捷交易的功效。三是品质担保义务。此义务源于民法的物之瑕疵担保义务，在消费领域中，交易不仅涉及产品，还涉及服务，因此由此演化出了品质担保义务。该义务包含明示担保和默示担保两个层面的含义，前者是经营者以显而易见的方式对产品的质量和性能所作的声明、陈述或承诺；后者是经营者对产品的适销性所作的一种不需要以公开的方式进行的担保。适销性是对产品的最低要求，是其成为产品的基础条件，对其予以担保是产品的应有含义，不需要再作公开声明。

1. 生产者的产品质量责任和义务。生产者应当对其生产的产品质量负责。生产的产品其质量应当符合下列总的要求：①不存在危及人身、财产安全的不合理的危险，有保障人体健康和人身、财产安全的国家标准、行业标准的，应当符合该标准；②具备产品应当具备的使用性能，但是对产品存在使用性能的瑕疵作出说明的除外；③符合在产品或者其包装上注明采用的产品标准，符合以产品说明、实物样品等方式表明的质量状况。在此基础上，列举了正面清单和负面清单。

正面清单要求生产者必须作出一定行为的义务为积极义务，包括主要是产品或者其包装上的标识的要求：①有产品质量检验合格证明。②有中文标明的产品名称、生产厂厂名和厂址。③根据产品的特点和使用要求，需要标明产品规格、等级、所含主要成分的名称和含量的，用中文相应予以标明；

需要事先让消费者知晓的，应当在外包装上标明，或者预先向消费者提供有关资料。④限期使用的产品，应当在显著位置上清晰地标明生产日期和安全使用期或者失效日期。⑤使用不当，容易造成产品本身损坏或者可能危及人身、财产安全的产品，应当有警示标志或者中文警示说明。裸装的食品和其他根据产品的特点难以附加标识的裸装产品，可以不附加产品标识。⑥易碎、易燃、易爆、有毒、有腐蚀性、有放射性等危险物品以及储运中不能倒置和其他有特殊要求的产品，其包装质量必须符合相应要求，依照国家有关规定作出警示标志或者中文警示说明，标明储运注意事项。

负面清单是要求生产者不得为一定行为的消极义务，包括产品表面标注的形式，也包括产品的内容：①生产者不得伪造产地，不得伪造或者冒用他人的厂名、厂址。②生产者不得伪造或者冒用认证标志等质量标志。③生产者生产产品，不得掺杂、掺假，不得以假充真、以次充好，不得以不合格产品冒充合格产品。

2. 销售者的产品质量责任和义务。销售者的义务与生产者的义务近似。除了不得掺杂、掺假，不得以假充真、以次充好，不得以不合格产品冒充合格产品，不得伪造、冒用上述相关标识外，在产品进入其项下时，还应当履行下列义务：①销售者应当建立并执行进货检查验收制度，验明产品合格证明和其他标识。②销售者应当采取措施，保持销售产品的质量。③销售者不得销售国家明令淘汰并停止销售的产品和失效、变质的产品。

二、产品责任的归责原则

在产品责任产生的初期，产品的买卖主要是通过合同进行的，经营者的责任是以合同条款确定的，"无合同即无责任"是产品责任的基本原则；随着科技的发展和消费者问题的凸显，合同关系难以应对日益复杂的产品责任问题，英国上议院在加登纳诉莫尔案[1]中首次抛开了"无合同即无责任"原则，认为没有必要追求受害人索赔权在法理上的基础，在产品责任纠纷中合同关系原则被突破了。

（一）产品责任产生的基础

产品责任的基础有三种：

1. 基于合同产生的责任。包括：①经营者在合同中的不实陈述直接导致责任的产生。不实陈述可以基于欺诈、疏忽，也可以是完全非故意性而作的不实陈述。不实陈述产生的法律后果可以导致侵权责任、合同责任和缔约过失责任，虽然侵权责任和缔约过失责任不属于合同责任，但却是在合同基础上产生的，因此，将其归入合同基础范围内。②基于经营者的品质担保义务而产生的责任。担保责任的归责原则源自合同责任体系，因经营者与消费者之间的交易本质上属于合同关系，经营者对于产品品质的担保不论是明示的

---

[1] 赵相林、曹俊主编：《国际产品责任法》，中国政法大学出版社 2000 年版，第 146 页。

还是默示的，都构成合同条款的内容，因此，此类责任的基础也是合同。

2. 基于侵权产生的责任。在合同责任被突破后，英美国家的法院开始创立不依赖合同关系的疏忽责任理论，美国 1916 年麦克佛森案[1]、英国 1932 年多诺霍诉史蒂文森案[2]认定制造商对消费者负有注意义务，这些案例成为确立疏忽责任的著名案例。疏忽责任的本质即是过失责任，其核心内容是由于经营者主观上疏忽大意而导致产品缺陷或未发现产品缺陷，使得消费者或使用者因此受到损害，经营者为此要承担责任。疏忽责任是一种侵权责任，该责任在产品责任领域的适用克服了合同责任的局限性，在消费关系领域由"买者注意"转变为"卖者注意"，为受害人提供了切实的救济，反映了现代法律的衡平法思想，但其仍然需要买者证明卖者有疏忽，这对于消费者而言仍然有不小的难度。

3. 第三人责任。随着产品事故的增多和对消费者保护力度的加大，产品责任所产生的影响日益扩大，苛以经营者的产品质量责任不断加重，经营者的承受能力有限，从而导致经营者、尤其是生产者研发制造新产品的积极性和主动性受到抑制。为了既能够保护消费者的利益，又不至于影响生产者的积极性，在经营者和消费者之间构筑一种平衡机制的客观需要从而催生了产品责任保险制度。该制度始于 19 世纪末 20 世纪初，据说世界上第一张产品责任保险保单是 1900 年由英国海上事故保险公司出具的，是承保酒商因啤酒含砷引起的民事赔偿责任的保单[3]。最初，产品责任保险的范围主要限于一些与人体健康直接相关的产品，现在保险范围已经非常广泛。我国于 1980 年开办产品责任保险业务并且发展迅速，业务范围主要涉及家用电器产品、食品类、压力容器类产品、计算机软件产品。

(二) 产品责任的归责原则

产品责任法是伴随着对消费者权益保护的加强而逐步产生的。产品责任制度的发展主要体现为归责原则的发展。合同法与侵权法是产品责任发展的基本框架，它大体经历了一个由契约责任到过错责任，再向严格责任演进的历史进程。

1. 产品归责原则的演变。1842 年英国法院审结的"温特博特诉赖特"（*winterbottom v. wright*）一案，最初确立了"无合同即无责任"的原则。即如果制造商同消费者之间没有合同关系，那么制造商对其产品给消费者造成的人身伤害和财产损失概不负责。这一归责原则的确立主要是为了保护处于初级发展阶段的制造商的利益，限制他们承担责任的范围。

19 世纪初，随着商品经济的发展和产品责任诉讼的增多，每一个社会成员对商品的依赖日益加深，而由商品质量缺陷引发的社会问题也日益严重和

〔1〕 刘文琦：《产品责任法律制度比较研究》，法律出版社 1997 年版，第 22 页。
〔2〕 赵相林、曹俊主编：《国际产品责任法》，中国政法大学出版社 2000 年版，第 146 页。
〔3〕 刘静：《产品责任论》，中国政法大学出版社 2000 年版，第 199 页。

普遍。受缺陷产品损害的人不仅包括合同当事人，还可能是合同当事人以外的任何使用或者接近该缺陷产品的人。契约关系日益成为消费者因缺陷产品所受损害进行有效索赔的障碍。1916 年美国纽约州最高法院法官卡多萨在"麦克弗森诉别克汽车公司"（*Macpherson v. Buick Motor Co*）一案中，确立了过错责任原则，从而将与受害者无合同关系但对缺陷产品存在过错的制造商也纳入产品责任的范畴。该原则是指当生产商和销售商因过错而造成产品缺陷，使消费者的人身或者财产遭受损害时，生产商或制造商就要对消费者承担赔偿责任，而不论他们之间是否存在合同关系。过错责任原则的确立解决了契约关系的障碍，但随着科学技术的发展，当今社会产品中的科技含量越来越高，对于经营者是否有过错，受害人难以举证。这也就使过错责任原则面临新的挑战，严格责任原则的产生成为必然。

严格责任原则最初源于美国加利福尼亚州最高法院法官特雷在 1944 年审理的"艾斯克拉斯诉可口可乐瓶装公司"（*Escola v. Coco Cola Botting Co*）一案的判决，并最终确立于 1963 年的"格林曼诉尤巴电力公司"（*Greenman v. Yuba Power Prouduct Inc*）一案的判决中。利益与风险相一致，谁获得收益，谁就应当承担由此带来的风险和由此造成的损失。与消费者相比，经营者可以分散风险，并能实行单方预防，让经营者承担严格责任，更能体现社会公平。同时，严格责任原则的适用可以促使处于强势地位的经营者通过合理的预防措施减少损害的发生，从而使社会总成本最小化，增进社会效益。

一些国家或国际组织的法律或组织文件，如 1977 年英国法律委员会发表的《关于对缺陷产品责任的报告》、1978 年英国皮尔逊皇家委员会发表的《对个人伤害的民事责任及其赔偿的报告》均认为英国现行法制不利于消费者的保护，建议采纳严格责任制度。随着《欧洲经济共同体产品责任指令》的实施，英国在 1987 年制定的《消费者保护法》中最终确立了严格责任原则。美国侵权行为法权威学者普洛塞（Prosser）教授认为，这是"侵权行为法整个历史里既定法理的最迅速、最引人注目的革命[1]"。目前，在产品责任归责原则领域中，美国走在最前沿，美国的司法判例表明，产品责任越来越趋于严格，甚至向更为严格的产品责任形式——绝对责任或称之为"企业责任"的方向转变[2]，在该原则下生产者要对因使用其产品所致的几乎每一个损害承担赔偿责任。

2. 我国产品质量责任的归责原则。学术界对我国产品责任的归责原则多有分歧，从《产品质量法》的第 40 条、第 41 条、第 42 条以及第 43 条的规定来看，应当说，我国对产品的生产者和销售者都采取了严格责任原则。

第一，我国对生产者采取的是严格责任原则，这也是大多数学者的共识。同时，对生产者适用严格责任，无论在法理上还是在社会效果上，都是非常

---

〔1〕 刘静：《产品责任论》，中国政法大学出版社 2000 年版，第 68 页。
〔2〕 刘静：《产品责任论》，中国政法大学出版社 2000 年版，第 73 页。

必要的。对生产者课以严格责任，并不意味着生产者就要对其行为所产生的一切损害、在任何情况下都要承担责任，其仍然可以法定免责事由进行抗辩。同时，生产者也可以投保责任险，将自己承担的风险分散出去。

第二，对销售者同样采取严格责任原则。有学者认为，我国《产品质量法》对销售者采取的是过错责任[1]，认为我国对销售者采取的是过错责任原则的依据是《产品质量法》第 42 条[2]的规定。实际上，该条是从生产者和销售者责任分担的角度，来合理划分两者的责任，而不是从受害人或者消费者索赔的角度规定归责原则。《产品质量法》第 43 条明确规定，因产品存在缺陷造成人身、他人财产损害的，受害人可以向产品的生产者要求赔偿，也可以向产品的销售者要求赔偿。该条是从受害者索赔的角度规定，只要产品存在缺陷并致人损害，受害人既可以直接请求生产者赔偿，也可以请求销售者赔偿，而不管销售者对缺陷的发生是否存在过错。因此，应当认为我国《产品质量法》对销售者同样采取的是严格责任原则。当然，销售者也可以援引生产者的免责事由进行抗辩。

严格责任原则的本意在于约束经济上处于优势地位的商家，从而更好地保护消费者的利益。但一味强调消费者利益的保护，势必影响生产者设计、开发新产品的积极性，最终也将损害消费者的利益。欧美国家严格责任原则的适用以及高额赔偿制度的确立，也带来了消费者滥诉等一系列社会问题。

三、我国产品责任制度的进一步完善

在确立严格责任原则的同时，有必要在免责制度、市场份额制度、惩罚性赔偿制度等方面以更好发挥产品法的安全风险控制义务。

（一）经营者免责制度

一般认为，在下列情形下，经营者可以免责：

1. 消费者自身的故意或者重大过失。当因消费者自身的故意或者重大过失行为而导致损害事故发生时，说明消费者对事故的发生主观上具有过失。比如消费者没有按照产品的使用目的来使用产品或者擅自扩大产品的使用范围，或者消费者没有按照生产者的警示说明进行操作等。对于由此造成的损害，应当减轻或者免除经营者的责任。但一般认为，消费者的轻微过失并不能减轻经营者的责任。

2. 消费者自愿冒险。在产品经营者将产品的轻微缺陷及可能带来的损害后果明确告知消费者后，在消费者有足够的判断能力和识别能力的情况下而自愿购买的，对由此引发的损害，生产者可不予赔偿。当然，如果产品具有

---

[1] 谭玲主编：《质量侵权责任研究》，中国检察出版社 2003 年版，第 72 页。

[2] 《产品质量法》第 42 条规定："由于销售者的过错使产品存在缺陷，造成人身、他人财产损害的，销售者应当承担赔偿责任。销售者不能指明缺陷产品的生产者也不能指明缺陷产品的供货者的，销售者应当承担赔偿责任。

重大缺陷的，必须禁止经营者销售，并且在造成损害时也不应对其免责。

3. 消费者自身的特殊体质或者健康原因。特定的产品，尤其是药品，可能对某些特殊体质的人群并不适用。在生产者已经作出明确警示说明的情况下，消费者可能由于不了解自身的情况而使用了该产品，对由此造成的损害，生产者可不予赔偿。

（二）建立份额赔偿制度

在现代社会，尤其是在食品、药品领域，产品对人体的损害具有长期积累性，在短期内很难被发现。而当损害表现出来时，消费者又难以具体指明是哪一生产者的产品导致了损害的发生，最多只能证明是该类产品导致了损害的发生。如果因此而致使消费者得不到赔偿，显然是不公平的。同时，该类产品的涉及面可能会很广，生产者众多。如果让某一个或者几个生产者承担赔偿责任，是不公平的，也很可能会是无能为力的。因此，有必要建立市场份额赔偿连带制度。

这个制度来源于美国的一个判例。该案的原告是位癌症患者，其母亲在怀孕期间曾用了预防流产的 DES 激素。后来，医学证实，该激素药与癌症有很大关系。而原告正是在其母亲服用 DES 激素后出生的，是 DES 的受害者。但原告不能证明其母亲是服用了哪一厂家的 DES 药品，于是，其将其出生前的 11 家生产 DES 的厂家告上法庭。美国加州上诉法院最终判决这 11 家生产商按其生产的 DES 在市场上所占份额各自承担相应的赔偿责任。[1] 市场份额原则的确立，符合强化消费者权益保护的理念。但若不对其适用加以限制，势必会损害经营者的积极性，并易导致诉讼程序的混乱。

在确立市场份额连带赔偿制度时，应注意以下几点：①市场份额原则仅适用于缺陷产品导致的损害具有长期积累性的情况。即当产品缺陷所导致的损害能够在较短的时间内表现出来时，不适用市场份额原则。因为在这种情况下，应当允许生产者援引诉讼时效进行抗辩。②缺陷产品所导致的损害表现出来时，消费者已难以具体指明是哪一厂家的产品导致了损害的发生，其只能证明是该类产品导致了损害的发生。③一般认为，市场份额原则所适用的主体应仅限于制造商，而不能扩大到销售商等其他主体。[2] 同时，应以受害者受到损害时的生产者的市场份额为准来确定其责任分担。④市场份额原则的适用，还应当受"当时的科学技术水平尚不能证明缺陷的存在"等抗辩事由的限制。

（三）建立惩罚性赔偿并扩展精神损害赔偿范围

所谓惩罚性赔偿，是指行为人恶意实施某种行为，或者对该行为有重大过失时，以对行为人实施惩罚和追求一般抑制效果为目的，法院在判令行为

---

〔1〕 金晓晨、冯益娜："外国产品责任法对我国的启示"，载《河北学刊》1999 年第 6 期。

〔2〕 张桂红："美国产品责任法的最新发展及其对我国的启示"，载《法商研究（中南政法学院学报）》2001 年第 6 期。

人支付通常赔偿金的同时，还可以判令行为人支付受害人高于受害人实际损失的赔偿金。惩罚性赔偿不仅"宣示了法院对被告行为的不认可，而且意在制止行为人重犯这种行为，并且有可能进一步地制止其他人效法这种行为"[1]。

我国产品质量问题层出不穷，缺陷产品、假冒伪劣产品致人伤残的事件屡见报端。这与我国的赔偿标准太低，从而导致违法成本太低有很大关系。党的十九大报告提出，推进科学立法、严格执法。法谚有云，不能在违法行为中获益。若不建立惩罚性赔偿制度，不足以保护消费者的利益，也难以对违法行为形成有效制约。当然，过高的赔偿数额也会导致滥诉以及生产者负担过重等一系列社会问题。确立惩罚性赔偿数额时，应当遵循公平的原则。主要应考虑以下因素：①缺陷产品经营者的主观恶意程度；②缺陷产品的销售范围、持续时间等；③缺陷产品致人损害的严重程度；④经营者的获利情况及财务状况等。

我国现行的精神损害赔偿制度，一般以实际造成受害人人身损害，并且要求达到伤残的程度为前提。在没有造成人身伤害或者只造成财产损失的情况下，受害人也同样可能承受巨大的精神痛苦。比如在苏丹红事件中，虽然没有给受害人造成明显性的肢体伤害，但却使那些已长期食用含有该物质食品的人们处于恐慌之中。再比如特殊财产的损毁，也可能会给消费者带来精神上的痛苦。因此，在产品质量法领域，应当顺应国际趋势，扩张精神损害赔偿的范围。在扩张精神损害赔偿的范围时，应注意以下几点：①精神损害赔偿应当以经营者没有尽到谨慎义务，或者存在过失为前提。②必须是针对特殊类型的产品，比如食品、药品等与人们日常生活息息相关的产品。③在经营者承担了精神损害赔偿后，并不影响消费者在伤残等显性损害表现出来后的其他求偿权的行使。

二维码

第十五章 拓展阅读

---

[1] 赵相林、曹俊主编：《国际产品责任法》，中国政法大学出版社 2000 年版，第 217 页。

第十六章

广告法律制度

第一节 广告的基本功能

广告有广义和狭义之分。广义上指广告者通过传播媒体将社会信息传递给大众的一种宣传方式。其中包括经营广告和非经营广告。非经营广告是指为了某种宣传目的而进行的非营利性广告，如政府公告、文化、市政等团体的声明等。狭义的广告是指经营广告，即把广告作为一种推销商品或服务的手段或方式。1980 年版的《辞海》中的广告被定义为：向公众介绍商品，报道服务内容或文娱节目等的一种宣传方式。广告一般通过报刊、电台、电视台、招贴、电影、幻灯、橱窗布置、商品陈列等形式来进行。这种广告只传播有关促进商品和劳务销售的经济信息。

广告的功能是指通过广告传播的内容，对所传播的对象和社会环境所产生的作用和影响。但广告的功能不是一成不变的，它经历了传统广告到现代广告的不同阶段。

一、传统广告的经济功能

"在传统广告价值观中，广告的功能只有经济功能。优秀的广告作品，其功能在于沟通经营信息，指导企业的生产与经营、促进商业营销活动的繁荣，通过活跃市场气氛，实现社会商品生产与流通的合理配置，为企业创造出相应的市场利润。"[1]

传统广告的经济功能主要表现在以下三个方面：

1. 广告对经济发展具有强大的促进作用。广告是世界上最大的"无烟产业"之一，不仅在广告行业创造了巨大的财富，而且也带动了其他很多行业的发展。其中媒体行业就是一个典型的例子。广告通过各种形式的媒体介绍商品或劳务，来引发消费者对该企业的产品或劳务产生兴趣，激发购买者的欲望，从而刺激需求，使得规模生产得以进行。同时，广告可以加剧市场全面竞争的强度，从单纯的价格延展到质量、后续服务等方面，促使经营者不断改进自己的技术，减低生产成本，提高生产效率，推动社会生产力的发展。

---

[1] 何修猛编著：《现代广告学》，复旦大学出版社 2001 年版，第 38 页。

总之，广告的发展不仅仅是经济发展的要求和体现，也是经济增长中的一个重要动力。广告的发展在一定程度上促进了社会经济的增长。

2. 广告有利于建立公平竞争的市场机制。市场竞争必然会造成优胜劣汰，企业要处于不败之地，需坚守商业道德、保持和提高商品的美誉度。不断研发新产品，提高服务质量，创建企业品牌和企业价值观念等行为的目标在于构建企业与消费者的良好关系。广告是企业对社会的一种"承诺"，是一份保证书。广告也是"企业文化的一种展示，是企业综合实力的一种表现"[1]。通过广告，企业可以向大众展示自己的宗旨、历史和成就、信誉等，从而树立和加强企业自身的良好形象。为了达到这样的目的，企业须以诚实信用为原则，着力于提高企业自身的实力，在市场上公平竞争。

3. 广告有利于沟通产销，满足需求、刺激需求、创造新需求。生产与消费在时间上、空间上具有不同一性。广告，作为一种信息传播手段，能缩短这种距离。在市场经济条件下，产品的各个阶段都离不开广告传递的信息。就供给环节而言，消费者对产品的需求是多层次、多元化的。经营者可以借助广告来了解消费者的各种需求，组织有针对性的生产。从需求方面而言，广告通过产品信息的传播，向消费者介绍产品的性能、特点、价格等，帮助消费者提高对产品的认识程度，指导消费者购买和使用产品，从而刺激消费者潜在的购买欲望。广告通过刺激消费者的需求，也可以起到创造流行、造就时尚的作用。许多流行性产品的出现，与广告的大量宣传密不可分。

除此之外，广告也是企业增加利润、树立企业形象、扩大知名度、打开国际市场、扩大出口贸易，从而在国内市场和国际市场取得竞争优势的最有效武器之一。

二、现代广告功能的多元化

由于生产力的发展、人们思想意识不断成熟、科技水平的不断提高，传统广告和现代的广告在功能的差异渐渐显现出来。

社会的进步使得现代大众对广告的要求也不断提高：不仅要获得与商品或服务的有关经济信息，"还要求广告能够帮助他们养成科学的生活方式，发展商业文化和社会大众文化，以广告作品的艺术感染力不断提高社会的精神文明水平，丰富公众的业余文化生活，陶冶人的审美情操，充实人的心理"[2]在这种功能多重性的指引下，广告的创意、策划、设计模式也发生了很大的变化，不但提升了其艺术品位，而且拓宽了其所蕴含的社会价值，从而提高了市场主体对广告的关注度。

"随着市场经济的发展、社会商业活动的繁荣，广告活动呈现出比较明显的发展性阶段特征。以市场经济为中心、以知识经济为取向、以经济全球化

---

[1] 李军波、唐晓玲、张河清：《现代广告理论与实践》，中南大学出版社 2002 年版，第 9 页。

[2] 何修猛编著：《现代广告学》，复旦大学出版社 2001 年版，第 38 页。

为依托的现代广告，无论在价值观还是表现形式上，均有别于传统广告，呈现出对传统广告辩证否定、发展与创新相结合的态势。"[1] 在广告行为目标上，现代的广告从"市场营销"向"社会营销"过渡；在顾客观念引导上，"从被动型顾客转变为主动型顾客"。另外，"广告的运作模式也从 4P 模式发展为 4C 模式，并演变到今天的 5R 模式";[2] 广告核心目标也从传统的信息宣传、产品介绍转化为定位于企业形象的塑造。

这些变化也使得现代广告具有除了上述的经济功能外，还具有社会功能、心理功能和美学功能。

1. 广告具有社会功能。广告具有宣传新知识与新技术的功能，即向社会大众传播科技领域的新知识，新技术和新创造，有利于拓宽社会大众的视野，活跃人们的思想，丰富物质生活和文化生活。广告的文化功能对社会的影响超过了其作为一种经济活动所产生的影响。广告文化的本质在于传播，没有传播就没有文化。广告文化传播的不仅仅是企业的"小"文化，还包括社会责任、善良风俗等"大"文化。通过传播这一具有强大影响的方式，蕴涵在广告文化中的价值观念和行为模式潜移默化地影响消费观念和消费方式。

2. 广告具有心理功能。现代广告的心理功能是引起消费者注意，诱发消费者的兴趣与欲望。一般，"广告对消费者心理的影响可以分为五个水平：觉察、知觉、评价、探求和购买政策"[3]。广告能使消费者察觉到特定产品的存在。根据广告提供的有关产品的各种信息，消费者根据自己的需求对产品进行评价、探求，从而决定购买取向。大量广告着重强化视觉冲击力，目的就在于引起消费者对产品的觉察和印象。

3. 广告具有美学功能。广告作为一种特殊的精神产品，要使消费大众接受，必须具有一定的审美价值，还需在一定程度上满足消费者的审美需要。一件成功的广告作品，就是一件优秀的艺术品，具有一定的欣赏价值和文化品位。在满足消费者的物质需求时，也同样给消费者带来了无尽的艺术享受。

然而，任何事物都具有两面性。广告对社会经济、文化等方面具有积极的一面，也存在消极的一面。在竞争日益激烈的市场上，一些企业为了牟取自身的利益，常常置社会道德和法律于不顾，利用广告作出种种违反社会道德和国家法律的行为，包括虚假广告、诱惑消费者购买劣质及有害产品、不正当的比较等。这些行为不仅损害了消费者的利益、其他商品生产经营者的

---

〔1〕 何修猛编著：《现代广告学》，复旦大学出版社 2001 年版，第 33 页。

〔2〕 4P 模式是指：产品（produce）策略、价格（price）策略、渠道（place）策略和促销（promotion）策略。4C 是指以消费者（consumer）来取代产品，以消费成本（cost）来取代价格，以方便（convenience）来取代渠道，以沟通（communication）来取代促销。5R 是指传播营销组合应该包括以下五大要素：关联（relevant）、接受（receptivity）、反映（reaction）、关系（relation）、回报（return）。具体参见何修猛编著：《现代广告学》，复旦大学出版社 2001 年版，第 35 页。

〔3〕 关于广告对消费者的影响模式可以参考汪涛：《广告学通论》，北京大学出版社 2004 年版，第184 页。

利益，也破坏了市场的竞争秩序。为防止广告对社会产生的消极影响，需要对广告行为进行适度规制。

三、广告法在维护市场秩序中的作用

我国《广告法》第 1 条规定："为了规范广告活动，保护消费者的合法权益，促进广告业的健康发展，维护社会经济秩序，发挥广告在社会市场经济中的积极作用，制定本法。"这是关于《广告法》立法目的的规定，也是《广告法》在维护市场秩序中的体现。主要包括以下三个方面：

1. 规范广告活动，促进广告业的健康发展。广告活动是经济活动的一个重要方面，是商品的生产者和服务的提供者参与市场活动以及市场竞争的方式之一。商品的生产者和服务的提供者享有一定的经营自由权，但自由须在法律或道德允许的范围之内。《广告法》确定广告主、广告经营者、广告发布者的权利、义务、责任；发布广告的准则；禁止和限制广告相关内容等；建立特种广告发布前审查制度和户外广告管理制度等，将广告活动纳入到法制轨道，形成了广告活动必须遵循的基本规范。"制定广告法律法规的目的并不是在于为了惩治违法广告，更重要的是为了营造一个健康的从业生态环境，使广告在这个和谐的法制环境中实现可持续的发展。"[1]

2. 保护消费者的合法权益，维护竞争秩序。广告是连接商品的生产者、服务的提供者和消费者之间最有效的桥梁之一。广告的真实性与消费者的利益直接相关。如果商品的生产者、服务的提供者向消费者提供的信息是虚假的、引人误解的，即会产生错误的引导。企业从事市场竞争，开展广告活动，不得损害社会公共利益和消费者利益。《广告法》通过对广告主、广告经营者、广告发布者课以相应的义务，对发布违法广告行为进行惩罚，保护消费者的利益，维护社会经济秩序。

3. 发挥广告的积极作用。广告是一种社会生产力，也是市场经济的催化剂。市场经济的持续发展、大规模的工业化给我们的社会带来了丰富多彩的商品，要不断保持这种大工业生产经济体系的持续运转，其基础是稳定的消费。广告适应社会发展的理由之一是，国家调控的目标是刺激消费而不是鼓励生产。纵观世界各国的情况，凡是市场经济发达的国家，广告业都比较发达，其在社会经济中的地位也比较重要。从微观的角度讲，一个企业的经济效益、商誉的建立和市场占有率与同期展开的广告活动是成正比的。从这个角度上讲，广告宣传是否成功关系到企业的盛衰存亡。从宏观的角度上看，一个国家的商业竞争力与该国企业在国际市场上的进行的广告所产生的效果有关。所以，消除和避免虚假广告等违反社会道德和国家法律的行为，充分发挥广告的积极作用，有利于促进国民经济的发展。

---

[1] 蒋恩铭编著：《广告法律制度》，南京大学出版社 2007 年版，第 5 页。

第二节 广告的类型与虚假广告

一、广告的类型

广告的分类很多，根据不同的标准可以对广告作出不同的分类。

（一）广告的基本分类

按照广告的性质，可以将广告分为商业广告、文化广告、社会广告、政治广告、公益广告等。根据广告传播媒体来划分，可以分为印刷媒体广告、电波媒体广告、户外广告、邮寄广告、销售现场广告和其他媒体广告。根据广告传播范围，可将广告分为国际广告、全国性广告、区域性广告、地方性广告、行业性广告。根据广告的艺术形式，可以分为图片广告、表演广告、演说广告等。

与消费者利益和竞争秩序有关的广告分类主要有如下三种：

1. 根据广告的宣传对象进行分类，可分为消费者广告和业务广告。消费者广告又称为"零售广告"，是针对消费者所做的广告。业务广告又称为"批发广告"，其宣传的对象为有关的业务人员。其中，业务广告又可以分为三种：贸易广告，是指对象为零售商或批发商的广告，其目的在于希望他们购买产品，进行转销，扩大厂家的销售渠道；工业广告，这种广告仅限于工业性用品，如化学品、原料、半成品等；专业性广告，其宣传对象为某种专业人员，如律师、会计师、建筑师等。

2. 根据广告的目的进行分类，可分为战略性广告和战役性广告。战略性广告的目标是提高企业在市场上的知名度，建立企业的商誉，树立产品的形象，其重点在于宣传产品的品牌、企业的名称、技术水平、企业文化等。战役性广告的目的在于短期之内打开销路，从而提高市场占有率。这种广告的重点在于宣传产品的特点、质量、价格、功能等，或者是抓住某些对商品销售有利的时间和机会，如在展销会期间，对自己的产品或服务大力进行广告宣传。

3. 根据广告的表达方式进行分类，可分为报道式广告、劝导式广告、提醒式广告、比较（式）广告。报道式广告是指运用陈述的方法，向大众宣传商品或服务的价格、质量、名称、特点等的广告。这种广告以事实为依据，目的在于向消费者通报信息。劝导式广告又被称为"诉求性广告"，这种广告的目的在于说服消费者购买经营者的产品或提供的服务。劝导式广告又可具体分为感性诉求广告和理性诉求广告。感性诉求广告，也叫暗示广告、兴趣广告，是指根据消费者心理，以情感诉求的方式打动消费者购买其商品。这种广告的特点在于以诉求的语气，诚恳的态度，动之以情。理性诉求广告，又称为理由或说明广告，是指依据消费者的心理，以理智诉求的方式，充分说明产品的特点，从而说服消费者购买其产品。这类广告的特点是重视论据，以理服人。使用这种广告较多的通常为药品、保健品等生产经营者。提醒式广告是指产品或服务的提供者在其产品或服务已经在市场上树立一定的形象和名气之后，为使自己的产品或服务不被消费者遗忘而重复进行的广告。

在所有的广告分类中，和法律规制关系较为紧密的广告形式是比较广告。

（二）比较广告

比较广告，是指在制作广告时，把自己的商品与同类的商品进行比较，从而突出自己产品的特点，以此影响消费者的消费决策或其他经济行为的广告。比较广告有三种形式：两种或更多种品牌的暗比；两种或两种以上品牌的明比；与想象出来的对手的比较。

比较广告诞生于 20 世纪初的美国。在 1930 年斯特林·格特切尔广告公司在为新进入市场的克里斯勒汽车作广告时，以"试试这三种汽车"为题，对大众汽车、福特汽车和克里斯勒汽车做了比较，并获得了很好的广告效果，从此也拉开了比较广告在美国发展的序幕。

由于各国法律传统、文化背景、市场经济条件等方面的不同，各国对于比较广告的定义也是不同的。例如，美国对比较广告的定义要求能够识别具体竞争者；欧盟认为在广告中涉及竞争对手就构成比较广告。其实，比较广告重在产品的"比较"，而不是竞争者的比较。即对相同的或可替换的产品或服务之间进行比较，这种比较不一定要求识别出具体竞争者。因此，比较广告是指产品的经营者或服务的提供者通过明示或暗示的方法将自己的产品或服务与处于同一竞争领域的竞争者的产品或服务进行对比，从而显示自己产品或服务的优势，影响消费者的消费决策或其他经济行为的广告。

1. 比较广告的分类。比较广告在现实当中有多种表现形式，根据不同的原则和标准，我们可以对比较广告作不同的分类。

根据比较内容是否具有客观性，可以分为客观性比较广告和主观性比较广告。客观性比较广告是以客观事实和科学依据作为比较的基础，此种比较广告适用于消费者应用程度、使用范围较高的产品，如电冰箱。而主观性比较广告则是以主观感觉和评价来对产品进行比较，这种一般适用于消费者应用程度、使用范围比较低的产品。

根据比较的内容不同，可以分为价格比较广告与属性比较广告。价格比较广告是对属于不同品牌的产品或服务之间的价格作出比较，从而吸引消费者。属性比较广告，是指在价格之外的其他诸如品质、构造、产地等因素的比较。

根据比较广告是否明确指出竞争者的名称，可以分为直接比较广告和间接比较广告。直接比较广告是指经营者直接在广告中明确指明某一个或某一类竞争者。其中，又可以分为意见比较广告和功能比较广告。间接比较广告是指经营者在其发布的广告中没有明确指出某一个竞争者，但是消费者根据广告的信息就可以判断是某一企业的广告。间接比较广告又呈现出最佳比较、暗示比较、仅有比较三种方式。

　　根据比较广告对竞争者所持态度的不同，可以分为倚靠性比较广告和批评性比较广告。倚靠性比较广告是指通过对竞争者的产品或服务表示肯定、赞赏，并将其与自己的产品或服务相联系，希望借助竞争者的良好商誉来提高自己本身产品或服务的地位。批评性比较广告是指广告主以其产品或服务的价格、功能等与竞争者的进行比较，显示自己产品或服务的优势的广告。

　　此外，根据比较广告所介绍的具体对象不同，可分为商品比较广告和服务比较广告；根据广告主主动和被动的发动形式分类，可分为系统比较广告、询问比较广告、防卫比较广告和进步比较广告。[1] 在此不一一列举。

　　2. 比较广告合法性的理由。比较广告作为广告的一种特殊形式，在现实生活中既备受青睐又颇受争议，究其原因是比较广告采用对比的方式进行产品宣传，这一固有特征决定了比较广告既有其积极的一面，也有其消极的一面。比较广告采用对比的方式进行宣传，可以醒目地突出产品之间的差异和优劣，对消费者具有强烈的劝服作用；同时，行为人出于对自身经济利益的考虑，在比较过程中总会自觉或不自觉地贬低别人，抬高自己，从而构成不正当竞争。

　　但是，在采用这种广告时必须不能故意贬低竞争对方，诋毁对方的商誉，否则这种广告就是违法的，为法律所禁止的。

　　目前，各国对于比较广告持有不同的态度，可以分为三种：①肯定说。该学说认为比较广告是经营者言论自由权的体现，能给予消费者详细的产品信息，提升产品的品质，维护社会公共利益。②否定说。该学院认为比较广告具有隐匿性和攻击性，会损害其他经营者的商誉和名声，限制消费者的自主选择权。比较广告本身所具有的无法克服的缺陷会导致不公正的结果。③限制说。该学说对肯定说和否定说进行了折中处理。其认为比较广告能够增长消费者的消费知识从而正确选择产品或服务；有利于提高市场的透明度；有利于经营者认识到自己提供的产品或服务的不足，从而改进技术，刺激竞争，带动整个社会生产力的发展。但是由于比较广告含有主观因素，也有可能走向消极的一面，所以有必要运用法律等手段进行合理的规制，使比较广告正常发挥其积极的功能。

　　限制说比起肯定说和否定说，更具有客观性和说服力。比较广告有利于消费者知情权和选择权的实现，有利于引导并刺激消费、鼓励竞争，完善市场结构，提高生产经营的管理能力，提高公众对企业的信任度，促进市场经济的繁荣。世界上的总体趋势也认可了比较广告的积极功能。目前，除法国、意大利、西班牙、希腊等欧盟国家采用否定说明文禁止比较广告外，大多数国家都采纳了限制说，允许比较广告的合法存在。

　　我国《广告法》第13条规定，广告不得贬低其他生产经营者的商品或者服务，其相当于折中方案。在肯定比较广告的积极意义时，存在的问题是如

―――――――――

〔1〕　彭霞："试论比较广告的法律规制"，载《行政与法》2003年第4期。

果不正当利用比较广告时，是构成虚假广告、误导行为，还是商业诋毁行为？如果是竞合情形，应如何处理？

二、禁止性、限制性广告和虚假广告

（一）禁止性、限制性的广告

禁止性广告可能源于产品本身的特殊性，也可能源于广告内容，还可能源于广告语等。

《广告法》第15条第1款规定，麻醉药品、精神药品、医疗用毒性药品、放射性药品等特殊药品，药品类易制毒化学品，以及戒毒治疗的药品、医疗器械和治疗方法，不得作广告。

内容上对广告的禁止和限制包括很多方面，总体上为防范误导购买者。例如，医疗、药品、医疗器械广告不得含有下列内容：①表示功效、安全性的断言或者保证；②说明治愈率或者有效率；③利用广告代言人作推荐、证明；

应当进行内容上的限制的产品或服务包括保健食品、替代母乳的婴儿乳制品、饮料等、农药、兽药、饲料和饲料添加剂、酒类、教育、培训等，不同的内容涉及的内容限制不同。

对产品或服务的限制还涉及发布广告的场所限制，如禁止在大众传播媒介或者公共场所、公共交通工具、户外发布烟草广告。对发布广告对象的限制，通过大众传播媒介发布的广告应当显著标明"广告"，与其他非广告信息相区别，不得使消费者产生误解。大众传播媒介不得以新闻报道形式变相发布广告。

对产品或服务的限制也有用语的限制，如"最高级"等用语，再如处方药广告应当显著标明"本广告仅供医学药学专业人士阅读"，非处方药广告应当显著标明"请按药品说明书或者在药师指导下购买和使用"。再如，推荐给个人自用的医疗器械的广告，应当显著标明"请仔细阅读产品说明书或者在医务人员的指导下购买和使用"。医疗器械产品注册证明文件中有禁忌内容、注意事项的，广告中应当显著标明"禁忌内容或者注意事项详见说明书"。

此外，对产品或服务的限制还有对人的限制，如不得利用未满10周岁的未成年人作为广告代言人。特殊情况下广播电台、电视台发布广告，还需要对广告时长作出明显提示。再如，禁止向未成年人发送任何形式的烟草广告。

当然，上述限制都是特殊的限制，一般情况下，广告违法行为主要是虚假广告。

（二）虚假广告

《广告法》第28条第1款规定，广告以虚假或者引人误解的内容欺骗、误导消费者的，构成虚假广告。可见，在这里，虚假广告是一个大概念，其包括内容虚假或内容引人误解。

在价格法和反不正当竞争法中，"虚假"和"引人误解"是两个概念，二者有各自不同的含义。狭义上的"虚假"主要是指内容与客观事实相悖。

1. 虚假广告的类型。表述内容的与客观事实不符,首先是有科学的标准可参照或客观的事实可查证,即通过参照方面可确定是否与客观事实相符。广告法要求广告说明应当真实、准确、清楚、明白。广告说明应当与商品或服务的内容相一致,虚假广告的判定标准之一就是看两者是否一致。虚假广告是指标示内容和实际内容不相符,以相差的内容背离发挥宣传的广告效应。例如,称某保健品中含有东北长白山野生人参,但事实没有。因此,证明广告说明与事实不符时,必须有充分的证据。如果经检验证明广告说明与商品(或服务)的实际状况不符,就可以将该广告认定为虚假广告。再如,商业企业为推销某种产品在广告中使用"唯一经销商"的用语,如与事实不符,则其属于虚假广告。

有些广告有明显的不实或违法之处,例如广告词带有"最好""最佳"等字词。而有些广告说明则不能直观地加以判定,怀疑广告说明的内容含有不科学的表示功效的保证,这种保证是否科学,则需要经过鉴定。在一般情况下,应由请求停止侵害或损害赔偿的起诉人举证。当然,也有些广告说明的真实性以上述方式仍无法判明或者对广告涉及的技术问题不了解,消费者可以提出认定虚假广告或损害赔偿的请求,在抗辩过程中由经营者提出反证。

广告说明与商品实际不符的情形还包括:①广告说明中的商品实际不能出售;②广告说明中的商品仅仅限于少数几件,即限量供应而未言明;③有一定的销售期限而未言明,例如早9点至9点半为销售时段。

与"虚假"不同,"引人误解"是认识上的问题。主要包括两个方面:

(1)将科学上未定论的观点、现象等当作是定论的事实用于商品宣传。这是对宣传进行"质"上的评价。往往在新的标准出台之前,一些新概念会被商家炒作,并成为竞争中的卖点。例如,"高清"电视,"双倍高清"电视、"健康"电视、"环保"冰箱等。一些疾病尚不能为现代医学破解,针对病人求医心切的心理,常出现虚假广告。如海南省工人疗养院在发布医疗广告中称:"×××主任是全国著名的鼻炎名医,他的综合双重合剂疗法,采用近百种稀有奇效的动、植物药、胆汁药、矿物药及微量元素组合,在医学研究上取得重大突破,得到海内外专家学者的一致认可和肯定"。同时,该广告词表示给予鼻炎患者治愈的承诺。大部分病人在接受治疗后,未能依约治愈鼻炎,致使原告的合法权益受到损害,被告亦未能举证上述有关事实存在,具有明显的误导性,属虚假广告。

(2)以歧义性语言或者其他引人误解的方式进行商品宣传[1]。广告依靠

---

[1] 关于虚假广告,FTC 有明确的说明:"虚假广告这个词意味着广告在实质方面是令人误解的;而且在认定某一广告是否令人误解之时,要考虑的不仅有陈述、语句、外观设计、图案、音响及这些东西的混合体合成的或蕴含的声明,还有广告没有揭示的事实范围,这些事实从声明来看是实质性的,或者从可能导致对广告商品利用的结果来看是实质性的。"引自汪涛:《广告学通论》,北京大学出版社 2004 年版,第 66 页。

的是双重的信息——语言和图像，初级广告只是鉴定的口号加示意图，是从广告发布者的角度来散发信息的，正如有学者所言，"20世纪初，广告是高喊着口号、展开了战旗冲向市场的。"[1] 现代广告发生的最大变化就是强调信息接受者对语言和画面的感知，因此，传统口号变成了幽默和发人深省的语句。歧义性语言传导的信息只能使消费者认识错误，从而贬低了其他企业的商业信誉。但以明显的夸张方式宣传商品，没有歧义性，不足以造成相关公众误解的，不属于引人误解的虚假宣传行为。

2. 虚假广告涉及的内容。一般广告宣传多围绕有关商品或服务方面的信息，集中体现在对商品或服务的特征、商品的产地、价格、质量、制作成分、性能、用途、生产者、有效期限及其他情况。虚假广告内容与一般广告同样广泛，可以涉及有关商品（或服务）的各种状况。

虚假广告经常涉及的内容如下：

（1）商品的用途、功能以及其他特性。虚假广告经常把商品的特征加以美化，夸大商品的效能，经过美化的商品也容易受到消费者的信赖。不同产品夸大功能的手法、含义有所不同。如医疗广告夸大功能，主要是通过在广告中保证或者变相保证治愈各种疑难疾病。再如，保健食品广告宣传治疗作用或者夸大功能，主要是在广告中把保健食品混同为药品，宣传治疗作用或者使用易与药品相混淆的用语等。

（2）商品的原料。商品的原料决定商品的功能，消费者在购买商品时，原料是重要的参考，包括各种原料的比例。如商品是同一种原料构成的，则观察其是天然的还是人工培育的等。比如，当商品由两种以上的原料混合制成，广告便以天然原料来招揽顾客；有时原料明明是人造的，而广告却故意加上一个美名来掩盖低档原料，如在商品上加上"纯""原装""东方""巴黎"等。为了保护消费者的利益，法律应当禁止那些假冒原料的附加名称或易被混淆的商品名称。

（3）商品的来源。标示商品的制造地（或称货源标记），或说明提供服务的企业所在地，它关系到消费者对商品（或服务）的印象，是广告中不可缺少的内容。货源标记是用来表示商品来源的标志，它通常是由名称、用语或符号所构成，用以表示该商品来自哪个国家或地区，便于消费者选购商品。除此之外，货源标记向顾客提供了该产品具有的某种特定质量保证。

（4）商品的价格。在广告中，任意变换商品的价格，借以招徕顾客，损害消费者的利益，其花样难以捉摸。为了吸引顾客，竞争者通过广告把商品（或服务）宣传得完美无缺，但通常不标价格，有时即便在广告中标上价格，也往往只是标上"引诱价格"而已。比如告示声称降价，实际上价格未变。引诱价格与特价不同。特价是实际上的降价，而引诱价格仅在表面上降价实际未降价。引诱价格的广告便是虚假广告。

---

[1] ［法］热拉尔·拉尼奥:《广告社会学》，林文译，商务印书馆1998年版，第77页。

（5）企业的历史渊源及规模。例如：在广告中给商店冠以"百年老店"的称号，但实际上其只有数十年历史；产品只有上市几年，却言称产品历史悠久、闻名中外；只有几个人开设的合伙企业，仅有几辆小汽车经营出租业，在营业广告上自称出租汽车公司；规模甚小的个人独资企业、合伙企业却以"公司"或"集团"向消费者宣告。如果"商场"和"中心"之类的名称不符合实际规模，那么这种广告无疑是虚假广告。

除了上述内容以外，虚假宣传还会涉及有关营业活动的其他情况，如企业在市场上的地位和等级，企业领导的经营能力，经营方式上的还本销售等。在此不一一展开。

3. 比较广告的违法性认定。在判断比较广告的内容是否存在不实时，应该针对哪一部分来认定呢？是通过经营者对自己经营的产品或提供的服务的陈述，还是对竞争者产品或服务的陈述来加以认定呢？对此，各国都有不同的回答。如美国的《兰哈姆法》在修改之前、之后就采取了不同的方法。在1988年修改之前，只认为经营者只在对其本身的产品或服务的陈述不实时才构成虚假广告。但修改之后，虚假广告的认定也包括了对他人商品或服务的不实陈述。我国台湾地区学者则一般认为，虚假广告只包括对经营者自身的产品或服务的不实陈述，而对竞争者产品或服务的不实陈述不构成虚假。笔者认为，修改之后的《兰哈姆法》的做法更具有合理性。无论是对自己产品或服务的不实陈述，还是对竞争对手的产品或服务的不实陈述，都应当认定为虚假比较广告。因为，在比较广告中，消费者一般根据两种或多种不同品牌的产品或服务进行比较而作出最有利于自己的购买决策，影响消费者购买意向的不仅仅是广告主对自己产品或服务的陈述，还有广告主对竞争者的产品或服务的陈述。若广告主对自己的产品或服务的陈述真实，但是对竞争者的产品或服务的陈述却是虚构的，以此显示自己的产品或服务的优势，这样的效果跟夸大自己产品或服务的不实陈述是一样的。

在认定比较广告是否构成虚假广告时，可以采用以下四个原则：一是一般交易相对人判断原则。即以交易相对人的认知能力和水平为基础，来判断有无虚伪不实情形。商品或服务是以一般大众的普通注意力为准；专业性产品则以相关大众的普通注意力为准。二是合并原则。即通过观察广告陈述的整体印象及效果，如果该广告足以引起相当数量的一般或相关大众的错误认知或决定，即属于虚伪不实。三是特别显著原则。比较广告内容以对比或特别显著方式作出，其特别显著的部分，是消费者决定是否购买的主要因素，判断的基础以该特别显著的主要部分为中心。四是合理判断原则。该原则包括比较广告与实际状况的差异程度、比较广告的内容是否足以影响具有普通知识经验的一般大众等。

在比较广告中，由于贬低对方产品，可能构成商业诋毁行为。如对自己的产品或服务作不实陈述，还对竞争者的产品或服务作不实的陈述，而且这种陈述是带有诋毁竞争者的性质。通过比较广告实施的诋毁行为可能是一种竞合。商业诋毁行为涉及竞争者的人格权与财产权，法律规定的惩罚也比较严重，在认定是否构成竞合，需具备以下四个要件：一是广告主之间具有竞争关系，广告中指明竞争对手或虽未指明但消费者根据广告的内容可分辨出双方具有竞争关系等情形均包括在内；二是广告主在主观上存在故意，目的是贬低其竞争者的商品或服务，降低其商业信誉，削弱竞争对手的竞争能力；三是广告主在客观上具有虚假陈述及散布行为，对被比较对象的商品或服务作虚伪不实或引人错误的表示；四是后果上足以损害他人商业信誉，其陈述或散布的内容，足以降低社会相关大众或交易相对人对被比较人在商业道德、服务质量、商业资信等等各方面的评价。

当然，虚假广告和商业诋毁行为也存在一定的不同：一是在虚假广告中，广告主没有明确指明竞争者或其产品或服务的名称；而商业诋毁行为或者是明确地针对某一竞争对手，或者消费者通过比较广告的内容就可以判定竞争对手。二是虚假广告和商业诋毁行为虽然都具有对产品或服务进行引人误解或虚假宣传的特征，但虚假广告的目的是让消费者购买广告主本身的产品或服务，而商业诋毁行为的目的则在于损害竞争对手的商业信誉，降低竞争者的竞争力。三是虚假广告中不实陈述的对象既可以是广告主本身的产品或服务，也可以是竞争对手的产品或服务；在商业诋毁行为中，不实陈述的对象只能为竞争者的产品或服务。

二者竞合的行政责任，宜采取"重行为吸收轻行为"的原则来确定适用法律。

比较广告除了可能构成虚假广告、商业诋毁行为之外，还有可能构成商标侵权行为、误导行为等不正当竞争行为。限于本文的篇幅，就不再做一一论述。

第三节　广告关系人的法律责任

一、广告法律关系主体与责任

广告法律关系"是广告法律法规调整的，国家行政监管机关、法人、其他经济组织和个人在参加监督、管理、审查过程中和广告活动中发生的，由国家强制力保证其实现的具体权利、义务关系"[1]。广告法律关系包括了广告法律关系主体、广告法律关系客体、广告法律关系的内容。其中，法律广告法律关系主体包括了广告主、广告经营者、广告发布者、国家行政监管机关等。广告主，是指为推销商品或者提供服务，自行或者委托他人设计、制作、发布广告的法人、其他经济组织或者个人。广告经营者，是指受委托提供广告设计、制作、代理服务的法人、其他经济组织或者个人。广告发布者，是指为广告主或者广告主委托的进行发布广告的法人或者其他经济组织。实

---

[1]　蒋恩铭编著：《广告法律制度》，南京大学出版社 2007 年版，第 17 页。

际上，在广告法律关系中，除了上述主体的关系外，还存在另类主体关系，即广告形象代言人和广告主的关系、消费者关系、国家广告监管关系。广告法律关系内容则包括了广告法律关系主体的权利和义务。广告法的目的不在于设立广告法律关系主体权利的法律，而是约束广告法律关系主体，对广告法律关系主体课以义务的法律；或者说是规范广告活动，保护消费者的合法权益，维护社会经济秩序的法律。

由于广告这种信息传播模式具有"一对多"（即商家和消费者）的特殊性，加之商家追求利润最大化的本性，很可能利用欺诈消费者达到其目的。因此，在广告关系中，应当有消费者关系；在广告法律关系中，消费者利益保护的程度是广告社会效应的直接体现。

在上述主体中，各主体在广告法律关系中的地位和责任有所不同。

广告主是广告的发起者和最主要的决定者，其承担主要责任。广告业发展初期广告内容和形式都很简单，广告作用有限，由此产生的责任一般由广告主自己承担。现代的广告关系人范围扩大，但广告主仍是核心主体，没有广告主，就不可能有其后的一系列广告违法行为。

广告经营者是联结广告主与广告发布者之间的纽带，其承担法律责任的法理基础是，广告经营者熟悉广告业务、清楚相关的法律规定。广告发布者承担法律责任的基础是，其掌握着最终的决定步骤——广告的发布权，广告一经发布即会对社会产生重大影响。因而，广告发布者应当也有义务对发布的广告在职责范围内进行全面的审核。相比广告主，广告经营者和广告发布者承担责任是有条件的。法律规定两类条件：①主观条件，即明知或者应知；②客观条件，即"不能提供广告主真实名称、地址"。一般情况下，这个有序的责任承担方式仅适用于司法机关的民事裁决，不作为行政处罚的依据。[1]如果广告主发布虚假广告，广告经营者、广告发布者非明知，亦非应知，并能提供广告主的真实名称、地址，而广告主逃之夭夭，且有关社会团体没有推荐替代的商品或服务，那么，按现行法律就没有谁能够为消费者利益"埋单"。由此，这些责任主体在接续承担消费者利益损失时，因各方条件的差异致使排列宽松而造成了责任缝隙，这个漏洞应该弥补。

在广告传播中，还有广告代言人。广告法所称广告代言人，是指广告主以外的，在广告中以自己的名义或者形象对商品、服务作推荐、证明的自然人、法人或者其他组织。在法律责任上，关系消费者生命健康的商品或者服务的虚假广告，造成消费者损害的，其广告经营者、广告发布者、广告代言人应当与广告主承担连带责任。上述规定以外的商品或者服务的虚假广告，造成消费者损害的，其广告经营者、广告发布者、广告代言人，明知或者应知广告虚假仍设计、制作、代理、发布或者作推荐、证明的，应当与广告主承担连带责任。

值得注意的是，随着互联网的发达，电子商务的扩展，互联网广告法律

---

[1] 参见《国家工商行政管理局关于〈广告法〉执行中有关问题的答复》（工商广字〔1998〕第21号）。

关系主体出现了特殊形式。尤其是通过自媒体发布的广告，在很大程度上，传统广告关系中的广告主、广告经营者、广告发布者，甚至包括广告代言人，在自媒体广告中都被高度整合，可能出现的情况是广告主、广告经营者、广告发布者是一个人，甚至可能全部整合为一个人。

二、广告法律制度的中心

广告法不是设立广告主体权利的法律，而是约束广告主体的法律；或者说是为了规范广告活动、保护消费者的合法权益、维护社会经济秩序的法律。消费者利益是广告法律制度的中心，广告法律关系都围绕这个中心展开。

1. 广告管理的目的是维护消费者利益和经济秩序。目前广告管理有两个层次：一是广告业务资质管理。从事广告经营的，应当具有必要的专业技术人员、制作设备，并依法办理公司或者广告经营登记，方可从事广告活动。广播电台、电视台、报刊出版单位的广告业务，应当由其专门从事广告业务的机构办理，并依法办理兼营广告的登记。二是广告内容审查。利用广播、电影、电视、报纸、期刊以及其他媒介发布药品、医疗器械、农药、兽药等商品的广告和法律、行政法规规定应当进行审查的其他广告，必须在发布前依照有关法律、行政法规由有关行政主管部门（以下简称广告审查机关）对广告内容进行审查；未经审查，不得发布。

2. 虚假广告的法律责任体现了对受害消费者的救济。现行广告法确立了五种对消费者的赔偿责任：广告主的虚假广告法律责任、广告经营者的虚假广告法律责任、广告发布者的虚假广告法律责任、社会团体的法律责任、代言人的法律责任。具体而言，发布虚假广告，欺骗和误导消费者，使购买商品或者接受服务的消费者的合法权益受到损害的，由广告主依法承担民事责任；广告经营者、广告发布者明知或者应知广告虚假仍设计、制作、发布的，应当依法承担连带责任。广告经营者、广告发布者不能提供广告主的真实名称、地址的，应当承担全部民事责任。社会团体或者其他组织，在虚假广告中向消费者推荐商品或者服务，使消费者的合法权益受到损害的，应当依法承担连带责任。还有《广告法》第56条规定的广告代言人的连带责任。

3. 广告主、广告经营者和广告发布者之间的关系具有制约性，其理由也在于保护消费者利益。广告主和广告经营者是委托关系，但这种委托关系是附条件的，所附限制条件的目的是防止出现虚假广告，即广告主委托他人设计、制作、发布广告，应当具有或者提供真实、合法、有效的下列证明文件：营业执照以及其他生产、经营资格的证明文件；质量检验机构对广告中有关商品质量内容出具的证明文件；确认广告内容真实性的其他证明文件。广告发布者与广告主的关系也是委托关系。在发布广告之前，广告发布者负有审查义务，即广告发布者依据法律、行政法规查验有关证明文件，核实广告内容；对内容不实或者证明文件不全的广告，广告发布者不得发布。

上述有关管理职责和主体间权利义务的配置对消费者利益提供了基本的

保护，包括事前审查、事中监督和事后救济。

三、广告代言人法律责任的构建

代言人是一个特殊的广告关系主体，其将广告主与消费者联系起来。代言人的行为对消费者产生直接或间接的影响。广告代言的行为需受到一定的法律限制。

（一）代言行为的禁止和限制

1. 禁止以专家和消费者名义进行广告宣传的限制。专家代表专业权威，以权威的名义发布广告会对消费者造成误导。专家的专业知识使之更容易作出正确的判断，进行更合理的行为选择。这会使消费者在心理上对代言人专家产生某种依赖感和信任感，并不自觉地形成对产品的忠诚与笃信，表现为消费者不愿意对竞争者的同类商品或服务作出独立的、自主的比较。以消费者的名义发布的广告，也能产生直接误导的效果。因为产品和服务是为消费者提供的，消费者在没有使用的情况下就发出赞誉之词，本质上是在传播一种谎言。谎言重复一千遍会变成真理，这便是广告的神奇功效。

特殊产品的代言限制更为严格。药品、医疗器械、医疗、食品、化妆品等特殊商品、服务的广告均与广大消费者的安全健康等切身利益密切相关，也是国家在广告法律中严格管理的主要对象。《医疗广告管理办法》第7条规定，医疗广告不得利用患者、卫生技术人员、医学教育科研机构及人员以及其他社会社团、组织的名义、形象作证明。《食品广告发布暂行规定》第9条规定，食品广告中不得使用医疗机构、医生的名义或者形象。食品广告中涉及特定功效的，不得利用专家、消费者的名义或者形象做证明。

代言人违反上述限制的，应承担法律责任。这种代言对消费者的选择产生不利影响，另代言人主观上属于明知或应知的，不得以主观上无过错为由进行抗辩。

2. 广告不得使用国家机关和国家机关工作人员的名义，药品广告不得含有军队单位或者军队人员的名义、形象，不得利用军队装备、设施从事药品广告宣传。

值得一提的是，以古代皇帝的身份代言广告是否涉嫌违法值得探讨。和上述专家及权威机构不同，古代皇帝形象散发的"权威"已经很弱了，因为皇帝不是技术专家。作为艺术加工形象的皇帝向人们传达两种信息：历史悠久和品质上乘。只要皇帝形象或言词所表明的历史与产品悠久的历史相当，并所表明的品质不是"最佳""最优"的，则该信息不涉嫌违法。例如某广告称"××（产品）我（清朝某皇帝）爷爷的爷爷说好"，只要证明该产品的历史溯源于清朝年间即可。

（二）代言人的法律责任

广告形象代言人可以分为公众代言人和一般代言人。公众代言人来源于"公众人物"，但由于公众人物和一般人之间没有明确的衡量标准，使得两种代言人之间也很难划出一条清晰的界限。实际上，公众代言人多以体育明星、影视明星、知名模特、广告明星等居多，他们代言的广告，习惯上又被称为名人广告。与此相对应，非名人广告即为一般人代言广告。为表述方便，这里使用名人广告和非名人广告两个概念，并以名人广告为基础展开论述。

1. 代言人承担法律责任的理由。代言人没有法律义务，但代言人需要承担法律责任，这违反一般法律责任的规则。在现代广告的背景下，有必要普遍性地建立广告代言人的法律责任，理由如下：

(1) 公众代言人的影响力会影响消费者的消费倾向。每个公众代言人都有自己独特的风格，这种被抽象的风格可以通过产品特性或服务特色的形象加以表达，于是，代言产品（包括服务，下同）对消费者便自然而然地产生某种亲和力。公众代言人的追随者往往通过购买代言产品或接受服务表达对崇拜者的敬仰，由此代言人就成了消费者和代言产品的特别推荐人。之所以称为"特别"，是因为一部分人在坚定地跟随代言人的行为动向，代言人不必"发号施令"，只需自行发出喜好某种产品或服务的信号，该种产品或服务就立刻成为代言人和追随者之间心灵交流的工具和追随者的消费选择目标。这种心灵感应是一般代言人所不具备的。换言之，公众代言人身边包围着一批忠实的追随者并很容易转化为代言产品的消费者，形成了"知名度平移"现象。实践经验表明，经常有人在广告被宣布为虚假广告后言称：就是看着××代言我才购买的。这里反应的就是追随者的思维和行动逻辑。

(2) 代言人的风险与收益不一致。风险与收益相一致是法律的平衡点，也是经济秩序稳定的基本条件。法律对社会经济关系的调整绝大多数是因为利益失衡，即权利主体不负义务或负担少量义务，导致广告代言人的风险和收益不相称。一是代言费和表演劳动付出之间的不对称。受播放时间的约束及费用负担，广告时长通常都控制在较短的时间内。广告本身的思想性和艺术性决定了单位时间付出的劳动量比纯粹的艺术表演要少，但单位时间的收益却远远高于其他艺术行为。二是行为和影响的非对称性。选择广告代言人大多不是因为代言行为中艺术表现力的高低，而是基于代言人的社会知名度。在现有法律关系中，广告主和代言人属于委托合同关系，而不是广告法律关系。作为受托人的代言人在合同履行完毕后，代言人便退出了这个法律关系。如果代言人在委托合同履行中没有违约便不承担合同责任，即使违约也只对委托人承担责任。但是，代言行为不能被孤立化，即其责任只是单项地针对委托人。事实上，其委托合同义务终止之时，恰恰是代言广告影响力扩散的开始。代言人履行合同的行为会持久地向社会公众渗透，直至达到广告主订立委托合同的最终目的。因此，代言行为并不是一个孤立的委托合同，其对社会的后续影响是不同于合同本身的另一种法律关系。这种法律关系要求代言人以诚实信用的职业准则向社会传达信息，并经得住时间的考验。在虚假广告情况下，代言人表演完毕并非就"躲进小楼成一统、管他春夏与秋冬"。代言广告与对社会公众的不利影响，或代言人的收益与消费者受损状态的不对称，需要法律矫正这些不平衡。

（3）在现行《广告法》中对虚假广告的责任是连带责任，法理依据不充分。与追随者的执着不相对应，代言人往往对自己代言中的行为和形象有他种理解，认为代言就是"传话""代人讲话"；代言行为就是戏剧中的表演，是一种纯粹的艺术行为。作为艺术家代言者的这种观点具有普遍性，对它的评价涉及艺术能否与法律沟通及沟通的渠道如何开启的问题。其实，艺术是通过心理感受来表达思想的，绝对正确的模仿并非艺术及艺术的目的。艺术的辩证哲学告诉我们，形象或思想是通过作者和表演者的否定之否定后展现出来的。所以，即便从艺术本身来讲，代言也不是传话，而是要反映代言人的真实意思。代言广告一旦变为虚假广告，由于其扰乱了社会经济秩序，人们在诅咒甚至追诉广告主和广告经营者行为的同时，也会拷问代言人的诚实与信用。那么，从法律上讲，代言就不是演戏或背台词，而是表达内心感受，需要秉持诚实与信用准则。在现行制度中，并没有规定代言人的法律义务，没有义务即不应当承担法律责任。可能对其施加的义务是对有关广告资料真实性的审查。现行法律中没有规定代言人的广告资料审查权，代言人对代言广告的信息来源于广告主，由此，代言人获得的信息比广告经营者还要少，代言人对代言广告的真实性也无从把握。在缺乏审查权利，即信息获取权的情况下，要求代言人承担连带责任显然缺乏法律基础。

2. 代言人承担连带责任的质疑。若干年来，在道德谴责下的虚假广告没有任何收敛的迹象，这无疑提醒我们需要寻找其他更为刚性的力量。代言人在广告法律关系中的地位决定了其不应承担连带责任。在法律上，连带责任的前提是共享信息、共同决策。代言人和其他广告主体相比所能检索到的信息量是最少的。广告主创造涉及社会公众利益的广告信息并始终保有最详实的信息，广告法意图使这种信息全面传达到广告经营者和广告发布者，要求其"核实广告内容"[1]，但由于权利的限制，他们很难"确保广告内容真实、合法"。另外，核实行为所涉及的主要是对证明文件的形式审查，对内容的审查仅仅是针对广告词的违法性，而其他实体内容的违法性则很难在核查中被发现，例如证明文件被篡改。所以，与其说依靠广告主体的相互监督来创造和谐的广告经济秩序，莫不如说这种名实不符的监督为虚假广告提供了滋生和蔓延的土壤。

代言人缺乏审查信息的权利的结果，导致了不能控制广告成为虚假广告的风险。而对具有涉他性的不能控制的风险，代言人是应当承担责任的。历史上，康梦达（conmmeda）契约的责任就是以对风险控制能力为基础划分的，[2]

---

〔1〕 "核实广告内容"是指广告经营者、广告发布者的义务和责任，以确保广告内容真实、合法。

〔2〕 通常认为，源于中世纪意大利沿海都市的康梦达契约和船舶共有是公司的雏形，康梦达契约是资本所有者以其商品或资本委托航海者（船舶所有者、商人或他人）代为买卖，受托者以自己的名义从事贸易活动，依契约分配。参见石少侠：《公司法》，吉林人民出版社1994年版，第17页。康梦达契约不是股份公司的母胎，但它初步确立了现代公司的基本特征之一——出资人有限责任制度，这一制度对公司的发展有着深远的影响。

出资人由于不参与经营无法实际接触并控制经营风险，承担（个人）有限责任；与此对应，船舶经营者承担无限责任。在风险控制上，广告代言人和康梦达契约的投资人具有同质性。

可以借鉴康梦达契约中的风险-责任机制，建立广告代言人的责任制度，即代言人对虚假广告承担有限责任。由于承担责任的资产的流向不同，区别于康梦达投资人（出资人）的有限责任，广告代言人（财产获得者）的有限责任可以称为"逆有限责任"。

逆有限责任的基本含义，是广告代言人以其获得的代言收入为限，对虚假广告的受害人或社会公众承担责任。

逆有限责任需要从以下几方面理解：

（1）责任的归责原则是无过错责任原则。这一归责原则是由代言人的特殊地位决定的。代言人在签订和履行代言合同时，其无法预见和控制广告成为虚假广告的风险。要求代言人首先亲自使用产品既不现实也同样不能控制风险，因为一些被夸大的广告内容不会在短期试用中显现出来；另外，对一些属于非"查验品"的产品，如农用机械，代言人也无法试用；还有一些广告是基于资格而作的宣传，依宣传开展营业，如"亿霖"广告。无过错责任不考虑代言人对代言产品的感知程度，从广告虚假这个事实出发，简化法律责任认定要素，有利于对受害人损害的赔偿。出演者确实是消费者、使用者，（由于个人体质的原因）使用效果尚可，可能出现这样的情况，但虚假广告不是凭主观感受而是依客观事实判断的。

（2）逆有限责任是广告代言人的法律责任底线，但不是所有虚假广告代言人的唯一责任形式。如果代言中有"保证""绝对"等字眼的，代言人应承担更重的法律责任，如设定惩罚性赔偿，其数额为代言费的一定倍数。在"胡师傅无油烟锅"广告中称："由紫砂和锰钛合金制造，保证不油烟"。[1]因为这些字眼对消费者的吸引力更大，成为虚假广告后贻害更深，承担惩罚性责任是对这部分扩大后果的回应。

（3）非知名广告演员同样试用"逆有限责任"。虽然非名人的社会影响力和公信力不如知名演员，但是，凭借公共媒体的烘托，他们的形象更贴近消费者，其消费经历的叙述更能引发消费者的共鸣。在这种情况下，他们同样不是"代人说话"，他们的行为也会产生广泛的社会影响。他们的"演出"也许没有很强的说服力，却有相当的感染力；这些经验也许不是正确的，却是相当真实的。商家设计、制作、发布这种广告所利用的是他们的消费经验中有利于商家利益、有利于产品销售的那一部分。社会大众在作判断时很大一部分依据正是来自于这种贴近于自己的消费经历。因此，一般代言人同样

---

〔1〕 油烟的产生和锅的厚度有直接的关系。目前无油烟锅尚无国家标准和行业标准，只有企业标准。无油烟锅的锅底厚度一般为4毫米左右，普通锅则通常小于2毫米。"胡师傅无油烟锅"的锅底厚度未达到4毫米。

要对虚假广告承担逆有限责任。

（4）间接代言人也应承担逆有限责任。对于一般代言人（第三代言人代言）搭界名人代言的，或名人以第三人的形象代言的，如果第三代言人获得广告收入，并代言广告属于虚假广告的，其也应承担逆有限责任。如某广告采用某希望小学的学生给×知名电影明星的一封信的形式，信的内容是："××阿姨，您寄给我们希望小学的'盖中盖'口服液，现在同学们都在喝……"而实际上，该希望小学并未得到过××的馈赠，此时代言人也应承担逆有限责任。

（5）退还的代言费的处理。退还的代言费可以建立一个基金，用于补偿购买虚假广告产品或接受服务的消费者的损失。如果请求额超过代言费，按比例支付；有剩余部分的，则剩余部分作为基金累积，用于以后从事防止虚假广告、维护消费者的活动。与此近似的制度已有成功的先例。1969 年纽约市制定的《消费者保护条例》（Consumer Protection Law of 1969）第 2203d-4.0 条（c）款规定，当商人多次连续违反本条例时，消费者协会负责人可以违法者为对象起诉，请求法院命令该违法者将因违法行为所得的一切金钱、财产、销售额上缴法院，法院将以此金钱设立特别会计账户，作为一笔基金，可根据与违法者进行了交易的消费者所提出的申请，支付实际损失额及请求返还所需的费用。我国可以借鉴这一规定建立相关制度。[1]

总之，逆有限责任将风险责任内在化，能比道德责任更有效地对代言行为进行强制约束。在被确认虚假广告且广告主和广告经营者不足以赔偿或他们逃之夭夭的情况下，还有利于对消费者利益的保护。[2]

二维码

第十六章　拓展阅读

---

〔1〕 该法律还包括请求权行使的限制：消费者的请求须于 1 年之内提出。见〔日〕田中英夫、竹内昭夫：《私人在法实现中的作用》，李薇译，法律出版社 2006 年版，第 111~112 页。

〔2〕 本文仅分析制度创设的合理性。按现有制度，如果消费者的损失无法得到赔偿的，可以以代言费补偿，如果消费者损失已经得到补偿的，在制度设计上，代言费应当收缴国库。

第十七章

其他市场监管法律制度

第一节　食品安全法律制度

吃，原本是人的基本生存活动，而今却成了一项技术活动，甚至是高技术含量的活动，因为它太容易导致疾病甚至死亡。一位法国的营养学家曾说过，吃什么和怎么吃是一个民族问题。在食品对工业的依赖越来越强的背景下，各国政府越来越重视食品安全。

一、食品安全法的调整范围

食品，指各种供人食用或者饮用的成品和原料以及按照传统既是食品又是中药材的物品，但是不包括以治疗为目的的物品。

（一）食品的分类

基于不同的生成方式，食品可以从不同的角度进行分类。

1. 成品和原料性初级食品。成品是经过加工形成的食品；原料性初级食品是可以供人直接食用的自然生长的农业品。这种分类的意义在于，从是否有工业加工辅助过程来关注食品的性质和安全。一般情况下，原料品的安全性要高于成品。预包装食品，是指预先定量包装或者制作在包装材料、容器中的食品。供食用的源于农业的初级产品（以下称"食用农产品"）的质量安全管理，遵守《中华人民共和国农产品质量安全法》的规定。

2. 绿色食品和有机食品。这两种食品包含的观念相似，是在较好控制污染前提下，具有较高食品安全性的形象表述。绿色食品，是指经专门机构按照一定的标准认定的并许可使用一定标识标明的安全、优质食品。"专门机构"是中国绿色食品发展中心。"一定的标准"指绿色食品产地环境质量现状调查技术规范、绿色食品生产技术标准、绿色食品产品标准、绿色食品标志使用、包装及贮运标准等。有机食品是指来自有机农业生产体系，按照有机农业生产的规范生产加工，并通过独立的有机认证机构认证的一切农副产品及其加工品。[1] 绿色食品包含少量的化肥、农药等，有机食品不包含化学合成的农药、化肥等。

---

〔1〕　石瑞主编：《食品营养学》，化学工业出版社 2012 年版，第 7 页。

此外，还规定了特殊食品：包括保健食品、特殊医学用途配方食品和婴幼儿配方食品等。

（二）食品安全法的调整对象

1. 食品及其他物的范围。食品不仅包括供食用的产品，还包括与食品制造或运输相关的产品。主要包括以下两种产品：加入到食品内的产品和外在于食品的相关产品。

加入到食品内的产品主要是食品添加剂，即指为改善食品品质和色、香、味以及为防腐、保鲜和加工工艺的需要而加入食品中的人工合成或者天然物质，包括营养强化剂。

外在于食品的相关产品包括以下三类：

（1）用于食品的包装材料和容器，指包装、盛放食品或者食品添加剂用的纸、竹、木、金属、搪瓷、陶瓷、塑料、橡胶、天然纤维、化学纤维、玻璃等制品和直接接触食品或者食品添加剂的涂料。

（2）用于食品生产经营的工具、设备，指在食品或者食品添加剂生产、销售、使用过程中直接接触食品或者食品添加剂的机械、管道、传送带、容器、用具、餐具等。

（3）用于食品的洗涤剂、消毒剂，指直接用于洗涤或者消毒食品、餐具、饮具以及直接接触食品的工具、设备或者食品包装材料和容器的物质。

2. 调整的行为及其范围。

（1）食品生产和加工（以下称食品生产），食品销售和餐饮服务（以下称食品经营）。

（2）食品添加剂的生产和经营。

（3）用于食品的包装材料、容器、洗涤剂、消毒剂和用于食品生产经营的工具、设备（以下称食品相关产品）的生产和经营。

（4）食品生产经营者对食品添加剂、食品相关产品的使用。

（5）食品的贮存和运输。

（6）对食品、食品添加剂、食品相关产品的安全管理。

二、食品安全监管

食品安全监管的目标是食品安全。从国家的层面看，"吃什么和怎么吃是一个民族问题"，因此，党的十九大提出将实施"食品安全战略，让人民吃得放心"。

（一）监管机构

国务院设立食品安全委员会，负责政策制定以及咨询、协调相关食品安全事宜，其职责由国务院规定。下设国务院食品安全监督管理部门，对食品生产经营活动实施监督管理。

县级以上地方人民政府对本行政区域的食品安全监督管理工作负责，统一领导、组织、协调本行政区域的食品安全监督管理工作以及食品安全突发事件应对工作，建立健全食品安全全程监督管理工作机制和信息共享机制。

县级以上地方人民政府依照《食品安全法》和国务院的规定，确定本级食品安全监督管理、卫生行政部门和其他有关部门的职责。有关部门在各自职责范围内负责本行政区域的食品安全监督管理工作。

（二）监管方法

1. 食品安全风险监测制度。国家建立食品安全风险评估制度，运用科学方法，根据食品安全风险监测信息、科学数据以及有关信息，对食品、食品添加剂、食品相关产品中生物性、化学性和物理性危害因素进行风险评估。食品安全风险监测的对象主要是食源性疾病、食品污染以及食品中的有害因素。

国务院卫生行政部门负责组织食品安全风险评估工作，成立由医学、农业、食品、营养、生物、环境等方面的专家组成的食品安全风险评估专家委员会进行食品安全风险评估。按照《食品安全法》第18条的规定，有下列情形之一的，应当进行食品安全风险评估：①通过食品安全风险监测或者接到举报发现食品、食品添加剂、食品相关产品可能存在安全隐患的；②为制定或者修订食品安全国家标准提供科学依据需要进行风险评估的；③为确定监督管理的重点领域、重点品种需要进行风险评估的；④发现新的可能危害食品安全因素的；⑤需要判断某一因素是否构成食品安全隐患的；⑥国务院卫生行政部门认为需要进行风险评估的其他情形。

食品安全风险监测计划的实施过程主要是：国务院食品安全监督管理部门和其他有关部门获知有关食品安全风险信息后，应当立即核实并向国务院卫生行政部门通报。对有关部门通报的食品安全风险信息以及医疗机构报告的食源性疾病等有关疾病信息，国务院卫生行政部门应当会同国务院有关部门分析研究，认为必要的，及时调整国家食品安全风险监测计划。省、自治区、直辖市人民政府卫生行政部门会同同级食品安全监督管理等部门，根据国家食品安全风险监测计划，结合本行政区域的具体情况，制定、调整本行政区域的食品安全风险监测方案，报国务院卫生行政部门备案并实施。

食品安全风险监测结果表明可能存在食品安全隐患的，县级以上人民政府卫生行政部门应当及时将相关信息通报同级食品安全监督管理等部门，并报告本级人民政府和上级人民政府卫生行政部门。食品安全监督管理等部门应当组织开展进一步调查。

食品安全风险评估结果由国务院卫生行政部门公布。

2. 食品安全标准的制定。食品安全标准，应当以保障公众身体健康为宗旨，做到科学合理、安全可靠，并随着科技水平的进步而不断提高。

食品安全标准是强制执行的标准。除食品安全标准外，不得制定其他食品强制性标准。对地方特色食品，没有食品安全国家标准的，省、自治区、直辖市人民政府卫生行政部门可以制定并公布食品安全地方标准，报国务院卫生行政部门备案。食品安全国家标准制定后，该地方标准即行废止。国家鼓励食品生产企业制定严于食品安全国家标准或者地方标准的企业标准，在本企业适用，并报省、自治区、直辖市人民政府卫生行政部门备案。

制定食品安全国家标准，应当依据食品安全风险评估结果并充分考虑食用农产品安全风险评估结果，参照相关的国际标准和国际食品安全风险评估结果，并将食品安全国家标准草案向社会公布，广泛听取食品生产经营者、消费者、有关部门等方面的意见。

食品安全国家标准应当经国务院卫生行政部门组织的食品安全国家标准审评委员会审查通过。食品安全国家标准审评委员会由医学、农业、食品、营养、生物、环境等方面的专家以及国务院有关部门、食品行业协会、消费者协会的代表组成，对食品安全国家标准草案的科学性和实用性等进行审查。

3. 生产经营食品的监管。在资格条件上，国家对食品生产经营实行许可制度。从事食品生产、在食品销售、餐饮服务，应当依法取得许可。但是，销售食用农产品，不需要取得许可。

《食品安全法》第33条还规定了食品生产经营应当符合食品安全标准和要求。第34条列举了"负面清单"。

生产过程监督的方法，除了对原料、场所、人员的严格要求外，食品流入市场后，法律还规定了两种监督的方法：

（1）食品安全全程追溯制度。食品生产经营者建立田间到餐桌的全链条信息，一旦出现食品安全问题，可以通过全程的追溯，查清原因，并准确确定违法者的责任。国务院食品安全监督管理部门会同国务院农业行政等有关部门建立食品安全全程追溯协作机制。

（2）食品召回制度。食品生产者发现其生产的食品不符合食品安全标准或者有证据证明可能危害人体健康的，应当立即停止生产，召回已经上市销售的食品，通知相关生产经营者和消费者，并记录召回和通知情况。食品经营者发现其经营的食品有上述规定情形的，应当立即停止经营，通知相关生产经营者和消费者，并记录停止经营和通知情况。食品生产者认为应当召回的，应当立即召回。由于食品经营者的原因造成其经营的食品有上述规定情形的，食品经营者应当召回。食品生产经营者应当对召回的食品采取无害化处理、销毁等措施，防止其再次流入市场。食品生产经营者未依照规定召回或者停止经营的，县级以上人民政府食品安全监督管理部门可以责令其召回或者停止经营。食品生产经营者应当建立食品安全自查制度，定期对食品安全状况进行检查评价。生产经营条件发生变化，不再符合食品安全要求的，食品生产经营者应当立即采取整改措施；有发生食品安全事故潜在风险的，应当立即停止食品生产经营活动，并向所在地县级人民政府食品安全监督管理部门报告。

4. 食品标签、说明书和广告管理。法律规定，预包装食品的包装上应当有标签。标签应当标明下列事项：①名称、规格、净含量、生产日期；②成分或者配料表；③生产者的名称、地址、联系方式；④保质期；⑤产品标准代号；⑥贮存条件；⑦所使用的食品添加剂在国家标准中的通用名称；⑧生产许可证编号；⑨法律、法规或者食品安全标准规定应当标明的其他事项。

专供婴幼儿和其他特定人群的主辅食品，其标签还应当标明主要营养成分及其含量。

销售散装食品，应当在散装食品的容器、外包装上标明食品的名称、生产日期或者生产批号、保质期以及生产经营者名称、地址、联系方式等内容。

生产经营转基因食品应当按照规定显著标示。

食品添加剂应当有标签、说明书和包装。标签、说明书应当有食品添加剂的使用范围、用量、使用方法，并在标签上载明"食品添加剂"字样。

5. 食品检验。国家设立食品检验机构，专门从事食品安全鉴定工作。食品检验由食品检验机构指定的检验人独立进行。检验人应当依照有关法律、法规的规定，并按照食品安全标准和检验规范对食品进行检验，尊重科学，恪守职业道德，保证出具的检验数据和结论客观、公正，不得出具虚假检验报告。食品检验实行食品检验机构与检验人负责制。食品检验报告应当加盖食品检验机构公章，并有检验人的签名或者盖章。食品检验机构和检验人对出具的食品检验报告负责。

县级以上人民政府食品安全监督管理部门应当对食品进行定期或者不定期的抽样检验，并依据有关规定公布检验结果，不得免检。进行抽样检验，应当购买抽取的样品，委托符合《食品安全法》规定的食品检验机构进行检验，并支付相关费用；不得向食品生产经营者收取检验费和其他费用。

6. 食品进出口。国家出入境检验检疫部门负责对进出口食品安全实施监督管理。进口的食品、食品添加剂、食品相关产品应当符合我国食品安全国家标准。进口的预包装食品、食品添加剂应当有中文标签；依法应当有说明书的，还应当有中文说明书。标签、说明书应当符合《食品安全法》以及我国其他有关法律、行政法规的规定和食品安全国家标准的要求，并载明食品的原产地以及境内代理商的名称、地址、联系方式。预包装食品没有中文标签、中文说明书或者标签、说明书不符合规定的，不得进口。

（三）法律责任

基于食品安全的技术性，《食品安全法》的行政管理色彩浓厚，因此行政责任成为主要的责任形式。当然，如果行为性质严重或造成严重的后果的，相关经营者或生产者还应当承担刑事责任。

在民事责任上，实行首付责任制。即消费者因不符合食品安全标准的食品受到损害的，可以向经营者要求赔偿损失，也可以向生产者要求赔偿损失。接到消费者赔偿要求的生产者、经营者，应当先行赔付，不得推诿；属于生产者责任的，经营者赔偿后有权向生产者追偿；属于经营者责任的，生产者赔偿后有权向经营者追偿。

在民事责任的形式上，除了一般赔偿责任外，还规定了连带赔偿责任和惩罚性赔偿责任。

1. 连带责任。《食品安全法》中规定了多种连带责任的情况。主要有：①明知经营者未取得食品生产经营许可从事食品生产经营活动，仍为其提供生产经营场所或者其他条件的；②网络食品交易第三方平台提供者未对入网食品经营者进行实名登记、审查许可证，或者未履行报告、停止提供网络交易平台服务等义务，并使消费者的合法权益受到损害的，应当与食品经营者承担连带责任；③认证机构出具虚假认证结论，使消费者的合法权益受到损害的，应当与食品生产经营者承担连带责任。④《食品安全法》第 140 条规定了食品广告中的连带责任：广告经营者、发布者设计、制作、发布虚假食品广告，使消费者的合法权益受到损害的，应当与食品生产经营者承担连带责任。⑤社会团体或者其他组织、个人在虚假广告或者其他虚假宣传中向消费者推荐食品，使消费者的合法权益受到损害的，应当与食品生产经营者承担连带责任。

2. 惩罚性赔偿责任。《食品安全法》第 148 条规定，生产不符合食品安全标准的食品或者经营明知是不符合食品安全标准的食品，消费者除要求赔偿损失外，还可以向生产者或者经营者要求支付价款 10 倍或者损失 3 倍的赔偿金；增加赔偿的金额不足 1000 元的，为 1000 元。但是，食品的标签、说明书存在不影响食品安全且不会对消费者造成误导的瑕疵的除外。

这里的条件不同于消费者权益保护法中的惩罚性赔偿责任的条件。后者强调经营者有"欺诈"，前者要求"明知是不符合食品安全标准"。是否是"明知"，通常采取推定的方法，因为食品安全标准是公开的，包括标签标准，经营者未达到相关标准的要求，即构成明知。

第二节 电子商务法律制度

电子商务，是指通过互联网等信息网络销售商品或者提供服务的经营活动。随着互联网的发展及其交易方式便捷的特点越来越为人们所接受，其特殊关系结构也需要法律予以特别的关注。电子商务法律关系是特殊的合同法律关系，如果交易主体是消费者，其也是特殊的消费者权益保护法律关系。如果是特殊交易客体，还可能涉及其他特别法的调整。因此，电子商务法和有关部门法之间的关系较为复杂，总体上，法律、行政法规对销售商品或者提供服务有规定的，适用其规定。金融类产品和服务，以及利用信息网络提供新闻信息、音视频节目、出版以及文化产品等内容方面的服务，不适用《电子商务法》。

一、电子商务平台经营者的权利与义务

电子商务平台上有多个经营者，在广泛意义上，通过电子商务进行交易的主体都是电子商务经营者。在狭义意义上，电子商务经营者，是指通过互联网等信息网络从事销售商品或者提供服务的经营活动的自然人、法人和非

法人组织。在这个概念的基础上，电子商务经营者主要包括电子商务平台经营者、平台内经营者以及通过自建网站、其他网络服务销售商品或者提供服务的电子商务经营者。

电子商务平台经营者，是指在电子商务中为交易双方或者多方提供网络经营场所、交易撮合、信息发布等服务，供交易双方或者多方独立开展交易活动的法人或者非法人组织。

平台内经营者，是指通过电子商务平台销售商品或者提供服务的电子商务经营者。

按照上述概念，电子商务经营者可以分为两大类：自媒体平台交易和利用他人平台进行的交易。本质上，前者仍然是传统交易方式，只是买方和买方的交易场所发生了变化。后者是新型的交易，因为交易中有三方主体。在这三方主体关系中，电子商务平台经营者是核心主体。

（一）电子商务经营者的一般规定

从事电子商务，首先涉及的是主体资格问题。有关电商身份的信息是选择交易的重要参考要素。电子商务法要求电子商务经营者应当公示的信息，有三种情形；①公示营业执照。营业执照是表明经营者主体身份、确认其拥有经营资格的法定证书。由于平台的建立包括自营平台和服务平台，只要"通过互联网等信息网络从事销售商品"的主体即为电子商务经营者，可能存在短期平台交易的情形，即交易身份具有临时性和不稳定性；也可能是利用平台进行零星的小额交易，这样，一律要求电子商务经营者都进行登记是不现实的。②专门针对不需要办理市场主体登记的经营者需要公示的信息。此类电子商务经营者应当公示其属于哪类无须办理市场主体登记的情形，例如标明"销售自产农副产品""便民劳务活动"等。这部分公示信息是既是身份特征信息，也是产品（服务）信息的特征，这是以个人信誉担保的交易类型的公共性告知。即告知交易的对象是个人销售自产农副产品、家庭手工业产品，个人利用自己的技能从事依法无须取得许可的便民劳务活动等，这有利于交易人充分了解交易信息，化解可能的交易风险。③与其经营业务有关的行政许可信息。行政许可文件由政府有关部门以审批、核准等方式出具，同意或确认经营者具有从事某种特定经营活动的资格，如销售酒类产品。公示行政许可信息具体是指公示许可证、批准证书等政府部门的批准许可文件。

第一，在公示方式上，需要经营者在其网页的首页显著位置予以公示。哪个位置是显著位置，没有统一的格式和位置。通常情况下，只要用户浏览其主页能够便捷地找到即可。公示的时间要求只要经营活动存续，即需要持续公示。公示的内容可以是直接公示营业执照信息，也可以在首页显著位置公示上述文件、信息的链接标识。用链接标识方式公示的，电子商务经营者应当保证用户点击链接打开时能够清晰展现公示的具体内容。前款规定的信息发生变更的，电子商务经营者应当及时更新公示信息。

第二，电子商务交易的基本条件和要求。交易的特点是通过中间介质进行的，电子商务经营者提供的信息是交易的前提和基础。一方面，介质上显示的信息具有单向性——电子商务经营者一方提供的，交易另一方无法通过其他途径进行评判，这样，提供的信息对交易的选择有重要影响。法律要求电子商务经营者应当全面、真实、准确、及时地披露商品或者服务信息，保障消费者的知情权和选择权。电子商务经营者不得以虚构交易、编造用户评价等方式进行虚假或者引人误解的商业宣传，欺骗、误导消费者。另一方面，有关信息也可能是基于交易对方的要求，由电子商务经营者提供的，在这种情况下，也会产生信息内容的失当。电子商务经营者根据消费者的兴趣爱好、消费习惯等特征向其提供商品或者服务的搜索结果的，应当同时向该消费者提供不针对其个人特征的选项，尊重和平等保护消费者合法权益。电子商务经营者向消费者发送广告的，应当遵守《广告法》的有关规定。如果电子商务经营者销售商品或者提供服务有特殊销售方式的，需要加以明示，并以显著的方式提示或告知相关条件。例如搭售商品或者服务，应当以显著方式提请消费者注意，不得将搭售商品或者服务作为默认同意的选项。按照约定向消费者收取押金的，应当明示押金退还的方式、程序，不得对押金退还设置不合理条件。

第三，禁止滥用交易地位。电子商务经营者在交易中可能因其技术优势、用户数量、对相关行业的控制能力以及其他经营者对该电子商务经营者在交易上的依赖程度等因素而具有市场支配地位的，不得滥用市场支配地位来排除、限制竞争。

（二）电子商务平台经营者的义务

1. 电子商务平台的信息权利和义务。电子商务平台是汇聚经营者的一个虚拟场所，平台内经营者和平台的建立法律关系是在虚拟环境下完成，而前者是交易的主要主体，为了保障解决交易中发生的矛盾，确定相关责任人，平台内经营者需要提供相关身份的真实信息。法律规定申请进入平台销售商品或者提供服务的经营者需要提交其身份、地址、联系方式、行政许可等真实信息，进行核验、登记，建立登记档案，并定期核验更新。对于电子商务平台而言，获取申请人的有关信息既是其权利，也是义务。

电子商务平台经营者获取的相关信息是平台内部监督的基础。因此，电子商务平台经营者应当记录、保存平台上发布的商品和服务信息、交易信息。在此基础上，还需达到如下要求：①信息具有完整性、保密性、可用性；②商品和服务信息、交易信息保存的时间自交易完成之日起不少于3年；③电子商务平台经营者应当按照规定向市场监督管理部门报送平台内经营者的身份信息；④电子商务平台经营者发现平台内的商品或者服务信息存在违反行政许可或违法行为的，应当依法采取必要的处置措施，并向有关主管部门报告。

2. 平台的运营安全及运营规则。

（1）运营安全问题。电子商务平台经营者应当采取技术措施和其他必要措施保证其网络安全、稳定运行，防范网络违法犯罪活动，有效应对网络安全事件，保障电子商务交易安全。同时，要求电子商务平台经营者制定网络安全事件应急预案，发生网络安全事件时，应当立即启动应急预案，采取相应的补救措施，并向有关主管部门报告。

（2）运营规则问题：①规则的制定。电子商务平台经营者应当遵循公开、公平、公正的原则，制定平台服务协议和交易规则，明确进入和退出平台、商品和服务质量保障、消费者权益保护、个人信息保护等方面的权利和义务。②规则的提示。电子商务平台经营者应当在其首页的显著位置持续公示平台服务协议和交易规则信息或者上述信息的链接标识，并保证经营者和消费者能够便利、完整地阅览和下载。③规则的修改。电子商务平台经营者修改平台服务协议和交易规则，应当在其首页显著位置公开征求意见，采取合理措施确保有关各方能够及时充分表达意见。修改内容应当至少在实施前7日予以公示。平台内经营者不接受修改内容，要求退出平台的，电子商务平台经营者不得阻止，并按照修改前的服务协议和交易规则承担相关责任。

3. 禁止滥用优势地位。防止网络经营者滥用包括价格在内的信息发布的权利。由于传播介质的存在，改变了传统的交易环境，使交易人之间及人与物之间的关系虚拟化，也使得隐藏在虚拟环境中的经营者有了制造风险和转嫁风险的新凭借。

不同于实体交易，互联网交易中的权利滥用一般不会在合同谈判中直接限制他人的权利行使，可能隐藏在单方制定的交易规则中。最常见是通过如上文的"交易条件""使用规则"等对对方行为的性质进行在先确定，进而减少行为对自己的约束力。由于"规则"的内容非常繁复，交易人在与网络经营者构建基础性关系的时候（注册）往往不会充分地阅读书面合同，只做程序上的"打钩"（同意），由此便隐藏了权利滥用的风险。《消费者权益保护法》要求经营者向消费者提供有关商品或者服务的信息，应当真实、全面，不得设定不公平、不合理的交易条件。所以，有必要对自我确定的格式条款的性质进行重新梳理，以消除经营者的权利滥用。

由于电子商务平台经营者具有制定规则的权利，其可能利用服务协议、交易规则以及技术等手段，对平台内经营者在平台内的交易、交易价格以及与其他经营者的交易等进行不合理限制或者附加不合理条件，或者向平台内经营者收取不合理费用。

另外，身份上的优势也可能被滥用。若电子商务平台经营者在其平台上开展自营业务的，应当以显著方式区分标记自营业务和平台内经营者开展的业务，不得误导消费者。

同时，防止搜索结果的滥用。电子商务平台经营者应当根据商品或者服务的价格、销量、信用等以多种方式向消费者显示商品或者服务的搜索结果；对于竞价排名的商品或者服务，应当显著标明"广告"。

4. 平台的自我管理。电子商务平台经营者知道或者应当知道平台内经营者销售的商品或者提供的服务不符合保障人身、财产安全的要求，或者有其他侵害消费者合法权益行为，应采取必要措施予以处理。未采取必要措施的，依法与该平台内经营者承担连带责任。

电子商务平台经营者应当建立健全信用评价制度、公示信用评价规则，为消费者提供对平台内销售的商品或者提供的服务进行评价的途径。

电子商务平台经营者不得删除消费者对其平台内销售的商品或者提供的服务的评价。

5. "避风港原则"的建立。电子商务平台经营者应当建立知识产权保护规则，与知识产权权利人加强合作，依法保护知识产权。在著作权领域有"避风港原则"，是指在发生著作权侵权案件时，即使网络服务提供商只提供空间服务，并不制作网页内容，但当其被告知有侵权的事实时，则有删除侵权信息的义务，否则就被视为侵权。

《电子商务法》建立了更宽泛意义上的"避风港"原则。知识产权权利人认为其知识产权受到侵害的，有权通知电子商务平台经营者采取删除、屏蔽、断开链接、终止交易和服务等必要措施。通知内容应当包括能够证明构成侵权的初步证据。电子商务平台经营者接到通知后，应当及时采取必要措施，并将该通知转送平台内经营者；未及时采取必要措施的，对损害的扩大部分与平台内经营者承担连带责任。

平台内经营者接到转送的通知后，可以向电子商务平台经营者提交不存在侵权行为的声明。声明内容应当包括能够证明不存在侵权行为的初步证据。电子商务平台经营者接到声明后，应当将该声明转送发出通知的知识产权权利人，并告知其可以向有关主管部门投诉或者向人民法院起诉。电子商务平台经营者在转送声明到达知识产权权利人后 15 日内，未收到权利人已经投诉或者起诉通知的，应当及时终止所采取的措施。

电子商务平台经营者知道或者应当知道平台内经营者侵犯知识产权的，应当采取删除、屏蔽、断开链接、终止交易和服务等必要措施；未采取必要措施的，与侵权人承担连带责任。

因通知错误造成平台内经营者损害的，依法承担民事责任。恶意发出错误通知，造成平台内经营者损失的，加倍承担赔偿责任。

二、电子商务合同的订立与履行

(一) 合同的订立

网络交易与传统的交易方式相比，有许多突出的特点：对经营者而言，网络交易商品信息传播速度快、信息更新成本低、库存压力小等；对消费者而言，网络交易方便、快捷，节省时间和交通成本，也可以获得较为优惠的交易价格。相关数据显示，网络购物正在成为中国消费者的主要购物方式。然而，由于网络交易是"背对背"进行的，交易商品的信息主要来源于经营者一方，相对方基于被动接受的信息作出的选择，很容易产生纠纷。其中，包括合同成立的问题。

在电子商务中，交易的客观物质基础发生了变化，即在两个主体之间加入了一种物质介质——计算机，它会在某种程度上重构交易的基础环境。进一步而言，因为加入了一个计算机环境，就需要辨别出哪些是人的交互作用对关系性质产生的影响，哪些是机器的交互作用对关系性质产生的影响。由于计算机介质的存在，也改变了传统交互式的信息传导的特性，互联网交易中的交流具有明显的单边效应。如果没有这个介质，每个人发出的信息能够直通对方，并可以实现双方对正在交流的信息的正确理解。在单边效应的情况下，作为发布信息的经营者一方的地位更具有优势。因此，电子商务合同的订立需要对经营者作出更多的交易过程的限制：

（1）电子商务经营者不得以格式条款等方式约定消费者支付价款后合同不成立；格式条款等含有该内容的，其内容无效。

（2）电子商务经营者应当清晰、全面、明确地告知用户订立合同的步骤、注意事项、下载方法等事项，并保证用户能够便利、完整地阅览和下载。

依据传统合同签订标准，网页商品信息一般被认为是要约邀请，对经营者无约束力，交易相对人提交订单属于要约。在司法实践中，法官也是按此种路径进行评判的。例如，2011年发生的当当网促销案，[1] 法院判决认为，由于《当当网交易条款》中关于"合同缔结的约定"明确写明，合同须经当当网"确认发货"方为成立，且该约定仅明确合同的缔结规则，并无减轻、免除被告当当网的义务、责任或者排除、限制原告的主要权利，不应认定为无效。因此，当当网未发送"发货确认"邮件的订单，则合同并未成立。[2] 从法院认定的结论看，网络经营者当当网单方确定的合同缔结规则对行为关系的判断起到了至关重要的作用。当当网案的判决对后续的同类案件具有很大的指向作用：消费者对当当网提起的6起此类民事诉讼，判决理由和结果基本相同。

《电子商务法》第49条规定，电子商务经营者发布的商品或者服务信息符合要约条件的，用户选择该商品或者服务并提交订单成功，合同成立。当事人另有约定的，从其约定。但什么情况下符合要约条件，值得进一步细化。

1. 以错标价格进行特殊广告宣传，消费者提交订单的，应认定合同成立。虽然网络错标价格事件发生的原因多种多样，但网络的扩散性和外部性使得

---

〔1〕 2012年8月9号零时，购物网站当当网推出"当当亲子团好书好礼72小时抢购"少儿图书的促销活动，但是不到一天，抢下订单的网友却发现，自己的订单莫名其妙地被取消了。第二天，当当网通过微博发布了《取消错价商品订单的声明》，表示人工录入错误导致订单取消，当当将给予消费者30元当当购物券的补偿。有消费者不满此处理结果，将当当网告上了法庭。参见"中国网络购物维权第一案：当当错价门一审判决"，网经社，http://b2b.toocle.com/detail--6013396.html，最后浏览日期：2015年12月18日。

〔2〕 北京市东城区人民法院（2011）东民初字第10904号民事判决。二审维持了一审原判。具体请参见北京市第二中级人民法院（2012）二中民终字第03676号民事判决。

经营者蓄意借此赚取点击量，达到宣传的目的完全可以是一种精细策划的理性行为。认定发布的信息具有约束力需要结合时间和次数来推定。

例如，限时抢购促销广告应当认定属于要约。限时促销广告具有产品的推广性和时间的限定性，表达意向上具有促发购买者抓紧时间"抢"，否则机不再来的时效性。此时，应当推定经营者标注的价格为其真实的意思。已有案件表达了此种推定的合理性。在我国台湾地区，戴尔电脑公司网站的错标价格案件中，台北地方法院二审（99年度消简上字第1号）判决认为，被上诉人刊登的限时优惠广告已达明确的程度，且其标示的售价已确定，非单纯的价目表标示，符合要约的要件。该案的分析突破了仅以表意人"有无受其拘束"的主观意思或"表现出受其意思拘束之行为"的客观行为标准。同样地，在我国"王辛诉小米科技有限责任公司网络购物合同纠纷案"[1]中，小米公司提前一周打出原价69元电源"米粉节"卖49元的广告，小米公司为网购设定了定时抢购，抢购时间不到20分钟。一审、二审法院均认为，涉案网购合同有效。其主要原因是小米公司网络抢购这种销售方式的特殊性：该广告与商品的抢购界面直接链接，且消费者需在短时间内作出购买的意思表示。

另外，经营者连续多次错标价格可推定为促销广告性质，应当认定为构成真意保留。从性质上看，网络错标价格属于合同订立过程中出现的错误，属于意思与表示不一致。在大陆法系，有瑕疵的意思表示可以分为意思表示不自由和意思与表示不一致，而意思与表示不一致可以分为故意与非故意（即德国法中的错误）两种。前者包括真意保留、戏谑行为和虚假行为三种；后者包括动机错误、内容错误和表示错误。[2]我国《民法总则》和《合同法》没有规定真意保留和戏谑表示，也没明确承认虚假行为。民法上使用了"重大误解"这一概念，笼统地包括了德国法上"表示错误"和"重要性质错误"在内的各种阶段的所谓重大错误。[3]实际上，错误与误解是有严格区分的，"后者是针对表意人的相对人而言，指其在受领表意人所为意思表示时产生的错误认识"。[4]

2. 内容十分确定，但保留了最终确定权，应按格式条款的性质进行认定。

---

〔1〕 参见北京市（2014）一中民（商）终字第8587号。

〔2〕 动机错误是指表意人在其意思形成的过程中有误解，一般不属于意思表示错误得撤销的范围，除非认识不正确是对其决定为某特定内容意思表示具有重要性的事实。内容错误是指表意人为其所欲为的表示，但误认其表示的客观意义，如对于当事人、标的物和法律行为性质的错误。表示行为错误是指表意人表示于外的行为与其所意欲者有误，如误写、误言、误取。具体请参见梁慧星：《民商法论丛（第1卷）》，法律出版社1994年版，第69~70页。

〔3〕 龙卫球：《民法总论》，中国法制出版社2001年版，第546页。

〔4〕 刘守豹："意思表示瑕疵的比较研究"，载梁慧星主编：《民商法论丛》（第1卷），法律出版社1994年版，第69页。

我国《合同法》规定的要约应具备的两个要件与国际公约是一致的[1]。其中标的、数量和价款为必备条款。实践中，应综合参酌当事人的明确表示、相对人的性质、要约是否向一人或多数人为之、当事人的磋商过程、交易习惯，并依诚实信用原则进行合理认定。理论界也有观点认为，网页商品信息可确定商品的外观、规格、型号以及售价，具备成立合同的必要要素，应视为要约，当消费者在网站上承诺要购买产品时，契约立即成立。[2]

具体而言，网页登载的商品信息已标明价格但未标明商品数量的信息，因经营者不会面临商品缺货而承担违约的风险，即无售罄之担忧，该网页信息应认定为要约，对此，消费者一经提交订单应视为合同成立。即使经营者保留最终解释权，限于格式条款，按照《消费者权益保护法》第26条的规定，如果经营者没有以显著方式提请消费者注意商品数量和质量、价款或者费用等与消费者有重大利害关系的内容，因违反这一强制性规定，属于无效条款。

3. 经营者对错标价格主张重大误解请求撤销的，应负担举证责任。经营者在网络上标示商品信息时错标价格，需要分析究竟是由客观性错误还是由主观性错误造成的。在此基础上，建立一种分类评价的方式，确定不同错误的相关法律后果。客观错误可以撤销合同，主观错误不可以撤销合同。

客观错误包括两方面：①电脑程序错误。即由于电脑软件程序问题导致商品价格发生错误。电脑资料传输软件导致网站标示的价格不符合原先输入的价格，属于表示行为错误，卖方可以撤销该错误的意思表示。②传达错误。即在信件从发布者到接收者的过程中，因网络服务提供者（ISP）设备问题，使发布者意思表示发生变更，此种情况下卖方亦可以撤销合同。当然，客观错误需要由经营者举证证明。主观错误主要是输入错误，即经营者在网站登载商品价格时，因输入人员录入价格时出现错误，如误写。在网页信息内容十分确定的条件下，这种内部管理上的问题不应当转嫁给消费者。

（二）合同的履行

电子商务交易合同的履行即交货和付款。交货方式通常是由快递完成，付款通常是电子支付，这些特点使得合同的履行需要特殊规定。

1. 标的交付。合同标的的不同，合同履行的时间也不同。①合同标的为交付商品并采用快递物流方式交付的，收货人签收时间为交付时间。②合同标的为提供服务的，生成的电子凭证或者实物凭证中载明的时间为交付时间；

[1]《国际商事合同通则》（PICC）第2.1.2条规定，订立合同的建议如果十分确定并且表明要约人在得到承诺时承受约束的意旨，即构成要约。《联合国国际货物销售公约》（CISG）第14条：①向一个或一个以上特定的人提出的订立合同的建议，如果十分确定并且表明发价人在得到接受时承受约束的意旨，即构成发价。一个建议如果写明货物并且明示或暗示地规定数量和价格或规定如何确定数量和价格，即为十分确定。②非向一个或一个以上特定的人提出的建议，仅应视为邀请做出发价，除非提出建议的人明确地表示相反的意向。

[2] 具体分析可参见林诚二："网路购物中错误标价衍生之法律问题"，载《月旦法学教室》2009年第86期；涂保民："电子商务与消费者保护之网路法律问题探讨"，载《康宁学报》1992年第4期。

前述凭证没有载明时间或者载明时间与实际提供服务时间不一致的，实际提供服务的时间为交付时间。③合同标的为采用在线传输方式交付的，合同标的进入对方当事人指定的特定系统并且能够检索识别的时间为交付时间。④合同当事人对交付方式、交付时间另有约定的，从其约定。电子商务当事人可以约定采用快递物流方式交付商品。

快递物流服务提供者在交付商品时，应当提示收货人当面查验；交由他人代收的，应当经收货人同意。快递物流服务提供者在提供快递物流服务的同时，可以接受电子商务经营者的委托提供代收货款服务。

2. 付款。电子商务交易中的付款主要是电子支付方式，这是电子商务便捷的特性之一。付款需要有清晰的记录以防发生纠纷。电子商务当事人可以约定采用电子支付方式支付价款。电子支付服务提供者为电子商务提供电子支付服务，应当遵守国家规定，告知用户电子支付服务的功能、使用方法、注意事项、相关风险和收费标准等事项，不得附加不合理的交易条件。电子支付服务提供者提供的电子支付服务不符合国家有关支付安全管理要求，造成用户损失的，应当承担赔偿责任。

（1）电子支付服务提供者应当确保电子支付指令的完整性、一致性、可跟踪稽核性和不可篡改性。

（2）电子支付服务提供者应当向用户免费提供对账服务以及最近 3 年的交易记录。

（3）用户在发出支付指令前，应当核对支付指令所包含的金额、收款人等完整信息。支付指令发生错误的，电子支付服务提供者应当及时查找原因，并采取相关措施予以纠正。造成用户损失的，电子支付服务提供者应当承担赔偿责任，但能够证明支付错误非自身原因造成的除外。电子支付服务提供者完成电子支付后，应当及时准确地向用户提供符合约定方式的确认支付的信息。

（4）未经授权的支付所造成的损失，由电子支付服务提供者承担；电子支付服务提供者发现支付指令未经授权，或者收到用户支付指令未经授权的通知时，应当立即采取措施防止损失扩大。电子支付服务提供者未及时采取措施导致损失扩大的，对损失扩大的部分承担责任。

 二维码

第十七章　拓展阅读

第四编

宏观调控法

第十八章

宏观调控法总论

第一节 宏观调控与宏观调控法

宏观经济调控是个具有特定含义的概念，通常简称为宏观调控，是经济发展到垄断资本主义阶段才产生的。从经济学视角将宏观经济调控上升为理论，称之为宏观经济学；从经济法学视角将宏观调控法律手段系统化，称之为宏观调控法。

一、宏观调控法的内涵

（一）宏观调控与国家干预主义的关系

宏观调控所调节的不是个量而是总量。在现代经济条件下，只有国家有能力对经济总量予以调节，因此，宏观调控是国家权力与市场运行规则相契合的重要表现形式。当然，宏观调控不等于国家干预经济，或者说宏观调控不同于传统的国家干预经济。

国家干预经济理论早于宏观调控理论，其历史源远流长。在市场经济萌芽时期就有主张国家全面干预经济的重商主义，即使是在自由放任市场经济的鼎盛时期，力主国家干预经济的呼声也不绝于耳，相应的经济学理论也不断出现。计划经济就是一种典型的干预经济，其和重商主义一样，可以称之为传统的国家干预主义，它的基本特点是否认自由竞争的市场机制，否认市场在资源配置中的作用，主张国家对经济实施全面干预。

宏观调控经济学理论的创立者为凯恩斯。他认为，经济衰退的主要原因是商品总需求的减少。若要维持国民经济的平衡，就需要增加需求，即促进经济增长是实现供给与需求总量平衡的基础，方法是扩大政府开支，实行财政赤字，刺激经济。在凯恩斯的观念中，私人为了追求自己的利益而自主决定生产对象、生产方式以及收入分配等行为是"无可非议"的，但同时强调"让国家之权威与私人之策动力量相互结合"。由此可见，当代发达市场经济条件下的宏观调控理论与传统的国家干预主义存在着很大的差异。宏观调控理论以市场调节为基础，在 20 世纪 30 年代后，借助凯恩斯主义的名声广为传播，成为近现代以来界定政府和市场关系的颇具影响力的经济学理论。

宏观经济调控原本是一个经济学上的术语，它以价格和经济总量作为调整变量，构建起关于产出和就业的宏观非均衡理论框架，并由此引申出一整套保障宏观经济运行的调控政策。

（二）宏观调控法的内涵

宏观经济学理论及其在发达市场经济基础上的宏观经济调控，已存在了近一个世纪，基本形成了较为系统的实践经验和制度框架体系。而在我国，宏观调控不论在实践中，还是在经济学、法学理论上，都处于需要进一步阐清轮廓、明确内涵的探索阶段。

我国实行计划经济体制期间，国家对经济和社会生活的各个方面实行严格的计划约束，政府实行经济管制，而非经济调节，因为没有市场，也就不涉及宏观调控问题。1993年3月公布的《宪法修正案》第7条明确规定"国家实行社会主义市场经济"，"国家加强经济立法，完善宏观调控"。同年11月中共中央通过的《关于建立社会主义市场经济体制若干问题的决定》中也强调指出："转变政府职能，建立健全宏观经济调控体系"。

我国长期实行高度集中统一的管制经济，一种根深蒂固的观念被自然延续，其认为管理和调节国民经济是政府固有的职能，是专属于政府的权力。至于宏观调控法，也就是政府的宏观调控意志和宏观调控政策。这种观念将宏观调控政策与宏观调控法混为一谈。从法律的本质上讲，宏观调控法除了揭示宏观经济调控这一特定领域之外，它更着重强调对政府宏观调控行为与宏观调控意志的规制与约束，即宏观调控手段及其运用的法治化。基于此，从法律角度观之，宏观调控是一种法律关系，该关系中的两方主体——调控主体与受控主体——有自身的利益，在宏观调控关系中享有一定的权（力）利，承担一定的义务。但基于现实中调控主体的强势地位，以及受控主体的易受侵害性，宏观调控法的更深层次的内涵是制约政府，规制政府的行为，督促其依法进行宏观调控。

因此，"宏观调控法是法律"这一内涵的确立，奠定了宏观调控法的思想基石，是整个宏观调控法律理论体系的起点。

二、宏观调控法的特征

（一）与相关概念的关系

第一，宏观调控法不同于宏观调控。从性质上分析，前者属于法学范畴，而后者属于经济学范畴。宏观调控法制化的表现形式及结果是宏观调控法。宏观调控法是以宏观调控作为特有的调控对象，形成涉及宏观调控目标、手段、权责等特定内涵的法律规范的有机整体。

宏观调控法与宏观调控之间是法律规范与调整对象之间的关系。由于宏观调控是政府行为，具有宏观性，因而在内容及相关的概念、原理等方面与宏观调控法有某些共通之处，但不能从宏观调控的本质特性来论述宏观调控法的本质特性，二者并不等同。事实上，宏观调控是对整个国民经济进行的调节、控制，由于经济活动的多样性、变动性、复杂性等特征，宏观调控手段相应具备多样性和灵活性。宏观调控法则需要将宏观调控中具有规律性的东西确定下来，并加以概括和抽象，使其具有法本身所拥有的质的规定性。总结起来，宏观调控是政府对经济现象的应对，宏观调控法则是对政府宏观调控方式、方法的授权和运用。

第二，宏观调控政策不等于宏观调控法。一直以来，对国民经济进行宏观调控是政府的职能，调控的内容是什么、如何调控完全由政府决定，其他社会主体既无能力，也无资格参与其中，因此无论是制定政策也好，颁布法律也罢，都只是形式问题，其实质并无差异，最终都是政府依靠行政强制力予以推广实施。所以，宏观调控政策即是宏观调控法。理论上，也有学者把宏观调控法称作对策法，如"产业对策法""金融危机对策法"等。在我国现实经济生活中，政策等于甚至大于法律的现象并不少见。将宏观调控法与宏观调控政策合二为一，在客观上放任了宏观调控的任意性，模糊了二者之间的上下位关系和界限。

虽然宏观调控法与宏观调控政策有许多共通之处，但二者界限仍清晰可循。宏观调控政策针对某一具体宏观调控目标，宏观调控具体目标会随经济形式的变化而变化，宏观调控政策也必然随之适时变动，因此宏观调控政策具有易变性。宏观调控法作为法律范畴的组成部分，其必然具有法的本质属性，法不可能如政策那样频繁修正，要保持其规范性、稳定性、普适性、特别是连续性。在宏观调控政策中相对稳定且具有共同性和普遍性的内容，需通过立法程序上升为法律，赋予其法律效力；在政策执行中出现的偏差甚至错误，需要建立相应的法律规范制度予以预防与补救，如纠偏制度、赔偿制度等，以法律强制力保证相关制度的实施。

（二）宏观调控法的特征

宏观调控法除了具有普适性、强制力等法的一般本质特征外，还具有自身所独有的特征。

第一，调整客体的宏观性与调整内容多样性的统一。宏观调控关系是发生在国民经济有机整体中特定层次和特定范畴的经济关系，在这一关系中，政府是唯一的调控者，调整范围涉及整个国民经济有机体，具有宏观性和全局性，这是其他部门法的调整对象所不具备的。这一特性决定了宏观调控法与市场监管法等法域上的基本区别。

宏观调控关系以经济总量和结构为对象，建立在宏观经济分析的基础之上。总量是由个量综合而成，个量是微观经济分析的对象，因此微观经济分析必然成为宏观经济分析的基础。当然，宏观调控关系最终要落实在微观经济管理层面上。如果从经济总量和结构的角度观察，政府制定公共供给制度、公共引导制度等是宏观调控制度的主要内容；但从经济结构内部观察，专门国家权力机关执行上述制度时是以行业主体的形式体现出来的，并以限制经济主体的活动为主要方式。所以，日本经济学家植草益扩大了宏观调控的范畴，将其扩大至市场监管范围上。不涉及政府调控手段运用的制度不是宏观调控法的范围。[1]

第二，国家公权强制力与私权自治的协调。宏观调控法律制度是创制国家对市场实施调控的权力，并赋予该权力以强制力的制度形式。国家以此来维持国民经济协调、稳定和发展，是宏观调控法律制度的基本任务。凡是调控主体实施宏观调控行为的领域均是公权力在发挥作用。为了弥补"看不见的手"的调节之不足，公权力间接介入市场关系进行补充，并通过改变市场运行的条件或方向来影响私权主体行使权利，但不是也不可能是代替市场机制。因此，在适度与必要的范围内保障公权力畅通无阻地行使，是保证宏观调控效率与功能所必不可少的关键。

宏观调控建立在市场调节基础之上，是对市场调节机制的补充，权利不仅不能被否定，而且还要以国家强制力为私权利的充分行使创造一个宽松的环境，使私权利能够与国家公权力和谐共处。由此言之，在宏观调控法律制度中，市民社会与国家的关系是一个基本问题，其所隐含的是宏观调控法律制度的价值取向。[2]

第二节 宏观调控法的目标与原则

广义上，政策属于法律的一种形式。在我国，宏观调控措施大多都以政策形式表达出来，并通过指令或通知等方式加以实施。因此，作为政策的宏观调控法目标和作为法律的宏观调控目标是不同的。

一、宏观调控法的目标

（一）宏观调控政策的制度化

从法律规范功能的角度来看，宏观调控法可以分为两部分，一是关于调控主体与被调控主体之间的权利与义务的规定，属于实体方面的内容；二是关于调控主体行使宏观调控权时所应遵循的步骤和程序，属于程序方面的内容。在宏观调控法律关系中，尽管双方当事人的法律地位不平等，但各自的权利、义务、责任是可以进行明确并以法律的形式加以确定的。然而，调控主体如何维护权利——尤其是如何维护被调控主体的权利，怎样履行职能、承担责任，关系到宏观调控法中实体内容的实现程度和宏观调控的效果。"程序正义是实质正义的前提"，由于宏观调控主体拥有强大而绝对的行政权力，

---

[1] 植草益将宏观调控的范围具体归纳为：①禁止特定行为（根据反垄断法禁止的不正当的交易和禁止毒品持有、买卖、使用等行为）；②对企业进入、价格等认可、许可、执照、申报等的认可许可制度；③对产品和服务的内容及设备的标准，制定认可及审查检验制度；④与企业签订的以控制价格、限制供给等为目的的契约；⑤征税；⑥财政补贴；⑦政府融资；⑧劝告、指导、说服等行政指导；⑨提供信息。参见汤在新、吴超林：《宏观调控：理论基础与政策分析》，广东经济出版社 2001 年版，第 79~80 页。

[2] 李力：《宏观调控法律制度研究》，南京师范大学出版社 1998 年版，第 86 页。

宏观调控法从调控的具体步骤、方法、法律程序等方面对其加以严格规制，便显得更加重要。所以，宏观调控政策的制度化的目标是宏观调控行为的规范化。

宏观调控权是政府运用限制、禁止、许可、促导等手段对地区关系或行业关系进行平衡的权力。这种权力的行使会影响国家、社会稳定发展的整体性利益和地区的经济发展，也会间接或直接影响到个人利益。我们说国家是宏观调控的唯一主体，但国家是幻化的拟制概念，具体实施宏观调控行为，行使宏观调控权力的，是各个有关国家机关。如何在诸多国家机关间合理分配宏观调控权力，是保证"程序正义"的关键。因此，为了保障宏观调控的目的正当、手段合理、结果正义，应当确定宏观调控权的主体是最高国家行政主体，或最高国家行政机关授权的国家机关，而不是地方行政机关。

宏观调控权是一种非常强大的力量，被任何一个机关绝对拥有都是危险的、不可想象的，发展至滥权现象也是不可避免的，"绝对的权力绝对导致腐败"，最行之有效的措施莫过于分权，即在国家立法机关、行政机关之间合理分配权力，并在立法机关和行政机关之外建立代表社会公共利益和整体利益的公共权力机构，建立切实可行的制度体系，促使不同职能机关在决策过程中相互制约，实现不同利益主体的相互制衡，以保证决策过程的科学化，防止调控行为失当。

宏观经济调控过程中存在信息偏差、决策非理性等诸多问题，使得宏观调控本身具有缺陷，同样会出现"政府宏观调控失灵"的问题。宏观调控法的目的之一即是避免宏观调控失灵，[1] 为此，需要强化过程监督机制。首先事前应建立防范制度，如听证制度，事关社会整体利益的决策，必须要有各部门、各阶层利益的代表参与讨论，违背社会整体利益、有损于市场经济体制的决策事项，出席听证会的各方代表均应有权行使否决权予以制止。其次应建立事后补救制度，一是预警机制，保证信息传输反馈系统的灵敏度，一旦宏观调控决策的实施产生不良反应，能够通过预警体系立即显示出来并迅速反馈；二是纠偏制度，一旦出现偏离目标的信息，立即启动纠偏程序，矫正失当的决策，控制不良影响进一步扩散；三是评估机制，决策的社会效果如何，需要整合相关数据与归纳成果，包括有哪些经验和教训等，进行评估有利于更好发挥调控功能。

（二）宏观调控法的目标

宏观调控是一项复杂的系统工程，政府（国家）需要兼顾各种关系和各方面的利益，制定社会经济发展的目标和战略。通常，西方国家政府对经济的宏观调控，都有一个明确的目标方向，作为制定和实施调控措施的基准与依据。经济调控目标是一个成套的体系，包括一国经济长期、持续、协调发展的总目标和不同历史时期、不同经济发展阶段中国民经济发展所要达到的

---

[1]　李昌麒、胡光志："宏观调控法若干基本范畴的法理分析"，载《中国法学》2002年第2期。

水平和实现的具体指标，前者是有关国民经济发展的基本目标，后者是在国民经济发展中基于特定时期配合基本目标所要实现的具体目标。

1. 基本目标。宏观调控的基本目标，就是总量平衡和结构平衡。宏观调控虽然涉及国民经济有机体中的各个环节，但其基本目标是确定的，即实现均衡的国民收入。均衡的国民收入是指总需求与总供给达到平衡时的国民收入。政府宏观调控的基本目标就是保持总供给与总需求的基本平衡。总供给和总需求是否平衡，直接制约着社会经济能否持续增长，劳动者能否充分就业，物价总水平是否稳定，以及财政收支是否平衡等问题。

总量平衡主要是总供给与总需求的平衡。总供给是指厂商在价格、生产能力和成本既定的条件下将要生产和出售的数量。影响产出并进而决定总供给的是生产性投入的数量和这些投入组合的效率，前者中最重要的是劳动与资本，后者中主要是技术。总需求是指在价格、收入和其他经济变量既定的条件下，消费者、厂商和政府将要支出的数量。推动总需求的力量有很多，主要的有价格水平、收入、对未来的预期，以及税收、政府购买或货币供给等政策变量。[1] 总供给和总需求之间的关系决定了宏观经济的运行状况，如果社会总供给过分大于总需求，会造成生产相对过剩、企业开工不足、劳动者大量失业，导致社会经济衰退，甚至停滞；总需求过分大于总供给，会造成商品紧张、物价上涨、通货膨胀，导致人民实际生活水平下降，生活矛盾加深，带来危机。[2] 由此可见，保持总供给与总需求的基本平衡，是保持国民经济良性运行的前提条件，也是保证其他具体经济目标实现的基础。

供给和需求是市场经济内在关系的两个基本方面，是既对立又统一的辩证关系。没有需求，供给就无从实现，新的需求可以催生新的供给；没有供给，需求就无法满足，新的供给可以创造新的需求。供给侧管理和需求侧管理是调控宏观经济的两个基本手段。需求侧管理，重在解决总量性问题，注重短期调控。供给侧管理，重在解决结构性问题，注重激发经济增长动力。[3]

对于任何一个政府来说，为了实现经济与社会发展，都要致力于促进经济的稳定增长，避免经济发展的大起大落；保持物价稳定，抑制通货膨胀；为劳动者创造更多的就业机会，努力提高他们的实际收入；保持财政收支的基本平衡，防止出现巨额的财政赤字。

结构平衡，西方称之为产业政策，主要包括：第一、二、三产业的关系；地区之间的产业关系（发达地区和不发达地区）；第一、二、三产业内部构成要素的关系（尤其是第一、二产业内部），如农业中的粮食作物和经济作物的

---

〔1〕 保罗·A. 萨缪尔森、威廉·D. 诺德豪斯：《经济学（第12版）》（上），高鸿业等译，中国发展出版社1992年版，第149页。

〔2〕 金硕仁：《政府经济调控与市场运行机制》，经济管理出版社2000年版，第63页。

〔3〕 中共中央宣传部：《习近平新时代中国特色社会主义思想学习纲要》，学习出版社、人民出版社2019年版，第117页。

比例关系，工业中轻工业和重工业的比例关系等。

2. 具体目标。宏观经济运行的市场表现反映了宏观调控基本目标的实现程度，对国家兴衰极为重要，故而往往通过经济政策对经济运行施加重大影响，通过干预具体目标以期实现基本目标。宏观经济表现具有四个主要领域：产量、就业、价格和对外部门。[1] 与此相适应，宏观经济调控的具体目标也主要体现在相应的四个方面：经济增长、币值稳定、就业、国际收支平衡。

（1）经济增长。在现代经济条件下，观察和分析一国宏观经济运行总量的指标很多，但衡量经济成就的最终尺度是一国创造的经济物品和劳务产出的水平高低和其是否具备高速增长的能力。衡量经济总量最权威的标准是国民生产总值（GNP），虽然 GNP 无法涵盖经济社会的全部，但是基于人们对物质福利的关心，确实需要 GNP 对总体经济运行表现作一个概括性的衡量。[2] 以最优化的结构大量、优质地产出生产生活物资，是一国政府及国民所追寻的首要目标和渴望达到的直接目的。

国民生产总值表示一国产出的总价值，如果用当前价格衡量，为名义国民生产总值（即名义 GNP）；如果用剔除通货膨胀后的价格衡量，就是实际国民生产总值（即实际 GNP）。实际 GNP 的变动是衡量产出水平和产量增长的最好尺度，它可以反映受到监测的国民经济的动向。

国民生产总值＝国内生产总值＋来自国外的净要素收入。国内生产总值（GDP）指一个国家（或地区）在一定时期内生产的全部最终产品（包括服务）价值的总和。这也是通用的衡量国家（或地区）经济状况的指标。

（2）币值稳定。这一目标所要实现的是在自由市场条件下保证价格稳定，使价格既不会很快上升也不会很快下降，通货膨胀率接近于零。通货膨胀是一种非常古老的现象，也是一个非常微妙的问题。经济学家们根据不同的标准对通货膨胀进行了分类：

第一，温和的通货膨胀，其特点是通货膨胀率低而且比较稳定，相对价格不会过分不协调。

第二，加速的通货膨胀，又称奔腾式的通货膨胀，其特点是通货膨胀率较高，而且还在加剧。一旦奔腾式的通货膨胀站稳了脚跟，便会出现严重的经济扭曲，金融市场随之消失。

第三，超级通货膨胀，又称恶性通货膨胀，其通货膨胀率非常高，而且

---

[1] 保罗·A.萨缪尔森、威廉·D.诺德豪斯：《经济学（第12版）》（上），高鸿业等译，中国发展出版社1992年版，第132页。

[2] GNP虽然可以在一定程度显示出一国经济运行状况和增长水平，但其并不能同时反映出由于经济增长造成的环境污染、人们生活质量的下降等现象，它包含很多对个人幸福没有明显关系的因素，而一些有关福利的关键因素却被忽略掉，其不能完全正确地衡量社会的经济福利。另外一个指标可以替代GNP，能够很好地反映经济福利，这就是经济净福利（NEW）。NEW的计算是对GNP的计算因素中加上某些项目，如因闲暇所得到的愉悦和精神享受、家庭主妇的劳务的价值或业余时间工作的价值等；同时还要从GNP的计算因素中减去没有得到补偿的污染、现代城市化的不舒适等相关项目。

完全失去了控制，可以导致金融体系完全崩溃、经济崩溃，甚至于政权更迭。

第四，受抑制的通货膨胀，又称隐蔽的通货膨胀。这种通货膨胀是指经济中存在着通货膨胀压力，但由于政府实施了严格的价格管制与配给制，通货膨胀并没有发生，一旦解除价格管制并取消配给制，就会发生较严重的通货膨胀[1]。

对于通货膨胀的影响和代价究竟有多大这一话题，虽然目前尚有争论，但其影响和代价确实存在这已成定论，因此各国在今天都不会长期容忍高通货膨胀率，迟早会采取相应的步骤和措施减轻通货膨胀。这些措施和步骤涉及宏观调控的其他具体目标，这将在下文中阐述有关各目标之间的关系时具体论述。

（3）充分就业。凡在一定年龄范围内愿意工作而没有工作，并正在寻找工作的人都是失业者，[2] 失业是现代社会的一个重要议题。从个体视角看，过高的失业率造成资源浪费、收入减少，经济拮据所带来的窘境和困苦还会蔓延到精神领域，影响人们的情绪和家庭生活；从社会视角看，过高的失业率会影响社会的安定，并由此带来一系列的社会问题；从整体经济状况看，高失业率造成实际国民收入的减少，美国经济学家 A. 奥肯在 20 世纪 60 年代提出"奥肯定理"，指出失业率与实际国民收入增长率之间具有统计规律，失业率每增加 1%，实际国民收入则减少 2.5%；反之，失业率每减少 1%，则实际国民收入增加 2.5%。[3]

然而，充分就业并非指人人都有工作。失业可以分为由于需求不足而造成的周期性失业，以及由于经济中某些难以回避的原因所引起的自然失业。自然失业在任何动态市场经济中都是必然存在的。充分就业状态是相对于周期性失业而言的，只要消灭了周期性失业，就认为实现了充分就业；在达到充分就业时仍存在的失业率被称为自然失业率。一般认为，自然失业率被控制在 4%~6% 范围内就算是充分就业。[4] 在美国，近年来自然失业率一直在上升，在 60 年代早期，经济学者估计大约为 4%；在 80 年代中期，大多数估计认为在 6% 左右[5]。

（4）收支平衡。随着世界经济一体化趋势的加强，不同国家之间经济的相互依赖程度越来越高，各个国家的经济开放程度也不断扩大，所谓开放经济，就是参与国际经济活动的经济。当今世界，尽管各个国家的开放程度不同，但一国经济的变动必然会影响别国，同时其也会受别国的影响。由于各国之间的生产条件不同，如果每一个国家利用资源优势专门从事特定商品的

---

〔1〕 梁小民编著：《西方经济学教程》，中国统计出版社 1998 年版，第 287 页。

〔2〕 梁小民编著：《西方经济学教程》，中国统计出版社 1998 年版，第 274 页。

〔3〕 梁小民编著：《西方经济学教程》，中国统计出版社 1998 年版，第 281 页。

〔4〕 金硕仁：《政府经济调控与市场运行机制》，经济管理出版社 2000 年版，第 66 页。

〔5〕 保罗·A. 萨缪尔森、威廉·D. 诺德豪斯：《经济学（第 12 版）》（上），高鸿业等译，中国发展出版社 1992 年版，第 362 页。

生产，通过进出口与其他国家进行贸易可能是很合算的，因此，一国参与国际贸易是为了自身的利益，各国参与国际贸易都会从中受益。国际贸易以及各国间的其他经济交往必然引起国际支付问题，在开放的经济环境中，保持国际收支平衡，可以避免引起经济上和政治上的动荡。

国际收支平衡是一国在一定时期内（通常是 1 年内）对外国的全部经济交往所引起的收支总额相对保持平衡。这是一国与其他各国之间经济交往的记录。国际收支有平衡与不平衡两种情况。不平衡又分为国际收支顺差和国际收支逆差。在国际经济活动中，当一国的总支出与收入相等时，就称为国际收支平衡；当存在国际收支顺差，即有盈余时，会有黄金或外汇流入，官方储备项增加；当存在国际收支逆差，即有赤字时，会有黄金或外汇流出。国际收支平衡经常会因各种外部原因被打破，如国内或国外的经济周期、石油价格的暴涨暴跌、利率的大幅变动、禁运等，都能引起净出口急剧变动，由此一国的外汇汇率也可能大起大落。以美国为例，自 1970 年以来，美国与其贸易伙伴的经济关系出现多次扰动，美元币值从 1971 年~1973 年的大幅下降、1975 年~1982 年的急剧衰退，到 20 世纪 80 年代早期非常高的利率，都引起进出口市场的大变动。所以，一旦出现国际收支不平衡时就要进行调节，并通过官方储备项目的调整来实现平衡。

3. 各目标之间的关系。上述目标是宏观调控的具体目标，因各目标的功能、作用有所不同，这四种经济目标之间便会存在一定的矛盾。首先，充分就业与物价稳定是矛盾的，要实现充分就业，就必须运用扩张性财政政策和货币政策，而这种政策又会由于财政赤字的增加和货币供给量的增加而引起通货膨胀。其次，充分就业与经济增长既有一致的一面，也有矛盾的一面。一方面经济增长会提供更多的就业机会，利于充分就业；另一方面在经济增长的过程中由于技术进步又会引起资本对劳动的替代，相对缩小市场对劳动的需求，使部分工人失业。再次，充分就业与国际收支平衡之间也有矛盾，由于充分就业的实现引起国民收入的增加，在边际进口倾向[1]既定的情况下，国民收入的增加必然引起进口的增加，从而使国际收支状况恶化。最后，物价稳定与经济增长之间也有矛盾，因为在经济增长过程中，通货膨胀是难以避免的。

在不同的宏观经济运行态势下，各国政府宏观调控的侧重点各有不同。虽然它们之间有相互矛盾、相互排斥的一面，但各具体目标之间有着紧密的内在联系，往往"牵一发动全身"，在调整某一目标时，其他目标同时会发生联动变化。在现实中通常需要综合考虑，兼顾各项目标之间的关联性，发挥其相辅相成的综合效应。

---

[1] 边际进口倾向是指收入变动一个单位所引起的进口的变化。

二、宏观经济调控法的基本原则

宏观调控法的基本原则是对宏观调控法律体系中相关法律制度、法律规范的共性和本质性的东西进行的概括和高度抽象，是宏观调控法理念和价值实现的中间环节，对于宏观调控法的制定以及宏观调控行为的实施具有指导意义。

宏观调控法应当遵循下列基本原则：

（一）决策集权原则

宏观调控从全局着眼对国民经济整体进行协调，针对的是整个市场的经济运行状况。另外，国民经济具有体系性。这些特性决定了宏观调控的决策权必须集中统一行使。

1. 决策权不能分散于不同的政府机构或政府部门。原因在于，单个政府机构或政府部门缺乏综观整体、统领全局的能力，其基于自身的职能，只对国民经济链条中属于自己掌管的环节比较熟悉。而且出于部门利益的考虑，其很难作出符合现实经济运行态势所必需的公正、客观的决策。

2. 决策权应由最高国家行政机关或拥有法律授权的机关作出。地方各级政府在宏观调控中只能就相关决策提供建议，一旦决策作出，则享有具体实施权。之所以强调宏观调控决策权的集中统一行使，在于权力过于分散会产生扯皮、推诿或争权现象，贻误决策最佳时机，降低宏观调控效率，最终有害于国民经济的良性运行。

（二）辅助性原则

宏观调控是在现代发达市场经济条件下，政府为弥补市场调节机制的缺陷而对整个国民经济实施的调整，是与市场调节机制相对而言的一种机制。宏观调控并不排斥市场机制，相反，依据现代宏观调控法的理念，宏观调控的前提是自由理念高度发展的市场经济体制的充分发育。所以在研究宏观调控法律制度的基本原则时，必须考虑市场经济的背景环境，不能撇开市场机制孤立地谈论国家干预经济。首先，不能以宏观调控代替市场在资源配置中的基础性作用。经济发展的历史及经济活动的实践已经证明，迄今为止，在对社会资源的配置中，市场机制是最有效和最合理的，因而在现代市场经济条件下，宏观调控与传统的国家调控经济的本质区别就在于宏观调控是在充分发挥市场机制调节功能的基础上对其缺陷予以必要的矫正，纠正市场经济运行中出现的偏差，即通过宏观调控来增强市场配置资源的整体经济效益。其次，宏观调控要尊重市场经济规律。对于价值规律、竞争规律能够很好发挥作用的领域，宏观调控不必进行介入，只有那些关系到国计民生的商品、关系到国家利益的战略物资以及处于自然垄断行业或基于国家产业政策的考虑，才允许政府通过宏观调控机制予以调节并作出相应安排。

（三）依法调控原则

宏观调控是国家在国民经济运行过程中为保持经济总量的平衡所实施的干预，宏观调控决策的制定以及实施会对国家整体经济产生重大影响，甚至会波及政治领域，影响国家的稳定。因此，需要依法进行宏观调控，就相应环节作出各种具体制度安排，确立一种秩序，并通过这种秩序和秩序框架将宏观调控所引发的经济风险甚至政治风险降到最低程度。依法进行宏观调控，可以使政府的调控措施具有权威性和普遍性，同时可以通过法律法规从不同角度规范政府行为，杜绝政府组织和官员滥用职权，接受社会对政府的监督，使政府的决策民主化和科学化。

1. 从实体方面保障依法调控。

（1）建立宏观调控的分类权力主体。根据职能不同，宏观调控权可以分化成许多权力并由不同的部门行使，如宏观调控方案提出权、决策权、执行权、监督权等。一般而言，最高国家行政机关具有宏观调控方案提出权，特殊情况下，有关行业监管部门可以享有该权利，如中国人民银行。

（2）提出权与决策权的分立。按照《宪法》规定，一些宏观调控决策需要经全国人民代表大会及其常务委员会批准，如国家预算。一些税收政策、金融政策的调整由税收机关和金融机构提出，国务院批准。

（3）宏观调控的评估。对中央政府执行宏观调控职能的情况进行估算、估测和审议、评价的主体是全国人民代表大会及其常务委员会。通过评估主体对宏观调控经济总体运行情况进行评估，可以在分析效果的基础上对宏观调控决策进行适当的调整或修订，以更符合宏观调控的实际需要，同时为决策主体制定下一步的宏观调控决策，更好地使中央政府执行宏观调控的职能。

（4）维护被调控者的权利。限制调控者的权力，目的就是维护被调控者的权利。在宏观调控法律关系中，调控者和被调控者的法律地位虽然不平等，但调控者拥有权力、行使权力的同时不能忽视被调控者所享有的权利，法律在强制被调控者必须服从宏观调控全局需要的同时，必须充分尊重并切实保障被调控者的权利。为了保证宏观调控政策能够切实得到贯彻执行并达到预期效果，必须重视被调控者的意愿，为此，被调控者一定要享有知情权，并在此基础上拥有建议权和异议权。

2. 从程序方面保障依法调控。程序正义是保障法律正义真正实现的前提和基础，对于宏观调控法这样事关全局的实体法而言，通过规范的程序来保证其发挥应有的、正当的效力尤为重要。

（1）确立决策制定、颁布流程。根据制定步骤，建立相应制度：一是提议程序，对经济运行中出现的重大问题如比例失调、总量失衡等，相应的职能机构、研究机构、专家等都可以提出建议，要求召集各部门联席会议，商讨是否有必要采取相应的宏观调控措施；二是论证程序，包括组织有关专家进行可行性论证，同时向全社会发出公告，以及向相关领域中涉及其切身利益的主体发出征求意见公告；三是建立评估机制，对已经确定的宏观调控决策，由专家组和涉及其利益的行业或部门分别进行评估，然后进行汇总，明确利弊；四是预警机制，这是在前者的基础上，针对调控措施的弊端可能产生的消极影响，所制定的相应预案，以备在紧急情况下启动。

与此相对应，建立完善的信息沟通渠道，包括信息收集渠道、信息传达渠道和信息反馈渠道。宏观调控政策措施的制定和实施，第一阶段需要各方面信息的采集，需要各职能部门和研究机构做大量调研、分析等基础性工作，第二阶段是在前者基础上进行汇总、总结，并形成最终决策。第一阶段具体工作的分派及第二阶段的所有工作，均需要一个专门的机构来负责协调和实施，明确各部门和机构的职责分工以及协调程序等，将责任落实到人，使协调联系机制规范化、制度化、法治化，使一项措施的出台有严格准确的科学依据，保障该措施符合理性化要求；通过立法制定具有可操作性的实际评判标准，并依据该标准对即将出台的每一项调控措施就其可行性和效用性作出判断和评价。

一项宏观调控政策措施的制定实施，是由于经济运行的某个环节发生偏差，需要通过该政策措施来矫正。调控措施出台得越及时，经济运行偏离的程度就越轻，调控措施的效果也越显著。所以，有关经济运行基本状况的信息必须源源不断地汇集到决策中心，以便决策机构能随时掌握最新动态，这就需要畅通、高效的信息收集渠道。宏观调控决策一旦作出，便立刻要上传下达，要求在最短的时间内付诸实施，因此要求信息传达渠道高效、灵敏。一项宏观调控措施是否符合实际情况，是否产生正面的和积极的效果，需要在实践中予以检验，相关的信息又通过信息反馈渠道流回到决策中心，为是否继续执行该决策、是否更正等举措提供最直接的依据，为此，相应的信息反馈渠道必不可少。

（2）建立实施监督机制。宏观调控法律制度应当构建完善有效的权力监督和制约机制，保障法律规范得到有效遵守和执行，制止并制裁违反法律规范的调控行为。在构建监督体系时，建立以国家立法机关和审判机关为核心，以社会公众的监督为基础的、外部的、公开的、经常的、系统的法律监督体系[1]为主体系，辅之以国家行政机关内部实行自上而下的自我监督和自我约束的法律监督体制，完善行政监察制度和组织体系及相应的法规、规章。

二维码

第十八章　拓展阅读

---

〔1〕　黄子毅："关于在我国建设社会主义法治国家的若干问题"，载《中国法学》1996 年第 4 期，转引自李力：《宏观调控法律制度研究》，南京师范大学出版社 1998 年版，第 167 页。

第十九章

目标调控法律制度

法的调整是通过各种不同的方式和手段完成的。但凡法律调控都有明确的目标，但目标有长期和短期之分。作为宏观调控手段的目标调控就是以确立长期发展目标为任务的法律调整形式。

第一节　目标调控手段

一、目标调控手段的形成

由国家确定一个时期的经济发展目标和方向，指导和协调企业的经济活动，其在一定程度上能够避免生产的盲目性，保证经济长期稳定发展，这也是一种常见的经济调节方式。在西方发达国家中，通过不间断地制定了短期、中期和长期经济目标和方向来调节经济，并对国民经济的发展起到效果较好的指导和推动作用的国家，主要是日本和法国。

目标调控手段可被看作是介于无计划的自由市场经济和命令型的统制经济之间的一种经济体制。它需要配合其他宏观调控手段共同发挥作用。

这种调控手段运行的目标，是尽可能减少市场经济的盲目性和资源使用中的浪费。其发挥作用的方式大致是：①规定国家总体发展战略和目标，指明未来发展方向。在市场经济体制下，各个分散独立的经济主体之间的关系是竞争性的，它们各自追求着自身的利益，政府在经济计划中规定了经济发展的总体战略目标，为企业的未来发展指明方向。②规定宏观经济总量增长指标。这些指标主要有国内生产总值、投资、消费、进口、出口以及主要部门和产品的增长率。③确定优先发展行业和产业。即规定一定时期内经济部门的先后主次发展序列，确定发展重点部门和重点开发地区，实行动态的"倾斜式"发展，目的是使国家目标与经济单位的行动保持协调一致，实现经济和社会平衡发展。④规定为实现计划目标而采取的政策手段和保障措施。如采取信贷、价格、投资、税收等财政和货币手段来辅助目标有效实施。

二、目标调控法体系

由上述可知，目标调控是建立在时间和经济发展战略基础上的。目标调控的主要手段和法律制度有计划（法）和产业政策（法）。

（一）计划法

计划手段表现为高层次的调节机制。计划不是政府的行政指令，也不是一种行政行为，而是在市场机制作用基础上的一种政府经济行为。

计划法在经济法中处于"龙头法"地位，经济计划是政府干预和调节经济生活的一种重要手段，是政府管理经济的一种高级形式。过去人们认为，只有建立在公有制基础上的社会主义国家才能制定和实施经济计划，建立在私有制基础上的资本主义国家不制定和实施经济计划。

新中国建立以后，实行计划经济，颁布过大量的计划法规，如《国民经济计划编制暂行办法》（1952 年 1 月颁布）、《关于编制国民经济年度计划暂行办法（草案）》（1953 年 8 月颁布）。改革开放以后，我国仍沿用这种宏观经济调控方式。例如，我国于 1984 年 10 月颁布了《关于改进计划体制的若干暂行规定》，表明了今后经营完善计划体制工作，进而肯定了这种经济形式。自社会主义市场经济体制建立以来，我国计划调控体系发生了历史性的深刻变革。从计划经济体制时期，以命令和服从为特点的指令性计划，转变为在市场经济体制下，以宏观调控为特点的指导性计划。

计划法就是将经济计划行为和程序法律化。在发达市场经济国家中，计划作为政府调控手段之一和市场机制的补充，对社会经济发展发挥着重要作用。而且，政府计划手段具有市场机制不可替代的功能和作用。计划在国民经济中的作用表现为：①规定一定时期内国家总体发展战略目标，指明未来发展方向。市场经济体制下的各个经济主体相互独立且分散，它们各自追求着自身的利益，处于竞争关系。政府以总体战略目标的方式引导企业的未来发展方向。②规定宏观经济总量增长指标。计划指标下达到部门，对部门和国有企业有某种约束力，对大量的私有企业并不要求强制执行，而只是提供信息，为企业决策时参考。③确定优先发展的行业，并以一定的财政、税收等手段作保障，以引导企业积极响应，实现国家计划。

目前，我国计划中包括以下几种形式：综合性计划、行业计划、专项计划和地方计划。

综合性计划是指国民经济和社会发展计划，包括国民经济、科技进步和社会事业三大方面的内容，如《中华人民共和国国民经济和社会发展第十一个五年规划纲要》。行业计划是指某一行业的发展计划，包括发展目标、发展重点等内容，如《信息产业"十一五"规划》《金融业发展和改革"十一五"规划》等。专项计划是某一重要领域或特定时间的专门计划，是国家为实现特定目的而制定的特殊计划，如《节能中长期专项规划》。地方计划是在中央计划的基础上规划地方经济和社会发展的国家区域性计划，属于国家计划的组成部分，如《北京市国民经济和社会发展第十一个五年规划纲要》。计划法调整的重点是中央计划，中央计划中又侧重于综合计划；地方计划的侧重点是与中央计划内容相衔接的规定，即地方政府能在中央宏观调控下，结合本地区实际情况，制定切实可行的地方计划，调动地方政府积极性。

国家计划还可以分成长、中、短期计划。长期计划是战略计划，中期计划是纲领性计划，短期计划是行动计划。随着市场经济的日趋完善，国家越来越重视中、长期计划的宏观调控作用，计划法中应加强这方面的调整规范。

长期计划是 10 年或 10 年以上的计划，在国家计划体系中占有战略地位。计划法规定长期计划应主要包括以下三方面内容：①正确分析国内外政治经济形式和科学技术发展的趋势，进行客观经济预测，提出发展战略；②确定国民经济和社会发展的方向、目标、步骤、重点、比例关系、发展速度和重大建设项目；③规定实施长期计划的重大政策和措施。党的十九大报告中，综合分析国际国内形势和我国发展条件，从 2020 年到本世纪中叶可以分两个阶段来安排经济和社会发展目标：第一个阶段，从 2020 年到 2035 年，在全面建成小康社会的基础上，再奋斗十五年，基本实现社会主义现代化。到那时，我国经济实力、科技实力将大幅跃升，跻身创新型国家前列；人民平等参与、平等发展权利得到充分保障，法治国家、法治政府、法治社会基本建成，各方面制度更加完善，国家治理体系和治理能力现代化基本实现；社会文明程度达到新的高度，国家文化软实力显著增强，中华文化影响更加广泛深入；人民生活更为宽裕，中等收入群体比例明显提高，城乡区域发展差距和居民生活水平差距显著缩小，基本公共服务均等化基本实现，全体人民共同富裕迈出坚实步伐；现代社会治理格局基本形成，社会充满活力又和谐有序；生态环境根本好转，美丽中国目标基本实现。第二个阶段，从 2035 年到本世纪中叶，在基本实现现代化的基础上，再奋斗十五年，把我国建成富强民主文明和谐美丽的社会主义现代化强国。到那时，我国物质文明、政治文明、精神文明、社会文明、生态文明将全面提升，实现国家治理体系和治理能力现代化，成为综合国力和国际影响力领先的国家，全体人民共同富裕基本实现，我国人民将享有更加幸福安康的生活，中华民族将以更加昂扬的姿态屹立于世界民族之林。

中期计划是 5 年计划，其既是长期计划的实施计划，又是国家计划体系中的纲领性计划。主要内容应包括以下方面：①确定计划期间的经济增长速度和重大比重关系；②确定人民生活的提高幅度和社会发展的主要目标；③规定重要的经济和科技政策及计划实现的重大措施。

短期计划是年度计划，是中期计划的实施计划，属于国家计划中的行动计划。主要内容应包括：①根据中期计划和经济运行的实际情况来确定国民经济和社会发展的任务，合理安排生产和人民生活；②制定实施年度计划的具体措施，制定本年度的重点项目及实施方案。[1]

计划法律关系的主体即计划法的主体，是指依法参与计划法律关系，享有计划权力，承担计划义务的参加者。

总体上，计划法主体可以分为提出主体、批准主体和参与主体三类。在

---

〔1〕　参见何国华、游文丽主编：《经济法》，化学工业出版社 2008 年版，第 12 章第 1 节。

计划工作中依法具有特定职能的国家机关是计划法的提出主体。这是计划法律关系中最基本、最重要的主体，包括最高国家权力机关和其他具有计划职能的国家行政机关。狭义上，提出地方发展纲要的地方行政机关不属于宏观调控主体。

一般而言，批准主体是享有法律监督权的主体。例如，2011年3月14日第十一届全国人民代表大会第四次会议审查了国务院提出的《中华人民共和国国民经济和社会发展第十二个五年规划纲要（草案）》。行业管理机构提出的计划，由其上级机构批准。

参与主体是指在计划制定或实施的某个方面或环节上需要参与计划活动，成为计划法律关系主体的有关国家职能机关、企业或者其他社会组织。这类主体的不是计划的提出者，而是计划的参与者，在国家计划机关从事计划业务工作过程中，其依法与这些单位发生计划关系，才使之成为计划法主体。例如，在十二五规划起草阶段，国家发展改革委委托和选聘了70多个国内外权威研究机构，对40多个经济社会发展中的重大问题进行了深入的专项研究。这类计划法主体具有不确定性。

（二）产业政策法

法与政策本身不属于同一学科领域，但产业政策与法律相交叉却形成了包含政策内容的产业政策法，政策是内容，法律是形式，产业政策具有了法律的形式，进而具有了法律的一般性质。

1. 产业的界定。产业是对生产的归纳、分类和理论抽象，从事某一类产品生产的组织结合在一起组成的一个行业即为产业。产业是经济学上的概念，基于不同的标准，产业有多种分类，我们都已熟知的第一产业、第二产业、第三产业的分类，是以人类生产自然形成的形态作为划分标准的；按照生产要素投入的密集程度，产业可以分为劳动密集型产业、资本密集型产业和技术密集型产业；按照发展前景，产业可以分为传统产业和新兴产业。上述几种分类方法都是比较常见的，但是第二种分类法属于概念性范畴，虽然已经有一些划分方法，但尚未形成统一的数量标准，而且随着生产的发展，生产要素投入的比例也会不断发生变化，因此，对于某一产业而言，其不可能永远固定在某个产业类别中；第三种分类法具有相对性，某一新兴产业经过一定时期之后必然成为传统产业，与此同时，又会有其他新兴产业出现，因此，"传统"与"新兴"只是相对而言。

我国按照第一种分类法对产业实施了划分，第一产业是农业，包括林业、牧业、渔业。第二产业是工业和建筑业，其中工业包括采掘业、制造业、自来水、电力、蒸汽、热水、煤气。第三产业是除上述第一、第二产业之外的其他各类产业，其具体又分四个层次，第一层次是流通部门，包括交通运输业、邮电通讯业、商业、饮食业、物资供销业和仓储业；第二层次是为生产和生活服务的部门，包括金融业、保险业、地质普查、房地产业、公用事业、居民服务业、旅游业、咨询信息服务和各类技术服务业等；第三层次为提高科学文化水平和居民素质服务的部门，包括教育、文化、广播电视、科学研究事业、卫生、体育和社会福利事业等；第四个层次是为社会公共需要服务的部门，包括国家机关、党政机关、社会团体、军队和警察等。

2. 产业政策的含义。"产业政策"一词源于日本，1970年日本通产省代表在OECD（经济合作与发展组织）大会上所做的题为《日本的产业政策》的讲演，使"产业政策"一词第一次出现在日本官方文件中，此后，产业政策逐渐为人们所接受，并不断发展。但是，人们对于产业政策的内涵有不同的认识，日本原通产省经济研究所所长小宫隆太郎认为，产业政策是对以制造业为中心的产业部门之间的资源配置实行干预的各种政策，以及个别产业内部的产业组织对私人活动施加影响的政策的总和；由日本一桥大学、东京大学和庆应大学教授共同主编的《经济辞典》认为，所谓产业政策，是指与产业之间结构有关的产业结构政策和与产业内部竞争组织有关的产业组织政策，前者以产业结构变化为目的，后者以实现公平为目的，现实中的产业政策总是随着经济社会的发展而不断变化的；由下河边淳和菅家茂编纂的《现代日本经济辞典》认为，产业政策是指国家或政府为了实现某种经济和社会目的，以全产业为直接对象，通过对全产业的保护、扶植、调整和完善，积极或消极参与某个产业或企业的生产、经营、交易活动，以及直接或间接干预商品、服务、金融等的市场形成和市场机制的政策的总称。[1]

一般认为，产业政策是一个国家根据世界经济发展趋势和本国经济发展的目标及需要，确定支持、鼓励产业和限制、控制产业，以促进产业结构合理化和产业组织合理化的政策。

从以上论述可以感知，政府是代表全社会的共同利益来制定和实施产业政策的，其不是某种政府利益的体现，这是产业政策的一个显著特征。事实上，产业政策是国家通过行政管理系统就产业发展、特别是产业结构、产业组织形态等予以设计规划所形成的一系列相关政策的总和。产业政策的实质是国家对经济生活和资源配置所实施的自觉干预，以实现特定的经济政策目标，包括实现经济振兴与赶超、结构调整与转换以及保持经济领先地位与维持经济增长势头等具体目标。

3. 产业政策的法制化。西方国家战后大量实行产业政策调整产业结构。50年代初，日本为其战后经济恢复和发展，提出了"产业倾斜"的产业政策，政府大力地向煤炭、电力、钢铁和造船等基础产业投放补助金和低息贷款，并优先给予进口配额，产生了明显的效果。随着国内和国际经济形势的变化，日本政府又提出了"重化学工业化""产业结构高级化""以知识密集程度高的加工装配工业为中心"等产业政策，并相应采取了许多措施，也取得了明显效果。日本的成功经验影响了欧美国家，各国开始重视和实施产业政策。

---

[1]　以上观点均转引自王晓晔：《经济法学》，社会科学文献出版社2005年版，第409~410页。

产业政策涉及的关系具有长期性和广泛性的特点，产业政策作为宏观调控的重要组成部分，在对国民经济进行管理中单纯依靠政策的形式缺乏权威性和效力，需要将其上升为法律层面，以使产业政策的制定和实施过程规范化，并提供相应的保障。日本产业政策实施的成功经验之一即是非常重视对产业政策进行法律调整，将产业政策法律化。国家产业政策的实现要依靠法律的强制性来保障，同样，产业政策法是由国家诸多的产业政策组成的。世界很多国家和地区例如韩国等在制定和执行产业政策中也都重视对产业政策及时进行法律调整。

产业政策的实质是国家对经济生活的介入和对经济活动的干预，通常表现为政府的干预或调控行为，政府的干预和调控行为所依据的是强大的公权力，而公权力的行使总是面临着逾越道德界限的诱惑，"绝对的权力绝对导致腐败"，政府公权力的行使必须受到法律的约束，这是法治国家的必然要求。因此，产业政策的法制化是必然的，也是必须的。对产业政策的法律调整既是对被调控主体的规制，更是对调控主体的规制，这种规制包括产业政策的制定主体、实施主体、监督主体的法定化，上述主体行为的规范化和确定化，产业政策的实施手段的法律化以及法律责任的明晰化。

我国的产业政策在实施过程中达不到预期效果，地方保护、重复建设等现象极为普遍，究其原因，很重要的一个方面是我国的很多产业政策仅仅停留在政策层面，其内容只具有指导性作用，缺乏强制力，没有相应的法律制度做保障，由此反映出一个问题，即我国的产业政策法律化程度不高。现有的很多产业政策并未纳入严格的法律调整中来，很多重要的产业政策本身应该由最高国家权力机关以法律的形式制定，但现实中仅由政府或其职能部门以部门法规或规章的形式制定，有的甚至仅是以一种规范性文件的形式存在，其效力和作用必然大打折扣，而要求政府依法行政的目的也会落空。

所以，产业政策法是调整国家产业政策制定和实施过程中所发生的经济关系的法律规范的总称，是实体法与程序法的结合与统一。产业政策法本身属于宏观调控法的范畴，是政策与法律交叉的体现，因其所调整的对象覆盖了国民经济的所有部门、行业和领域，其所涉及的产业本身具有综合性，因此，产业政策法是综合性的法律。随着其调整对象的发展变化，产业政策法随时作出调整以适应经济形式的需要，具有针对性成为产业政策法的显著特点。

4. 产业政策法律制度。一国的经济政策包括财政政策、货币金融政策、国际贸易政策、国民收入分配政策、价格政策等一系列经济政策，产业政策是经济政策中的组成部分，通过与其他经济政策互相配合、互相补充以达到调控目的。各项经济政策的目标之间有一定的排斥性，不能同时兼得，追求低通货膨胀率就必然降低经济发展速度，强调经济增长、效率优先则可能造成人均收入差距扩大，因此，在选择经济政策目标时总要有个先后顺序，由此进一步表明，产业政策的制定和实施也同样存在目标先后和轻重缓急的问题。对于产业政策体系框架，不同学者的观点各异，有的学者认为产业政策体系包括三个层次，第一层次是产业关系政策，其中包括产业结构政策、产业布局政策；第二层次是产业运行政策，包括产业技术政策和产业组织政策；第三层次是产业发展政策，包括产业全球化政策和产业现代化政策。[1] 但大多数学者认为产业政策体系包括产业结构政策、产业组织政策、产业技术政策和产业布局政策。[2] 因此，大多数学者阐述产业政策法律化时也是从这四个方面论及的。

（1）产业结构法。从人类社会的发展历程来看，产业结构的演进大体经历了如下的变化过程：农业为主导→工业为主导→第三产业为主导→信息产业为主导。[3] 因此，产业结构法是根据一国经济和社会发展计划，就制定推动产业结构的调整和优化以促进经济增长的产业政策予以立法所形成的法律规范的总和。在市场调节机制的基础上，政府通过立法有目的地对有关产业予以扶持、保护、培育或淘汰，以实现产业结构的优化升级，最终促进经济增长。

第一，制定综合性产业结构法。这是在一个相对较长的时间内，根据产业发展的规律和国民经济发展的状况提出的产业结构的设想，产业结构既可以单纯依赖市场机制的作用自发形成并逐步演化，也可以在政府有目的的干预下形成，发达国家大多是前一种情况，而在制度后发型国家中，经济发展的紧迫性迫使政府有计划地规划本国的产业结构及其演化进程的法律制度。我国目前尚未制定综合性产业结构法作为国家的基本法，仅在1994年国务院颁布了《90年代国家产业政策纲要》，以及与此相配套的《当前国家重点鼓励发展的产业、产品和技术目录》，这是内容较为全面的综合性产业结构行政法规。

第二，制定单项产业结构法。这是为了贯彻实施综合性产业政策法而就各个产业结构进行的单独立法，是对制定综合性产业结构法的补充配套和细化、专业化。一是对幼稚产业的扶植和保护。幼稚产业可以成为合理合法的保护对象是由关贸总协定（GATT）的例外条款所确认的。幼稚产业即是欠发达产业，它是指相对于工业先行国家而言，工业后发国家由于资源要素或者生产经验积累等方面不利因素的影响使得同一产业的发展水平明显落后，但其具有潜在的规模经济的优势，虽然暂时处于弱势地位，但经过一段时间的发展，其潜在的优势便会发挥出来。这类产业通常是具有发展前途的产业，

---

〔1〕 刘吉发在其《产业政策学》一书中就产业政策作了上述分类。参见刘吉发主编：《产业政策学》，经济管理出版社2004年版，第13~16页。

〔2〕 曹宏苓在其《APEC经济合作与中国产业政策选择》一书中持该观点（上海外语教育出版社2004年版，第92页）。很多法学家也持该观点，金蓉葵在其《经济法新论》（上海辞书出版社2003年版）一书中、符启林在其《经济法学》（中国政法大学出版社2005年版）一书中、李昌麒在其《经济法学》（法律出版社2007年版）一书中都作如此论述。

〔3〕 刘吉发主编：《产业政策学》，经济管理出版社2004年版，第37页。

是潜在的未来的主导产业，关系到本国其他产业的发展以及潜在资源的利用。因此，对其给予特殊的扶植和保护是世界各国的通行做法。二是对主导产业的扶植和培育。主导产业在产业结构系统内起引领和带头的作用，能够迅速有效地吸收创新成果，具有较高的发展速度，有很强的扩散效应，决定着产业结构系统未来的发展趋势和模式。因此，主导产业在经济发展中具有特殊地位，对主导产业的扶植和培育是产业结构政策中一项关键的内容，其宗旨在于通过政府强有力的介入，来增强对主导产业的生产要素投入，再通过主导产业的超常规发展来带动整个产业结构高度化。日益重视主导产业的选择和扶植，是各国产业政策的共同趋势，就连一直标榜从未采取过产业政策的美国，也采取了一系列扶植主导产业的政策，以信息业为代表的高新技术产业正在成为名副其实的"主导产业"。[1] 三是对衰退产业的援助和调整。衰退产业即俗称的"夕阳产业"，是产业生命周期中的最后一个阶段，某一产业在经历了形成期、成长期、成熟期后步入衰退期，或者处于困境之中，在新经济的冲击下，传统产业的衰退成为全球化的趋势，调整衰退产业是各国未来产业政策所必须面对的问题。调整不是维持，而是通过政府有目的的介入帮助衰退产业有秩序地收缩，使资源顺利转向其他高增长产业部门，实现资源存量的再配置，以实现产业结构优化，减轻产业衰退给社会造成的震荡。

从我国的产业政策的制定和实施的实践来看，1994 年国务院颁布的《90年代国家产业政策纲要》以及与此相配套的《当前国家重点鼓励发展的产业、产品和技术目录》规定了我国产业结构的长期政策。我国 20 世纪 90 年代的产业发展目标的方向是：大力加强基础产业，加快发展支柱产业，带动国民经济全面振兴，合理调整对外经济贸易结构，加快高新技术产业发展的步伐，继续大力发展第三产业；提出了对战略产业的保护和扶植，对衰退产业的调整和援助。与此同时，制定了单项产业结构法，涉及农业、工业、第三产业；已有的基本法律如《农业法》《铁路法》《民用航空法》等，这些法律在运用过程中涉及与这些经济政策相关的其他经济法律法规——如财税法、金融法、破产法等法律法规的协调、配合的问题。

进入新时代，我国经济发展面临的问题，供给和需求两侧都有。但矛盾的主要方面在供给侧。推进供给侧结构性改革就是通过调整经济结构，转变经济发展方式，培育增长新动力、形成先发新优势。推进供给侧结构性改革，是我国当前和今后一个时期经济发展和经济工作的主线。

（2）产业组织法。产业组织理论是研究某一产业内部各企业之间的资源配置问题，从市场竞争或垄断的状态来判断产业内部各企业之间的资源配置是否合理，从而为政府制定实施有效的产业组织政策提供理论依据，其实质是政府通过协调产业组织中规模经济与竞争活力之间的矛盾，以建立正常的市场秩序，提高市场绩效。从产业政策的取向上看，产业组织政策：一是鼓

---

〔1〕 刘吉发主编：《产业政策学》，经济管理出版社 2004 年版，第 67 页。

励专业化和规模经济的产业组织合理化政策，侧重于限制过度竞争；二是促进竞争、限制垄断的自由竞争政策，侧重于维持市场竞争秩序。因此，产业组织政策包括反垄断政策、反不正当竞争政策、兼并与合并政策、中小企业政策。与此相对应，将其反映在立法上，前三项构成竞争法的内容和政策基础，最后一项构成中小企业促进法的内容和政策基础。所以，产业组织法是调整同一产业内企业的组织形态和企业行为的法律规范的总称。

《90 年代国家产业政策纲要》规定产业组织政策的目标是：促进企业合理竞争，实现规模经济和专业化合作，形成适合产业技术经济特点和经济发展阶段的产业组织结构。对规模经济效益显著的产业，应形成以少数大企业（集团）为竞争主体的市场结构；对规模经济效益不显著的产业，应鼓励小企业的发展，形成大、中、小企业并存、企业数目较多的竞争性市场结构。

（3）产业技术法。产业技术发展是产业运行的动力和支持，产业技术的发展逐渐走向高新化和现代化，其中的信息化含量和智能化含量日趋增多，其更加讲求效率，更新周期缩短，科研生产一体化现象趋于普遍。产业技术政策是为了促进产业技术进步而制定的旨在引导或影响产业技术开发和转移的产业政策，将该类政策上升到法律层面并加以法律化即形成了产业技术法。

产业技术政策包括产业技术开发政策和产业技术转移政策。产业技术的开发推动了产业技术的发展，因此，产业技术开发受到世界各国的重视，各国政府都会针对本国国情适时制定相应的产业技术开发政策。发达国家的产业技术开发政策主要包括经济支撑政策、贷款优惠政策、税收扶持政策、教育培训政策等；而技术后起国家的产业技术开发政策主要有经济资助政策和组织协调政策，日本即是如此。我国属于后起国家，日本的经验非常值得我们借鉴。产业技术转移政策包括技术引进政策和技术扩散政策，后者是指将基础研究成果尽快应用到产业的技术革新中去的政策。

我国的产业技术政策体现在《中华人民共和国国民经济和社会发展第十个五年计划纲要》中，要求推进科技进步和产业创新，提高持续发展能力，具体表现为：为产业升级提供技术支撑，推进高技术研究，加强基础研究和应用基础研究，建设国家创新体系。

（4）产业布局法。产业布局法是将政府为实现产业空间分布和组合合理化而制定的政策予以法律化而形成的法律规范的总称。

人类的社会生产和经济活动受地理位置和空间的影响，如何利用资源优势和地缘优势，并将其转化为产业优势，是将国家的产业政策具体落实到有关地区的关键。一国政府通常根据经济发展的特定阶段制定相应的产业布局政策，通行做法是在经济不发达阶段，政府的产业布局政策更强调产业布局的非均衡性，强调优先发展某些地区的经济，通过这些地区经济的超常规增长，带动其他地区以及整个国家经济的增长；当经济较为发达之后，产业布局政策则从维护经济公平和社会稳定等目标出发，强调地区经济的均衡性，对经济落后地区进行重点扶持。

　　我国自 1979 年改革开放以来，采取了向东部沿海地区实行优惠政策的地区倾斜政策，并在有关的法律法规中作了相应的规定，这一政策在发挥东部沿海地区经济技术优势的同时，也拉大了东西部之间的经济差距，国民经济发展呈现非均衡趋势，影响了改革开放的深入和市场经济体制的建立。为此，党中央和国务院于 1996 年在《中共中央关于制定国民经济和社会发展"九五"计划和 2010 年远景目标的建议》中提出坚持区域经济协调发展，逐步缩小地区差距将是今后 15 年工作的重要指导方针之一；党的"十五大"报告又对促进地区经济协调发展问题作了深入论述；"十一五规划建议"也专门阐述了促进区域协调发展的问题，实施西部大开发战略，加快中西部地区发展，合理调整地区经济布局，促进地区协调发展，实施城镇化战略，促进城乡共同进步。

第二节　作为目标调控的产业政策和竞争政策

　　由于反垄断法以限制和禁止的方式对经济关系进行调整，其必然涉及竞争行业和非竞争行业的划分，即竞争政策与产业政策的协调问题。与产业政策相对应的竞争政策主要指，通过自由竞争实现企业的规模、企业行为、资源分配等方面的调整，以促进资源在产业内自由、合理配置。因此，在相对意义上，竞争政策被视为自由竞争政策的同义语。[1]

　　竞争法以限制和禁止的方式对经济关系进行调整，其必然涉及竞争政策与产业政策的协调问题。

一、竞争政策和产业政策分歧与协调

　　经济危机和战争环境催生了经济法。在这些特殊的经济环境下，政府为实现经济运行服务于特殊任务的需要，运用干预手段比经济自发运行更能达到效果。在初始的干预政策中，涉及的产业范围十分广泛，包括农业调整、银行拯救、重要物资的管制等。管制政策有两种目的不同的政策形式：经济管制和社会管制。经济管制是针对产品的价格、产品的种类、加入或退出的条件或某个行业服务标准的控制。经济管制的主要原因是国家防范经济危机或应对战争的需要。社会管制来源于社会团体的集体利益需要，如劳动者运动、消费者运动、环境保护运动等。国家通过改革既有的措施，对之实行社会性保护。因而，竞争立法最初来源于经济管制中的价格管制政策。价格在资本主义从自由经济向垄断经济过渡的过程中扮演了双重角色：市场自发平衡的调节手段和打破市场自发平衡获取垄断利润的工具。那么，特殊时期的价格管制也具有双重性质：包括防止某个经济主体或经济联合体掠夺定价和恢复价格的市场信号的功能。美国 1887 年成立的州际商业委员会为避免价格

---

〔1〕　德国理论界也将竞争政策称为纯粹的竞争政策，其含义也就是自由竞争政策。

战发挥了非常显著的作用。法国 1945 年颁布的有关价格的 1483 号条例始终承载着价格管理和竞争管理的双重职能。

竞争立法之所以最初表现为价格管制，是因为价格是经济危机爆发的直接导火索，是稳定经济秩序的杠杆。同时，对于企业来说，价格是连接生产和消费的通道，是企业间剩余价值平衡的标尺。如果不存在外部因素，垄断企业将充当市场价格的制定者而不是价格的接受者。垄断价格是市场价格运动的必然结果，把一部分消费者剩余转化为生产者剩余，进而扭曲分配效率，因而管制价格成了政府调节经济的必然。

成熟的竞争立法给竞争政策和产业政策以适当的定位。竞争政策关注微观经济环节的目标，而微观经济和宏观经济不可能相互脱离，作为微观经济政策的竞争政策服务于国家宏观经济政策和协调微观经济的运行，它为宏观经济政策提供的法律手段。

对产业采取管制还是放任政策，和一国的经济发展程度分不开。完全采取产业政策而放弃竞争政策或者与之相反都不切合实际。而在承认产业政策和竞争政策的情况下，发达国家和发展中国家在产业政策和竞争政策的运用上存在着一定的分歧。在经济全球化下，发达国家更希望并通过一定的方式迫使发展中国家执行竞争政策优先的产业政策；而发展中国家从发展民族经济的角度出发，其一般执行产业政策优先的竞争政策。20 世纪 80 年代初期，美国著名的福利经济学家鲍莫尔提出了可竞争的市场理论（Theory of Contestable Markets）[1]，被一些西方经济学家奉为竞争政策的标准。可竞争的市场理论所表述的市场条件是：①企业进入和退出市场（产业）是完全自由的，相对于现有企业，潜在进入者在市场技术、产品质量、成本等方面不存在劣势；②潜在进入者能够根据现有企业的价格水平评价进入市场的营利性；③潜在进入者能够采取"打了就跑"（hit and run）的策略，甚至一个短暂的赢利机会都会吸引潜在进入者进入市场参与竞争；而在价格下降到无利可图时他们会带着已获得的利润离开市场，即他们具有快速进出市场的能力，更重要的是，他们在撤出市场时并不存在沉淀成本。尽管对可竞争市场理论存在诸多争议，[2] 西方一些主流经济学派仍然将其作为现实目标，并力争将这种思想消融在竞争政策中。事实上，这一竞争政策是排斥国家干预，即排斥产业政策的。

反垄断法涉及的竞争政策和产业政策的协调，主要体现在法律对产业和行业的划分及采取的措施上，反垄断法所划分的行业通常有：竞争性行业、特许垄断行业和自然垄断行业。通过划定自然垄断的范围为竞争行业提供效

---

[1] Baumol, W. J., 1982, "Contestable Markets: An Uprising in the Theory of Industry Structure", American Economic Review 72: pp. 1–15.

[2] 一方面的批评是，该理论对新企业进入产业后所采取的行为及其结果的一些假定是不符合实际的；另一方面的批评是，沉淀成本为零的假设也是不符合实际的。见王俊豪：《政府管制经济学导论：基本理论及其在政府管制实践中的应用》，商务印书馆 2001 年版，第 143~144 页。

率竞争的基础；通过特许垄断防止竞争的高风险。自然垄断和特许垄断的范围大小和竞争行业的范围大小成反比例关系。因此，反垄断法执行产业结构政策的方式是进入管制，包括禁止竞争的进入壁垒和保护自然垄断。进一步而言，两类行业在反垄断法中被定位于"反垄断法适用除外""卡特尔豁免"等。产业组织政策在反垄断法中的体现，是对企业合并的控制。它涉及推动规模经济和抑制滥用规模经济的关系，其中的关键因素是市场观的确立。在历史上，着眼于国内中小企业生存环境的产业组织政策、反垄断立法和执法曾导向结构主义。在现代经济条件下，提高企业国际竞争能力是产业组织政策的核心，反垄断法开始支持大型企业的发展，鼓励企业的兼并。反垄断法对企业合并的调整工具便体现出灵活性。对同一个市场而言，允许合并指标的不同，由此体现的产业政策就不一样。一般而言，指标越高，越趋向于竞争政策；指标越低，越趋向产业政策。发达国家希望发展中国家更多地开放市场，希望发展中国家在企业规模上执行竞争政策，以使本国企业能顺利进入发展中国家的市场。因此，发展中国家在开放中需要协调好产业组织政策和竞争政策的关系。尤其对缺少或压缩了经济发展阶段的发展中国家，由于市场要素不完善，开放过程中的风险时时存在，企业合并中需充分考虑到经济安全和经济主权。

二、反垄断法对产业的特殊调整

反垄断法对产业的特殊调整主要体现在以下三个方面：

1. 经济规模的控制。经济学上，在规模经济较为显著的产业中，出现过剩进入以及具有劣等成本条件的企业虽然也能进行生产，但个别企业的产量较小，由此难以利用规模的经济性，通过企业合并（我国反垄断法条文所使用的是"集中"）壮大了经济规模，也是实现规模经济的一种合理选择，并为规模经济提供基础条件。集中后企业的成本条件优于集中前的企业，此时，企业集中减少了企业数目，但福利水平得到了改善。企业集中是资本积累规律作用的结果。企业集中虽然不是开发技术的充分条件，但为开发技术提供了基本物质条件，因为企业集中使得承担风险的能力增大。西方大企业不依赖企业集中而通过自我创新提高竞争力的示例实属凤毛麟角。经济学上的"马歇尔困境"首先肯定经济规模，至于经济规模之上的垄断"困境"需要结合市场和企业的主要活动范围来考察。在现代经济条件下，马歇尔所谓的"困境"虽没有完全消失，但市场的拓展使"困境"在很大程度上实现了解困。经济全球化使越来越多国家的法律有意地放任企业集中，尤其是新加入全球竞争行列的发展中国家，因为它们的企业相对弱小。一般而言，企业创新和企业规模是呈正相关关系。所以，进一步推进大公司战略，增强我国产业集群竞争力和自主创新能力是我国竞争行业的企业面临的紧迫任务。在共同完成这一任务的诸多法律中，反垄断法通过科学地划定垄断与非垄断的分界线，引导并警示企业集中。

2. 产品（包括服务）标准的创新。保护生态环境和自然环境，追求可持续发展已经成为我国经济发展的战略目标。严格并不断升级的产业标准会促发厂商提高产品或服务的竞争力。美国人长期关注污染防治工作，使得美国在污染防治设备和服务方面的出口竞争力很强。历史上，当德国、瑞典、丹麦等国的一些产业如化工等在环境质量方面超越美国时，它们的企业在该领域的国际市场竞争优势明显显现。在一个国家的产业规范不能合理调节经济结构时，这类产业规范就会伤害产业的竞争优势。原因是它们会延缓创新速度，或引导本国企业走向错误的创新发展方向。而一味地根据本国特色制定足以保障本国产业的产业规格，也将使得产业只能在国内享有竞争优势。[1] 企业创新建立在开放式标准之上，所以应该鼓励企业创新标准和进行标准认证。国外企业不断更新的标准和标准化合法化地限制了我国企业的进入国外市场乃至在国外相关市场的竞争机会，国内企业标准化建设相对落后，无法适应和跟上国际标准化趋势。这种落后的被动局面已经显现出来。一些产品没有建立标准体系，出口屡屡受到外国的抵制。例如，我国农业生产标准长期不健全，影响了农业生产的规范化，阻碍了农业生产与国际接轨。另外，我国已有的产品标准许多还停留在国内标准基础上，不吸纳相应的国际标准，产品市场只能依托国内市场，在同类国外产品纷纷进入的情况下，低标准产品注定要淡出市场。再有，已有的标准实行国家统一分级对口管理，标准单一，标准化的目标全部集中于安全和公众健康上，完善的标准化目标应包括安全、公众健康基本目标和创新引导目标。为此，有人提出，变革我国当前标准化管理体制，从由国家主导转向行业协会主导。[2] 这一建议的合理性在于其关注到了建立竞争性的多元标准体制，"如果在一项产品上的标准是多元的，而且标准的制定及认证又是开放性的，那么这一标准便可容纳各种各样的产品，从而降低了标准对革新的阻碍作用。"[3] 竞争和创新要求标准化需具备更加开放的性格，仅仅满足于"合格"的产品必将被以创新为竞争特征的全球化市场淘汰。

基于开放标准的要求，标准化法和反垄断法之间的依赖关系便产生了。多元标准制度同其他任何制度一样，其两面性同时存在。控制弊端、发挥优势是制度产生和制度维持的基本前提。反垄断法可以防止多元化标准滥用，进而防止限制竞争行为，保障多元化标准制度的可行性。反垄断法对利用标准限制竞争的规制主要体现在禁止以标准化的名义实行价格联盟、以标准化为由进行联合抵制等。如果某创新产品的生产需要其他创新设备与之相适应，在其他设备未开发出来之前，该创新产品的垄断经营不应认定为反垄断法上

---

〔1〕 ［美］迈克尔·波特：《国家竞争优势》，李明轩、邱如美译，华夏出版社 2002 年版，第 531~532 页。

〔2〕 鲁篱："标准化与反垄断问题研究"，载《中国法学》2003 年第 1 期。

〔3〕 鲁篱："标准化与反垄断问题研究"，载《中国法学》2003 年第 1 期。

的垄断。即如果企业不断投资，推出新产品带动创新与提高生产率时，即使因此造成其他竞争者丧失市场占有率，也不应该对其予以禁止。美国柯达公司开发出一种新胶卷，这种胶卷只能用柯达公司自己制造的设备才能冲印，柯达冲印化学试剂是保密的，这造成胶卷生产和冲洗上下游一体化。柯达公司一再被业内控告，认为它推出的新产品不利于新竞争者的建立和发展，但法院未判定柯达公司的行为性质为反竞争行为。

3. 国家援助的反垄断审查制度。国家援助，是指由国家权力机构以特殊的程序通过转移财产、提供信息获取权等来保障特定经营者比其他市场参与主体（潜在的市场主体）具有更优惠的在相关市场活动的条件。将国家援助纳入反垄断法是产业政策和竞争政策关系协调中地位转换的标志，即确立了竞争政策的优位地位，且产业政策服从和服务于竞争政策。

处于转型国家的俄罗斯明显经历了这一过程。其1991年竞争法中并没有规定国家援助，而2006年修订的《竞争保护法》单独设立一章来规定此问题。使用的名称是国家特惠和市政特惠，这即理论上的国家援助或市政援助。

国家援助所涉及的核心问题主要包括以下几个：①如何理解国家援助，它是一种什么样性质的活动？②什么条件下，为谁提供援助？③提供国家援助的程序是什么？④违反提供国家援助程序的后果什么？

（1）国家援助的特点。在主体上，一方的主体是国家的代表即国家的政府机构，包括最高国家权力机构、地方政府机构。另一方主体是经营者，可能是特定经营者，也可能一个产业或行业的所有经营者。

在客体上，援助的客体是可流转的财产和民事客体、无形财产权，包括（由政府提供的）土地、房屋、设施、设备、器材、产品等，以及资金、有价证券、资产权益、服务、信息、知识产权、优先获得信息的权利等。

提供国家援助在程序上的特点是不经过公开竞争程序（招投标）向企业提供财产或权利。

在结果上，获得国家援助的特定经营者比和其他市场参与主体（潜在的市场主体）具有更优惠的在相关市场活动的条件。其本质上应当属于权力滥用导致的阻碍、限制竞争。

实施国家援助的前提，是认为市场本身具有某些自身无法克服的缺陷。现代各国几乎都承认，国家不是国民经济外部的一个主体，而是国民经济发展中的一个内在的变量。在这个前提下，各个国家都存在对一些特定的行业或产业给予特殊政策的措施，只是由于各国发展的经济状况、历史原因等不同，致使国家之手触及的范围、深度有所不同。国家援助具有双重性：从积极的方面而言，通过国家援助可能打破某一行业的垄断并促进行业的发展，尤其是朝阳性的行业和产业；但就消极的方面而言，因为国家之手介入到经济关系中会产生限制竞争的问题。

并不是所有的国家在反垄断法中都规定了国家援助制度，甚至大部分国家都没有在反垄断法中规定这个制度。这或许是由两个主要原因导致的：一个原因是唯名论决定的名实不符问题，另一个原因是唯实论中产生的与产业政策制度的关系。

一般而言，反垄断法由于名称上有"反"字，在立法技术上大多都是从否定的方面来禁止或限制有关行为，从主体上关注的重点是经营者而不是国家。这种倾向性的关注视角使得国家援助问题被淹没了。所以，如德国《反限制竞争法》、日本《禁止垄断法》等都无此类规范。但是，如欧盟法、俄罗斯法等，在名称上使用的是中性的概念——竞争法、竞争保护法。在这个名称下，即可容纳从消极方面入手来禁止某些行为的方法，也可以包含从积极方面来促进竞争的手段。国家援助问题之所以可以放到俄罗斯《竞争保护法》中，其指向在于，通过严格规范限制国家援助的范围，设置相应严格的程序来控制并尽量削减国家之手对竞争的危害，从而促进竞争的发展。从技术角度说，在保护竞争的前提下，国家援助属于被禁止的行为的例外，但其是政府行为的例外，不是经营者行为的例外。

（2）与竞争政策的协调。国家援助和国家的产业政策有紧密的关系，两者都是以国家为主体介入经济关系，都可能对市场竞争形成制约。一些没有在反垄断法中列举国家援助的，此问题就被置于产业政策（法）上统合地解决了。但实际上，产业政策和国家援助所关注问题的角度和实施的手段是有很大区别的。产业政策更多的是从扶持整个产业发展的角度来提供国家的支持，其手段具有多样性。置于竞争保护法中的国家援助，因总体上受到不能危害竞争或促进竞争这个外部条件的约束，政策的指向在于保护竞争环境，防止设置歧视性条件危害竞争，允许使用的手段范围相对较窄。国家税收优惠、国家投资、国家借贷等手段都不属于国家援助。通常而言，国家援助所给予的优惠所涉及的主体是宽泛的某一类，如中小企业，此类行为大多都是合法的。如果国家援助的受惠者是个别企业，该行为往往是违法的。

（3）协调的方法。比较欧盟法和俄罗斯法上的国家援助，两者并不完全相同。按照《欧盟职能条约》第107条第1款的规定，"除与本条约相反的规定外，国家给予或者利用国家财力给予的援助，不论方式如何，优惠某些企业或某些生产部门，以至于破坏竞争或对竞争产生威胁，从而对成员国间的贸易有不利影响时，则被视为与内部市场相抵触"。这是从禁止的方面（反方向）进行规定的，俄罗斯《竞争保护法》主要是从允许的方面（正方向）予以规定。另外，在手段上，欧盟法院从更宽泛的角度来解释"优惠"这个概念，包括给予特定企业或普遍性地给予某类企业以任何的优惠待遇，这样的话，税收、国家补贴等都纳入国家援助的范畴。但在俄罗斯法上，强调的受惠对象是个别企业，另外，这些财产决定权不属于联邦权力执行机构、联邦主体权力机构等机构部门。在税法上，不能制定只针对个别企业的优惠税收政策。这些因素决定了税收、国家补贴等不属于国家援助的范畴。

在性质上，国家援助属于国家义务的范畴。为了避免经济发展的大起大落，国家开始从强调经济安全和社会安全的角度关注政治安全。20世纪30年代，"福利国家"的兴起，标志着国家集体的责任有了新变化。政府有义务保证公民享有最低标准的收入、营养、健康、教育、住房、就业机会。这些保障是以法律形式而不是采取慈善的形式确定下来，并成为政府的职责。在具体的制度实施中，国家需要以国库的财产承担一定的经济法律义务，如在社会保险费的支付中国家"出大头"、免费义务教育、对失业者实行普遍社会救济等。

随着经济垄断化的发展，要求立法反映"社会公共利益""社会福利""社会经济的健全稳定发展""社会责任""社会经济秩序"等价值，同时也要防止国家动用财产手段破坏竞争环境。国家需要为经济稳定发展创造积极的外部条件：投资于作为经济发展基础的公共产业；建立和维护竞争制度等。所以，国家援助的难点在于，如何防止政府履行国家义务的时候滥用权力。

从欧盟和俄罗斯立法上看，在程序上，国家给予的资源，需要经过特殊的反垄断程序审查，以避免阻碍限制竞争。另外，允许的国家援助范围以正面形式加以列举。例如，按照《竞争保护法》第 19 条的规定，国家援助只能用于下述目的：①保障极北地区及邻近地区居民的正常生活需要；②发展教育和科学；③进行科学研究；④保护环境；⑤保护、利用、宣传和保护俄罗斯联邦各族人民文化遗产设施（历史和文化遗迹）；⑥发展文化、艺术和保护文物；⑦发展体育和运动；⑧保障国防和国家安全；等等。

目前，我国反垄断法上并未规定国家援助制度，财政资金的使用主要是从财经管理规范的角度进行监督，而不是从对市场造成的竞争性危害的角度加以考虑。正在推行的公平竞争审查制度力图弥补这一缺陷，但限于我国一直以来产业政策的强势地位，不论从观念上，还是实际做法上，实施公平竞争审查制度还有很长的路要走。

二维码

第十九章　拓展阅读

第二十章

基本调控手段及其法律体系

第一节 财政手段及法律体系

财政，又称国家财政、公共经济、政府经济，是为满足国家（政府）实现其职能的需要而进行的以国家（政府）为主体的收支活动及其所体现的分配关系。

一、财政法的地位和体系

财政是政治与经济的结合点，它为政府实现其职能提供财力，是一种政府的经济行为，同时也反映政府活动的范围。财政在经济上属于分配范畴，此处的"分配"应作广义理解，既包括生产要素的分配，即资源配置，也包括生产成果的分配，即收入分配。同时，在现代市场经济条件下，财政还作为一种经济机制存在，调节着资源配置和收入分配，弥补市场机制的失灵和缺陷。换言之，财政是政府从事资源配置和收入分配的收支活动，通过收支活动调节社会总需求和社会总供给并使它们相协调，达到资源优化配置、公平分配以及经济稳定和发展的目标。[1]

（一）财政的宏观经济调控功能

财政的宏观经济调控职能，是指通过财政的收支活动对国民经济状况进行引导、调节和控制，实现国家宏观经济调控目标。宏观经济调控的目标包括充分就业、物价稳定、经济增长和国际收支平衡等。

一般来说，宏观经济调控的目标集中体现为社会总供给和社会总需求的大体平衡，因为如果社会总供给和社会总需求大体平衡，上述四个目标将不难实现。通过"相机抉择"的财政政策的运用，[2] 可以调节供求平衡。当供大于求时，财政可以实行适度放松的财政政策，增加支出和减少税收，由此扩大总需求；当供不应求时，财政又可实行适度紧缩的财政政策，减少支出和增加税收，由此扩大总供给。当宏观经济过热时采取消极的财政政策，减少政府支出，增加税收；当经济萧条时采取积极的财政政策，增加政府购买，

---

〔1〕 陈共主编：《财政学》，中国人民大学出版社2002年版，第30页。
〔2〕 此处指根据不断变化的经济形势而灵活地选择财政、货币、税收等方法。

减少税收。

另外，财政通过投资、补贴和税收等多方面安排，能够加快农业、能源、交通、通信等公共设施的发展，消除经济发展中的瓶颈，加快产业结构转换，保证国民经济稳定和高速增长相结合。

社会的发展不仅表现为经济的发展，它是通过物质生产的不断增长来满足人们不断增长的基本需要。对广大发展中国家来说，社会发展还包括消除贫困、失业、文盲、疾病、环境污染和收入分配不公平等现象，财政通过安排支出可为实现社会发展提供财力。

财政作为宏观调控手段，其发挥的功能表现如下：

第一，资源配置职能。资源配置是运用有限的资源形成一定的资产结构、产业结构以及技术结构和地区结构，从而达到优化资源结构的目标。在市场经济条件下，市场对资源的配置起基础性作用，但由于市场调节存在失灵和缺陷，市场的自发配置无法实现最优的效率结构。财政的资源配置职能是由政府介入或干预产生的，财政通过收支活动为政府提供公共物品，同时引导资源的流向，弥补市场的失灵和缺陷，最终实现全社会资源配置的最优效率状态。

财政配置资源的手段主要包括：通过政府投资、税收和补贴等，调节社会投资方向；合理安排政府投资的规模和结构，保证国家的重点建设，从而促进产业结构调整，这对于发展中国家有着至关重要的作用；优化财政支出结构，其中购买性支出所占比例表明了财政配置功能的大小。

第二，收入分配职能。财政的收入分配职能，是指财政通过收支活动，对由市场机制条件下形成的收入分配进行再分配，实现公平分配。公平分配包括经济公平和社会公平两个层次。经济公平是市场经济的内在要求，强调要素收入和要素投入相对称，即各种要素收入首先以要素投入为依据。经济公平是由市场价格形成的要素分配，并通过在平等竞争环境下的等价交换实现。我国明确实行按劳分配和按生产要素分配相结合的分配原则，这是GDP的起始分配原则，其是效率的，也是公平的。但在市场经济条件下，由于各经济主体和个人所提供的生产要素不同、资源稀缺程度不同以及各种非竞争因素的干扰，各经济主体和个人获得的收入会有比较大的差距，甚至同要素及劳动投入不相对称，收入的过分悬殊将涉及社会公平问题。对此，社会公平则要求将收入差距维持在现阶段社会各阶层居民所能接受的合理范围内。

（二）财政手段调控的特点

财政发挥宏观经济调控职能的特点是公共性和收入与支出的对称性（或平衡性）。

公共性是基于财政与国家或政府的关系而产生的。国家是以统治阶级为主导的社会关系，政府则是执行统治阶级意志的权力机构，而财政作为国家或政府的经济行为，必然具有阶级性。正如恩格斯所说，统治阶级的政治统治是以执行某种社会职能为基础的，而且只有它执行了这种社会职能才能持续下去。国家或政府本身就具有公共性，而财政正是为国家实现其各方面职能包括社会职能等提供财力，故而其天然地具有公共性。

财政的运行过程有收有支，收入与支出是财政运行过程中相互制约的两方，收支是否对称或平衡构成财政运行的主要矛盾。收大于支意味着结余，但如果常年形成大量结余又说明财政资金利用不充分；支大于收意味着出现赤字，运用得当则可以促进经济发展，但若连年不断地形成大量赤字，则说明财政运行失控，甚至最终会导致通货膨胀。因此，围绕收支平衡这个轴心，保证税收等其他收入及时、足额入库，合理安排支出规模和结构，充分实现财政资金的使用效益，就成为财政运行的主线。

很长一段时期以来，我国宏观调控都是以积极的财政政策为主，其他方式为辅。在新时代国内环境和国际环境的变化，过去实行的主要依靠资源等要素投入推动经济增长和规模扩张的粗放型发展方式是不可持续的。需要加快从要素驱动、投资规模驱动发展为主向以创新驱动发展为主转变。[1]

（三）财政法的地位和体系

大陆法系有对法律作公法、私法划分的传统，而且常以"法律规范——法律部门——法律体系"的模式将某一法律归入某一法律部门，以此来确定该法律在法律体系中的地位，对财政法地位的认识亦然。有的观点认为财政法是与民法、经济法处于同一层次的独立法律部门，有的观点认为是行政法的组成部分，有的观点认为是经济法的组成部门等。

财政法的具体地位如何应当由其自身的性质决定，对其性质的认定主要应看其调整对象和调整方法。但有许多法律，从不同角度出发，其可以列入不同的法律部门，在此情况下，就应考虑根据其主导的因素定其归属。[2]

从财政法调整对象的性质来看，具有多重属性。"有许多法律，从不同角度出发可以列入不同的法律部门，在此情况下，就应考虑根据其主导的因素定其归属"。[3] 首先，财政法调整以国家为主体的财政收支活动，具有公法性质。其次，如上所述，财政法调整财政权限关系和财政收支活动关系，且以后者为主要方面。财政权限关系是国家机关之间的关系，不仅有行政法的特征，部分内容还涉及宪法问题。而财政收支活动是国家和公民、法人以及其他组织等不平等主体之间的关系，具有隶属性和命令服从性，应当说财政行政的色彩较为浓厚，但是其所涉及的经济关系才是更为本质与重要的内容，它不是主要规范行政权行使的行政法所能涵盖的调整范围，而且作为财政收支的手段、规模与结构常与国家宏观调控紧密相连，这也是政府参与经济的重要方式，这些都属于经济法的范畴。

财政法的体系是指由不同的财政法部门组成的有机联系的整体，包括财

---

〔1〕《习近平谈治国理政》（第1卷），外文出版社2018年版，第120页。

〔2〕沈宗灵主编：《法理学》，高等教育出版社1994年版，第330页。

〔3〕沈宗灵主编：《法理学》，高等教育出版社1994年版，第330页。

政基本法、财政收支划分法、预算法、国债法、财政支出法、财政收入法和财政监督法。

二、预算及财政转移支付手段及其法律体系

财政权的分配即财政管理体制。财政管理体制有广义和狭义之分，广义的财政管理体制包括预算管理体制、税收管理体制等方面的内容，狭义的财政管理体制仅指预算管理体制。在当前体制下，财政管理体制主要解决财政权的纵向分配问题，即主要采狭义的理解。具体而言，财政管理体制是指国家在中央和地方、地方各级政府之间划分财政收支范围和管理权限的一项根本制度。它与一国的政治体制以及由本国国情决定的集权和分权关系紧密相连，是政治与经济结合的最明显的表现。

（一）预算手段

预算，又称国家预算、政府预算或财政预算，简言之就是政府的基本财政支出计划。它的功能首先是反映政府的活动范围和公共收支状况。从形式上看，预算就是按一定的标准将财政收入和支出分门别类地列入特定的表格中，成为反映政府活动的一面镜子。

1. 预算的种类。我国《预算法》明确规定，国家实行一级政府一级预算。

（1）按照层级分类。我国的预算，根据国家政权结构和行政区划的不同，分为中央预算、地方预算、地方各级总预算、地方各级政府预算、各部门预算和单位预算。

中央预算，即中央政府预算，由中央各部门（含直属单位）的预算组成，还包括地方向中央上缴的收入数额和中央对地方返还或补助的数额。

地方预算由各省、自治区、直辖市的总预算组成。

地方各级总预算由本级政府预算和汇总的下一级总预算组成，下一级只有本级预算的，下一级总预算即指下一级的本级预算；没有下一级预算的，总预算即指本级预算。

地方各级政府预算由本级各部门（含直属单位）的预算组成。

各部门预算由本部门所属各单位预算组成。

单位预算是指列入部门预算的国家机关、社会团体和其他单位的收支预算。

（2）按照内容分类。按照预算收入来源和支出方向的不同，预算分为一般公共预算、政府性基金预算、国有资本经营预算、社会保险基金预算。

一般公共预算是对以税收为主体的财政收入，安排用于保障和改善民生、推动经济社会发展、维护国家安全、维持国家机构正常运转等方面的收支预算。中央一般公共预算包括中央各部门（含直属单位，下同）的预算和中央对地方的税收返还、转移支付预算。

政府性基金预算是对依照法律、行政法规的规定，在一定期限内向特定

对象征收、收取或者以其他方式筹集的资金，专项用于特定公共事业发展的收支预算。政府性基金预算应当根据基金项目收入情况和实际支出需要，按照基金项目编制，做到以收定支。

国有资本经营预算是对国有资本收益作出支出安排的收支预算。国有资本经营预算应当按照收支平衡的原则编制，不列赤字，并安排资金调入一般公共预算。

社会保险基金预算是对社会保险缴款、一般公共预算安排和其他方式筹集的资金，专项用于社会保险的收支预算。社会保险基金预算应当按照统筹层次和社会保险项目分别编制，做到收支平衡。

一般公共预算、政府性基金预算、国有资本经营预算、社会保险基金预算应当保持完整、独立。政府性基金预算、国有资本经营预算、社会保险基金预算应当与一般公共预算相衔接。

2. 预算的编制。预算的编制，就是制订预算收入和预算支出的年度计划，是整个预算工作程序的开始。从其实际经济内容来看，预算的编制是政府对财政收支的安排，预算的执行是财政收支的筹集和使用过程，而决算则是预算执行的总结，所以预算反映着政府活动的范围、方向和国家政策。同时，预算要经过国家权力机关的审批才能生效，因而又是国家重要的立法文件，体现国家权力机关和全体公民对政府活动的制约与监督。

预算必须按年度编制，反映全年的财政收支活动，同时不允许将不属于本年度财政收支的内容列入本年度的国家预算中。世界各国普遍采用两种预算年度，即历年制预算年度和跨年制预算年度。这一点不同于计划和产业政策所着眼的目标。

我国预算按照平衡性原则编制，中央政府公共预算不列赤字，可以通过举借国内和国外债务等方式来筹措必需的建设投资资金，但是借债应当有合理的规模和结构。地方各级预算按照量入为出、收支平衡的原则编制，不列赤字。除法律和国务院另有规定外，地方政府不得发行地方政府债券。预算编制采取复式预算形式，由经常性预算和建设性预算组成。

预算的调控作用是通过预算的级次设置和预算的制定与执行发挥的。国务院每年及时下达关于编制下一年度预算草案的指示，具体事项由财政部门部署。各级政府财政部门负责编制本级政府预算草案，汇编本级总预算草案，经本级政府审定后按照规定期限报上一级政府。各级政府财政部门应当在每年本级人民代表大会会议举行的1个月前，将本级预算草案的主要内容提交本级人民代表大会的专门委员会或常委会进行初步审查。

预算草案经审查和批准后方能生效。预算批准后，各级政府应当及时将经本级人民代表大会批准的本级预算及下一级政府报送备案的预算汇总，报上一级政府备案；同时各级政府财政部门应当及时向本级政府各部门批复预算。

3. 预算的实施。预算一经批准就进入具体实施阶段。《预算法》规定，各级预算由本级政府组织执行，具体工作由本级政府财政部门负责。

各级财政、税务和海关等预算收入征收部门，必须依照法律、行政法规的规定，及时、足额地征收应征的预算收入，不得违反法律、行政法规的规定，擅自减征、免征或者缓征应征的预算收入，不得截留、占用或者挪用预算收入。有预算收入上缴任务的部门和单位，必须依照法律、行政法规和国务院财政部门的规定，将应当上缴的预算资金及时、足额地上缴国家金库。

（二）财政转移支付方式

转移支付是指政府为实现其特定的政策目标，通过一定的渠道将一部分社会资源无偿地从一个或几个群体转移给另一个或几个群体，直接表现为财政资金无偿的、单方面的转移，包括养老金、补贴、债务利息、对外援助等的支出。

在转移支出中政府付出了资金，但未得到任何社会资源，只是通过政府的支出过程实现社会资源在不同成员之间的再分配，政府只是充当中介人的作用。它对国民收入分配的影响是直接的，也会间接地影响生产、就业、总需求（补贴因与商品相对价格的密切联系会直接影响资源配置）。在政府支出总额中，若转移支出所占比重较大，说明财政活动对收入分配影响较大，反映政府调节收入分配的职能较强。

1. 财政转移支付的种类。根据转移支付的对象不同，可以将其大致分为政府对居民或企业的转移支付和政府间的转移支付两类。

在政府对居民或企业的转移支付中，有些是出于对基本生存权的保障，保护低收入者和弱势阶层，有些是保护因政府价格管制而近乎不能盈利的公益事业部门，具体主要包括社会保障支出和财政补贴支出。

在国家预算中，财政补贴按政策目的不同可分为价格补贴、企业亏损补贴、出口补贴、财政贴息和税收支出等。财政补贴的对象、数额以及期限都是依据一定时期内国家政策的需要而制定，而国家政策会随着形势变化而变化。财政补贴主要通过加强预算控制来加以规范，在加入 WTO 以后，财政补贴还要遵守 WTO 有关补贴与反补贴的相关协议。

在我国，转移支付主要指政府间的转移支付，因为社会保障的重要组成部分即社会保险，目前尚未纳入财政范畴，1995 年制定并经多次修订的《过渡期财政转移支付办法》中的转移支付也是指政府间的转移支付，而且主要限于中央对地方（省、自治区、直辖市）政府的转移支付。此处主要介绍政府间的转移支付。

政府间的转移支付是一种资金在各级政府间无偿转移的财政平衡制度。它是以各级政府之间存在财政能力的差异为基础，以实现各地公共服务水平的均等化为主旨，实质上是财政资金在各级政府之间的再分配。

政府间的转移支付包括财政资金在上下级政府间的纵向流动（上缴或下拨）和同一级次的不同政府间的横向流动。从各国实践来看，由于中央财政集中了全国大部分财力，而地方政府承担了大部分消耗性支出，所以纵向转移支付一般只体现为上级政府将财政收入转移给下级政府，这也是各国转移支付制度的主要内容。但在我国由于受传统计划经济下的财政体制的影响，纵向转移支付还包括地方收入上缴中央的这种下级政府对上级政府的转移支付。

政府间转移支付的存在理由主要包括如下几个方面：[1]

（1）政府间纵向财政不平衡。在分级分税制的财政体制下，划分各级政府间财政收支的标准不一致，会导致中央政府的财源大于其支出需求，而地方政府的自有收入无法满足其支出需求。因此，需用政府间的转移支付来平衡中央政府和地方政府的预算，弥补纵向财政缺口。

（2）政府间横向财政不平衡。在一国之内的不同地区，由于自然资源、地理位置、人口密集程度、经济发展水平等方面的不同，各地税基和可征税潜力会有很大差异，在财政上就表现为发达地区的财政收入充裕，而落后地区财政拮据。而与此同时，落后地区在社会福利、基础设施建设等方面有更大的支出需求，这两方面的结合必然导致各地政府间的财政净利益有很大差距。因此需要通过中央政府采取转移支付或是横向转移支付的方式来平衡地区差异，保证落后地区的财政能达到最低公共服务标准。

（3）解决"辖区间外溢"。地方财政活动中的效益和成本完全对应，是保证财政分权机制下资源有效配置的前提。但是，政府的一些项目和活动不可避免地带来效益外溢或成本外溢，使得政府的决策被扭曲。实行转移支付，可以适当调节具有外部性的公共产品的供给，以实现资源优化配置。

另外，中央政府出于使地方政府支出符合中央目标、稳定经济以及其他目的也会自觉利用转移支付手段。

2. 政府间转移支付的方式。政府间转移支付可以采取多种方式，大致可分为两种：无条件拨款（general grants）和有条件拨款（specific grants）。

无条件拨款既不要求地方拿出配套资金，也不规定资金的用途，对地方来说这是一笔净收入，可根据本地实际加以灵活运用。中央政府向地方无条件拨款的最主要目的是解决横向和纵向的财政不平衡，即保证地方政府能平衡预算，同时缓解地区间财政能力的差异，保证每个地区能提供基本水平的公共服务。

有条件拨款，也称专项拨款，地方政府必须按照中央政府对拨款资金所指定的用途使用这些资金，即专款专用。这种拨款虽增加了地方财力，但主要还是用来执行中央政府的政策和意图，主要用于具有正外部性的项目上。有条件拨款又可分为非配套拨款、不封顶的配套拨款和封顶的配套拨款等类型。

从各国实践来看，中央政府对地方政府的转移支付形式主要有三种类型：第一种类型是以美国为代表的补助金制度，美国联邦对州和地方政府的转移

〔1〕 丛树海主编：《财政支出学》，中国人民大学出版社2002年版，第355~357页。

支付的绝大部分是有条件拨款，最常用的是有条件的封顶的配套拨款，联邦政府的拨款主要用于卫生、社会保障、教育和交通四个方面。[1] 第二种类型是德国的财政平衡法，其分为纵向平衡和横向平衡，前者是联邦政府对州政府的转移支付，通过调整与地方对增值税的分成比例来调节各州财政，各州享受的分成比例有差异；后者是州际平衡，富州应专门上缴一部分收入，以补助穷州。第三种类型是日本的税收返还制度，转移支付主要包括地方交付税、地方让与税和国库补助金，地方交付税是国税中某些税种的收入按一定比例拨给地方，用以平衡各地方预算；地方让与税共有五种，由中央统一征收，按一定比例拨给地方，专用于航空交通；国库补助金是专项拨款。

三、国债及其法律体系

（一）国债的定位

国债也是一个特殊的财政范畴。国债本身是作为弥补公共收支差额的资金来源而产生的，这也是国债最原始和最基本的功能，其实质是将不属于国家支配的资金在一定时期内让渡给国家使用，即资金使用权的暂时转移。政府也可以通过增加税收和增发通货来弥补财政赤字，但前者因立法程序复杂而无法在短期内筹得大量资金，而且会在政治和经济上遭到强烈反对；后者会导致无度通货膨胀，平时更只能作有限运用。相比而言，发行国债可以迅速灵活地弥补财政赤字，且一般不会影响经济发展。

在西方国家，政府许多的资本性支出都是以发行国债作为财源的。日本发行的国债分为赤字国债（公债）和建设国债（公债），前者用于弥补经常性公共支出的不足，只在支出年度受益；后者用于公共设施的建设，形成有益于当前和长远的社会资本。国债是对 GDP 的再分配，反映了社会资源的重新配置，是财政调节的一种重要手段。这部分财力用于生产建设，将扩大社会的积累规模；用于消费，则扩大社会的消费规模；用于弥补财政赤字，就是政府平衡社会总供给和社会总需求关系的过程；短期国债可以调节季节性资金余缺，而且可作为中央银行进行公开市场操作的重要手段。

（二）发行国债的作用

发行国债是现代各国政府进行宏观经济调控的重要手段。国情不同，发行国债的范围亦不同，我国发行国债的基本原因为：弥补财政赤字、筹集建设资金。在美国发行国债的基本原因为：军费筹集、应对经济危机、到期债券的偿还、季节性资金调剂、为联邦所属机构提供资金。尽管如此，国债因其具有的调节国民经济运行的功能，成为现代各国政府都十分重视的一项政策工具。

具体而言，国债在国民经济中的作用有积极和消极两个方面。

---

[1] 马骏：《论转移支付——政府间财政转移支付的国际经验及对中国的借鉴意义》，中国财政经济出版社 1998 年版，第 14 页。

积极作用表现在：国债是政府干预和调节经济的重要杠杆。国家干预和调节经济的功能主要适用于国民经济运行不平稳时期，即经济萧条或经济过热是经济不平稳的两极现象。在经济萧条时期，政府的干预和调节机制体现在两个方面：一是刺激消费；二是刺激投资。刺激消费和投资的措施是通过扩大政府支出和减税措施实现的，发行国债是政府增资的有效手段。现代各国更直观地运用国债解决社会反响极大的失业问题，并收到了很好的效果。1935年罗斯福"新政"时期成立的发展工程管理局通过举债兴办各种工程，为大约380万人带来了就业机会。在战后，这一措施得到了更为广泛和经常的运用。在经济过热时期，国债也有用武之地，政府可以发行带有储蓄性的国债吸收部分社会购买力。

（三）国债调节作用的机理

国债发挥政府干预和调节经济的作用的机理在于调节社会货币供应量，其发挥作用的环节重点在债券的种类、期限和债券的买卖上。债券调节功能发挥较好的美国，在经济危机时期，政府增加短期债券在整个债务中的比例，增加债券的流动性。在通货膨胀时期，政府则增加长期债券在整个债务中的比例，降低债券的流动性。另外，政府在公开市场业务中，利用买进或卖出债券调节货币存量。买进债券的调节功能和过程为：买进债券→准备金增加→货币和信贷供给扩大→利率下降→总需求扩大。卖出债券的调节功能与此相反。

国债对经济也存在消极作用，长期发行国债会持续增加货币供应量，有发生通货膨胀的危险。国债发行的过程也是国债货币化的过程，在相对社会财富不变的情况下，就潜伏着通货膨胀的危险。同时，国债的流通性也会在出现通货膨胀迹象时起推波助澜的作用，因此，从这个意义上讲，有学者将国债称为"购买力助燃的干木柴"。国债对经济的消极作用还可以体现为：对私人投资的"挤出效应"，以及长期发行国债的"国债依赖"等。

四、政府采购及其法律制度

政府采购，也称公共采购，是指各级政府及其所属机构为了开展日常的政务活动或为公众提供公共服务的需要，以公开招标、投标为主要方式选择供应商，从国内外市场上为政府部门或所属团体购买商品或服务的一种购买行为。[1]

从各国实行政府采购的情况来看，政府采购的重要作用主要体现在以下几个方面：①有利于提高财政资金的使用效益，节省开支，一般资金节约率为10%左右。按规定方式统一采购，可以降低单位采购成本，实现规模经济效益，同时，政府在公平、公正、公开原则下，引进竞争机制，可以在国内外市场上获得质高价廉的商品和劳务。②有利于发挥政府在国民经济发展中

〔1〕 丛树海主编：《财政支出学》，中国人民大学出版社2002年版，第81~82页。

的宏观调控作用，政府采购的规模和结构会影响资源的流向，这样可以推进保护国内产业、保护环境、扶持不发达地区和中小企业等政策措施的实施。③有利于促进财政预算制度改革，强化财政支出管理。④有效抑制腐败，遏制财政支出过程中的权钱交易和其他腐败行为。[1]

另外，当今国际贸易一体化要求逐步开放政府采购市场，政府采购也成为一项重要的国际贸易政策。

政府采购法是规范政府采购当事人在政府采购政策、采购程序、采购过程和采购管理等活动中所形成的社会关系的法律规范的总称。我国《政府采购法》第3条规定，政府采购应当遵循"公开透明原则、公平竞争原则、公正原则和诚实信用原则"。

政府采购当事人是指在政府采购活动中享有权利和承担义务的各类主体，包括采购人、供应商和采购代理机构等。采购人应当包括使用财政资金、承担提供公共物品责任的各级政府，我国《政府采购法》规定，采购人是依法进行政府采购的国家机关、事业单位和团体组织。国有企业和国有控股企业的采购如果不是使用财政资金进行的采购，则属于其经营自主权的内容，不纳入《政府采购法》的调整范围；采购军事装备和军用物资的有关主体因国家安全的需要也不纳入《政府采购法》规定的采购人的范围，其采购活动由军事法规专门调整。

供应商是指向采购人提供货物、工程或者服务的法人、其他组织和自然人。两个以上的法人、其他组织和自然人可以组成一个联合体参加政府采购，联合体各方共同与采购人签订采购合同，对采购人承担连带责任。一般来说，为保障政府采购项目质量，法律会对供应商设定一些基本条件，如有良好的商业信誉和健全的财务会计制度、有依法缴纳税收和社会保障资金的良好记录以及具备履行合同必需的设备、技术条件等。另外，采购人也可根据采购项目的特殊要求，设定供应商的特定条件，但不得以不合理条件对供应商实行差别或歧视待遇。

采购代理机构一般出现在集中采购中，即根据采购人的委托办理采购事宜的集中采购机构。在我国，依集中采购的不同，采购代理机构可分为综合集中采购机构和部门集中采购机构。采购代理机构不得与行政机关存在隶属关系或其他利益关系，政府采购监督管理部门不得设置采购代理机构。《政府采购法》规定，综合集中采购机构为非营利事业法人。采购代理机构应当按采购价格低于市场平均价格、采购效率更高、质量优良和服务良好的要求进行采购活动。

WTO《政府采购协议》规定，政府采购对象包括货物、工程和服务。我国的《政府采购法》对此也作了相同的规定。同时，考虑到我国加入世界贸

---

[1] 姚振炎："关于《中华人民共和国政府采购法（草案）》的说明"，载中国人大网：www.npc.gov.cn.

易组织2年内启动加入WTO《政府采购协议》的谈判，我国政府采购市场如何进行对外开放以及开放程度将依谈判结果而定，因此我国目前是按照未开放政府采购市场的情况来规定对国内产业的保护，规定政府采购应当采购本国的货物、工程和服务。

（一）政府采购的采购模式

我国《政府采购法》第7条规定，政府采购实行集中采购和分散采购相结合。所谓集中采购，是指采购单位对纳入集中采购目录的政府采购项目，必须委托集中采购机构进行的代理采购。分散采购是采购单位对未纳入集中采购目录的政府采购项目自行组织的采购，或委托集中采购机构在委托范围内进行的代理采购。

其中，集中采购分为两类，即综合集中采购和部门集中采购。凡纳入集中采购目录属于通用的政府采购项目的，应当委托综合集中采购机构进行采购；属于本部门、本系统有特殊要求的项目，应当由部门集中采购机构代理采购。

政府采购模式还有另外一种分类，即统一采购和分类采购。在政府采购规模较大、发展较为完善的国家，如美国，其采用的是分类采购，政府将所需采购的商品和劳务按其性质分为不同的类别，然后再分别以不同的采购程序和方法进行采购和管理。美国联邦政府的采购分为民用部门采购和军事部门采购，前者适用一般性采购法律，由财政部组织，多以公开招标方式进行；后者适用专门的军事采购法规，多以谈判方式进行；州和地方政府采购分为"政府使用""社会福利""市场设施"等几大类别。

（二）政府采购的采购程序

政府采购包括采购决策、确定供应商、签订政府采购合同以及采购项目验收等具体步骤。

政府采购的过程实际上是财政支出的过程，应当加强支出预算对其的控制。我国《政府采购法》规定，负有编制部门预算职责的部门在编制下一财政年度部门预算时，应当将该财政年度部门政府采购的项目及资金预算列出，报本级财政部门汇总，再按本级预算的审批程序进行审批。

确定供应商的具体程序因采购方法的不同而有所不同。在我国，政府采购有如下几种方式：公开招标、邀请招标、竞争性谈判、单一来源采购以及询价等方式。公开招标是政府采购的主要采购方式，只有在符合法律规定的特定情形下才能采用公开招标以外的采购方式，且在采购活动开始前应当获得设区的市、自治州以上的人民政府采购监督管理部门的批准。

对采用公开招标方式进行政府采购的，适用招标投标法。《政府采购法》还对废标的具体情形作了规定：对采用邀请招标方式采购的，应当从符合相应资格条件的供应商中，随机选择3家以上的供应商并向其发出投标邀请书；对采用竞争性谈判方式采购的，应当成立谈判小组，制定谈判文件，确定邀请3家以上的供应商并与之分别谈判，要求其在规定时间内最后报价，按照采购需求、质量和服务相等且报价最低原则确定供应商；对采取单一来源方式采购的，应当保证采购项目质量并由双方商定合理价格；对采取询价方式采购的，应当成立询价小组，其他程序与竞争性谈判方式类似。

采购人与中标人、成交供应商应当在中标、成交通知书发出之日起 30 日内，按采购文件确定的事项签订政府采购合同。

采购人或其委托的采购代理机构应当组织对供应商履约的验收工作，大型或复杂的项目应邀请国家认可的质量监测机构参加验收工作。

采购人、采购代理机构对政府采购项目的每项采购文件都应当妥善保存，保存期限为从采购结束之日起至少保存 15 年。

（三）救济与监督检查

供应商对政府采购活动的事项有疑问的，可向采购人予以询问，采购人应及时作出答复，答复内容不应涉及商业秘密。

供应商认为采购文件、采购过程和中标、成交结果使自己的权益受到损害的，可以在知道或应当知道受到损害之日起 7 个工作日内，以书面形式向采购人提出质疑。采购人应在收到书面质疑之日起 7 个工作日内作出答复，并以书面形式通知发出质疑的供应商和其他有关供应商。若发出质疑的供应商对该答复不满意或采购人未在规定时间给予答复的，可在答复期满 15 个工作日内，向同级政府采购监督管理部门投诉。政府采购监督管理部门应在收到投诉后 30 个工作日内作出处理，若投诉人对处理决定不服或逾期未作处理的，可以申请行政复议或提起行政诉讼。

当采购人委托采购代理机构进行采购时，供应商也可向采购代理机构提出问题和质疑。

各级人民政府财政部门为政府采购监督管理部门。政府采购监督管理部门应当加强对政府采购活动和集中采购机构的监督检查，监督范围包括政府采购人员的素质、采购范围、方式和程序的执行情况以及相关法律、法规和规章的执行情况。

审计机关应当对政府采购监督管理部门以及政府采购各方当事人有关政府采购的活动进行审计监督。

五、固定资产投资法律制度

（一）基本原则

1. 投资总量平衡并保持投资适度增长的原则。投资规模与增长速度合理与否应从国民经济发展的首要目标及参数，如总供求平衡、经济增长率、通货膨胀和部门间发展的协调来加以评判。

2. 投资结构合理的原则。合理的投资结构首先应与我国的资源结构相适应，而且要与需求结构相适应，还应实现产业部门间的关联协调，最后还应符合产业结构的成长规律。

3. 投资布局合理化的原则。投资布局分为区域投资布局和行为投资布局，前者应遵循公平与效率相结合、地区间合理分工与地区内综合发展相结合、集中与分散相结合的原则；而后者应遵循区位指向原则、完全换算费用原则、比较优势原则。

4. 投资项目责任制强化的原则。国有企业法人投资项目责任制要求一切经济性基本建设的大中型项目由具有全部法人财产权的企业法人对策划、筹资、建设直至生产经营、归还贷款本息以及国有资产保值增值的全过程负责。

5. 提高投资效益原则。应当同时注重对投资的经济效益、生态效益、社会效益的考察。社会效益是投资效益的最高标准和最终目的。以上五个原则密切相联，相辅相成，提高投资效益原则为其中的核心原则。

（二）投资主体

投资主体，是指对投资资金拥有所有权或者经营管理权、对投资项目有决策权、对投资所形成的固定资产有收益权，并因此承担投资的法律责任和经济风险的法人和自然人。按照管理的层次不同，投资主体可分为政府投资主体，企业投资主体及个人投资主体。其一，政府投资主体。其中，中央政府投资主体，掌握大中型项目审批权并对国家基本建设基金和银行计划内贷款有绝对支配权，仍是起主导作用的投资主体。即使是中央项目，地方政府也要"拼盘"投入相当比例的资金。在国家宏观管理下，发挥地方政府作为投资主体的作用就是要使它具有一定的融资权。其二，企业投资主体。其必要条件有三：具有投资决策权、融资权和自负盈亏能力与机制。将其归结为一点即企业投资主体应拥有独立的法人财产权，包括投资的实际占有权、使用权、处置权和收益分配权。其三，个人投资主体。国内自然人，凡是符合投资主体要求的，均可参加投资活动。

（三）各类投资主体的投资范围

第一，政府投资主体的投资范围。根据我国国情，政府特别是中央政府的投资领域应包括：①"市场失灵"的投资领域。②适用于大规模区域开发，少数需要巨额投资且建设周期长、收益低的基础产业项目，如基础原材料、能源、农业以及新兴产业、重要科技攻关和推广运用项目的建设。③为加快落后地区经济发展，提高落后地区人民的生活水平从而对落后地区建设进行的扶持和发展。

1993 年 11 月《中共中央关于建立社会主义市场经济体制若干问题的决定》（以下简称《决定》）将投资划分为竞争性项目投资、基础性项目投资与社会公益性项目投资。随着市场经济体制的建立，政府应从竞争性的公益项目中退出，对于非竞争性的基础设施项目和一般道路、大型防洪水利设施和落后地区经营开发，其投资主体仍是政府，但是政府也应从这类项目的具体实施中退出。

第二，企业投资主体的投资范围。根据《决定》，企业可以投资于纯竞争性的项目，如工业（不含能源）、建筑业、商饮、供销及仓储业；房产、公用、服务和咨询业；以及金融、保险和其他行业；还可以投资于科技、文化、教育、卫生、环保和广播电视等领域的竞争性公益项目，以及诸如高速公路等竞争性基础项目。

第三，个人由于其投资规模小，范围较窄，对此不作具体划分，一般从事竞争性项目的投资。

（四）投资决策

第一，决策主体。应当由人民代表大会对政府投资进行决策、监督、审查。具体而言，人民代表大会应下设专门的政府投资审查委员会或在人大财经委中内设一个专门的投资审议机构，由委员会负责该事务。该委员会由经济专家、新闻单位工作人员、法律专家等人员组成。采用公司制的企业法人，其投资决策权归公司的股东会或股东大会以及董事会。

第二，决策层次。竞争性项目投资由企业自主决策，基础性项目由各方参与投资建设，共同决策；社会公益性项目，根据中央与地方权限，由各级政府通过财政统筹安排，报同级人大批准。

第三，关于政府投资计划的决策约束。政府投资计划的核心是投资预算，投资预算由政府提出，经同级人民代表大会审核批准，即具有法律效力，必须执行。

第四，投资审批权。要改革传统的审批制，对于竞争性项目一律实行登记备案制，不再对其进行审批，对垄断性、公益性、基础性项目实行由专家评议的审批制。

第二节 税收手段及法律体系

税收是国家为满足公共需求，实现其职能，按照法律预先规定的标准，强制地、无偿地取得货币或实物的一种参与国民收入的分配和再分配的方式，也是对经济进行宏观调控的一种主要手段。

一、税收手段的特性

税收是国家取得财政收入的最主要来源。因此，重视和发展税收调节经济、调节分配和加强宏观调控的作用至关重要。税收与国家取得财政收入的其他形式相比较，具有下列显著特征：

1. 公共性。税收以筹集满足公共需求的必要资金为目的。国家为满足公共需求，实现其职能，需要庞大数额的资金，其必然要利用税收这一手段来获取，这一目的性，使之区别于规费、罚款等收入。

2. 强制性。税收的强制性是指税收这种分配是以国家的政治权力为直接依据的，而不是以生产资料的所有权为依据的。其具体表现就是国家以法律的形式作出直接规定，由税务、海关等机关代表国家，依照法律赋予的权力强制征收，任何纳税人都必须依法纳税，自觉履行纳税义务，否则就要受到法律制裁。这一特征区将税收别于建立在自愿基础上的国债收入。税收的强制性是国家无偿取得财政收入的可靠保证。

3. 无偿性。税款是国家无偿取得的财政收入。国家没有向纳税人直接返还的义务，也不需要对纳税人付出任何代价。纳税人依法纳税后，财产所有权发生了转移，税款就成为国家的财政收入归国家所有，纳税人也没有直接要求国家偿还的权利。正如列宁所说："所谓赋税，就是国家不付任何报酬而向居民取得东西。"[1] 诚然，我国税收"取之于民，用之于民"，从此意义上讲，纳税人必然同时是国家服务的受益者，但这种受益是建立在间接基础上的，而非一种直接的返还。在这一点上，税收区别于国债收入、依照规定应当上缴的国有资产收益和规费等。

4. 固定性。税收的固定性是指国家通过法律的形式事先规定对何者进行征税以及征税比例或数额。"依法征税，依率计征"是税收固定性的集中表现，即国家税收是按照法律预先规定的征税对象和标准进行征收的。纳税人只要取得了应当纳税的收入，作出了应当纳税的行为或占有了应该纳税资源和财产，就必须按照税法规定的标准纳税，这种规定的标准是相对稳定的，一般不受外界客观因素的影响。[2]

税收的宏观调控职能主要体现在税法的构成要素上。

二、税法的构成要素

税法的构成要素是每一税收制度共同具有的框架，其中的一些要素也是宏观调控的主要工具。

1. 纳税主体，又称纳税人或纳税义务人。纳税主体是指按照税法的规定直接负有纳税义务的法人、其他组织或自然人。需要区别两个相关的概念：一是纳税人和扣缴义务人。就义务而言，二者都是法定义务，但前者是实际负担税款的义务人，即实体上的义务人；后者是负有代为扣税并缴纳税款法定职责之义务人，即程序上的义务人。二是纳税人和负税人。后者是经济学中的概念，强调的是税收的实际负担者。在实际的税收征收关系中，两者可能相同，如个人所得税的纳税人就是实际负税人；有时可能不相同，如增值税。

2. 征税对象，又称征税客体。征税对象是各个税种之间相互区别的根本标志。在我国，按性质的不同，征税对象划分为流转额、所得额、财产、资源及行为五大类，由此形成税收的种类。我国目前有五大税种：流转税、所得税、财产税、资源税和行为税。每一种税中又包含着诸多税的类型。流转税包括增值税、土地增值税、消费税、关税（营业税已经取消）；所得税包括个人所得税和企业所得税；财产税包括房产税、契税、车船使用税；行为税包括车船使用税、印花税、城市维护建设税、固定资产投资方向调节税、屠

---

〔1〕《列宁全集》（第32卷），人民出版社1985年版，第275页。

〔2〕参见何国华、游文丽主编：《经济法》，化学工业出版社2008年版，第11章第2节。

宰税等。基于征税对象不同形成不同的税种，在税种之下又形成不同的税目，如资源税是对我国境内开采特定矿产品和生产盐征收的一种税。

3. 税率。税率是应纳税额占征税对象数额的比例，也是计算应纳税额的尺度。在征税对象既定的前提下，税收调控的力度主要体现在税率上。税收的征纳需要充分考虑财富分配的公平、公正。收入的来源、财产使用的方向、收入的多少等诸多因素都纳入了税率设计之中，所以，国家的税率往往以多种形式表现出来。我国税法规定的税率分为定额税率、比例税率和累进税率。定额税率又称固定税率，是以课税对象的计量单位为基础来规定应纳税额的税率形式，课税对象的计量单位主要有吨、升、平方米、千立方米等。比例税率是对同一课税对象不论数额大小，都按同一比例征税，累进税率还可以分为全额累进税率和超额累进税率。

4. 纳税期限。纳税期限是税法规定的纳税主体向税务机关缴纳税款的具体时间。纳税期限是衡量义务人履行纳税义务的时间尺度。广义上，纳税期限包括申报期限和缴税期限；狭义上，是指后者。

5. 纳税地点。纳税地点是指缴纳税款的场所。纳税地点一般为纳税人的住所地，也可能在义务人的营业地、财产所在地或特定行为发生地。

6. 税收优惠。税收优惠是指税法对某些特定的纳税人或征税对象给予的一种减轻或免除征税的处理方式。减征是对应纳税额少征一部分税收。免征是对应纳税额免除征税。减免税收的常用手段有起征点的确定、减免额的确定和减免条件设置。

7. 税务争议处理。税务争议是指税务机关与税务管理相对人之间因确认或实施税收法律关系而产生的纠纷。解决税务争议主要通过税务行政复议和税务行政诉讼两种方式。按照《税收征收管理法》第 88 条的规定，纳税人、扣缴义务人、纳税担保人同税务机关在纳税上发生争议时，必须先依照税务机关的纳税决定缴纳或者解缴税款及滞纳金或者提供相应的担保，即在税务争议期间，税务机关的决定不停止执行。另外，在争议解决程序上，实行行政前置，即首先应依法申请行政复议；对行政复议决定不服的，可以依法向人民法院起诉。

8. 税收法律责任。税收法律责任是税收法律关系的主体因违反税法所应当承担的法律后果。形式主要有三种：一是经济法律责任，包括补缴税款、加收滞纳金等；二是行政法律责任，包括吊销税务登记证、罚款、税收保全及强制执行等；三是刑事责任，对违法情节严重构成犯罪的，要依法承担刑事责任。

体现宏观调控职能的税法构成要素主要是税种、税率、减税免税。

三、税收管理体制

通过建立不同的征管权来调节社会资金的总体分配，这种制度有利于发挥中央和地方两个积极性。

（一）分税制改革

我国 1993 年 12 月颁布了《国务院关于实行分税制财政管理体制的决定》，据此，开始对各省、自治区、直辖市以及计划单列市实行分税制改革；1996 年财政部下达了《关于完善省以下分税制财政管理体制意见的通知》；2002 年国务院批转了财政部的上述意见。上述三个文件确定了我国分税制财政管理体制的基本原则和内容：按照中央与地方政府、各级地方政府事权的划分，合理确定各级财政的支出范围；根据事权与财权相结合的原则，将税种划分为中央税、地方税和共享税，建立科学的税收体系，分设中央和地方两套税务机构分别予以征管；科学核定地方收支数额，逐步实行规范的中央财政对省以及省、市财政对县、市的财政转移支付制度；建立健全分级预算制度，硬化各级预算约束。

以政治激励为基础的经济发展指标引导政府注重经济"量"的增长而忽略了"含金量"的增加。在中央集权财政体制下的地方政府，事权与财权的非对应性使得利用行政权力牟取利益的激励有所不足。为提高国民经济体系化过程中的中央财政的调控效率，调动地方挖掘资源的潜力，以分税制来激发地方提高财政收入的积极性。于是，地方政府扩张财政目标和企业的逐利目标便自然而然地"契合"在一起了。在权益分配中，限于地方税源的基础是企业开发土地收益和地方企业的经营收益，于是具有强烈的"重商主义"的色彩的土地财政及官商一体化的资源利用便开始偏离公共利益目标，甚至与民众利益直接对立。

（二）社会利益目标的偏离与矫正

分税制并不是中国所独创，政府逐利也不是分税制的必然结果。在我国，由于 GDP 与政绩观的特殊结合，放大了分税制的消极一面。尽管地方官员的激励方式发生过一些变化：官员升迁的考核标准由过去以政治表现为主转变为以经济绩效为主，到实行基于地方经济发展的可度量的政绩，[1] 但是当晋升的机会捆绑在本地区的经济增长的指标上，不论"总量相对绩效考核"——以 GDP 总量相对绩效好作为考核指标，还是"增长率相对绩效考核"——以经济增长率作为考核指标[2]，地方政府（官员）与开发商以"互利共赢"为基础的核心结构都没有打破。实践中，一方面，一些地方政府设置的招商引资目标和确立的各种优惠手段，挤压或剥夺了普通民众的利益；另一方面，因资源禀赋和公共设施相对基差的存在，市场发育程度较低的市场又会受到发育程度较高地区市场扩张的冲击，权力介入市场阻碍了技术、资源、产品在地区间的合理流动，产生的行政垄断不仅造成了在位企业创新

---

〔1〕 从 1979 年 11 月中共中央组织部发布的《关于实行干部考核制度的意见的通知》，到 1995 年中央组织部下发《关于加强和完善县市党委、政府领导班子工作实绩考核的通知》和 1998 年《党政领导干部考核工作暂行规定》，即可看出干部考核的内容变化。

〔2〕 参见傅勇：《中国式分权与地方政府行为：探寻转变发展模式的制度性框架》，复旦大学出版社 2010 年版，第 34~35 页。

能力的弱化，也妨害了公共福祉的同步提升。这种单纯注重 GDP 的"量"的增长，而不是 GDP 的"含金量"的增长，[1] 其在一定程度上扭曲了政府的身份：在经济领域作为一个"理性经济人"，同时在政治领域奉行"利己主义"，导致了追求财政收入的目的和增大了的财政收入的使用方向背离了满足民众福祉增长的目标，并进一步导致了民众的政治认同度降低，甚至产生了政府的社会信任危机。

2018 年 7 月 20 日，中共中央办公厅、国务院办公厅印发了《国税地税征管体制改革方案》。将具体承担所辖区域内的各项税收、社保费和非税收入征管等职责，即将基本养老保险费、基本医疗保险费、失业保险费、工伤保险费、生育保险费等各项社会保险费交由税务部门统一征收。对于社会服务而言，新的改革目标是构建一个规范、高效、统一的税收征管体系和纳税服务体系。对税务机构而言，通过国地税合并优化资源配置，建立"互联网+税务"一体化的信息服务系统，降低税收征管成本，提高服务效能和征管效率，优化税收营商环境。

第三节　金融手段及其法律制度

中央银行信用调控的核心内容，就是通过货币政策工具的运用，控制商业银行的存款货币创造活动，调节货币供应量，维护货币的稳定，以此促进经济的发展，主要有直接控制和间接调控两大模式。

一、利用货币政策工具调控

所谓货币政策工具，是指货币当局（一般情况下指中央银行）为实现特定目标调节和控制货币供应量及处理货币事务的路线、方针、规范和措施的总称。货币政策是一种调整社会总需求的宏观经济政策，是一种间接性的、长期的经济政策，主要包括存款准备金制度、基准利率、再贴现、再贷款和公开市场业务。

就存款准备金制度而言，法律规定的金融机构，有义务从自己吸收的存款中，依照中央银行根据法律授权所确定的比例，提取一定的金额，无息存入中央银行，此项金额即为存款准备金，而中央银行所确定的提取和缴存存款准备金的比例，称为"法定准备率"或"存款准备金率"。存款准备金制度可以保证金融机构资产的流动性和兑付存款的能力，扩大中央银行的信贷资金来源等，其中最主要的是能够起调节和控制货币供应量的作用。存款准备金制度的调控机理在于法定准备率的变动。调整法定准备率，既影响基础货币的数量，又影响货币创造乘数。中央银行提高法定准备率，则货币创造

---

〔1〕 即人均可支配收入除以 GDP 的得数。这个指标的核心是考察经济增长中的居民收入和福利水平。

乘数变小，商业银行的超额准备金减少，其创造派生存款的能力降低，银根紧缩；反之，中央银行降低法定准备率，则货币创造乘数变大，商业银行的超额准备金增多，其创造派生存款的能力提高，银根放松。实践证明，存款准备率的微量调整，足以使货币供应量发生巨额变化，因此，存款准备金制度被视为威力巨大但必须慎用的武器。在采用存款准备金制度的国家里，都授权中央银行能够根据紧缩或放松银根的需要，决定、变更和终止法定准备率，该制度适用的负债范围，一般限于金融机构吸收的存款。

从存款准备金制度的调整机理来看，对于普通金融机构而言，缴存存款准备金相当于向中央银行支付一笔"保障金"，因为存款准备金是低息的，不论是经营本币还是经营外币业务主体均存在此义务。依据2006年通过的《中华人民共和国外资银行管理条例》第39条的规定，"外资银行营业性机构经营存款业务，应当按照中国人民银行的规定交存存款准备金。"金融机构若把应交的准备金投入运营会产生比利息更高的收益，所以，征收多大比例的存款准备金，除与宏观调控的必要性相关外，还涉及金融机构和中央银行之间的利益分配，由此使得一些普通金融机构、尤其是外资金融机构，想方设法少缴存款准备金。

基准利率是指人民银行公布的商业银行存款、贷款、贴现等业务的指导性利率。基准利率的高低直接影响商业行业对客户贷款利率的高低，进而影响市场上的货币流通量。一般而言，提高基准利率意味着紧缩银根，降低基准利率意味着放松银根。

再贷款是指中央银行向商业银行的贷款。再贷款的宏观调控作用主要体现为：其一，调节货币供应量。中央银行通过调整再贷款利率，影响商业银行从中央银行取得信贷资金的成本和可使用额度，使货币供应量和市场利率发生变化。其二，风向标作用。再贷款利率的调整是中央银行向商业银行和社会宣传货币政策变动的一种有效方法，它能产生预告效果，并在某种程度上影响人们的预期。当中央银行提高再贷款利率时，表明中央银行对通货膨胀的进展发出了警告，提醒厂商慎重从事进一步的投资扩张；当中央银行降低再贷款利率时，则表示在中央银行看来，通货膨胀已经缓和，这样就会刺激投资和经济增长，在一定程度上起到调整产业结构和产品结构的作用。

再贴现系指金融机构为了取得资金，将未到期的已贴现商业汇票再以贴现方式向中国人民银行转让的票据行为，是中央银行的一种货币政策工具。其主要的控制杠杆是再贴现率的确定。

公开市场业务是中央银行吞吐货币，调节市场流动性的主要货币政策工具。中央银行通过与指定交易商进行有价证券和外汇交易，实现货币政策调控目标。我国公开市场业务包括人民币业务和外汇业务两部分。从交易品种看，中国人民银行公开市场业务债券（主要是国债、政策性金融债券）交易主要包括回购交易、现券交易和发行中央银行票据。以回购为例，回购交易分为正回购和逆回购两种。正回购是中国人民银行向一级交易商卖出有价证券，并约定在未来特定日期买回有价证券的交易行为。正回购体现央行从市场回收流动性资金的目的，正回购到期则表明央行向市场投放流动性资金；逆回购则与此相反。

二、发挥政策性银行的职能

各国政府普遍设立政策性金融机构的原因在于政策性金融机构所具有的重要职能。与商业性金融机构相比，其职能有与之相类似之处——一般职能，即银行的金融中介职能。政策性金融机构通过其负债业务，吸收资金，再通过资产业务把资金投入到所需单位。它与其他金融机构一样，作为货币资金的贷出者和借入者的中介人来实现资金从贷出者到借入者的融通。不同的是，它一般不接受社会的活期存款，其资金来源多为政府资金或在金融市场筹集的资金，较少接受外国资金。资金运用多为中长期的贷款或资本投资；也具有商业银行不具备的职能，即特有职能，包括倡导性、补充性、选择性和服务性职能。前者使其具备了金融机构之特征，后者使其体现出紧密配合经济政策意图的性质。

政策性银行的补充性职能，是对商业性银行按照市场原则配置资金所形成的缺陷与不足予以弥补。当然，这种弥补也是有条件的。一方面，政策性银行对投融资对象的选择，必须遵循一定的基本原则，并非商业性银行在资金配置上的所有遗漏都由政策性银行进行补充；另一方面，即使对国民经济的发展而言是至关重要的产业或项目，如果其已经为市场所选择，能够通过商业性金融机构得到充分的资金供给，也就不应再被政策性银行选定为投资对象。因此，随着市场选择的变化，政策性银行的投融资对象也应当适时地调整。

政策性银行的倡导性职能，是指政策性银行的投融资决策，往往反映经济的长远目标与政府的扶持意向，在一定程度上能够增强商业性金融机构的信心，消除它们对风险的顾虑，带动它们参与对同一对象的投资或融资。在实际运作中，通常是政策性银行率先进行投资或融资，一旦有商业性金融机构跟进，它们即抽回资金，转移投融资方向，并开始新一轮的循环。对商业性金融机构跟进的符合政策意图的业务，政策性银行还以通过还款保证、利息补贴或再融资等方式，直接予以鼓励和支持。政策性银行直接的投资或融资可能十分有限，但由此产生的间接倡导效果，往往是十分巨大的。

政策性银行的调控性职能，是指政策性银行所具有的经济调控功能，它是其补充性职能和倡导性职能的必然结果，它们带有明显政策性色彩的业务活动，对于固定资产的投资规模的控制、生产力的布局均衡以及产业产品结构的合理化，都能够起到积极的作用，进而实现对国民经济进行调节与控制的功能和作用。当然，政策性银行对国民经济的调节与控制也是有限度的。它只能从资金分配的角度以信用分配为基本手段，在一定程度上实现对国民经济的调节与控制。因此，要实现对国民经济的全面调节与控制，还必须在此基础上结合其他调控手段，从不同角度以不同手段来实现对国民经济的全面调节与控制。

三、对外汇的管理

外汇是指外币或用外币表示的用于国际结算的手段，是信用凭证和支付凭证，一般包括外国货币、外国有价证券、外币支付凭证、其他外汇资金，是国际经济交往的重要工具，通过外汇支付和清算使国际贸易交往成为可能，还能促进国际货币流通，转移国际购买力，也极大地方便了国家间的资金协调和互补余缺。正因为外汇在国内、国际经济活动中有如此重要的作用，对外汇予以管理才十分有必要。我国的外汇管理经历了由计划经济体制下独立自主、高度集中的外汇管理体制，到1979年为适应改革开放需要而实行的对外汇宏观调控。随着改革开放政策的深入贯彻实施，我国的国际贸易量迅速扩大，外国资金及技术设备大量引进，外商投资企业纷纷建立，相应地，我国外汇管理在人民币汇率、经常项目外汇管理、资本项目外汇管理与外汇市场的开放等方面，也取得了长足的进展。所谓"经常项目"，是指国际收支中经常发生的交易项目，包括贸易收支、劳务收支、单方面转移等；"资本项目"是指国际收支中因资本输出和输入而产生的资产与负债的增减项目，包括直接投资、各类贷款、证券投资等。

虽然我国外汇管理体制的改革正逐渐向国际通行做法靠拢，力争与国际接轨，但我们国家毕竟还是一个经济实力薄弱的发展中国家，市场经济体制尚未全面建立完善，金融市场、资本市场尚不规范，宏观调控、金融监管的水平低，金融风险防范能力弱，全面开放外汇市场在目前条件还不成熟。因此，实行人民币可自由兑换、取消经常项目和资本项目下的外汇管制是我国外汇管理体制改革的长期目标，而在现阶段还未能实现。所以，我国现行的外汇管理制度对于金融机构经营外汇业务、自然人个人持有外汇等，都作出明确规定。属于个人所有的外汇，可以自行持有，也可以存入银行或者卖给外汇指定银行；对个人持有外汇，除不得私自买卖、不得私自携带或邮寄出境外，其他无任何限制。个人的外汇储蓄存款实行存款自愿、取款自由、存款有息、为储户保密的原则。

目前，我国金融宏观调控的法律法规不健全，尤其是对外资金融机构的监管、调控法律相当不完善，因此，外资金融机构的违规操作现象时有发生，如多存少贷，将在境内吸收的外汇资金转移到境外套汇和套利；转移境内营业获取的利润；片面追求高利润；营运资金不到位；利用非价格手段进行不公平竞争以及本案中的少缴存款准备金率等。这些问题造成了国内金融秩序的混乱，增加了诱发金融危机的因素，严重威胁着我国国民经济健康、持续、稳定的发展。因此，在我国金融市场逐步开放的过程中，针对我国金融市场开放和发展的实际情况，根据相关国际条约、国际协议，逐步建立健全有关外资银行的法律规范体系，特别是出台专门调整外资银行的《外资银行法》，修改了《外资银行管理条例》。按照《外资银行管理条例》第 24 条，外国银行在中国改制为由其单独出资的外商独资银行，需由国务院银行业监督管理机构按照合法性、审慎性和持续经营原则批准。同时，限定外国银行可以在规定的期限内保留 1 家从事外汇批发业务的分行。外国银行分行按照国务院银行业监督管理机构批准的业务范围，可以经营外汇业务以及对除中国境内公民以外客户的人民币业务。

另外，根据不同的国际市场和国内市场的需要，我国政府出台了一系列的外汇政策。尤其是 2015 年 8 月 11 日人民币汇率中间价改革以来，发布了很多具体的监管手段，例如，2016 年对特殊性质的对外投资业务实施监管，包括：国有企业境外购买或开发中方投资额在 10 亿美元及以上的大宗房地产；中方投资额在 10 亿美元及以上的非主业大额并购和对外投资；以及中方投资额在 100 亿美元及以上的特别大额对外投资项目；投资额在 10 亿美元（含）以上非主营项目大额并购投资项目。再如，2017 年增加了"跨境收付款差额占总额年度比率变动"考核指标，推动本外币一体化监管，促进国际收支平衡，等等。

二维码

第二十章　拓展阅读

第二十一章

价格补充调控及其法律制度

价格是市场中的一个核心问题，是运用经营策略和开展市场竞争的基本手段。在市场经济条件下，商品的价格自由才能真正体现市场的活力。市场活力以经营者根据市场上的供求关系自主定价为基础，并在外观上表现为市场价格的不断变化。但是，市场对于价格的自主调节具有滞后性，这种滞后会放大价格波动的市场风险，并使商业性风险转化为社会性风险，影响着人们的日常生活。因此，如何稳定物价，保障经济可持续发展与人民安居乐业，是各国政府面临的共同挑战。

第一节　价格类型与价格调控手段

价格是"看不见的手"。2014年，习近平总书记在主持十八届中央政治局第十五次集体学习时强调："看不见的手"和"看得见的手"都要用好，努力形成市场作用和政府作用有机统一、相互补充、相互协调、相互促进的格局，推动经济社会持续健康发展。"看不见的手"通过价格、竞争等使市场能够促使生产要素优化组合，促进商品生产者改善经营管理、提高生产技术，并最终实现资源的优化配置。由于市场失灵的存在，单纯依靠市场调节并不能使经济自动趋向于均衡状态，需要"看得见的手"，即政府通过国家干预，运用各种政策手段综合调控经济，才能实现经济的良性发展。

一、价格波动及对经济的影响

随着改革开放的进一步深化，我国自主价格和国家计划价格的商品范围之间的比例差距越来越大。现今，除少部分关系国计民生的商品由国家定价或实行政府指导价外，绝大部分商品都由经营者自主定价。在市场经济条件下，经营者往往以利益最大化为自己的目标，并根据供求关系的变化而不断改变自己的经营决策。根据价值规律，价格总是围绕着价值在波动，即供给小于需求时，物价上涨；供给大于需求时，物价下跌；供给等于需求时，价格平衡，物价稳定。市场价格长期稳定是一种理想，这不仅是因为市场的自发调节具有滞后性，还因为价格均衡的出现需要苛刻的条件——即完全竞争的市场环境。该完全竞争的市场环境是指信息透明、企业规模相当、产品同质等，其只存在于理论中。因此，实践中价格的波动是一种正常的现象。

价格波动会带来很多负面影响。常见的负面影响如下：

第一，价格波动会导致通货膨胀。市场的魅力在于变动之中充满着机会，机会来自于供需的不平衡。经营者的目的是追求利润。市场供求不平衡给经营者带来获利的机会。对机会的把握需要对市场整体信息的充分了解，但这些信息不可能充分透明。故商业风险时时存在，经营者的行为也需时时调整。如果投资者不能在市场中稳定地获得利润，投资者将退出市场。抬高商品价格可能获取更多的利润，但也可能因增加商品的销售难度而亏损。导致价格上涨的因素有很多，如经营者囤积居奇、消费者对商品过分追逐（流行）等，其中两种主要要素可能导致价格持续上涨，进而会引发通货膨胀：①市场上货币发行量超过流通中所需要的货币量；②社会总需求大于社会总供给。一般认为，通货膨胀有促进经济发展的作用，但其实是市场需求在促进经济增长，而不是通货膨胀促进经济增长。

第二，价格波动会导致企业经营风险加大，甚至产业萎缩。市场经济的发展不是单一生产的发展，而是生产和需求的共同发展。如果物价上涨幅度不断增加，市场商品的销售量将不断减少，市场失去活力，经济运行状况也会随之不断萎缩；反之，如果物价下降幅度不断增加，经营者获利越来越少，以致无利可图，最终该产业将退出该市场或转向其他领域。

第三，价格波动会损害消费者的利益。价格波动导致同一种商品的价格在不同的时间段出现差异，这使消费者购买商品时产生不确定性。大宗商品价格下降，消费者会采取观望的态度；大宗商品价格上涨，又会损害消费者福利。同时，也可能基于恐慌，在消费者间形成抢购风。

此外，价格波动还可能损害货币信用、限制科学技术的发展等，基于这些负面影响，价格法中设置了一些手段以防止物价过分波动。

二、价格类型与价格调控手段

根据我国《价格法》，价格的形式包括计划价格和市场价格。计划价格又包括指令性价格和指导性价格。目前，市场上绝大部分产品的价格都实行市场价格。

市场经济条件下，产品的交易价格是企业与消费者之间依据合同自由即私法自治原则进行的，属于企业与消费者的交易自由，法律不应干预。经营者自主定价是市场经济中价格的主要存在方式。同时，对某些关系着国计民生的产品，国家公权力的适度介入可以使价格保持稳定，不致扰乱市场经济的正常秩序，在这种情况下形成了计划价格。

列入政府干预价格的对象主要有农产品、电力、煤气、化肥、农药、邮政等。不同对象的价格干预手段又有所不同。在我国，计划价格主要有：①政府保护价格。例如我国对粮食价格实行最低保护价，以保证在丰收之年农民的利益。②指令性价格。即由价格主管部门按照国家规定的权限制定的商品价格。国家定价的商品主要包括对国计民生起重要作用的商品，如主要生产资料的出厂价格，重要消费品的零售价格等。③指导性价格。即国家价格主管部门通过规定基准价和浮动幅度、差率、利润率、最高限价、最低保护价等，指导企业制定的商品价格形式。

价格类型所占的比例不会一成不变，随着市场经济的不断深化，指令性价格的商品会逐渐减少，市场价格的商品范围逐步扩大。这种变动也是市场经济改革的表现形式。

由于价格的社会连带性和敏感性，各国均对价格进行监管。当然，各国采取的方式有所不同，也并非都以独立的价格法的形式确定监管。更多的国家以反垄断法、反不正当竞争法、广告法、消费者权益保护法等法律来监管价格，并没有独立的价格法。在机构设置上，有些国家存在价格监管机构，但常常是职能多元性的机构。在监管内容上，一般将价格问题分成两个部分：市场价格和政府定价。通常也会分别设置监管机构。如瑞士竞争委员会主要监管市场价格，价格监管局主要关注自然形成垄断的市场，如供电、供水、有线电视等基础设施市场服务的价格。中国的价格法中的监管对象既包括市场价格中的特殊现象，如哄抬物价，也包括自然垄断产品的市场价格。对于价格违法行为的查处，其性质和反垄断法等有交叉，应当属于市场监管的范畴。对于涉及不特定主体的价格问题的监管，具有宏观调控的属性。调控手段包括多种，既有事前的指令性或指导性价格的确定，也包括事中的价格紧急措施、干预措施等，还包括事后的价格储备、价格调节基金等。

第二节 价格违法行为

《价格法》第14条规定了不正当价格行为，在此基础上，国家发改委发布了《禁止价格欺诈行为的规定》，于是，不正当价格行为又细分出价格欺诈行为。后者是指经营者隐瞒价格的真实情况或制造虚假价格情况，引发购买者上当受骗的行为。在此，统一将上述两种行为称为价格违法行为。

一、市场价格违法行为的特点

不仅是《价格法》规定了市场价格违法行为，其他法律也规定了类似的市场价格违法行为，因而，以是否根据现行的《价格法》来确定行为性质为基础，市场价格违法行为可分为《价格法》规定的市场价格违法行为与其他法律规定的市场价格违法行为。

（一）单一性与复合性相结合

单一性市场价格违法行为是指《价格法》明确加以规定的市场价格违法行为，而其他法对其则未加以明确规定。《价格法》第14条规定了8种市场价格违法行为：①相互串通，操纵市场价格，损害其他经营者或者消费者的合法权益；②在依法降价处理鲜活商品、季节性商品、积压商品等商品外，为了排挤竞争对手或者独占市场，以低于成本的价格倾销，扰乱正常的生产经营秩序，损害国家利益或者其他经营者的合法权益；③捏造、散布涨价信息，哄抬价格，推动商品价格过高上涨的；④利用虚假的或者使人误解的价格手段，诱骗消费者或者其他经营者与其进行交易；⑤提供相同商品或者服务，对具有同等交易条件的其他经营者实行价格歧视；⑥采取抬高等级或者压低等级等手段收购、销售商品或者提供服务，变相提高或者压低价格；⑦违反法律、法规的规定牟取暴利；⑧法律、行政法规禁止的其他市场价格违法行为。其中，暴力价格、哄抬价格等属于《价格法》规定的特殊违法行为。

复合性市场价格违法行为是指不仅仅在《价格法》中明确加以规定，而且其他法律也明确加以规定的市场价格违法行为。其他法律，如《反不正当竞争法》《反垄断法》《招标投标法》《拍卖法》等都规定了有关的市场价格违法行为。例如《价格法》第14条规定，经营者不得有下列市场价格违法行为：在依法降价处理鲜活商品、季节性商品、积压商品等商品外，为了排挤竞争对手或者独占市场，以低于成本的价格倾销，扰乱正常的生产经营秩序，损害国家利益或者其他经营者的合法权益。此种行为和《反垄断法》第17条规定的掠夺性价格基本一致。另外，价格串通、价格歧视等在《反垄断法》中均有规定。另外，《招标投标法》也有规定，投标人不得相互串通投标报价，不得排挤其他投标人的公平竞争。

（二）竞争状态和垄断状态的共存

垄断市场价格违法行为为《反垄断法》《价格法》等所禁止，一项市场价格违法行为是否被视为价格垄断行为，就我国目前立法来看，主要通过《反垄断法》《反价格垄断规定》等来加以界定。以是否属于价格垄断行为为基础，可将市场价格违法行为分为价格垄断市场价格违法行为与非价格垄断市场价格违法行为，即市场体现为竞争状态和垄断状态的共存。

非价格垄断市场价格违法行为是与价格垄断市场价格违法行为相对的市场价格违法行为。非价格垄断市场价格违法行为包括捏造、散布虚假价格信息、哄抬价格、价格欺诈、价格歧视等以及非拥有市场支配地位的经营者实施的低价倾销、强迫交易、变相提价或压价等市场价格违法行为，在这种状态下，市场虽存在着不正当竞争现象，但总体来说，市场未被垄断，市场依然是存在着竞争的市场。

二、价格违法行为的危害

价格违法行为不仅违背公平、公开、公正以及诚实信用原则，而且造成了经济生活的紊乱，甚至影响价格信号正常发挥作用，使资源无法得到有效配置。

（一）对消费者的影响

价格违法行为的后果往往是实施欺诈行为的经营者提高了价格，增加了利润，而使消费者的利益受损；或者是导致其他经营者丧失了相同的竞争机会，从而破坏了正常的竞争秩序。价格欺诈更多地体现在消费领域中，这种侵权行为最明显的表现就是对消费者权利的侵害。对消费者利益的影响具体表现在以下方面：

第一，侵害了消费者的知情权。《消费者权益保护法》第 8 条规定："消费者享有知悉其购买、使用的商品或者接受的服务的真实情况的权利。消费者有权根据商品或者服务的不同情况，要求经营者提供商品的价格、产地、生产者、用途、性能、规格、等级、主要成份、生产日期、有效期限、检验合格证明、使用方法说明书、售后服务，或者服务的内容、规格、费用等有关情况。"根据该条规定，消费者享有知情权。其中商品的价格也是消费者尤为关注的信息，消费者有获取该商品真实价格的权利，经营者也应该明码标价，对商品的价格做出真实准确的反映。而价格欺诈行为恰恰违反了该条规定，即造成了对消费者知情权的侵害。

第二，侵害了消费者的选择权。《消费者权益保护法》第 9 条规定："消费者享有自主选择商品或者服务的权利。消费者有权自主选择提供商品或者服务的经营者，自主选择商品品种或者服务方式，自主决定购买或者不购买任何一种商品、接受或者不接受任何一项服务。消费者在自主选择商品或者服务时，有权进行比较、鉴别和挑选。"根据该条可知，消费者在消费过程中享有自由选择的权利，消费者往往会以商品的质量、品牌、外观设计等因素为依据，而且在相似商品的选择上，价格往往占优势，并起决定性作用，"物美价廉"的商品向来是人们的首选。但是价格欺诈行为却影响了消费者的选择，它使得消费者的购买范围缩小，而将选择范围局限在那些貌似"物美价廉"的商品上，这样一来，价格欺诈行为就影响了消费者的判断，使消费者根据欺诈者的隐瞒实际价格的商品作出了违背自己本来意愿的决定，由此也造成了对消费者自主选择权的侵害。

第三，侵害了消费者的公平交易权。《消费者权益保护法》第 10 条规定："消费者享有公平交易的权利。消费者在购买商品或者接受服务时，有权获得质量保障、价格合理、计量正确等公平交易条件，有权拒绝经营者的强制交易行为。"因此，在市场经济条件下，经营者应该诚实守信，为消费者提供有质量保证、价格合理、准确计量的商品，而价格欺诈行为却隐瞒了商品真实的价格，以欺骗诱导的手段使消费者上当受骗。尽管在市场经济条件下，经营者有自主定价的权利，但是该自主定价不得违反法律法规的规定。采取欺诈的手段拟定两套价格、虚拟价格、不履行原价格等行为都是违反法律规定的，同时也侵害了消费者的公平交易权。

消费者在生活消费中享有知情权、选择权、公平交易权，而价格欺诈却使消费者在受到经营者价格上的欺骗与诱惑后，做出与自己意愿实际不相符的决定，从而使自己的物质、精神利益受到了损害。根据我国《消费者权益保护法》的规定，保护消费者利益是全社会的共同责任，因此，考虑到价格欺诈行为对消费者利益的消极影响，应该对其加以规制。

（二）对经营者的影响

价格作为市场的参数，是调节市场最有效的手段。市场价格的变化，不仅关系到消费者的利益，而且关系到经营者的利益。对经营者的影响表现在如下方面：

第一，对上下游经营者的影响。经营者采取违法价格手段获取利益，是建立在上下游客户利益被侵害的基础上。一般上下游经营者的利益被侵害，可能涉及垄断行为。一方面可能是卡特尔或滥用市场支配地位行为，其可能产生剥夺经营者福利的结果，如价格卡特尔、不公平高价，或不公平低价；另一方面也可能是滥用优势地位的不公平交易行为，如《零售商供应商公平交易管理办法》第 6 条规定，零售商不得滥用优势地位从事不公平交易行为，如强迫供应商无条件销售返利，或者约定以一定销售额为销售返利前提，未完成约定销售额却向供应商收取返利的。

第二，是对同业竞争者的影响。市场经济是法治经济，也是竞争经济，市场中的经营者都享有参与竞争的权利，其他经营者都不得剥夺。而且，经营者应当依法参与竞争，不得实施排挤、限制其他竞争者的行为。一个公平、有序的价格秩序，可以促进经营者之间的良性竞争，促进市场经济的健康发展。在同一地域范围内、同一产品市场上，消费者的数量是基本恒定的，采取欺诈手段的经营者在吸引了消费者的同时，也使其他同业竞争者丧失了该顾客群，如果此种情况长期存在，该部分经营者则会因为缺少顾客群而被排挤出该市场。这显然不是正常市场经济条件下所谓的"优胜劣汰"，而是被人为扭曲的市场信号。经营者也有可能利用其他的价格违法行为将竞争者排挤出市场，例如掠夺性定价，或价格挤压行为。

通常，价格违法行为对经营者的影响是直接的，但它是通过消费者的行为反映出来的。这便形成了一个价格关系的三角形。从侵害的利益角度看，有时候直接指向消费者，有时候直接针对其他经营者。

（三）对竞争秩序的影响

只有建立统一、开放、竞争、有序的市场秩序，才能使市场的优势得到充分发挥。价格违法行为，不仅对消费者和其他经营者的利益造成了损害，也对竞争秩序产生了不利影响。

第一，违法价格损害竞争秩序。建立一个公平、良好的竞争秩序，要求经营者必须遵守诚实信用原则，在公平的环境中以质量、科技创新技术等争得消费者的青睐。"某一时间段内，商品供给固定，如何将稀缺产品在需求者间分配则主要通过价格来调整。"[1] 即随着价格的升降，需求也随之发生变动。由此，企业可以根据产品的价格信号决定自己的生产量或者作出是否进入某个行业的决策。企业的这些决策都会对市场竞争产生实质影响。

---

[1]　文学国：《滥用与规制：反垄断法对企业滥用市场优势地位行为之规制》，法律出版社 2003 年版，第 10 页。

第二，以违法价格从事经营的企业，无法创建大型成功企业。价格违法行为会产生短期效益，但却损害了企业的形象和长期发展的潜力。经营者不把降低成本、提高质量、引进技术和设备放在首要地位，一味追求短期效益，不仅会失去消费者的信赖，也会使得企业无法长期在行业中立足。

第三，价格违法的持续可能危害一个行业或产业。在市场经济条件下，价格可以有效配置资源。但是，为避开经营者之间的价格竞争，以违法价格从事经营的企业会持续性地实施价格违法行为，以维持市场垄断地位，获取垄断利润。在此种状态下，产业发展的动力被抑制，一旦替代性产品或服务进入市场，既有产业可能会受到致命的打击。

由于上述价格关系的"三角形"结构，即使价格违法行为直接针对某个别主体，受其影响的也不仅仅是该主体，还包括三角形中的另外一类主体，由此，在扩大意义上，价格违法行为破坏价格秩序的行为。

第三节　价格调控工具及制度

一、政府价格总水平调控的目标

价格总水平调控是指国家利用法律手段，对价格总水平的变动进行干预和约束，以保证价格总水平的基本稳定。稳定的市场价格总水平对于保持国民经济持续稳定健康发展具有重要意义。

（一）基本目标

价格总水平调控的基本目标是保持价格总水平的基本稳定。它特别针对的风险是价格总水平的大起大落。对"基本稳定"的理解包括如下方面：

1. 在一个较长时期内，价格水平年平均变动的幅度在一个合理的范围内。对企业而言，价格的波动是风险，也是机会，但经常性变动则会失去稳定的经营预期。对于民众而言，价格波动会直接影响生活的稳定和社会的安定。

2. 以年为单位，计量合理幅度。变动幅度合理的标志是在保证国民经济持续快速发展的同时，也使价格涨幅控制在国民经济和人民生活能够承受的范围内。在市场经济条件下，很难保障价格总水平不变，国家价格控制的基础也不是价格变动，而是不合理的波动。因为经济发展的速度不同，变动与波动间的量化界限很难以明确固定的比例限定。其大致的标准是，价格上涨幅度低于经济增长率，年价格上涨幅度低于名义工资年增长率。

3. 将价格总水平调控纳入到国民经济发展计划。自中华人民共和国成立以来，我国一直以国民经济发展计划为政策的指针，确定计划内的相关措施。价格总水平条款要纳入国民经济发展计划，同时根据经济发展的目标和社会承受能力，在充分考虑与价格相关的各种经济因素的基础上确定各年份的调控目标。这样，价格总水平调控既有总目标，也有行动计划，如此才能在实施中获得预期效果。

（二）具体目标

在市场经济中，市场供求与市场价格的有关联系和运动不仅影响着企业的经营决策和消费决策，也是国家实现宏观调控的主要手段之一。价格机制所显示的信号系统，不断调节社会资源的配置方向，促进总供给与总需求的平衡，推动社会生产力发展。在具体目标上，就是通过价格的指标反映并促进供求平衡、竞争机制、风险机制。

第一，促进供求平衡。价格作为货币的表现形式，总是反映市场的供求关系，因此，价格也就成为市场信息的晴雨表。在公平竞争的市场环境中，市场上某一商品的价格升高或降低，直接反应生产和需求的关系。而当价格不变时，[1] 说明此时市场上的供给与需求达到平衡，尽管该种状态很难达到。

供求关系是市场机制的基本要素，其反过来又会影响价格的升降，价格与供求关系的相互作用形成一个锁链式的反应。即当市场上的商品供过于求时，消费者的选择空间就会变大，从而导致价格下降。由于无利可图，生产该类商品的生产者便会撤出该领域，导致生产规模缩小。反之，当市场上的商品供不应求时，生产者就会提高商品的价格，以便获取更大的利润，这也会因此吸引其他领域的生产者到此领域来。受到市场上利益的驱动和风险规避的本能，经营者总会基于价格作出及时的反映：进入某行业或退出某行业，这也是价格始终围绕价值曲线上下波动的原因。

第二，维护竞争机制。竞争是商品经济的产物，只要存在商品经济，就必然存在竞争。价值规律的实现，也离不开竞争。竞争是商品经济的重要形式，也是市场经济的基本内涵，同时是市场机制发挥作用的基础。竞争反映价格变动、资金和劳动力等要素的合理流动。

价格反过来亦会对竞争产生影响。在生产流通领域中，相同产品的定价越高，意味着获利越大，进而吸引经营者涌入该生产行业，从而引起各经营者之间的竞争，相互竞争争夺市场占有率。在消费领域中，价格较低的商品则会吸引广大消费者购买该商品，通过商品的差价和比价可以指导消费者的购买行为，从而引起购买者之间的竞争。而竞争机制能否发挥作用需要具有一定的前提条件，一般来说包括：其一，商品的生产者和经营者应是独立的主体，而不是行政机关的附属物。只有在生产者和经营者有权根据市场状况去决定自己的生产方向的变动、生产规模的扩大和缩小、投资规模和方向的情况下，竞争才能展开。其二，承认商品的生产者和经营者在竞争中所获得的相应的利益。只有承认经济利益，才能使竞争者具有主动性和积极性，具有竞争的内在动力。其三，要有竞争所必需的环境，包括法制保障、相关要素市场等。只有在这样的环境中，商品和资金流通才不受阻，竞争才能正常展开。

---

[1] 在一个完全竞争的真空状态下，排除其他的人为干扰，是可以达到的。

第四，建立风险机制。价格运行与风险机制相互作用。价格不是固定不变的，而是具有很强的波动性，实践中影响价格的因素很多，可以说是众多要素综合作用的结果才使得价格在市场上有高有低，不为一个主体所控制。同一产品在不同的时间出售，其价格就会不同。比如季节性产品受季节的影响很大，时令蔬果在反季节销售时则要比适时销售价格要高。而商品的价格变化是市场经济的必然要求，生产同一商品的成本降低，该商品的价格也就自然会下降，因而商品的价格风险早已有之，且贯穿于市场经济运行的始终。高风险往往意味着高收益，高收益的商品价格往往较高，而价格比较低的商品，收益通常比较低，风险也通常较小。因此，风险机制也就成为价格运行机制的重要组成部分，是商品流通中的一个重要原则，它和竞争机制、供求机制共同发挥着作用。

供求关系、竞争机制、风险机制共同构成了价格运行机制，三者是一个有机联系的统一整体，在市场经济中共同发挥作用并影响着价格的运行。

二、价格调控工具

（一）价格监测预警制度

《价格法》第28条规定，为适应价格调控和管理的需要，政府价格主管部门应当建立价格监测制度，对重要商品、服务价格的变动进行监测。这是对于价格监测制度的规定。价格监测是一种风险的内部掌握，对于监测到的风险，如何防患于未然？检测中发现风险通过预警来提示。预警即是通过媒体或在现场通过加强对消费者的宣传教育，告诫、提示等方法，把隐患消灭在萌芽状态。如在重大节日期间召开"禁止价格欺诈警示会、稳定春节市场价格警示会、明码标价政策提醒会"等。价格监督预警机制可以变事后检查为事前宣传、事中管理，为商家打"预防针"，为消费者提供风险防范警示。

（二）价格干预措施与价格紧急措施

价格干预和采取价格紧急措施是两种不同的临时性调整价格的手段。

1. 价格干预措施。《价格法》第30条规定，当重要商品和服务价格显著上涨或者有可能显著上涨，国务院和省、自治区、直辖市人民政府可以对部分价格采取限定差价率或者利润率、规定限价、实行提价申报制度和调价备案制度等干预措施。各省、自治区、直辖市人民政府实行调价备案制度时，应报国务院备案。这是价格干预的法律渊源。

价格干预是政府对社会经济活动进行管理的一种形式，是政府行使经济职能的一项重要内容。在市场经济条件下，价格由价值规律、竞争规律和供求规律决定。价格作为市场供求状况的信号会引导市场达到均衡，但是当市场失灵时，会导致价格信号失真，而价格管理失控，很容易发生消费者的合法权益被损害的现象。此时，政府作为社会经济的管理者，有责任采取包括价格行政干预在内的各种形式的调控监管举措，把实现"控总量、稳物价、调结构、促平衡"的总体目标作为经济调控特别是价格管理的首要任务。

通过价格干预措施的行使，可以制止乱涨价、超过成本上升幅度的大幅涨价的行为；可以延缓粮、油、肉、蛋、奶等居民生活必需品价格的上涨速度；对行业内起领头作用的大型企业、垄断企业的涨价冲动可以起到政策、法律上的约束作用，促使其带动全行业遵守价格秩序，管束跟风涨价的行为；也可以降低、消除消费者的涨价预期心理，促使其科学、适度、理性消费。因此，价格干预措施具有市场经济内在规律所要求的合理性。

但是，价格干预手段毕竟是对市场的外力干涉，其危害市场功能的风险自始存在。为了防止行政权力过分干预市场经济，行政手段的运用必须注意以下问题：一是干预措施限定的只是对价格上涨过快、与人民生活密切相关的极少数重要商品和服务的价格，如粮、油、肉、蛋、奶及其制品等。二是只有当价格"显著上涨或者有可能显著上涨"时才可以进行价格干预。三是省、自治区、直辖市人民政府采取上述规定的干预措施时，应当报国务院备案。四是实施干预措施的情形消除后，应当及时解除干预措施。

2. 价格紧急措施。《价格法》第31条规定，当市场价格总水平出现剧烈波动等异常状态时，国务院可以在全国范围内或者部分区域内采取临时集中定价权限、部分或者全面冻结价格的紧急措施。在市场经济体制中，价格是由市场机制自发形成的，由价格合理配置资源，当市场失灵无法起到优化资源配置的作用时，可能需要政府进行干预。当发生战争、严重的自然灾害和恶性通货膨胀，价格总水平出现剧烈波动时，为了确保群众生活安定和国民经济建设顺利进行，政府应该采取紧急措施，对价格予以干预。这也是世界上各国的普遍做法。

采取价格紧急干预措施虽然是临时的，也可能是短暂的，但同样属于对价格的外在干预。为防止权力滥用，应当限定价格紧急干预措施适用的条件与权限主体。在适用条件上，只有当价格总水平出现持续全面上涨或者剧烈波动，而不是个别或者部分价格的上涨或者波动时，政府才可以采取价格紧急措施。在权限主体上，只有国务院有权在全国范围或者部分行政区域内采取紧急措施，省级人民政府采取的价格紧急措施必须报国务院批准后才能实施，这也是价格紧急干预措施区别于其他临时干预措施的显著特征。

价格紧急措施的种类包括：①集中限价。在特殊情况下，将定价目录规定的政府有关部门的定价权，临时收归本级政府、上一级政府或价格主管部门。②部分或者全面冻结价格。即在特殊情况下，政府采取临时性管制价格的防范性措施，使价格在一定时期内保持在现有的水平，不得提高。

（三）价格调节手段

稳定市场价格总水平是国家重要的宏观经济政策目标。国家根据国民经济发展的需要和社会承受能力，确定市场价格总水平调控目标，将其列入国民经济和社会发展计划，并综合运用货币、财政、投资、进出口等方面的政策和措施，从而实现该目标。从1950年开始，我国政府就开始实施稳定物价总水平的方针，然而，政府在采取稳定物价的手段上却多是直接采取行政手段来调控价格，而较少采用经济、法律手段来间接调控物价总水平。价格的波动性，使得价格存在风险，对人民生活稳定和社会稳定造成影响，价格波动过大会影响人民的基本生活和生产需求。因此，价格储备制度对稳定物价、保证人民的安居乐业具有重要作用，物价的稳定无非关系到"物"与"钱"，所以针对物采取的措施就是建立重要商品储备制度，针对钱采取的措施就是建立价格调节基金。下面对二者分述之。

1. 重要商品储备制度。重要商品储备作为价格储备制度的表现形式之一，对稳定物价发挥着重要作用。我国《价格法》第 27 条就明确规定："政府可以建立重要商品储备制度，设立价格调节基金，调控价格，稳定市场。"因此，重要商品储备制度与价格调节基金制度相辅相成，共同构成了稳定物价的制度，即价格储备制度。

由于商品的价格是在商品交换中形成的，价格是价值的反映，由价值决定，受价值规律的影响，因此价格始终围绕商品价值上下波动。而自从商品市场在人类社会诞生以来，就一直伴随着物价波动的问题，尤其是在经济高度发达的现代社会，这一问题表现得更为突出。

市场上的商品众多，但并不是所有的商品都应该储备。不该储备的商品储备了，会造成浪费；该储备的商品没有储备，会造成损失。因此储备商品的种类至关重要，但是对于不同储备的商品，储备的形式也会不同，因此，对物价的稳定作用也会不同。一般意义上，储备的形式主要分为四种，即国家储备、地方储备、企业库存及家庭存储。

第一，国家储备。国家处于价格调控者的地位，其时时刻刻都要保证人民生活的稳定、保持经济的持续发展、保障社会秩序的安定，因此对于关系国家利益、具有全局性影响的商品都应该列入国家储备之列。国家储备的商品不应面面俱到，储备商品的种类应尽可能涉及民众基本生活用品，品种不宜过多，且一旦决定储备，数量就应充足，以便使用时能发挥预期的作用。重要商品储备充足可以对发生产品紧缺时保障供给。因为市场经济的发展是动态的、发展的。一旦某些关系国计民生的商品的生产不足而导致供不应求时，经营者往往会提高价格，引起物价上涨，而市场机制的调节作用是滞后的，此时通过市场的力量——其他经营者进入该领域——来补足市场的空缺是需要一段时间的，且市场的既有经营者还可能对该领域采取限制措施阻碍其他经营者进入。如果该种情况长久下去必将影响人们的正常生活，此时储备的重要商品就可以及时向市场提供物品，进而稳定物价、稳定社会秩序。除稳定物价以外，国家重要商品储备还可以应对国家出现的紧急的、临时的需要，比如发生自然灾害时，必要的储备可以使受灾的人们迅速恢复生产、减少损失。而对国家安全、社会安定至关重要而国际竞争力有不足的商品，重要商品的储备亦可以发挥特殊作用，如预防有关地区战争，产品的国际价格上涨等风险。

第二，地方商品储备。由于地方储备很容易导致地方为谋取地方利益而操纵市场的地方保护主义，因此地方的商品储备应该置于国家的监控之下，以国家利益为首位。应该说，地方商品储备是国家储备的补充，只有在国家储备无法发挥作用的情况下，或者是在国家无法储备某些商品时，地方可以针对本地区的特点进行储备。我国地域比较广阔，不同地区的情况差别很大，因此，寄希望于国家储备所有商品是不可能的，因为国家只应储备对整个国家的生计关系重大的重要商品、战略商品及应急商品。面面俱到的储备会造成国家的负累，但有些商品对某一地区的发展、稳定却又是至关重要的，所以地方商品储备亦必不可少。地方商品的储备可以保障本地区供给的平衡，保障该地区商品的价格不至于因为其他商品的冲击而产生过度波动，进而损害本地区人民的生活。地方储备的商品应限于本地特有产品生产所需的特有原材料，对本地经济有重要作用的农副产品、原材料以及一些供求关系不稳定或尚未形成稳定关系的商品。

企业储备和家庭储备对商品的价格产生的影响较小，对其自身的利益更大一些，而国家储备与地方储备则更侧重于整个国家及地区利益的平衡，尤其是国家储备在宏观上对调节物价、稳定供求关系更起着不可或缺的作用。国家储备与地方储备是价格法上的调节手段。

2. 价格调节基金。价格调节基金是我国建立社会主义市场经济体制，深化价格改革的产物，是由政府筹集，防止价格暴涨暴跌，调节市场供求，保证市场物价基本稳定，增加政府对市场价格调控能力的专项基金。价格调节基金主要包括粮面价格调节基金、副食品价格调节基金、重要生活用品价格调节基金、生产资料价格调节基金等，其对市场上的价格风险起到防范作用。

第一，价格调节基金制度是调节市场供求，调节价格异常波动的一种经济手段。市场经济条件下，政府管理经济需要具有价格波动意识、风险意识、市价调节意识，否则一旦市场上的供求关系发生变化引起物价激烈波动，政府"要物调不来，要钱拿不出"时，其将在价格变动面前束手无策、无能为力，国家的调控作用也将无法发挥，此时如果单纯依靠行政手段解决问题，则与现有市场经济的实质相违背，最终结果必将是一切都由政府做主，人民丧失自主权，不利于经济的健康发展，也与国际形势相逆。因此，为了不使供求失衡、价格异动影响整个国民经济的发展，为了不失信于民，并有效发挥国家的"守门人"的作用，以间接调控为经济手段的价格调节基金制度发挥了重要作用。价格调节基金是自觉运用价值规律、适应市场经济的客观需要，以积累下来的基金调控市场上的供求关系，对物价剧烈波动发挥抑制作用的方式。

第二，价格调节基金制度是保障市场物价稳定的一项重要措施。市场经济对资源配置起调节作用，但其调节却具有一定的盲从性与滞后性。我国的市场经济还刚刚起步，市场机制还不健全，受到利益的驱动与供求关系的影响，市场上的价格极为不稳定，而价格调节基金制度则可以用大量的资金支持价格，抑制价格的上涨和连锁反应，为价格形成和有效运行创造良好的宏观环境，有利于整个市场物价的稳定。

第三，价格调节基金制度对保护经济发展、维护经营者和消费者的利益具有十分重要的作用。如果价格大起大落，生产经营者为了避免在过程中遭受风险，必定对投资该领域缺乏兴趣，或者持观望态度，这对经济的发展必将起到阻碍作用。而价格的不稳定，又会损害消费者的消费信心，这会使经营者在非因本身的原因的情况下就失去大量顾客，从而造成利益受损或亏损。与此同时，经营者难以提供更多的商品给消费者，消费者选择的范围也会愈来愈窄，最终价格的不稳定将损害生产者、经营者和消费者的利益。而价格调节基金则以雄厚的物质基础和财力供应市场、调节物价，切实保护了经营者和消费者的利益，保护了经济的稳定发展。

价格调节基金制度与重要商品储备制度在调节商品价格方面发挥了重大作用，但是它们却不是万能的，因为在市场经济条件下，物价总水平的稳定取决于商品的供需平衡和货币发行量等多种因素，即使是某些种类的生活必需品的市场价格发生了变动，其形成的因素也是多方面的，所以对价格的调节手段亦多种多样，如财政政策、信贷政策等。因此，各种间接调控手段应当相互结合，互相补充，在"物"储备不足时，可以调用"钱"，在"钱"不足用时，可以调用"物"，以便最大效用地发挥价格储备的作用。总之，作为价格储备最基本的表现形式的价格调节基金制度和重要商品储备制度，在稳定物价方面发挥了相当重要且有效的作用。

3. 农产品保护价格。由于农产品具有特殊性，《价格法》特别规定了对重要农产品市场的保护价格。《价格法》第 29 条规定："政府在粮食等重要农产品的市场购买价格过低时，可以在收购中实行保护价格，并采取相应的经济措施保证其实现。"在农产品市场购买价格过低时，实行购买保护价格，并由省级政府报国务院备案。

二维码

第二十一章　拓展阅读

中国特色社会主义法治理论系列教材

书 名	作 者
法理学	雷 磊
宪法	秦奥蕾
行政法与行政诉讼法	林鸿潮
中国法制史	赵 晶
民法总论	刘智慧
物权法	刘家安
合同法	田士永
经济法学	刘继峰
商法总论	王 涌
民事诉讼法（第二版）	杨秀清
刑法学总论（第二版）	罗 翔
刑法学分论	方 鹏
刑事诉讼法	汪海燕
国际法	李居迁
国际私法（第二版）	霍政欣
国际经济法（2017年版）	杨 帆
国际经济法（2020年版）	祁 欢
法律职业伦理（第二版）	许身健
财税法	施正文
环境资源法	于文轩
劳动与社会保障法	娄 宇
证据法	施鹏鹏
知识产权法（第二版）	陈 健